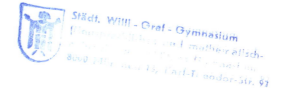

prisma 8/I-II

Literarische Quellentexte

Von der Frühzeit
bis zum Biedermeier

bearbeitet von
Dr. Heinrich Kraus
und
Dr. Walter Urbanek

C. C. BUCHNERS VERLAG · BAMBERG

prisma · Literarische Quellentexte für den Deutschunterricht an der Oberstufe der Gymnasien herausgegeben von Dr. Heinrich Kraus und Dr. Walter Urbanek

Teil I (Von Frühzeit und Mittelalter bis Barock) wurde bearbeitet von Dr. Heinrich Kraus,

Teil II (Von der Aufklärung bis zum biedermeierlichen Nachidealismus) von Dr. Walter Urbanek

2. Auflage 1975
© 1972 C. C. Buchners Verlag, Bamberg
Bildauswahl und Einbandgestaltung: Dr. Walter Urbanek
Einband: ›Eingeschaltete Tafel IIa‹ aus Goethes ›Geschichte der Farbenlehre‹
Satz und Druck: Fränkischer Tag GmbH & Co., Bamberg
ISBN 3 7661 4058 2

Inhaltsverzeichnis

I
FRÜHZEIT UND MITTELALTER

11	EDDA	Der Seherin Gesicht
14	EDDA	Das alte Sigurdlied
17	UNBEKANNT	Der erste Merseburger Zauberspruch
17	UNBEKANNT	Der zweite Merseburger Zauberspruch
18	UNBEKANNT	Das Hildebrandslied
21	UNBEKANNT	Aus dem jüngeren Hildebrandslied
22	UNBEKANNT	Das Wessobrunner Gebet
23	UNBEKANNT	Muspilli (v 2–15, 37–62)
25	UNBEKANNT	Aus „Heliand" (Eingang. Weltuntergang)
32	OTFRID VON WEISSENBURG	Aus „Evangelienbuch" (Cur scriptor hunc librum theodisce dictaverit)
35	NOKER VON ZWIFALTEN	Memento mori
39	UNBEKANNT	Mariensequenz aus Muri
42	WOLFRAM VON ESCHENBACH	Aus „Parzival"
68	DER VON KÜRENBERG	Wîp unde vederspil
68	DER VON KÜRENBERG	Ich stuont mir nehtint spâte
68	DIETMAR VON EIST	Es stuont eine frouwe alleine
68	DER ÄLTERE SPERVOGEL	Wurze des Waldes
69	FRIEDRICH VON HAUSEN	Mîn herze und mîn lîp
69	ALBRECHT VON JOHANSDORF	Ich hân durch got das crûce
70	HARTMANN VON AUE	Dem kriuze zimt wol reiner muot
71	WALTHER VON DER VOGELWEIDE	Allerêrst lebe ich mir werde
72		Ir sult sprechen willekomen
73		Ich saz uf eime steine (Der Reichston)
73		Ich hôrte ein wazzer diezen
74		Ich sach mit mînen ougen
74	MAURER	Die politischen Lieder Walthers von der Vogelweide
77	WALTHER VON DER VOGELWEIDE	Hêr keiser, sit ir willekomen
77		Hêr keiser ich bin fronebote
77		Von Rôme vogt, von Pülle künec
78		Nemt, frouwe, disen kranz
78		Bin ich dir unmaere
79		In einem zwîvelichen wân
80		Owê war sint verswunden alliu mîniu jâr
82	NEIDHART VON REUENTAL	Wintertanz in der Bauernstube
83	OSWALD VON WOLKENSTEIN	Lebenslauf

2 RENAISSANCE UND HUMANISMUS

86	Vietor	Das Grunderlebnis ...
87	Mechthild von Magdeburg	O du brennender berg
87		Die wahre Wüste
88	Meister Eckhart	Predigt über Jesus Sirach 50, 6—7
91	Petrarca	Besteigung des Mont Ventoux
94	Johannes von Tepl	Der Ackermann aus Böhmen
102	Hutten	Ein neu Lied
103	Luther	Aus dem „Sendbrief vom Dolmetschen"
106	Brant	Aus dem „Narrenschiff"
106	Unbekannt	Aus „Historia von D. Johann Fausten, dem weitbeschreyten Zauberer und Schwarzkünstler"

3 DICHTUNG DES BAROCK

111	Leibniz	Unvorgreiffliche Gedancken betreffend die Ausübung und Verbesserung der Teutschen Sprache
111	Harsdörffer	Die Aufgabe des Dichters
112	Harsdörffer	Das Leben ist
112	Hofmann von Hofmannswaldau	Die Welt
113	Gryphius	Vanitas, Vanitatum, et omnia Vanitas
113	Gryphius	Vanitas! Vanitatum Vanitas
116	Trunz	A. Gryphius: Threnen des Vatterlandes/Anno 1636
121	Gryphius	Menschliches Elende
122	Klaj	Der leidende Christus
123	Wiedemann	„Der leidende Christus" von Johann Klaj
124	Klaj	Drüm hat der Fried (Denckseule)
126	Hofmann von Hofmannswaldau	Wo sind die stunden
127	von Zesen	Auf die augen seiner Liben
127	Opitz von Boberfeld	Sonnet über die augen der Astree
128	Opitz von Boberfeld	Epigramma: Die Sonn/ der Pfeil
128	Joh. Chr. Günther	Studentenlied
129	Unbekannt	Ein schönes Mayenlied
131	Fleming	Laß dich nur nicht nichts tauren
132	Logau	Deutsche Sinn-Getichte
133	Angelus Silesius	Aus „Cherubinischer Wandersmann"
134	Schad	Gott, du bist mein GOTT
135	Kuhlmann	Aus dem „Kühlpsalter"
136	Grimmelshausen	Lebensbeschreibung der Erzbetrügerin und Landstörtzerin Courasche
141	Gryphius	Aus: „Horribilicribrifax"
143	Szyrocki	Horribilicribrifax

II

4 VON DER AUFKLÄRUNG ZUM STURM UND DRANG

146	Klopstock	Das feine Ohr
147	Kant	Beantwortung der Frage: Was ist Aufklärung?
148	Kant	Das moralische Gesetz
150	Lichtenberg	Aphorismen
150	Gottsched	Von dem Charakter eines Poeten
153	Klopstock	Von der heiligen Poesie
154	Klopstock	Die Frühlingsfeier
157	Ulshöfer	Klopstock und die Entstehung des modernen Naturgefühls
160	Goeckingk	Antwort auf die Forderung eines Weltbürgers
161	Wieland	Über die Rechte und Pflichten der Schriftsteller
163	Lessing	Der siebzehnte Literaturbrief
165	Lessing	Ernst und Falk
171	Lessing	Meine Art zu streiten und zu schreiben
172	Hamann	Poesie und Genie
173	Herder	Genie
176	Herder	Über das Volkslied
180	Lenz	Anmerkungen übers Theater
182	Klinger	Rede des Satan

5 DIE WEIMARER KLASSIK: Goethe und Schiller

186	Schiller	Zenit und Nadir
187	Goethe	Symbolum
187	Goethe	Begegnung mit Herder
190	Goethe	Von deutscher Baukunst
194	Goethe	Zum Shakespeare-Tag
196	Müller, Joachim	Goethe: Willkommen und Abschied
205	Goethe	Prometheus
206	Goethe	Werther
211	Goethe	An den Mond
212	Goethe	Wandrers Nachtlied
212	Goethe	Ein Gleiches
213	Goethe	Grenzen der Menschheit
214	Goethe	Dauer im Wechsel
215	Goethe	Natur und Kunst
216	Goethe	Aus „Wilhelm Meisters Lehrjahre"
219	Lukacs	Wilhelm Meister und das Prinzip der humanistischen Persönlichkeitsbildung

229	Humboldt	Theorie der Bildung des Menschen
232	Goethe	Urworte ... orphisch
236	Beutler	Goethes Begegnung mit Faust
238	Goethe	Sinn und Idee des Faust
239	Beutler	Fausts Ende und Rettung
243	Fichte	Bestimmung des Menschen in der Gesellschaft
247	Eckermann	Goethe über den schöpferischen Geist
251	Goethe	Über den Granit
254	Heisenberg	Das Naturbild Goethes und die technisch-naturwissenschaftliche Welt
264	Schiller	Die Größe der Welt
265	Schiller	Über Egmont, Trauerspiel von Goethe
271	Goethe	Erste Bekanntschaft mit Schiller
274	Goethe/Schiller	Briefe
278	Schiller	Nänie
278	Schiller	Das Ideal und das Leben
282	Schiller	Über naive und sentimentalische Dichtung
290	Schiller	Über die ästhetische Erziehung des Menschen
292	Hegel	Über „Wallenstein"
294	Dürrenmatt	Kann man die heutige Welt noch mit der Dramatik Schillers abbilden?

6 ZWISCHEN KLASSIK UND ROMANTIK

296	Hölderlin	Patmos
297	Hölderlin	Briefe
298	Hölderlin	Hälfte des Lebens · Skizze einer Ode
299	Hölderlin	Hyperions Schicksalslied
299	Hölderlin	An die Parzen
300	Hölderlin	Brot und Wein
304	Kleist	Briefe
307	Kleist	Über das Marionettentheater
312	Mayer, Hans	Homburg oder Freiheit und Ordnung
314	Jean Paul	Rede des toten Christus vom Weltgebäude herab, daß kein Gott sei
317	Jean Paul	Höchstes Ziel der Dichtkunst
318	Jean Paul	Traum über das All

7 DIE ROMANTISCHE BEWEGUNG

322	Novalis	Hätten die Nüchternen
323	Wackenroder	Das merkwürdige musikalische Leben des Tonkünstlers Joseph Berglinger
328	Bonaventura	Monolog des wahnsinnigen Weltschöpfers
329	Tieck	Die Töne
330	Novalis	Der Lehrling
332	Schlegel	Fragmente über romantische Poesie
334	Novalis	Fragmente (Über die Poesie, Über den Künstler, Über das Märchen)
335	Novalis	Heinrich von Ofterdingen (Der Traum von der blauen Blume, Von zweierlei Menschen)
339	Novalis	Wenn nicht mehr Zahlen und Figuren
339	Brentano	Eingang
340	Brentano	Nachklänge Beethovenscher Musik
342	Killy	Das „Abendständchen" von Brentano
343	Heine	Über das Volkslied
344	Grimm	Die Gänsemagd
349	Lüthi	Deutung eines Märchens
352	Brentano-Arnim	Aus „Des Knaben Wunderhorn": Laß rauschen, Lieb, laß rauschen; Morgenlied
353	Eichendorff	Mondnacht
353	Eichendorff	Die Nachtblume
354	Thomas Mann	Über Eichendorffs „Taugenichts"
357	Eichendorff	Der alte Garten
358	Shelley	The World's Wanderers / Die Wanderer der Welt
358	Keats	When I have fears / Befällt mich Angst
360	De Nerval	Les Cydalises / Die Cydalisen
360	Baudelaire	La Mort des Amants / Der Tod der Liebenden
362	Huch	Der romantische Charakter
366	Runge	Fragmente über die Kunst
368	Nemitz	Die Kunst des Caspar David Friedrich: Die Geburt der romantischen Landschaft
369	Strich	Europa und die deutsche Klassik und Romantik

8 BIEDERMEIERLICHER NACHIDEALISMUS

376	GRILLPARZER	Eines nur ...
377	GRILLPARZER	Gedanken über die Poesie
380	GRILLPARZER	Über das Drama
382	MÖRIKE	Gesang Weylas
382	MÖRIKE	Um Mitternacht
383	MÖRIKE	Früh im Wagen
383	GOES	„Früh im Wagen" von Mörike
386	MÖRIKE	Verborgenheit
386	STIFTER	Über Großes und Kleines
391	STIFTER	Die Sonnenfinsternis am 8. Juli 1842

397 Worterklärungen und Texterläuterungen
402 Autorenverzeichnis · Quellennachweis
415 Verzeichnis der Kunstdrucktafeln

1

FRÜHZEIT UND MITTELALTER

Germanische Frühzeit: Visionäre Weltsicht

EDDA

Der Seherin Gesicht

Eine Seherin gebietet Schweigen und erzählt von der Urzeit und dem goldenen Zeitalter bis zum Untergang der alten und dem Aufsteigen einer neuen Welt.

1 Gehör heisch ich   heilger Sippen,
   hoher und niedrer   Heimdallssöhne:[1]
   du willst, Walvater,[2]   daß wohl ich künde,
   was alter Mären   der Menschen ich weiß.

2 Weiß von Riesen,   weiland gebornen,
   die einstmals mich   auferzogen;
   weiß neun Heime,   neun Weltreiche,
   des hehren Weltbaums   Wurzeltiefen.

3 Urzeit war es,   da Ymir[3] hauste:
   nicht war Sand noch See   noch Salzwogen,
   nicht Erde unten   noch oben Himmel,
   Gähnung grundlos,   doch Gras nirgend.

4 Bis Burs[4] Söhne   den Boden hoben,
   sie, die Midgard[5],   den mächtigen, schufen:
   von Süden schien Sonne   aufs Saalgestein
   grüne Gräser   im Grunde wuchsen.

5 Von Süden die Sonne,   des Monds Gesell,
   rührte mit der Rechten   den Rand des Himmels:
   die Sonne kannte   ihre Säle nicht;
   die Sterne kannten   ihre Stätte nicht;
   der Mond kannte   seine Macht noch nicht.

6 Zum Richtstuhl gingen   die Rater alle,
   heilge Götter,   und hielten Rat:
   für Nacht und Neumond   wählten sie Namen,
   benannten Morgen   und Mittag auch,
   Zwielicht und Abend,   die Zeit zu messen.

---

[1] Menschen. Heimdall ist der Wächter der Himmelsbrücke   [2] Odin   [3] Urriese, aus dessen Gliedern die Welt geschaffen wurde   [4] Vater Odins. Burs Söhne sind Odin, Wili und Wê   [5] die von Menschen bewohnte Erde in der Mitte der Welt. Davon unterschieden Utgard als Wohnsitz der Riesen und Asgard als Wohnsitz der Asen

12 7 Die Asen¹ eilten   zum Idafeld,²
     die Heiligtümer   hoch erbauten;
     sie setzten Herde,   hämmerten Erz;
     sie schlugen Zangen,   schufen Gerät.

  8 Sie pflogen heiter   im Hof des Brettspiels —
     nichts aus Golde   den Göttern fehlte —,
     bis drei gewaltige   Weiber kamen,³
     Töchter der Riesen   aus Thursenheim.

Thor bricht den Vertrag der Götter mit den Riesen und verursacht dadurch den Untergang der Götter. Loki verrät Baldur und wird für diese Meineidstat gefesselt. Es beginnt das Ragnarökr, die Götterdämmerung. Odin fällt im Streit gegen den Fenriswolf, Thor gegen die Midgardschlange. Über die Götter siegen die Riesen, die Weltenesche Yggdrasil verbrennt, die Erde sinkt ins Meer.

 44 Die Sonne verlischt,   das Land sinkt ins Meer;
     vom Himmel stürzen   die heitern Sterne.
     Lohe umtost   den Lebensnährer;
     hohe Hitze   steigt himmelan.

 45 Gellend heult Garm⁴   vor Gnipahellir:
     es reißt die Fessel,   es rennt der Wolf.
     Vieles weiß ich,   Fernes schau ich:
     der Rater Schicksal,   der Schlachtgötter Sturz.

 46 Seh aufsteigen   zum andern Male
     Land aus Fluten,   frisch ergrünend:
     Fälle schäumen;   es schwebt der Aar,
     der auf dem Felsen   Fische weidet.

 47 Auf dem Idafeld   die Asen sich finden
     und reden dort   vom riesigen Wurm
     und denken da   der großen Dinge
     und alter Runen   des Raterfürsten.

---

¹ Das Göttergeschlecht der Burssöhne, die Ymir erschlagen und die damit die Feindschaft zwischen Göttern und Riesen gestiftet haben. Die germanischen Götter sind übermächtige, aber doch menschlich gedachte Wesen. Es werden zwei Sippen von Göttern unterschieden: die Asen oder Ansen (vgl. Ansgar, Oskar) und die Vanen. Die einen stellen das Helle, Aufbauende, die anderen das Kämpferische, Trotzige dar   ² die Ebene, auf der die Götterburg errichtet wird   ³ die drei Nornen aus Thursenheim, dem Land der Riesen. Die Nornen weben das Schicksal, dem weder Götter noch Menschen entrinnen können   ⁴ Höllenhund, der am Eingang zur Hel, Gnipahellir, liegt

48 Wieder werden die wundersamen
goldnen Tafeln im Gras sich finden,
die vor Urtagen ihr eigen waren.

49 Unbesät werden Äcker tragen;
Böses wird besser: Balder kehrt heim;
Hödur und Balder hausen in Walhall
froh, die Walgötter[1] wißt ihr noch mehr?

50 Den Loszweig heben wird Hönir dann;
es birgt beider Brüder Söhne
das weite Windheim[2] wißt ihr noch mehr?

51 Einen Saal seh ich sonnenglänzend,
mit Gold gedeckt, zu Gimle[3] stehn:
wohnen werden dort wackre Scharen,
der Freuden walten in fernste Zeit.

52 Der düstre Drache tief drunten fliegt,
die schillernde Schlange aus Schluchtendunkel.
Er fliegt übers Feld; im Fittich trägt
Nidhögg[4] die Toten: nun versinkt er.

Übertragen von Felix Genzmer

---

[1] Schlachtengötter, die neuen Götter, die nach der Götterdämmerung nicht mehr in Asgard, sondern in Walhall wohnen   [2] Himmel   [3] wörtlich „Edensteindach", hier der neue Göttersaal, Walhall, der durch Feuer nicht zerstört werden kann   [4] der feindlich Beißende, ein Drache

14 EDDA

Das alte Sigurdlied

Sigurd der Drachentöter hat Schwurbruderschaft mit Gunnar und Högni, den Söhnen Gjukis, geschlossen und hat ihre Schwester Gudrun zum Weibe bekommen. Gunnar beschließt, um Brünhild zu werben, die geschworen hat, nur den Besieger ihrer Waberlohe zu nehmen. Sigurd verspricht seine Hilfe. Vergeblich versucht Gunnar, durch die Flammen zu reiten; als ihm Sigurd sein Roß leiht, geht dieses unter ihm nicht vorwärts. Da tauscht Sigurd mit Gunnar die Gestalt.

1   Der Brand raste,   der Boden wankte;
    hohe Lohe   zum Himmel stieg.
    Keiner wagte   von des Königs Recken
    hindurch zu reiten,   drüber zu setzen.

2   Sigurd Grani   mit Gram spornte;
    die Rüstung blinkte,   die Regin schlug;
    das Feuer erlosch   dem Fürstensohn;
    die Lohe wich   dem Wagefrohen.

Sigurd tritt ein und nennt sich Gunnar. Brünhild ist enttäuscht und bekümmert. Aber getreu ihrem Schwur willigt sie in die Ehe ein und teilt drei Nächte das Lager mit ihm. Er legt sein blankes Schwert zwischen beide und sagt auf ihre Frage, was das bedeute, ihm sei bestimmt, so seine Vermählung zu begehen oder zu sterben. Sie wechseln die Ringe. Dann reitet er zurück und tauscht wieder mit Gunnar die Gestalt. Sie ziehen an den Königshof. Brünhildens Ring gibt Sigurd seinem Weibe Gudrun.
Über Jahr und Tag, beim Baden im Fluß, streiten Gudrun und Brünhild über den Vorrang ihrer Männer. Gudrun enthüllt der Gegnerin, daß Sigurd es war, der die Lohe durchschritt und ihr Lager teilte, und überführt sie mit dem Ringe. Brünhild erbleicht, als wenn sie tot wäre, und redet an dem Tage kein Wort. Als Gunnar sie nach ihrem Leide fragt, sagt sie, jetzt wisse sie alles. Sigurd aber habe sie und ihn betrogen, als er ihr Lager teilte; sie wolle nicht zwei Männer haben in einer Halle. „Sigurd muß sterben oder du oder ich." Gunnar entschließt sich, Sigurd zu verderben. Als er es seinem Bruder Högni sagt, spricht dieser:

3   „Wofür ist Sigurd   dir Sühne schuldig,
    daß du den Tod   des Tapferen willst?

GUNNAR: „Der Held schwur mir   heilige Eide,
    heilige Eide   und hielt keinen;
    Aller Eide   ewiger Hort
    sollte er sein   und sann auf Trug!"

5 HÖGNI: „Brünhild hat dir   zu böser Tat
    Haß entzündet,   Harm zu wecken:
    Gudrun gönnt sie   den Gatten nicht;
    Nicht will sie dir   als Weib gehören."

6   Sie schnitten den Wurm, sie schmorten den Wolf,
    sie gaben vom Wolf Guttorm[1] zu essen,
    eh sie vermochten, meintatlüstern,
    an den klugen Helden Hand zu legen.

7   Erschlagen ward Sigurd südlich vom Rhein;
    vom Baume rief der Rabe laut:
    „An euch wird Atli[2] Eisen röten;
    der Meineid muß die Mörder fällen."

8   Draußen stand Gudrun, Gjukis[3] Tochter;
    und also war ihr erstes Wort:
    „Wo habt ihr Sigurd, den Heldenfürsten,
    da Gjukis Erben als erste reiten?"

9   (Alle schwiegen bei ihren Worten;)
    einzig Högni da Antwort gab:
    „Nieder hieben den Helden wir;
    der Hengst neigt das Haupt auf des Herrn Leiche."

10 Da lachte Brünhild zum letzten Mal –
    das Haus hallte – aus Herzensgrund:
    „Lange waltet der Lande und Degen,
    da den kühnen Fürsten ihr fallen ließt!"

11 Da sprach Gudrun, Gjukis Tochter:
    „Furchtbar sprichst du, Frevelworte;
    Geistern verfalle Gunnar, der Mörder!
    Rache werde ruchloser Tat!"

12 Da sprach Brünhild, Budlis Tochter:
    „Wohl nun waltet der Waffen und Lande!
    Sigurds Eigen war alles bald,
    ließt ihr länger am Leben ihn.

13 Schande wär' es, schaltete er
    über Gjukis Gut und der Goten[4] Schar,
    hätte fünf Söhne zu Siegestaten,[5]
    kampfgierige, der König gezeugt."

---

[1] Bruder Gunnars und Högnis   [2] Hunnenkönig   [3] Der Stammvater seines Geschlechts
[4] hier: Helden   [5] d. h.: hätte Sigurd ihm gleicher Söhne erlebt, so wäre er der wahre Herrscher über Gjukis Erbe geworden

Germanische Frühzeit: Werbungssage und Heldenlied

16   14   Finstre Nacht wars,   viel war getrunken,
                frohe Reden   geführt waren
                Alle schliefen,   auf ihrem Lager — —
                einzig Gunnar   von allen wachte.

      15   Er regte den Fuß,   er redete viel;
                denken mußte   der Degen immer,
                was Rabe und Aar   gerufen hatten,
                hoch vom Baume,   als sie heimritten.

      16   Wach ward Brünhild,   Budlis Tochter,
                die Fürstenmaid,   früh vor Tage:
                „Reizt oder wehrt —   Weh ist geschehn —,
                Leid zu sagen   oder es so zu lassen!"

      17   Alle schwiegen   bei ihren Worten;
                wenige verstanden   solch weibisches Tun
                als weinend sie   das Werk erzählte,
                zu dem sie lachend   die Degen verlockt.

      18   BRÜNHILD: „Schrecken schaut ich   im Schlaf, Gunnar:
                kalt war der Saal,   klamm mein Lager;
                du, Fürst, rittest,   des Frohsinns bar,
                die Fessel am Fuß,   ins Feindesheer.

      19   So wird vernichtet   der Nibelunge
                mächtiger Stamm: Meineid schwurt ihr.

      20   So ganz, Gunnar,   vergaßest du,
                daß ihr Blut in die Spur[1]   beide träuftet!
                Übel hast du   ihm alles gelohnt,
                der als erster sich   immer bewährt.

      21   Als der Recke kühn   geritten kam,
                zu werben um mich,   da ward es kund,
                wie fest den Eid   der Volksschirmer
                gehalten hatte   dem jungen Herrscher.

      22   Den Wundzweig[2] legte,   umwirkt mit Gold,
                der ziere Fürst   zwischen uns beide.
                Die Schneiden waren außen   geschärft in Glut,
                innen aber   geätzt mit Gift."

                                                                    Übertragen von Felix Genzmer

---

[1] Man schließt Schwurbrüderschaft, indem man Blut in die Fußspur träufeln läßt   [2] Dichterische Umschreibung (Kenning) für „Schwert". Der Schluß des Liedes fehlt. Wahrscheinlich berichtet er vom Freitod Brünhilds.

WIENER GENESIS ›Die Vertreibung aus dem Paradies‹, um 550

Der Evangelist Lukas aus dem
Evangeliar Ottos III.,
Reichenauer Miniatur um 1000

UNBEKANNT
Der erste Merseburger Zauberspruch

    Eiris sazun idisi,   sazun hera duoder,
    suma hapt heptidun,   suma heri lezidun,
    suma clubodun   umbi cuoniouuidi:
    insprinc haptbandun,   inuar uigandun!

Einstmals setzten sich Idise[1], setzten sich hierhin, dorthin und dahin, manche Hafte hefteten, manche lähmten das Heer, manche klaubten um heilige Fesseln[2]: entspring den Haftbanden, entfahr den Feinden!

                           Übertragen von Friedrich von der Leyen

Der zweite Merseburger Zauberspruch

    Phol ende Uudan   uuorun zi holza,
    du uuart demo Balderes uolon sin   uuoz birenkit.
    thu biguol en Sinthgunt,   Sunna era suister;
    thu biguol en Friia,   uolla era suister;
    thu biguol en Uuodan,   so he uuola conda:
    sose benrenki,   sose bluotrenki,
    sose lidirenki:
    ben zi bena,   bluot zi bluoda,
    lid zi geliden,   sose gelimida sin.

Vol und Wodan ritten in den Wald. Da ward dem Fohlen Balders sein Fuß verrenkt. Da besprach ihn Sinthgunt, (und) Sonne, ihre Schwester. Da besprach ihn Frija, (und) Volla, ihre Schwester, da besprach ihn Wodan, der es wohl konnte, wie die Beinrenke, so die Blutrenke, so die Gliedrenke: Bein zu Bein, Blut zu Blut, Glied zu Glied, als ob sie geleimt sei'n!

                           Übertragen von Friedrich von der Leyen

---

[1] zauberstarke Schlachtjungfrauen, den Walküren verwandt. [2] es sind die Fesseln aus Eichenzweigen, mit denen der Priester oder König die Gefangenen umwindet, die als Opfer für die Götter bestimmt sind; diese Fesseln lockern die Idise

18 UNBEKANNT
Das Hildebrandslied

Ik gihôrta ðat seggen,
ðat sih urhêttun   ænon muotîn,
Hiltibrant enti Haðubrant   untar heriun tuêm
sunufatarungo: iro saro rihtun,
garutun se iro gûðhamun,   gurtun sih iro suert ana,
helidos, ubar hringâ,   dô sie tô dero hiltiu ritun.
Hiltibrant gimahalta,   her uuas hêrôro man,
ferahes frôtôro;   her frâgên gistuont
fôhêm uuortum,   hwer sîn fater wâri
fireo in folche,. . . . .
. . . . 'eddo hwelîhhes cnuosles dû sîs.
ibu dû mî ênan sagês,   ik mî dê ôdre uuêt,
chind, in chunincrîche: chûd ist mir al irmindeot.'
Hadubrant gimahalta,   Hiltibrantes sunu:
'dat sagêtun mî   ûsere liuti,
alte anti frôte,   dea êrhina wârun,
dat Hiltibrant hætti mîn fater: ih heittu Hadubrant.
forn her ôstar giweit,   flôh her Ôtachres nîd,

Ich hörte das sagen,
daß sich ausforderten   einzeln bei der Begegnung
Hildebrand und Hadubrand   zwischen den Heeren beiden,
Vater und Sohn.   Sie sahen nach ihrer Rüstung,
bereiteten ihre Brünnen,   banden sich ihre Schwerter um,
die Helden, über die Ringe,   da sie ritten zu jenem Kampf.
Hildebrand anhub,   er war der ältere Mann,
des Lebens erfahrener,   zu fragen begann er
mit wenigen Worten,   wer da wäre sein Vater
im Heervolk der Helden . . . . . .
. . . . . . „Oder welches Geschlechtes du seist?
Wenn du mir einen sagst,   ich mir die andern weiß,
Kind, im Königreiche   kenn ich doch allen Adel!"
Hadubrand antwortete,   Hildebrands Sohn:
„Das haben gesagt mir   Leute von uns hier,
alte und kluge,   die einstmals lebten,
daß Hildebrand hieße mein Vater: ich heiße Hadubrand.
Vordem er ostwärts ritt,   floh vor Otachers Wut

hina miti Theotrîhhe,   enti sînero degano filu.
her furlaet in lante   luttila sitten
prût in bûre,   barn unwahsan,
arbeo laosa: her raet ôstar hina.
sîd Dêtrîhhe   darbâ gistuontun
fateres mînes: dat uuas sô friuntlaos man.
her was Ôtachre   ummet tirri,
degano dechisto   miti Deotrîchhe.
her was eo folches at ente: imo was eo fehta ti leop:
chûd was her . . . . . chônnêm mannum.
ni wâniu ih iû lib habbe' . . . . .

wêttu irmingot [quad Hiltibrant]   obana ab hevane;
dat dû neo dana halt mit sus sippan man
dinc ni gileitôs' . . . . .
want her dô ar arme   wuntane baugâ,
cheisuringu gitân,   sô imo se der chuning gap,
Hûneo truhtîn;   'dat ih dir it nû bî huldi gibu.'

Hadubrant gimahalta,   Hiltibrantes sunu:
'mit gêru scal man   geba infâhan,

---

hin zu Dietrich   und seiner Degen vielen.
Da ließ er im Lande   verlassen zurück
sein junges Weib im Haus,   unerwachsen das Kind,
des Erbes verwaist;   er ritt ostwärts fort,
weil nun Dietrich   zu darben begann
nach meinem Vater;   er war doch ein so freundloser Mann!
Auf Otacher war er unmäßig ergrimmt,
aber bei Dietrich   der Degen liebster.
Er war immer dem Volke voran,   ihm war Fechten zur Lust.
Kund war er   kühnen Männern.
Ich glaube nicht, daß er noch lebt . . .''

„Nun helfe mir Gott (sprach Hildebrand)   vom Himmel droben.
daß du trotzdem nicht mit so nahe Versipptem
Verhandlung je führtest . . .''
Da wand er vom Arme   gewundene Baugen
aus Kaisergold,   so wie sie jener König ihm gab,
der Hunnen Herr: „Daß ich dir es in Huld nun gebe!''

Hadubrand sprach,   Hildebrands Sohn:
„Mit dem Gere soll man   Gaben empfangen,

20   ort widar orte. . . . . .
dû bist dir altêr Hûn,   ummet spâhêr,
spenis mih mit dînêm wortun,   wili mih dînu speru werpan.
pist alsô gialtêt man,   sô dû êwîn inwit fuortôs.
dat sagêtun mî   sêolîdante
westar ubar wentilsêo,   dat inan wîc furnam:
tôt ist Hiltibrant,   Heribrantes suno.'

Hiltibrant gimahalta,   Heribrantes suno:
'wela gisihu ih in dînêm hrustim,
dat dû habês hême hêrron gôten,
dat dû noh bi desemo rîche   reccheo ni wurti.
welaga nû, waltant got,   wêwurt skihit.
ih wallôta sumaro enti wintro   sehstic ur lante,
dâr man mih eo scerita   in folc sceotantero:
sô man mir at burc ênîgerû   banun ni gifasta,
nû scal mih suâsat chind   suertu hauwan,
bretôn mit sînu billiu,   eddo ih imo ti banin werdan.
doh maht dû nû aodlîhho,   ibu dir dîn ellen taoc,
in sus hêremo man   hrusti giwinnan,
raubâ birahanen,   ibu dû dâr ênîc reht habês.

Spitze wider Spitze . . .
Du scheinst mir, alter Hunne,   ein übermäßig Schlauer,
lockst mich mit deinen Worten,   willst mich mit deiner Lanze werfen.
So alt wie du bist,   so viel Erzbetrug führst du.
Das haben gesagt mir   Seefahrende hier
westwärts übers Wendelmeer,   daß ihn wegnahm ein Kampf:
Tot ist Hildebrand,   Herebrands Sohn."

Hildebrand sprach,   Herebrands Sohn:
„Wohl erseh ich an deiner Rüstung,
daß du hast daheim   einen Herrn, einen edlen,
daß dich dieses Reiches König   nicht als Recken vertrieb.
Wohlan nun, waltender Gott,   Wehgeschick vollzieht sich.
Ich wallte der Sommer und Winter   sechzig außer Landes,
wo man immer mich fand   im Volke der Krieger
und bei keiner Stadt doch starb ich des Todes.
Nun soll mich der eigene Sohn   mit dem Eisen zerhauen,
treffen mit seinem Schwerte,   oder aber ich erschlage ihn selbst.
Doch leichthin kannst du,   wenn dir deine Kraft dazu taugt,
mir altem Mann   abjagen die Waffen,
die Rüstung rauben,   wenn du ein Recht dazu hast.

Germanische Frühzeit: Ehr- und Schicksalsbegriff

der sî doh nû argôsto   ôstarliuto,
der dir nû wîges warne,   nû dih es sô wel lustit,
gûdea gimeinûn: niuse dê môtti,
hwerdar sih hiutu   dero hregilo rûmen muotti,
erdo desero brunnôno   bêdero uualtan.'
dô lêttun se ærist   asckim scrîtan,
scarpen scûrim: dat in dêm sciltim stônt.
dô stôptun tô samane   staimbortchludun,
hewun harmlîcco   huîtte scilti,
unti im iro lintûn   luttilo wurtun,
giwigan miti wâbnum..........

Der soll doch der ärgste   der Ostleute sein,
der dir nun weigert den Kampf,   wenn's dich so wohl danach lüstet,
den gemeinsamen Zweikampf: wenn du mußt, so versuch's,
wer von uns seine Rüstung   räumen heut soll
oder über diese Brünnen   beide walten!"

Da ritten sie erst mit den Eschenschäften zusammen,
in scharfen Schauern,   daß in den Schilden es stand.
Dann stapften zusammen   die Starken im Fußkampf (?),
zerhieben harmlich   die hellen Schilde,
bis ihnen die lindenen   lützel wurden,
zerwirkt von den Waffen...

                          Übertragen von Hans Naumann

UNBEKANNT

Aus dem Jüngeren Hildebrandslied (13. Jh.)

16 „Ach vater, liebster vater min,   die wunden die ich dir han geschlagen,
    die wolt ich dristunt lieber   in minem houpte tragen."
„nun schwig, lieber sun,   der wunden wirt gut rat,
sid das uns got al beide   zusamen gefüget hat."

UNBEKANNT
Das Wessobrunner Gebet

    Dat gafregin ih mit firahim   firiuuizzo meista,
    Dat ero ni uuas   noh ufhimil,
    noh paum ... noh pereg ni uuas,
    ni ... nohheinig   noh sunna ni scein,
    noh mano ni liuhta,   noh der mareo seo.
    Do dar niuuiht ni uuas   enteo ni uuenteo,
    enti do uuas der eino   almahtico cot,
    manno miltisto,   enti dar uuarun auh manake mit inan
    cootlihhe geista.   enti cot heilac ...

Cot almahtico, du himil enti erda gauuorahtos, enti du mannun so mannac coot forgapi, forgip mir in dino ganada rehta galaupa enti cotan uuilleon, uuistom enti spahida enti craft, tiuflun za uuidarstantanne enti arc za piuuisanne enti dinan uuilleon za gauurchanne.

    Das erfuhr ich bei den Menschen als der Wunder größtes,
    daß die Erde nicht war noch das Himmelsgewölbe,
    noch irgendein Baum noch Berg nicht war,
    noch die Sonne nicht schien, noch der Mond nicht leuchtete,
    noch das glänzende Meer.
    Als da nichts war an Enden und Wenden,
    da war der eine allmächtige Gott,
    der Männer mildester, und da waren auch viele mit ihm,
    gute Geister, und der heilige Gott ...

Allmächtiger Gott, der du Himmel und Erde gewirkt hast, und der du den Menschen so viel Gutes gegeben hast, verleihe mir rechten Glauben in deine Gnade und guten Willen, Weisheit und Klugheit und Kraft, den Teufeln zu widerstehen und das Böse zu meiden und deinen Willen zu wirken.

                                                      Übertragen von Josef Dünninger

Christliche Stabreimdichtung: Schicksal der Seele und der Welt. Jüngstes Gericht

UNBEKANNT

Muspilli

   Uuanta sar so sih diu sela   in den sind arheuit,
   enti si den lihhamun   likkan lazzit,
   so quimit ein heri   fona himilzungalon,
5 daz andar fona pehhe: dar pagant siu umpi.
   sorgen mac diu sela,   unzi diu suona arget,
   za uuederemo herie   si gihalot uuerde.
   uuanta ipu sia daz Satanazses   kisindi kiuuinnit,
   daz leitit sia sar   dar iru leid uuirdit,
10 in fuir enti in finstri: daz ist rehto uirinlih ding.
   upi sia auar kihalont die   die dar fona himile quemant,
   enti si dero engilo   eigan uuirdit,
   die pringent sia sar   uf in himilo rihi:
   dar ist lip ano tod,   lioht ano finstri,
15 selida ano surgun: dar nist neoman siuh.

   Daz hort ih rahhon dia   uueroltrehtuuison,
   daz sculi der antichristo   mit Eliase pagan.
   der uuarch ist kiuuafanit,   denne uuirdit untar in uuic arhapan.
40 khenfun sint so kreftic,   diu kosa ist so mihhil.
   Elias stritit   pi den euuigon lip,

      Denn stracks, wenn die Seele   in ihre Straße sich aufhebt
      Und sie den Leichnam   liegen lässest,
      Da kommt ein Heer   von Himmelslichtern,
     5 Ein andres von Peche,   die packen sich gleich an.
      Sorgen trag die Seele,   bis die Sühne angeht,
      Zu welchem Heer   sie geholet werde.
      Denn wenn des Satans   Gesind sie gewinnet,
      Das leitet sie stracks   hin, wo es ihr leid wird,
    10 In Feuer und Finstres,   da ist friedloses Richten.
      Wenn sie aber holen die,   die hernieder vom Himmel kommen,
      Und sie der Engel   eigen wird,
      Die tragen sie stracks   auf ins Himmelreich.
      Da ist Leben ohne Tod,   Licht ohne Finstres,
    15 Seligsein ohne Sorgen,   da ist niemand siech.

      Das hört ich wahrsagen   die besten Weltweisen,
      Daß der Antichrist solle   mit Elias sich schlagen.
      Der Wolf ist gewaffnet,   da der Kampf erwachet.
    40 Die Streiter sind so stark,   die Sache so wichtig.
      Elias kämpft   für das ewige Leben,

24   uuili den rehtkernon   daz rihhi kistarkan:
      pidiu scal imo helfan   der himiles kiuualtit.
      der antichristo   stet pi demo altfiante,
   45 stet pi demo Satanase,   der inan uarsenkan scal:
      pidiu scal er in deru uuicsteti   uunt piuallan
      enti in demo sinde   sigalos uuerdan.
      doh uuanit des uilo gotmanno,
      daz Elias in demo uuige   aruuartit uuerde.
   50 so daz Eliases pluot   in erda kitriufit,
      so inprinnant die perga,   poum ni kistentit
      enihc in erdu,   aha artruknent,
      muor uarsuuilhit sih,   suilizot lougiu der himil,
      mano uallit,   prinnit mittilagart,
   55 sten ni kistentit.   uerit denne stuatago in lant,
      uerit mit diu uuiru   uiriho uuison:
      dar ni mac denne mak andremo   helfan uora demo muspille.
      denne daz preita uuasal   allaz uarprinnit,
      enti uuir enti luft   iz allaz arfurpit,
   60 uuar ist denne diu marha,   dar man eo mit sinen magen piehc?
      diu marha ist farprunnan,   diu sela stet pidungan,
      nieuueiz mit uuiu puaze: so uerit si za uuize.

   Will den Rechtgläubigen   das Reich erhalten,
   Dazu soll ihm helfen   des Himmels Gewalt.
   Der Antichrist steht   bei dem Altfeinde,
45 Steht bei dem Satanas,   der ihn versenken wird.
   Denn er wird auf dieses Weichbild   wund hinsinken
   Und an dieser Stelle   sieglos werden.
   Doch wähnen auch wohl   wackere Gottesweise,
   Daß Elias in diesem Strcite   zerstoßen werde.
50 Wenn des Elias Blut   auf die Erde abträuft,
   So entbrennen die Berge,   kein Baum bleibt stehen,
   Wo in der Weite   die Wasser vertrocknen,
   Das Moor verschwindet ganz,   die Lohe schwält gen Himmel,
   Mond fällt nieder,   Mittelgard brennt,
55 Stein bleibt nicht stehen.   Straftag ins Land
   Fährt mit Feuer,   das Fleisch zu finden.
   Da kann Mann nicht dem Manne   helfen vom Muspilli.
   Wenn der breite Wasen   all verbrennet,
   Wenn Feuer und Luft   alles hinfegt,
60 Wo bleibt dann der Feldrand,   drum wer stritt mit seinen Vettern?
   Der Feldrand ist verschwunden,   die Seele steht in Kummer,
   Sieht nicht, wie sie büße,   so fährt sie zur Sühne.

                              Übertragen von Karl Wolfskehl und Friedrich von der Leyen

HELIAND
Eingang

¹ Manega uuâron, the sia iro môd gespôn,
 that sia bigunnun reckean that girûni, that thie rîceo Crist
 undar mancunnea mâriđa gifrumida
 mid uuordun endi mid uuercun. That uuolda thô uuîsara filo
⁵ liudo barno loƀon, lêra Cristes,
 hêlag uuord godas, endi mid iro handon scrîƀan
 berehtlîco an buok, huô sia is gibodscip scoldin
 frummian, firiho barn. Than uuârun thoh sia fiori te thiu
 under thera menigo, thia habdon maht godes,
¹⁰ helpa fan himila, hêlagna gêst,
 craft fan Criste, — sia uurđun gicorana te thio,
 that sie than êuangelium ênan scoldun
 an buok scrîƀan endi sô manag gibod godas,
 hêlag himilisc uuord: sia ne muosta heliđo than mêr,
¹⁵ firiho barno frummian, neuan that sia fiori te thio
 thuru craft godas gecorana uurđun,
 Matheus endi Marcus, — sô uuârun thia man hêtana —
 Lucas endi Iohannes; sia uuârun gode lieƀa,
 uuirđiga ti them giuuirkie. Habda im uualdand god,
²⁰ them heliđon an iro hertan hêlagna gêst

---

¹ Schon viele fühlten Lust und Verlangen,
 Zu verkünden das Geheimnis, das der herrschende Christ
 Unter den Erdenbewohnern vollendet
 Mit Worten und Werken. Das wollten da weiser
⁵ Leute Kinder loben, die Lehre Christi,
 Das heilige Wort Gottes, und mit Händen es schreiben
 Klar in ein Buch, wie sie sollten seinen Geboten
 Folgen, die Menschenkinder. Vier in der Menge
 Hatten dazu Hilfe vom Himmel,
¹⁰ Macht von Gott und heiligen Geist,
 Kraft von Christus, dazu erkoren,
 Allein die Lehre der frohen Botschaft
 In ein Buch zu schreiben und Gottes Gebote,
 Heilige, himmlische Worte. Kein anderer durfte
¹⁵ Der Menschenkinder, das mehr, nur diese vier
 Wurden erkoren durch Gottes Kraft.
 Matthäus und Markus, so hießen die Männer,
 Lukas und Johannes; sie waren Gott lieb,
 Würdig dem Werke. Der waltende Gott hatte
²⁰ Den Helden ins Herz heiligen Geist

26 fasto bifolhan   endi ferahtan hugi,
    sô manag uuîslîk uuord   endi giuuit mikil,
    that sea scoldin ahebbean   hêlagaro stemnun
    godspell that guoda,   that ni habit ênigan gigadon huergin,
 25 thiu uuord an thesaro uueroldi,   that io uualdand mêr,
    drothin diurie   eftho derbi thing,
    firinuuerc fellie   eftho fiundo nîđ,
    strîd uuiđerstande —,   huand hie habda starkan hugi,
    mildean endi guodan,   thie thes mêster uuas,
 30 ađalordfrumo   alomahtig.
    That scoldun sea fiori thuo   fingron scrîban,
    settian endi singan   endi seggian forđ, ...

   Fest befohlen und klugen Sinn,
   Gar weise Worte und großes Wissen,
   Anzuheben mit heiliger Stimme
   Die herrliche Kunde von Gott, ohnegleichen
 25 In Worten dieser Welt, die immer den waltenden
   Herrscher verherrlichten, und tückische Tat,
   Frevelwerk zu Fall brächten, und der Feinde Drohen
   Im Streit widerstünden; denn es hatte starken Sinn,
   Milden und guten, welcher sein Meister war,
 30 Der edle Schöpfer, der alles vermag.
   Das sollten sie vier da mit Fingern schreiben,
   Setzen und singen und weiter sagen, ...

Weltuntergang

    (LI.) . . . . . Thô the rîkio sprac
    hêr hebencuning — hôrdun the ôđra, ...
4280 »ik mag iu gitellien«, quađ he,   »that noh uuirđid thiu tîd kumen,
    that is afstanden ni scal   stên obar ôđrumu,
    ac it fallid ti foldu   endi fiur nimid,
    grâdag logna,   thoh it nu sô gôdlîc si,
    sô uuîslîco giuuarht,   endi sô dôd all thesaro uueroldes giscapu,
4285 teglîdid grôni uuang.«   Thô gengun imu is iungaron tô,

   LI. Da sagte der Herr,
      Der hohe Himmelskönig, die andern hörten es:
 4280 „Ich will euch erzählen, daß die Zeit wird kommen,
      Wo nicht stehen bleibt ein Stein auf dem andern,
      Er fällt zu Boden, und Feuer faßt ihn,
      Gierige Lohe, obgleich er so stattlich jetzt ist,
      So weislich gewirkt, und ebenso geht es allem,
 4285 Die grüne Au vergeht." Da gingen die Jünger zu ihm

frâgodun ina sô stillo: »huô lango scal standen noh«, quâdun sie,
»thius uuerold an uunniun, êr than that giuuand kume,
that the lasto dag liohtes skîne
thurh uuoleanskion, eftho huan is thîn eft uuân kumen
4290 an thene middilgard, manno cunnie
te adêlienne, dôdun endi quikun?
frô mîn gôdo, ûs is thes firiuuit mikil,
uualdandeo Krist, huan that giuuerđen sculi.«

(LII.) Thô im anduuordi alouualdo Krist
4295 gôdlic fargaf them gumun selƀo:
»that haƀad sô bidernid«, quađ he, »drohtin the gôdo
iac sô hardo farholen himilrîkies fader,
uualdand thesaro uueroldes, sô that uuiten ni mag
ênig mannisc barn, huan thiu mârie tîd
4300 giuurđid an thesaro uueroldi, ne it ôk te uuâran ni kunnun
godes engilos, tie for imu geginuuarde
simlun sindun: sie it ôk giseggian ni mugun
te uuâran mid iro uuordun, huan that giuuerđen sculi,
that he uuillie an thesan middilgard, mahtig drohtin,
4305 firiho fandon. Fader uuêt it êno
hêlag fan himile: elcur is it biholen allun,

    Und fragten ihn im geheimen: „Wie lange hält sie noch
    Diese wonnige Welt, eh' die Wende kommt,
    Daß der letzte Tag des Lichtes scheint
    Durch den Wolkenhimmel? Oder wann wirst du wiederkommen
4290 Auf diesen Mittelraum, den Geschlechtern der Menschen
    Gericht zu erteilen, Toten und Lebendigen?
    Mein guter Herr, wir begehren zu hören,
    Waltender Christ, wann das werden soll."

LII. Da gab der gütige allwaltende Christ
4295 Seinen Gesellen die Antwort also:
    „Das hält verborgen der gute Herr,
    Verhohlen hält es des Himmelreiches Vater,
    Der Walter dieser Welt, das weiß nicht einer
    Der Staubgebornen, wann die herrliche Stunde
4300 In der Welt sich vollzieht. Auch wissen es wahrlich nicht
    Gottes Engel, die immer um ihn
    Gegenwärtig sind; sie selber sogar
    Wissen es nicht, wann es geschehen soll,
    Daß er in diesem Mittelraum, der mächtige Herr,
4305 Die Völker heimsuche. Der Vater weiß es allein,
    Der heilige im Himmel, sonst bleibt verborgen

28   quikun endi dôdun,   huan is kumi uuerđad.
     Ik mag iu thoh gitellien,   huilic hêr têcan biforan
     giuuerđad uunderlîc,   êr than he an these uuerold kume
  4310 an themu mâreon daga: that uuirđid hêr êr an themu mânon skîn
     iac an theru sunnun sô same;   gisuerkad siu bêđiu,
     mid finistre uuerđad bifangan;   fallad sterron,
     huît heḃentungal,   endi hrisid erđe,
     biḃod thius brêde uuerold — uuirđid sulicaro bôkno filu —:
  4315 grimmid the grôto sêo,   uuirkid thie geḃenes strôm
     egison mid is ûđiun   erđbûandiun.
     Than thorrot thiu thiod   thurh that gethuing mikil,
     folc thurh thea forhta: than nis friđu huergin,
     ac uuirđid uuîg sô maneg   oḃar these uuerold alla
  4320 hetelîc afhaben,   endi heri lêdid
     kunni oḃar ôđar: uuirđid kuningo giuuin,
     meginfard mikil: uuirđid managoro qualm
     open urlagi   — that is egislîc thing,
     that io sulik morđ sculun   man afhebbien —,
  4325 uuirđid uuôl sô mikil   oḃar these uuerold alle,
     mansterḃono mêst,   thero the gio an thesaru middilgard
     suulti thurh suhti: liggiad seoka man,

     Lebenden und Toten der Tag seines Kommens.
     Doch erzählen will ich euch, welche Zeichen
     Sich vorher wundersam vollziehen, eh' er in diese Welt kommt
  4310 An dem mächtigen Tage; das wird am Monde kund
     Und an der Sonne, schwarz werden beide,
     Finsternis befällt sie, die Sterne stürzen hernieder,
     Die hellen Himmelslichter, der Boden birst,
  4315 Die große See ergrimmt, des Meeres Strom macht
     Schrecken mit seinen Wogen den Erdenbewohnern.
     Die breite Welt bebt. Viel solcher Zeichen sind:
     Dann verdorrt das Volk in der furchtbaren Not,
     Furcht befällt es, aber nirgend ist Friede,
     Waffenkampf wird über die Welt
  4320 Heiß erhoben, Heer auf Heer
     Rückt ins Feld, Fürsten befehden sich
     In mächtiger Heerfahrt, Männer morden sich,
     Offen wütet der Krieg; o Angst und Graun,
     Daß Menschen sich müssen also morden!
  4325 In der weiten Welt rast die Pest,
     Menschen sterben so viel, wie nie auf diesem Mittelraum
     Durch Seuchen verschieden. Rings liegen die Siechen,

driosat endi dôiat　endi iro dag endiad,
fulliad mid iro ferahu; ferid unmet grôt
4330 hungar hetigrim　oƀar heliđo barn,
metigêdeono mêst: nis that minniste
thero uuîteo an thesaru uueroldi, the hêr giuuerđen sculun
êr dômes dage. Sô huan sô gi thea dâdi gisean
giuuerđen an thesaru uueroldi, sô mugun gi than te uuâran farstanden,
4335 that than the lazto dag　liudiun nâhid
mâri te mannun　endi maht godes,
himilcraftes hrôri　endi thes hêlagon kumi,
drohtines mid is diuriđun. Huat, gi thesaro dâdeo mugun
bi thesun bômun　biliđi antkennien:
4340 than sie brustiad endi blôiat　endi bladu tôgeat,
lôf antlûkad,　than uuitun liudio barn,
that than is sân after thiu　sumer ginâhid
uuarm endi uunsam　endi uueder scôni.
Sô uuitin gi ôk bi thesun têknun, the ik iu talde hêr,
4345 huan the lazto dag　liudiun nâhid.
Than seggio ik iu te uuâran, that êr thit uuerold ni môt,
tefaran thit folscepi,　êr than uuerđe gefullid sô,
mînu uuord giuuârod. Noh giuuand kumid

　　Stürzen und sterben und lassen ihr Leben,
　　Ihre Zeit ist erfüllt; dann fährt unmäßig großer
4330 Hunger heißgrimm über die Heldenkinder,
　　Schreckliche Hungersnot: das ist nicht die schwächste
　　Der Strafen in der Welt, die da kommen werden
　　Vor dem Tage des Gerichts. Wenn ihr die Taten seht
　　Auf der Erde werden, dann wisset in Wahrheit,
4335 Daß der letzte Tag den Leuten naht,
　　Der mächtige, den Menschen, und die Macht Gottes,
　　Der Himmelskraft Bewegung, und des Heiligen Kommen,
　　Des Herrn in seiner Herrlichkeit. Von diesen Dingen
　　Könnt ihr an diesen Bäumen ein Bild erkennen:
4340 Wenn sie knospen und blühen und Blätter zeigen,
　　Das Laub sich löst, dann sagen die Leute,
　　Daß nun der Sommer nahe sei,
　　Warm und wonnesam, und schönes Wetter,
　　So zeigen auch die Zeichen, die ich euch nannte,
4345 Wann der letzte Tag den Leuten naht.
　　Dann sag ich euch wahrlich, daß auf der Welt nicht ehe
　　Dies Volk zerfahren wird, bevor sich erfüllt
　　Mein Wort in Wahrheit. Die Wende kommt

30   himiles endi erđun,   endi steid mîn hêlag uuord
   4350 fast forđuuardes   endi uuirđid al gefullod sô,
        gilêstid an thesumu liohte,   sô ik for thesun liudiun gespriku.
        Uuacot gi uuarlîco: iu is uuiscumo
        duomdag the mâreo   endi iuues drohtines craft,
        thiu mikilo meginstrengi   endi thiu mârie tîd,
   4355 giuuand thesaro uueroldes.   Fora thiu gi uuardon sculun,
        that he iu slâpandie   an suefrestu
        fârungo ni bifâhe   an firinuuercun,
        mênes fulle.   Mûtspelli cumit
        an thiustrea naht,   al sô thiof ferid
   4360 darno mid is dâdiun,   sô kumid the dag mannun,
        the lazto theses liohtes,   sô it êr these liudi ni uuitun,
        sô samo sô thiu flôd deda   an furndagun,
        the thar mid lagustrômun   liudi farteride
        bi Nôeas tîdiun,   biûtan that ina neride god
   4365 mid is hîuuiskea,   hêlag drohtin,
        uuiđ thes flôdes farm: sô uuard ôk that fiur kuman
        hêt fan himile,   that thea hôhon burgi
        umbi Sodomo land   suart logna bifeng
        grim endi grâdag,   that thar nênig gumono ni ginas

        Des Himmels und der Erde, aber mein heilig Wort
   4350 Bleibt fest bestehen, und alles erfüllt sich,
        Wird geleistet in diesem Licht, das vor den Leuten ich sprach.
        Nun wacht behutsam! Gewißlich kommt
        Der große Gerichtstag in der Kraft eures Gottes,
        In grausiger Macht und die große Zeit,
   4355 Die Wende dieser Welt; wahrt euch davor,
        Daß sie euch nicht schlafend in des Schlummers Ruh
        Unversehens überfalle bei Untaten,
        Des Frevels voll. Der Weltuntergang kommt
        In düstrer Nacht; wie ein Dieb einherschleicht,
   4360 Seine Taten verbergend, so bricht dieser Tag ein,
        Der letzte dieses Lichtes, eh' einer es ahnt;
        So wie die Flut in den Tagen der Vorzeit,
        Die mit wirbelnden Wogen die Welt verschlang
        Zu Noahs Zeiten; nur ihn rettete Gott
   4365 Mit seinem Hause, der heilige Herr,
        Aus der vorstürmenden Flut. So fiel auch Feuer
        Heiß vom Himmel, als die hohen Burgen
        In Sodomsland schwarze Lohe erfaßte,
        Grimm und gierig, der keiner entging

4370 biûtun Loth êno: ina antlêddun thanen
    drohtines engilos endi is dohter tuâ
    an ênan berg uppen: that ôđar al brinnandi fiur
    ia land ia liudi logna farteride:
    sô fârungo uuarđ that fiur kumen, sô uuard êr the flôd sô samo
4375 sô uuirđid the lazto dag. For thiu scal allaro liudio gehuilic
    thenkean fora themu thinge; thes is tharf mikil
    manno gehuilicumu: bethiu lâtad iu an iuuuan môd sorga.
(LIII.)
    Huand sô huan sô that geuurđid, that uualdand Krist,
    mâri mannes sunu mid theru maht godes,
4380 kumit mid thiu craftu kuingo rîkeost
    sittean an is selƀes maht endi samod mid imu
    alle thea engilos, the thar uppa sind
    hêlaga an himile, than sculun tharod helîđo barn,
    elitheoda kuman alla tesamne
4385 libbeandero liudio, sô huat sô io an thesumu liohte uuarđ
    firiho afôdid. Thar he themu folke scal,
    allumu mankunnie mâri drohtin
    adêlien aftar iro dâdiun. That skêđid he thea farduanan man,
    thea faruuarhton uueros an thea uuinistrom hand:
4390 sô duot he ôk thea sâligon an thea suîđeron half.«

4370 Als Lot allein: ihn führten fort
    Die Engel des Mächt'gen mit beiden Töchtern
    Auf einen Berg, während brennendes Feuer
    Land und Leute lodernd verzehrte.
    So unversehens wie das Feuer, so unversehens wie die Flut
4375 Stürmt der letzte Tag herein. Dessen sollen sich die Leute
    Vor dem Gericht bewußt werden; alle ohne Ausnahme
    Haben das nötig. Darum sorge eure Seele!
LIII.
    Denn wenn das geschieht, daß der waltende Christ,
    Des Menschen Sohn, mit der Macht Gottes
380 Kommt in seiner Kraft, der Könige mächtigster,
    Zu sitzen in seiner Macht, und zusammen mit ihm
    Die Engel alle, die da oben sind,
    Die heiligen, im Himmel, dann sollen der Helden Kinder,
    Die Völker aus der Fremde sich zusammenscharen,
4385 Was an Leuten lebt, was je in diesem Licht
    An Menschen erzeugt ward. Dann wird dieser Menge,
    Allem Menschengeschlechte, der mächtige Herr
    Das Urteil sprechen. Dann scheidet er die Übeltäter,
    Die verworfenen Leute zur linken Hand,
4390 Den Seligen bestimmt er die rechte Seite." Übertragen von Paul Herrmann

32 OTFRID VON WEISSENBURG
Aus dem Evangelienbuch

Cur scriptor hunc librum theotisce dictaverit

1 Vuas líuto filu in flíze, in managemo ágeleize,
   sie thaz in scríp gicleiptin, thaz sie iro námon breittin;
Sie thés in io gilícho flizzun gúallicho,
   in búachon man giméinti thio iro chúanheiti.
5 Tharána dátun sie ouh thaz dúam: óugdun iro wísduam,
   óugdun iro cléini in thes tíhtonnes reini.
Iz ist ál thuruh nót so kléino girédinot
   (iz dúnkal eigun fúntan, zisámane gibúntan),
Sie ouh in thíu gisagetin, thaz then thio búah nirsmáhetin,
10 joh wól er sih firwésti, then lésan iz gilústi.
Zi thiu mág man ouh ginóto mánagero thíoto
   hiar námon nu gizéllen joh súntar ginénnen.
Sar Kríachi joh Románi iz máchont so gizámi,
   iz máchont sie al girústit, so thih es wola lústit;

Warum der Verfasser dieses Buch in der Volkssprache geschrieben hat

   Gar viele haben sich zum Ruhme
   Geschrieben von ihrem Heldentume,
   Dabei gezeigt mit Fleiß und Feinheit
   Ihre Weisheit in des Dichters Reinheit,
5 Wenn sie alles gehörig ausgedrückt,
   Tiefsinnig erdacht und zusammengefügt
   Und wohl besorgt und schön geschrieben
   Für alle, die Bücher zu lesen lieben.
   Manch treffliche Namen sind da zu nennen:
10 Wer sollte nicht Griechen und Römer kennen!
   Bei ihnen ist alles so vollendet und fein
   Ausgearbeitet wie Elfenbein.
   Ihre Taten zu hören schön besungen,
   Das hat den Menschen stets wohl geklungen.

Joseph bei der Darstellung im Tempel ▶
Bronzerelief aus Hildesheim, um 1015

15 Sie máchont iz so réhtaz   joh so fílu slétaz,
      iz ist gifúagit al in éin   selp so hélphantes béin.
   Thie dáti man giscríbe: theist mannes lúst zi líbe;
      nim góuma thera díhta: thaz húrsgit thina dráhta.
   Ist iz prósun slihti: thaz drénkit thih in ríhti;
20   odo métres kleini: theist góuma filu réini.
   Sie dúent iz filu súazi,   joh mézent sie thie fúazi,
      thie léngi joh thie kúrti,   theiz gilústlichaz wúrti.
   Éigun sie iz bithénkit,   thaz síllaba in ni wénkit,
      sies álleswio ni rúachent,   ni so thie fúazi suachent;
25 Joh állo thio zíti   so záltun sie bi nóti;
      iz mízit ana bága   al io súlih waga.
   Yrfúrbent sie iz réino   joh hárto filu kléino,
      selb so mán thuruh nót   sinaz kórn reinot.
   Ouh selbun búah frono   irréinont sie so scóno;
30   thar lisist scóna gilust   ána theheiniga ákust.
   Nu es fílu manno inthíhit,   in sína zungun scríbit,
      joh ílit, er gigáhe,   thaz sínaz io gihóhe:
   Wánana sculun Fránkon   éinon thaz biwánkon,
      ni sie in frékisgon bigínnen,   sie gotes lób singen?

15 Doch achtet auch fein auf der Dichtung Sinn,
   Eurem eigenen Leben zum Gewinn!
   Sei's nun in der Prosa edel und schlicht,
   Oder sei's im künstlich gebauten Gedicht:
   Erquickend ist es wie frischer Trank,
20 So wohl es den Alten zu dichten gelang.
   Wie messen sie zierlich in Längen und Kürzen,
   Mit Wohlklang dem Ohre die Verse zu würzen!
   Die Füße und Silben sind alle gezählet,
   Daß keines zu viel und keines fehlet.
25 Alles ist gesondert und gesäubert fein,
   Es ist wie des Bauern Brotkorn so rein,
   Selbst die heiligen Bücher sind geschrieben und erklärt
   Ohne Fehl und Tadel, wie dein Herz es begehrt.
   Da die Völker ihren Ruhm zu erhöhen stets sinnen,
30 In eigener Zunge zu schreiben beginnen,
   Warum sollten die Franken allein entbehren,
   Gott auf fränkisch zu loben und zu ehren!
   Hat die Sprache so viel Formen und Regeln auch nicht,
   So sagt sie es alles doch schön und schlicht.

◀ Kopf der Uta
   Stifterfigur vom Naumburger Dom, 1250–1260

34
35 Níst si so gisúngan,   mit régulu bithuúngan:
   si hábet thoh thia ríhti   in scóneru slíhti.
Íli thu zi nóte,   theiz scóno thoh gilute,
   joh gótes wizod thánne   tharána scono hélle;
Tház tharana sínge,   iz scóno man ginenne;
40 in themo firstántnisse   wir giháltan sin giwísse;
Thaz láz thir wesan súazi: so mézent iz thie fúazi,
   zít joh thiu régula;   so ist gótes selbes brédiga.
Wil thú thes wola dráhton,   thu métar wolles áhton,
   in thína zungun wirken dúam   joh sconu vérs wolles dúan:
45 Il io gótes willen   állo ziti irfúllen,
   so scribent gótes thegana   in frénkisgon thie regula;
In gótes gibotes súazi   laz gángan thine fúazi,
   ni laz thir zít thes ingán: theist sconi férs sar gidán;
Díhto io thaz zi nóti   theso séhs ziti,
50   thaz thú thih so girústes,   in theru síbuntun giréstes.
Thaz Krístes wort uns ságetun   joh drúta sine uns zélitun –
   bifora lázu ih iz ál,   so ih bi réhtemen scal;
Wánta sie iz gisúngun   hárto in édilzungun,
   mit góte iz allaz ríatun,   in wérkon ouh gizfartun.
55 Theist súazi joh ouh núzzi   inti lérit unsih wízzi,
   hímilis gimácha,   bi thiu ist thaz ánder racha.

---

35 Und wieviel schöner noch soll sie erklingen,
   Wenn von Gottes Gesetz wir in ihr singen!
   Doch was uns von beiden am schönsten deucht,
   Ist, daß uns Gott damit erleucht't.
   Und wie der Verse Regeln und Füße
40 Wird uns Gottes Wort erscheinen gar süße.
   Und wie du eifrig danach trachtest,
   Daß du recht schöne Verse machtest
   Deiner Muttersprache zu hohen Ehren,
   So trachte, wie Gottes Degen es lehren
45 Und es fränkisch jetzt schreiben, Gottes Willen
   Unverdrossen alle Zeit zu erfüllen.
   Das heißt dann schöne Verse gemacht
   Und dabei an des Herren Gesetze gedacht!
   Denn über Christi Worte geht nichts
50 In der edlen Sprache des Berichts
   Seiner Jünger, die von Gott beraten
   Sie sangen und nach ihnen taten.
   Das ist gar köstlich und klug gewesen
   Und lehrt uns wohl das himmlische Wesen.

Übertragen von Richard Fromme

NOKER VON ZWIFALTEN
Memento mori

1 Nu denchent, wib unde man,   war ir sulint werdan.
  ir minnont tisa brodemi   unde wanint iemer hie sin.
  si ne dunchet iu nie so minnesam,   eina churza wila sund ir si han:
  ir ne lebint nie so gerno manegiu zit,   ir muozent verwandelon disen lib.

2 Ta hina ist ein michel menegi;   sie wandan iemer hie sin,
  sie minnoton tisa wencheit,   iz ist in hiuto vil leit.
  si ne duhta sie nie so minnesam,   si habent si ie doh verlazen:
  ich ne weiz, war sie sint gevarn.   got muozze so alle bewarn!

3 Sie hugeton hie ze lebinne,   sie gedahton hin ze varne
  ze der ewigin mendi,   da sie iemer solton sin.
  wie luzel sie des gedahton,   war sie ze iungest varn solton!
  nu habint siu iz bevunden: sie warin gerno erwunden.

4 Paradysum daz ist verro hinnan: tar chom vil selten dehein man,
  taz er het wider wunde   unde er uns taz mare brunge,
  ald er iu daz gesageti,   weles libes siu dort lebetin.
  sulnd ir iemer da genesen,   ir muozint iu selbo die boten wesen.

---

1 Nun gedenkt, Weib und Mann, wohin ihr gelangen sollt! Ihr liebt diese vergängliche Welt und wähnt, immer hier sein zu können. Doch wie lieblich sie euch auch dünkt, ihr werdet sie nur eine kurze Zeit haben. Ihr mögt noch so gerne lange Zeit leben, ihr müßt doch dieses Leben verwandeln.

2 Dahin ist eine große Menge; sie wähnten, immer hier sein zu können. Sie liebten diese elende Welt; heute ist es ihnen sehr leid. Doch wie lieblich sie ihnen auch dünkte, sie haben sie doch einmal verlassen. Ich weiß nicht, wohin sie gefahren sind. Gott möge sie alle bewahren.

3 Sie gedachten hier zu leben, sie meinten (doch) hinzufahren zu der ewigen Freude, wo sie immer sein sollten. Wie wenig dachten sie daran, wohin sie zuletzt fahren sollten! Jetzt haben sie es erfahren; sie wären gerne umgekehrt.

4 Das Paradies, das liegt so fern: Niemals kam ein Mensch dorthin, so daß er wiedergekehrt wäre und uns Kunde gebracht hätte, oder daß er euch das gesagt hätte, was für ein Leben sie dort lebten. Wollt ihr je dort gerettet werden, so müßt ihr euere eigenen Boten sein.

36 5 Tisiu werlt ist also getan: swer zuo ir beginnet van,
   si machot iz imo alse wunderlieb, von ir chom ne mag er niet.
   so begriffet er ero gnuoge, er habeti ir gerno mera,
   taz tuot er uns an sin ende, so ne habit er hie noh tenne.

  6 Ir wanint iemer hie lebin: ir muozt is ze iungest reda ergeben.
   ir sulent all ersterben; ir ne mugent is niewit uber werden.
   ter man einer stuntwilo zergat, also skiero so diu brawa zesamine geslat
   Tes wil iih mih vermezzen: so wirt sin skiero vergezzen.

  7 Got gescuof iuh allo, ir chomint von einimanne.
   to gebot er iu ze demo lebinne mit minnon hie ze wesinne,
   taz ir warint als ein man: taz hant ir ubergangen.
   habetint ir anders niewit getan, ir muosint is iemer scaden han

  10 Gedahtin siu denne, wie iz vert an dem ende!
   so vert er hina dur not, so ist er iemer furder tot.
   wanda er daz reht verchoufta, so vert er in die hella;
   da muoz er iemer inne wesen: got selben hat er hin gegeben

---

  5 Diese Welt ist so beschaffen: Wer sich an sie hält, den macht sie es so wunderbar lieb; er kann von ihr nicht loskommen. Dann ergreift er genug von ihr, (und doch) er hätte gerne noch mehr von ihr. Das tut er bis in sein Ende, dann hat er weder hier noch dann etwas.

  6 Ihr wähnt, immer hier zu leben. Ihr müßt zuletzt darüber Rechenschaft geben. Ihr werdet alle sterben; ihr könnt nicht darum herumkommen. Der Mensch vergeht in einem Augenblick, so rasch, wie das Lid zusammenschlägt; dessen will ich mich vermessen: Dann wird seiner rasch vergessen.

  7 Gott hat euch alle geschaffen; ihr kommt von einem Menschen. Da gebot er euch, in diesem Leben in Liebe hier zu sein, so daß ihr wie *ein* Mensch wäret. Das habt ihr übertreten. Hättet ihr sonst nichts getan, so müßtet ihr davon immer Schaden haben.

  10 Gedächten sie doch daran, wie es am Ende ergeht! Dann fährt er unweigerlich dahin, dann ist er fortan immer tot. Da er das Recht verkauft hat, fährt er in die Hölle; darin muß er immer sein: Gott selbst hat er hingegeben.

11 Ube ir alle einis rehtin lebitint,   so wurdint ir alle geladet in
ze der ewigun mendin,   da ir iemer soltint sin.
taz eina hant ir iu selben: von diu so ne mugen ir drin gen;
daz ander gebent ir dien armen: ir muozint iemer dervor sten

12 Gesah in got, taz er ie wart,   ter da gedenchet an die langun vart,
der sih tar gewarnot,   so got selbo gebot,
taz er gar ware,   swa er sinen boten sahe!
taz sag ih in triwon: er chumit ie nohwennon.

13 Nechein man ter ne ist so wise,   ter sina vart wizze.
ter tot ter bezeichint ten tieb,   iuer ne lat er hier niet.
er ist ein ebenare: necheiman ist so here,
er ne muoze ersterbin: tes ne mag imo der skaz ze guote werden.

16 Ter man ter ist niwit wise,   ter ist an einer verte:
einin boum vindit et sconen,   tar undir gat er ruin;
so truchit in der slaf ta,   so vergizzit er, dar er scolta.
als er denne uf springit,   wie ser iz in dene riwit!

---

11 Wenn ihr alle nach gleichem Recht lebtet, so würdet ihr alle zu der ewigen Freude geladen, wo ihr immer sein solltet. Das eine Teil (eueres Besitzes) behaltet ihr für euch selbst, deswegen könnt ihr doch nicht hineingehen. Das andere gebt ihr den Armen: (Sonst) müßt ihr immer davorstehen.

12 Wohl ihm, der da (geboren) ward, der an die lange Fahrt denkt, der sich dorthin rüstet, wie Gott selber es geboten hat, daß er bereit wäre, wo immer er seinen Boten sähe. Das sage ich wahrlich: Irgendwann kommt er.

13 Kein Mensch ist so weise, daß er seine Fahrt wisse. Der Tod bedeutet den Dieb; Keinen von euch läßt er hier. Er ist ein Gleichmacher. Kein Mensch ist so erhaben, daß er nicht sterben müßte: Dazu kann ihm sein Schatz nicht zugute kommen.

16 Der Mensch ist nicht weise, der auf einer Reise ist: er findet einen schönen Baum, darunter geht er ruhen. Dann bedrückt ihn alsbald der Schlaf, dann vergißt er, wohin er sollte. Wenn er dann aufspringt: Wie sehr reut es ihn dann.

17 Ir bezeichint allo den man: ir muozint tur not hinnan.
ter boum bezechint tisa werlt: ir bint etewaz hie vertuelit.
(ir hugetont hie ze lebinne, ir ne dahtont hin ze varne.)
diu vart diu dunchit iuh sorcsam, ir chomint dannan obina
tar muozint ir bewinden: taz sunder wol bevindin.
(ir ilint allo wol getuon, ir ne durfint sorgen umbe den lon
so wol imo, der da wol getuot: is wirt imo wola gelonot.)

18 Ja du vil ubeler mundus, wie betriugist tu uns sus!
du habist uns gerichin, des sin wir allo besuichin.
wir ne verlazen dih ettelichiu zit, wir verliesen sele unde lib.
also lango, so wir hie lebin, got habit uns selbwala gegibin.

19 Trohtin, chunic here, nobis miserere!
tu muozist gebin ten sin tie churzun wila, so wir hie sin,
daz wir die sela bewarin: wanda wir dur not hinnan sulen varn.
fro so muozint ir wesin iemer: daz machot all ein Noker.

---

17 Ihr alle bedeutet diesen Menschen. Ihr müßt notwendig dahin. Der Baum bedeutet diese Welt: Ihr habt euch hier eine Zeitlang aufgehalten. Ihr gedachtet hier zu leben, ihr dachtet nicht daran, hinzufahren. Die Fahrt dünkt euch sorgenvoll. Ihr kommt von dort oben her. Dorthin müßt ihr umkehren; das werdet ihr wohl erfahren; eilet alle, wohl zu tun; dann braucht ihr um den Lohn nicht zu sorgen. Wohl ihm, der da wohl tut; es wird ihm gut gelohnt.

18 Ja, du gar schlimmer Mundus, wie betrügst du uns so! Du hast uns beherrscht, dadurch sind wir alle betrogen. Wenn wir dich nicht beizeiten verlassen, verlieren wir Seele und Leib. Solange wir hier leben, hat Gott uns die freie Entscheidung (d. h. freien Willen) gegeben.

19 Herr, hoher König, nobis miserere! Du mögest uns die Einsicht geben, in der kurzen Zeit, die wir hier sind, daß wir die Seele bewahren; denn wir müssen unbedingt dahin fahren. Froh möget ihr immer werden: Dies alles dichtete Noker.

Übertragen von Rudolf Schützeichel

UNBEKANNT
Mariensequenz aus Muri

Ave, vil liehtû maris stella,
ein lieht der cristinheit, Maria,
alri magede lucerna.

Frouwe dich, gotes cella,
bislozzinû porta,
dô dû den gibære,
der dich und al die welt giscuof,
nû sich, wie reine ein vaz dû magit
   dô wære.

Sende in mîne sinne,
des himilis chuniginne,
wâre rede suoze,
daz ich den vatir und den sun
und den vil hêrin geist lobin muoze.

Iemir magit ân ende,
muotir âne missewende,
frouwe, dû hâst virsuonit daz Eva
   zirstôrte,
diu got ubirhôrte.
Hilf mir, frouwe hêre,
trôst uns armin dur die êre,
daz dîn got vor allen wîbin zi
   [muotir gidâhte,
als dir Gabriel brâhte.

Dô dû in virnæme,
wie dû von êrste irchæme!
dîn vil reinû scam
irscrach von deme mære,
wie magit âne man
iemir chint gebære.

Ave, du lichte Maris Stella,
du Licht der Christenheit, Maria,
aller Jungfrauen Lucerna.

Freue dich, Gottes Cella,
verschlossene Pforte,
da du den gebarst,
der dich und die ganze Welt erschuf,
nun sieh, welch rein Gefäß du Jungfrau
   da warst.

Sende in meine Sinne,
du des Himmels Königin,
wahre, süße Rede,
daß ich den Vater und den Sohn
und den hochheiligen Geist preisen möge.

Immer Jungfrau, endlos,
Mutter ohne Makel,
Herrin, du hast gesühnt, was Eva
   verbrochen,
die Gott nicht gehorchte.
Hilf mir, heilige Herrin,
tröste uns Arme um der Ehre willen,
daß dich Gott vor allen Frauen zur Mutter
wie dir Gabriel verkündete.   [wählte

Da du ihn vernahmst,
wie du zuerst dich entsetztest!
Deine reine Schamhaftigkeit
erschrak vor der Kunde,
wie Jungfrau ohne Mann
je ein Kind gebären könnte.

Die Cluniazensische Epoche: Mariendichtung als Beispiel der Volksfrömmigkeit

40 Frouwe, an dir ist wundir,
muotir und magit dar undir:
der die helle brach,
der lac in dîme lîbe,
und wurde iedoch
dar undir niet zi wîbe.

Dû bist allein der sælde ein porte.
jâ wurde dû swangir von worte:
dir cham ein chint,
frouwe, dur dîn ôre,
des cristin, Judin unde die heiden sint,
und des ginâde ie was endelôs.
allir magide ein gimme,
daz chint dich ime zi muotir kôs.

Dîn wirdecheit diu nist niet cleine.
jâ truoge dû magit vil reine
daz lebende brôt:
daz was got selbe,
der sînin munt zuo dînen brustin bôt
und dîne bruste in sîne hende vie.
ôwê, kuniginne,
was gnâden got an dir bigie!

Lâ mich geniezin, swenne
    ich dich nenne,
daz ich, Maria frouwe, daz giloube
    an dir irchenne,   [unde daz
daz nieman guotir
mach des virlougin, dû ne sîest der
    muotir.   [irbarmide

Lâ mich geniezin des dû ie bigienge
in dirre welte mit dîme sune, sô dû in
    mit den handin zuo dir vienge.
sô wol dich des kindes!
hilf mir umbe in: ich weiz wol, frouwe,
    daz dû in senftin vindes.

Herrin, an dir ist Wunder,
Mutter und Jungfrau zugleich:
der die Hölle brach,
der lag in deinem Leib,
und du wurdest dennoch
dabei nicht zum Weibe.

Du bist allein eine Pforte des Heils.
Du wurdest schwanger vom Worte:
dir kam, durch dein Ohr,
Herrin, ein Kind,
dem die Christen, Juden und Heiden sind
und dessen Gnade immer ohn Ende war.
Aller Jungfrauen Edelstein:
das Kind erkor dich zu seiner Mutter.

Deine Würde, die ist nicht gering.
Trugst du ja, reinste Jungfrau,
das lebendige Brot:
das war Gott selber,
der seinen Mund an deine Brust hob
und deine Brust in seine Hände nahm.
Oh, Königin,
welche Gnaden hat Gott dir erwiesen!

Laß mir zugute kommen – wenn immer
    ich dich anrufe –,
daß ich, Maria, Herrin, glaube und
    an dir bekenne,
daß niemand in Gutem
leugnen kann, du seist nicht der Erbar-
    mung Mutter

Laß mir zugute kommen, was du je getan
in dieser Welt an deinem Sohn, wenn du
    ihn mit den Händen zu dir nahmst.
Hilf mir um seinetwillen: ich weiß wohl,
Wohl dir des Kindes!   Herrin,
    du wirst ihn milde finden.

Die Cluniazensische Epoche: Mariendichtung als Beispiel der Volksfrömmigkeit

Dînir bete mach dich dîn lieber sun
   niemir verzîhin:
Bite in des, daz er mir wâre rûwe muoze
   virlîhin.

Unde daz er dur den grimmen tôt,
den er leit dur die mennischeit,
sehe an mennisclîche nôt,

Unde daz er dur die namin drî
sîner cristenlîchir hantgitât
gnædîch in den sundin sî.

Hilf mir, frouwe, sô diu sêle von mir
   scheide,
sô cum ir ze trôste:
wan ich giloube, daz dû bist
muotir und magit beide.

Deiner Bitte mag sich dein lieber Sohn
   nie verschließen:
Bitt ihn, daß er mit wahren Frieden verleihen möge,

Und daß er durch den grimmen Tod,
den er um die Menschheit litt,
menschliche Not ansehe,

Und daß er durch die drei Namen
seinem christlichen Geschöpf
gnädig in seinen Sünden sei.

Hilf mir, Herrin, wenn die Seele von mir
   scheidet,
so komm ihr zu Hilfe:
denn ich glaube, daß du bist
Mutter und Jungfrau zugleich.

                Übertragen von Max Wehrli

42 WOLFRAM VON ESCHENBACH
Parzival

Eingang

1 Ist zwîvel herzen nâchgebûr,
daz muoz der sêle werden sûr.
gesmæhet und gezieret
ist swâ sich parrieret
5 unverzaget mannes muot,
als agelstern varwe tuot.
der mac dennoch wesen geil,
wande an im sint beidiu teil,
des himels und der helle.
10 der unstæte geselle
hât die swarzen varwe gar
und wirt ouch nâch der vinster var:
sô habet sich an die blanken
der mit stæten gedanken.

4 Ein mære ich iu wil niuwen,
10 daz saget von grôzen triuwen,
wîplîchez wîbes reht
und mannes manheit alsô sleht,
diu sich gein herte nie gebouc.
sin herze in dar an niht betrouc,
15 er stahel, swâ er ze strîte quam,
sîn hant dâ sigelîchen nam
vil manegen lobelîchen prîs.
er küene, træclîche wîs
(den helt ich alsus grüeze),
20 er wîbes ougen süeze
und dâ bî wîbes herzen suht,
vor missewende ein wâriu vluht,
den ich hie zuo hân erkorn,
erst mæreshalp noch ungeborn
25 dem man dirre âventiure giht
und wunders vil des dran geschiht.

Parzivals Jugend

116 Vrou Herzeloide diu rîche
ir drîer lande wart ein gast:
30 si truoc der vreuden mangels last

117 5 Ir herze niht wan jâmers phlac.
sich zôch diu vrouwe jâmers balt
ûz ir lande in einen walt,
zer waste in Soltâne,
niht durch bluomen ûf die plâne.
10 ir herzen jâmer was sô ganz,
sie enkêrte sich an keinen kranz,
er wære rôt oder val.
sie brâhte dar durch vlühtesal
15 des werden Gahmuretes kint.
liute, die bî ir dâ sint,
müezen bûwen unde riuten.
si kunde wol getriuten
ir sun: ê daz sich der versan,
20 ir volc si gar vür sich gewan,
ez wære man oder wîp.
den gebôt sie allen an den lîp,
daz si immer ritters würden lût,
'wan vriesche daz mîns herzen trût,
25 welh ritters leben wære,
daz würde mir vil swære.
nû habet iuch an der witze kraft
und helt in alle ritterschaft.'
der site vuor angestlîche vart.
30 der knappe alsus geborgen wart

118 Zer waste in Soltâne erzogen,
an küneclîcher vuore betrogen,
ez enmöhte an einem site sîn:
bogen unde bölzelîn
5 die sneit er mit sîn selbes hant
und schôz vil vogele die er vant.
swenne aber er den vogel erschôz,
des schal von sange ê was sô grôz,
sô weinde er unde roufte sich,
10 an sîn hâr kêrte er gerich.
sîn lîp was klâr unde fier:
ûf dem plân an dem rivier

1 / 1 – 14

Wenn das Herz mit Zweifel an Gottes Hilfe und an sich selbst zusammen haust, so muß das der Seele sauer werden. Schmach und Schmuck zugleich trägt der unverzagte Mann, den zu Zeiten Verzagtheit überkommt, er ist wie die Elster weiß und schwarz. Doch mag er sich immerhin getrösten: Himmel und Hölle haben beide Teil an ihm. Aber der unstäte Mann dient dem schwarzen Banner der Hölle und wird dunkel wie die Finsternis. Doch wer ohne Wanken treu gesinnt bleibt, der gesellt sich der reinen und lichten Schar.

4 / 9 – 26

Eine Geschichte will ich Euch erzählen, die Ihr noch nicht kennt. Sie handelt von großer Treue, von des Weibes rechter weiblicher Art, von der geraden Mannheit des Mannes, die sich keiner Härte beugte. Das tapfere Herz betrog ihn nicht. O Du Stahl, wenn Du zu kämpfen kamst, gewannest Du mit Siegerhand manchen rühmlichen Preis! O Du kühnes Herz, das langsam nur weise ward! So grüße ich Dich, meinen Helden. Du süße Lust der Weibesaugen – und Du warst doch zugleich eine Qual den Frauenherzen! Du flohest wahrlich alles Unedle! Aber für die Geschichte ist er, den ich mir zum Helden erkoren habe und von dem man diese Abenteuer mit ihren vielen Wunden berichtet, einstweilen noch ungeboren.

116 / 28–30

Frau Herzeloyde die Mächtige verließ ihre drei Länder. Sie trug die Last ihres Mangels an Freude.

117 / 5–30

Ihr Herz hegte allzeit ihren Jammer. Die Fürstin wanderte, ihren Jammer zu hegen, aus ihrem Lande in einen Wald, auf eine einsame Waldlichtung in der Soltane. Nicht um sich der Blumen, die dort auf naher Aue blühten, zu erfreuen – ihres Herzens Jammer war so groß, daß sie sich nichts aus einem Kranze machte, nichts aus einem roten noch aus einem fahlen. Mit sich brachte sie dorthin, um es vor der Welt zu flüchten, des edlen Gachmurets Kind. Die Leute, die sie mitnimmt, müssen das Feld bauen und roden. Sie wußte ihren Sohn wohl zu betreuen. Ehe er zu Verstand kam, sammelte sie das Dienstvolk um sich und gebot Männern und Frauen bei ihrem Leben, daß sie niemals etwas von Rittern verlauten lassen sollten. „Denn würde meines Herzens Liebster vernehmen, was ritterliches Leben ist, so würde es mir Leid bringen. Nun seid verständig und verschweigt ihm alle Ritterschaft!"

118 / 1 – 30

Ängstlich handelte man danach. So ward der Knabe heimlich auf der Waldlichtung in Soltane erzogen und um Königsart gebracht. Aber e i n e ritterliche Übung blieb ihm doch: Bogen und Bölzlein, die schnitt er sich mit eigner Hand und schoß die Vögel, die er im Walde fand. Hatte er aber den Vogel geschossen, der vorher so laut gesungen, so weinte er und raufte sich – seine Haare mußten es ihm büßen.

Er war rein und stolz gewachsen. Am Wiesenbach wusch er sich alle Morgen. Sorgen kannte

44   twuoc er sich alle morgen.
         er enkunde niht gesorgen,
      15 ez enwære ob im der vogelsanc.
         diu süeze in sîn herze dranc:
         daz erstracte im sîniu brüstelîn.
         al weinde er lief zer künegîn.
         sô sprach si: 'wer hât dir getân?
      20 dû wære hin ûz ûf den plân.'
         er enkunde ir gesagen niht,
         als kinden lîhte noch geschiht.
             dem mære gienc si lange nâch.
         eins tages si in kaphen sach
      25 ûf die boume nâch der vogele schal.
         sie wart wol innen daz zeswal
         von der stimme ir kindes brust.
         des twanc in art und sîn gelust.
         vrou Herzeloide kêrte ir haz
      30 an die vogele, si enwesse um waz:

    119 Si wolde ir schal verkrenken.
         ir bûliute und ir enken
         die hiez si vaste gâhen,
         vogele würgen unde vâhen.
       5 die vogele wâren baz geriten:
         etslîches sterben wart vermiten,
         der beleip dâ lebendec ein teil,
         die sît mit sange wurden geil.
             der knappe sprach zer künegîn:
      10 'waz wîzet man den vogelîn?'
         er gerte in vrides sâ zestunt.
         sîn muoter kuste in an den munt.
         diu sprach: 'wes wende ich sîn gebot,
         der doch ist der hœste got?
      15 suln vogele durch mich vreude lân?'
         der knappe sprach zer muoter sân:
         'ouwê muoter, waz ist got?'
         'sun, ich sage dirz âne spot:
         er ist noch liehter denne der tac.
      20 der antlitzes sich bewac
         nâch menschen antlitze,
         sun, merke eine witze
         und vlêhe in umbe dîne nôt:
         sîn triuwe der werlde ie helfe bôt.

      25 sô heizet einer der helle wirt:
         derst swarz, untriuwe in niht
         von dem kêre dîne gedanke [verbirt.
         und ouch von zwîvels wanke.'
         sîn muoter underschiet im gar
      30 daz vinster und daz lieht gevar.

Die Unterweisung durch Gurnemanz

    170 Dô man den tisch hin dan genam,
         dar nâch wart wilder muot vil zam.
         der wirt sprach zem gaste sîn:
      10 'ir redet als ein kindelîn.
         wan geswîget ir iuwer muoter gar
         und nemet ander mære war?
         habet iuch an mînen rât:
         der scheidet iuch von missetât.
      15 sus hebe ich an. lât iuch gezemen,
         ir sult niemer iuch verschemen.
         verschamter lîp, waz touc der mêr?
         der wont in der mûze rêr,
         dâ im werdekeit entrîset
      20 und in gein der helle wîset.
             ir traget geschickede unde schîn,
         ir muget wol volkes herre sîn.
         ist hôch und hœht sich iuwer art,
         lât iuwern willen des bewart,
      25 iuch sol erbarmen nôtec her:
         gein des kumber sît ze wer
         mit milde und mit güete.
         vlîzet iuch diemüete.
         der kumberhafte werde man
      30 wol mit schame ringen kan

    171 (Daz ist ein unsüeze arbeit):
         dem sult ir helfe sîn bereit.
         swenne ir dem tuot kumbers buoz,
         sô nâhet iu der gotes gruoz.
       5 im ist noch wirs denne den die gênt
         nâch brôte aldâ diu venster stênt.
             ir sult bescheidenlîche
         sîn arm unde rîche,
         wan swâ der herre gar vertuot,
      10 daz ist niht herrenlîcher muot:

er nicht. Wäre nur nicht der Vogelsang in den Wipfeln über ihm gewesen! Das süße Klingen drang ihm ins Herz und erstraffte ihm die kleine Brust, laut weinend lief er dann zur Königin. Fragte sie: „Wer hat Dir was getan? Warst Du draußen auf der Wiese?", so konnte er nichts sagen, wie es Kindern leicht geschieht.
Lange ging sie der Sache nach. Eines Tages sah sie ihn in die Bäume hinaufgaffen, dem Schall der Vögel nach. Da ward sie wohl inne, daß von deren Stimmen des Kindes Brust erschwoll. Dazu zwang ihn seine Art und seine Lust. Nun wandte Frau Herzeloyde ihren Haß gegen die Vögel, sie wußte selbst nicht warum.

119 / 1 – 30
Sie wollte der Vögel fröhlichen Sang kränken. Ihre Bauern und Knechte hieß sie fleißig Vögel würgen und fangen. Die Vöglein aber waren besser beritten als die Bauern, und so fanden keineswegs alle ihr Ende, es blieb ihrer ein Teil am Leben, die schmetterten dann um so fröhlicher ihren Sang den Verfolgern in die Ohren.
Der Knabe aber fragte die Königin: „Wessen zeiht man die lieben Vöglein?" Er heischte Frieden für sie.
Da küßte ihn seine Mutter auf den Mund und sagte: „Was falle ich dem in seinen Willen, der doch der höchste Gott ist? Sollen meinetwegen die Vögel nicht mehr fröhlich sein?"
Der Knabe fragte darob die Mutter: „Au, Mutter, was ist denn das: Gott?" „Sohn, das künd ich Dir im Ernste: Noch lichter als der Tag ist ER, der ein Antlitz an sich nahm wie der Menschen Antlitz. Sohn, merke Dir eine Klugheit: Flehe ihn an in Deiner Not. Er hilft der Welt getreulich immerdar. Ebenso aber heißet Einer der Hölle Herr, der ist schwarz, er geht um mit Untreue. Von ihm kehre Deine Gedanken ab und hüte Dich, in Zwiefältigkeit zwischen Gott und Teufel zu schwanken."
Seine Mutter lehrte ihn das Finstere und das Lichte unterscheiden.

120–170: Parzival lernt das Jagen und erlegt manchen Hirschen. Einmal begegnet er Rittern, die er wegen ihrer prächtigen Rüstung für Gott hält. Einer der Ritter weist ihn darauf hin, daß auch er Ritter werden könne, wenn er an den Hof des Königs Artus komme. Sofort nach dieser Begegnung bittet er seine Mutter, ihn ziehen zu lassen. Obwohl ihn seine Mutter inständig zu bleiben bittet, läßt er sich von seinem Vorhaben nicht abbringen und bricht auf. Der Jammer über sein Fortgehen bricht seiner Mutter Herzeloyde das Herz. Er stößt auf seinem Ritt auf Sigune, die ihm seinen Namen nennt, der ihm bisher verborgen war. (140,17: „der name ist, rehte enmitten durch" – gerade mitten hindurch.) Nach der Tötung des Ritters Ither zieht er über sein Narrengewand dessen Rüstung an, übernimmt auch sein Pferd und gelangt endlich auf die Burg zu Gurnemanz.

170 / 1 – 30
Als man den Tisch wieder davongetragen hatte, ward des Knaben wilder Mut sehr zahm; denn der Wirt sagte zu seinem Gaste: „Ihr redet wie ein kleines Kind. Wann wollt Ihr endlich einmal von Eurer Mutter schweigen und an andere Dinge denken! Haltet Euch an das, was ich Euch lehre, es wird Euch vom Schlechten abhalten!
So heb ich an: Achtet darauf, daß Ihr nie von der Scham laßt! Ein Mensch, der sich nicht schämen kann, was taugt der noch? Er ist wie ein Falke, der in der Mauserung verfällt, wobei er alle edlen Federn verliert, und er geht den Weg zur Hölle. Ihr habt Geschick und Schönheit und könntet wohl ein Gefolgsherr sein. Ihr habt eine hohe Art, und sie erhöht sich, wenn Ihr immer in Eurem Willen behaltet, daß Euch das Heer der Bedrängten erbarmt. Wehrt dem Kummer mit Milde und mit Güte! Bleibt immer dienstmütig!

171 / 1 – 30
Ein verarmter edler Mann ringt oft mit seiner Scham, und das ist eine bittere Mühe; ihm sollt Ihr stets zu helfen bereit sein. Wenn Ihr ihm sein Leid lindert, so naht Euch Gottes Gruß. Ihm ist schlimmer zu Mut als denen, die vor den Fenstern um Brot betteln. Ihr sollt mit kluger Überlegung arm und reich zugleich sein. Wenn ein Herr sein Gut ver-

46   sament er aber schaz ze sêre,
     daz sint ouch unêre.
        gebet rehter mâze ir orden.
        ich bin wol innen worden
     15 daz ir râtes dürftec sît:
        nû lât der unvuoge ir strît.
        ir ensult niht vil gevrâgen:
        ouch ensol iuch niht betrâgen
        bedâhter gegenrede, diu gê
     20 rehte als jenes vrâgen stê,
        der iuch wil mit worten spehen.
        ir kunnet hœren unde sehen,
        entseben unde dræhen:
        daz solde iuch witzen næhen.
     25   lât die erberme bî der vrevel sîn.
        sus tuot mir râtes volge schîn:
        an swem ir strîtes sicherheit
        bezalt, er enhabe iu solhiu leit
        getân diu herzen kumber wesen,
     30 die nemet und lâzet in genesen.

172 Ir müezet dicke wâpen tragen:
     sôz von iu kom, daz ir getwagen
     under ougen und an handen sît!
     des ist nâch îsers râme zît.
   5 [sô werdet ir minneclîch gevar:
     des nement wîbes ougen war.]
     sît manlîch und wol gemuot
     (daz ist ze werdem prîse iu guot)
     und lât iu liep sîn diu wîp:
  10 daz tiuret junges mannes lîp.
     gewenket nimmer tac an in:
     dast rehte manlîcher sin.
     welt ir in gerne liegen,
     ir muget ir vil betriegen:
  15 gein werder minne valscher list
     hât gein prîse kurze vrist.
     dâ wirt der slîchære klage
     daz dürre holz in dem hage,
     daz bristet unde krachet:
  20 der wahtære erwachet.
     ungeverte und hâmît,
     dar gedihet manec strît:

     diz zelt gein der minne.
     diu werde hât sinne,
  25 gein valsche listeclîche kunst:
     swenne ir bejaget ir ungunst,
     sô müezet ir gunêret sîn
     und immer dulden schemeden pîn.
     dise lêre sult ir nâhe tragen.
  30 ich wil iu mêr von wîbes orden
                                sagen

173 Man und wîp diu sint al ein
     als diu sunne diu hiute schein,
     und ouch der name der heizet tac.
     der enwederz sich gescheiden mac:
     si blüent ûz einem kerne gar.
     des nemet künsteclîche war.'
     der gast dem wirte durch râten neic.
     sîner muoter er gesweic
     mit rede und in dem herzen niht,
  10 als noch getriuwem man geschiht.
     der wirt sprach sîn êre:
     'noch sult ir lernen mêre
     kunst an ritterlîchen siten.

Parzival auf der Gralsburg

225 Welt ir nu hœrn wiez im gestê?
     er kom des âbents an einen sê;
     dâ heten geankert weideman:
     den was daz wazzer undertân.
   5 dô si in rîten sâhen,
     si wârn dem stade sô nâhen
     daz si wol hôrten swaz er sprach.
     einen er im schiffe sach:
     der hete an ime alsolch gewant,
  10 ob im dienden elliu lant,
     daz ez niht bezzer möhte sîn.
     gefurriert sîn huot was pfâwîn.
     den selben vischære
     begunde er vrâgen mære,
  15 daz er im riete durch got
     und durch sîner zühte gebot,
     wa er herberge möhte hân.
     sus antwurte ime der trûric man.

schwendet, so fehlt ihm der Herrensinn. Aber wenn er geizig Schätze häuft, so bringt ihm auch das Unehre. Achtet, daß Ihr das rechte Maß zwischen Geiz und Freigebigkeit haltet! Ich habe wohl bemerkt, daß Ihr Belehrung braucht. Ich rate Euch, daß Ihr das unziemliche Daherreden laßt. Ihr sollt nicht viel fragen. Auch sollt Ihr Euch eine wohlbedachte Antwort nicht verdrießen lassen, sondern gebt sie so, daß sie richtig auf die Frage dessen trifft, der Eure Meinung und Art mit Worten erkunden will. Ihr habt Eure Sinne beisammen, könnt hören und sehen, schmecken und riechen, das sollte Euch den Verstand wecken! Zeigt, daß Ihr meiner Lehre folgt, dadurch, daß Ihr im Kampfe Tapferkeit mit Erbarmen übt. Wenn Euch einer im Kampfe Sicherheit bietet, so nehmt sie und laßt ihn leben, es sei denn, er habe Euch ein Leid zugefügt, das Euch ein Herzenskummer ist.

172 / 1 – 30

Ihr müßt oftmals Waffen tragen. Wenn Ihr sie ablegt – achtet, daß Ihr unter den Augen und an den Händen wohlgewaschen erscheint! Das ist nötig wegen des Eisenrostes. – Wenn Ihr nicht in Waffen seid, so sollen Eure Augen und Hände rein sein von der Wut des Kampfes! Dann seid Ihr minniglich anzuschauen. Die Augen der Frauen wissen das wahrzunehmen!
Seid mannlich und wohlgemut, das macht Euch den Menschen wert. Und laßt Euch die Frauen lieb sein, denn das erhöht des jungen Menschen Leben. Seid nicht leichtfertig mit ihnen, so fordert es rechter Mannessinn. Wenn Ihr vorzieht, unaufrichtig zu sein, so mögt Ihr wohl manche Frau betrügen; aber wer edle Minne betrügt, dessen Achtung währt nicht lange. Irgendein dürres Holz im Hag, das unter den Tritten bricht und kracht, verrät den Schleicher, und der Wächter der Burg erwacht. Auf wildverwachsenen Pfaden und am Verhau erwächst mancher Streit – das ist ein Gleichnis der Minne. Die edle Minne ist achtsam und hütet sich sorgfältig vor allem Falsch. Erzürnt Ihr sie, so erjagt Ihr nur Schande und müßt peinvolle Scham erleiden. Diese Lehre sollt Ihr besonders gut behalten. Weiter will ich Euch von der Ordnung des Weibes sagen:

173 / 1 – 14

Mann und Weib sind eines wie die Sonne, die heute schien, und der Name, der da lautet Tag. Keins kann sich vom andern scheiden, beide, Sonne und Tag, blühen ganz aus einem Kern. Beachtet und bedenkt das wohl!"
Der Gast dankte mit höflichem Neigen seinem Wirte für die guten Lehren. Er schwieg fortan von seiner Mutter, aber nur äußerlich, nicht im Herzen, so wie es ein getreuer Mann tut.
Der Burgherr sprach weiter und ehrte sich selbst damit: „Nun sollt Ihr dazu auch Ritterkunst und Ritterkampf lernen!"

173 bis 224: Nach vierzehn Tagen bittet er seinen Gastgeber um Urlaub. Er gelangt zu der am Meere gelegenen Stadt Pelrapeire, deren Bewohner trotz Entkräftung ihren Belagerern tapfer Widerstand leisten. Von der Königin Condwiramur wird er gastfreundlich aufgenommen, und sie klärt ihn über die Lage der Stadt und ihr persönliches Schicksal auf. Parzival tritt zum Kampf an und besiegt die Belagerer. Er heiratet die Königin. Im verwüsteten Land setzt die Arbeit am Wiederaufbau ein. Doch der Gedanke an seine Mutter und das Verlangen nach aventiuren lassen ihn wieder in die Ferne ziehen.

225 / 1 – 30

Wollt Ihr nun hören, was ihm geschah? Abends kam er an einen See. Dort lagen fischende Weidmänner vor Anker, denen das Wasser gehörte. Sie sahen ihn reiten und waren dem Gestade so nahe, daß sie hören konnten, was er ihnen zurief. Er sah Einen im Schiff, dessen Gewand war so herrlich furiert – er hätte nicht glänzender prunken können, wenn ihm alle Lande untertan gewesen wären. Sein Hut war aus Pfauenfedern. Diesen Fischer fragte er alsbald, er möge um Gottes willen und als rechter Ritter ihm Auskunft geben, wo er Herberge finden könnte.

48

    er sprach: „hêrre, mirst niht bekant
20 daz weder wazzer oder lant
    inre drîzec mîln erbûwen sî.
    wan ein hûs lît hie bî:
    mit triuwen ich iu râte dar:
    war möht ir tâlanc anderswar?
25 dort an des velses ende
    dâ kêrt zer zeswen hende.
    so'r ûf hin komet an den graben,
    ich wæn dâ müezt ir stille haben.
    bit die brükke iu nider lâzen
30 und offen iu die strâzen."

226 Er tet als im der vischer riet,
    mit urloube er dannen schiet.
    er sprach: „komt ir rehte dar,
    ich nim iwer hînt selbe war:
5 sô danket als man iuwer pflege.
    hüet iuch: dâ gênt unkunde wege:
    ir muget an der lîten
    wol misserîten,
    deiswâr des ich iu doch niht gan."
10 Parzivâl der houp sich dan,
    er begunde wackerlîchen draben
    den rehten pfat unz an den graben.
    dâ was diu brükke ûf gezogen,
    diu burc an veste niht betrogen.
15 si stuont reht als si wære gedræt.
    ez enflüge od hete der wint gewæt,
    mit sturme ir niht geschadet was.
    vil türne, manec palas
    dâ stuont mit wunderlîcher wer.
20 op si suochten elliu her,
    sine gæben für die selben nôt
    ze drîzec jâren niht ein brôt.
    Ein knappe des geruochte
    und vrâgte in waz er suochte
25 odr wann sîn reise wære.
    er sprach: „der vischære
    hât mich von ime her gesant.
    ich hân genigen sîner hant
    niwan durch der herberge wân.
30 er bat die brükken nider lân,

227 Und hiez mich zuo ziu rîten in."
    „hêrre, ir sult willekomen sin.
    sît es der vischære verjach,
    man biut iu êre unt gemach
5 durch in der iuch sande wider",
    sprach der knappe und lie die
                     brükke nider.
    in die burc der küene reit,
    ûf einen hof wît unde breit.
    durch schimpf er nith zetretet was
10 (da stuont al kurz grüene gras:
    was bûhurdiern vermiten),
    mit banieren selten überriten
    alsô der anger z'Abenberc.
    selten frœlîchiu werc
15 was dâ gefrümt ze langer stunt:
    in was wol herzen jâmer kunt.
    Wênec er des gein in engalt.
    in enpfiengen rittr jung und alt,
    vil kleiner juncherrelîn
20 sprungen gein dem zoume sîn,
    ieslîchez fürz andr greif.
    si habten sînen stegreif:
    Sus muoster von dem orse stên.
    in bâten rittr fürbaz gên,
25 die fuorten in an sîn gemach.
    harte schiere daz geschach,
    daz er mit zuht entwâpent wart.
    dô si den jungen âne bart
    gesâhen alsus minneclîch,
30 si jâhen, er wære sælden rîch.

228 Ein wazzer iesch der junge man:
    er twuoc den râm von im sân
    undern ougen unt an handen.
    alt und junge wânden,
5 daz von im andr tac erschine:
    sus saz der minneclîche wine
    gar vor allem tadel vrî.
    mit pfelle von Arâbî
    man truog im einen mantel dar:
10 den legt an sich der wol gevar
    mit offener snüere.

Traurig antwortete ihm der Mann: „Herr, soviel ich weiß, ist Wasser und Land dreißig Meilen in der Runde völlig unbebaut. Nur ein einziges Haus liegt hier in der Nähe. Das darf ich Euch mit gutem Gewissen empfehlen; denn wohin wolltet Ihr zu dieser Tageszeit sonst noch? Dort wo der Fels zu Ende ist, wendet Euch rechter Hand. So Ihr alsdann zu dem Burggraben kommt, werdet Ihr halten müssen und rufen, daß man Euch die Brücke niederläßt und den Weg öffnet."

226 / 1 – 30

Er tat, wie ihm der Fischer riet, und wandte sich grüßend von dannen.
Der aber rief ihm nach: „Gelangt Ihr richtig dorthin, so werde ich heut zur Nacht Euer Wirt sein. Dann aber danket so, wie man Euch aufnimmt! Hütet Euch! Da gehn Wege, von denen man nicht weiß, wohin sie führen! Ihr könnt am Abhang leicht in die Irre reiten, wahrhaftig, und das möchte ich Euch nicht gönnen."
Parzival hob sich von dannen. Er begann wacker drauflos zu traben. So kam er auf dem Pfad an den Burggraben. Da war in der Tat die Brücke emporgezogen, und die Burg sah trutzig drein. Sie stand so sauber vor ihm da, als ob sie gedrechselt wäre. Es sei denn, daß einer hineinflöge oder der Wind wehte ihn hinein – auf dem Erdboden könnte man sie nicht im Sturme nehmen. Viele Türme und mancher Palas ragten dort mit wunderbaren Wehren. Wenn auch alle Heere der Welt sie heimsuchten, man würde in dreißig Jahren nicht ein einziges Brot bieten, um die Feinde loszuwerden.
Ein Knappe auf der Torwacht, der ihn bemerkte, fragte ihn, was er suchte und woher er des Weges käme.
Er antwortete: „Der Fischer hat mich hierhergesandt. Ich bin ihm mit Dank gefolgt, aber nur in der Hoffnung auf eine Herberge. Er bat die Brücke niederzulassen und hieß mich zu Euch einreiten."

227 / 1 – 30

„Herr, Ihr sollt willkommen sein! Da der Fischer es versprach, wird man Euch, um seinetwillen, der Euch hierher sandte, Ehre erweisen und alle Bequemlichkeit zur Verfügung stellen", sagte der Knappe und ließ die Brücke herab.
Kühn ritt er in die Burg hinein und kam auf einen Hof, der war weit und breit. Der Hof war nicht wie sonst in den Burgen durch die Kampfspiele zertreten, sondern es wuchs da kurzes grünes Gras; denn offenbar erprobten sich dort niemals ritterliche Kampfscharen, und selten stampften sie, zu Bannern geordnet, darüber, wie auf dem Anger zu Abenberg[1]. Seit langen Zeiten war dort kaum noch freudiges Ritterwerk geübt worden; es mußten hier wohl Männer hausen, denen das Herz voll Jammer war.
Ihn aber ließen sie nichts merken von ihrer Trauer, sondern die Ritter kamen hervor, jung und alt, ihn zu empfangen. Ein Häuflein Junkerlein sprang herbei, ihm den Zaum zu halten, und jeder wollte vor dem andern zugreifen. Auch hielten sie ihm den Stegreif. So mußte er vom Roß heruntersteigen. Etliche Ritter baten ihn hereinzukommen und führten ihn zu seinem Gemach. Sogleich nahm man ihm höflich seine Waffen ab. Als sie nun den Jüngling ohne Bart so anmutig vor sich sahen, da nannten sie ihn den Reichgesegneten.

228 / 1 – 30

Der junge Ritter forderte Wasser und reinigte sich von Rost und Staub unter den Augen und an den Händen. Den Alten und den Jungen schien es, als ob von ihm ein neuer Tag aufginge, so saß der minnigliche Freund bei ihnen. Man brachte ihm einen Mantel aus Pfellelseide von Arabi, der war ohne Makel. Den legte sich der Wohlgestaltete an und ließ nach der Mode die Schnüre offen. Das brachte ihm viel Anerkennung.

---

[1] Die Burg Amberg bei Schwabach, östlich von Eschenbach

50   ez was im ein lobs gefüere.
            Dô sprach der kamerære kluoc:
            „Repanse de Schoye in truoc,
       15   mîn frouwe, de künegîn:
            ab ir sol er iu gelihen sîn,
            wan iu ist niht kleider noch gesniten.
            Jâ mohte ich sis mit êren biten,
            wande ir sît ein werder man,
       20   ob ichz geprüevet rehte hân."
            „Got lôn iu, herre, daz irs jeht.
            ob ir mich ze rehte speht,
            sô hât mîn lîp gelücke erholt:
            diu gotes kraft gît solhen solt."
       25   Man schancte im unde pflac sîn sô,
            die trûrigen wâren mit im al vrô.
            man bôt im wirde und êre,
            wan dâ was râtes mêre
            denne er ze Pelrapeire vant,
       30   di dô von kumbr schiet sîn hant.

       229 Sin harnasch was von im getragen:
            daz begunder sider sêre klagen,
            dâ er sich schimpfes niht versan.
            ze hove ein redespæher man
        5   bat komn ze vrävellîche
            den gast ellens rîche
            zem wirte, als ob im wære zorn.
            des het er nâch den lîp verlorn
            von dem jungen Parzivâl.
       10   dô er sîn swert wol gemâl
            ninder bî im ligen vant,
            zer fiuste twanc er sus die hant,
            daz dez bluot ûzen nagelen schôz
            und im den ermel gar begôz.
       15   „Nein, herre", sprach diu
                                      ritterschaft,
            „ez ist ein man, der schimphes kraft
            hât swi trûrec wir anders sîn.
            tuot iuwer zuht gein im schîn:
            ir ensultz niht anders hân vernomn,
       20   wan daz der vischære sî komn.
            dar gêt, ir sît im werder gast,
            und schüttet ab iu zornes last."

            Sie giengen ûf einen palas.
            hundert krône dâ gehangen was,
       25   vil kerzen drûf gestôzen,
            ob den hûsgenôzen,
            kleine kerzen alumbe an der want.
            hundert bette er ligen vant.
            daz schuofen, dies dâ pflâgen:
       30   hundert kulter drûfe lâgen.

       230 Ie vier gesellen sundersiz.
            dâ zwischen was ein undrviz,
            dr für ein teppech sinewel.
            fil li roy Frimutel
        5   mohte wol geleisten daz.
            eins dinges man dâ niht vergaz:
            sine hete niht betûret,
            mit marmel was gemûret
            drî vierekke fiwerrame.
       10   dar ûfe was des fiwers name,
            holz, hiez lign Âlôê:
            sô grôziu fiwer sît noch ê
            sach niemn hie ze Wildenberc.
            jenez wâren kostenlîchiu werc.
       15   Der wirt sich selbn setzen bat
            gein der mitteln fiwerstat
            ûf ein spanbette.
            ez was worden wette
            zwischen im und der vreude:
       20   er lebte niht wan töuwende.
            In den palas kom gegangen
            der dâ wart wol enpfangen,
            Parzivâl der lieht gevar,
            von im, der in sante dar:
       25   der liez in dâ niht langer stên.
            in bat der wirt nâher gên
            und sitzen „zuo mir dâ her an.
            sazte ich iuch verre dort hin dan,
            daz wære iu alze gastlîch."
       30   sus sprach der wirt jâmers rîch.

       231 Der wirt het durch siechheit
            grôziu fiwer und an im warmiu
            wît und lanc zoblîn: [kleit.

Höfische-ritterliche Welt: Der ritterliche Mensch

Da sprach der Kämmerer mit gutem Anstand: „Repanse de Schoye, meine Herrin, die Königin, hat ihn getragen. Sie will ihn Euch leihen, denn so rasch konnten für Euch noch keine Kleider genäht werden. Ich durfte sie wohl mit Recht darum bitten, da Ihr ein edler Mann seid, wenn mein Blick mich nicht trügt."
„Gott lohn' Euch, Herr, Euer freundliches Wort! Wenn Ihr mich richtig erkannt habt, so habe ich Glück. Gottes Kraft hat mir solchen Lohn verliehn."
Man schenkte ihm ein und bemühte sich um ihn. Die Traurigen waren froh mit ihm. Man erwies ihm Würde und Ehre. Da war freilich mehr Vorrat vorhanden, als er einst zu Pelrapeire fand, wo er die Belagerer vertrieb.

229 / 1 – 30
Seinen Harnisch und seine Waffen hatte man beiseite getragen. Darüber geriet er alsbald in Sorge. Denn während er in dieser Umgebung auf Scherz nicht gefaßt war, kam ein zungenfertiger Mensch und bat mit allzu kecken Worten den tapferen Gast, zum Wirte zu kommen, als ob der ihm zürnte. Fast hätte er darob durch den jungen Parzival das Leben verloren. Da er sein buntes Schwert nicht in seiner Nähe fand, zwang er ihm die Hand zur Faust, so daß dem Manne das Blut aus den Nägeln schoß und ihm den Ärmel ganz befleckte. „Nein, Herr", sagten die Ritter, „das ist nur ein Mann, der Spiel und Spaß zu treiben pflegt, wie traurig wir sonst auch sind. Laßt auch ihm Eure Freundlichkeit zugute kommen! Ihr sollt ihn nicht anders verstehen, als daß der Fischer heimgekommen ist! Geht zu dem, Ihr seid ein willkommener Gast, und schüttelt den Unmut von Euch."
Sie gingen zu einem Palas hinüber. Hundert Kronleuchter hingen drinnen über den Hausgenossen, darauf waren viele Kerzen gestoßen, und ringsum an der Wand strahlten kleine Kerzen. Hundert Polster fand er liegen, von den Dienern ausgebreitet, hundert Decken lagen darauf.

230 / 1 – 30
Je vier Gesellen hatten einen gemeinsamen Sitz für sich, dazwischen war freier Raum. Vor jedem Polstersitz lag ein runder Teppich. Der Fils du Roi Frimutel konnte das wohl leisten. Und noch eines hatte man nicht vergessen, das ihm nicht zu kostbar gedeucht hatte: aus Marmor waren drei viereckige Feuerrahmen gemauert, darauf lag des Feuers Name: Holz, das hieß lignum Aloe. Weder einst noch jetzt sah man je so große Feuer hier auf Wildenberg. Es waren kostbare Werke.
Der Burgherr ließ sich bei der mittleren Feuerstelle auf ein Faltbett setzen. Er und die Freude waren einander quitt geworden, denn sein Leben war nur noch ein Hinsterben.
Nun kam der strahlende Parzival in den Saal herein und ward wohl empfangen von dem Herrn, der ihn hierher gesandt hatte. Der Burgherr ließ ihn nicht lange an der Tür stehen, sondern bat ihn näher zu kommen und niederzusitzen. „Nur heran zu mir! Ließ' ich Euch dort hinten sitzen, fernab von mir, so würde ich Euch allzu sehr als einen Fremden behandeln." So sprach der schmerzenreiche Herr.

231 / 1 – 30
Seiner Krankheit wegen ließ der Burgherr große Feuer schüren und hüllte sich in warme Kleider. Von Zobelbälgen weit und lang mußte innen wie außen der Pelz sein und der Mantel darüber. Sogar der geringste der Bälge war noch ohne Tadel, er war doch schwarz und grau. Ebenso hatte er auf seinem Haupte eine doppelte Haube von teuerstem Zobel. Ganz oben war ringsherum eine arabische Borte, und mitten daran war ein Knöpflein, ein durchscheinender Rubin.

52
    sus muose ûzen und innen sîn
5 der pelliz und der mantel drobe.
der swecheste balc wære wol ze lobe:
der was doch swarz unde grâ.
des selben was ein hûbe aldâ
ûf sîme houbte zwivalt
10 von zobele, den man tiure galt.
sinwel arâbsch ein borte
oben drûf gehôrte,
mitten dran ein knöpfelîn,
ein durchliuhtic rubîn.
15 dâ saz manec ritter kluoc,
dâ man jâmer vür si truoc.
ein knappe spranc zer tür dar în,
der truoc eine glævîn:
der site was ze trûren guot.
20 an der snîden huop sich bluot
und lief den schaft unz ûf die hant,
daz ez in dem ermel widerwant.
dâ wart geweinet und geschrît
ûf dem palase wît,
25 daz volc von drîzec landen
möhtez den ougen niht enblanden.
er truoc si in sînen henden
alumbe zen vier wenden
unz aber wider zuo der tür.
30 der knappe spranc hin ûz dâ vür.

232 Gestillet was des volkes nôt,
als in der jâmer ê gebôt,
des si diu glævîn hete ermant,
die der knappe brâhte in sîner hant.

235 15 Nâch den kom diu künegîn.
ir antlitze gap den schîn,
sie wânden alle ez wolde tagen.
man sach die maget an ir tragen
phellel von Arâbî.
20 ûf einem grüenen achmardî
truoc si den wunsch von pardîs,
beide wurzeln unde rîs:
daz was ein dinc, daz hiez der grâl,
erden wunsches überwal.
25 Repanse de Schoie si hiez,

die sich der grâl tragen liez.
der grâl was von solher art,
wol muoste ir kiusche sîn bewart,
diu sîn ze rehte solde phlegen:
30 diu muoste valsches sich bewegen.

238 Hundert knappen man gebôt:
die nâmen in wize twehelen brôt
5 mit zühten vor dem grâle.
die giengen al zemâle
und teilden vür die taveln sich.
man sagete mir, diz sage ouch ich
ûf iuwer ieslîches eit,
10 daz vor dem grâle wære bereit
(sol ich des iemen triegen,
sô müezet ir mit mir liegen),
swâ nâch jener bôt die hant,
daz er al bereite vant
15 spîse warm, spîse kalt,
spîse niuwe und dar zuo alt,
daz zam und daz wilde.
es enwürde nie dehein bilde,
beginnet maneger sprechen:
20 der wil sich übel rechen,
wan der grâl was der sælden vruht,
der werlde süeze alsolh genuht,
er wac vil nâch gelîche
als man saget von himelrîche.
25 in kleiniu goltvaz man nam,
als ieslîcher spîse zam,
salsen, pheffer, âgrâz.
dâ hete der kiusche und der vrâz
alle gelîche genuoc,
30 mit grôzer zuht manz vür si truoc.

239 Môraz, wîn, sinôpel rôt,
swâ nâch den naph ieslîcher bôt,
swaz er trinkens kunde nennen,
daz mohte er drinne erkennen
5 allez von des grâles kraft.
diu werde geselleschaft
heten wirtschaft von dem grâl.
  wol gemarcte Parzivâl
die rîcheit und daz wunder grôz:

Da saß mancher schmucke Ritter. Da trug man etwas Schmerzliches herbei. Ein Knappe sprang zur Tür herein, der trug eine Lanze – das war dort Brauch geworden und rief jedesmal ein Trauern hervor. An ihrer Schneide entquoll Blut und lief am Schaft hernieder bis auf die Hand, so daß es im Ärmel versickerte. Da ward geweint und geschrien im weiten Saal. Das Volk aus dreißig Ländern könnte nicht lauter weinen als hier die Ritter. Er trug die Lanze in seinen Händen rings an den vier Wänden herum zurück zur Tür. Der Knappe lief wieder hinaus.

232 / 1 – 4
Still ward des Volkes Klage, zu der sie von dem Jammer getrieben worden waren, an den die Lanze sie mahnte, die der Knappe gebracht hatte.

232–234: Am Ende des Palas wird eine Türe geöffnet. Zwei festlich gekleidete Mädchen treten herein. Ihnen folgen zwei Frauen, die zwei Bänke aus Elfenbein vor dem Burgherrn niedersetzen. Andere Frauen bringen Kerzenleuchter, einen wertvollen Granathyazinthen und silberne Messer. Alle versehen ihren Dienst nach strengem Zeremoniell.

235 / 15 – 30
Die Königin kam. Von ihrem Antlitz ging ein Schein aus, daß alle meinten, es beginne zu tagen. Man sah die Maid gekleidet in Pfellel von Arabi[1]. Auf grüner Achmardiseide trug sie des Paradieses Vollkommenheit, Wurzel war es zugleich und Reis. Das war ein Ding, das hieß der Gral, alles Erdenssegens Überschwang. Die aber, von welcher der Gral sich tragen ließ, war Repanse de Schoye. Es war des Grales Art, daß er von reiner Hand verwahrt werden mußte; die ihn in rechte Obhut nehmen sollte, die mußte ohne Falsch sein.

237–238: Die Königin setzt den wunderbaren Stein vor dem Burgherrn nieder. Parzival denkt bei diesem Geschehen nur daran, daß er es ist, der den kostbaren Mantel der Königin trage, den er von ihr erhalten hat. Die Frauen gruppieren sich so, daß je zwölf zur Linken und zur Rechten von der Königin stehen. Den Rittern im Saale werden nun goldene Becken dargereicht. Kämmerer und Jungherren versehen den Tischdienst. Nachdem sich Burgherr und Parzival die Hände gewaschen haben, werden die Speisen vorgelegt.

238 / 3 – 30
Hundert Knappen wurden entboten, die nahmen auf weißem Linnen ehrfürchtig Brot vor dem Grale. Darauf gingen sie und verteilten sich an die Tische. Man sagte mir, und ich sag's Euch weiter, auf Euren Eid freilich, daß vor dem Grale jedesmal bereit lag – wenn ich Euch Falsches berichte, so lügt Ihr nun also ebenso wie ich –, wonach ein jeder die Hand ausstreckte, und daß er fertig vor sich fand warme Speisen, kalte Speisen, neue Speisen, alte Speisen, von zahmem Getier, von wildem Getier. Desgleichen ist nie Wirklichkeit geworden, möchte wohl mancher einwenden. Aber wer das sagt, der irrt mit seiner Mißbilligung. Denn der Gral war der Seligkeiten reife Frucht, eine solche Fülle irdischer Süßigkeit, daß er fast dem gleichkam, was man vom Himmelreiche sagt.
In kleinen Goldgefäßen gab man, was zu jeder Speise gehörte: Soßen, Pfeffer, Agraß (scharfe Obstbrühe). Der Mäßige und der Fresser, beide hatten ihr Genüge. Man setzte es ihnen mit vollendeter Höflichkeit vor.

239 / 1 – 30
Moraß (Maulbeersaft), Wein und roter Sinopel (gewürzter Wein) – wonach man immer den Becher ausstreckte, was man auch zu trinken heischte, das sah man alsbald darin, alles von der Kraft des Grales. Die edle Genossenschaft war beim Grale zu Gast. Wohl bemerkte Parzival die Fülle und das große Wunder, aber um der höfischen Zucht willen war es ihm

---
[1] kostbares Gewand

54
```
    10 durch zuht in vrâgens doch verdrôz.
       er dâhte: 'mir riet Gurnemanz
       mit grôzen triuwen âne schranz,
       ich solde vil gevrâgen niht.
       waz ob mîn wesen hie geschiht
    15 die mâze als dort bî im?
       âne vrâge ich vernim
       wiez dirre massenîe stêt.'
       in dem gedanke nâher gêt
       ein knappe, der truoc ein swert:
    20 des balc was tûsent marke wert,
       sîn gehilze was ein rubîn,
       ouch möhte wol diu klinge sîn
       grôzer wunder urhap.
       der wirt ez sînem gaste gap.
    25 der sprach: 'herre, ich brâhtez in nôt
       in maneger stat, ê daz mich got
       an dem lîbe hât geletzet.
       nû sît dâ mite ergetzet,
       ob man iuwer hie niht wol enphlege.
    30 ir mugetz wol vüeren alle wege:
240 Swenne ir geprüevet sînen art,
       ir sît gein strîte dâ mite bewart.'
       ouwê daz er niht vrâcte dô!
       des bin ich vür in noch unvrô,
     5 wande erz emphienc in sîne hant,
       dô was er vrâgens mite ermant.
       ouch riuwet mich sîn süezer wirt,
       den ungenâde niht verbirt,
       des im von vrâgen nû wære rât.
```

Parzival bei Trevrizent

```
447 20 „Herre, ich erkenne sus noch sô,
       wie des jârs urhap gestêt
       oder wie der wochen zal gêt,
       swie die tage sind genant,
       saz ist mir alles unbekant.
    25 ich diende einme, der heizet got,
       ê daz sô lasterlîchen spot
       sîn gunst übr mich erhancte:
       mîn sin im nie gewancte,
       von dem mir helfe was gesaget:
    30 nu ist sîn helfe an mir verzaget."
```

```
448 Dô sprach der ritter grâ gevar
    ›meint ir got den diu magt gebar?
    geloubt ir sîner mennescheit,
    waz er als hiut durch uns erleit,
  5 als man dises tages zît begêt,
    unrehte iu denne daz harnasch stêt.
    ez ist hiute der karvrîtac,
    des al diu werlt sich vröuwen mac
    unt dâ bî mit angest siufzee sîn.
 10 wâ wart ie hôher triuwe schîn,
    dan die got durch uns begiene,
    den man durch uns anz criuze hienc?
    hêrre, pflegt ir toufes:
    sô jâmer iuch des koufes:
 15 er hât sîn werdeclîchez leben
    mit tôt vür unser schult gegeben,
    durch daz der mensche was verlorn,
    durch schulde hin zer helle erkorn.
    ob ir niht ein heiden sît,
 20 sô denket, hêrre, an dise zît.
    rîtet vürbaz ûf unser spor.
    iu ensitzet niht ze verre vor
    ein heilec man: der gît iu rât,
    wandel vür iuwer missetât.
 25 welt ir im riuwe künden,
    er scheidet iuch von sünden.‹
```

```
451 3 Hin rîtet Herzeloyden fruht.
      dem riet sîn manlîchiu zuht
    5 kiusche unt erbarmunge:
      sît Herzeloyde diu junge
      in hete ûf gerbet triuwe,
      sich huop sîns herzen riuwe.
      alrêst er dô gedâhte,
   10 wer al die werlt volbrâhte,
      an sînen schepfære,
      wi gewaltec der wære.
      Er sprach: »waz ob got helfe pfligt,
      diu mînem trûren an gesigt?
   15 wart aber er ie ritter holt,
      gediende ie ritter sînen solt
      ode mac schilt unt swert
      sîner helfe sîn sô wert
```

peinlich, danach zu fragen. Er dachte bei sich: Gurnemanz lehrte mich getreulich und redlichen Herzens, ich sollte nicht viel fragen. Wer weiß, ob mein Aufenthalt hier nicht in derselben Weise verläuft wie bei ihm und ich am Ende auch ohne Frage vernehme, was dieser ganze seltsame Hofstaat bedeutet?
Während er so dachte, nahte sich ihm ein Knappe, der trug ein Schwert, dessen Scheide tausend Mark wert war. Sein Griff war ein Rubin, auch schien die Klinge der Ursprung großer Wunder zu sein. Der Wirt gab es seinem Gaste und sagte: „Herr, ich trug es in Kampfesnot an manchem Ort, ehe mich Gott geschlagen hat. Nun mög' es Euch Freude bringen und entschädigen, wenn man Euch hier nicht gut genug aufgenommen hat.

240 / 1 – 9
Ihr mögt es allewege wohl führen. Wenn Ihr seine Art erprobt, es wird Euch gegen Angriffe schützen."
O weh, daß er da nicht fragte! Das macht mich heute noch traurig für ihn. Denn als er es in seine Hand empfing, sollte es ihn mahnen, zu fragen. Auch tut mir sein lieber Wirt leid, den Ungnade nicht verschont. Durch die Frage wäre er dessen ledig geworden.

240–447: Wie zu Beginn des Mahles werden in entsprechender Reihenfolge die Tische abgetragen. Auch die Frauen versehen wieder ihren Dienst. Der Burgherr wünscht seinem Gast eine gute Nacht. Einige Ritter geleiten Parzival in sein Schlafgemach. Schwere Träume quälen ihn in der Nacht, so daß er wie gepeinigt aus dem Schlaf auffährt. Niemand ist zu sehen. Vor seinem Bette liegen zwei Schwerter: sein eigenes und das ihm vom Burgherrn geschenkte. Auch seinen Harnisch entdeckt er dort wieder, und sein Pferd findet er vor der Tür angepflockt. Als er durch die offenstehende Pforte über die Zugbrücke reitet, wird sie sofort hinter ihm hochgezogen. Nun beginnt Parzivals Irrfahrt mit vielen Begegnungen und Abenteuern. Zuerst trifft er mit Sigune zusammen, die ihm Näheres von seinem Ahnherrn Titurel, seinem verstorbenen Sohn Frimutel und dessen Söhnen Trevrizent und Anfortas berichtet. Auch zur Artusgesellschaft gelangt er, aber er setzt seinen Weg ohne Begleitung fort, denn ihn verlangt nach dem Gral. Nach Reisen zu Pferd und zu Schiff – so kündet Frau Aventiure dem Dichter – bietet sich Parzival eines Tages ein ungewohnter Anblick. Barfuß pilgert ein alter bärtiger Mann in Begleitung seiner Frau und seiner beiden Töchter auf ihn zu. Parzival entbietet dem grauen Ritter seinen Gruß und erbittet von ihm Auskunft, welche Bewandtnis es mit ihrer Fahrt habe. Freundlich antwortet ihm der Ritter, mißbilligt jedoch, daß Parzival zu solch heiliger Zeit eine derart kriegerische Aufmachung zur Schau trage, wo es sich doch – dem Geist des Tages (Karfreitag) entsprechend – zieme, Demut und Buße zu üben. Parzival antwortet:

447 / 20 – 30
„Herr, ich weiß weder so noch so, wie es um des Jahres Anfang steht oder wie weit wir in der Zahl der Wochen sind. Auch die Namen der Tage – all das ist mir unbekannt. Ich diente einem, der heißt Gott, ehe seine Gunst so schmählichen Spott über mich verhängte. Mein Sinn hat ihm nie gewankt, ich war ihm treu, von dem man mir gesagt hatte, daß er helfe. Nun aber ist seine Hilfe an mir kraftlos geworden."

448 / 1 – 26
Da sagte der graue Ritter: „Meinet Ihr Gott, den die Magd gebar? Wenn Ihr seiner Menschwerdung glaubt, und dem, was er an einem Tage wie heute, wo man dieses Tages Zeit feierlich begeht, unsertwegen erlitt, so tragt Ihr mit Unrecht den Harnisch. Es ist heute Karfreitag, dessen sich alle Welt freuen mag und dabei dennoch zugleich mit Angst seufzen. Wo ward wohl je höhere Treue offenbar als die, die Gott für uns beging, da man ihn für uns ans Kreuz hängte? Herr, wenn Ihr getauft seid, so möge Euch dieser Tausch jammern, daß er sein edles Leben im Tode für unsere Schuld dahingegeben hat, weil der Mensch verloren und für die eigne Schuld zur Hölle bestimmt war. Wenn Ihr nicht ein Heide seid, so gedenkt, Herr, dieses Tages! Reitet fürbaß auf unserer Spur, woher wir gekommen sind.

56   und rehtiu manlîchiu wer,
         20 daz sîn helfe mich vor sorgen ner,
            ist hiute sîn helflîcher tac,
            sô helfe er, ob er helfen mac.«
            er kêrte sich wider, dannen er dâ
                                      [reit..

      452 Er sprach: »ist gotes kraft sô fier,
            daz si beidiu ors unde tier
            unt di liute mac wîsen,
            sîne kraft wil ich im prîsen.
          5 mac gotes kunst di helfe hân,
            diu wîse mir diz kastelân
            daz wægest umbe di reise mîn:
            sô tuot sîn güete helfe schîn.
            nû genc nâch der gotes kür.«
         10 den zügel gein den ôren für
            er dem orse legete,
            mit den sporn erz vaste regte.
            gein Fontâne la Salvâtsche ez gienc,
            dâ Orilus den eit enpfienc.
         15 der kiusche Trevrizent dâ saz,
            der manegen mântac übel gaz:
            als tet er gar die wochen.
            er het gar versprochen
            Môraz, wîn und ouchz brôt.
         20 sîn kiusche im dannoch mêr gebôt,
            der spîse het er decheinen muot,
            vische noch fleisch, swaz trüege bluot.
            sus stuont sîn heilclîchez lebn.
            got het im den muot gegebn:
         25 der herre sich bereite gar
            gein der himelschen schar.
            mit vaste er grôzen kumber leit,
            sîn kiusche gein dem tievel streit.
            an dem ervert nû Parzival
         30 diu verholniu mære umben grâl..

      456 5 Der einsidel zim sprach:
            »ouwê, herre, daz iu geschach
            in dirre heileclîchen zît.
            hât iuch angestlîcher strît
            in diz harnasch getriben
         10 ode sît ir âne strît beliben?

            sô stüende iu baz ein ander wât,
            lieze iuch hôchferte rât.
            nû ruochet erbeizen, herre,
            — ich wæne iu daz iht werre —
         15 und erwarmet bî einem fiure.
            hât iuch Âventiure
            ûz gesant durch minnen solt?
            sît ir rehter minne holt,
            sô minnet als nû diu minne gêt,
         20 als dises tages minne stêt:
            dient her nâch um wîbe gruoz.
            ruocht erbeizen, ob ichs biten muoz.«
            Parzivâl der wîgant
            erbeizte nider al zehant,
         25 mit grôzer zuht er vor im stuont.
            er tet im von den liuten kunt,
            die in dar wîsten,
            wie die sîn râten prîsten.
            dô sprach er: ›herre, nû gebet mir rât:
         30 ich bin ein man der sünde hât.‹

      457 Dô disiu rede was getân,
            dô sprach aber der guote man:
            ›ich bin râtes iuwer wer.

      460 28 ›Alrest ich innen worden bin
            wie lange ich var wîselôs
         30 und daz vreuden helfe mich verkôs.‹

      461 Sprach Parzivâl. ›Mirst vreude ein
                                      [troum:
            ich trage der riuwe swæren soum.
            herre, ich tuon iu mêr noch kunt:
            swâ kirchen oder münster stuont,
          5 dâ man gotes êre sprach,
            dehein ouge mich dâ nie gesach
            sît den selben zîten.
            ich ensuochte niht wan strîten.
            ouch trage ich hazzes vil gein gote,
         10 wande er ist mîner sorgen tote:
            die hât er alze hôhe erhaben.
            mîn vreude ist lebendec begraben.
            kunde gotes kraft mit helfe sîn,
            waz ankers wære diu vreude mîn?

Nicht mehr weit vor Euch wohnt ein heiliger Mann, der kann Euch raten und Buße auferlegen für Eure Missetat. Wollt Ihr ihm Eure Reue kundtun, so wird er Euch von Sünden lösen."

451 / 3 — 24
Hinreitet Herzeloydes Kind. Seine Manneszucht riet ihm zur Selbstentäußerung und zum Erbarmen. Da die junge Herzeloyde ihm treuen Sinn vererbt hatte, erhob sich seines Herzens Reue. Da erst gedachte er an seinen Schöpfer, der die ganze Welt geschaffen hat, wie gewaltig der doch wäre!
Er sagte: „Ob Gott vielleicht doch eine Hilfe bringt, die meinen Schmerz besiegt? Ward er aber je einem Ritter hold, verdiente je ein Ritter seinen Lohn oder ist Schild und Schwert und rechter Manneskampf seiner Hilfe wert genug, so daß seine Hilfe mich von den Nöten befreit — ist heute sein Helfertag, so helfe er, wenn er helfen kann!"
Er kehrte um und ritt seinen Weg zurück.

452 / 1 — 30
Er sagte: „Ist Gottes Kraft so stark, daß sie sowohl Roß und Tiere wie die Menschen zu weisen vermag, so will ich seine Kraft rühmen. Wenn Gottes Kunst so mächtig vermag, so will ich seine Kraft rühmen. Wenn Gottes Kunst so mächtig helfen kann, so weise sie diesem Kastilianerroß den Weg, der mir der beste ist. So offenbart seine Güte ihre Hilfe. — Nun laufe, wie Gott will!"
Er hängte seinem Roß den Zügel vorn über die Ohren und trieb es kräftig mit den Sporen an. Es ging auf Fontane la Salväsche zu, wo einst Orilus von Parzival den Eid empfangen hatte.
Dort saß der fromme Trevrizent, der oft genug nur geringe Montagsmahlzeiten aß, und so hielt er es die ganze Woche über. Er hatte dem Maulbeerwein wie dem Rebenwein und selbst dem Brote abgesagt. Seine Enthaltsamkeit trieb ihn noch weiter: er begehrte nicht nach Nahrung wie Fische oder Fleisch, wie alles, was Blut hat. So führte er ein heiligliches Leben. Gott hatte ihm den Mut verliehen, daß der Herr sich zur himmlischen Heerschar bereite. Mit Fasten machte er sich große Mühe. Seine Enthaltsamkeit kämpfte gegen den Teufel. Von dem erfährt Parzival nun die verborgenen Dinge um den Gral.

456 / 5 — 30
Der Einsiedler sagte zu ihm: „Ach, Herr, wie ist es möglich, daß Ihr so daherreitet in dieser heiliglichen Zeit! Hat Euch ein gefährlicher Kampf in diesen Harnisch gezwungen, oder seid Ihr ohne Kampf geblieben? Dann stünde Euch ein andres Kleid besser, falls es Euer Stolz zuließe. Nun aber wollet absteigen, Herr, — ich glaube, es wird euch nicht unangenehm sein —, und erwärmt Euch an einem Feuer. — Hat Aventüre Euch um eines Minnelohnes willen ausgesandt? Wenn Ihr nach Minne strebt, so minnt, wie es sich nun zu minnen ziemt, wie dieses Tages Minne steht. Hernach mögt Ihr dann wieder um den freundlichen Gruß einer Dame dienen. Wollet absteigen, wenn ich bitten darf!"
Parzival der Held saß sogleich ab und stand mit großer Ehrerbietung vor ihm. Er erzählte ihm von den Leuten, die ihn hierher gewiesen und ihm seinen Rat empfohlen hätten. Da sagte er: „Herr, nun gebt mir Rat! Ich bin ein Mann, der Sünde hat."

457 / 1 — 3
Als diese Rede getan war, antwortet der gute Mann: „Ich will Euch meinen Rat gewähren."

460 / 28 — 30
„Jetzt erst bin ich innegeworden, wie lange ich führerlos fahre und die Freude mir ihre Hilfe versagt", erwiderte Parzival.

         15 diu sinket durch der riuwe grunt.
            ist mîn manlîch herze wunt
            (oder mac ez dâ von wesen ganz,
            daz diu riuwe ir scharphen kranz
            mir setzet ûf werdekeit,
         20 die schiltes ammet mir erstreit
            gein werlîchen handen?),
            des gihe ich dem ze schanden,
            der aller helfe hât gewalt,
            ist sîn helfe helfe balt,
         25 daz er mir denne hilfet niht,
            sô vil man im der helfe giht.‹
            der wirt ersiufzete und sach an in.
            dô sprach er: ›herre, habet ir sin,
            sô sult ir gote getrûwen wol:
         30 er hilft iu, wande er helfen sol.

     462 Got müeze uns helfen beiden.
         herre, ir sult mich bescheiden
         (ruochet alrêst sitzen),
         saget mir mit kiuschen witzen,
       5 wie der zorn sich ane gevienc,
         dâ von got iuwern haz emphienc.
         durch iuwer zühte gedult
         vernemt von mir sîn unschult,
         ê daz ir mir von im iht klaget.
      10 sîn helfe ist immer unverzaget.
         doch ich ein leie wære,
         der wâren buoche mære
         kunde ich lesen unde schrîben,
         wie der mensche sol belîben
      15 mit dienste gein des helfe grôz,
         den der stæten helfe nie verdrôz
         vür der sêle senken.
         sît getriuwe âne allez wenken,
         sît got selbe ein triuwe ist:
      20 dem was unmære ie valscher list.
         wir suln in des geniezen lân:
         er hât vil durch uns getân,
         sît sîn edel hôher art
         durch uns ze menschen bilde wart.
      25 got heizt und ist ein wârheit.
         dem was ie valschiu vuore leit,

         daz sult ir gar bedenken.
         er enkan an niemen wenken:
         nû lêret iuwer gedanke,
      30 hüetet iuch gein im an wanke.
     463 Ir enmeget im abe erzürnen niht:
         swer iuch gein im in hazze siht,
         der hât iuch an den witzen kranc.
     467 Parzivâl sprach zim dô:
         ›herre, ich bin des immer vrô,
         daz ir mich von dem bescheiden hât,
         der nihtes ungelônet lât,
      15 der missewende noch der tugent.
         ich hân mit sorgen mîne jugent
         alsus brâht an disen tac,
         daz ich durch triuwe kummers phlac.‹
         der wirt sprach aber wider zim:
      20 ›nimts iuch niht hæle, gerne ich
                                    [vernim
         waz ir kummers und sünden hât.
         ob ir mich diu prüeven lât,
         dar zuo gibe ich iu lîhte rât,
         des ir selbe niht enhât.‹
      25 dô sprach aber Parzivâl:
         ›mîn hœstiu nôt ist um den grâl,
         dâ nâch um mîn selbes wîp:
         ûf erde nie schœner lîp
         gesouc an deheiner muoter brust.
      30 nâch den beiden sent sich mîn
                                    [gelust.‹
     468 Der wirt sprach:›herre, ir sprechet
         ir sît in rehter kummers dol, [wol.
         sît ir nâch iuwer selbes wîbe
         sorgen phlihte gebet dem lîbe.
       5 werdet ir ervunden an rehter ê,
         iu mac zer helle werden wê,
         diu nôt sol schiere ein ende hân
         und werdet von banden aldâ verlân
         mit der gotes helfe al sunder twâl.
      10 ir jeht, ir sent iuch um den grâl:
         ir tummer man, daz muoz ich
                                    [klagen.
         jâ enmac den grâl niemen bejagen,

461 / 1—30
Mir ist Freude ein Traum, denn ich trage des Leides schwere Last. Herr, ich will Euch noch mehr sagen: Wo Kirchen und Münster ragen, wo man Gottes Ehre spricht, da ließ ich mich seit jenen Zeiten niemals mehr blicken, sondern ich suchte nur noch Kampf und Streit. Auch trage ich großen Haß gegen Gott — ist er doch der Pate meiner Nöte! Er hat sie überaus hoch emporgeschichtet. Alle meine Freude ist nun lebendig darunter begraben. Wenn Gottes Kraft eine Kraft der Hilfe wäre, wie festen Grund könnte dann mein Freudenanker fassen! Nun aber sinkt er in die sumpfige Grundlosigkeit des Leides! Wenn mein Mannesherz wund ist — und wie sollte es wohl heil bleiben, wenn der Schmerz seinen stachligen Kranz auf die Ehre drückt, die ich mir im Schildesamt gegen wehrhafte Männer erstritten habe! —, so rechne ich es dem, der aller Hilfe Gewalt hat, zur Schande, daß er, wenn doch seine Hilfe starke Hilfe ist, mir nicht hilft, so viel Wesens man auch von seiner Hilfe macht."
Der Einsiedler seufzte und sah ihn an. Dann sprach er: „Herr, seid Ihr bei Sinnen, so sollt Ihr Gott wohl vertrauen: Er hilft Euch, denn er muß helfen. Möchte Gott uns beiden helfen!

462 / 1—30
Herr, Ihr sollt mir berichten — aber setzt Euch bitte zuvor —, sagt mir mit ruhiger Überlegung, wie sich der Zorn anhob, aus dem Euer Gotteshaß entstanden ist. Aber ehe Ihr Eure Klage gegen Gott erhebt, geduldet Euch freundlich und vernehmt von mir seine Unschuld. Seine Hilfe ist immer auf dem Wege. Obwohl ich ein Laie war, konnte ich doch die Heilige Schrift lesen, und ich konnte davon schreiben, wie der Mensch im Dienste der großen Hilfe dessen verharren soll, der immer unverdrossen geholfen hat, wo Seelen zu versinken drohten. Seid getreu ohn' alles Wanken, da Gott selbst eitel Treue ist — immer war ihm unlieb trügerischer Sinn. Wir haben ihm dafür zu danken, daß er viel für uns getan hat, da seine edle hohe Art um unsertwillen zu einem Menschenbilde wurde. Gott heißt und ist lauter Wahrheit. Falsche Wege haßt er. Das bedenket wohl! Er kann an niemandem wankelmütig werden. Darum prägt Euch fest ein, daß auch Ihr Euch hütet, wankelmütig gegen ihn zu sein.

463 / 1—3
Mit Zorn könnt Ihr ihm nichts abringen. Wer Euch sieht, wie Ihr in Haß gegen ihn trotzt, der wird Euch für unsinnig halten."

467 / 11—30
Da sagte Parzival zu ihm: „Herr, ich bin gewiß erfreut, daß Ihr mir von dem gesprochen habt, der nichts unbelohnt läßt, weder die Wendung zum Übeln noch die Tüchtigkeit. Aber ich habe meine Jugend bis an diesen Tag so sehr in Nöten hingebracht, daß ich für Treue Kummer erhielt."
Der Einsiedler antwortete ihm: „Habt Ihr nicht Grund, es geheimzuhalten, so würde ich gern vernehmen, was für Kummer Ihr habt. Wenn Ihr mich die Sache prüfen lassen wollt, so kann ich Euch vielleicht einen Rat geben, den Ihr selbst nicht habt." Da sagte Parzival: „Meine höchste Not ist um den Gral, danach um meine Frau. Nie lag auf Erden ein schöneres Kind an einer Mutter Brust. Nach beiden sehnt sich mein Verlangen."

468 / 1—30
Der Einsiedler sagte: „Wohl gesprochen, Herr! Ihr leidet den rechten Kummer, wenn Ihr Euch nach Eurem eigenen Weibe sehnt. Werdet Ihr beim Jüngsten Gericht in rechter Ehe erfunden, so wird, wenn Ihr in der Hölle Pein leidet, Eure Not rasch ein Ende nehmen, die Bande werden mit Gottes Hilfe alsbald von Euch fallen. Weiter aber sagt Ihr, daß Ihr Euch nach dem Grale sehnt. O Ihr törichter Mann, das ist mir leid! Denn wahrlich, niemand kann den Gral erjagen, der nicht im Himmel so bekannt ist, daß er mit Namen berufen

60
 wan der ze himele ist sô bekant
 daz er zem grâle sî benant.
 15 des muoz ich von dem grâle jehen:
 ich weiz ez und hânz vür wâr
        [gesehen.‹
 Parzivâl sprach: ›wârt ir dâ?‹
 der wirt sprach gein im: ›herre, jâ.‹
 Parzivâl versweic in gar
 20 daz ouch er was komen dar:
 er vrâcte in von der künde,
 wiez um den grâl dâ stüende.
 der wirt sprach: ›mir ist wol bekant,
 ez wont manec werlîchiu hant
 25 ze Munsalvæsche bî dem grâl.
 durch âventiur die alle mâl
 rîtent manege reise.
 die selben templeise,
 swâ si kummer oder prîs bejagent,
 30 vür ir sünde si daz tragent.

469 Da wont ein werlichiu schar.
 ich wil iu künden um ir nar:
 si lebent von einem steine,
 des geslehte ist vil reine.
 5 hât ir des niht erkennet,
 der wirt iu hie genennet:
 er heizet lapsit exillîs.
 von des steines kraft der fênîs
 verbrinnet, daz er zaschen wirt:
 10 diu asche im aber leben birt.
 sus rêrt der fênîs mûze sîn
 und gît dar nâch vil liehten schîn,
 daz er schœne wirt als ê.
 ouch wart nie menschen sô wê,
 15 swelhes tages ez den stein gesiht,
 die wochen mac ez sterben niht,
 diu aller schierst dar nâch gestêt.
 sîn varwe im nimmer ouch zegêt:
 man muoz im solher varwe jehen,
 20 dâ mite ez hât den stein gesehen,
 ez sî maget oder man,
 als dô sîn bestiu zît huop an,
 sæhe ez den stein zwei hundert jâr.

 im enwürde denne grâ sîn hâr,
 25 solhe kraft dem menschen gît der
 daz im vleisch unde bein   [stein,
 jugent emphæhet al sunder twâl.
 der stein ist ouch genant der grâl.
 dar ûf kumt hiute ein botschaft,
 30 dar an doch liget sîn hœste kraft:

470 Ez ist hiute der karvrîtac,
 daz man vür wâr dâ warten mac,
 ein tûbe von himele swinget,
 ûf den stein diu bringet
 5 eine kleine wîze oblât,
 ûf dem steine si die lât.
 diu tûbe ist durchliuhtec blanc,
 ze himele tuot si widerwanc.
 immer alle karvrîtage
 10 brinct si ûf den stein, als ich iu sage,
 dâ von der stein emphæhet
 swaz guotes ûf erden dræhet
 von trinken und von spîse,
 als den wunsch von pardîse:
 15 ich meine, swaz diu erde mac gebern.
 der stein si vürbaz mêr sol wern
 swaz wildes under dem lufte lebet,
 ez vliege oder loufe und daz swebet.
 der ritterlîchen bruoderschaft,
 20 die phrüende in gît des grâles kraft.
 die aber zem grâle sint benant,
 hœrt wie die werdent bekant.
 zende an des steines drum
 von karakten ein epitafium
 25 saget sînen namen und sînen art,
 swer dar tuon sol die sælden vart,
 ez sî von megeden oder von knaben.
 die schrift darf niemen danne
        [schaben:
 sô man den namen gelesen hât,
 30 vor ir ougen si zegât.

471 Si kômen alle dar vür kint,
 die nû dâ grôze liute sint.
 wol die muoter, diu daz kint gebar,
 daz sol ze dienste hœren dar!

werde zum Grale. Das muß ich Euch vom Grale sagen, denn ich weiß es und habe es fürwahr selbst gesehen." Parzival fragte: „Wart Ihr da?" Der Einsiedler antwortete: „Ja Herr." Parzival verschwieg ihm, daß auch er einmal dorthin gekommen war. Er fragte ihn, wie es da um den Gral stünde.

Der Einsiedler sagte: „Ich weiß wohl, daß viele Ritter zu Munsalwäsche beim Grale wohnen. Wenn sie ausreiten, und das tun sie oft, so geht es auf Abenteuer. Wo immer diese Templeisen Niederlage oder Sieg erjagen, tun sie es für ihre Sünden.

469 / 1 – 30

Da wohnt also eine wehrhafte Schar. Ich will Euch auch sagen, wovon sie leben: Sie leben von einem Steine, der von ganz reiner Art ist. Wenn Ihr ihn nicht kennt, so soll er Euch hier genannt werden. Er heißt Lapsit exillis. Durch dieses Steines Kraft verbrennt der Phönix zu Asche. Die Asche aber macht ihn flugs wieder lebendig. Die Erneuerung aus der Asche ist beim Phönix dasselbe, was bei anderen Vögeln die Mauserung ist. Darnach beginnt er hell zu strahlen und wird wieder schön wie zuvor. Dieselbe Kraft wie beim Vogel Phönix bewährt der Gral bei den Menschen. Es mag einem Menschen noch so schlecht gehen, wenn er eines Tages den Stein sieht, so wird er in der Woche, die auf diesen Tag folgt, nicht sterben. Auch bleibt sein Aussehen dasselbe, das er hatte, als er den Stein erblickte, und zwar so, wie er in seiner besten Zeit aussah – Frau wie Mann –, und wenn sie den Stein zweihundert Jahre lang sähen; nur das Haar wird grau. Solche Kraft gibt der Stein dem Menschen, daß Fleisch und Bein flugs Jugend empfängt. Der Stein wird auch genannt der Gral. Gerade heute erscheint auf dem Stein wieder eine Botschaft, und das ist seine höchste Kraft.

470 / 1 – 30

Es ist ja heute Karfreitag, da erwartet man auf Munsalwäsche eine Taube, die sich vom Himmel herabschwingt. Sie bringt auf den Stein eine kleine, weiße Oblate herab. Die läßt sie auf dem Steine. Die Taube ist durchscheinend weiß. Sie schwingt sich wieder in den Himmel hinauf. Jeden Karfreitag bringt sie das, wovon ich Euch eben erzählte, auf den Stein, und davon empfängt der Stein eine besondere Kraft: alles zu spenden, was an Trank und Speise gut riecht auf Erden, wie des Paradieses Vollkommenheit, ich meine: alles, was die Erde gebären mag. Der Stein soll ihnen auch weiter alles geben, was an Wild unter dem Himmel lebt, ob es fliegt oder läuft oder schwimmt. Das ist die Pfründe, die des Grales Kraft der ritterlichen Bruderschaft gibt. Wie aber erfährt man, wer zum Grale in die Bruderschaft berufen wird? Hört! Rings am Rande des Steines erscheint ein Epitaphium (Aufschrift) von Buchstaben, das den Namen und das Geschlecht dessen kundtut, der die Glücksfahrt zum Grale antreten soll, Maid sowohl wie Knabe. Diese Schrift braucht niemand abzuschaben; denn sobald man sie gelesen hat, zergeht sie vor den Augen.

471 / 1 – 30

Alle, die dort nun schon erwachsene Leute sind, kamen jung dorthin. Wohl der Mutter, die das Kind gebar, das dort Dienst tun soll! Arm und reich, alle freuen sich gleichermaßen,

62
```
   5 der arme und der rîche
     vreunt sich al gelîche,
     ob man ir kint eischet dar,
     daz siz suln senden an die schar:
     man holt si in manegen landen.
  10 vor sündebæren schanden
     sint si immer mêr behuot
     und wirt ir lôn ze himele guot:
     swenne in erstirbet hie daz leben,
     sô wirt in dort der wunsch gegeben
     dô strîten begunden
     die newederhalp gestuonden,
     Lûcifer und Trînitas,
     swaz der selben engel was,
     die edeln und die werden
  20 muosten ûf die erden
     zuo dem selben steine.
     der stein ist immer reine.
     ich enweiz ob got ûf si verkôs
     oder ob er si vürbaz verlôs:
  25 was daz sîn reht, er nam sie wider.
     des steines phliget immer sider
     die got dar zuo benande
     und in sînen engel sande.
     herre, sus stêt ez um den grâl.«
  30   dô sprach aber Parzivâl:

472 »Mac ritterschaft des lîbes prîs
     und doch der sêle pardîs
     bejagen mit schilte und ouch mit
     sô was ie ritterschaft mîn ger. [sper,
   5 ich streit ie swâ ich strîten vant,
     sô daz mîn werlîchiu hant
     sich næherte dem prîse.
     ist got an strîte wîse,
     der sol mich dar benennen,
  10 daz si mich dâ bekennen:
     mîn hant dâ strîtes niht verbirt.«
     dô sprach aber sîn kiuscher wirt:
     »ir müestet aldâ vor hôchvart
     mit senftem willen sîn bewart.
  15 iuch verleitet lîhte iuwer jugent
     daz ir der kiusche bræchet tugent.
```

```
     hôchvart ie seic unde viel.«
     sprach der wirt: ieweder ouge im
     dô er an diz mære dâhte,     [wiel,
  20 daz er dâ mit rede volbrâhte.
     dô sprach er: »herre, ein künec
                                   [dâ was,
     der hiez und heizt noch Anfortas.
     daz sol iuch und mich armen
     immer mêr erbarmen,
  25 um sîne herzebære nôt,
     die hôchvart im ze lône bôt.
     sîn jugent und sîn rîcheit
     der werlde an im vuocte leit
     und daz er gerte minne
  30 ûzerhalp der kiusche sinne.

473 Der site ist niht dem grâle reht:
     dâ muoz der ritter und der kneht
     bewart sîn vor lôsheit.
     diemuot die hôchvart überstreit.
   5 dâ wont ein werdiu bruoderschaft.
     die hânt mit werlîcher kraft
     erwert mit ir handen
     der diet von al den landen,
     daz der grâl ist unerkennet,
  10 wan die dar sint benennet,
     ze Munsalvæsche an sgrâles schar.
     wan einer kom unbenennet dar:
     der selbe was ein tummer man
     und vuorte ouch sünde mit im dan,
  15 daz er niht zem wirte sprach
     um den kummer den er an im sach.
     ich ensol niemen schelten:
     doch muoz er sünde engelten,
     daz er niht vrâcte swirtes schaden.
  20 er was mit kummer sô geladen,
     ez enwart nie erkant sô hôher pîn.

478 »Dô Frimutel den lîp verlôs,
     mîn vater, nach im man dô kôs
     sînen eldesten sun ze künege dar,
     ze vogte dem Grâle und des Grâles
                                    [schar,
   5 daz was mîn bruoder Anfortas,
```

wenn man ihr Kind dazu fordert, daß sie es in diese Schar entsenden sollen. Man holt sie aus vielen Ländern zusammen. Vor Sünd' und Schanden sind sie immer mehr behütet als andere, und sie erhalten ihren Lohn im Himmel: Wenn ihnen hier das Leben erstirbt, so wird ihnen dort die Vollkommenheit gegeben. Die edlen und werten Engel, die damals, als Luzifer und die Trinität miteinander kämpften, weder auf der einen noch auf der anderen Seite standen, mußten zur Erde herniedersteigen zu diesem Steine. Was auch mit ihnen geschah, der Stein ist immer rein. Ich weiß nicht, ob Gott ihnen verzieh oder ob er sie noch mehr vernichtete – war es sein Recht, so nahm er sie wieder an. Seitdem hüten den Stein immerfort die, welche Gott dazu berief und denen er seinen Engel sandte. Herr, so steht es um den Gral.

472 / 1–30

Da antwortet Parzival: „Wenn Ritterschaft des irdischen Lebens Preis und dennoch auch zugleich das Paradies der Seele mit Schild und Speer erringen kann, wie offenbar die Gralsritter, so darf ich darauf Anspruch erheben, denn immer strebe ich nach Ritterschaft. Wo immer ich Kampf fand, kämpfte ich, so daß meine wehrhafte Hand fast den höchsten Preis erreichte. Ist Gott ein weiser Richter des Kampfes, so soll er mich durch die Gralsinschrift berufen, damit sie mich dort kennenlernen. Ich werde da nicht müde werden im Kampfe." Da antwortete der fromme Einsiedler: „Dort beim Grale müßte Euch ein sanfter Wille vor Hochmut behüten! Euch würde Eure Jugend allzu leicht verleiten, daß Ihr die Kraft der Mäßigung brächet. Hochmut sank und fiel noch stets."

So sagte der Einsiedler. Beide Augen wallten ihm über, als er an die Dinge dachte, die er noch erzählen wollte.

Da sagte er: „Herr, beim Grale war ein König, der hieß und heißet noch Anfortas. Euch und mich Armen sollte seines Herzens Not, mit der seine Hoffart belohnt wurde, immerfort erbarmen. Ihm und aller Welt brachte seine Jugend und sein Minneverlangen, das über Maß und Grenze hinausging, Leid.

473 / 1–21

Ein solches Tun ist dem Grale nicht recht. Ritter und Knecht muß sich beim Grale vor losem Sinne bewahren. Dienstwilligkeit überwindet die Hoffart. – Es wohnt dort in der Tat eine edle Bruderschaft. Die hat mit wehrhafter Kraft das Volk aus allerlei Ländern abgewehrt, so daß der Gral noch von niemandem erschaut wurde außer von denen, die da zu Munsalwäsche in des Grales Schar berufen worden sind. Nur einmal kam ein Unberufener dorthin. Das war ein törichter Mann, der Sünde mit sich davon trug, weil er zu dem Könige nichts sagte über den Kummer, den er ihm doch ansah. Ich möchte niemanden schelten, aber es muß doch gesagt werden, daß er Sünde zu büßen hat, weil er nicht nach dem Schaden seines Wirtes fragte, der doch so sehr mit Kummer beladen war, daß man niemals sonst eine solche Pein gesehen hat.

478 / 1–6

Als Frimutel, mein Vater, starb, wählte man seinen ältesten Sohn zum Könige, zum Hüter des Grals und der Gralsschar. Das war mein Bruder Anfortas, er war der Krone und der Macht würdig.

64   der krône und rîcheit wirdec was ..
479 3 Eins tages der künec al eine reit
       — daz was gar den sînen leit —
     5 ûz durch Âventiure,
       durch freude an minnen stiure:
       des twanc in der minnen ger.
       mit einem gelüptem sper
       wart er ze tjostieren wunt,
    10 sô daz er nimmer mêr gesunt
       wart, der süeze œheim dîn,
       durch di heidruose sîn.
       ez was ein heiden der dâ streit
       unt der die selben tjoste reit,
    15 geborn von Ethnîse,
       dâ ûzzem Pardîse
       rinnet diu Tîgris ...
480 Da lobt ich der gotes kraft,
    12 daz ich deheine rîterschaft
       getæte nimer mêre,
       daz got durch sîn êre
    15 mînem bruoder hülfe von der nôt.
       ich verswuor ouch fleisch, wîn und
                                      [brôt
       unt dar nâch al daz trüege bluot,
       daz ichs nimmer mêr gewünne muot.
       daz was der diet ander klage,
    20 lieber neve, als ich dir sage,
       daz ich schiet von dem swerte mîn.
       si sprâchen: »wer sol schirmære sîn
       über des Grâls tougen?«
       dô weinden liehtiu ougen.
    25 si truogen den künec sunder twâl
       durch di gotes helfe für den Grâl.
       dô der künec den Grâl gesach,
       daz was sîn ander ungemach,
       daz er niht sterben mohte ...
483 Unser venje vielen wir für den Grâl.
    20 dar an gesâhen wir zeinem mâl
       geschriben, dar solde ein rîter komn:
       würde des frâge aldâ vernomn,
       sô solde der kumber ende hân.
       ez wære kint, magt ode man,

    25 daz in der frâge warnet iht,
       sô nesolde diu frâge helfen niht,
       wan daz der schade stüende als ê
       und herzelîcher tæte wê.
       diu schrift sprach: »habt ir daz
                                    [vernomn?
    30 iuwer warnen mac ze schaden komn.
484 Vrâgt er niht bî der êrsten naht,
    sô zergêt sîner frâge maht:
    wirt sîn frâge an rehter zît getân,
    sô sol erz künecrîche hân
  5 und hât der kumber ende
    von der hôhsten hende.
    dâ mit ist Anfortas genesen,
    ern sol aber niemêr künec wesen ...
 21 sît kom ein rîter dar geriten
    — der möhtez gerne hân vermiten —
    von dem ich dir ê sagte.
    unprîs der dâ bejagte,
 25 sît er den rehten kumber sach,
    daz er niht zuo dem wirte sprach:
    herre, wie stêt iuwer nôt?«
    sît im sîn tumpheit daz gebôt
    daz er aldâ niht vrâgte.
 30 grôzer sælde in dô betrâgte ...«
488 Do si daz ors begiengen,
    niuwe klage si ane geviengen.
    Parzivâl zem wirte sîn
    sprach: »herre und lieber œheim
                                    [mîn,
  5 getorste ichz iu vor schame gesagen,
    mîn ungelücke ich solde klagen.
    daz verkiest durch iuwer selbes zuht:
    mîn triuwe hât doch gein iu vluht.
    ich hân sô sêre missetân,
 10 welt ir michs engelten lân,
    sô scheide ich von dem trôste
    und bin der unerlôste
    immer mêr von riuwe.
    ir sult mit râtes triuwe
 15 klagen mîne tumpheit.

479 / 3 – 18
Eines Tages ritt der König allein – das sollte seinen Leuten Leid bringen – auf Abenteuer aus, weil es ihm Freude machte, sich von der Minne helfen zu lassen. Sein Minneverlangen zwang ihn dazu. Bei einer Tjoste aber wurde er durch einen vergifteten Speer an den Hoden so verwundet, Dein lieber Oheim, daß die Wunde nie mehr heilte. Ein Heide war es, der mit ihm kämpfte und diese Tjoste ritt. Er stammte aus dem Land Ethnise, dort wo der Tigris aus dem Paradiese strömt.

480 / 11 – 30
Da gelobte ich der Gotteskraft, daß ich nie mehr Ritterschaft ausüben wollte, wenn Gott um seiner Ehre willen meinem Bruder von der Not hülfe. Ich verschwur auch Fleisch, Wein und Brot und darüber hinaus alles, was Blut trägt, daß ich nimmermehr danach Verlangen tragen wollte. Das war der zweite Schmerz unserer Leute, daß ich von meinem Schwerte schied. Lieber Neffe, es ist, wie ich Dir sage! Sie sprachen: ‚Wer soll nun Schirmherr sein über des Grales Geheimnis?' Helle Augen wurden naß. Man trug den König sogleich vor den Gral, ob Gott helfen wolle. Als der König den Gral sah, geschah ihm ein zweites Leid: er konnte nicht sterben.

483 / 19 – 30
Wir knieten vor dem Grale. Da sahen wir einstmals darauf geschrieben, daß ein Ritter kommen sollte – wenn man den eine Frage tun hörte, so würde der Kummer ein Ende haben. Doch weder Kind noch Magd noch Mann dürfte ihn zu der Frage veranlassen, denn sonst würde die Frage nicht helfen, sondern der Schaden würde bleiben wie zuvor und noch heftiger schmerzen. Die Schrift sagte: „Habt Ihr es wohl vernommen? Wenn Ihr ihm zu verstehen gebt, daß er fragen solle, so richtet Ihr damit Schaden an!'

484 / 1 – 10
Fragt er nicht gleich am ersten Abend, so zergeht die Macht seiner Frage. Wird aber seine Frage zur rechten Zeit getan, so soll er das Gralsreich haben, und der Kummer wird ein Ende nehmen durch des Höchsten Hand. Damit ist alsbald Anfortas wieder gesund, aber er soll dann nicht mehr König sein.'

484 / 21 – 30
Inzwischen kam in der Tat ein Ritter zur Gralsburg geritten – ich sagte Dir vorhin schon von ihm. Er wäre besser nicht gekommen! Unpreis gewann er, weil er zwar den wahren Kummer sah, aber trotzdem nicht zu dem Wirte sagte: ‚Herr, wie steht es um Eure Not?' Da seine Tumpheit ihm gebot, nicht zu fragen, verlor er träge sein großes Glück."

488 / 1 – 30
Als sie das Pferd besorgt hatten, begannen sie von neuem ihre Klage. Parzival sagte zu seinem Wirte: „Herr und lieber Oheim mein! Getraute ich mir vor Scham, es einzugestehen, so würde ich Euch mein Unglück klagen. Um Eurer Güte willen verzeiht mir mein Unglück! Zu Euch kann ich ja meine Treue flüchten. So sehr habe ich übel gehandelt – wenn Ihr es mich entgelten lassen wollt, so bin ich ganz ohne Trost und bin der von Schmerz allzeit Unerlöste. Mit treuem Rat mögt Ihr mir meine Tumpheit klagen helfen! Der Mann,

66   der ûf Munsalvæsche reit
          und der den rehten kummer sach
          und der deheine vrâge sprach,
          daz bin ich unsælec barn.
       20 sus hân ich, herre, missevarn.«
          der wirt sprach: »neve, waz
                               [sagestû nuo?
          wir suln beide samt zuo
          herzlîcher klage grîfen
          und die vreude lâzen slîfen,
       25 sît dîn kunst sich sælden sus verzêch.
          dô dir got vünf sinne lêch
          (die hânt ir rât dir vor bespart),
          wie was dîn triuwe von in bewart
          an den selben stunden
       30 bî Anfortases wunden?

489   Doch wil ich râtes niht verzagen.
          dû ensolt ouch niht ze sêre klagen:
          dû solt in rehten mâzen
          klagen und klagen lâzen.
        5 diu menscheit hât wilden art.
          etswâ wil jugent an witze vart:
          wil dennez alter tumpheit üeben
          und lûter site trüeben,
          dâ von wirt daz wîze sal
       10 und diu grüene tugent val,
          dâ von beklîben möhte
          daz der werdekeite töhte.
          möhte ich dirz wol begrüenen
          und dîn herze alsô erküenen
       15 daz dû den prîs bejagetes
          und an got niht verzagetes,
          sô gestüende noch dîn linge
          an sô werdeclîchem dinge,
          daz wol ergetzet hieze.
       20 got selbe dich niht lieze:
          ich bin von gote dîn râtes wer.

501   Sus was er dâ fünfzehen tage.
       12 der wirt sîn pflac als ich iu sage:
          krût unde würzelîn
          daz mouse ir bestiu spîse sîn.
       15 Parzivâl die swære

          truoc durch süeze mære,
          wand in der wirt von sünden schiet
          unt im doch rîterlîchen riet.
          Eins tages frâgt in Parzivâl:
       20 »wer was ein man lac vor me grâl?
          der was al grâ bî liehtem vel.«
          der wirt sprach: »daz was Titurel.
          der selbe ist dîner mouter An.
          dem wart alrêst des Grâles van
       25 bevolhen durch schermens rât.
          ein siechtuom heizet Pôgrât
          treit er, di lem helfelôs.
          sîne varwe er iedoch nie verlôs,
          wander den Grâl sô dicke siht,
       30 dâ von er mac ersterben niht.

502   Durch rât si hânt den Bettrisen.
          in sîner jugent vürt und wisen
          reit er vil durch tjostieren.
          wil du dîn leben zieren
        5 und rehte werdeclîche varn,
          sô muostû haz gein wîben sparn..«
       23 diz was ir zweier scheidens tac.
          Trevrizent sich des bewac,
       25 er sprach: »gip mir dîne sünde her,
          vor gote ich bin dîn wandels wer
          und leist als ich dir hân gesagt.
          belîp des willen unverzagt.«
          von ein ander schieden sie:
       30 ob ir welt, sô prüefet wie.

          Ausklang

827   Swes leben sich sô verendet,
       20 daz got niht wirt gephendet
          der sêle durch des lîbes schulde,
          und der doch der werlde hulde
          behalden kan mit werdekeit,
          daz ist ein nützіu arbeit.

der nach Munsalwäsche kam und der den wahren Kummer sah und der keine Frage tat, das – bin ich unseliges Kind! So bin ich, Herr, falsch gefahren!"

Der Einsiedler sagte: „Neffe, was sprichst du da! Wir sollten beide miteinander herzliche Klage beginnen und die Freude gleiten lassen, da Du so kunstvoll Dein Glück hast fahren lassen! Da Dir Gott fünf Sinne gab – die Dir freilich Weisheit vorenthalten haben –, wie wurde Dir damals bei des Anfortas Wunden Deine Treue bewahrt von den fünf Sinnen?

489 / 1 – 21

Aber ich will es nicht aufgeben, Dir einen Rat zu finden. Du sollst nicht allzusehr klagen. Du sollst in rechtem Maße klagen und das Klagen lassen. Die Menschheit hat eine wilde Art! Zuweilen will ja die Jugend auf den Weg der Weisheit – will dann das Alter sich töricht benehmen und das lautere Bestreben der Jugend durch Vorwürfe und Verdammung trüben, so wird davon das Weiße schmutzig und die grüne Tüchtigkeit wird fahl, in der doch das, was zum Edlen taugt, Wurzel schlagen möchte. Könnte ich Deinen Mut wieder so ergrünen und Dein Herze so kühn machen, daß Du den Preis errängest und nicht verzagtest an Gott, so würde es dir vielleicht noch mit der so edlen Zuversicht gelingen, daß Du guten Ersatz hättest für das Verlorene! Gott selbst hat Dich nicht verlassen: ich bin der Rat, den Gott Dir gewährt!

501 / 11 – 30

So blieb er dort vierzehn Tage. Der Wirt sorgte für ihn, wie ich Euch berichte: Kraut und Würzlein waren ihre beste Nahrung. Parzival ertrug die Beschwerde um der lieben Worte willen; denn sein Wirt schied ihn von Sünden und riet ihm gleichwohl zu ritterlichem Leben. Eines Tages fragte Parzival: „Wer war eigentlich der Mann, der vor dem Grale lag? Er war ganz grau, obwohl er noch recht frisch aussah."

Der Einsiedler sagte: „Das war Titurel. Er ist deiner Mutter Großvater. Ihm zuerst wurde des Grales Fahne anvertraut, damit er den Gral beschirme. Aber er trägt nun ein Siechtum, das Podagra heißt, eine Lähmung, der nicht zu helfen ist. Doch sein gutes Aussehn hat er dabei nicht verloren; denn weil er den Gral so oft sieht, kann er nicht sterben.

502 / 1 – 6

Sie halten den bettlägerigen Alten wert, weil er ihnen guten Rat geben kann. In seiner Jugend ritt er durch viele Furten und über viele Wiesen zu den Tjosten. – Willst du dein Leben in Ehren und recht würdiglich führen, so mußt du gegen die Frauen nicht häßlich sein."

502 / 23 – 30

Das war nun der Abschiedstag für die beiden. Trevrizent faßte einen Entschluß und sagte: „Gib mir Deine Sünde her! Vor Gott bin ich Deiner Buße Gewähr. Und leiste, wie ich Dir's habe gesagt! Bleib dieses Willens unverzagt." Sie schieden voneinander. Wenn Ihr wollt, so mögt Ihr erwägen, wie ihnen dabei zumute war.

812 / 19 – 24

Wenn einer sein Leben so endet, daß Gott nicht der Seele beraubt wird durch des Menschen eigne Schuld, und wenn er sich dennoch die Huld der Welt bewahren kann mit Ehren, so hat seine Mühe einen guten Ertrag.

Übertragen von Wilhelm Stapel

Höfische Lyrik: Früher Minnesang

DER VON KÜRENBERG

Wîp unde vederspiel¹   diu werdent lihte zam:
swer sî ze rehte lucket², so souchent sî den man.
als warb ein schoene ritter   umb eine frouwen guot.
als ich dar an gedenke³,   sô stêt wol hôhe mîn muot.

Ich stuont mir nehtint⁴ spâte   an einer zinnen:
dô hôrte ich einen ritter   vil wol singen
in Kürenberges wîse   al ûz der menigin⁵:
er muoz mir diu lant rûmen,   ald ich geniete mich sîn⁶.

Nu brinc mir her vil balde   mîn ros, mîn îsengewant,
wan ich muoz einer frouwen   rûmen diu lant.
diu wil mich betwingen,   daz ich ir holt sî.
si muoz der mîner minne   iemer darbende sîn⁷.

DIETMAR VON EIST

Es stuont ein frouwe alleine
und warte¹ über heide
und warte ir libes,
so gesach sie falken fliegen.
»sô wol dir, falke, daz du bist!²«
du fliugest, swar³ dir liep ist:
du erkiusest dir in dem walde
einen boum, der die gefalle.

alsô hân ouch ich getân:
ich erkôs mir selbe einen man,
den erwelten mîniu ougen.
daz nîdent schone frouwen⁴.
owê wan lânt si mir mîn liep⁵?
joch engerte ich ir dekeiner trûtes
[niet.«⁶

DER ÄLTERE SPERVOGEL

Wurze des waldes
und grieze des goldes
und elliu apgründe
diu sint dir, hêrre, in künde
diu stênt in dîner hende.
allez himmeleschez her
   daz enmöht dich niht volloben an ein ende.

---

¹ Jagdfalken   ² wenn einer sie in richtiger Weise lockt   ³ wenn ich daran denke   ⁴ gestern nacht   ⁵ mitten aus der Menge   ⁶ oder ich erfreue mich an ihm, will ihn gewinnen   ⁷ sie wird meine Liebe immer entbehren müssen

¹ spähte   ² daß du ein Falke bist   ³ wohin   ⁴ das neiden mir schöne Frauen   ⁵ warum lassen sie mir nicht   ⁶ und doch begehrte ich nicht den Geliebten einer von ihnen

FRIEDRICH VON HAUSEN

1 Mîn herze und mîn lîp diu wellent scheiden,
diu mit ein ander varnt nu mange[1] zît.
der lîp wil gerne vehten an die heiden:
sô hât iedoch daz herze erwelt ein wîp
vor al der werlt. daz müet[2] mich iemer sît,
daz si ein ander niete volgent beide.
mir habent diu ougen vil getân ze leide.
got eine müeze scheiden noch den strît.

2 Ich wânde ledic sîn von solher swære,
dô ich daz kriuze in gotes êre nam.
ez wære ouch reht, deiz herze alsô wære,
wan daz sîn stætekeit im sîn verban.[3]
ich solte sîn ze rehte ein lebendic man,
ob ez den tumben willen sîn verbære.
nu sihe ich wol daz im ist gar unmære[4]
wie ez mir an dem ende süle ergân.

ALBRECHT VON JOHANSDORF

Ich hân durch got[1] daz crûce an mich genomen
und var dâ hin durch mîne missetât[2].
Nu helfe er mir, ob ich her wider kome:
ein wîp, diu grôzen kumber von mir hât,
Daz ich si finde an ir êren:
sô wert er mich der bete gar.
sül aber sî'ir leben verkêren[3],
sô gebe got, daz ich vervar.[4]

---

[1] manche [2] es schmerzt mich seither, daß sie nicht einig sind [3] es wäre auch echt, daß das Herz dabei wäre, aber die Stetigkeit (Treue) läßt das nicht zu. Ich könnte ein wirklich freier Mann sein, wenn es (das Herz) seinen törichten Willen aufgäbe [4] gleichgültig

[1] für Gott [2] um meiner Sünden willen [3] sollte sie aber ihre Lebensweise zum Schlechten verkehren, verwandeln [4] auf der Kreuzfahrt umkomme

HARTMANN VON AUE

1 Dem kriuze zimt wol reiner muot
und kiusche site:
sô mac man saelde und allez guot
erwerben mite.
Ouch ist ez nieht ein kleiner haft[1]
dem tumben man,
der sîme lîbe meisterschaft
niht halten kan.
Ez wil niht, daz man sî
der werke drunder frî:
waz, touc[2] ez ûf der wât,
der's an dem herzen niene hât?

2 Nû zinsent, ritter, iuwer leben
und ouch den muot
durch in, der iu dâ hât gegeben
lîp unde guot.
Swes schilt ie was zer werlte bereit
ûf hôhen prîs[3],
ob er den gote nû verseit,
der ist niht wîs.
Wan swem daz ist beschert,
daz er dâ[4] wol gevert,
daz giltet[5] beidiu teil:
der werlte lop, der sêle heil.

3 Diu Werlt mich lachet triegend an
und winket mir.
nû hân ich als ein tumber man
gevolget ir
Der hacchen[6] hân ich manegen tac
geloufen nâch:
dâ niemen staete vinden mac,
dar was mir gâch.
Nû hilf mir, herre Krist,
der mîn dâ vârend ist,
daz ich mich dem entsage[8]
mit dînem zeichen, deich hie trage.

4 Sît mich der tôt beroubet hât
des herren mîn,
swie nû diu werlt nâch im gestât,
daz lâze ich sîn.
Der fröude mîn den besten teil
hat er dâ hin,
und schüefe ich nû der sêle heil,
daz waere ein sin.
Mag ime ze helfe komen
mîn vart, diech hân genomen,
ich wil irm halber jehen[9]:
vor gote müeze ich in gesehen.

---

[1] Fessel, Halt [2] Was taugt es dem an der Kleidung, der es nicht im Herzen hat [3] im Streben nach hohem Preis [4] auf dem Kreuzzug [5] zahlt, bringt ein [6] Dirne [7] dorthin strebte [8] daß ich dem, der mir nachstellt, dem Teufel, entsage [9] ich will ihm die Hälfte ihres (der Fahrt) Ertrages für das Heil seiner Seele zugestehen

WALTHER VON DER VOGELWEIDE

1 Allerêrst lebe ich mir werde[1],
sît mîn sündec ouge siht
daz reine lant und ouch die erde,
dem man sô vil êren giht[2].
mirst geschehen, des ich ie bat:
ich bin komen an die stat,
da got mennisclîchen[3] trat.

2 Schoeniu lant, rîch unde hêre,
swaz ich der noch hân gesehen,
sô bist dûz ir aller êre.
waz ist wunders hie geschehen!
daz ein maget ein kint gebar
hêre übr aller engel schar,
was daz niht ein wunder gar?

3 Hie liez er sich reine[4] toufen,
daz der mensche reine sî.
sît[5] liez er sich hie verkoufen,
daz wir eigen[6] wurden frî.
anders waeren wir verlorn.
wol dir, sper, kriuz unde dorn,
wê dir, heiden, deist[7] dir zorn!

4 Hinnen fuor der sun zer helle
von dem grabe, da'r inne lac.
des was ie der vater geselle[8]
und der geist, den nieman mac
sunder scheiden: êst al ein,
sleht und ebener danne ein zein,
als er Abrahâme erschein[9].

5 Dô er den tievel dô geschande[10],
daz nie keiser baz gestreit,
dô fuor er her wider zu lande.
dô huop sich der juden leit,
daz er hêrre ir huote[11] brach
und man in sît lebendec sach,
den ir hant sluoc unde stach.

6 In ditz lant hât er gesprochen
einen angeslîchen tac[12].
dâ diu witwe wirt gerochen
und der weise klagen mac[13]
und der arme den gewalt,
der da wirt an ime gestalt.[14]
wol ime dort, der hie vergalt[15]!

7 Kristen, juden und die heiden
jehent, daz diz ir erbe sî[16];
got müez ez ze rehte scheiden
durch die sîne namen drî[17].
al diu werlt diu strîtet her,
wir sîn an der rehten ger.
reht ist, daz er uns gewer![18]

---

[1] Nun erst lebe ich würdig, ehrenvoll, wesentlich (werde zu wert) [2] nachrühmt [3] als Mensch [4] er, der Reine, Makellose [5] später [6] Leibeigene (der Sünde) [7] daz ist [8] Gefährte, mit ihm verbunden [9] es ist ganz eines, glatt und ebener als ein Pfeil. Abraham erscheint Jehora in Gestalt dreier Männer. Dies wird als eine Präfiguration der Trinität gedeutet [10] zu Schanden machen [11] die Hut, Grabwache [12] In diesem Land hat er einen schrecklichen Tag (Gerichtstag) angekündigt [13] die Waise anklagen kann [14] die Gewalt, die an ihm verübt wurde [15] vergolten hat (seine Schuld beglichen hat) [16] sagen, daß dies (d. Heilige Land) ihr Erbland sei [17] Gott möge es rechtlich entscheiden im Namen seiner Dreieinigkeit [18] die ganze Welt streitet hierher (macht ihre Ansprüche geltend), wir allein haben berechtigten Anspruch. Gerecht ist, daß er uns stattgibt.

Diese 7 Strophen des „Palästina-Liedes" sind wohl zum Kreuzzug Friedrichs II. 1228 entstanden, ohne daß damit gesagt ist, daß Walther von der Vogelweide selber an dem Kreuzzug teilgenommen hat. Die Melodie hierzu ist erhalten.

Höfische Lyrik: Politische Dichtung

72   1 Ir sult sprechen willekomen!
der iu maere[1] bringet, daz bin ich.
allez, daz ir habt vernomen,
daz ist gar ein wint; nû frâget mich.
ich wil aber miete[2];
wirt mîn lôn iht[3] guot,
ich gesage iu lîhte[4], daz iu sanfte tuot[5].
seht, waz man mir êren biete.

2 Ich wil tiuschen frouwen sagen
solhiu maere, daz si deste baz
al der werlte suln behagen;
âne grôze miete tuon ich daz.
waz wold ich zu lône?
si sint mir ze hêr.   [mêr,
sô bin ich gefüege[6] und bite si nihtes
wan daz si mich grüezen schône.

3 Ich hân lande vil gesehen
unde nam der besten gerne war.
übel müeze mir geschehen,
kunde ich ie mîn herze bringen dar,
daz im wol gevallen
wolde fremeder site.   [strite[7]?
nû waz hulfe mich, ob ich unrehte
tiuschiu zuht gât vor in allen.

4 Von der Elbe unz an den Rîn
und her wider unz an Ungerlant
mugen wol die besten sîn,
die ich in der werlte hân erkant.
kan ich rehte schouwen
guot gelâz unt lîp[8],   [hie diu wîp
sem[9] mir got, sô swüere ich wol, daz
bezzer sint danne ander frouwen[10].

5 Tiusche man sint wol gezogen.
rehte als engel sint diu wîp getân.
swer si schildet[11], derst betrogen;
ich enkan sîn anders[12] niht verstân.
tugent und reine minne,
swer die suochen wil,   [wünne vil:
der sol komen in unser lant: da ist
lang müeze ich leben dar inne!

6 Der ich viel gedienet hân
und iemer mêre gerne dienen wil,
diust von mir vil unerlân[13].
iedoch sô tuot si leides mir sô vil.
Si kan mir versêren
herze und den muot.   [tuot.
nû vergebez ir got dazs an mir misse-
her nâch mac si sichs bekêren[14].

---

[1] Kunde, Neues   [2] Lohn, Entgelt   [3] irgend, etwa   [4] vielleicht   [5] behagt, Freude macht
[6] fügsam, bescheiden   [7] wenn ich eine unwahre Behauptung aufstelle   [8] wenn ich mich recht
verstehe, gutes Benehmen und Schönheit (gutes Gehaben und Wesensart) zu beurteilen   [9] *sam*
= *sem* Ausruf: bei Gott   [10] *wip* und *frouwen* sind hier nicht als Gegensätze zu verstehen
[11] schelten, schmähen   [12] ihn anders   [13] die ist von mir nicht freigegeben (ich lasse sie nicht)
[14] in Zukunft möge sie anderen Sinnes werden

1.

Ich saz ûf eime steine
und dahte bein mit beine[1].
dar ûf satzt ich den ellenbogen:
ich hete in mîne hant gesmogen[2]
5 daz kinne und ein mîn wange.
dô dâhte ich mir vil ange[3],
wie man zer welte solte leben:
deheinen[4] rât kond ich gegeben,
wie man driu dinc erwurbe,
10 der keines niht verdurbe[5].
diu zwei sint êre und varnde guot[6]
daz dicke[7] ein ander schaden tuot:
daz dritte ist gotes hulde,
der zweier übergulde[8].
15 die wolte ich gerne in einen schrîn.
jâ leider desn mac niht sîn,
daz guot und weltlich êre
und gotes hulde mêre
zesamene in ein herze komen.
20 stîg unde wege sint in benomen:
untriuwe ist in der sâze[9],
gewalt vert ûf der strâze:
fride unde reht sint sêre wunt.
diu driu enhabent geleites niht[10],
25 diu zwei enwerden ê gesunt[11].

2.

Ich hôrte ein wazzer diezen[1]
und sach die vische fliezen;
ich sach, swaz in der welte was,
velt, walt, loup, rôr unde gras,
5 swaz kriuchet unde fliuget
und bein zer erde biuget,
daz sach ich, unde sage iu daz:
der keinez lebet âne haz.
daz wilt und daz gewürme
10 die strîtent starke stürme,
sam tuont die vogel under in;
wan daz si habent einen sin[2]:
sie dûhten sich ze nihte,
sie enschüefen starc gerihte.
15 si kiesent künege unde reht[3],
si setzent hêrren unde kneht.
sô wê dir, tiuschiu zunge[4],
wie stêt dîn ordenunge!
daz nû diu mugge[5] ir künec hât
20 und daz dîn êre alsô zergât!
bekêrâ[6] dich, bekêre.
die cirkel[7] sint ze hêre,
die armen künege dringent dich:[8]
Philippe setze den weisen ûf[9],
25 und heiz sie treten hinder sich!

---

[1] hatte ein Bein über das andere geschlagen [2] geschmiegt [3] angestrengt [4] keinen [5] ohne daß eines davon verderbe [6] bewegliche Habe [7] oft [8] an Wert höher als die zwei [9] Hinterhalt [10] haben keinen Schutz [11] bevor sie nicht gesund werden

[1] tosen, rauschen [2] doch in einem haben sie Vernunft bewahrt [3] Rechtsordnung [4] deutsches Volk [5] Mücke als kleinste Vertreterin dessen, was *fliuget*. König ist der Adler [6] *bekêrâ*: starke Befehlsform [7] der offene Königsreif; im Gegensatz zur oktogonalen Kaiserkrone, die mit einem hohen Bügel geschlossen ist [8] Die Könige sind arm, da sie abhängig, lehnspflichtig sind. Gemeint sind der König Philipp August von Frankreich und König Richard Löwenherz von England als Vasallen des deutschen Kaisers [9] Deutsches Volk, setze Philipp die Kaiserkrone auf. weise: der kostbarste, darum einzigartige Edelstein der deutschen Kaiserkrone.

Das Lied schildert die politischen Verhältnisse i. J. 1198, als Philipp noch nicht gekrönt, wohl aber die Krone als Reichsverweser schon in Obhut hatte.

74   3.

Ich sach mit mînen ougen   doch wart der leien mêre.
mann unde wîbe tougen¹,   15 diu swert diu leiten si dernider
daz² ich gehôrte und gesach,   und griffen zuo der stôle wider:
swaz iemen tet, swaz iemen sprach.   sie bienen⁷, die si wolten,
5 ze Rôme hôrte ich liegen,   und niht, den si solten.
und zwêne künege triegen³.   dô stôrte man diu goteshûs.
dâ von huop sich der meiste strît,   20 ich hôrte verre in einer klûs
der ê was oder iemer sît⁴;   vil michel ungebaere⁸;
dô sich begunden zweien⁵   dâ weinte ein klôsenaere⁹,
10 die pfaffen unde leien⁶.   er klagete gote sîniu leit:
daz was ein nôt vor aller nôt: „owê der bâbest ist ze junc¹⁰:
lip unde sêle lac dâ tôt.   25 hilf, hêrre, dîner kristenheit!"
die pfaffen strîten sêre:

FRIEDRICH MAURER
Die politischen Lieder Walthers von der Vogelweide

Der Reichston ist in den drei großen Handschriften überliefert; A hat offenbar die ursprüngliche Reihenfolge der Strophen; B und C haben die zweite und die dritte vertauscht...

Schon die Gleichheit der äußeren Form der drei „Sprüche" geht weit über das hinaus, was der gleiche Ton, die gleiche Melodie fordert. Jede Strophe hat zwölf vierhebige Reimpaare mit abwechselnd klingender und voller Kadenz, die letzte Zeile ist durch eingefügte vierhebige Waise verdoppelt. Alle drei Strophen sind in je vier Glieder geordnet. Einem Eingangsteil folgen jeweils zwei Glieder, die je zwei Tatsachen darstellen; sie sind stets antithetisch gegeneinander gestellt. Die letzte Zeile, die in ihrer Verlängerung das Strophenende deutlich markiert und betont, enthält jedes Mal den entscheidenden Gedanken und spricht in Form eines Wunsches aus,

---

¹ tougen (pl.): Geheimnisse der Männer und Frauen, d. h., aller Welt   ² so daß   ³ ich hörte, daß man log und ... betrog; zwei Könige: Philipp und sein Neffe Friedrich   ⁴ größter Aufruhr, der je war und sein wird   ⁵ entzweien   ⁶ Laien; Papst Innozenz hatte Otto als König bestätigt und Philipps Anhänger mit dem Banne bedroht; als die Laien (Anhänger Philipps) die Oberhand gewonnen hatten, legten die Geistlichen (Anhänger Ottos) das Schwert aus der Hand und griffen auf die Stola, das Sinnbild der geistlichen Gewalt, zurück   ⁷ prät. von bannen: in den Bann tun (gemeint sind Philipp und seine Anhänger, die 1201 in Köln durch den päpstlichen Legaten mit dem Bann belegt wurden)   ⁸ gewaltiges Jammern   ⁹ Klausner; klûse: Klause   ¹⁰ Papst Innozenz III. war 1198 mit 37 Jahren auf den päpstlichen Stuhl gelangt.

was sich dem Dichter als Lösung der vorher dargestellten Antithese ergibt. Hier steht in allen drei Strophen das Wesentliche, wird die große Idee formuliert, der die betreffende Strophe gilt.

In allen drei Strophen führt die einleitende Schilderung den meditierenden oder beobachtenden Dichter ein: 1, 1—5; 2, 1—6; 3, 1—6. Es schließen sich wieder in allen drei Strophen die ersten Hauptgedanken an: 1, 6—15 *(Wie man zer welte solte leben)*; 2, 7—16 (Ordnung im Naturreich); 3, 7—19 (Unordnung im kirchlichen Leben). Es folgen wieder drei parallel und zwar jeweils antithetisch gegen die ersten Hauptideen hingesetzte Gedanken: 1, 16—23 *(jâ leider desn mac niht sîn)*; 2, 17—23 *(sô wê dir tiuschiu zunge)*; 3, 20—23 (Der Klausner). Die Themen der drei Strophen sind nun aber auch als drei große Ideen auf das engste miteinander verbunden: sie behandeln die drei großen Ordnungen der mittelalterlichen Welt.

Drei große Kreise bestimmen das Leben des Menschen jener Zeit, des christlichen Ritters: die ethische Ordnung im menschlichen Leben; die Ordnung des Reichs; die Ordnung der Kirche. Jeder dieser großen Rechtsordnungen ist eine der drei Strophen gewidmet. Die erste stellt die Frage: *wie man zer welte solte leben* und gleich zwei Zeilen später spezieller: *wie man driu dinc erwurbe, der keines niht verdurbe,* d. h. wie man sein Leben führen muß, damit man drei Dinge unbeschädigt und ohne Beeinträchtigung des einen oder des anderen erlangt. Dann werden sie genannt und zugleich gruppiert: auf der einen Seite Besitz und Anerkennung, Geltung in der Welt, die an sich schon in Konkurrenz stehen; auf der andern Seite die ewige Seligkeit, jene beiden weit übertreffend. Und nun zum drittenmal, noch spezieller als zuvor, das Problem der Existenz des christlichen Ritters gefaßt: *die wolte ich gern in einen schrîn,* d. h. (wie es gleich darauf negiert wird) *daz guot und weltlich êre / und gotes hulde mêre / zesamene in ein herze komen.* Das ist das zentrale Thema der Zeit, wie es etwa von Wolfram an der bekannten Stelle im Parzival 827, 19 f. in die einfachere Doppelheit gebracht wird: *swes leben sich sô verendet, / daz got niht wirt gephendet / der sêle durch des lîbes schulde / und der doch der welte hulde / behalden kan mit werdekeit, / daz ist ein nütziu arbeit.* Walther gliedert den einen Teil des Paares noch auf in das Gegeneinander von *gout* und *êre,* das ebenfalls ein Grundthema ritterlichen Lebens ist (von Hartmann von Aue besonders gestaltet). Das doppelte Gegenüber ergibt Walthers Dreiheit, die das eine Paar in das andere, größere, Gott—Welt, einfügt. Der Schlußgedanke der Strophe ist zugleich Ausgangspunkt und Grundlage für die Ideen der zweiten und dritten Strophe; die ethische Ordnung im Menschenleben kann nicht erreicht werden, da die allgemeine Rechtsordnung gestört ist, *fride unde reht sint sêre wunt.* Ihre Gesundung ist die Voraussetzung für eine ethische menschliche Existenz.

Die zweite große Ordnung ist die des Reichs. Schon der Schluß der ersten Strophe hat auf sie hingeleitet. Wichig ist, daß mit *fride* und *reht* die Formel wiedergegeben ist, die im Krönungseid des Kaisers in der Formulierung iustitia et pax erscheint. Darum geht es jetzt. Kampf ist natürlich; er entspricht dem Naturrecht, der natürlichen Ordnung; aber er verlangt zugleich eine ordnende, Recht setzende und Frieden stiftende Macht. Das Naturreich kennt sie, die *tiuschiu zunge* nicht; daher die Forderung an Philipp in der die Strophe abschließenden Zeile.

Die dritte Strophe meint die letzte große Ordnung des Mittelalters, die kirchliche. Auch sie ist schwer gestört, auch zu ihrer Wiederherstellung wird aufgerufen. Die Erscheinung des Dichters am Anfang ist hier ins Visionäre gesteigert. Am Ende steht das Bild des Klausners, das den größten Kontrast zu dem Streit und der Unordnung, die vorher geschildert sind, darstellt; in seinen Mund ist die Schlußklage und Schlußbitte gelegt. Auch darin, in der Fülle und der Abfolge der Bilder sind die drei Sprüche einander gleich und gleichmäßig gebaut. In jedem Spruch drei große Bilder; jeweils im Anfang der Dichter auf dem Stein nachdenkend; der Tugendschrein; der Hinterhalt. In Strophe 2: Der Dichter in die Natur blickend; das Leben in der Tierwelt; Philipp mit dem Waisen. In Strophe 3; Der Dichter und seine Vision; der Streit zwischen *pfaffen* und *laien*; der Klausner.

Mir scheint nach dem Gesagten kein Zweifel über die tiefe innere Einheit dieses dreistrophigen Lieds bestehen zu können. Äußere und innere Einheit (und immer wieder ist an die gemeinsame Melodie zu erinnern) fügen sich vollkommen zu einander.

Es ist noch ein Wort zur Datierung dieses Liedes zu sagen. Gerade hier tritt sogleich der Fall auf, daß zwei der Strophen festgelegt werden können und daß sie mit größter Wahrscheinlichkeit, wenn nicht Sicherheit auf zwei verschiedene Jahre zu datieren sind. Das Lied ist also offenbar nicht in einem Zug entstanden. Die Strophe *Ich hôrte ein wazzer diezen* muß unbefangenerweise auf die Zeit vor Philipps Krönung, d. h. vor den 8. September 1198 und vielleicht nach der Proklamation Ottos zum König (9. Juni 1198) gesetzt werden. Die Strophe *Ich sach mit mînen ougen* aber muß ebenso natürlich nach der Bannung Philipps (also nach dem 3. Juli 1201) entstanden sein. Nun ist dieser zeitliche Abstand ja gewiß nicht groß. Wir müssen damit rechnen, daß dieses erste politische Lied Walthers sich in den drei Jahren Sommer 1198 bis Sommer 1201 endgültig gerundet hat. Für die erste Strophe sind keine festen Datierungshinweise gegeben; aber nichts spricht gegen ihre Entstehung 1198.

WALTHER VON DER VOGELWEIDE

Hêr keiser, sît ir willekomen¹.
der küneges name ist iu benomen:
des schînet iuwer krône ob allen
    [krônen.
Iur hant ist krefte und guotes vol:
5 ir wellet übel oder wol,
sô mac si beidiu rechen unde lônen.
Dar zuo sag ich iu maere:
die fürsten sint iu undertân,
sie habent mit zühten iuwer kunft
10 und ie der Mîssenaere³   [erbeitet²;
derst iemer iuwer âne wân:
von gote wurde ein engel ê verleitet.

Hêr keiser, ich bin frônebote¹
und bring iu boteschaft von gote,
ir habt die erde, er hât daz himelrîche.
Er hiez iu klagen² ir sît sîn voget — ³
5 in sînes sunes lande broget⁴
diu heidenschaft iu beiden lasterlîche⁵.
Ir muget im gerne rihten⁶:
Sîn sun der ist geheizen Krist,
er hiez iu sagen, wie erz verschulden
10 nû lât in zuo iu pflihten⁸.   [welle⁷:
er rihtet iu, da er voget ist,
klagt ir joch über den tievel ûz der
    [helle⁹.

Von Rôme vogt¹, von Pülle² künec, lât iuch erbarmen,
daz man mich bî sô rîcher kunst lât alsus armen³.
gerne wolde ich, möhte ez sîn, bî eigenem fiure erwarmen.
zâhiu⁴, wiech⁵ danne sunge von den vogellînen,
5 von der heide und von den bluomen, als ich wîlent sanc!
swelch schoene wîp mir denne gaebe ir habedanc⁶,
der liez ich liljen unde rôsen ûz ir wengel schînen.
sus kume ich spâte unt rîte fruo: „gast, wê dir, wê.":
sô mac der wirt baz singen von dem grüenen klê.
10 die nôt bedenket, milter künec, daz iuwer nôt zergê⁷.

---

¹ An Otto gerichtet. Am Palmsonntag 1212 hält Otto nach seiner Rückkehr aus Italien Hoftag in Frankfurt   ² sie haben in aller Form eure Ankunft erwartet   ³ gemeint ist Dietrich IV., Markgraf von Meißen, für den sich W. einsetzt. Während der Abwesenheit Ottos hatten die Fürsten in Deutschland eine Verschwörung gegen ihn angestiftet. Anscheinend gehörte W. zur Umgebung einiger Verschwörer, von denen der Meißner besonders belastet war.

¹ göttlicher Bote (vrô: Herr = Gott)   ² er läßt Klage erheben   ³ Der Kaiser ist der Schirmherr Gottes   ⁴ hat sich erhoben   ⁵ gegen euch beide schimpflich, zu eurer Schande   ⁶ ihr werdet ihm zu seinem Recht verhelfen wollen   ⁷ die Schuld begleichen   ⁸ sich verbünden mit, einen Vertrag schließen   ⁹ Er verhilft Euch zu Euerem Recht, wo er Statthalter ist, und erhöbet Ihr auch Klage gegen Teufel aus der Hölle

W. mahnt Otto zur Kreuzfahrt. Da sich der Welfe nach seiner Kaiserkrönung nicht mehr an die Abmachung hielt, die er mit dem Papst getroffen hatte, wird er im November 1210 von Innozenz III. gebannt.

¹ Bitte an König Friedrich II. um ein Heim (wohl um 1220) vogt: Schirmvogt der Kirche   ² Apulien (Süditalien, Normannenreich)   ³ arm sein   ⁴ Ausruf: hei, juchhei   ⁵ wie ich   ⁶ Dankesworte   ⁷ Unter nôt Friedrichs sind seine Sorgen gemeint, die er mit der Wahl seines Sohnes zum deutschen König hatte und die um die Mittel, um den versprochenen Kreuzzug auszuführen.

Höfische Lyrik: Politische Spruchdichtung

78 1 „Nemt, frouwe¹, disen kranz:"
    alsô sprach ich zeiner wol getânen
    „sô zieret ir den tanz,   [maget²,
    mit den schoenen bluomen, als irs ûffe
    het ich vil edele gesteine,   [traget.³
    daz müest ûf iuwer houbet,
    obe⁴ ir mirs geloubet.
    sêt mîne triuwe, daz ichs meine."

  2 Sie nam daz ich ir bôt
    einem kinde vil gelich daz êre hât.
    ir wangen wurden rôt
    same diu rôse, dâ si bî der liljen stât.
    do erschâmpten sich ir liehten ougen⁵:
    dô neic si mir schône.
    daz wart mir ze lône: [tougen⁶.
    wirt mirs iht mêr, daz trage ich

  3 „Ir sît sô wol gteân,
    daz ich iu mîn schapel⁷ gerne geben
    sô ichz aller beste hân⁸   [wil,
    wîzer unde rôter bluomen weiz ich vil:
    die stênt sô verre⁹ in jener heide.
    dâ si schône entspringent
    und die vogele singent,
    dâ suln¹⁰ wir si brechen beide."

  4 Mich dûhte daz mir nie
    lieber wurde, danne mir ze muote was.
    die bluomen¹¹ vielen ie   [gras.
    von dem boume bî uns nider an daz
    seht, dô muost ich von fröiden lachen
    dô ich sô wünnecliche
    was in troume rîche,
    dô tagete ez und muos ich wachen.

      5 Mir ist von ir geschehen,
        daz ich diesen sumer allen meiden mouz
        vaste unter d'ougen sehen¹²
        lîhte wirt mir einiu: so ist mir sorgen buoz¹³.
        waz obe si gêt an disem tanze¹⁴?
        frouwe, dur iuwer güete
        rucket ûf die hüete¹⁵.
        owê gesaehe ichs under kranze!

  1 Bin ich dir unmaere,
    des enweiz ich niht: ich minne dich.
    einez ist mir swaere:
    dû sihst bî mir hin und über mich.
    Daz solt dû vermiden.
    ine mac niht erlîden
    selhe liebe ân grôzen schaden¹.
    hilf mir tragen, ih bin ze vil geladen².

  2 Sol daz sîn dîn huote³,
    daz dîn ouge mich sô selten siht?
    Tuost dû daz ze guote,
    sône wize ich dir dar umbe niht⁴.
    Sô mît⁵ mir daz houbet
    — daz sî dir erloubet —
    und sich⁶ nider an mînen fuoz,
    sô dû baz enmügest⁷: daz sî dîn gruoz.

---

¹ hier: Mädchen ² schönes Mädchen ³ wie ihr sie auf dem Kopfe tragt ⁴ daß nur ⁵ Scham trat in ihre lichten Augen ⁶ heimlich für mich ⁷ Kranz, Kopfschmuck aus Blumen ⁸ den besten, den ich habe ⁹ weit ab ¹⁰ wollen ¹¹ Blüten fielen unaufhörlich von dem Baume ¹² Wie sie mir begegnete, das zwingt mich, diesen Sommer allen Mädchen tief in die Augen zu sehen ¹³ Vielleicht finde ich die eine: so ist die Sorge zu Ende ¹⁴ Wie wäre es, wenn sie zum Tanze (langsamer, höfischer T.) ginge! ¹⁵ Bitte, rückt die Hüte zurück!

¹ ich kann solche Liebe nicht aushalten ² zu schwer beladen ³ Schutz ⁴ ich mache dir daraus keinen Vorwurf ⁵ meide! ⁶ sieh nieder ⁷ wenn du es nicht anders, besser magst

Höfische Lyrik: Minnedichtung

3 Swanne ichs alle schouwe,
  die mir suln von schulden wol behagen¹,
  Sô bist duz mîn frouwe:
  daz mac ich wol âne rüemen sagen.
  Edel unde rîche
  sint si sumelîche²,
  dar zuo tragent si hôhen muot:
  lîhte sint si bezzer, dû bist guot³.

4 Frouwe, dû versinne
  dich ob ich dir zihte maere sî⁴.
  Eines friundes minne
  diust niht guot, da ensî ein ander bî⁵.
  Minne entouc niht eine,
  si sol sîn gemeine⁶,
  so gemeine daz si gê
  dur zwei herze und dur dekeinez mê.

1 In einem zwîvelîchen wân
  was ich gesezzen und gedâhte,
  Ich wolte von ir dienste gân¹;
  wan daz ein trôst mich wider brâhte.
  Trôst mac ez rehte niht geheizen, owê des!
  ez ist vil kûme² ein kleinez troestelîn,
  sô kleine, swenne ichz iu gesage, ir spottet mîn.
  doch fröut sich lützel ieman, er enwizzze wes.

2 Mich hât ein halm³ gemachet frô!
  er giht⁴, ich sül genâde vinden.
  Ich maz daz selbe kleine strô,
  als ich hie vor gesach von kinden.
  Nu hoeret unde merket ob siz denne tuo⁵:
  „si tuot, si entuot, si tuot, si entuot, si tuot⁶!"
  swie dicke ichz alsô maz, so was daz ende ie guot.
  daz troestet mich: dâ hoeret ouch geloube zuo⁷.

---

¹ die mit Grund mir behagen, Eindruck machen müssen   ² manche, hier: alle   ³ vielleicht sind sie besser, aus besseren Kreisen   ⁴ sinne nach, ob ich dir etwas bedeute   ⁵ die Minne des einen Freundes allein ist nicht gut, wenn nicht die des anderen hinzukommt   ⁶ gemeinsam

¹ mich von ihr lossagen   ² schwach   ³ Strohhalm   ⁴ behauptet, sagt   ⁵ ob sie es dennoch tun wird   ⁶ sie liebt mich, sie liebt mich nicht   ⁷ es gehört Glaube dazu

80 1 Owê war¹ sint verswunden alliu mîniu jâr!
       ist mir mîn leben getroumet, oder ist ez wâr?
       daz ich ie wânde ez wære, was daz allez iht²?
       dar nâch³ hân ich geslâfen und enweiz es niht.
    5 nû bin ich erwachet und ist mir unbekant
       daz mir hie vor was kündic⁴ als mîn ander hant.
       liut unde lant, dar inn ich von kinde bin erzogen,
       die sint mir worden frömde reht als ez sî gelogen⁵.
       die mîne gespilen wâren, die sint træge unt alt.
   10 bereitet ist daz velt, verhouwen ist der walt⁶:
       wan daz daz wazzer fliuæzet als ez wîlent flôz,
       für wâr mîn ungelücke wânde ich wurde grôz⁷.
       mich grüezet maneger trâge, der mich bekande ê wol.
       diu welt ist allenthalben ungenâden vol⁸.
   15 als ich gedenke an manegen wünneclîchen tac⁹
       die mir sint enpfallen als in daz mer ein slac,
       iemer mêre owê.

    2 Owê wie jæmerlîche junge liute tuont¹⁰,
       den ê vil hovelîchen ir gemüete stuont!¹¹
       die kunnen niuwan sorgen¹²: owê wie tuont si sô?
       swar ich zer werlte kêre¹³, dâ ist nieman frô:
    5 tanzen, lachen, singen zergât mit sorgen gar:
       nie kristenman gesach sô jæmerlîche schar.
       nû merket wie den frouwen ir gebende¹⁴ stât;
       die stolzen ritter tragent an dörpellîche wât¹⁵.
       uns sint unsenfte brieve her von Rôme kommen¹⁶,
   10 uns ist erloubet trûren und fröide gar benomen.
       daz müet mich inneclîchen¹⁷ (wir lebten ê vil wol),
       daz ich nû für mîn lachen weinen kiesen sol.
       die vogel in der wilde betrüebet unser klage:
       waz wunders ist ob ich dâ von an fröiden gar verzage?
   15 wê waz spriche ich tumber¹⁸ man durch mînen bœsen zorn?
       swer dirre wünne volget¹⁹, hat jene dort verlorn,
       iemer mêr owê.

¹ wohin   ² das, was ich immer glaubte, es wäre, war das alles etwas?   ³ demnach   ⁴ bekannt wie meine andere Hand   ⁵ als wäre es nicht wahr – als hätte es sie nicht gegeben   ⁶ bebaut ist das Feld, gerodet ist der Wald   ⁷ flösse das Wasser nicht ... ich würde meinen, mein Unglück wäre groß   ⁸ Voll von Undank, Unfreundlichkeit   ⁹ wenn ich ... gedenke   ¹⁰ Wie kläglich, kümmerlich sie sich betragen   ¹¹ deren Streben ehedem so ritterlich war   ¹² die verstehen sich nur noch auf Sorgen   ¹³ wohin ich mich auch in der Welt wende   ¹⁴ Kopfschmuck   ¹⁵ bäuerliche Kleidung   ¹⁶ böse Briefe: Schreiben des Papstes Gregor IX. an die deutschen Bischöfe und Fürsten über die Bannung Kaiser Friedrichs II.   ¹⁷ das bedrückt mich   ¹⁸ ich unverständiger Mann, Narr   ¹⁹ wer dem Glück (dieser Welt) folgt

Her Dietmar von Ast.

der ist vil mengū mit erkant· vn̄ die schone sint da zů· doch ist deheine· weder grōs noch kleine· der ver sagen mit reinet we

Si wunder wol gemachet ❧ Getu̇wib· dc mit noh werde ein habedanc· ich setze ir mineklichen lib· vil hohe in mine wūden sane· gerne ich allen dienen sol· doch han ich mit dise vserkorn· ein ander weis die sinen wol· die lob er ane mine zorn· hab ūn wise vn̄ wort· mit mir gemeine lob ich hie· so lob er dort·

IR hōber ist so wūnentlich· als es min hi⸗ mel welte sin· wem mōhte es anders sin gelich· es hat ōch himeleschen schin· da lūhtent zwene sterne abe· da müsse ich mich noch inne ersehe· das si mirs also nahe habe· so mac ein wūder wol geschehen· ich iunge vn̄ tůt si das· vn̄ wirt mir gernde siechen senend sūhte bas·

IR kel ir hende iet weder fůs· dc ist zewūs⸗ sche wol getan· ob ich da enzwische lo⸗ ben můs· ich wenne ich nie beschowet han· ich here vngerne deke blos· gerō⸗ fer doch si nakent sach· si sach mich ů niht swies mich schos· dc mich noch stichet als es stach· swane ich d' lieben stat gedenke da si vs eine reine bade trat·

GOT hat ir wengel hohe flis· er streich so tu̇re varwe dar· so reine rot so rei⸗ ne wis· da rōseloht da lilien var· ob ichs getar vō sunden sage· ich sehe si iemer gerner an· danne alle himel oder himel⸗ wage· owe we lob ich rumb man· mache ich mir si zeher· vil lihte wirt mi⸗ nes hzzen lob mins hzzen ser·

SI hat ein kūssen dc ist rot· gewūne ich dc fūr mine munt· so stūnde ich vf vō dirre not· vn̄ wer ōch iemer me gesūnt· swa si dc an ir wengel leget· da wer ich gūte nahe bi· es strāker so mās⸗ nender reget· als es volles balsemē si· sol si lihen mir· swie dike fis hin wider wil· so gibe ichs ir·

Vil mineklichū minne la· war umbe tůst du mir so we· du twingest hie nu twinge ōch da· v̌ svihe wer dir wid'

ste· nu la schōwe ob du ut rūgest· du dust niht rehen dc du mir hie mvgest· es wart nie slos so manicvalt· dc vn̄ dir gestu̇nde du liebe meistinne· slus vf sist wider dich zehalt·

Vil mineklich minne ich han· so dir v' lon mine sin· du wilt gewalteklihe gan· in munem hzzen vs vn̄ in· wie sol ich ane sin genesen· du wonest iemer da er minne solte wesen· du sendest in du weist wol war· da mag er leider alter seine niht erwerben· owe du soltest selber dar·

Vil mineklich minne ich wil dir vm⸗ be dise botteschaft· noch fůge dines willen vil· wis wider mich nu tugenthaft· din lib ist reiner tygende vol· mit liuet⸗ licher reinekeit geniret wol· gebringest dus an dine stat· so la mich in das wir si mir ein ander gespreche· mir misse ge⸗ do ichs eine bat·

Vro selde teiler umbe sich· si keret mir den rugge zů· da enkan si niht er⸗ barmen sich· in weis was ich dar umbe tů· si stet vngerne gegen mir· gen ich hin für ich bin doch iemer hinder ir· w' sine růchet mich niht ane sehen· ich wolte dc ir ōge an ir nekel sbu̇nde· so müst es ane ir dāne gescheheh·

Wer gab dir mine den gewalt· dc du doh so gewaltig bist· du twingest beide iunge vn̄ alt· da fůr kan niemā keinen list· nu lob ich got sit dinū bant· mich sv len twingē dc ich so rehte han erkant· wī dienest wēeklichen iūt· da vone kvme ich niemer gnade frowe kūnigime· la mich dir lieben minū sit·

IR svlt sprechē willekome· der mere brin ger dc bin ich· alles dc ir habent vnome dast gar ein wint nu fragent mich· ich wil miete· vn̄ wirt min lon reht gůt· ich sage lihte dc iv sanfte tůt· seher wo man mir eren biete·

Ich wil tiutschen frowe sage· solhū mere dc si deste bas· al der wlte svln behagen ane grosse miete tůn ich dc ze richeme

3 Owê wie uns mit süezen dingen ist vergeben[20]!
   ich sihe die gallen mitten in dem honege sweben.
   diu welt ist ûzen schœnne, wîz grüen unde rôt,
   und innân swarzer varwe, vinster sam der tôt.
 5 swen si nû habe verleitet, der schouwe sînen trôst:
   er wirt mieht swacher buoze[21] grôzer sünde erlôst.
   dar an gedenket, ritter: ez ist iuwer dinc[22].
   ir traget die liehten helme und manegen herten rinc[23],
   dar zuo die vesten schilte und diu gewîhten swert.
10 wolte got, wan wære ich der segenunge wert[24]!
   sô wolte ich nôtic armman verdienen rîchen solt.
   joch meine ich niht die huoben[25] noch der hêrren golt:
   ich wolte sælden krône[26] êweclichen tragen:
   die mohte ein soldenære mit sîme sper bejagen[27].
15 möht ich die lieben reise gevaren über sê,
   sô wolte ich denne singen wol[28], und niemer mêr owê,
   niemer mêr owê.

---

[20] wie wir mit süßen Dingen vergiftet sind [21] geringe Bußleistung [22] es ist euere Sache [23] harter Panzerring [24] wollte Gott, auch ich wäre solcher Segnung (auch: sigenünfte: Erringung des Sieges) noch wert [25] Hufe, Landbesitz [26] Krone der Seligkeit [27] Anspielung auf den Hauptmann Longinus und seine Lanze, der unter dem Kreuz gläubig wurde [28] ich würde freudig singen

◀◀ Dietmar von Eist.
   Miniatur aus der Manessischen Liederhandschrift, 1295–1300

◀ Textseite aus der Manessischen Liederhandschrift
   mit Teilen des Gedichts ›Ir sult sprechen willekommen‹

Späthöfische Lyrik: Tanzlied (objektive Lyrik)

82 NEIDHART VON REUENTAL
Wintertanz in der Bauernstube

1 Los ûz! ich hœr in der stuben tanzen.
junge man,
tuot iuch dan[1]!
da ist der dorefwîbe ein michel trünne[2].
dâ gesach man schône ridewanzen[3].
zwêne gigen:
dô si swigen,
(daz was geiler getelinge wünne[4])
seht, dô wart von zeche[5] vor gesungen
durch diu venster gie der galm[6].
Adelhalm
tanzet niwan[7] zwischen zweien jungen.

2 Rûmet ûz die schämel und die stüele!
heiz die schragen[8]
vuder tragen[9]!
hiute sul wir tanzens werden müeder.
werfet ûf die stuben, so ist ez küele,
daz der wint
an diu kint
sanfte wæje durch diu übermüeder[10]!
sô die voretanzer danne swîgen,
sô sult ir alle sîn gebeten,
daz wir treten
aber ein hovetänzel nâch der gîgen[11].

3 Sâht ir ie gebûren sô gemeiten[12]
als er ist?
wizze krist!
er ist al zu vorderst anme[13] reien.
niuwen vezzel[14] zweier hende breiten
hât sin swert.
harte wert
dunket er sich sîner niuwen treien[15].
diust von kleinen vier und zweinzec tou-
die ermel gênt im ûf die hant. [chen[16].
sîn gewant
sol man an eim œden[17] kragen suoche

4 Dörperlich stât allez sîn gerüste[18],
daz er treit.
mirst geseit,
er sinn Engelboltes tohter Âven[19]:
den gewerp erteile ich im ze vlüste[20].
si ist ein wîp,
daz ir lîp
zaeme wol ze minne einem grâven[21];
dâ von lâze er sich des wîsen tougen[22]
zecke er anderthalben hin[23]!
den gewin [ougen[24].
trüege er hin ze Meinze in sînem

---

[1] haltet euch dran! [2] eine große Schar [3] ein Schrittanz. Das Wort ist nicht sicher geklärt, vielleicht aus dem Slawischen (reydowacka) [4] Da war das Vergnügen der Bauernburschen noch übermütiger [5] der Abwechslung, der Reihe nach [6] der Lärm [7] nur [8]Tischgestell [9] fort, weg [10] Mieder [11] Wenn die Vortänzer dann schweigen (sie sangen auch die Tanzweise), so seid ihr gebeten, wieder ein höfisches Tänzchen zu treten nach der Geigen [12] fröhlich [13] an dem [14] Schwertgurt [15] sehr würdig (vornehm) dünkt er sich wegen seines neuen Wamses [16] Flicken [17] findet man an einem widerwärtigen Toren [18] dörfisch, tölpelhaft steht ihm die Kleidung, die er trägt [19] er werbe um ... Eva [20] diese Werbung wird nichts erreichen [21] deren Leib einem Grafen zur Minne ziemte [22] Laß er sich heimlich belehren [23] necke er, zöge er doch woanders hin [24] Den Gewinn könnte er bis nach Mainz in seinen Augen tragen. Gemeint ist, er würde bei seiner Werbung nichts herausbekommen.

OSWALD VON WOLKENSTEIN
Lebenslauf

1 Es fügt sich[1], do ich was von zehen jaren alt,
   ich wolt besehen, wie die welt wär gestalt.
   mit ellend, armüt mangen winkel, haiss und kalt,
   hab ich gebawt[2] bei cristen, Kriechen, haiden.
   Drei pfenning in dem peutel und ain stücklin brot,
   das was von haim mein zerung, do ich loff in not.
   von fremden, freunden so hab ich manchen tropfen rot[3]
   gelassen seider, das ich wand verschaiden.
   Ich loff ze füss mit swerer büss, bis das mir starb
   mein vatter zwar, wol vierzen jar, nie ross erwarb,
   wann aines roupt, stal ich halbs zu mal[4] mit valber varb
   und des geleich schied ich da von mit laide.
   Zwar renner[5], koch so was ich doch und marstaller[6],
   auch an dem rüder zoch ich zu mir[7], das was swër,
   in Kandia[8] und anderswa, ouch wider hær,
   vil mancher kittel was mein bestes klaide.

2 Gen Preussen, Littwan,[9] Tartarei, Turkei uber mer,
   gen Frankreich, Lampart[10], Ispanien mit zwaien kungesher
   traib mich die minn auf meines aigen geldes wer;
   Ruprecht, Sigmund, baid mit des adlers streiffen[11].
   franzoisch, mörisch[12], katlonisch und kastilian,
   teutsch, latein, windisch, lampertisch, reuschisch[13] und roman[14],
   die zehen sprach hab ich gebraucht, wenn mir zerran[15];
   auch kund ich fidlen, trummen, paugken, pfeiffen.
   Ich hab umbfarn insel und arm[16], manig land,
   auff scheffen gros, der ich genos von sturmes band[17],
   des hoch und nider meres gelider vast berant;
   die swarzen see lert mich ain vas begreiffen[18],
   Do mir zerbrach mit ungemach mein wargatin[19].
   ain koufman was ich, doch genas ich und kom hin,
   ich und ain Reuss; in dem gestreuss houbgüt, gewin,
   das sücht den grund und swam ich zu dem reiffen[20].

---

[1] es fügte sich, als ich   [2] besucht   [3] manchen Tropfen Blut hab ich gelassen   [4] entweder: halb pfert: Maulesel, oder: halb raubte ich es, halb stahl ich es   [5] Läufer, Laufbursche   [6] Pferdemeister
[7] an dem Ruder zog ich   [8] Kreta   [9] Litauen   [10] Lombardei   [11] mit dem Adlerwappen
[12] maurisch   [13] russisch   [14] rumänisch   [15] wenn mich die Not ankam   [16] Halbinsel   [17] die mich von den Fesseln des Sturmes rettete   [18] das Schwarze Meer lehrte mich ein Faß zu umklammern   [19] als zu meinem Unglück mein Schiff zerbrach   [20] ich schwamm an das Ufer

84 4 Mein tummes leben wolt ich verkeren, das ist war,
und ward ain halber beghart[21] wol zwai ganze jar;
mit andacht was der anfangk sicherlichen zwar,
hett mir die minn das ende nicht erstöret.
Die weil ich rait und süchet ritterliche spil
und dient zu willen ainer frauen, des ich hil[22],
die wolt mein nie genaden ainer nussen vil,
bis das ain kutten meinen leib bedoret[23].
Vil manig ding mir do gar ring zu handen ging,
do mich die kappen mit dem lappen umbefing[24].
zwar vor und seit mir nie kain meit so wol verhing,
die mein wort freuntlich gen ir gehöret.
Mit kurzer schnür, die andacht für zum gibel aus,
do ich die kutt von mir do schutt in nebel rauss,
seid hat mein leib mit leidvertreib vil mangen strauss
gelitten, und ist halb mein freud erfröret[25].

7 Ich han gelebt wol vierzig jar leicht minner zwai[26]
mit toben, wüten, tichten, singen mangerlai;
es wër wol zeit, das ich meins aigen kindes geschrai
elichen hœrt in ainer wiegen gellen.
So kan ich der vergessen nimmer ewiklich,
die mir hat geben mut uff disem ertereich;
in aller welt kund ich nicht finden iren gleich,
auch fürcht ich ser elicher weibe bellen.
In urtail, rat vil weiser hat geschätzet mich,
dem ich gevallen han mit schallen liederlich[27].
ich, Wolkenstein, leb sicher klain vernünftiklich[28],
das ich der werlt also lang beginn zu hellen[29].
Und wol bekenn, ich wais nicht, wenn ich sterben sol,
das mir nicht scheiner volgt wann meiner werche zol[29].
het ich dann got zu seim gebott gedienet wol,
so forcht ich klain dort haisser flamme wellen.

---

[21] Begharde: männliche Entsprechung zu Begine: religiöse Vereinigung von Unverheirateten zu frommen Übungen   [22] was ich verhehlte   [23] die wollte mir keine Nußschale voll Gunst erweisen, bis eine Kutte mich zum Narren machte   [24] Manches ging dann leicht, als mich der Kapuzenmantel mit den Zipfeln umfing   [25] meine Freude ist fast erfroren   [26] 40 Jahre weniger zwei   [27] manch weiser Mann hat mich geschätzt ..., dem ich durch liederliche Lieder gefallen habe   [28] lebe sicher wenig vernünftig   [29] einhellig sein, folgen   [30] nichts Leuchtenderes folgt als die Frucht meiner Werke

2

RENAISSANCE UND HUMANISMUS

Merkmale eines Mystikers

DAS GRUNDERLEBNIS, DAS AM ANFANG ALLER MYSTISCHEN RELIGIOSITÄT STEHT, IST DER STARKE EKEL AN ALLEM, WAS WELT UND KULTUR HEISST, DER TRIEB ZUR LOSLÖSUNG VON WELT UND GESELLSCHAFT UND DER DRANG AUF EINEN UNBEDINGTEN, UNENDLICHEN WERT HIN. ALLES IRDISCHE IST FESSEL UND GRAB, VON DER DINGLICHEN WELT LOSZUKOMMEN, DAS HAUPTBEMÜHEN. AUCH WAS IM MENSCHEN „WELT" IST, MUSS VERLASSEN WERDEN: AFFEKTE, WILLENSIMPULSE, LEBENSENERGIEN, SOWEIT SIE IN DIE DINGLICHE SPHÄRE GERICHTET SIND. DENN DURCH DAS MENSCHLICHE INNERE GEHT DER WEG ZUR ERLÖSUNG; IN DER SEELE GESCHIEHT DIE VEREINIGUNG.

KARL VIËTOR

MECHTHILD VON MAGDEBURG
o du brennender berg

    o du brennender berg, o du userwelte sunne!
    o du voller mane, o du grundeloser brunne!
    o du unreichhaftiu höhi, o du klarheit ane maße!
    o wisheit ane grunt!
    o barmherzikeit ane hinderunge!
    o sterki ane widersatzunge!
    o crone aller eren!
    dich lobet der minste, den je geschueffe!

Die wahre Wüste

    Du solt minnen das niht,
    du solt vliehen das iht,
    du solt alleine stan
    und solt zuo nieman gan.

    Du solt sere unmuessig sin
    und von allen dingen wesen vri.
    du solt die gevangenen enbinden
    und die vrien twingen.
    du solt die siechen laben
    und solt doch selbe nit haben.
    du solt das wasser der pine trinken
    und das der minne mit dem holtz der tugende entzünden,
    so wonest du in der waren wüstenunge.

88 MEISTER ECKHART

Quasi stella matutina in medio nebulae et quasi luna plena in diebus suis lucet et quasi sol refulgens, sic iste refulsit in templo Dei (Jesus Sirach 50, 6-7)

‚Als ein morgensterne mitten in dem nebel und als ein voller mâne in sînen tagen und als ein widerschînendiu sunne alsô hât dirre geliuhtet in dem tempel gotes.'

Nû nime ich daz leste wort: ‚tempel gotes'. Waz ist ‚got' und waz ist ‚tempel gotes'?

Vierundzweinzic meister kâmen zesamen und wolten sprechen, waz got wære. Sie kâmen zu rehter zît und ir ieglîcher brâhte sîn wort, der nime ich nû zwei oder drî. Der eine sprach: got ist etwaz, gegen dem alliu wandelbæriu und zîtlîchiu dinc niht sint, und allez, daz wesen hât, daz ist vor im kleine. Der ander sprach: got ist etwaz, daz dâ ist über wesene von nôt, daz in im selber niemannes bedarf und des alliu dinc bedürfen. Der dritte sprach: got ist ein vernünfticheit, diu dâ lebet in sîn aleines bekantnisse.

Ich lâze daz êrste und daz leste und spriche von dem andern, daz got etwaz ist, daz von nôt über wesene sîn muoz. Waz wesen hât, zît oder stat, daz enrüeret ze gote niht, er ist dar über. Got ist in allen crêatûren, als sie wesen hânt, und ist doch dar über. Daz selbe, daz er ist in allen crêaturen, daz ist er doch dar über; waz dâ in vil dingen ein ist, daz muoz von nôt über diu dinc sîn. Etlîche meister wolten, daz diu sêle aleine in dem herzen wære. Des enist niht, und dâ hânt grôze meister an geirret. Diu sêle ist ganz und ungeteilet alzemâle in dem vuoze

---

„Wie ein Morgenstern mitten im Nebel und wie ein voller Mond in seinen Tagen und wie eine hellscheinende Sonne, so hat dieser geleuchtet im Tempel Gottes."

Ich nehme das letzte Wort heraus: „Tempel Gottes". Was ist „Gott", und was ist „Tempel Gottes"?

Vierundzwanzig Meister kamen zusammen und wollten darüber reden, was Gott wäre. Sie kamen zur festgesetzten Zeit, und jeder brachte sein Wort vor; davon erwähne ich jetzt zwei oder drei. Der eine sprach: Gott ist etwas, gegenüber dem alle wandelbaren und zeitlichen Dinge nichts sind, und alles, was Sein hat, ist vor ihm klein. Der andere sprach: Gott ist etwas, das notwendig über allem Sein besteht, das in sich selbst niemandes bedarf und dessen alle Dinge bedürfen. Und der dritte sprach: Gott ist eine Vernunft, die da lebt in der Erkenntnis ihrer selbst.

Ich übergehe das erste und das letzte und spreche von dem zweiten, daß Gott etwas ist, das notwendig über dem Sein bestehen muß. Was Sein hat, Zeit oder Ort, das rührt nicht an Gott, er steht darüber. Gott ist in allen Kreaturen, sofern sie Sein haben, und steht doch darüber. Genauso, wie er ist in allen Kreaturen, genauso steht er doch darüber; was da in vielen Dingen eines ist, das muß notwendig über den Dingen sein. Einige Meister wollten, daß die Seele allein im Herzen wäre; das ist nicht so, und darin haben große Meister geirrt.

und alzemâle in dem ougen und in ieglîchem glide. Nime ich ein stücke von der zît, sô enist ez weder der tac hiute noch der tac gester. Nime ich aber nû, daz begrîfet alle zît. Daz nû, dâ got die werlt inne machete, daz ist als nâhe dirre zît als daz nû, dâ ich iezuo inne spriche, und der jüngeste tac ist als nâhe disem nû als der tac, der gester was.

Ein meister sprichet: got ist etwaz, daz dâ würket in êwicheit ungeteilet in im selber, daz niemannes hilfe noch gezouwes bedarf und in im selber blîbende ist, daz nihtes bedarf und des alliu dinc bedürfen und dâ alliu dinc înkriegent als in ir lestez ende. Diz ende enhât keine wîse, ez entwehset der wîse und gât in die breite. Sant Bernhart sprichet: got ze minnenne daz ist wîse âne wîse. Ein arzât, der einen siechen gesunt wil machen, der enhât niht wîse der gesuntheit, wie gesunt er den siechen welle machen; er hât wol wîse, wâ mite er in gesunt welle machen, aber wie gesunt er in welle machen, daz ist âne wîse; als gesunt, als er iemer mac. Wie liep wir got suln hân, daz enhât niht wîse; als liep, als wir iemer mugen, daz ist âne wîse.

Ein ieglich dinc würket in wesene, kein dinc enmac würken über sîn wesen. Daz viur enmac niht würken dan in dem holze. Got würket über wesene in der wîte, dâ er sich geregen mac, er würket in unwesene; ê denne wesen wære, dô worhte got; er worhte wesen, dô niht wesen enwas. Grobe meister sprechent, got sî ein lûter wesen; er ist als hôch über wesene, als der oberste engel ist über einer mücken. Ich spræche als unrehte, als ich got hieze ein wesen, als ob ich die sunnen

---

Die Seele ist ganz und ungeteilt vollständig im Fuße wie in den Augen und in jedem Gliede. Nehme ich eine Spanne Zeit, so ist das entweder der Tag heute oder der Tag gestern. Nehme ich aber das „Jetzt", das begreift alle Zeit in sich. Das „Jetzt", in dem Gott die Welt erschuf, das ist dieser Zeit so nahe wie das Jetzt, in dem ich im Augenblick spreche, und der Jüngste Tag ist diesem Jetzt so nahe wie der Tag, der gestern war.

Einer der Meister sagt: Gott ist etwas, das da wirkt in Ewigkeit ungeteilt in sich selbst, das niemandes Hilfe und keines Werkzeuges bedarf und in sich selbst verharrt, das nichts bedarf, dessen aber alle Dinge bedürfen und dem alle Dinge zustreben als ihrem letzten Ziel. Dies Ziel hat keine bestimmte Weise, es entwächst der Weise und geht in die Weite. Sankt Bernhard spricht: Gott zu lieben, das ist Weise ohne Weise. Ein Arzt, der einen Kranken gesund machen will, der denkt nicht an eine bestimmte Weise der Gesundheit, *wie* gesund er den Kranken machen will; er denkt nur an die Weise, *womit* er ihn gesund machen will. Wie gesund er ihn machen will, dafür hat er kein Rezept; er macht ihn so gesund, wie er es nur immer vermag. Wie lieb wir Gott haben sollen, dafür gibt es auch keine besondere Anweisung; so lieb, wie wir nur immer können – und das ist ohne bestimmte Weise.

Jedes Ding wirkt innerhalb seines Seins, keins vermag über sein Sein hinaus zu wirken. Das Feuer kann nur wirken, wenn es im Holze brennt. Gott aber wirkt über allem Sein, in der Weite, wo er sich regen kann; er wirkt im Nichtsein. Noch ehe es Sein gab, wirkte Gott. Er wirkte Sein, als es noch kein Sein gab. Meister, die nicht genau unterscheiden, lehren, Gott sei ein lauteres Sein. Aber er ist so hoch über dem Sein wie der oberste Engel über einer Mücke. Ich würde etwas Falsches sagen, wenn ich Gott ein Sein nennte, wie wenn ich

hieze bleich oder swarz. Got enist weder diz noch daz. Und sprichet ein meister: swer dâ wænet, daz er got bekant habe, und bekante er iht, sô enbekante er got niht. Daz ich aber gesprochen hân, got ensî niht ein wesen und sî über wesene, hie mite enhân ich im niht wesen abegesprochen, mêr: ich hân ez in im gehœhet. Nime ich kupfer in dem golde, sô ist ez dâ und ist dâ in einer hœhern wîse, dan ez ist an im selber. Sant Augustînus sprichet: got ist wîse âne wîsheit, guot âne güete, gewaltic âne gewalt.

Kleine meister lesent in der schuole, daz alliu wesen sîn geteilet in zehen wîse, und die selben sprechent sie gote zemâle abe. Dirre wîsen enberüeret got keiniu, und er enbirt ir ouch keiner. Diu êrste, diu des wesens allermeist hât, dâ alliu dinc wesen inne nement, daz ist substancie, und daz leste, daz des wesens aller minnest treit, daz heizet relatio, daz ist glîch in gote dem aller grœsten, daz des wesens allermeist hât; sie hânt ein glîch bilde in gote. In gote sint aller dinge bilde glîch; aber sie sint unglîcher dinge bilde. Der hœhste engel und diu sêle und diu mücke hânt ein glîch bilde in gote. Got enist niht wesen noch güete. Güete klebet an wesene und enist niht breiter dan wesen; wan enwære niht wesen, sô enwære niht güete, und wesen ist noch lûterer dan güete. Got enist guot noch bezzer noch allerbeste. Wer dâ spræche daz got guot wære, der tæte im als unrehte, als ob er die sunnen swarz hieze.

Nû sprichet doch got: nieman enist guot dan got aleine. Waz ist guot? Daz ist guot, daz sich gemeinet. Den heizen wir einen guoten menschen, der gemeine

die Sonne bleich oder schwarz nennte. Gott ist weder dies noch das. So sagt ein Meister: Wenn jemand denkt, er habe Gott erkannt, und hat nur ein Etwas erkannt, der hat Gott überhaupt nicht erkannt. Wenn ich aber gesagt habe, Gott sei nicht ein Sein, vielmehr stehe er über dem Sein, so habe ich ihm damit das Sein nicht abgesprochen, im Gegenteil, ich habe es in ihm erhöht. Nehme ich Kupfer, das im Golde ist, so ist es dort da, aber es ist in einer höheren Weise da, als es in sich selbst ist. Sankt Augustinus spricht: Gott ist weise ohne Weisheit, gut ohne Güte, gewaltig ohne Gewalt.

Kleine Meister lehren in der Schule, alles Sein sei eingeteilt in zehn Kategorien, und diese sprechen sie sämtlich Gott ab. Von diesen Kategorien berührt Gott keine, aber er ermangelt auch keiner. Die erste, die am allermeisten Sein in sich hat, in der alle Dinge ihr Sein empfangen, ist die „Substanz"; und die letzte, die am wenigsten Sein in sich hat, heißt „Relation"; und die ist in Gott dem Allergrößten gleich, das am allermeisten Sein in sich hat; denn sie haben ein gleiches Urbild in Gott. In Gott sind aller Dinge Urbilder gleich; trotzdem sind sie die Urbilder ungleicher Dinge. Der höchste Engel und die Seele und die Mücke haben ein gleiches Urbild in Gott. Gott ist weder Sein noch Güte. Güte haftet am Sein und hat keinen breiteren Bereich als das Sein; wäre kein Sein, so gäbe es auch keine Güte, und Sein ist noch lauterer als Güte. Gott ist weder gut noch besser noch am allerbesten. Wer sagen würde, Gott sei gut, der täte ihm genauso unrecht, als wenn er die Sonne schwarz nennte.

Nun aber sagt doch Gott selbst: „Niemand ist gut als Gott allein." Was ist gut? Das ist gut, was sich mitteilt. Denjenigen heißen wir einen guten Menschen, der sich mitteilt und nütz-

und nütze ist. Dar umbe sprichet ein heidenischer meister: ein einsidel enist weder guot noch bœse in dem sinne, wan er niht gemeine noch nütze enist. Got ist daz aller gemeineste. Kein dinc gemeinet sich von dem sînen, wan alle crêatûren von in selber niht ensint. Swaz sie gemeinnet, daz hânt sie von einem andern. Sie gebent sich ouch niht selben. Diu sunne gibet irn schîn und blîbet doch dâ stânde, daz viur gibet sîne hitze und blîbet doch viur; aber got gemeinet daz sîne, wan er von im selber ist, daz er ist, und in allen den gâben, die er gibet, sô gibet er sich selben ie zem êrsten. Er gibet sich got, als er ist in allen sînen gâben, als verre als ez an im ist, der in enpfâhen möhte. Sant Jacob sprichet: „alle guoten gâben sint von oben her abe vliezende von dem vater der liehte.'

91

lich macht. Darum sagt ein heidnischer Meister: Ein Einsiedler ist in diesem Sinne weder gut noch böse, denn er teilt sich nicht mit und macht sich nicht nützlich. Gott aber teilt sich am allermeisten mit! Kein Ding teilt sich von dem Seinigen mit, denn alle Kreaturen sind nichts von sich selber. Was sie mitteilen, das haben sie von einem anderen. Sie geben sich ja nicht selbst. Die Sonne gibt ihren Schein und bleibt doch an ihrem Standort, das Feuer gibt seine Hitze und bleibt doch Feuer. Gott aber teilt das Seinige mit, weil er aus sich selbst ist, was er ist, und in allen Gaben, die er gibt, gibt er zuerst immer sich selbst. Er gibt sich als Gott, der er ist in allen seinen Gaben – das Empfangen liegt bei dem, der ihn empfangen möchte. Sankt Jakobus sagt: „Alle guten Gaben fließen von oben her, von dem Vater des Lichts."

Übersetzt von Hans Giesecke

FRANCESCO PETRARCA
Besteigung des Mont Ventoux

Malaucène, 26. April 1336

Den höchsten Berg dieser Gegend, den man nicht unverdientermaßen Ventosus, den Windigen, nennt, habe ich am heutigen Tage bestiegen. Dabei trieb mich einzig die Begierde, die ungewöhnliche Höhe dieses Flecks Erde durch Augenschein kennenzulernen. Viele Jahre lang hatte dieses Unternehmen mir im Sinne gelegen; habe ich doch in der hiesigen Gegend, wie du weißt, seit meiner Kindheit geweilt, wie eben das Schicksal die menschlichen Dinge fügt. Dieser Berg aber, der von allen Seiten weithin sichtbar ist, steht mir fast immer vor Augen.

Nun aber faßte ich den Entschluß, endlich einmal auszuführen, was ich täglich hatte ausführen wollen, besonders nachdem mir tags zuvor, als ich römische Geschichte beim Livius nachlas, zufällig jene Stelle vor Augen gekommen war, wo Philipp, der Mazedonierkönig, den Berg Hämus in Thessalien besteigt.

Mir schien für einen Jüngling ohne Anteil am Staatsleben entschuldbar zu sein, was man ja an einem greisen König nicht tadelt. Als ich aber wegen eines Begleiters mit

Renaissance: Die Entdeckung der Natur

mir zu Rate ging, erschien mir, so merkwürdig es klingt, kaum einer meiner Freunde dazu geeignet: so selten ist selbst unter treuen Freunden jener vollkommenste Zusammenklang aller Wünsche und Gewohnheiten. Was glaubst du wohl? Schließlich wende ich mich um Beistand an den, der mir zunächst steht, und eröffne die Sache meinem jüngeren, meinem einzigen Bruder, den du ja gut kennst. Frohere Botschaft hätte er nicht hören können, und er dankte mir freudig, daß er bei mir gleichzeitig die Stelle eines Freundes und eines Bruders hätte.

Am festgesetzten Tage gingen wir fort von Haus und kamen gegen Abend nach Malaucène, — das ist ein Ort am Fuße des Berges, nach Norden gewandt. Wir verweilten dort einen Tag und bestiegen heute endlich, jeder mit einem Bedienten, den Berg, nicht ohne viel Beschwerde. Er ist nämlich eine jäh abstürzende, fast unersteigliche Felsmasse. Indessen gut hat der Dichter gesagt: Verwegnes Mühen alles zwingt. Ein langer Tag, schmeichelnde Luft, Lebensfeuer der Gemüter, Kraft und Gewandtheit der Leiber und was es sonst dergleichen geben mag, stand uns beim Wandern zur Seite; einzig widerstand uns die Natur des Ortes. Einen uralten Hirten trafen wir an den Hängen des Berges, der sich mit viel Worten bemühte, uns von der Besteigung abzubringen. Dieser sagte, er habe vor 50 Jahren in ebensolchem Ansturme jugendlichen Feuers den höchsten Gipfel erstiegen, indessen nichts von da heimgebracht als Reue und Mühe und von Felskanten und spitzem Dorngestrüpp zerrissenen Leib und Rock, und es sei weder vor noch nach jener Zeit je bei ihnen davon gehört worden, daß irgendwer Ähnliches gewagt habe. Da jener dies uns zuschrie, wuchs uns am Verbote das Verlangen — denn jugendliche Herzen schenken ja Warnern nur ungern Glauben. Infolgedessen ging der Greis, als er sah, daß er sich vergebens mühe, etwas mit vorwärts und wies uns zwischen den Felsen einen steilen Pfad mit dem Finger, wobei er vielerlei zu erinnern wußte und viel hinter uns her seufzte, als wir schon davongegangen waren.

Wir lassen bei ihm all das zurück, was irgend an Kleidungsstücken oder sonstiger Ausrüstung hinderlich sein könnte, schicken uns einzig und allein zur Besteigung an und klettern munter los. Aber, wie es meist geschieht, folgt dem ungeheuren Unterfangen geschwind die Ermattung.

So erging es mir zu meiner Entrüstung mindestens dreimal innerhalb weniger Stunden, und mein Bruder lachte darob nicht wenig. So hatte ich mich denn, oft enttäuscht, in einem Tal niedergelassen. Dort schwang ich mich auf Gedankenflügeln vom Körperlichen zum Unkörperlichen hinüber und wies mich selbst etwa mit den folgenden Worten zurecht: „Was du heute so oft bei Besteigung dieses Berges hast erfahren müssen, wisse, genau das tritt an dich und an viele heran, die da Zutritt suchen zum seligen Leben. Aber es wird deswegen nicht leicht von den Menschen richtig gewogen, weil die Bewegungen des Körpers zutage liegen, die der Seele jedoch unsichtbar sind und verborgen. Wohl aber liegt das Leben, das wir das selige nennen, auf hohem Gipfel, und ein schmaler Pfad, so sagt man, führt zu ihm empor. Es steigen auch viele Hügel zwischendurch auf, und von Tugend zu Tugend muß man weiterschreiten mit erhabenen Schritten. Auf dem Gipfel ist das Ende aller

Dinge und des Weges Ziel, darauf unsere Pilgerfahrt gerichtet ist. Dorthin gelangen wollen zwar alle, aber, wie Ovid sagt: Wollen, das reicht nicht aus, Verlangen erst führt dich zum Ziele. Es ist nicht zu glauben, wie sehr diese Überlegung mir zu dem, was noch zu tun verblieb, Geist und Körper aufrichtete.

Ein Gipfel ist da, der höchste von allen, den nennen die Waldleute „das Söhnlein" — warum weiß ich nicht. Ich vermute aber, daß es wie manches andere nach dem Prinzip des Gegensatzes gesagt wird; denn in Wahrheit scheint er aller benachbarten Berge Vater zu sein. Auf seinem Scheitel ist eine kleine Hochfläche. Zuerst stand ich, durch einen ungewohnten Hauch der Luft und durch einen ganz freien Rundblick bewegt, einem Betäubten gleich. Ich schaue zurück nach unten: Wolken lagerten zu meinen Füßen, und schon sind mir Athos und Olymp minder unglaublich geworden, da ich das, was ich über sie gelesen und gehört, auf einem Berge von geringerem Rufe zu sehen bekomme. Ich richte nunmehr meine Augen nach der Seite, wo Italien liegt, nach dort, wohin mein Geist sich so sehr gezogen fühlt. Die Alpen selber — eisstarrend und schneebedeckt —, über die einst der wilde Feind des Römernamens hinüberzog, der, wenn wir dem Gerücht Glauben schenken wollen, die Felsen mit Essig sprengte, — sie erschienen mir greifbar nahe, obwohl sie durch einen weiten Zwischenraum getrennt sind. Die Rhone lag mir geradezu vor Augen. Dieweil ich dieses eins ums andere bestaunte und jetzt Irdisches genoß, dann nach dem Beispiel des Leibes auch die Seele zum Höheren erhob, schien mir gut, in das Buch der Bekenntnisse des Augustin hineinzusehen, eine Gabe, die ich deiner Liebe verdanke und die ich bewahre, zum Gedenken an den Urheber wie an den Geber, und die ich stets in Händen habe.

Das faustfüllende Bändchen allerwinzigsten Formats, aber unbegrenzter Süße voll, öffne ich, um zu lesen, was mir entgegentreten würde. Was anderes als Frommes und Demütiges konnte mir wohl entgegentreten? Zufällig aber bot sich mir das zehnte Buch dieses Werkes dar. Mein Bruder stand in der Erwartung, aus meinem Munde etwas von Augustin zu hören, mit weit geöffneten Ohren da. Ich rufe Gott zu Zeugen an und ihn eben, der dabei war, daß dort, wo ich die Augen zuerst hinheftete, geschrieben stand:

Und es gehen die Menschen, zu bestaunen die Gipfel der Berge und die ungeheuren Fluten des Meeres und die weit dahinfließenden Ströme und den Saum des Ozeans und die Kreisbahnen der Gestirne, und haben nicht acht ihrer selbst.

Ich war wie betäubt, ich gestehe es, und ich bat meinen Bruder, der weiter zu hören begierig war, mir nicht lästig zu fallen, und schloß das Buch im Zorne mit mir selbst darüber, daß ich noch jetzt Irdisches bewunderte. Hätte ich doch schon zuvor — selbst von den Philosophen der Heiden — lernen müssen, daß nichts bewundernswert ist außer der Seele: Neben ihrer Größe ist nichts groß. Da beschied ich mich, genug von dem Berge gesehen zu haben, und wandte das innere Auge auf mich selbst, und von Stund an hat niemand mich reden hören, bis wir unten ankamen.

Unter solchen Bewegungen der aufgewühlten Brust gelangte ich in tiefer Nacht, ohne vom steinigen Weg etwas zu fühlen, zurück zu der bäuerlichen Herberge, von wo ich vor Tageslicht aufgebrochen; und die mondhelle Nacht gewährte uns beim Gehen willkommenen Beistand. Inzwischen begab ich mich also, dieweil die Sorge um die Bereitung des Mahles die Dienerschaft beschäftigte, allein in einen abgelegenen Teil des Hauses, um dir dies in Eile und aus dem Stegreif zu schreiben, damit nicht, wenn ich es aufschöbe, durch Ortsveränderung etwa die Gemütsbewegung sich wandele und so der Vorsatz zum Schreiben verbrause.

JOHANNES VON TEPL
Der Ackermann aus Böhmen

DER ACKERMAN. Das erste capitel

Grimmiger tilger[1] aller lande, schedlicher echter[2] aller werlte, freissamer[3] mörder aller guten leute, ir Tod, euch sei verfluchet! Got, eur tirmer[4], hasse euch, unselden merung[5] wone bei euch, ungelück hause gewaltiglich zu euch; zumale[6] geschant seit immer! Angst, not und jamer verlassen euch nicht, wo ir wandert; leid, betrübnüß und kummer beleiten[7] euch allenthalben; leidige anfechtung, schendliche zuversicht und schemliche anferung[8] die betwingen euch gröblich an aller stat! Himel, erde, sunne, mone, gestirne, mer, wag[9], berg, gefilde, tal, aue, der helle abgrund, auch alles, das leben und wesen hat, sei euch unhold, ungünstig und fluchend ewiglichen! In bosheit versinket, in jamerigem ellende verswindet und in der unwiderbringenden swersten achte Gotes, aller leute und jeglicher schepfung alle zukünftige zeit beleibet! Unverschamter bösewicht, eur böse gedechtnüß lebe und taure hin one ende; graue und forchte scheiden von euch nicht, wo ir wandert und wonet. Von mir und aller menniglich sei stetiglichen über euch ernstlich zeter geschriren mit gewundenen henden!

DER TOD. Das andere capitel

Höret, höret, höret neue wunder! Grausame und ungehorte teidinge[10] fechten uns an. Von wann die komen, das ist uns zumale fremde. Doch droens, fluchens, zetergeschreies, hendewindens und allerlei ankrotung[11] sein wir an allen enden uns her[12] wolgenesen. Dannoch, sun, wer du bist, melde dich und lautmere[13], was dir leides von uns widerfaren sei, darumb du uns so unzimlichen handelst, des wir vormals ungewonet sein, allein wir doch manigen künstereichen, edeln, schönen,

---

[1] Vertilger [2] Verfolger [3] verderbenbringend [4] Schöpfer [5] Mehrung des Unheils [6] gänzlich, völlig [7] begleiten, geleiten [8] schimpfliche Strafe [9] Woge [10] unerhörte Anklagen, belästigen uns [11] Anfechtung [12] bisher [13] kundtun (imp.)

mechtigen und heftigen leuten ferre über den rein¹ haben gegraset, davon witwen und weisen, landen und leuten leides genügelich ist geschehen. Du tust dem gleiche, als² dir ernst sei und dich not swerlich betwinge. Dein klage ist one reime; davon wir prüfen, du wellest durch dönens und reimens willen deinem sin nicht entweichen. Bistu aber tobend, wütend, twalmig³ oder anderswie one sinne, so verzeuch, enthalt und bis⁴ nicht zu snelle, so swerlich zu fluchen, den worten das du nicht bekümmert werdest mit afterreue. Wene nicht, das du unser herliche und gewaltige macht immer mügest geswechen. Dannoch nenne dich und versweig nicht, welcherlei sachen dir sei von uns so twenglicher⁵ gewalt begegent. Rechtfertig wir wol werden, rechtfertig ist unser geferte⁶. Wir wissen nicht, wes du uns so frevellichen zeihest.

DER ACKERMAN. Das III. capitel

Ich bins genant ein ackerman, von vogelwat⁷ ist mein pflug, und wone in Behemer lande. Erhessig, widerwertig und widerstrebend sol ich euch immer wesen, wan ir habt mi den zwelften buchstaben, meiner freuden hort, aus dem alphabet gar freissamlich entzücket.⁸ Ir habt meiner wünnen lichte sumerblumen mir aus meines herzen anger jemerlichen ausgereutet; ir habt mir meiner selden haft,⁹ mein auserwelte turteltauben arglistiglichen entfremdet; ir habt unwiderbringlichen raub an mir getan! Weget es selber, ob ich icht billich zürne, wüte und klage: von euch bin ich freudenreiches wesens beraubet, tegelicher guter lebetage enterbet und aller wünnebringender rente geeußert. Frut¹⁰ und fro was ich vormals zu aller stund; kurz und lustsam was mir alle weile tag und nacht, in gleicher maße freudenreich, geudenreich¹¹ sie beide; ein jegliches jar was mir ein gnadenreiches jar. Nu wirt zu mir gesprochen: schab ab! Bei trübem getranke, auf dürrem aste, betrübet, sware und zeherend¹² beleibe ich und heule one underlaß! Also treibet mich der wind, ich swimme dahin durch des wilden meres flut, die tunnen¹³ haben überhand genomen, mein anker haftet ninder. Hierumb ich one ende schreien wil: Ir Tod, euch sei verfluchet!

DER ACKERMAN. Das V. capitel

Ja, herre, ich was ir friedel¹⁴, sie mein amei¹⁵. Ir habt sie hin, mein durchlustige eugelweide; sie ist dahin, mein frideschilt vür ungemach; enweg ist mein warsagende wünschelrute. Hin ist hin! Da ste ich armer ackerman allein; verswunden ist mein lichter leitestern an dem himel; zu reste ist gegangen meines heiles sunne,

---

¹ Rain, Grenzstreifen ² als ob ³ verqualmt, betäubt ⁴ sei (Imper.) ⁵ bezwingend ⁶ Weg Fahrt; Verhalten, Wesen ⁷ Vogelkleid (Sein Arbeitsgerät ist aus dem Kleid der Vögel) ⁸ den 12. Buchstaben aus dem Alphabet grausam entzogen (der 12. Buchstabe ist M, da i und j als ein Buchstabe gezählt sind) ⁹ meines Glückes Halt ¹⁰ frisch, fröhlich ¹¹ genußreich ¹² weinend ¹³ Wogen ¹⁴ Geliebter ¹⁵ Freundin, Geliebte

96 auf get sie mir nimmermer! Nicht mer get auf mein flutender morgenstern, gelegen[1] ist sein schein; kein leidvertreib han ich mer, die finster nacht ist allenthalben vor meinen augen. Ich wene nicht, das icht sei[2], das mir rechte freude immermer müge widerbringen; wan meiner freuden achtber banier ist mir leider undergangen.[3] Zeter! waffen! von herzen grunde sei immermer geschriren über den verworfen tag und über die leidigen stunde, darin mein herter, steter diamant ist zerbrochen, darin mein rechte fürender leitestab unbarmherziglich mir aus den henden ward gerücket, darin zu meines heiles verneuendem jungbrunnen mir der weg ist verhauen. Ach one ende, we one underlaß immermer! Versinken, gefelle und ewiger fal sei euch, Tod, zu erbeigen gegeben![4] Lastermeiliger schandung wirdelos und grisgramig ersterbet und in der helle erstinket! Got beraube euch eurer macht und lasse euch zu pulver zerstieben! One zil habet ein teufelisch wesen![5]

DER TOD. Das VI. capitel

Ein fuchs slug einen slafenden lewen an den backen, darumb ward im sein balg zerrissen; ein hase zwackte einen wolf, noch heute ist er zagellos[6] darumb; ein katze krelte einen hund, der da slafen wolte, immer muß sie des hundes feindschaft tragen. Also wiltu dich an uns reiben. Doch glauben wir, knecht knecht, herre beleibe herre. Wir wellen beweisen, das wir rechte wegen, rechte richten und rechte faren in der werlte, niemandes adels schonen, großer kunst nicht achten, keinerlei schöne ansehen, gabe, liebe, leides, alters, jugend und allerlei sachen nicht wegen. Wir tun als die sunne, die scheinet über gute und böse: wir nemen gute und böse in unsern gewalt. Alle die meister, die die geiste künnen twingen, müssen uns ire geiste antwürten und aufgeben; die bilwisse[7] und die zaubrerinne künnen vor uns nicht beleiben, sie hilfet nicht, das sie reiten auf den krücken, das sie reiten auf den böcken. Die erzte, die den leuten das leben lengen, müssen uns zu teile werden, würze, kraut, salben und allerlei apotekenpulverei künnen sie nicht gehelfen. O solten wir allen den feifaltern[8] und heuschrecken rechnung tun umb ir geslechte, an der rechnung würden wir nicht genügen. O solten wir durch aufsatzes, alafanzes[9], liebes oder leides willen die leute lassen leben, aller der werlte keisertum were nu unser, alle künige hetten ir krone auf unser haubet gesetzet, ir zepter in unser hand geantwurt, des babstes stul mit seiner dreikronter infel weren wir nu gewaltig. Laß steen dein fluchen, sage nicht von Poppenfels[10] neue mere! Haue nicht über dich, so reren[11] dir die spene nicht in die augen!

[1] gefallen, vergangen   [2] daß es jemals etwas geben wird   [3] denn meiner Freuden stolzes Banner ist mir leider herabgesunken   [4] zu Erbe und Eigen gegeben   [5] Leben   [6] schwanzlos   [7] zauberkundige Menschen, Unholde   [8] Schmetterling   [9] Abgaben und Geschenke   [10] erfundener Ortsname, enthält das mhd. Wort „poppe" - Großsprecher   [11] springen

ALBRECHT DÜRER (1471–1528) ▶
Jakob Fugger der Reiche, um 1520

ADAM KRAFT (um 1455 – um 1508)
Selbstbildnis, 1493–1496 ▶▶

DER ACKERMAN. Das VII. capitel

Künde ich euch gefluchen, künde ich euch geschelten, künde ich euch verpfeien,[1] das euch wirser[2] dann übel geschehe, das hettet ir snödlichen wol an mir verdienet. Wan nach großem leide große klage sol folgen; unmenschlich tet ich, wo ich solch löbeliche Gotes gabe, die niemand dann Got allein geben mag, nicht beweinte. Zware trauren sol ich immer; entflogen ist mir mein erenreicher falke. . . . herre Tod, ir wisset es selber. Umb solch groß herzeleid sol ich euch mit rechte zusachen[3]. Werlich, were icht gutes an euch, es solte euch selber erbarmen. Ich wil keren von euch, von euch nicht gutes sagen, mit allem meinem vermügen wil ich euch ewiglich widerstreben; alle Gotes tirmung[4] sol mir beistendig wesen[5], wider euch zu würken. Euch neide und hasse alles das reich, das da ist im himel, auf erden und in der helle!

DER TOD. Das VIII. capitel

Des himels tron den guten geisten, der helle abgrund den bösen, irdische land hat Got uns zu erbeteile gegeben. Dem himel fride und lon nach tugenden, der helle weine und strafung nach sünden, der erden, luft und meres strame mit aller irer behaltung[6] hat unstetigkeit der mechtig aller werlte herzog beschiden[7] und sie uns befolhen, den worten das wir alle überflüssigkeit ausreuten und ausjeten sullen. Nim vür dich, tummer man, prüfe und grab mit sinnes grabestickel[8] in die vernunft, so findestu: hetten wir sider des ersten von leime gekleckten mannes zeit leute auf erden, tiere und würme in wustung und in wilden heiden, schuppentragender und slipferiger fische in dem wage zuwachsung und merung nicht ausgereutet, vor kleinen mücken möchte nu niemand beleiben, vor wolfen törste[9] nu niemand aus. Es würde fressen ein mensche das ander, ein tier das ander, ein jeglich lebendige beschaffung die ander, wan narung würde in gebrechen, die erde würde in zu enge. Er ist tumb, wer beweinet den tod der tötlichen. Laß ab! Die lebendigen mit den lebendigen, die toten mit den toten, als unz her[10] ist gewesen. Bedenke baß[11], du tummer, was du klagen süllest!

DER ACKERMAN. Das VIIII. capitel

... Man rede, was man welle: wen Got mit einem reinen, züchtigen und schönen weibe begabet, der ist volkomenlich begabet, und die gabe heißet gabe und ist ein gabe vor aller irdischer auswendiger gabe. O aller gewaltigster himelgrave, wie wol ist dem geschehen, den du mit einem reinen, unvermeiligten[12] gaten hast begatet[13]!

---

[1] verhöhnen [2] schlechter [3] Vorwürfe machen [4] Schöpfung [5] Beistand leisten [6] Inhalt
[7] befohlen [8] mit der Nadel des Verstandes [9] wagen, sich getrauen [10] bisher [11] besser
[12] makellos [13] vermählt

98 Freue dich, ersamer man, reines weibes, freue dich, reines weib, ersames mannes; Got gebe euch freude beiden! Was weiß davon ein tummer man, der aus disem jungbrunnen nie hat getrunken? Allein mir twenglich[1] herzeleid ist geschehen, dannoch danke ich Got inniglich, das ich die unverruckten[2] tochter han erkant. Euch, böser Tod, aller leute feind, sei Got ewiglich gehessig!

DER TOD. Das X. capitel

Du hast nicht aus der weisheit brunnen getrunken, das prüfen wir an deinen worten. In der naturen würken hastu nicht gesehen, in die mischung werltlicher stende hastu nicht geluget, in irdische verwandelung hastu nicht gegutzet[3]; ein unverstendig welf[4] bistu. Merke, wie die leuchtigen rosen und die starkriechenden lilien in den gerten, wie die kreftigen würze und die lustgebenden blumen in den auen, wie die feststeenden steine und die hochwachsenden baume in wildem gefilde, wie die krafthabenden beren und die starkwaltigen lewen in entrischen[5] wustungen, wie die hochmachtigen starken recken, wie die behenden, abenteurlichen, hochgelerten und allerlei meisterschaft wol vermügenden leute und wie alle irdische creatüre, wie künstig, wie listig, wie stark sie sein, wie lange sie sich enthalten, wie lange sie es treiben, müssen zu nichte werden und verfallen allenthalben. Und wann nu alle menschgeslechte, die gewesen sint, sint oder noch werden, müssen von wesen zu nichtwesen komen, wes solte die gelobte, die du beweinest, genießen, das ir nicht geschehe als andern allen und allen andern als ir? Du selber wirst uns nicht entrinnen, wie wenig du des jetzund getrauest. Alle hernach! muß eur jeglicher sprechen. Dein klage ist enwicht[6]; sie hilfet dich nicht, sie get aus tauben sinnen.

DER TOD. Das XVI. capitel

Was böse ist, das nennen gut, was gut ist, das heißen böse sinnelose leute. Dem gleiche tustu auch. Falsches gerichtes zeihestu uns; uns tustu unrecht. Des wellen wir dich underweisen. Du fragest, wer wir sein. Wir sein Gotes handgezeuge[7], herre Tod, ein rechte würkender meder[8]. Unser segens get vür sich. Weiß, swarz, rot, braun, grün, blau, grau, gel und allerlei glanzes blumen unde gras heuet sie vür sich nider, ires glanzes, irer kraft, irer tugend nicht geachtet. Da geneußet der veiol[9] nicht seiner schönen farbe, seines reichen ruches, seiner wolsmeckender safte. Sihe, das ist rechtfertigkeit[10]. Uns haben rechtfertig geteilet die Römer und die poeten, wan sie uns baß dann du bekanten. Du fragest, was wir sein. Wir sein nichts und sein doch etwas. Deshalben nichts, wan wir weder leben weder wesen, noch gestalt noch understand[11] haben, nicht geist sein, nicht sichtig sein, nicht greiflich sein; deshalben etwas, wan wir sein des lebens ende, des wesens ende, des nichtwesens anfang, ein

---

[1] zwängend, zwanghaft   [2] unbeschädigt, unberührt   [3] gucken, sehen   [4] ein unverständiger Welpe bist du   [5] unheimlich   [6] nutzlos, unverständig   [7] Werkzeug   [8] ein tüchtiger Mäher   [9] da nützt dem Veilchen   [10] Gerechtigkeit   [11] Übersetzung von lat. substantia, Beschaffenheit

mittel zwischen in beiden. Wir sein ein geschickte[1], das alle leute fellet. Die großen heunen[2] musten vor uns fallen; alle wesen, die leben haben, müssen verwandelt von uns werden ... Du fragest, von wann wir sein. Wir sein von allenthalben und sein doch von ninder. Deshalben von allenthalben, wan wir wandern an allen enden der werlte; deshalben von ninder, wan wir sein ninder her komen und aus nichte. Wir sein von dem irdischen paradise. Da tirmete[3] uns Got und nante uns mit unserem rechten namen, do er sprach zu dem ersten menschen: Welches tages ir der frucht enbeißet, des todes werdet ir sterben. Darumb wir uns also schreiben: Wir Tod, herre und gewaltiger auf erden, in der luft und meres strame. Du fragest, warzu wir tüchtig sein. Nu hastu vor[4] gehöret, das wir der werlte mer nutzes dann unnutzes bringen. Hör auf, laß dich genügen und danke uns, das dir von uns so gütlich ist geschehen!

DER ACKERMAN. Das XXXI. capitel

Eigene rede verteilet dicke[5] einen man und gerlich einen, der jetzund eines und darnach ein anderes redet. Ir habet vor gesprochen, ir seit etwas und doch nicht ein geist und seit des lebens ende und euch sein alle irdische land empfolhen. So sprechet ir nu, wir müssen alle dahin, und ir Tod beleibet hie herre. Zwo widerwertig rede[6] mügen miteinander nicht war gewesen. Sullen wir von leben alle dahin scheiden und irdisch leben sol alles ende haben und ir seit, als ir sprechet, des lebens ende, so merke ich: wann nimmer lebens ist, so wirt nimmer sterbens und todes. Wo komt ir dann hin, herre Tod? In himel müget ir nicht wonen, der ist gegeben allein den guten geisten. Kein geist seit ir nach eurer rede. Wann ir dann auf erden nimmer zu schaffen habet und die erde nimmer weret, so müsset ir gerichtes in die helle; darinnen müsset ir one ende krochen[7]. Da werden auch die lebendigen und die toten an euch gerochen. Nach eurer wechselrede kan sich niemand gerichten. Solten alle irdische ding so böse, snöde und untüchtig sein, als ir sprechet, so müsten sie von Gote untüchtig sein beschaffen und gewüret. Des ist er von anfang der werlte nie gezigen[8]. Tugend lieb gehabet, bosheit gehasset, sünde übersehen und gerochen hat Got unz her. Ich glaube, hinnach tue er auch das selbe. Ich han von jugend auf gehöret lesen und gelernet, wie Got alle ding gut beschaffen habe. Ir sprechet, wie alle irdische leben und wesen sullen ende nemen; so spricht Plato[9] und ander weissagen, das in allen sachen eines zerüttung des andern berung[10] sei und wie alle sache auf urkunde[11] sein gebauet und wie des himels lauf, aller planeten und der erden von einem in das ander verwandelt werde und ewig sei. Mit eurer wankelrede, darauf niemand bauen sol, wellet ir mich von meiner klage schrecken. Des berufe ich mich mit euch an Got, meinen heiland, herre Tod, mein verderber! Damit gebe euch Got ein böses amen!

---

[1] Geschehenes   [2] Riesen   [3] erschuf   [4] zuvor   [5] verurteilt oft   [6] zwei sich widersprechende Reden   [7] stöhnen   [8] dessen ist er nie geziehen   [9] bezieht sich auf „Phaidon" Kapitel 16 f   [10] daß des einen Verfall des andern Geburt sei   [11] Entstehung

DER TOD. Das XXXII. capitel

Oft ein man, wann et der anhebet zu reden, im werde dann understoßen[1], nicht aufhören kan. Du bist auch aus dem selben stempfel gewürket. Wir haben gesprochen und sprechen noch, damit wellen wir ende machen: die erde und alle ir behaltung[2] ist auf unstetigkeit gebauet. In dieser zeit ist sie wandelber worden, wan alle ding haben sich verkeret, das hinder hervür, das voder hinhinder, das under gen berge, das ober gen tale. Das ebich[3] an das rechte hat die meist menige volkes gekeret. Zu feures flammen stetigkeit kan icht alles menschliches geslechte getreffen; einen schein zu greifen, einen guten, treuen, beistendigen freund zu finden, ist nahend gleich mügelich auf erden worden. Alle menschen sint mer zu bosheit dann zu güte geneiget. Tut nu jemand icht gutes, das tut er uns besorgend[4]. Alle leute mit allem irem gewürke sint vol eitelkeit worden. Ir leib, ir weib, ir kinder, ir ere, ir gut und alles ir vermügen fleuchet alles dahin, mit einem augenblicke verswindet es, mit dem winde verwischet es, noch kan der schein noch der schate nicht beleiben. Merke, prüfe, sich und schaue, was nu der menschen kinder auf erden haben, wie sie berg und tal, stock und stein, aue und gefilde, der Alpen wildnüß, des meres grund, der erden tiefe durch irdisches gutes willen durchgründen in regen, winden, doner, schaur, sne und in allerlei ungewiter, wie sie schechte, stollen und tiefe funtgruben in die erden durchgraben, der erden adern durchhauen, glanzerze suchend, die sie durch seltsenkeit willen vür alle ding lieb haben, wie sie holz wellen, gewand zeuen[5], heuser den swalben gleiche klecken[6], pflanzen und pelzen[7] baumgarten, ackern das erdreich, bauen weinwachs[8], machen mülwerk, zünden zinsel[9], bestellen fischerei, weidwerk und wildwerk, große herte vihes zusamen treiben, vil knechte und meide haben, hohe pferd reiten, goldes, silbers, edel gesteines, reiches gewandes und allerlei ander habe heuser und kisten vol haben, wollust und wünnen pflegen, darnach sie tag und nacht stellen und trachten. Was ist das alles? Das alles ist eitelkeit über eitelkeit und beswerung der sele, vergenglich als der gesterig tag, der vergangen ist. Mit kriege und mit raube gewinnen sie es; wan je mer gehabet, je mer geraubet. Zu kriegen und zu werren lassen sie es nach in[10]. O die tötliche[11] menschheit ist stete in engsten, in trübsal, in leide, in besorgen, in forchten, in scheuhung,[12] in wetagen, in siechtagen, in trauren, in betrübnüß, in jamer, in kummer und in mancherlei widerwertigkeit; und je mer ein man irdisches gutes hat, je mer im widerwertigkeit begegent. Noch ist das das aller gröste, das ein mensche nicht gewissen kan, wann, wo oder wie wir über es urplüpfling fallen[13] und es jagen, zu laufen den weg der tötlichen. Die bürde müssen tragen herren und knechte, man und weib, reich und arm, gut und böse. O leidige zuversicht, wie wenig achten dein die tummen! Wann es zu spate ist, so wellen sie alle frum werden. Darumb laß dein klagen, sun! Trit in welchen orden du wilt, du findest gebrechen und eitel-

---

[1] unterbrochen [2] Inhalt [3] abgewendet, böse, links [4] uns fürchtend [5] herrichten
[6] Häuser wie die Schwalben bauen [7] Baumgärten pflanzen und pfropfen [8] Weinberge anlegen
[9] Rauchfässer anzünden [10] zu Krieg und Streit hinterlassen sie es [11] sterbliche [12] Furcht
[13] wie wir den Menschen plötzlich überfallen

keit darinnen. Jedoch kere von dem bösen und tue das gute; suche den fride und tue in stete; über alle irdische ding habe lieb rein und lauter gewissen! Und das wir dir rechte geraten haben, des komen wir mit dir an Got, den ewigen, den großen und den starken.

GOT. Das XXXIII. capitel

Der lenze, der sumer, der herbest und der winter, die vier erquicker und handhaber des jares, die wurden zwifertig mit großen kriegen. Ir jeder rümte sich, und wolte jeglicher in seiner würkung der beste sein. Der lenze sprach, er erquickte und machte güftig[1] alle früchte; der sumer sprach, er machte reif und zeitig alle früchte; der herbst sprach, er brechte und zechte[2] ein beide in stedel, in keller und in die heuser alle früchte; der winter sprach, er verzerte und vernutzte alle früchte und vertribe alle gifttragende würme. Sie rümten sich und kriegeten faste[3], sie hetten aber vergessen, das sie sich gewaltigter herschaft rümten. Ebengleiche tut ir beide. Der klager klaget sein verlust, als ob sie sein erberecht were; er wenet nicht, das sie im von uns were verlihen. Der Tod rümet sich herschaft, die er doch allein von uns zu lehen hat empfangen. Der klaget, das nicht sein ist; diser rümet sich herschaft, die er nicht von im selber hat. Jedoch der krieg ist nicht gar one sache[4]: ir habet beide wol gefochten. Den twinget leid zu klagen, disen die anfechtung des klagers, die warheit zu sagen. Darumb: klager, habe ere, Tod, habe sige, seit[5] jeder mensche das leben dem Tode, den leib der erden, die sele uns pflichtig ist zu geben.

IOHANNES M. A.

Immer wachender wachter aller werlte; got aller göter; herre wunderhaftiger; herre alle herren; almechtigster aller geiste; fürste aller fürstentume; brunne, aus dem alle gutheit fleußet; heiliger aller heiligen; kroner und die krone; loner und der lon; kurfürste, in des küre sten alle küre; wol im ward, wer manschaft von dir empfehet[6]! Der engel freude und wünne; eindruck[7] der aller höchsten formen; altgreiser jüngeling[8], erhöre mich!

O licht, das da nicht empfehet ander licht; licht, das da verfinstert und verblendet alles auswendiges licht; schein, vor dem verswindet aller ander schein; schein, zu des achtung alle licht sint finsternüß; licht, zu dem aller schein ein schate ist, dem alle finsternüß licht sint, dem aller schate erscheinet; licht, das in der beginstnüß[9] gesprochen hat: werde licht!; feur, das unverloschen alweg brinnet; anfang und ende, erhöre mich!

---

[1] freudig, üppig [2] verfügen, befördern [3] stritten heftig [4] ohne Grund [5] da [6] wohl ist dem geschehen, der in deine Dienste tritt [7] Präger [8] an Alter Greis und Jüngling zugleich [9] zu Anbeginn

102　Heil und selde über alles heil und selde; weg one allen irrsal zu dem ewigen leben; bestes, one das dann nicht bessers ist; leben, dem alle ding leben; warheit über alle warheit; weisheit, umbsließende alle weisheit; aller sterke gewaltiger; rechter ungerechter hant beschaurer[1]; widerbringer aller brüche; ganz vermügender in allen kreften; nothaft, zu dem alle gute ding als zu dem weisel der bin nehen und halten sich; ursache aller sache, erhöre mich!

ULRICH VON HUTTEN
Ein neu Lied

1 Ich habs gewagt mit Sinnen
　　Und trag des noch kein Reu,
　Mag ich nit dran gewinnen,
　　Noch[1] muß man spüren Treu;
　Darmit ich mein
　　Nit eim allein,
　Wenn man es wollt erkennen:
　　Dem Land zu gut,
　Wiewohl man tut
　　Ein Pfaffenfeind mich nennen.

2 Da laß ich jeden liegen[2]
　　Und reden was er will;
　Hätt Wahrheit ich geschwiegen,
　　Mir wären hulder viel.
　Nun hab ichs gsagt,
　　Bin drumb verjagt,
　Das klag ich allen Frummen,
　　Wiewohl noch ich
　Nit weiter flich[3],
　　Vielleicht werd wiederkummen.

3 Umb Gnad will ich nit bitten,
　　Dieweil ich bin ohn Schuld;
　Ich hätt das Recht gelitten,
　　So hindert Ungeduld,
　Daß man mich nit
　　Nach altem Sitt
　Zu G'hör hat kummen lassen;
　　Vielleicht wills Gott,
　Und zwingt sie Not,
　　Zu handlen diesermaßen.

4 Nun ist oft diesergleichen
　　Geschehen auch hie vor,
　Daß einer von den Reichen
　　Ein gutes Spiel verlor;
　Oft großer Flamm
　　Von Fünklin kam,
　Wer weiß, ob ichs werd rächen;
　　Staht[4] schon im Lauf,
　So setz ich drauf:
　　Muß gahne oder brechen.

---

[1] gerechter und ungerechter Hand Bewacher

[1] dennoch　[2] lügen　[3] fliehe　[4] steht

5 Darneben mich zu trösten
   Mit gutem Gwissen hab,
   Daß keiner von den Bösten
   Mit Ehr mag brechen ab,
Noch sagen, daß
   Uf einig Maß⁵
Ich anders sei gegangen
   Dann Ehren nach;
Hab diese Sach
   In gutem angefangen.

6 Will nun ihr⁶ selbs nit raten
   Dies frumme Nation,
   Ihrs Schadens sich ergatten⁷,
   Als ich vermahnet han:
So ist mir leid,
   Hiemit ich scheid,
Will mengen baß die Karten;
   Bin unverzagt,
Ich habs gewagt
   Und will des Ends erwarten.

7 Ob dann mir nach tut denken⁸
   Der Kurtisanen⁹ List,
Ein Herz läßt sich nit kränken¹⁰,
   Das rechter Meinung ist.
Ich weiß noch viel,
   Wölln auch ins Spiel,
Und solltens drüber sterben:
   Auf, Landsknecht gut
Und Reuters Mut,
   Laßt Hutten nit verderben!

MARTIN LUTHER

Aus dem ›Sendbrief vom Dolmetschen‹

Ich hab mich des geflissen ym dolmetzschen / das ich rein vnd klar teutsch geben möchte. Vnd ist vns wol offt begegnet / das wir viertzehen Tage / drey / vier wochen haben ein einiges wort gesücht vnd gefragt / habens dennoch zu weilen nicht funden. Im Hiob erbeiten wir also / M. Philips¹ / Aurogallus² vnd ich / das wir yn vier tagen zu weilen kaum drey zeilen kundten fertigen. Lieber / nu es verdeutscht vnd bereit ist / kans ein yeder lesen vnd meistern. Laufft einer ytzt mit den augen durch drey vier bletter vnd stost nicht ein mal an / wird aber nicht gewar welche wacken³ vnd klötze da gelegen sind / da er ytzt vber hin gehet / wie vber ein gehoffelt bret / da wir haben müssen schwitzen vnd vns engsten / ehe den wir solche wacken vnd klotze aus dem wege reümeten / auff das man kündte so fein daher gehen. Es ist gut pflugen / wenn der acker gereinigt ist. Aber den wald vnd die stöcke aus rotten / vnd den acker zu richten / da will niemandt an. Es ist bey der welt kein danck zu verdie-

---

⁵ irgendwie ⁶ sich ⁷ erholen ⁸ nachstellen ⁹ päpstliche Höflinge ¹⁰ krank, schwach machen
¹ Melanchthon ² Lehrer des Hebräischen an der Universität Wittenberg ³ große Steine

nen / Kan doch Got selbs mit der sonnen / ja mit himel vnd erden / noch mit seines eigen sons tod keinen danck verdienen / sie sey vnd bleibt welt deß teuffels namen / weil sie ja nicht anders will.

Also habe ich hie Roma. 3. fast wol gewist / das ym Lateinischen vnd krigischen text das wort ‚solum' nicht stehet / vnd hetten mich solchs die papisten nicht dürffen leeren. War ists. Dise vier buchstaben s o l a stehen nicht drinnen / welche buchstaben die Eselsköpff ansehen / wie die kue ein new thor. Sehen aber nicht das gleichwol die meinung des text ynn sich hat / vnd wo mans wil klar vnd gewaltiglich verteutschen / so gehoret es hinein / denn ich habe deutsch / nicht lateinisch noch kriegisch reden wöllen / da ich teutsch zu reden ym dolmetzschen furgenomen hatte. Das ist aber die art vnser deutschen sprache / wenn sie ein rede begibt / von zweyen dingen / der man eins bekennet / vnd das ander verneinet / so braucht man des worts solum (allein) neben dem wort ‚nicht' oder ‚kein'. Als wenn man sagt / Der Baür bringt allein korn vnd kein geldt. Nein / ich hab warlich ytzt nicht geldt / sondern allein korn. Ich hab allein gessen vnd noch nicht getruncken. Hastu allein geschrieben vnd nicht vberlesen? Vnd der gleichen vnzeliche weise yn teglichen brauch.

In disen reden allen / obs gleich die lateinische oder kriechische sprach nicht thut / so thuts doch die deutsche / vnd ist yhr art / das sie das wort ‚allein' hinzu setzt / auff das das wort ‚nicht oder kein' deste volliger vnd deutlicher sey. Denn wie wol ich auch sage / der Baür bringt korn vnd kein geld / So laut doch das wort ‚kein geldt' nicht so vollig vnd deutlich / als wenn ich sage / der Baür bringt allein korn vnd kein Geld / vnd hilfft hie das wort ‚allein' dem wort ‚kein' so viel / das es ein vollige Deutsche klare rede wird / den man mus nicht die buchstaben inn der lateinischen sprachen fragen / wie man sol Deutsch reden / wie diese esel thun / sondern / man mus die mutter jhm hause / die kinder auff der gassen / den gemeinen man auff dem marckt drumb fragen / vnd den selbigen auff das maul sehen / wie sie reden / vnd darnach dolmetzschen / so verstehen sie es den / vnd mercken / das man Deutsch mit jn redet.

Als wenn Christus spricht / Ex abundantia cordis os loquitur. Wenn ich den Eseln sol folgen / die werden mir die buchstaben furlegen / vnd also dolmetzschen / Auß dem vberflus des hertzen redet der mund. Sage mir / Ist das deutsch geredt? Welcher deutscher verstehet solchs? Was ist vberflus des hertzen für ein ding? Das kan kein deutscher sagen / Er wolt denn sagen / es sey das einer allzu ein gros hertz habe / oder zu vil hertzes habe / wie wol das auch noch nicht recht ist / denn vberflus des hertzen ist kein deutsch / so wenig / als das deutsch ist / vberflus des hauses / vberflus des kacheloffens / vberflus der banck / sondern also redet die muoter ym haus vnd der gemeine man / Wes das hertz vol ist / des gehet der Mund vber / daz heist gut deutsch geredt / des ich mich geflissen, vnd leider nicht all wege erreicht noch troffen habe. Denn die lateinischen buchstaben hindern aus der massen seer gut deutsch zu reden.

Also / wenn der verrether Judas sagt / Matthei 26. Vt quid perditio hec? Vnd Marci 14. Vt quid perditio ista vngenti facta est? Folge ich den Eseln vnd buchstabilisten / so mus ichs also verdeutschen / Warumb ist dise verlierung der salben geschehen? Was ist aber das fur deutsch? Welcher deutscher redet also / verlierung der salben ist geschehen? Vnd wenn ers wol verstehet / so denckt er / die salbe sey verloren / vnd musse sie etwa wider suchen / wiewol das auch noch tunckel vnd vngewiß lautet. Wenn nu das gut deutsch ist / warumb tretten sie nicht erfuhr / vnd machen vns ein solch fein hubsch new deutsch Testament / vnd lassen des Luthers Testament ligen? Ich meine ja sie solten yhre kunst an den tag bringen. Aber der deutsche man redet also / Vt quid etc. Was sol doch solcher vnrat? odder / was sol doch solcher schade? Nein / Es ist schade vmb die salbe / das ist gut deutsch / daraus man verstehet / das Magdalene mit der verschutten salben sey vnrethlich vmbgangen vnd habe schadenn gethan / das war Judas meinung / denn er gedacht bessern rat damit zu schaffen.

Jtem da der Engel Mariam grüsset vnd spricht / Gegrüsset seistu Maria voll gnaden / der Herr mit dir? Wolan / so ists bißher / schlecht dem lateinischen buchstaben nach verdeutscht / sage mir aber ob solchs auch gut deutsch sey? Wo redet der deutsch man also / du bist vol gnaden? Vnd welcher Deutscher verstehet / was gsagt sey / vol gnaden? Er mus dencken an ein vas vol bier / oder beutel vol geldes / darumb hab ichs vordeutscht. Du holdselige / da mit doch ein Deutscher / desto meher hin zu kan dencken / was der engel meinet mit seinem grus. Aber hie wöllen die Papisten toll werden vber mich / das ich den Engelischen grus verderbet habe. Wie wol ich dennoch da mit nicht das beste deutsch habe troffen. Vnd hette ich das beste deutsch hie sollen nemen / vnd den grus also verdeutschen / Gott grusse dich du liebe Maria (denn so vil wil der Engel sagen / vnd so wurde er geredt haben / wan er hette wollen sie deutsch grussen) ich halt sie solten sich wol selbs erhenckt haben fur grosser andacht / zu der lieben Maria / das ich den grus so zu nichte gemacht hette. Aber was frage ich darnach? Sie toben oder rasen / jch wil nicht wehren / das sie verdeutschen was sie wöllen / ich wil aber auch verdeutschen / nicht wie sie wöllen / sonder wie ich wil / wer es nicht haben wil / der las mirs stehen / vnd halt seine meisterschafft bey sich / denn jch wil ir weder sehen noch hören / sie dorffen fur mein dolmetzschen nicht antwort geben / noch rechenschafft thun. Das hörestu wol / ich wil sagen / du holdselige Maria / du liebe Maria / vnd las sie sagen / du volgnaden Maria. Wer Deutsch kan / der weis wol / welch ein hertzlich fein wort das ist / die liebe Maria / der lieb Gott / der liebe Keiser / der liebe fürst / der lieb man / das liebe kind. Vnd ich weis nicht / ob man das wort liebe / auch so hertzlich vnd gnugsam in Lateinischer oder andern sprachen reden müg / das also dringe vnd klinge ynns hertz / durch alle sinne wie es thut in vnser sprache ...

Doch hab ich widerumb nicht allzu frey die buchstaben lassen faren / sondern mit großen Sorgen sampt meinen gehülffen drauff gesehen / das wo etwa an einem ort gelegenn ist / hab ichs nach den buchstaben behalten / vnd bin nicht so frey davon gangen / als Johannes 6. da Christus spricht / Disen hat Gott der vater versiegelt / da were wol besser deutsch gewest / Disen hat Gott der vater gezeichent / oder disen meinet Gott der vater. Aber ich habe ehe wöllen der deutschen sprache abbrechen /

denn von dem wort weichen. Ah es ist dolmetzschen ja nicht eines iglichen kunst /
wie die tollen Heiligen meinen / es gehöret dazu ein recht / frum / trew / vleissig /
forchtsam / Christlich / geleret / erfarn / geübet hertz.

SEBASTIAN BRANT
Das Narrenschiff

Verachtung vngfelles[1]

Der ist eyn narr, der nit verstot
So jm unfall zů handen gat
Das er sich wiszlich schvck dar jn
Vnglück will nit verachtet syn

Manchem jst nit mit vnglück wol
Vnd ryngt dar noch doch yemer tol
Dar vmb soll er nit wunder han
Ob jm das schiff würt vndergan
Ob vnglück ettwan joch ist kleyn
So kumbt es seltten doch alleyn
Dann noch der altten spruch, vnd sag
Vnglück, vnd hor[2], das wechszt all tag
Dar vmb den anfang man abwend
Man weisszt nit, wo der vszgang lend
Wer vff das mer sich wogen důt
Der darff wol glück, vnd wetter gůt
Dann hynder sich fert der geschwynd
Wer schiffen will mit widerwynd

Der wis mit noch wynd[3] sæglen lert
Eyn narr, hat bald eyn schiff vmb kert
Der wis, der halt jnn syner handt
Den růder, vnd fart lycht zů landt
Eyn narr verstat sich nit vff fůr
Dar vmb er offt nymbt eyn grunt růr[4],
Eyn wis man, sich vnd andere fuert
Eyn narr, verdyrbt ee dann ers spuert
Hett nit sich gschickt noch wiser ler
Allexander, jn hohem mer
Das jm syne schiff warff an eyn sytt
Vnd hett sich gerichtet noch der zytt
Er wer jm mer ertruncken gsin
Vnd nit dot an vergyfftem wyn
Pompeius hatt grosz rům vnd ere
Das er gereyniget hett das mere
Vnd die mer röuber vertriben all
Hat jnn Egypten doch vnfall,
Welch wiszheyt, tugent, an jn handt
Die schwymmē nackent wol zů landt,
Als spricht Sebastianus Brant

DAS VOLKSBUCH VON DOKTOR FAUST
Historia von D. Johann Fausten,
deß weitbeschreyten Zauberers, Geburt und Studiis

Doctor Faustus ist eines Bauwern Sohn gewest, zu Rod bei Weimar bürtig, der zu
Wittenberg eine große Freundschafft gehabt, deßgleichen seine Eltern Gottselige
vnnd Christliche Leut, ja sein Vetter, der zu Wittenberg seßhafft, ein Bürger vnd

---

[1] Unheil   [2] Haare   [3] ein Weiser mit Fahrwind segeln lehrt   [4] ein Narr versteht sich nicht aufs Fahren, darum versenkt er oft das Schiff

wol vermögens gewest, welcher D. Fausten aufferzogen, vnd gehalten wie sein Kind, dann dieweil er ohne Erben war, nam er diesen Faustum zu einem Kind vnd Erben auff, ließ jhn auch in die Schul gehen, Theologiam zu studieren, Er aber ist von diesem Gottseligen Fürnemmen abgetreten vnd Gottes Wort mißbraucht.

Als D. Faust eins gantz gelernigen vnd geschwinden Kopffs, zum studieren qualificiert vnd geneigt war, ist er hernach in seinem Exanime von den Rectoribus so weit kommen, daß man jm in dem Magistrat examiniert, vnnd neben jm auch 16 Magistros, denen er ist im Gehöre, Fragen vnnd Geschickligkeit obgelegen vnd gesieget, also, daß er seinen Theil gnugsam studiert hat, war also Doctor Theologiae. Daneben hat er auch einen thummen, vnsinnigen vnnd hoffertigen Kopff gehabt, wie man jn denn allezeit den Speculierer genennet hat, ist zur bösen Gesellschafft gerahten, hat die H. Schrifft ein weil hinder die Thür vnnd vnter die Bank gelegt, ruch vnd Gottloß gelebt (wie denn diese Historia hernach gnugsam gibt). Aber es ist ein wahr Sprichwort: Was zum Teuffel wil, das läßt sich nicht aufhalten, noch jm wehren.

Faust verschreibt sich dem bösen Geist

D. Faustus läßt ihm Blut heraus in einen Tiegel, setzt es auf warme Kohlen und schreibt, wie hernach folgen wird:

Ich, Johannes Faustus D., bekenne mit meiner eigen Hand offentlich, zu einer Bestätigung, und in Kraft dies Briefes: Nachdem ich mir fürgenommen, die Elemente zu speculieren, und aber aus den Gaben, so mir von oben herab bescheret und gnädig mitgeteilt worden, solche Geschicklichkeit sich in meinem Kopf nicht befinde und solches von den Menschen nicht erlernen mag, so habe ich mir gegenwärtigen Geist, der sich Mephistophiles nennet, ein Diener des hellischen Prinzen im Orient, mich untergeben, auch denselbigen, mich solches zu berichten und zu lehren, mir erwählet, der sich auch gegen mir versprochen, in allem untertänig und gehorsam zu sein. Dagegen aber ich mich hinwider gegen ihme verspriche und verlobe, daß so 24 Jahr, von Dato dies Briefes an, herumb und fürubergelaufen, er mit mir nach seiner Art und Weis', seines Gefallens zu schalten, walten, regieren, führen, gut Macht haben solle mit allem, es sei Leib, Seel, Fleisch, Blut und Gut, und das in sein Ewigkeit. Hierauf absage ich allen denen, so da leben, allem himmlischen Heer und allen Menschen, und das muß sein. Zu festen Urkund und mehrer Bekräftigung habe ich diesen Rezeß eigner Hand geschrieben, unterschrieben und mit meinem hierfürgedruckten eigen Blut, meines Sinns, Kopfs, Gedanken und Willen, verknüpft, versiegelt und bezeuget.

Subscriptio:

          Johann Faustus
      der Erfahrene der Elementen und der Geistlichen Doctor

Oratio Fausti ad Studiosos

Meine liebe Vertrawete vnd gantz günstige Herren, Warumb ich euch beruffen hab, ist diß, daß euch viel jar her an mir bewußt, was ich für ein Mann war, in vielen Künsten und Zauberey bericht, welche aber niergendt anders, dann vom Teuffel herkommen, zu welchem Teuffelischen Lust mich auch niemandt gebracht, als die böse Gesellschafft so mit dergleichen Stücken vmbgingen, darnach mein nichtwerdes Fleisch vnd Blut, mein Halßstarriger vnd Gottloser Willen, vnd fliegende Teuffelische gedancken, welche ich mir fürgesetzet, daher ich mich dem Teuffel versprechen müssen, nemlich, in 24. Jaren, mein Leib vnd Seel. Nu sind solche Jar biß auf diese Nacht zum Ende gelauffen, und stehet mir das Stundtglaß vor den Augen, daß ich gewertig seyn muß, wann es außläufft, vnd er mich diese Nacht holen wirt, dieweil ich jm Leib vnd Seel zum zweytenmal so thewr mit meinem eigen Blut verschrieben habe, darvmb habe ich euch freundtliche günstige liebe Herren, vor meinem Ende zu mir beruffen, vnd mit euch ein Johanns trunck zum Abschied thun wöllen, vnd euch mein Hinscheiden nicht sollen verbergen.

Es geschahe aber zwischen zwölff und ein Vhr in der Nacht, daß gegen dem Hauß her ein großer vngestümmer Wind gienge, so daß Hauß an allen orten vmbgabe, als ob es alles zu Grunde gehen, vnnd das Hauß zu Boden reissen wolte, darob die Studenten vermeynten zuverzagen, sprangen auß dem Bett, vnd huben an einander zu trösten, wolten auß der Kammer nicht, der Wiertt lieff auß seinem in ein ander Hauß. Die Studenten lagen nahendt bey der Stuben, da D. Faustus jnnen war, sie hörten ein greuwliches Pfeiffen vnnd Zischen, als ob das Hauß voller Schlangen, Nattern vnnd anderer schädlicher Würme were, in dem gehet D. Fausti thür vff in der Stuben, der hub an vmb Hülff vnnd Mordio zu schreyen, aber kaum mit halber Stimm, bald hernach hört man jn nicht mehr. Als es nun Tag ward, und die Studenten die gantze Nacht nicht geschlaffen hatten, sind sie in die Stuben gegangen, darinnen D. Faustus gewesen war, sie sahen aber keinen Faustus mehr, vnd nichts, dann die Stuben voller Bluts gesprützet, Das Hirn klebte an der Wandt, weil jn der Teuffel von einer Wandt zur andern geschlagen hatte. Es lagen auch seine Augen vnd etliche Zäen allda, ein greulich vnd erschrecklich Spectackel. Da huben die Studenten an jn zubeklagen vnd zubeweynen, vnd suchten jn allenthalben. Letztlich aber funden sie seinen Leib heraussen bey dem Mist ligen, welcher greuwlich anzusehen war, dann ihme der Kopff vnnd alle Glieder schlotterten.

Also endet sich die gantze warhafftige Historia vnd Zäuberey Doctor Fausti, darauß jeder Christ zu lernen, sonderlich aber die eines hoffertigen, stoltzen, fürwitzigen vnd trotzigen Sinnes vnnd Kopffs sind, GOtt zu förchten, Zauberey, Beschwerung vnnd andere Teuffelswercks zu fliehen, so Gott ernstlich verbotten hat, vnd den Teuffel nit zu Gast zu laden, noch jm raum zu geben, wie Faustus getan hat.

3

DICHTUNG DES BAROCK

KUNST BORGT DIE IDEEN IHRER WERKE
VON DER NATUR, DIE NATUR VON GOTT,
GOTT VON SICH SELBST.

                  JOHANN AMOS COMENIUS

ALSO HAT GOTT ALLE NATUR DURCH DIE
KUNST DER SPRACHEN UMBGRENTZET.

                  JUSTUS GEORG SCHOTTEL

DIE GRENZEN MEINER SPRACHE BEDEUTEN
DIE GRENZEN MEINER WELT.

                  LUDWIG WITTGENSTEIN

GOTTFRIED WILHELM VON LEIBNIZ

Unvorgreiffliche Gedanken
betreffend die Ausübung und Verbesserung der Teutschen Sprache

Es ist bekandt, daß die Sprach ein Spiegel des Verstandes, und daß die Völcker, wenn sie den Verstand hoch schwingen, auch zugleich die Sprach wohl ausüben, welches der Griechen, Römer und Araber Beyspile zeigen.

Es ist aber bei dem Gebrauch der Sprache, auch dieses sonderlich zu betrachten, daß die Worte nicht nur der gedancken, sondern auch der Dinge Zeichen seyn, und daß wir Zeichen nöthig haben, nicht nur unsere Meynung anderen anzudeuten, sondern auch unseren gedancken selbst zu helffen. Denn gleich wie man in großen Handelsstädten, auch im Spiel und sonsten nicht allezeit Geld zahlet, sondern sich an dessen Statt der Zeddel oder Marcken biß zur letzten Abrechnung oder Zahlung bedienet: also thut auch der Verstand mit den Bildnissen der Dinge, zumahl wenn er viel zu dencken hat, daß er nämlich Zeichen dafür brauchet, damit er nicht nöthig habe, die Sache iedesmal so offt sie vorkommt, von neuen zu bedencken. Daher wenn er sie einmahl wohl gefasset, begnügt er sich hernach offt, nicht nur in äußerlichen Reden, sondern auch in Gedancken und innerlichen Selbst-Gespräch das Wort an die Stelle der Sache zu setzen.

Daher braucht man offt die Wort als Zifern oder als Rechen Pfennige an statt der Bildnisse und Sachen, bis man Stuffenweise zum Facit schreitet und beym Vernunfft-Schluß zur sache selbst gelanget. Woraus erscheinet, wie ein Großes daran gelegen, daß die Worte als Vorbilde und gleichsam als Wechsel-Zeddel des Verstandes wohl gefasset, wohl unterschieden, zulänglich, häuffig, leichtfließend und angenehm seyn.

GEORG PHILIPP HARSDÖRFFER

Die Aufgabe des Dichters

Wie nun der Redner zu seinem Inhalt schickliche Figuren / abgemässene Wort und der Sachen gemässe Beschminkung und Beschmuckung anzubringen weiß / seine Zuhörer zu bewegen: Also sol auch der Poet mit fast natürlichen Farben seine Kunstgedanken ausbilden / und muß so mol eine schwartze Kohlen aus der Höllen gleichsam zu entlehnen wissen / die abscheulichen Mord- Greuel eines bejammerten Zustandes aufzureisen; als eine Feder aus der Liebe- Flügel zu borgen die Hertzbeherrschende Süssigkeit einer anmutigen Entzuckung zu entwerffen.

(Poet. Trichter III, Vorrede)

GEORG PHILIPP HARSDÖRFFER
Das Leben ist

1. Ein *Laub* / das grunt und falbt geschwind.
   Ein *Staub* / den leicht vertreibt der Wind.
2. Ein *Schnee* / der in dem Nu vergehet.
   Ein *See* / der niemals stille stehet.
3. Die *Blum* / so nach der Blüt verfällt.
   der *Ruhm* auf kurtze Zeit gestellt.
4. Ein *Gras* / das leichtlich wird verdrucket.
   Ein *Glas* / das leichter wird zerstucket.
5. Ein *Traum* der mit dem Schlaf aufhört.
   Ein *Schaum* den Flut und Wind verzehrt.
6. Ein *Heu* / das kurtze Zeite bleibet.
   Die *Spreu* so mancher Win vertreibet.
7. Ein *Kauff* den man am End bereut.
   Ein *Lauff* der schnauffend schnell erfreut.
8. Ein *Wasser*strom der pfeilt geschwind.
   Die *Wasser*blaß so bald zerrinnt.
9. Ein *Schatten* / der uns macht schabab.
   Die *Matten* so gräbt unser Grab.

CHRISTIAN HOFMANN VON HOFMANNSWALDAU
Die Welt

Was ist die Welt / und ihr berühmtes gläntzen?
Was ist die Welt und ihre gantze Pracht?
Ein schnöder Schein in kurtzgefasten Gräntzen /
Ein schneller Blitz bey schwartzgewölckter Nacht.
Ein bundtes Feld / da Kummerdisteln grünen;
Ein schön Spital / so voller Kranckheit steckt.
Ein Sclavenhauß / da alle Menschen dienen /
Ein faulen Grab / so Alabaster deckt.
Das ist der Grund / darauff wir Menschen bauen /
Und was das Fleisch für einen Abgott hält.
Komm Seele / komm / und lerne weiter schauen /
Als sich ersteckt der Zirckel dieser Welt.
Streich ab von dir derselben kurtzes Prangen /
Halt ihre Lust vor eine schwere Last.
So wirstu leicht in diesen Port gelangen /
Da Ewigkeit und Schönheit sich umbfast.

ANDREAS GRYPHIUS
Vanitas, Vanitatum, et omnia Vanitas

Es ist alles ganz eytel, Eccl. 1. v. 2.

Ich seh' wohin ich seh / nur Eitelkeit auff Erden /
    Was dieser heute bawt / reist jener morgen ein /
    Wo jzt die Städte stehn so herrlich / hoch und fein /
Da wird in kurtzem gehn ein Hirt mit seinen Herden:
Was jzt so prächtig blüht / wird bald zutretten werden:
    Der jzt so pocht und trotz / läst ubrig Asch und Bein /
    Nichts ist / daß auff der Welt könt unvergänglich seyn /
Jzt scheint des Glückes Sonn / bald donnerts mit beschwerden.
    Der Thaten Herrligkeit muß wie ein Traum vergehn:
    Solt denn die Wasserblaß / der leichte Mensch bestehn
Ach! was ist alles diß / was wir vor köstlich achten!
    Alß schlechte Nichtigkeit? als hew / staub / asch unnd wind?
    Als eine Wiesenblum / die man nicht widerfind.
Noch wil / was ewig ist / kein einig Mensch betrachten!

ANDREAS GRYPHIUS
Vanitas! Vanitatum Vanitas!

1 Die Herrlikeit der Erden
  Mus rauch undt aschen werden /
  Kein fels / kein ärtz kan stehn.
  Dis was uns kan ergetzen /
  Was wir für ewig schätzen /
  Wird als ein leichter traum vergehn.

2 Was sind doch alle sachen /
  Die uns ein hertze machen /
  Als schlechte nichtikeit?
  Waß ist der Menschen leben /
  Der jmmer umb mus schweben /
  Als eine phantasie der zeit?

3 Der ruhm nach dem wir trachten /
  Den wir unsterblich achten /
  Ist nur ein falscher wahn.

114 So bald der geist gewichen:
Und dieser mundt erblichen:
Fragt keiner / was man hier gethan.

4 Es hilfft kein weises wissen /
Wir werden hingerissen /
Ohn einen unterscheidt /
Was nützt der schlösser menge /
Dem hie die Welt zu enge /
Dem wird ein enges grab zu weit.

5 Dis alles wirdt zerrinnen /
Was müh' und fleis gewinnen
Und sawrer schweis erwirbt:
Was Menschen hier besitzen /
Kan für den todt nicht nützen /
Dis alles stirbt uns / wenn man stirbt.

6 Was sind die kurtzen frewden /
Die stets / ach! leidt / und leiden /
Und hertzens angst beschwert.
Das süsse jubiliren /
Das hohe triumphiren
Wirdt oft in hohn und schmach verkehrt.

7 Du must vom ehren throne
Weil keine macht noch krone
Kan unvergänglich seyn.
Es mag vom Todten reyen /
Kein zepter dich befreyen.
Kein purpur / gold / noch edler stein.

8 Wie eine Rose blühet /
Wen man die Sonne sihet /
Begrüssen diese Welt:
Die ehr der tag sich neiget /
Ehr sich der abendt zeiget /
Verwelckt / und unversehns abfält.

9 So wachsen wir auff erden
Und dencken gros zu werden /
Und schmertz- und sorgenfrey.
Doch ehr wir zugenommen /
Und recht zur blüte kommen /
Bricht uns des todes sturm entzwey.

10 Wir rechnen jahr auff jahre /
  In dessen wirdt die bahre
  Uns für die thür gebracht:
  Drauff müssen wir von hinnen /
  Und ehr wir uns besinnen
  Der erden sagen gute nacht.

11 Weil uns die lust ergetzet:
  Und stärcke freye schätzet;
  Und jugendt sicher macht;
  Hat uns der todt gefangen /
  Und jugendt / stärck und prangen /
  Und standt / und kunst / und gunst verlacht!

12 Wie viel sindt schon vergangen /
  Wie viel lieb-reicher wangen /
  Sindt diesen tag erblast?
  Die lange räitung[1] machten /
  Und nicht einmahl bedachten /
  Das jhn jhr recht so kurtz verfast.

13 Wach auff mein hertz und dencke;
  Das dieser zeit geschencke /
  Sey kaum ein augenblick /
  Was du zu vor genossen /
  Ist als ein strom verschossen
  Der keinmahl wider fält zurück.

14 Verlache welt und ehre.
  Furcht / hoffen / gunst und lehre /
  Und fleuch den HERREN an /
  Der jmmer könig bleibet:
  Den keine zeit vertreibet:
  Der einig ewig machen kan.

15 Wol dem der auff jhn trawet!
  Er hat recht fest gebawet /
  Und ob er hier gleich fält:
  Wirdt er doch dort bestehen
  Und nimmermehr vergehen
  Weil jhn die stärcke selbst erhält.

---

[1] Rechnung; hier: auf langes Leben rechnen

ERICH TRUNZ

Andreas Gryphius: Thränen des Vatterlandes / Anno 1636

Wir sind doch nunmehr gantz / ja mehr denn gantz verheeret!
   Der frechen Völcker Schaar / die rasende Posaun
   Das vom Blutt fette Schwerdt / die donnernde Carthaun /
Hat aller Schweiß / und Fleiß / und Vorrath auffgezehret.

Die Türme stehn in Glutt / die Kirch ist umgekehret.
   Das Rathauß ligt im Grauß / die Starcken sind zerhaun /
   Die Jungfern sind geschänd't / und wo wir hin nur schaun
Ist Feuer / Pest / und Tod / der Hertz und Geist durchfähret.

Hir durch die Schantz und Stadt / rinnt allzeit frisches Blutt.
Dreymal sind schon sechs Jahr / als unser Ströme Flutt /
Von Leichen fast verstopfft / sich langsam fort gedrungen.

Doch schweig ich noch von dem / was ärger als der Tod /
Was grimmer denn die Pest / und Glutt und Hungersnoth
Das auch der Seelen Schatz / so vielen abgezwungen.

Das Sonett ist, wie die Jahreszahl im Titel sagt, ein Gedicht auf den Zustand des Vaterlands im 18. Jahre des 30jährigen Krieges. Es beginnt mit dem Worte „Wir": der Dichter selbst steht mitten in dem großen gemeinsamen Schicksal. Das „Vaterland" kann nach dem Sprachgebrauch der Zeit Schlesien sein, aber auch Deutschland als Ganzes; aus dem Gedicht selbst heraus ist das nicht schlüssig zu entscheiden. Gryphius' andere Werke aber zeigen, daß er in ähnlichen Fällen Deutschland meint; außerdem heißt im ersten Druck, 1637, die Überschrift „Trauerklage des verwüsteten Deutschlandes". „Verheeren" kommt von „Heer", im 17. Jahrhundert empfand man das noch. „Völcker" bedeutet „Kriegsvölcker", Soldaten. Hier beginnen die Einzelbilder, jedes nimmt eine Halbzeile ein. Aber es sind keine Wirklichkeitsbilder: „die rasende Posaun", „Das vom Blutt fette Schwerdt" — das ist eher visionär gesehen, wie ein apokalyptisches Bild. Die vier Substantiva in Vers 2 und 3 sind Subjekte; „hat ... auffgezehret" ist das Prädikat; wir würden heute „haben" sagen, „hat" ist gewissermaßen auf jedes Subjekt einzeln bezogen und war damals grammatisch durchaus möglich; „Schweiß und Fleiß und Vorrath" sind Objekte, „aller" ist Genitiv Pluralis. So gibt das erste Quartett gehäufte Bilder des Kriegselends, und in der vierten Zeile tritt kurz als Gegensatz hinzu — doch nur im Unterton, nicht als pointierte Antithese — die Andeutung des Friedens (Arbeit, Fleiß, Vorrat).

Das zweite Quartett fährt mit Bildern des Krieges fort. Diesmal sind es wirklichkeitsnähere Bilder, aber nicht in der Verbindung einer augenblicklichen Impression, sondern sachlich geordnet: die Türme (die wehrhafte Sicherheit), die Kirchen (das geistliche Leben), das Rathaus (weltliche Verwaltung), Männer und Frauen. Dann folgt die Verallgemeinerung „und wo wir hin nur schaun" und eine Zusammenfassung „ist Feuer, Pest und Tod". Das letzte Wort hat noch einen Relativsatz, er malt weiter aus; „Hertz und Geist" ist eine im 17. Jahrhundert häufige Zusammenstellung. Die ganze Häufung ist also eine Zusammenschau von Motiven, die aus der Wirklichkeit als besonders sinnkräftig ausgewählt sind, vermischt mit apokalyptischen Bildern. Die Zeit selbst empfand oft ihr Elend als Anzeichen der Endzeit und sah es mit den Augen der Bibel, zumal der Offenbarung Johannis. Das klingt auch hier an. Die künstlerische Kraft der beiden Strophen liegt einerseits in der Gewalt der Bilder und anderseits in der großen Fügung der Satzmelodie und des Versklanges; das kommt nur beim Sprechen zum Ausdruck. Zunächst ein allgemeiner einleitender Langvers (1). Dann vier Einzelbilder, Halbverse (2–3), die Stimme steigt, das Tempo wird rascher — man fühlt: so könnte man inhaltlich noch lange fortfahren, ohne zu Ende zu kommen —, danach wieder ein Langvers (4), ganz anders gebaut als die vorigen: die traurige Feststellung, daß alles vernichtet sei, wird zum langen ruhigen Satz, der sich über die Zäsur hinzieht; die Stimme sinkt. Die zweite Strophe wiederholt diesen Klang noch verstärkt. Fünf Einzelbilder in fünf Halbzeilen. Wieder das Gefühl: Elend überall, man könnte die Bilder noch mehr häufen; die Stimme wird ungeduldig, rascher, lauter, ein Bild muß das andere übertönen, um noch zur Geltung zu kommen — danach wieder die Zusammenfassung, ein düster verallgemeinernder Langvers, der die Stimme sinken läßt und das Tempo immer mehr verlangsamt. Dann eine Pause, gleichsam aus dem Gefühl: Was soll man angesichts dieses Elends mehr sagen? Zweimal also die Bildhäufung, die einer leidenschaftlichen Erregung der Seele entspricht, und zweimal dann das um die eigene Ohnmacht wissende, ruhig-traurige Abstandnehmen und Verallgemeinern. Wohin kann das Gedicht weiter führen? Was kann es mehr bringen als diese Bilder des Grauens und verallgemeinernde Worte der Klage?

Das nun beginnende Terzett scheint wirklich nicht weiterführen zu können. Wieder zwei — allerdings besonders grauenhafte — Bilder, höchst eindrucksvoll und anschaulich, aber keine beobachtete Wirklichkeit; durch die Schanze und durch die Stadt „rinnt allzeit frisches Blutt", und die „Ströme" — also verallgemeinert, nicht ein bestimmter Fluß — sind „von Leichen fast verstopfft": visionäre Bilder wiederum, die doch an die Wirklichkeit anknüpfen, so daß die ganze Bilderreihe vom Beginn bis hierher zwischen Vision und Wirklichkeit steht, wozu auch die verallgemeinernden Einfügungen passen. Zu diesem Verallgemeinern, Zusammensehen alles Geschehens gehört auch, daß in Zeile 10 die Dauer des Krieges betont wird: „Dreymal sechs Jahr", das ist eine rhetorische Formel; aber sie paßt hierher, das endlos Lange dieses Krieges kann nicht einfach mit einer Zahl abgetan sein; sechs Jahre trug man es, und dann noch einmal sechs Jahre, und dann noch einmal so lange — die Formel hat hier echtes Leben. Die reflexive Verwendung „sich dringen", gleichbedeutend etwa mit „sich drängen", ist im 17. Jahrhundert häufig. Inhaltlich sind die Verse 10 und 11 ohne weiteres deutlich — einerseits die Betonung der langen Kriegsdauer, anderseits das grause Bild der Flüsse voll Leichen —, aber sprachlich bleiben sie etwas unklar oder ungewöhnlich. Eine Möglichkeit der Auffassung ist: Dreimal sind es schon sechs Jahre, während welcher (oder: seit, daß) unsrer Ströme Flut ... Aber die Verwendung von „als" in dieser Funktion klingt mir befremdlich. Eine andere Auffassung könnte das „als" zur Vergleichspartikel machen: Dreimal schon sind sechs Jahre langsam dahingeflossen wie die Fluten unsrer Ströme ... Aber hier ist die Verwendung von „sind" statt „haben" ungewöhnlich. Wie auch man diese Stelle grammatisch auflöst, der Sinn bleibt im wesentlichen der gleiche; das Nebeneinander und Aufeinander-Bezogensein des Bildes der blutigen Flüsse und des Stroms der Jahre gibt in jedem Fall eine Vision von düsterer Größe. Der Hinweis auf die Kriegsdauer von 18 Jahren führt auf die Überschrift „Anno 1636" zurück. Der Ring scheint sich zu schließen, nachdem alle Bilder des Grauens durchlaufen sind. Was ließe sich auch darüber hinaus noch sagen? Ist denn etwas anderes möglich, als höchstens diese Bilder noch mehr zu häufen? Das Terzett ist beendet, aber noch steht der Endreim, steht das zweite Terzett aus.

Es beginnt „Doch schweig ich noch von dem ..." Wovon schweigt das Gedicht? Es geht dem Ende zu; es hat, wie Barockgedichte so oft, den Gipfel für den Schluß aufgespart. Nochmals folgt eine zurückblickende Zusammenfassung: Tod, Pest, Glut, Hungersnot, und zugleich eine betonte Steigerung; „ärger", „grimmer"; dies führt die Spannung aufs höchste. Was ist ärger als alles ausgesagte Elend? „Daß auch der Seelen Schatz so vielen abgezwungen". Damit ist in der Tat ein ganz neuer Gedanke gebracht; er knüpft zwar an das Vorhergehende an, führt aber doch weit darüber hinaus in eine neue Ebene und bringt eine Sinngebung, soweit eine solche möglich ist. Das Ganze war bisher ein ganz sachliches Aussagen von Tatsachen. Von einer Klage wurde kein Wort laut (außer in der Überschrift), nur im Klang spürt man sie. Dadurch, daß nicht einfach Beobachtungsbilder gegeben wurden, sondern eine apokalyptische Landschaft, deutete sich schon ein Bezug aufs Religiöse an. Und jetzt am Ende erfolgt die volle Wendung ins Geistliche, ins Innerliche, Religiöse. Das Gedicht heißt „Thränen des Vaterlandes". Im Vaterlandsschicksal ist also das Wesentlichste der innere Mensch, der Glaube. Alles Gesagte betraf nicht das Vaterland politisch gesehen; es war vielmehr das Elend des Menschen schlechthin. Der Schluß des Gedichts weist nun auf den Wert und die Rettung des Menschen. Der Glaube tritt damit in Beziehung zu der grauenhaften Wirklichkeit. Diese hat ihn zwar vielfach zerstört, aber gerade in ihr tritt er nun auch in seiner höchsten Wesenheit hervor. Doch zunächst muß man fragen, was in dieser christlich-barocken Wortwahl denn eigentlich ausgesagt ist. „Seelen-Schatz" ist eins der beliebten Komposita des Barock. Damals waren solche Wörter noch nicht so fest zusammengewachsen wie in späterer Zeit; es ist noch „der Seelen Schatz". Der Schatz, das kostbarste Gut der Seele ist in der Wertordnung des Barock der christliche Glaube. „Der Seelen Schatz" ist aber auch zugleich die Seele selbst, die Seele als Schatz. So ist der Ausdruck wohl vieldeutig, aber gerade das gibt hier inneren Reichtum. „Abzwingen des Seelen-Schatzes" heißt zunächst ganz einfach, daß viele Menschen durch äußere, staatliche Gewalt, die gemäß dem Grundsatz „cuius regio, eius religio" ausgeübt wurde, zu einem Wechsel der Konfession gezwungen wurden. Sodann bedeutet es, daß die Menschen durch die Not der Zeit den Glauben verloren haben oder im Glauben schwach geworden sind. Diesen Gedanken weiterführend kann das Wort „Seelen-Schatz" schließlich auch einfach das Gute in den Menschen meinen, abgezwungen hat es ihnen der Teufel. Nicht nur Tod, Pest, Brand und Hunger haben die Menschen vernichtet, sondern in der Umwelt des Kriegselends sind sie sittlich verkommen, eigensüchtig, bösartig, seelenlos geworden. Alles andere war Schicksal, war Not, die über den Menschen kam wie ein Gewitter oder eine Lawine, wie die apokalyptischen Reiter. Hier aber gibt es noch einen Bereich, in dem der Mensch frei ist trotz aller Bedingtheit. Der Dichter spricht das feinfühlig nicht als lehrhaften Hinweis aus. Ein solcher hätte zwar im Barock, das noch handfeste Moral in der Dichtung gewohnt war, nicht plump gewirkt. Aber er bringt es nur als reine Feststellung und als wertende Beurteilung: dies sei ärger als der Tod, Pest usw. Alles andere überläßt er dem Leser. Der Satz „Doch schweig' ich ..." besteht also zu Recht. Über den Glauben selbst sagt das Gedicht kein Wort. Aber alles weitere liegt schon in dem Hinweis beschlossen; nur im Gebiete der inneren Freiheit liegt der Punkt, an dem der Mensch im Chaos des Elends ansetzen kann.

Der Dichter rechtet nicht mit dem Schicksal, er nimmt es hin. Ganz einfache Aussage ist die Schilderung des Elends, einfache Aussage ist auch der Schlußsatz über den Menschen. Dem reinen Wortlaut nach könnte man aus dieser Schlußzeile, die nur die Feststellung des Glaubensverlustes enthält, auch herauslesen, Gryphius meine, der Mensch sei der Nötigung der Umwelt unterworfen und also gar nicht frei. Daß eine solche Deutung falsch wäre, zeigt zwar nicht der Wortlaut, wohl aber der Klang des Gedichts, und alle übrigen Werke des Dichters bestätigen es. Er glaubte an sittliche Freiheit, und sein Wahlspruch war „Manet unica virtus". In dem Gedanken der Schlußzeile liegt daher die Sinngebung des Ganzen. Der Mensch kann auch im höchsten Unglück das, was „ärger als der Tod" ist, selbst überwinden. So gelangt das zweite Terzett doch noch über das hinaus, was das Gedicht bis dahin mitteilte. Stilistisch bringt es nochmals eine Häufung, nochmals ein Beschleunigen und Steigern der Stimme; dann folgt ein langer, ernster, langsamer Satz, in dem jedes Wort bedeutsam ist, wieder als ein betrachtender Satz nach den aufzählenden. Er spricht etwas Negatives aus. Alles Positive, was zu ergänzen bleibt, ist dem Leser überlassen, nicht nur als Gedanke, sondern auch als Tat. Diese unausgesprochene Aufforderung bildet den Ausklang. So steht am Schluß nur die Feststellung sittlichen Elends, die sich paßrecht an die des physischen Elends anschließt. Und indem die Weltuntergangsstimmung der vorigen Bilder noch nachklingt, erhält dieser Schluß einen besonderen Unterton: Es ist eine Mahnung zum Standhaftbleiben. Am Anfang war die Rede vom „wir", es war das allgemeine Schicksal; jetzt heißt es „so vielen", unmöglich wäre ein „allen" oder „uns". Zieht man die „vielen" der Schlußzeile von all denen, die in der Anfangszeile „wir" genannt sind, ab, so bleibt ein Ich und ein Ihr, von dem der Dichter nicht ausdrücklich spricht und auf das doch alles ankommt.

Mit diesem Schlußgedanken erreicht das Sonett seinen Gipfel. Nach elf Zeilen grausiger, in sich kaum steigerungsfähiger Bilder folgt diese Aufgipfelung am Ende in steiler Bewegung. Sie füllt genau das letzte Terzett. — Die Sonettform verlangt ein Gedicht von starker geistiger Bewegung. Dieses Sonett setzt mit einer ganz breiten Verallgemeinerung in Zeile 1 ein, bleibt danach durch drei Strophen auf einer gleichen Ebene und dann am Ende folgt die Wendung und Steigerung desto kräftiger. Die äußere Sonettform ist streng eingehalten. Die Sprache fließt meist glatt, auch gerade bei den Häufungen kurzer Bilder; aber an manchen Stellen (10/11, auch 3/4) ist sie schwerfällig, bewältigt kaum das Geschaute. Der Alexandriner entspricht in seiner Weiträumigkeit der Fülle dessen, was gesagt werden soll, er birgt in Halbzeilen die Vielfalt der Bilder, in Langversen die Zusammenfassungen. Sein stolzer, geschulter Schritt gibt allem feste Gestalt. Die strenge Gesetzlichkeit des Sonetts bändigt die düstere Fülle, auf die der Blick starrt, zu reiner Form und ist eben darum hier am Platze. Denn so herrisch-künstlerische Bändigung ist Triumph des Geistigen. Stand dem Chaos des Inhalts am Gedichtschluß ein Gegenpol auf im Gehalt, so bildet einen zweiten Gegenpol die strenge Gestalt. — Eine gewaltige Bilderfülle des Kriegselends, die zwischen Realismus und Apokalyptik steht und mit einem von Schwermut überschatteten Hinweis auf die dem Menschen noch im Elend verbleibende innere Freiheit endet, vereinigt sich so in diesem Gedicht mit einer straffen Sprache, die in immer neuen Wellen das Elend schildert, dazwischen und danach aber in langen ruhigen Sätzen Abstand und Überschau findet und in ihrer Zucht selbst eine Ordnung des Geistes gegen das Chaos der sinnlosen Gewalten stellt.

Gryphius hat in seiner gedrängten Sprache und machtvollen Bildlichkeit einen eigenen Stil. Es war aber in jener Zeit selbstverständlich, daß man an große Traditionen anknüpfte, insbesondere an die Bibel und an die Dichtung der Antike. „Die rasende Posaun" ist ein Motiv aus der Offenbarung Johannis (8,2 ff.; 9,1; 9,13; 12,1 u. ö.); ebenso das Motiv des Schwerts (6,4; 19,15; 19,21). Der Dichter konnte damit rechnen, daß seine Leser diese Bibelstellen kannten und den Anklang merkten. Die Wendung „Dreymal sind schon sechs Jahr..." hat ihre Entsprechung bei Opitz: „Drey mal sind jetzund gleich sechs Jahre Weg verlohren" (Poemata, 1625, S. 143 in „Komm, schöner Morgenstern"). Doch Opitz hat diese Form aus der Antike, wo man es liebte, Zahlen in dieser Art zu umschreiben. Auch das bei Gryphius folgende Bild kommt schon bei Opitz vor; dieser schreibt: „... durch deren grimm die Ströme kaum geflossen / Von Leichen zugestopfft ..." (Poemata, 1624, Schlußgedicht „Schlag doch, du starcker Heldt") Opitz hat das Bild aber wiederum aus der Spätantike, von Lukan, in dessen grausame Schlachtschilderungen es hineinpaßte (Pharsalia VII, 789). Gryphius hat also zur Gestaltung des Selbsterlebten, des Kriegselends, Elemente der Tradition benutzt. Doch nicht das ist wesentlich — das taten alle —, sondern daß er sie eingeschmolzen hat in seine Schreibweise, daß er sie so benutzt, daß sie genau passend sind und an der jeweiligen Stelle ihre innere Begründung haben. In solchem Sinne haben auch Größere als er die Tradition benutzt, Shakespeare und Vondel, Tizian und Rubens. Die historische Betrachtung macht also sichtbar, wie Gryphius mit sicherem Zugriff das Überkommene, Übernommene verarbeitet. Und so ergibt auch sie — die Interpretation ergänzend und bestätigend —, daß seine besten Sonette innerhalb der dichterischen Sprechweise seiner Zeit Meisterwerke sind.

Der Text des Gedichts ist gebracht nach der Ausgabe von 1663, der letzten, die zu Lebzeiten des Dichters gedruckt wurde. Sie erschien in Leipzig, Gryphius lebte in Schlesien. Es war damals nicht üblich, daß ein Dichter Korrekturbogen erhielt. Man darf der Interpunktion also nicht zu viel Bedeutung zumessen; sie ist in der Ausgabe von 1663 vermutlich an zahlreichen Stellen ohne viel Sorgfalt von dem Setzer eingesetzt (oder vergessen). Andererseits ist es sinnvoll, diese Ausgabe zu benutzen, da sie das Gedicht in der letzten, reifsten, vom Dichter so gewollten Fassung zeigt.

ANDREAS GRYPHIUS
Menschliches Elende

Was sind wir Menschen doch! ein Wonhauß grimmer Schmerzen?
   Ein Ball des falschen Glücks / ein Irrlicht dieser Zeit /
   Ein Schawplatz aller Angst / unnd Widerwertigkeit /
Ein bald verschmeltzter Schnee / und abgebrante Kertzen /

Diß Leben fleucht darvon wie ein Geschwätz und Schertzen.
   Die vor uns abgelegt des schwachen Leibes kleid /
   Und in das Todten Buch der grossen Sterbligkeit
Längst eingeschrieben sind; sind uns auß Sinn' und Hertzen:

   Gleich wie ein eitel Traum leicht auß der acht hinfält /
   Und wie ein Strom verfleust / den keine Macht auffhelt;
So muß auch unser Nahm / Lob / Ehr und Ruhm verschwinden.

   Was jtzund Athem holt; fält unversehns dahin;
   Was nach uns kompt / wird auch der Todt ins Grab hinzihn /
So werden wir verjagt gleich wie ein Rauch von Winden.

122 JOHANN KLAJ
   Der leidende Christus

   Im lieblichen Frühling wird alles erneuet,
               Erfreuet,
               Gedeihet,
       Und du, und du Herr Christ,
       Der du der Menschen Freude bist, klagest,
       Der du der Welt gedeihen bist, zagest.
             Mußtu meine Sündenplagen,
               Geschlagen, tragen?
       Ach mir Armen!
       Ist denn kein Erbarmen?
       Ist kein Recht mehr in der Welt?
       Unrecht recht, Recht unrecht fällt.
   Wir holen Violen in blümichten Auen,
   Narzissen entsprießen von perlenen Tauen,
       Es grünet und grunet das fruchtige Land,
       Es glänzet im Lenzen der wäßrige Strand.

         Jesu, wie bist du gemutet?
         Händ und Beine sind zerrissen,
         Deine Schultern wundgeschmissen
         Und der ganze Leib sehr blutet.
   Es lallen, mit Schallen von Bergen herfallen,
   Sie rieseln in Kieseln, die Silberkristallen,
       Sie leuchten, befeuchten das trächtige Feld,
       Sie fließen, durchgießen die schwangere Welt.

         Jesu, deiner Seite Brunnen,
         Deine Wunden, deine Narben
         Kommen mit blutroten Farben
         Von dem Kreuze hergerunnen!
   Die Nachtigall zwittert und kittert in Klüften,
   Die Haubelerch tiretilieret in Lüften,
       Die Stiegelitz zitschert und zwitschert im Wald,
       Der Fröschefeind klappert, der Widerhall schallt.

         Jesus, was für Jammerklagen,
         Was für gallenbittre Schmerzen
         Pressen dir aus deinem Herzen
         Solches Zittern, solches Zagen?

Die Buchen und Eichen verbinden sich feste,
Sie strecken, bedecken die laubichten Äste,
Sie schatten die Matten, sie breiten sich aus,
Sie zieren, vollführen ein lebendes Haus.

> Jesus, du bist ausgespannt,
> Deine Glieder sind zerrecket,
> Deine Hände weitgestrecket,
> Ja dein Leben ist verbannet.

CONRAD WIEDEMANN
›Der leidende Christus‹ von Johann Klaj

Die Strophen eines Frühlingsgedichtes wechseln mit denen eines Klagegedichtes um den gekreuzigten Christus. Diese Kombination, die eine reale Erklärung, nämlich den Tod Christi zur Osterzeit, hat, scheint auf den ersten Blick allein um des wirkungsvollen Kontrastes willen entstanden zu sein. Auf dem Hintergrund der zum Leben erwachenden Natur nimmt sich das grausame Sterben Christi um so schrecklicher aus. Das wird freilich nicht gesagt, es wird gestaltet. Jedes der vier Strophenpaare birgt eine auf den ersten Blick paradoxe Gegenüberstellung: Während der Boden grünt und blüht, ist Jesu Körper verwüstet; während die Frühlingsbäche rauschen, rinnt das Blut aus Jesu Wunden am Kreuzesstamm herab; während die Vogelwelt jubiliert, klagt und stöhnt Jesus vor Schmerzen; während die Bäume ihre belaubten Äste ausstrecken, um der Erde Schutz vor der Witterung zu bieten, muß Jesus am Kreuz ausgespannt hängen. Dem geschilderten Sachverhalt entspricht ein eindrucksvolles Klangbild: das Frühlingslied besteht aus beschwingten Daktylen, zahlreiche Inreime betonen und forcieren den Rhythmus; der Klage liegt ein getragener Trochäus zugrunde, der Vokalbestand konzentriert sich auf lange a- und u-Laute. Beide Metren sind vierhebig, eine Synchronlesung ergibt eine reizvolle Sprachmusik.

Hinter dieser formal vollendeten Kunstfigur verbirgt sich nun freilich die ganze paradoxe Aussage der „Trauerrede". Frühling und Kreuzestod sind ja viel mehr als nur ein Kontrast, sie sind Zeichen für die volle Bedeutung des heilsgeschichtlichen Vorganges. Der Frühling als Überwinder des Winters allegorisiert die Erlösung des Menschen von der Erbsünde, wofür wiederum Christi Opfertod die Voraussetzung ist. Die Frühlingsnatur als das Schöpferwerk Gottes bezeichnet die Sphäre des Menschen, Golgatha, das Werk der Menschen, ist zur Sphäre Gottes geworden. Menschliches und Göttliches sind nach dem neuen Bunde nicht mehr zu trennen, das Zeichen des Kreuzes ist das Symbol dafür. Die Interpretation der Sinnspiegelungen dieses Gedichtes ließe sich noch lange fortsetzen, jede einzelne Strophe spricht eine besondere Zeichensprache, von der Fruchtbarkeitssymbolik der ersten bis zur Schutzgeste des Gekreuzigten in der letzten.

JOHANN KLAJ
In Form einer Denckseule

Drüm hat der
Fried
Euch hier die Denckseul aufgesetzt
Diß eigenhändig eingeetzt.
Euch / die die höchsten Häubter lieben /
zu diesem Frieden-Werck verschrieben /
in diesem Frieden - Jubel - Jahr
dergleichen keines wird noch war.
Der Himmel selbsten heist /
daß man euch höchlich preist:
    So lang wird seyn
    der Sonnenschein;
    So lang bey Nacht
    der Monde wacht.
    So lang die Lufft
    die Sternen rufft.
    So lang die Glut /
    streit mit der Flut;
    So lang das Wild
    in Wäldern brült;
    Ja bis die Welt
    in Hauffen fällt.
Die Seule hier wird nit zergehn /
mit denen in die Wette stehn /
die man den Kindern aufgerichtet /
von denen Claudian gedichtet.

Rund-Labyrinth mit dem Text aus Jesus Sirach, Kapitel 1, „Alle Weisheit ist bey Gott dem Herrn und ist bey ihm ewicklich..." von I. C. Hiltensperger aus dem Anfang des 18. Jahrh.

126 CHRISTIAN HOFMANN VON HOFMANNSWALDAU
Wo sind die Stunden

     Wo sind die stunden
       Der süssen zeit,
    Da ich zuerst empfunden,
      Wie deine lieblichkeit
     Mich dir verbunden?
Sie sind verrauscht, es bleibet doch dabey,
Daß alle lust vergänglich sey.

     Das reine schertzen,
       So mich ergetzt,
    Und in dem tieffen hertzen
      Sein merckmahl eingesetzt,
     Läst mich in schmertzen,
Du hast mir mehr als deutlich kund gethan,
Daß freundlichkeit nicht anckern kan.

     Das angedencken
       Der zucker-lust,
    Will mich in angst versencken.
      Es will verdammte kost
     Uns zeitlich kräncken,
Was man geschmeckt, und nicht mehr schmecken soll,
Ist freuden-leer und jammer-voll.

     Empfangne küsse,
       Ambrirter safft,
    Verbleibt nicht lange süsse,
      Und kommt von aller krafft;
     Verrauschte flüsse
Erquicken nicht. Was unsern geist erfreut,
Entspringt aus gegenwärtigkeit.

     Ich schwamm in freude,
       Der liebe hand
    Spann mir ein kleid von seide,
      Das blat hat sich gewandt,
     Ich geh' im leide,
Ich wein' itzund, daß lieb und sonnen-schein
Stets voller angst und wolcken seyn.

FILIP VON ZESEN
Auf di augen seiner Liben

Ihr Augen fol von gluht! was gluht? karfunkel-strahlen:
auch nicht! si sein ein bliz / dehr durch di lüfte sprüht
und sich aus ihrem aug / bis in di meinen züht.
nicht blizze; bolzen sein's / damit si pflägt zu prahlen /

damit si pflägt den zol der libe bahr zu zahlen.
nicht bolzen; sonnen sein's / damit si sich bemüht
zu bländen andrer lücht; di keiner ihmahls siht /
der nicht gestrahft mus sein. nicht sonnen; stärne tahlen

vom himmel ihrer stirn': auch nicht: was säh ich schimmern /
dan gluht ist nicht so feucht / karfunkel strahlt nicht so /
der bliz hat minder kraft / der pfeil macht jah nicht fro /

di sonn' ist nicht so stark / ein stärn kan nicht so glimmern /
wahr-um dan sihet si däs Folkes aber-wahn
fohr gluht / karfunkel / bliz / pfeil-son- und stärnen ahn?

MARTIN OPITZ VON BOBERFELD
Sonnet über die augen der Astree

Diß sindt die augen: was? die götter; sie gewinnen
Der helden krafft vndt muth mitt jhrer schönheit macht:
Nicht götter; himmel mehr; dann — jhrer farbe pracht
Jst himmelblaw / jhr lauff ist über menschen sinnen:

Nicht himmel; sonnen selbst / die also blenden können
Daß wir vmb mittagszeit nur sehen lauter nacht:
Nicht sonnen; sondern plitz / der schnell vndt vnbedacht
Herab schlegt wann es ie zue donnern wil beginnen.

Doch keines: götter nicht / die böses nie begehen;
Nicht himmel / dann der lauff des himmels wancket nicht;
Nicht sonnen / dann es ist nur einer Sonne liecht;

Plitz auch nicht / weil kein plitz so lange kan bestehen:
Jedennoch siehet sie des volckes blinder wahn
Für himmel / sonnen / plitz vndt götter selber an.

MARTIN OPITZ VON BOBERFELD
Epigramma

Die Sonn / der Pfeil / der Wind / verbrent / verwundt / weht hin /
Mit Fewer / schärfe / sturm / mein Augen / Hertze / Sinn.

JOHANN CHRISTIAN GÜNTHER
Studentenlied

1 Brüder, last uns lustig seyn,
   Weil der Frühling währet
   Und der Jugend Sonnenschein
   Unser Laub verkläret.
   Grab und Baare warthen nicht;
   Wer die Rosen jetzo bricht,
   Dem ist der Kranz bescheeret.

2 Unsers Leben schnelle Flucht
   Leidet keinen Zügel,
   Und des Schicksals Eifersucht
   Macht ihr stetig Flügel.
   Zeit und Jahre fliehn davon,
   Und vieleichte schnizt man schon
   An unsers Grabes Riegel.

3 Wo sind diese, sagt es mir,
   Die vor wenig Jahren
   Eben also, gleich wie wir,
   Jung und fröhlich waren?
   Ihre Leiber deckt der Sand,
   Sie sind in ein ander Land
   Aus dieser Welt gefahren.

4 Wer nach unsern Vätern forscht,
   Mag den Kirchhof fragen;
   Ihr Gebein, so längst vermorscht,
   Wird ihm Antwort sagen.
   Kan uns doch der Himmel bald,
   Eh die Morgenglocke schallt,
   In unsre Gräber tragen.

EGID QUIRIN ASAM (1692–1750) ▶
›Himmelfahrt der Maria‹, 1717–1722)

PETER PAUL RUBENS (1577–1640)
Der Künstler und seine Frau Isabella Brant
in der Geißblattlaube, 1609/10

5 Unterdeßen seyd vergnügt,
  Last den Himmel walten,
  Trinckt, bis euch das Bier besiegt,
  Nach Manier der Alten!
  Fort! Mir wäßert schon das Maul,
  Und, ihr andern, seyd nicht faul,
  Die Mode zu erhalten.

6 Dieses Gläschen bring ich dir,
  Daß die Liebste lebe
  Und der Nachwelt bald von dir
  Einen Abriß gebe.
  Sezt ihr andern gleichfalls an,
  Und wenn dieses ist gethan,
  So lebt der edle Rebe.

UNBEKANNT
Ein schönes Mayenlied

1 Es ist ein Schnitter haißt der Todt
  Hat gwalt vom großen Gott
    Heut wetzt er das Messer
    Es geht schon vil besser
      Bald wirdt er drein schneiden
      Wir müssens nur leyden
        Hiet dich schöns Blümelein.

2 Was jetzt noch grün und frisch da steht
  Wirdt morgens wegk gemeht
    Roth Rosen weiß Gilgen[1]
    Bayd pflegt er außtilgen
      Und Ihr Kayser Cronen
      Man wirdt eur nit schonen
        Hiet dich schöns Blümelein.

---

[1] Lilien

3 Vil Tausent ist das ohngezehlt
   Da under die Sichel hinfelt
      Die Edle Narcissel
      Die Englische Schlissel[2]
         Die schöne Hiacinth
         Die Türckische Bindt[3]
            Hiet dich schöns Blümelein.

4 Auß Seyden ist der Fingerhuet
   Auß Samet das Wohlgemuet
      Noch ist er so blind
      Nimbt was er nur findt
         Kein Samet kein Seyden
         Mag jhne vermeyden
            Hiet dich schöns Blümelein.

5 Das Himmelfarbe Ehrenpreiß
   Die Dunpan[4] gelb und weiß
      Die silberne Gloggen
      Die guldine Flocken
         Sinckt alles zur Erden
         Was wird nur drauß werden
            Hiet dich schöns Blümelein.

6 So vil Maßlieb und Rosenmarin
   Schwelckt[5] under der Sichel dahin
      Vergisse mein nit
      Du must auch nur mit
         Und du Tausendt schön
         Man laßt dich nit stehn
            Hiet dich schöns Blümelein.

7 Ihr gspreggite[6] Morgen Röselein
   Ihr Papplen[7] groß und klein
      Ihr stoltze Schwerdt Lilgen
      Ihr krause Basilgen
         Ihr zarte Violen
         Man wird euch bald holen
            Hiet dich schöns Blümelein.

---

[2] Schlüsselblume   [3] Türkenbund   [4] Tulipan   [5] welkt   [6] gesprenkelt, bunt   [7] Malven, auch allgemein für Kräuter

8 Er macht so gar kein Underschyd
　Geht alles her in einem Schnitt
　　Der stoltz Ritter Sporen
　　Und Blumen von Koren[8]
　　　Da ligens beysamen
　　　Man waiß kaum den Namen
　　　　Hiet dich schöns Blümelein.

9 Trutz Todt komb her ich förcht dich nit
　Trutz komb / und thue ein Schnitt
　　Wann er mich weckfretzet
　　So werd ich versetzet
　　　Ich will es erwarten
　　　Im Himmlischen Garten
　　　　Frew dich schöns Blümelein.

PAUL FLEMING

Laß dich nur nichts nicht tauren
　　　　　mit trauren /
　　　　Sey stille /
　　　Wie Gott es fügt /
　　So sey vergnügt /
　　　　mein Wille.

Was wilst du heute sorgen /
　　　　　auff morgen /
　　　　der eine /
　　　steht allem für /
　　der gibt auch dir /
　　　　das deine.

Sey nur in allen Handel
　　　　　ohn Wandel.
　　　　Steh feste /
　　　Was Gott beschleust /
　　das ist und heist /
　　　　das beste.

---

[8] Kornblumen

132 FRIEDRICH VON LOGAU
Deutsche Sinn-Getichte

Deß Krieges Sieg
Es kriegt jhm Mars jetzt selbst; vnd das was er erkrieget
Jst / daß er fällt die Welt / vnd selbst mit jhr erlieget.

Zungendrescher
Kein grösser Unrecht wird Juristen angethan
Als wann ein jeder Recht erweiset jedermann /
Weil jhnen Unrecht recht: Wann Unrecht wo nicht wär
Wär zwar jhr Buch voll Recht / jhr Beutel aber leer.

Deß Krieges Buchstaben
Kummer / der das Marck verzehret /
Raub / der Hab vnd Gut verheret /
Jammer / der den Sinn verkehret /
Elend / das den Leib beschweret
Grausamkeit / die unrecht kehret /
Sind die Frucht die KRIEG gewehret.

Glauben
Luthrisch / Päbstisch vnd Calvinisch / diese Glauben alle drey
Sind verhanden; doch ist Zweiffel / wo das Christenthum dann sey.

Frage
Wie wilstu weisse Lilien / zu rothen Rosen machen?
Küß eine weisse Galathe / sie wird crröthet lachen.

Von meinen Reimen
Leser / das du nicht gedenckst / daß ich in der Reimen-Schmiede
Jmmer etwa Tag für Tag / sonst in nichts nicht mich ermüde;
Wisse / daß mich mein Beruff eingespannt in andre Schrancken /
Was du hier am Tage sihst / sind gemeinlich Nacht-Gedancken.

ANGELUS SILESIUS
Aus: Cherubinischer Wandersmann

Man weiß nicht was man ist
Ich weiß nicht was ich bin / Ich bin nicht was ich weiß:
Ein ding und nit ein ding: Ein stüpffchin[1] und ein kreiß.

Du must was GOtt ist seyn
Sol ich mein letztes End / und ersten Anfang finden /
So muß ich mich in GOtt und GOtt in mir ergründen.
Und werden das was Er: Ich muß ein Schein im Schein /
Ich muß ein Wort im Wort / — ein GOtt in GOtte seyn.

GOtt lebt nicht ohne mich
Ich weiß daß ohne mich GOtt nicht ein Nun kan leben /
Werd' ich zu nicht Er muß von Noth den Geist auffgeben.

GOtt ist das was Er wil.
GOtt ist ein Wunderding; Er ist das was Er wil /
und wil das was Er ist ohn alle maß und Ziehl.

Die Rose
Die Rose / welche hier dein äußres Auge siht /
Die hat von Ewigkeit in GOtt also geblüht.

Ohne warumb
Die Ros' ist ohn warumb / sie blühet weil sie blühet /
Sie acht nicht jhrer selbst / fragt nicht ob man sie sihet.

Erheb dich über dich
Der Mensch der seinen Geist nicht über sich erhebt /
Der ist nicht wehrt daß er im Menschenstande lebt.

Zufall und Wesen
Mensch werde wesentlich: denn wann die Welt vergeht /
So fällt der Zufall weg / das wesen das besteht.

Die Geistliche Schiffart
Die Welt ist meine See / der Schifmann Gottes Geist /
Das Schif mein Leib / die Seel ists die nach Hause reist.

---
[1] Tüpfelchen, Pünktchen

Dein Kärker bistu selbst
Die Welt die hält dich nicht / du selber bist die Welt /
Die dich in dir mit dir so stark gefangen hält.

Der Geist ist wie das wesen
Mein Geist ist wie ein seyn: er ahnt dem wesen nach /
Von dem er urgestand / und Anfangs aufgebrach.

GOtt spielt mit dem Geschöpffe
Diß alles ist ein Spiel / das Ihr die GOttheit macht:
Sie hat die Creatur umb Ihret willn erdacht.

JOHANN CASPAR SCHAD

GOTT, du bist mein GOTT.
  bist du mein GOTT?
GOTT du bist mein.
Du GOtt bist mein.
  mein GOTT bist DU.

DU GOtt bist mein GOtt.
  mein GOtt, bist GOtt.
bist mein GOtt, GOtt.
GOtt, GOtt bist mein.
GOtt, mein GOtt BIST.

BIST du GOtt, mein GOtt?
mein GOtt, du GOtt,
du mein GOtt, GOtt.
GOtt, du mein GOtt.
du GOtt, GOtt MEIN?

MEIN GOtt, bist du GOtt?
GOtt, du bist GOtt.
bist du GOtt, GOTT.
GOtt, GOtt bist du.
GOtt, du GOtt bist.

GOTT, GOtt bist du mein?
  mein GOtt bist du.
  bist du, GOtt, mein?
  GOtt, du mein bist.
  GOtt, mein bist du.
    AMEN!

QUIRINUS KUHLMANN
Aus dem ›Kühlpsalter‹

Als er aus Amsterdam den 19 August geheim ausreiste, durch Rom und Alcair nach Jerusalem gedenkend; noch geheimer in der 144 stunde mit wundern nach Amsterdam zurükkgetriben ward; und am allergeheimsten zukünfftige Jerusalemsche Verhohlenheiten austhoente den 29 Aug. 1680.

1. 11. Recht dunkelt mich das dunkel,
Weil Wesenheit so heimlichst anbeginnt!
O seltner Glükkskarfunkel!
Es stroemt, was euserlich verrinnt,
Und wird ein Meer, was kaum ein
     baechlein gründt.

2. 12. I[1] dunkler, imehr lichter:
I schwaertzer A. L. L. S.[2] i weisser weisst
     sein Sam.
Ein himmlisch Aug ist Richter:
Kein Irdscher lebt, der was vernahm;
Es glaentzt imehr, i finster es ankam.

3. 13. Ach nacht! Und nacht, die taget!
O Tag, der nacht vernünfftiger Vernunfft!
Ach Licht, das Kaine plaget,
Und helle strahlt der Abelzunfft!
Ich freue mich ob deiner finstern Kunfft.

4. 14. O laengsterwartes Wunder!
Das durch den kern des gantzen Baums
     auswaechst!
Du faengst neu Edens zunder!
Ei liber, sih mein hertze laechst!
Es ist genug: Hoehr, was es innigst aechst.

5. 15. O unaussprechlichst Blauen!
O lichtste Roeth! O übergelbes Weis!
Es bringt, was ewigst, schauen,
Beerdt di Erd als Paradeis;
Entflucht den fluch, durchsegnet iden reis.

6. 16. O Erdvir! Welches Strahlen!
Der finsterst ist als vor die lichtste Sonn.
Krystallisirtes Prahlen!
Di Welt bewonnt die Himmelswonn:
Si quillt zurükk, als waere si der Bronn.

7. 17. Welch wesentliches Bildnis?
Erscheinst du so geheimste Krafftfigur?
Wi richtigst, was doch wildnis?
O Was vor zahl? Ach welche spur?
Du bists, nicht Ich! Dein ist Natur
     und Cur!

8. 18. Di Kron ist ausgefüllet,
Di Tausend sind auch uberall ersaetzt:
Geschehen, was umhüllet;
Sehr hoher roeth, hoechst ausgeaetzt,
Das alle kunst an ihr sich ausgewetzt.

9. 19. Di Lilien und Rosen
Sind durch sechs tag gebrochen
     spat und früh:
Sie kraentzen mit libkosen
Nun dich und mich aus deiner müh.
Dein Will ist mein, mein will ist dein:
     Vollzih.

10. 20. Im Jesuelschem schimmer
Pfeiln wir zugleich zur Jesuelschen Kron:
Der Stoltz ist durch dich nimmer!
Er ligt zu fus im hoechstem hohn.
Ein ander ist mit dir der Erb und Sohn.

---
[1] Lies: je   [2] A. L. L. S. bedeutet die Anfangsbuchstaben der von Kuhlmann besuchten Städte: Amsterdam, London, Lutetia (= Paris) und Smyrna.

HANS JAKOB CHRISTOFFEL VON GRIMMELSHAUSEN
Lebensbeschreibung der Ertzbetrügerin und Landstörtzerin Courasche

Das I. Capitel

Gründlicher und nohtwendiger Vorbericht / weme zu Liebe und Gefallen / und aus was dringenden Ursachen die alte Ertzbetrügerin / Landstürtzerin und Zigeunerin Courage ihren wundernswürdigen und recht seltzamen Lebens-Lauff erzehlet / und der gantzen Welt vor die Augen stellet.

JA! (werdet ihr sagen / ihr Herren!) wer solte wol gemeint haben / daß sich die alte Schell[1] einmal unterstehen würde dem künfftigen Zorn Gottes zu entrinnen? Aber was wolt darvor seyn / sie muß wol! dann das Gumpen[2] ihrer Jugend hat sich geendigt! ihr Muhtwill und Vorwitz hat sich gelegt / ihr beschwertes und geängstigtes Gewissen ist aufgewacht / und das verdrossene Alter hat sich bey ihr eingestellt / welches ihre vorige überhäuffte Thorheiten länger zu treiben sich schämet / und die begangene Stück länger im Hertzen verschlossen zu tragen ein Eckel und Abscheu hat; Das alte Rabenaaß fähet einmal an zu sehen und zu fühlen / daß der gewisse Tod nächstens bey ihr anklopffen werde / ihr den letzten Abdruck abzunöhtigen / vermittelst dessen sie unumbgänglich in ein andere Welt verreisen / und von allem ihrem hiesigen Thun und Lassen genaue Rechenschafft geben muß; darumb beginnet sie im Angesicht der gantzen Welt ihren alten Esel[3] vom überhäuffter Last seiner Beschwerden zu entladen / ob sie vielleicht sich umb so viel erleichtern möchte / daß sie Hoffnung schöpfen könte noch endlich die himmlische Barmhertzigkeit zu erlangen! Ja! (ihr liebe Herren!) das werdet ihr sagen; Andere aber werden gedencken / solte sich die Courage wol einbilden dörffen / ihre alte zusammen gerumpelte Haut / di sie in der Jugend mit Frantzösischer Grindsalb / folgends mit allerhand Italian- und Spanischer Schmincke / und endlich mit Egyptischer Läussalben und vielem Gänsschmalz geschmieret / beym Feuer schwartz geräuchert / und so offt eine andere Farbe anzunehmen gezwungen / widerumb weiß zu machen? Solte sie wol vermeinen / sie werde die eingewurtzelte Runtzeln ihrer Lasterhafften Stirn austilgen / und sie widerumb in den glatten Stand ihrer ersten Unschuld bringen / wann sie dergestalt ihre Bubenstück und begangne Laster Berichts weiß daher erzehlet von ihrem Hertzen zu raumen? solte wol diese alte Vettel jetzt / da sie alle beyde Füsse bereits im Grab hat / wann sie anders würdig ist eines Grabs theilhafftig zu werden / diese Alte / (werdet ihr sagen /) die sich ihr Lebtag in allerhand Schand und Lastern umbgeweltzt / und mit mehrern Missethaten als Jahren / mit mehren Hurenstücken als Monaten / mit mehrern Diebsgriffen als Wochen / mit mehrern Tod-Sünden als Tagen / und mit mehrern gemeinen Sünden als Stunden beladen; die / deren / so alt sie auch ist / noch niemal keine Bekehrung in Sinn kommen /

---

[1] Närrin [2] springen, umhertoben [3] sich selbst

sich unterstehen mit Gott zu versöhnen? Vermeinet sie wol anjetzo noch zurecht zu kommen / da sie allbereit in ihrem Gewissen anfähet mehr höllische Pein und Marter auszustehen / als sie ihre Tage Wollüste genossen und empfunden? Ja! wann diese unnütze abgelebte Last der Erden neben solchen Wollüsten sich nicht auch in andern allerhand Ertzlastern herum gewältzt / Ja gar in der Bosheit allertieffsten Abgrund begeben und versenckt hätte / So möchte sie noch wol ein wenig Hoffnung zu fassen die Gnad haben können; Ja ihr Herren! das werdet ihr sagen / das werdet ihr gedencken / und also werdet ihr euch über mich verwundern / wann euch die Zeitung von dieser meiner Haupt- oder General Beicht zu Ohren kommt; und wann ich solches erfahre / so werde ich meines Alters vergessen / und mich entweder wider jung / oder gar zu Stücken lachen! Warumb das Courage? warumb wirst du also lachen? darumb / daß ihr vermeinet / ein altes Weib / die des Lebens so lange Zeit wol gewohnet / und die ihr einbildet / die Seele seye ihr gleichsam angewachsen / gedencke an das Sterben / Eine solche / wie ihr wisset daß ich bin und mein Lebtag gewesen / gedencke an die Bekehrung! und die jenige so ihren gantzen Lebens-Lauff / wie mir die Pfaffen zu sprechen / der Höllen zugerichtet / gedencke nun erst an den Himmel. Ich bekenne unverholen / daß ich mich auf solche Hinreis / wie mich die Pfaffen überreden wollen / nicht rüsten / nachdeme / was mich ihrem Vorgeben nach verhindert / völlig zu resignirn entschliessen können; als worzu ich ein Stück zu wenig / hingegen aber etlicher / vornemblich aber zweyer zu viel habe; das / so mir manglet / ist die Reu / und was mir manglen solte / ist der Geitz und der Neid; wann ich aber meinen Glumpen Gold / den ich mit Gefahr Leib und Lebens / ja / wie mir gesagt wird / mit Verlust der Seeligkeit zusammen geraspelt / so sehr hasse als ich meinen Neben-Menschen neide / und meinen Neben-Menschen so hoch liebte als mein Geld / so möchte vielleicht die himmlische Gabe der Reue auch folgen; ich weiß die Art der unterschiedlichen Alter eines jeden Weibsbilds / und bestättige mit meinem Exempel / daß alte Hund schwerlich bändig zu machen; die Cholera[1] hat sich mit den Jahren bey mir vermehrt / und ich kan die Gall nicht heraus nehmen / solche wie der Metzger einen Säu-Magen umbzukehren und auszubutzen; wie wolte ich dann dem Zorn widerstehen mögen? wer will mir die überhäuffte Phlegmam evacuirn und mich also von der Trägheit curiren? Wer benimmt mir die Melancholische Feuchtigkeit / und mit derselbigen die Neigung zum Neid? Wer wird mich überreden können / die Ducaten zu hassen / da ich doch aus langer Erfahrung weiß / das sie aus Nöhten erretten / und der einige Trost meines Alters seyn können / damal / damal / ihr Herrn Geistliche! wars Zeit / mich auf den jenigen Weeg zu weisen / den ich euern Raht nach jetzt erst antretten soll / als ich noch in der Blüt meiner Jugend / und in dem Stand meiner Unschuld lebte; dann ob ich gleich damals die gefährliche Zeit der kützelhafften Anfechtung angieng / so wäre mir doch leichter gewesen dem Sanguinischen Antrieb / als jetzunder der übrigen dreyen ärgsten Feuchtigkeiten gewaltsamen Anlauff zugleich zuwiderstehen; darumb gehet hin zu solcher Jugend / deren Hertzen noch nicht / wie der Courage, mit

---

[1] hier: eine Überproduktion an gelber Galle

andern Bildnissen befleckt / und lehret / ermahnet / bittet / Ja beschweret sie / daß sie es aus Unbesonnenheit nimmermehr so weit soll kommen lassen / als die arme Courage gethan; Aber höre Courage, wann du noch nicht im Sinn hast dich zu bekehren / warumb wilst du dann deinen Lebens-Lauff Beichtsweiß erzehlen / und aller Welt deine Laster offenbahrn? Das thue ich dem Simplicissimo zu Trutz! weil ich mich anderer Gestalt nicht an ihm rächen kan; dann nach dem dieser schlimme Vocativus[1] mich im Saurbrunnen geschwängert scilicet[2], und hernach durch einen spöttlichen Possen von sich geschafft / gehet er erst hin / und rufft meine und seine eigne Schand / vermittelst seiner schönen Lebens-Beschreibung vor aller Welt aus; aber ich will ihm jetzunder hingegen erzehlen / mit was vor einem erbarn Zobelgen er zu schaffen gehabt / damit er wisse / wessen er sich gerühmt; und vielleicht wünschet / daß er von unserer Histori allerdings still geschwiegen hätte; Woraus aber die gantze erbare Welt abzunehmen / daß gemeiniglich Gaul als Gurr[3], Hurn und Buben eines Gelichters: und keins umb ein Haar besser als das ander sey; gleich und gleich gesellt sich gern / sprach der Teuffel zum Kohler / und die Sünden und Sünder werden widerumb gemeiniglich durch Sünden und Sünder abgestrafft.

Das XXXVIII. Capitel

Courasche kommt mit ihrer Compagnie in ein Dorff / darinnen Kirchweyh gehalten wird / reitzet einen jungen Ziegeuner an / eine Henne tod zu schiessen; ihr Mann stellet sich solchen aufhencken zu lassen / wie nun jederman im Dorff hinaus lieff / diesem Schauspiel zuzusehen / stahlen die Ziegeunerinnen alles Gebratens und Gebackens / und machten sich samt ihrer gantzen Zunfft eiligst und listig darvon.

Unlängst nach diesem überstandenen Strauß kam unsere Ziegeunerische Rott von den Königsmarckischen Völkern wieder zu der Schwedischen Haubt-Armee / die damals Torstensohn commandirt / und in Böhmen geführt / allwo dann beyde Heer zusammen kamen; Ich verbliebe samt meinem Maulesel nicht allein biß nach dem Friedenschluß bey dieser Armada / sondern verliese auch die Ziegeuner nicht / da es bereits Frieden worden war / weil ich mir das stehlen nicht mehr abzugewöhnen getrauete; Und demnach ich sehe / daß mein Schreiber noch ein weiß Blat Papier übrig hat / Also will ich noch zu guter lezt oder zum Valete ein Stücklein erzehlen / und darauf setzen lassen / welches mir erst neulich eingefallen / und alsobalden probirt und practicirt hat werden müssen / bey welchen der Leser abnehmen kan / was ich sonst möchte ausgerichtet haben / und wie artlich ich mich zu den Ziegeunern schicke.

Wir kamen in Lothringischen Gebiet einsmals gegen Abend vor einen grossen Flecken / darinnen eben Kürbe war / welcher Ursachen wegen und weil wir einen zimlichen starcken Troppen von Männern / Weibern / Kindern und Pferden hatten /

---

[1] schlaue Mensch   [2] man verstehe mich recht (in Wahrheit war es nicht so)   [3] Stute

uns das Nachtläger rund abgeschlagen wurde; Aber mein Mann / der sich vor den Obrist Leutenant ausgab / versprach bey seinen Adelichen Worten / daß er gut vor allen Schaden seyn / und weme etwas verderbt oder entwendet würde / solches aus dem seinigen bezahlen / und noch darzu den Thäter an Leib und Leben straffen wolte. Wormit er dann endlich nach langer Mühe erhielte daß wir aufgenommen wurden. Es roche überall im Flecken so wol nach dem Kürbe-Gebratens und Gebackens / daß ich gleich auch einen Lust darzu bekam / und einen Verdruß empfande / daß die Bauern allein solches fressen solten; erfand auch gleich folgenden Vortheil / wie wir dessen theilhafftig werden könten; Ich liesse einen wackern jungen Kerl aus den Unserigen eine Henne vor dem Wirthshause todschiessen / worüber sich alsobald bey meinem Mann eine grosse Klage über den Thäter erhube; Mein Man stellte sich schröcklich erzörnet / und liesse gleich einen / den wir vor einen Trompeter bey uns hatten / die Unserigen zusammen blasen / in deme nun solches geschahe / und sich beydes Bauren und Ziegeuner auf dem Platz versammleten / sagte ich etlichen auf unsere Diebs-Sprach / was mein Anschlag wäre / und daß sich ein jedes Weib zum zugreiffen gefast machen solte; Also hielte mein Mann über den Thäter ein kurtzes Standrecht / und verdammte ihn zum Strang / weil er seines Obrist Leutenanten Befelch übergangen / darauf erscholle alsobald im gantzen Flekken das Geschrey / daß der Obrist Leutenant einen Ziegeuner nur wegen einer Hennen wolte hencken lassen; etlichen bedunckte solche Procedur zu rigorose / andere lobten uns / daß wir so gute Ordre hielten / einer aus uns muste den Hencker agiren / welcher auch alsobalden dem Maleficanten die Hände auf den Rucken bande / hingegen thät sich eine junge Ziegeunerin vor dessen Weib aus / entlehnte von andern drey Kinder / und kam damit auf den Platz geloffen / sie bath um ihres Manns Leben / und daß man ihre kleine Kinder bedencken wolte / stelte sich darneben so kläglich / als wann sie hätte verzweiffeln wollen / mein Mann aber wollte sie weder sehen noch hören / sondern liesse den Ubelthäter hinaus gegen einen Wald führen / an ihm das Urtheil exequiren zu lassen / eben als er vermeinte / der gantze Flecken hätte sich nunmehr versammlet / den armen Sünder hencken zu sehen; wie sich dann auch zu solchem Ende fast alle Innwohner / jung und alt / Weib und Mann / Knecht und Mägd / Kind und Kegel mit uns hinaus begab / hingegen ließe gedachte junge Ziegeunerin mit ihren dreyen entlehnten Kindern nicht ab / zu heulen zu schreyen / und zu bitten / und da man an den Wald und zu einem Baum kam / daran der Hennen-Mörder dem Ansehen nach geknüpfft werden solte / stellte sie sich so erbärmlich / daß erstlich die Bauren-Weiber und endlich die Bauren selbst anfiengen vor den Mißthäter zu bitten / auch nicht aufhöreten / biß sich mein Mann erweichen liesse / dem armen Sünder ihrentwegen das Leben zu schencken. In dessen wir nun ausserhalb dem Dorff diese Comödi agirten / mausten unsere Weiber im Flecken nach Wunsch / und weil sie nicht nur die Bratspieß und Fleisch-Häfen leereten / sondern auch hie und da namhaffte Beuthen aus den Wägen gefischt hatten / verliessen sie den Flecken und kamen uns entgegen / sich nicht anders stellend / als wann sie ihre Männer zur Rebellion wider mich und meinen

Mann verhetzten / um daß er einer kahlen Hennen halber einen so wackern Menschen hätte aufhencken lassen wollen / dardurch sein armes Weib zu einer verlassenen Wittib / und drey unschuldige junge Kinder zu armen Wäisen gemacht wären worden; auf unsere Sprache aber sagten sie / daß sie gute Beuthen erschnappt hätten / mit welchen sich bey Zeiten aus dem Staub zu machen seye / ehe die Bauren ihren Verlust innen würden / darauf schriehe ich den Unserigen zu / welche sich rebellisch stellen und sich dem Flecken zu entfernen / in den Wald hinein ausreissen solten / denen setzte mein Mann und was noch bey ihm war / mit blosem Degen nach / ja sie gaben auch Feuer drauf / und jene hinwiederum / doch gar nicht der Meynung jemand zu treffen; das Bauers-Volck entsetzte sich vor der bevorstehenden Blutvergießung / wolte derowegen wieder nach Hauß / wir aber verfolgten einander mit stetigem Schiessen / biß tieff in Wald hinein / worinn die Unsern alle Weg und Steg wusten; In Summa / wir marchirten die gantze Nacht / theilten am Morgen frühe nicht allein unsere Beuthen / sondern sonderten uns auch selbsten voneinander in geringere Gesellschafften / wordurch wir dann aller Gefahr / und den Bauern mit unserer Beuth entgangen.

Mit diesen Leuten habe ich gleichsam alle Winckel Europae seithero unterschiedlichmal durchstrichen und sehr viel Schelmenstück und Diebsgriffe ersonnen / angestellt / und ins Werck gerichtet / daß man ein gantz rieß Papier haben müste / wann man solche alle miteinander beschreiben wolte / Ja ich glaube nicht / daß man genug damit hätte; und eben dessentwegen habe ich mich mein Lebtag über nichts mehrers verwundert / als daß man uns in den Ländern gedultet / Sintemahl wir weder Gott noch den Menschen nichts nützen noch zudienen begehren / sondern uns nur mit Lügen / Betriegen und Stehlen genähret; beydes zu schaden des Land-Mans als der grossen Herren selbst / denen wir manches stück Wild verzehren; Ich mus aber hiervon schweigen / damit ich uns nicht selbst einen bösen Rauch mache / und vermeine nunmehr ohnedas dem Simplicissimo zu ewigen Spott genugsam geoffenbahrt zuhaben / von waserley haaren seine Beyschläfferin im Sauerbrunnen gewesen / deren Er sich vor aller Welt so herrlich gerühmet / glaube auch wol daß Er an andern orthen mehr / wann Er vermeint / Er habe eines schönen Frauen-Zimmers genossen / mit dergleichen Frantzösischen Huren: oder wohl gar mit Gabel-Reüterinnen betrogen: und also gar des Teüffels Schwager worden sey.

ANDREAS GRYPHIUS
Horribilicribrifax

8. Auftritt

Daradiridatumdarides. Horribilicribrifax.

HORRIB. Und wenn du mir biß in den Himmel entwichest / und schon auff dem Lincken Fuß des grosen Beeren sessest / so wolte ich dich doch mit dem rechten Spornleder erwischen / und mit zweyen Fingern in den Berg Ætna werffen.

DARADIR. Gardez-vous Follastreau![1] meinest du / daß ich vor dir gewichen? und wenn du des grossen Carols Bruder / der grosse Roland selbst / und mehr Thaten verrichtet hättest / als Scanderbeck / ja in die Haut von Tamerlanes gekrochen werest / soltest du mir doch keine Furcht einjagen.

HORRIB. Ich? ich will dir keine Furcht einjagen / sondern dich in zwey und siebentzigmal hundert tausend Stücke zersplittern / daß du in einer See von deinem eignen Blut ersticken sollest. Jo ho vinto l'inferno e tutti i Diavoli.[2]

DARADIR. Ich will mehr Stücker von dir hauen / als Sternen ietzund an dem Himmel stehen / und will dich also tractiren daß das Blut von dir flüssen soll / biß die oberste Spitze des Kirchturmes darinnen versuncken.

HORRIB. Per non lasciar piu oltre passar qvesta superba arroganza,[3] will ich die gantze Belägerung von Troja mit dir spielen.

DARADIR. Und ich die Zerstörung von Constantinopel.

HORRIB. Jo spiro morte e furore,[4] doch lasse ich dir noch so viel Zeit / befiehle deine Seele GOtt / und bete ein Vater unser!

DARAD. Sprich einen Englischen Gruß und hiermit stirb.

HORRIB. Du wirst zum wenigsten die reputation in deinem Tode haben / daß du von dessen unüberwindlichen Faust gestorben / der den König in Schweden niedergeschossen.

DARADIR. Tröste dich mit dem / daß du durch dessen Hand hingerichtet wirst / der dem Tylli und Pappenheim den Rest gegeben.

HORRIB. So hab ich mein Schwerd außgezogen in der Schlacht vor Lützen.

DARAD. Morbleu, me voyla en colere! mort de ma vie! je suis faschè par ma foy[5]. So hab ich zur Wehre gegriffen in dem Treffen vor Nördlingen.

HORRIB. Eine solche positur machte ich in der letzten Niederlage vor Leipzig.

DARAD. So lieff ich in dem Waal-Graben / als man Glogau[6] hat einbekommen.

---

[1] hüte dich, kleiner Schäker   [2] Ich habe die Hölle und alle Teufel besiegt   [3] Um diese übermütige Anmaßung nicht weitergehen zu lassen   [4] Ich schnaube Tod und Wut   [5] Potztausend, nun bin ich in Wut! Bei meinem Leben! Weiß Gott, ich bin aufgeregt!   [6] Gemeint ist die Einnahme von Glogau am 4. Mai 1642 durch Torstenson

142 HORRIB. Ha! ha! Ist er nicht qvesto capitaino, mit dem ich Kugeln wechselte bey der Gula?⁷

DARAD. O! ist er nicht der jenige Signeur mit dem ich Brüderschafft machte zu Schlichtigheim.

HORRIB. Ha mon Signeur, mon Frere!

DARAD. Ha Fradello mio illustrissimo!⁸

HORRIB. Behüte GOtt / welch ein Unglück hätte bald geschehen sollen!

DARAD. Welch ein Blutvergiessen! massacre & strage, wenn wir einander nicht erkennet hätten!

HORRIB. Magnifici & Cortesi Heroi⁹, können leicht unwissend zusammen gerathen.

DARAD. Les beaux Esprits¹⁰, lernen einander durch dergleichen rencontre erkennen.

Dionysius. Daradiridatumdarides. Horribilicribrifax.

DIONYSIUS. Welche Berenhäuter rasen hier für unsern Thüren! wisset ihr Holuncken¹ nicht / daß man des Herren Stadthalters Pallast anders zu respectieren pfleget. Trollet euch von hier / oder ich lege euch beyden einen frischen Prügel um die Ohren.

HORRIB. Jo rimango petrificato dalla meraviglia². Sol Capitain Horribilicribrifax dis leiden?

DARADIR. Sol Capitain von Donnerkeil sich also despectieren lassen?

HORRIB. Jo mi levo il pugnale dal lato³, der Herr Bruder leidet es nicht!

DARAD. Me Viola⁴, der Herr Bruder greiffe zu der Wehre / ich folge.

HORRIB. Comminciate di gratia⁵. Ich lasse dem Herren Bruder die Ehre des ersten Angriffs.

DARAD. Mein Herr Bruder / ich verdiene die Ehre nicht / er gehe voran. Cest trop discourir: Commensez⁶.

HORRIB. Ey der Herr Bruder fahre fort / er lasse sich nicht auffhalten. la necessita vuole⁷.

DIONYS. Heran / ihr Ertzberenhäuter / ich will euch die Haut sonder Seiffen und Balsam einschmieren.

HORRIB. Ha! Patrone mio qvesta supercheria è molta ingiusta⁸.

DARAD. O monsieur bey dem Element / er sihet mich vor einen Unrechten an.

---

⁷ Guhlau im Fürstentum Schweidnitz. Dort schlug Torstenson den Herzog Franz Albrecht von Lauenburg, der in dem Treffen fiel   ⁸ Mein herrlichstes Brüderchen!   ⁹ Berühmte und artige Helden   ¹⁰ die schönen Geister

¹ slaw. nackter Bettler. Zu dieser Zeit bedeutete das Wort einen niederen Schloßbediensteten   ² Ich bin versteinert von Staunen   ³ Ich reiße den Dolch von meiner Seite   ⁴ Hier bin ich   ⁵ Fanget an, bitte!   ⁶ Das ist viel zu viel Hin-und-Herreden, fanget an!   ⁷ Die Notwendigkeit verlangt es   ⁸ Mein Herr, diese Überrumpelung ist sehr ungerecht

HORRIB. Ey signore mio gratioso, ich bin signor Horribilicribrifax.
DIONYSIUS. *(nimmt beyden die Degen und schlägt sie darmit um die Köpffe.)* Aufschneider / Lügner / Berenhäuter / Bengel / Baurenschinder / Ertznarren / Cujonen.
DARAD. Ey ey monsieur, basta qvesto pour istesso[9], es ist genung / der Kopff blutet mir.
HORRIB. Ey Ey Signor, Ich wuste nicht / daß der Stadthalter hier wohnete.
DIONYS. Packet euch / oder ich will euch also zurichten / daß man euch mit Mistwagen soll von dem Platze führen.

MARIAN SZYROCKI
Horribilicribrifax

In der Vorrede von Peter Sqentz kündet Gryphius eine zweite Komödie, den „unvergleichlichen Horribilicribrifax" an. Die Handlung des Stückes spielt im Jahr 1648. Um diese Zeit hat es Gryphius wohl auch niedergeschrieben.
Der ›Miles gloriosus‹ von Plautus ist das Urbild der beiden Hauptgestalten des Scherzspieles Horribilicribrifax oder ›Wehlende Liebhaber‹. Die Hauptleute Horribilicribrifax von Donnerkeil auf Wüstenhausen und Daradiridatumdarides Windbrecher von Tausend Mord sind zwei Maulhelden, Überbleibsel des 30jährigen Krieges, die gleichzeitig dem Capitano der italienischen Komödie verpflichtet sind. Sie sehen sich zum Verwechseln ähnlich, nur daß der erste von ihnen italienische Brokken in sein Deutsch mischt, der andere französische. Beide sind beispiellose Angsthasen, aber solange keine Gefahr besteht, prahlen sie mit den unglaublichsten Heldentaten, die sie vollbracht haben wollen. Gryphius, der sich auch hier als Meister der Sprache erweist, treibt ihre unerhörten Aufschneidereien zum Extrem, reiht sie bis zum Ermüden aneinander, ist unerschöpflich in immer neuen Einfällen.
Ein anderes Relikt des Dreißigjährigen Krieges waren die verarmten Adelsfamilien. In dem Stück sind sie vor allem durch die hochmütige Jungfrau Selene und durch Sophia, „eine keusche / doch arme / Adeliche Jungfrau" sowie durch ihre Mütter vertreten. Zu den mit kraftvollen Strichen gezeichneten Personen des Stückes gehört auch ein „alter verdorbener Dorfschulmeister", der mit seinem miserablen Latein und Griechisch protzt, und die alte Kupplerin Cyrilla, die ihre magischen Formeln murmelt und die welschen Reden ihrer Partner verdreht und mißversteht. Zu dem

---
[9] behaltet das für euch selbst (die Schimpfworte)

Sittenbild gehört auch die Figur des Juden, der in sein Deutsch hebräische Worte mischt. Er, der Geld leiht, weiß am besten über die Misere des Adels Bescheid.

Eine nicht geringe Rolle spielen in dem Stück die Diener und Kammerjungfern, die oft ihre Herrschaften durchschauen und sie hinters Licht führen. Die positiven Gestalten sind blasser ausgefallen. Im Horribilicribrifax treten 20 sprechende Personen auf und mehrere Diener in stummen Rollen. Dem Dichter gelingt es nicht, sie immer genügend deutlich zu charakterisieren, und man hat den Eindruck, daß einige Personen überflüssig sind. Das Weltbild, das Gryphius im Horribilicribrifax zu Ausgang des großen Krieges entwirft, ist mehr als unerfreulich. Es herrschen Betrug und Intrige, die ein allgemeines Mißtrauen nach sich ziehen. Auch die Armut bedroht den Menschen. Den einzigen Ausweg aus der Misere sieht der Dichter in der Tugend der Beständigkeit.

In dem Stück gibt es keine Haupthandlung, sondern eine Reihe von parallel verlaufenden Handlungen, die nur sehr lose miteinander verbunden sind. Gryphius versucht diese Schwäche durch eine durchdachte Komposition zu überwinden. So weisen z. B. die ersten fünf Szenen der ersten beiden Akte eine parallele Konstruktion auf. Den ersten Akt eröffnet der Auftritt von Daradiridatumdarides, den zweiten der von Horribilicribrifax. In der zweiten Szene des ersten Aktes erfahren wir, daß die hochmütige Selene Kapitän Daradiridatumdarides gewählt hat, in der dritten entscheidet sich die keusche Sophia für den Weg der Tugend. Parallel dazu wirbt im zweiten Akt Horribilicribrifax um Cœlestina und dann Cœlestina um Palladius. Die vierte Szene des ersten Aktes bringt einen Monolog von Sempronius und die Parallelszene aus dem zweiten Akt das Selbstgespräch von Cyrilla.

Gryphius führt in dem Stück die verschiedenen Arten der Gattenwahl exemplarisch vor. Mehrmals bedient er sich der Konstellation einer Frau zwischen zwei Männern, stellt Liebe ohne Gegenliebe beispielhaft dar, wiederholt und variiert ähnliche Situationen. Die Konflikte finden schließlich eine Lösung durch eine Reihe von Heiraten. Die Paare werden nach dem Prinzip „Jedem das Seine" gebildet. Die hochmütige Selene verfällt dem Aufschneider Daradiridatumdarides, der verdorbene alte Sempronius wird ein Opfer seiner Lüsternheit und bekommt die alte Kupplerin zur Frau. Die beständige Liebe der Cœlestina wird mit der Gegenliebe des Palladius belohnt, und die Tugend der Sophia entflammt das Herz des Statthalters. Somit ist der „gute" Ausgang des Horribilicribrifax ein Akt der Gerechtigkeit, und die Ehe übernimmt in gewissem Sinn die Rolle des Strafgerichtes.

Im Vordergrund steht trotzdem nicht die Liebesintrige, sondern die wüste Sprachmengerei. Der Gegensatz zwischen dem reinen Deutsch, das Gryphius und den anderen Dichtern dieser Epoche heilig war, und der verzerrten Sprache der beiden Maulhelden, ihrer Diener, des Sempronius und des Juden, sowie das dauernde Mißverstehen ihrer Reden durch Cyrilla ergibt eine Kette komischer Effekte. Andererseits fehlt es dem Lustspiel aber an Leichtigkeit und schnellem Fluß der Handlung. Es ist zu lang und leidet an der Anhäufung des fremden Sprachballastes, der ermüdend wirkt und stellenweise unverständlich ist.

4

VON DER AUFKLÄRUNG ZUM STURM UND DRANG

Das feine Ohr

GLEICH DEM TATENLOSEN SCHÜLER DER ETHIK,
HÖRST DU IN DER POETIK
GRAS WACHSEN; ABER HÖREST NIE
DEN LORBEER RAUSCHEN IM HAIN DER POESIE

FRIEDRIGH GOTTLIEB KLOPSTOCK

IMMANUEL KANT
Beantwortung der Frage: Was ist Aufklärung?

Aufklärung ist der Ausgang des Menschen aus seiner selbstverschuldeten Unmündigkeit. Unmündigkeit ist das Unvermögen, sich seines Verstandes ohne Leitung eines andern zu bedienen. Selbstverschuldet ist diese Unmündigkeit, wenn die Ursache derselben nicht am Mangel des Verstandes, sondern der Entschließung und des Mutes liegt, sich seiner ohne Leitung eines andern zu bedienen. Sapere aude! Habe Mut, dich deines eigenen Verstandes zu bedienen! ist also der Wahlspruch der Aufklärung.
Faulheit und Feigheit sind die Ursachen, warum ein so großer Teil der Menschen, nachdem sie die Natur längst von fremder Leitung freigesprochen (naturaliter maiorennes), dennoch gerne zeitlebens unmündig bleiben, und warum es anderen so leicht wird, sich zu deren Vormündern aufzuwerfen. Es ist so bequem, unmündig zu sein.
Habe ich ein Buch, das für mich Verstand hat, einen Seelsorger, der für mich Gewissen hat, einen Arzt, der für mich die Diät beurteilt usw., so brauche ich mich ja nicht selbst zu bemühen. Ich habe nicht nötig, zu denken, wenn ich nur bezahlen kann; andere werden das verdrießliche Geschäft schon für mich übernehmen. Daß bei weitem der größte Teil der Menschen (darunter das ganze schöne Geschlecht) den Schritt zur Mündigkeit, außerdem daß er beschwerlich ist, auch für sehr gefährlich halte, dafür sorgen schon jene Vormünder, die die Oberaufsicht über sie gütigst auf sich genommen haben. Nachdem sie ihr Hausvieh zuerst dumm gemacht haben und sorgfältig verhüteten, daß diese ruhigen Geschöpfe ja keinen Schritt außer dem Gängelwagen, darin sie sie einsperrten, wagen dürften, so zeigen sie ihnen nachher die Gefahr, die ihnen droht, wenn sie es versuchen, allein zu gehen. Nun ist diese Gefahr zwar eben so groß nicht; denn sie würden durch einigemal fallen wohl endlich gehen lernen; allein ein Beispiel von der Art macht doch schüchtern und schreckt gemeiniglich von allen ferneren Versuchen ab.
Es ist also für jeden einzelnen Menschen schwer, sich aus der ihm beinahe zur Natur gewordenen Unmündigkeit herauszuarbeiten. Er hat sie sogar liebgewonnen und ist vorderhand wirklich unfähig, sich seines eigenen Verstandes zu bedienen, weil man ihn niemals den Versuch davon machen ließ. Satzungen und Formeln, diese mechanischen Werkzeuge eines vernünftigen Gebrauchs seiner Naturgaben, sind die Fußschellen einer immerwährenden Unmündigkeit. Wer sie auch abwürfe, würde dennoch auch über den schmalsten Graben einen nur unsicheren Sprung tun, weil er zu dergleichen freien Bewegung nicht gewöhnt ist. Daher gibt es nur wenige, denen es gelungen ist, durch eigene Bearbeitung ihres Geistes sich aus der Unmündigkeit herauszuwickeln und dennoch einen sicheren Gang zu tun.
Daß aber ein Publikum sich selbst aufklärt, ist eher möglich; ja es ist, wenn man ihm nur Freiheit läßt, beinahe unausbleiblich. Denn da werden sich immer einige

148 Selbstdenkende, sogar unter den eingesetzten Vormündern des großen Haufens finden, welche, nachdem sie das Joch der Unmündigkeit selbst abgeworfen haben, den Geist einer vernünftigen Schätzung des eigenen Werts und des Berufs jedes Menschen, selbst zu denken, um sich verbreiten werden. Besonders ist hierbei: daß das Publikum, welches zuvor von ihnen unter dieses Joch gebracht worden, sie hernach selbst zwingt, darunter zu bleiben, wenn es von einigen seiner Vormünder, die selbst aller Aufklärung unfähig sind, dazu aufgewiegelt worden; so schädlich ist es, Vorurteile zu pflanzen, weil sie sich zuletzt an denen selbst rächen, die oder deren Vorgänger ihre Urheber gewesen sind. Daher kann ein Publikum nur langsam zur Aufklärung gelangen. Durch eine Revolution wird vielleicht wohl ein Abfall von persönlichem Despotismus und gewinnsüchtiger oder herrschsüchtiger Bedrückung, aber niemals wahre Reform der Denkungsart zustandekommen; sondern neue Vorurteile werden, ebensowohl als die alten, zum Leitbande des gedankenlosen großen Haufens dienen.

Zu dieser Aufklärung aber wird nichts erfordert als Freiheit, und zwar die unschädlichste unter allen, was nur Freiheit heißen mag, nämlich die: von seiner Vernunft in allen Stücken öffentlichen Gebrauch zu machen.

IMMANUEL KANT
Das moralische Gesetz

Zwei Dinge erfüllen das Gemüt mit immer neuer und zunehmender Bewunderung und Ehrfurcht, je öfter und anhaltender sich das Nachdenken damit beschäftigt: der bestirnte Himmel über mir und das moralische Gesetz in mir. Beide darf ich nicht als in Dunkelheiten verhüllt, oder im Überschwenglichen, außer meinem Gesichtskreise suchen und bloß vermuten; ich sehe sie vor mir und verknüpfe sie unmittelbar mit dem Bewußtsein meiner Existenz. Das erste fängt von dem Platze an, den ich in der äußern Sinnewelt einnehme, und erweiterte die Verknüpfung, darin ich stehe, ins unabsehlich Große mit Welten über Welten und Systemen, überdem noch in grenzlose Zeiten ihrer periodischen Bewegung, deren Anfang und Fortdauer. Das zweite fängt von meinem unsichtbaren Selbst, meiner Persönlichkeit, an und stellt mich in einer Welt dar, die wahre Unendlichkeit hat, aber nur dem Verstande spürbar ist, und mit welcher (dadurch aber auch zugleich mit allen jenen sichtbaren Welten) ich mich nicht wie dort in bloß zufälliger, sondern allgemeiner und notwendiger Verknüpfung erkenne. Der erstere Anblick einer zahllosen Weltenmenge vernichtet gleichsam meine Wichtigkeit, als eines tierischen Geschöpfs; das die Materie, daraus es ward, dem Planeten (einem bloßen Punkt im Weltall) wieder zurückgeben muß, nachdem es eine kurze Zeit (man weiß nicht wie) mit Lebenskraft versehen gewesen. Der zweite erhebt dagegen meinen Wert, als einer Intelligenz, unendlich durch meine Persönlichkeit, in welcher das moralische Gesetz mir ein von der Tierheit und selbst von der ganzen Sinnenwelt unabhängiges Leben offenbart, wenigstens soviel sich aus der zweckmäßigen Bestimmung meines Daseins durch dieses Gesetz, welche nicht auf Bedingungen und Grenzen dieses Lebens eingeschränkt ist, sondern ins Unendliche geht, abnehmen läßt.

Allein, Bewunderung und Achtung können zwar zur Nachforschung reizen, aber den Mangel derselben nicht ersetzen. Was ist nun zu tun, um diese auf nutzbare und der Erhabenheit des Gegenstandes angemessene Art anzustellen? Beispiele mögen hiebei zur Warnung, aber auch zur Nachahmung dienen. Die Weltbetrachtung fing von dem herrlichsten Anblicke an, den menschliche Sinne nur immer vorlegen und unser Verstand in ihrem weiten Umfange zu verfolgen nur immer vertragen kann, und endigte — mit der Sterndeutung. Die Moral fing mit der edelsten Eigenschaft in der menschlichen Natur an, deren Entwicklung und Kultur auf unendlichen Nutzen hinaussieht, und endigte — mit der Schwärmerei oder dem Aberglauben. So geht es allen noch rohen Versuchen, in denen der vornehmste Teil des Geschäftes auf den Gebrauch der Vernunft ankommt, der nicht so wie der Gebrauch der Füße sich von selbst vermittelst der öfteren Ausübung findet, vornehmlich, wenn er Eigenschaften betrifft, die sich nicht so unmittelbar in der gemeinen Erfahrung darstellen lassen. Nachdem aber, wiewohl spät, die Maxime in Schwung gekommen war, alle Schritte vorher wohl zu überlegen, die die Vernunft zu tun vorhat, und sie nicht anders als im Gleise einer vorher wohl überdachten Methode ihren Gang machen zu lassen, so bekam die Beurteilung des Weltgebäudes eine ganz andere Richtung und mit dieser zugleich einen ohne Vergleichung glücklichern Ausgang. Der Fall eines Steins, die Bewegung einer Schleuder, in ihre Elemente und dabei sich äußernde Kräfte aufgelöst und mathematisch bearbeitet, brachte zuletzt diejenige klare und für alle Zukunft unveränderliche Einsicht in den Weltbau hervor, die bei fortgehender Beobachtung hoffen kann, sich immer nur zu erweitern, niemals aber zurückgehen zu müssen fürchten darf.

Diesen Weg nun in Behandlung der moralischen Anlagen unserer Natur gleichfalls einzuschlagen, kann uns jenes Beispiel anrätig sein und Hoffnung zu ähnlichem guten Erfolg geben. Wir haben doch die Beispiele der moralisch urteilenden Vernunft bei Hand. Diese nun in ihre Elementarbegriffe zu zergliedern, in Ermangelung der Mathematik aber ein der Chemie ähnliches Verfahren der Scheidung des Empirischen vom Rationalen, das sich in ihnen vorfinden möchte, in wiederholten Versuchen am gemeinen Menschenverstande vorzunehmen, kann uns beides rein und, was jedes für sich allein leisten könne, mit Gewißheit kennbar machen und so teils der Verirrung einer noch rohen, ungeübten Beurteilung, teils (welches weit nötiger ist) den Genieschwüngen vorbeugen, durch welche, wie es von Adepten des Steins der Weisen zu geschehen pflegt, ohne alle methodische Nachforschung und Kenntnis der Natur geträumte Schätze versprochen und wahre verschleudert werden. Mit einem Worte: Wissenschaft (kritisch gesucht und methodisch eingeleitet) ist die enge Pforte, die zur Weisheitslehre führt, wenn unter dieser nicht bloß verstanden wird, was man tun, sondern was Lehrern zur Richtschnur dienen soll, um den Weg zur Weisheit, den jedermann gehen soll, gut und kenntlich zu bahnen und andere vor Irrwegen zu sichern; eine Wissenschaft, deren Aufbewahrerin jederzeit die Philosophie bleiben muß, an deren subtiler Untersuchung das Publikum keinen Anteil, wohl aber an den Lehren zu nehmen hat, die ihm nach einer solchen Bearbeitung allererst recht hell einleuchten können.

GEORG CHRISTOPH LICHTENBERG
Aphorismen

Jeden Augenblick des Lebens, er falle aus welcher Hand des Schicksals er wolle uns zu, den günstigen sowie den ungünstigen, zum bestmöglichen zu machen, — darin besteht die Kunst des Lebens und das eigentliche Vorrecht eines vernünftigen Wesens.

Man spricht viel von Aufklärung und wünscht mehr Licht. Mein Gott, was hilft aber alles Licht, wenn die Leute entweder keine Augen haben oder die, die sie haben, vorsätzlich verschließen?

JOHANN CHRISTOPH GOTTSCHED
Von dem Charakter eines Poeten

Man ist mit diesem Namen zu allen Zeiten gar zu freigebig gewesen, weil man nämlich nicht sattsam eingesehen, was vor eine große Fähigkeit der Gemütskräfte, Gelehrsamkeit, Erfahrung, Übung und Fleiß zu einem rechtschaffenen Dichter gehören. Und das ist kein Wunder gewesen. Diejenigen haben sich's gemeiniglich angemaßet, den Titel eines Poeten auszuteilen, die einen viel zu leichten Verstand und eine viel zu blöde Einsicht in das Wesen der wahren Dichtkunst gehabt. Der Pöbel hat sich allezeit ein Recht zueignen wollen, von poetischen Skribenten zu urteilen; und dieses ist um desto lächerlicher, da ihm die Beurteilung prosaischer Schriften niemals zugestanden worden. Kann er nun hierin keinen gültigen Aus-

spruch tun und die Verfasser derselben weder vor gute Historienschreiber noch vor
Redner, Philosophen, Arzneiverständige oder Rechtsgelehrte erklären, wie wird er
von Gedichten zu urteilen vermögend sein, als deren Einrichtung und Ausarbeitung
desto schwerer zu prüfen ist, je mehr sie unter so vielen äußerlichen Schönheiten
und Zieraten, dadurch auch kritische Augen zuweilen verblendet werden, verhüllet,
ja tief verborgen lieget. Plinius schreibt an einem Orte: Von Künstlern kann nur ein
Künstler urteilen. Man wird also mit der Poesie wohl nicht unbilliger handeln wollen als mit der Musik, Malerei, Baukunst und mit dem Bildschnitzen. Wer beruft
sich aber in allen diesen Künsten auf das Urteil des großen Haufens? Das würden
schlechte Meister darinnen werden, die ihren Ruhm in dem Beifalle eines eigen-
sinnigen Volkes suchen wollten, welches ohne Verstand und ohne Regeln von ihren
Sachen urteilet und dessen Geschmack die unbeständigste Sache von der Welt ist.

Denn das muß man notwendig wissen, daß es mit Einbildungskraft, Scharfsinnig-
keit und Witz bei einem Poeten nicht ausgerichtet ist. Diese ist der Grund von seiner Geschicklichkeit, den die Natur legt: aber es gehört zu dem Naturelle auch die
Kunst der Gelehrsamkeit. Muß doch ein Maler, der was Rechtes tun will, in der
Meßkunst, Perspektiv, Mythologie, Historie, Baukunst, ja Logik und Moral was getan haben, wenn er es zu einiger Vollkommenheit bringen will. So wird denn ein
Poet, der auch die unsichtbaren Gedanken und Neigungen menschlicher Gemüter
nachzuahmen hat, sich nicht ohne eine weitläufige Gelehrsamkeit behelfen können.
Es ist keine Wissenschaft von seinem Bezirke ganz ausgeschlossen. Er muß zum
wenigsten von allem was wissen, in allen Teilen der unter uns blühenden Gelehrt-
heit sich ziemlichermaßen umgesehen haben. Ein Poet hat Gelegenheit, von allen
Dingen zu schreiben. Macht er nun Fehler, die von seiner Unwissenheit in Künsten
und Wissenschaften zeugen, so verliert er sein Ansehen. Ein einzig Wort gibt oft
seine Einsicht in einer Sache oder auch seine Unerfahrenheit zu verstehen. Ein einzig Wort kann ihn also in Hochachtung und in Verachtung setzen, nachdem es entweder seine Gelehrsamkeit oder Unwissenheit an den Tag legt. Daraus folgt nun
unfehlbar, daß ein Poet keine Wissenschaft so gar versäumen müsse, als ob sie ihn
nichts anginge. Er muß sich vielmehr bemühen, von allen zum wenigsten einen
kurzen Begriff zu fassen, damit er sich, wo nicht in allen geschickt erweisen, doch
mindestens in keiner einzigen auf eine lächerliche Art verstoßen möge.

Vielleicht wirft man mir ein: Ich machte den Begriff von einem Poeten zu groß und
zu vollkommen; dergleichen Leute von allgemeiner Gelehrsamkeit hätte es wohl
noch nie gegeben: Inskünftige aber würde man sie noch weniger zu gewarten haben,
da die Anzahl der Wissenschaften und Künste fast täglich größer würde. Hierauf
will ich zur Antwort geben, daß man nicht übel tue, wenn man eine Sache nach
ihrer größten Vollkommenheit abschildert. So haben die Stoiker ihren Weisen, die
Lehrer der Redekunst ihren vollkommen Redner und die heutigen Weltweisen
einen vollkommen Philosophen beschrieben. Es ist gut, wenn man ein Ziel vor
Augen hat, darnach man streben kann, wenn es gleich noch niemand erreichet hätte.
Je näher man ihm kommt, desto vollkommener ist man, und der am wenigsten da-

von entfernt bleibt, der ist am lobwürdigsten. Gesteht aber Seneca von dem stoischen Weisen, Cicero von einem vollkommenen Redner und Herr Wolff von einem vollkommenen Philosophen, daß dergleichen noch niemals in der Welt zu finden gewesen, so will ichs auch bekennen, daß noch kein Poet den höchsten Gipfel in seiner Kunst erreichet habe. Die Erfahrung hat es bewiesen. An den berühmtesten alten und neuen Dichtern haben scharfe Critici mit gutem Grunde so viel auszusetzen gefunden, daß man auch hier die menschliche Unvollkommenheit nur gar zu deutlich hat wahrnehmen können. Wie aber deswegen weder die Stoiker nach Weisheit, noch die Redner nach Beredsamkeit, noch die Philosophen nach der philosophischen Erkenntnis zu streben aufgehöret, also darf auch kein Liebhaber der Dichtkunst den Mut sinken lassen.

> Denn dies gilt dahin nicht, daß diese Schwierigkeit
> Dich lässig machen soll. Der Gaben Unterscheid
> Der hebt nicht alles auf. Kannst du dem Überreichen
> An seinem großen Schatz und Vorrat nicht wohl gleichen,
> So ist dir wenig g'nug. Spann alle Sinnen an,
> Wer weiß, was nicht dein Fleiß dir mehr erwerben kann.
> Schreib wenig, wo nicht viel; doch das nach Arbeit schmecket.
> Ein kleines Werklein hat oft großen Ruhm erwecket.
> Zwei Zeilen oder drei, von Buchnern aufgesetzt,
> Sind billig mehr als dies mein Buch geschätzt.
> Nur eine Fliege wohl und nach der Kunst gemalet,
> Ist Lobes wert und wird so wohl bezahlet
> Als nach des Lebens Maß ein großer Elefant,
> Den nur ein Sudler hat geschmieret von der Hand.
> Kannst du kein Opitz sein, kein teurer Fleming werden,
> O es ist Raum genug vom Himmel bis zur Erden ... (usw.)

FRIEDRICH GOTTLIEB KLOPSTOCK
Von der heiligen Poesie

Die höhere Poesie ist ein Werk des Genies; und sie soll nur selten einige Züge des Witzes, zum Ausmalen, anwenden.

Es gibt Werke des Witzes, die Meisterstücke sind, ohne daß das Herz etwas dazu beigetragen hatte. Allein, das Genie ohne Herz, wäre nur halbes Genie. Die letzten und höchsten Wirkungen der Werke des Genies sind, daß sie die ganze Seele bewegen. Wir können hier einige Stufen der starken und der stärkeren Empfindung hinaufsteigen. Dies ist der Schauplatz des Erhabenen.

Wer es für einen geringen Unterschied hält, die Seele leicht rühren oder sie ganz in allen mächtigen Kräften bewegen: der denkt nicht würdig genug von ihr.

Man fordert von demjenigen, der unsere Seele so zu bewegen unternimmt, daß er jede Seite derselben, auf ihre Art, ganz treffe. Sie bemerkt hier jeden Mißton, auch den feinsten. Wer dieses recht überdacht hat, wird sich oft entschlossen haben, lieber gar nicht zu schreiben.

Wem es dennoch glückt, der hat Empfindungen in uns hervorgebracht, die, weder die höchste philosophische Überzeugung, noch die anderen Arten der Poesie, verursachen können. Diese Eindrücke haben, in Betrachtung der Stärke und der Dauer, einige Ähnlichkeit mit dem Exempel, das ein großer Mann gibt.

Die höhere Poesie ist ganz unfähig, uns durch blendende Vorstellungen zum Bösen zu verführen. Sobald sie das tun wollte, hört sie auf zu sein, was sie ist. Denn so sehr auch einige sich selbst klein machen wollen, so können sie sich doch niemals so weit herunterbringen, daß sie etwas anderem, als was wirklich edel und erhaben ist, diese große und allgemeine Bewegung aller Kräfte ihrer Seele erlauben.

Der letzte Endzweck der höheren Poesie, und zugleich das wahre Kennzeichen ihres Werts, ist die moralische Schönheit. Und auch diese allein verdient es, daß sie unsere ganze Seele in Bewegung setze. Der Poet, den wir meinen, muß uns über unsere kurzsichtige Art zu denken erheben und uns dem Strome entreißen, mit dem wir fortgezogen werden. Er muß uns mächtig daran erinnern, daß wir unsterblich sind, und auch schon in diesem Leben viel glückseliger sein könnten.

Der Mensch, auf diese Höhe geführt und in diesem Gesichtspunkte angesehen, ist der eigentliche Zuhörer, den die höhere Poesie verlangt.

154 FRIEDRICH GOTTLIEB KLOPSTOCK
Die Frühlingsfeier

Nicht in den Ozean der Welten alle
Will ich mich stürzen, schweben nicht,
Wo die ersten Erschaffnen, die Jubelchöre der Söhne des Lichts,
Anbeten, tief anbeten und in Entzückung vergehn!

Nur um den Tropfen am Eimer,
Um die Erde nur, will ich schweben und anbeten:
Halleluja! Halleluja! Der Tropfen am Eimer
Rann aus der Hand des Allmächtigen auch.

Da der Hand des Allmächtigen
Die größeren Erden entquollen,
Die Ströme des Lichts rauschten und Siebengestirne wurden,
Da entrannest du, Tropfen, der Hand des Allmächtigen!

Da ein Strom des Lichts rauscht' und unsre Sonne wurde,
Ein Wogensturz sich stürzte wie vom Felsen
Der Wolk herab und den Orion gürtete,
Da entrannest du, Tropfen, der Hand des Allmächtigen!

Wer sind die Tausendmaltausend, wer die Myriaden alle,
Welche den Tropfen bewohnen und bewohnten? und wer bin ich?
Halleluja dem Schaffenden! mehr wie die Erden, die quollen,
Mehr wie die Siebengestirne, die aus Strahlen zusammenströmten!

Aber du, Frühlingswürmchen,
Das grünlichgolden neben mir spielt,
Du lebst — und bist vielleicht,
Ach, nicht unsterblich!

Ich bin herausgegangen anzubeten,
Und ich weine? Vergib, vergib
Auch diese Träne dem Endlichen,
O du, der sein wird!

Du wirst die Zweifel alle mir enthüllen,
O du, der mich durch das dunkle Tal
Des Todes führen wird! Ich lerne dann,
Ob eine Seele das goldne Würmchen hatte.

Bist du nur gebildeter Staub,
Sohn des Mais, so werde denn
Wieder verfliegender Staub,
Oder was sonst der Ewige will!

Ergeuß von neuem du, mein Auge,
Freudentränen!
Du, meine Harfe,
Preise den Herrn!

Umwunden wieder, mit Palmen
Ist meine Harf umwunden; ich singe dem Herrn!
Hier steh ich. Rund um mich
Ist alles Allmacht und Wunder alles!

Mit tiefer Ehrfurcht schau ich die Schöpfung an,
Denn du,
Namenloser, du
Schufest sie!

Lüfte, die um mich wehn und sanfte Kühlung
Auf mein glühendes Angesicht hauchen,
Euch, wunderbare Lüfte,
Sandte der Herr, der Unendliche!

Aber jetzt werden sie still, kaum atmen sie.
Die Morgensonne wird schwül,
Wolken strömen herauf!
Sichtbar ist, der kommt, der Ewige!

Nun schweben sie, rauschen sie, wirbeln die Winde!
Wie beugt sich der Wald! wie hebt sich der Strom!
Sichtbar, wie du es Sterblichen sein kannst,
Ja, das bist du, sichtbar, Unendlicher!

156   Der Wald neigt sich, der Strom fliehet, und ich
      Falle nicht auf mein Angesicht?
      Herr! Herr! Gott! barmherzig und gnädig!
      Du Naher, erbarme dich meiner!

      Zürnest du, Herr,
      Weil Nacht dein Gewand ist?
      Diese Nacht ist Segen der Erde,
      Vater, du zürnest nicht!

      Sie kommt, Erfrischung auszuschütten
      Über den stärkenden Halm,
      Über die herzerfreuende Traube.
      Vater, du zürnest nicht!

      Alles ist still vor dir, du Naher!
      Rings umher ist alles still!
      Auch das Würmchen, mit Golde bedeckt, merkt auf.
      Ist es vielleicht nicht seelenlos? Ist es unsterblich?

      Ach, vermöcht ich dich, Herr, wie ich dürste, zu preisen!
      Immer herrlicher offenbarest du dich,
      Immer dunkler wird die Nacht um dich
      Und voller von Segen!

      Seht ihr den Zeugen des Nahen, den zückenden Strahl?
      Hört ihr Jehovas Donner?
      Hört ihr ihn, hört ihr ihn,
      Den erschütternden Donner des Herrn?

      Herr, Herr, Gott!
      Barmherzig und gnädig!
      Angebetet, gepriesen
      Sei dein herrlicher Name!

      Und die Gewitterwinde? sie tragen den Donner!
      Wie sie rauschen, wie sie mit lauter Woge den Wald durchströmen!
      Und nun schweigen sie. Langsam wandelt
      Die schwarze Wolke.

Seht ihr den neuen Zeugen des Nahen, den fliegenden Strahl?
Höret ihr hoch in der Wolke den Donner des Herrn?
Er ruft: Jehova! Jehova!
Und der geschmetterte Wald dampft!

Aber nicht unsre Hütte!
Unser Vater gebot
Seinem Verderber,
Vor unsrer Hütte vorüberzugehn!

Ach, schon rauscht, schon rauscht
Himmel und Erde von gnädigem Regen!
Nun ist — wie dürstete sie! — die Erde erquickt
Und der Himmel der Segensfülle entlastet!

Siehe, nun kommt Jehova nicht mehr im Wetter,
In stillem, sanftem Säuseln
Kommt Jehova,
Und unter ihm neigt sich der Bogen des Friedens!

ROBERT ULSHÖFER
Klopstock und die Entstehung des modernen Naturgefühls

Im allgemeinen bewundert man bei der „Frühlingsfeier" vor allem die Darstellung des Gewitters, die gewiß von großer Eindringlichkeit ist. Aber macht man sich auch klar, daß diese Darstellung und damit überhaupt das Naturgefühl in der neuen Dichtung kosmisch-mythischen und kosmisch-metaphysischen Ursprungs ist? Selbst das Glühwürmchen bei Klopstock lebt nicht isoliert, es wird auch nicht vom Standpunkt des Menschen aus als niedliches Leuchtkäferchen bewundert, es wird vielmehr in Beziehung gesehen zum Allmittelpunkt der Welt, zu Gott. Klopstock kann nichts, auch nicht das kleinste Lebewesen, isoliert, sondern nur als in dem größten Lebensbezug stehend sehen. Das ganze planetarische und mikroskopische Leben entdeckt Klopstock neu von der Schau des Gesamtkosmos aus. Die neue Bezogenheit von Makrokosmos und Mikrokosmos durch den Schöpfergott drückt später Goethe aus in den Worten: „Kein Wesen kann in Nichts zerfallen", und 100 Jahre nach der Entstehung der „Frühlingsfeier" entdeckt Robert Mayer das Gesetz von der Erhaltung der Energie! Das moderne Naturgefühl, ohne das wir uns die moderne Lyrik gar nicht denken können, stammt nicht aus bloßer Empfindung oder subjektiven Gefühlen, sondern einerseits aus einer überaus gegenständlichen, kontrollierbaren, wissenschaftlich begründeten Schau der Naturerscheinungen und andererseits aus einer christlich-religiösen Glaubenshaltung:

> Hier steh ich. Rund um mich
> Ist alles Allmacht und Wunder alles!
> Mit tiefer Ehrfurcht schau ich die Schöpfung an,
> Denn du,
> Namenloser, du
> Schufest sie.

Dieser Haltung entspricht das moderne Naturgefühl und die moderne Naturlyrik. Dabei offenbaren sich die Wunder im Unendlich-Großen wie im Unendlich-Kleinen, im makrokosmischen, im meteorologischen wie im mikrokosmischen Bereich. Das Besondere des Naturgefühls Klopstocks ist es, daß alle diese Bereiche unter sich und mit dem metaphysischen Bereich als in steter Wechselwirkung stehend erfahren und gestaltet werden. Das Frühlingswürmchen, „das grünlichgolden neben mir spielt", lebt und steht im Zusammenhang mit seinem Urquell, ist Offenbarung seiner Kraft und deshalb nach dem Glauben und Wunsch des Dichters unsterblich. Aber auch die vegetative Natur, das Leben der Pflanze, des Waldes ja sogar das vororganische Leben des Stroms, der Winde, der Sturm, der Blitz, alle Erscheinungen des Daseins stehen im engen Zusammenhang mit dem Ewigen. Die Lüfte, die um den Dichter wehen und sanfte Kühlung auf sein Angesicht hauchen, sind für ihn Sendboten des Unendlichen. Die heraufströmenden Wolken nennt er sichtbare Gesandte des Ewigen. Das sind keine poetischen Bilder ohne Wirklichkeitsgehalt, sondern Benennungen von Sachverhalten. So wie in der Stufenleiter der Schöpfung vom Unendlich-Großen zum Unendlich-Kleinen alles der Hand des Schöpfers entquillt, so notwendigerweise auch Winde, Stürme, Blitze. Gott ist sichtbar in den Wolken: sie sind Ausstrahlungen seiner Allmacht.

Eine feste Ordnung herrscht in diesem Bereich der anorganischen und organischen Natur unserer Erde. Es ist die Ordnung von Schenken und Nehmen, von Ruf und Antwort, die Ordnung des Wechselspiels von Schöpfer und Geschöpf.

> Nun schweben sie, rauschen sie, wirbeln die Winde!
> Wie beugt sich der Wald! Wie hebt sich der Strom!
> Sichtbar, wie du es Sterblichen sein kannst,
> Ja, das bist du, sichtbar, Unendlicher!
>
> Der Wald neigt sich, der Strom fliehet, und ich
> Falle nicht auf mein Angesicht?
> Herr! Herr! Gott! barmherzig und gnädig!
> Du Naher, erbarme dich meiner!

Nicht etwa eine anschauliche Beschreibung des Gewitters, sondern ein kosmisch-mythisches Drama gibt der Dichter:

> Seht ihr den neuen Zeugen des Nahen, den fliegenden Strahl?
> Höret ihr hoch in der Wolke den Donner des Herrn?
> Er ruft: Jehova! Jehova!
> Und der geschmetterte Wald dampft!

Was bedeuten diese Worte? Jehova ruft im Donner, und der geschmetterte (nicht zerschmetterte, sondern angeschmetterte) Wald strömt ihm im aufsteigenden Dampf die Antwort entgegen. Anruf und Antwort, überirdische Kraft im meteorologischen Geschehen und biologisch-irdische Wirklichkeit sind einander zugeordnet und ergänzen sich.

Hier offenbart sich Ursprung und Prinzip neuzeitlichen Denkens und Naturgefühls: das Wechselspiel von Transzendenz und Immanenz als ein Wechselspiel von höherem Anruf und irdischem Antworten. In allen Gestalten des vitalen Lebens vom Frühlingswürmchen bis zum Menschen sieht Klopstock dieses Ineinander von Immanenz und Transzendenz: deshalb sein Postulat, daß auch das Frühlingswürmchen unsterblich sei.

Wir sehen in dieser Vorstellung den Beginn der neuzeitlichen Gestaltlehre, die in ihren Grundzügen von Herder und Goethe übernommen (und weiterentwickelt) worden ist. Der Ausdruck „gebildeter Staub" ist in diesem Zusammenhang bedeutsam. Staub ist vergänglich, ungeistig! „Gebildet" aber ist der Staub (der Mensch), weil er vom Schöpfer mit Geist und Seele begabt ist. Der Vorgang der Bildung des Staubes ist mithin gebunden an das Hineinwirken der Transzendenz in die Immanenz des Stofflichen, Vergänglichen.

Aus dieser Konzeption des beseelten, vergänglichen Lebens auf unserer Erde, der Gestalt, und des Wechselspiels von Immanenz und Transzendenz in der Natur ist die moderne Dichtung und vor allem die moderne Lyrik hervorgewachsen. Daß sie sich im Laufe der zweiten Hälfte des 18. Jahrhunderts und stärker noch im 19. und 20. Jahrhundert von dem metaphysischen Mutterboden gelöst hat, hat ihr geschadet, denn sie ist dadurch oft zu einem ästhetisierenden Anempfinden von Naturstimmungen geworden.

LEOPOLD FRIEDRICH GÜNTHER VON GOECKINGK
Antwort auf die Forderung eines Weltbürgers

Kosmopolit wie du zu sein,
mag freilich oft das Herz erfreun,
mir aber, muß ich sorgen,
bleibts ewig wohl verborgen.

Ist eurer Menschenfreundlichkeit
ein Land zu lang, ein Land zu breit?
Was Cook entdeckt im Meere,
Gehört zu eurer Sphäre.

Ich kann, fehlt meinem Nachbar nur
ein Scheffel Saat für seine Flur,
den Scheffel kaum ihm geben,
und soll fürs Weltall leben?

Dafür zu schwatzen? Das geht an!
Dafür zu schreiben? Ei wohlan!
Das könnten, wärs vonnöten,
vor allem wir Poeten.

Allein dafür zu leben? — Hum!
Wer läßt dem Nachbar, um und um,
von den Kosmopoliten,
zwei Metzen Saatkorn bieten?

Reiß mich von meinem Städtchen los!
Klein ist's, mir aber schon zu groß,
weil ungestillter Zähren
noch viel mein Herz beschweren.

Ein Cleysing* könnte mit der Zeit
zur Not, durch meine Wenigkeit,
ein glücklich Dörfchen werden:
Nimm du den Rest der Erden!

---

* *Cleysing:* Ein Dörfchen von fünf Häusern, nahe bei Ellrich; das kleinste im ganzen Königreiche.

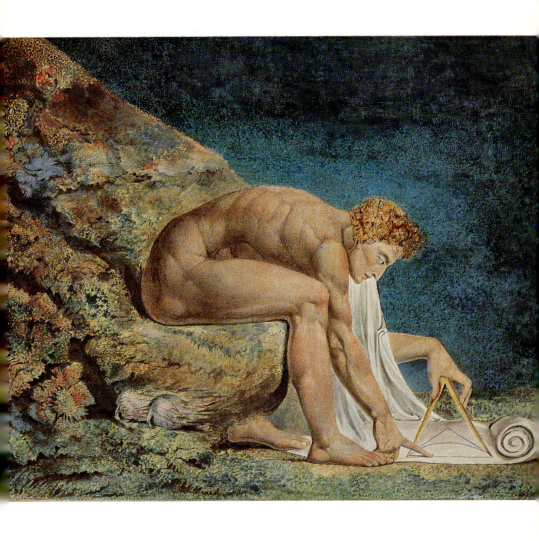

WILLAM BLAKE (1757—1827)
›Newton‹, um 1800

JEAN-HONORÉ FRAGONARD (1732–1806)
›Die Schaukel‹

CHRISTOPH MARTIN WIELAND
Über die Rechte und Pflichten der Schriftsteller

Bey der großen Menge von Schriften, worin gereiste Leute (unter welche von Yoricks Klassen* sie auch gehören mögen) die auf ihren Reisen und Wanderungen gesammelte Bemerkungen und Nachrichten in Briefen an Freunde, oder vielmehr an das Publicum, zum Druck befördern, und da die Begierde der lesenden Welt nach Schriften dieser Art natürlicher weise die Anzahl der reiselustigen Schriftsteller und briefstellerischen Wanderer täglich vermehrt, möchte es Vielen wohl angenehm seyn, einen richtigen Maasstab bey der Hand zu haben, nach welchem sie die Befugnisse solcher Schriftsteller und die Grenzen ihrer Freyheit bey Bekanntmachung ihrer Bemerkungen, Nachrichten und Urtheile, in allen vorkommenden Fällen mit Zuverlässigkeit bestimmen könnten.

Dieser Maasstab scheint in folgender Reihe von Wahrheiten enthalten zu seyn: Ich gebe sie mit Zuversicht für Wahrheiten aus, weil ich nicht nur selbst gänzlich von ihnen überzeugt, sondern auch gewiß bin, daß sie jedem nur mäßig aufgeklärten und einiges Nachdenkens fähigen Menschen als Wahrheit einleuchten müssen. Sollte indessen jemand gegen den einen oder andern der folgenden Sätze etwas Erhebliches zu erinnern haben: so wird er sich ein Verdienst um das Publicum machen, wenn er seine Einwendungen entweder in gegenwärtigem oder einem andern Journale der Welt mitzutheilen belieben wird.

1.

Freyheit der Presse ist Angelegenheit und Interesse des ganzen Menschen-Geschlechtes. Dieser Freyheit hauptsächlich haben wir den gegenwärtigen Grad von Erleuchtung, Kultur und Verfeinerung, dessen unser Europa sich rühmen kann, zu verdanken. Man raube uns diese Freyheit, so wird das Licht, dessen wir uns jetzt erfreuen, bald wieder verschwinden; Unwissenheit wird bald wieder in Dummheit ausarten, und Dummheit wird uns wieder dem Aberglauben und dem tyrannischen Despotismus preisgeben; die Völker werden in die scheusliche Barbarey der finstern Jahrhunderte zurücksinken: wer sich dann erkühnen wird, Wahrheiten zu sagen, an deren Verheimlichung den Unterdrückern der Menschheit gelegen ist, wird ein Ketzer und Aufrührer heißen, und als ein Verbrecher bestraft werden.

2.

Freyheit der Presse ist nur darum ein Recht der Schriftsteller, weil sie ein Recht der Menschheit, oder wenn man will, ein Recht polizierter Nationen ist; und sie ist blos

---
* S. Yoricks Empfindsame Reise, die in der Desobligeante geschriebene Vorrede

162 darum ein Recht des Menschen-Geschlechts, weil die Menschen, als vernünftige Wesen, kein angelegneres Interesse haben als wahre Kenntnisse von allem was auf irgendeine Art, directer oder indirecter weise, einen Einfluß auf ihren Wohlstand hat, oder zu Vermehrung ihrer Vollkommenheit und Glückseligkeit etwas beytragen kann.

3.

Die Wissenschaften, welche für den menschlichen Verstand das sind, was das Tageslicht für unsre Augen, können und dürfen also, ohne offenbare Verlezzung eines unläugbaren Menschen-Rechtes, in keine anderen Grenzen eingeschlossen werden, als diejenigen, welche uns die Natur selbst gesetzt hat. Alles was wir wissen können, das dürfen wir auch wissen.

4.

Die nützlichste, also die vornehmste, aller Wissenschaften, oder, noch genauer zu reden, diejenige in welcher alle übrigen eingeschlossen sind, ist die Wissenschaft des Menschen:
Der Menschheit eignes Studium ist der Mensch.

9.

Die erste und wesentlichste Eigenschaft eines Schriftstellers, welcher einen Beytrag zur Menschen- und Völker-Kunde, aus eigener Beobachtung, liefert, ist: daß er den aufrichtigen Willen habe die Wahrheit zu sagen; daß er folglich keiner Leidenschaft, keiner vorgefaßten Meynung, keiner interessierten Privatabsicht wissentlich einigen Einfluß in seine Nachrichten und Bemerkungen erlaube. Seine erste Pflicht ist Wahrhaftigkeit und Unpartheylichkeit; und da wir zu allem berechtigt sind was eine nothwendige Bedingung der Erfüllung unsrer Pflicht ist: so ist auch, vermöge der Natur der Sache, Freymüthigkeit ein Recht das keinem Schriftsteller dieser Classe streitig gemacht werden kann. Er muß die Wahrheit sagen wollen, und sagen dürfen.

10.

Diesem zufolge ist also der Schriftsteller vollkommen berechtigt, von dem Volke, über welches er uns seine Beobachtungen mittheilt, alles zu sagen was er gesehen hat, Gutes und Böses, Rühmliches und Tadelhaftes. Mit ungetreuen Gemählden, welche nur die schöne Seite darstellen, und die fehlerhafte entweder ganz verdunkeln, oder gar durch schmeichlerische Verschönerung verfälschen, ist der Welt nichts gedient.

13.

Ein Beobachter, den die Natur mit etwas Scharfsinn und Lebhaftigkeit des Geistes ausgesteuert, und die Philosophie mit dem richtigen Maasstabe dessen was löblich, schön, anständig und schicklich, oder was das Gegenteil ist, versehen hat, sieht überall, wo er hinkommt, die Menschen und ihr Thun und Lassen, Gewohnheiten und Eigenheiten, auch ihre Schiefheiten und Albernheiten, in ihrem natürlichen Lichte; und, ohne die mindeste Absicht etwas lächerlich machen zu wollen, findet sich, daß man über das lächerliche — lachen oder lächeln muß. Wohl dem Volke das nur lächerliche Fehler hat!

17.

So wie es keinen wissenschaftlichen Gegenstand giebt, den man nicht untersuchen, ja selbst keinen Glaubenspunkt, den die Vernunft nicht beleuchten dürfte, um zu sehen, ob er glaubwürdig sey oder nicht: so giebt es auch keine historische und keine praktische Wahrheit, die man mit einem Interdict zu belegen, oder für Contrebande zu erklären berechtigt wäre. Es ist widersinnig, Staats-Geheimnisse aus Dingen machen zu wollen, die aller Welt vor Augen liegen; oder übelzunehmen, wenn jemand der ganzen Welt sagte, was einige hunderttausend Menschen sehen, hören und fühlen.

GOTTHOLD EPHRAIM LESSING
Der siebzehnte Literaturbrief

„Niemand", sagen die Verfasser der Bibliothek, „wird leugnen, daß die deutsche Schaubühne einen großen Teil ihrer ersten Verbesserung dem Herrn Professor Gottsched zu danken habe."

Ich bin dieser Niemand; ich leugne es geradezu. Es wäre zu wünschen, daß sich Herr Gottsched niemals mit dem Theater vermengt hätte. Seine vermeinten Verbesserungen betreffen entweder entbehrliche Kleinigkeiten oder sind wahre Verschlimmerungen.

Als die Neuberin blühte und so mancher den Beruf fühlte, sich um sie und die Bühne verdient zu machen, sah es freilich mit unserer dramatischen Poesie sehr elend aus. Man kannte keine Regeln; man bekümmerte sich um keine Muster. Unsere Staats- und Heldenaktionen waren voller Unsinn, Bombast, Schmutz und Pöbelwitz. Unsere Lustspiele bestanden in Verkleidungen und Zaubereien; und Prügel waren die witzigsten Einfälle derselben. Dieses Verderbnis einzusehen, brauchte man eben nicht der feinste und größte Geist zu sein. Auch war Herr Gottsched nicht der erste, der es einsah; er war nur der erste, der sich Kräfte genug zutraute, ihm abzuhelfen. Und wie ging er damit zu Werke? Er verstand ein wenig Französisch und fing an zu übersetzen; er ermunterte alles, was reimen und Oui, Monsieur verstehen konnte, gleichfalls zu übersetzen; er verfertigte, wie ein schweizerischer Kunstrichter sagt, mit Kleister und Schere seinen „Cato"; er ließ den „Darius" und die „Austern", die „Elise" und den „Bock im Prozesse", den „Aurelius" und den „Witzling", die „Banise" und den „Hypochondristen" ohne Kleister und Schere machen; er legte seinen Fluch auf das Extemporieren; er ließ den Harlekin feierlich vom Theater vertreiben, welches selbst die größte Harlekinade war, die jemals gespielt worden; kurz, er wollte nicht sowohl unser altes Theater verbessern, als der Schöpfer eines ganz neuen sein. Und was für eines neuen? Eines französierenden, ohne zu untersuchen, ob dieses französierende Theater der deutschen Denkungsart angemessen sei oder nicht.

Er hätte aus unsern alten dramatischen Stücken, welche er vertrieb, hinlänglich abmerken können, daß wir mehr in den Geschmack der Engländer als der Franzosen einschlagen; daß wir in unsern Trauerspielen mehr sehen und denken wollen, als uns das furchtsame französische Trauerspiel zu sehen und zu denken gibt; daß das Große, das Schreckliche, das Melancholische besser auf uns wirkt als das Artige, das Zärtliche, das Verliebte; daß uns die zu große Einfalt mehr ermüde als die zu große Verwicklung usw. Er hätte also auf dieser Spur bleiben sollen, und sie würde ihn geraden Weges auf das englische Theater geführet haben. — Sagen Sie ja nicht, daß er auch dieses zu nutzen gesucht, wie sein „Cato" es beweise. Denn eben dieses, daß er den Addisonschen „Cato" für das beste englische Trauerspiel hält, zeiget deutlich, daß er hier nur mit den Augen der Franzosen gesehen und damals keinen Shakespeare, keinen Johnson, keinen Beaumont und Fletcher usw. gekannt hat, die er hernach aus Stolz auch nicht hat wollen kennenlernen.

Wenn man die Meisterstücke des Shakespeare, mit einigen bescheidenen Veränderungen unsern Deutschen übersetzt hätte, ich weiß gewiß, es würde von bessern Folgen gewesen sein, als daß man sie mit dem Corneille und Racine so bekannt gemacht hat. Erstlich würde das Volk an jenem weit mehr Geschmack gefunden haben, als es an diesen nicht finden kann; und zweitens würde jener ganz andere Köpfe unter uns erweckt haben, als man von diesen zu rühmen weiß. Denn ein Genie kann nur von einem Genie entzündet werden; und am leichtesten von so einem, das alles bloß der Natur zu danken zu haben scheinet und durch die mühsamen Vollkommenheiten der Kunst nicht abschrecket.

Auch nach den Mustern der Alten die Sache zu entscheiden, ist Shakespeare ein weit größerer tragischer Dichter als Corneille; obgleich dieser die Alten sehr wohl und jener fast gar nicht gekannt hat. Corneille kömmt ihnen in der mechanischen Einrichtung und Shakespeare in dem Wesentlichen näher. Der Engländer erreicht den Zweck der Tragödie fast immer, so sonderbare und ihm eigene Wege er auch wählet; und der Franzose erreicht ihn fast niemals, ob er gleich die gebahnten Wege der Alten betritt. Nach dem „Oedipus" des Sophokles muß in der Welt kein Stück mehr Gewalt über unsre Leidenschaften haben als „Othello", als „König Lear", als „Hamlet" usw. Hat Corneille ein einziges Trauerspiel, das Sie nur halb so gerühret hätte als die „Zaire" des Voltaire? Und die „Zaire" des Voltaire, wie weit ist sie unter dem „Mohren von Venedig", dessen schwache Kopie sie ist und von welchem der ganze Charakter des Orosmans entlehnet worden?

Daß aber unsre alten Stücke wirklich sehr viel Englisches gehabt haben, könnte ich Ihnen mit geringer Mühe weitläufig beweisen. Nur das bekannteste derselben zu nennen: „Doktor Faust" hat eine Menge Szenen, die nur ein Shakespearesches Genie zu denken vermögend gewesen. Und wie verliebt war Deutschland und ist es zum Teil noch in seinen „Doktor Faust!" Einer von meinen Freunden verwahret einen alten Entwurf dieses Trauerspiels, und er hat mir einen Auftritt daraus mitgeteilet, in welchem gewiß ungemein viel Großes liegt ... Sie wünschen ein deutsches Stück, das lauter solche Szenen hätte? Ich auch!

GOTTHOLD EPHRAIM LESSING
Ernst und Falk

ERNST: Laß dich nur hier bei mir nieder, und sieh!

FALK: Was denn?

ERNST: Das Leben und Weben auf und in und um diesen Ameisenhaufen. Welche Geschäftigkeit, und doch welche Ordnung! Alles trägt und schleppt und schiebt; und keines ist dem andern hinderlich. Sieh nur! Sie helfen einander sogar.

FALK: Die Ameisen leben in Gesellschaft, wie die Bienen.

ERNST: Und in einer noch wunderbareren Gesellschaft als die Bienen. Denn sie haben niemand unter sich, der sie zusammenhält und regiert.

FALK: Ordnung muß also doch auch ohne Regierung bestehen können.

ERNST: Wenn jedes einzelne sich selbst zu regieren weiß; warum nicht?

FALK: Ob es wohl auch einmal mit den Menschen dahin kommen wird?

ERNST: Wohl schwerlich!

FALK: Schade!

ERNST: Jawohl!

FALK: Steh auf, und laß uns gehen. Denn sie werden dich bekriechen, die Ameisen; und eben fällt auch mir etwas bei, was ich bei dieser Gelegenheit dich doch fragen muß. — Ich kenne deine Gesinnung darüber noch gar nicht.

ERNST: Worüber?

166   FALK: Über die bürgerliche Gesellschaft des Menschen überhaupt. — Wofür hältst du sie?
ERNST: Für etwas sehr Gutes.
FALK: Unstreitig. — Aber hältst du sie für Zweck, oder für Mittel?
ERNST: Ich verstehe dich nicht.
FALK: Glaubst du, daß die Menschen für die Staaten erschaffen werden? Oder daß die Staaten für die Menschen sind?
ERNST: Jenes scheinen einige behaupten zu wollen. Dieses aber mag wohl das Wahrere sein.
FALK: So denke ich auch. — Die Staaten vereinigen die Menschen, damit durch diese und in dieser Vereinigung jeder einzelne Mensch seinen Teil von Glückseligkeit desto besser und sicherer genießen könne. — Das Totale der einzelnen Glückseligkeiten aller Glieder ist die Glückseligkeit des Staates. Außer dieser gibt es gar keine. Jede andere Glückseligkeit des Staates, bei welcher auch noch so wenig einzelne Glieder leiden und leiden müssen, ist Bemäntelung der Tyrannei. Anders nicht!
ERNST: Ich möchte das nicht so laut sagen.
FALK: Warum nicht?
ERNST: Eine Wahrheit, die jeder nach seiner eigenen Lage beurteilt, kann leicht gemißbraucht werden...
FALK: Du erkennst ja schon Wahrheiten, die man besser verschweigt.
ERNST: Aber doch sagen könnte.
FALK: Der Weise kann nicht sagen, was er besser verschweigt...
ERNST: Gut! das bürgerliche Leben des Menschen, alle Staatsverfassungen sind nichts als Mittel zur menschlichen Glückseligkeit. Was weiter?
FALK: Nichts als Mittel! Und Mittel menschlicher Erfindung, ob ich gleich nicht leugnen will, daß die Natur alles so eingerichtet, daß der Mensch sehr bald auf diese Erfindung geraten muß.
ERNST: Dieses hat denn auch wohl gemacht, daß einige die bürgerliche Gesellschaft für Zweck der Natur gehalten. Weil alles, unsere Leidenschaften und unsere Bedürfnisse, alles darauf führe, sei sie folglich das Letzte, worauf die Natur gehe. So schlossen sie. Als ob die Natur nicht auch die Mittel zweckmäßig hervorbringen müsse! Als ob die Natur mehr die Glückseligkeit eines abgezogenen Begriffs — wie Staat, Vaterland und dergleichen sind — als die Glückseligkeit jedes wirklichen einzelnen Wesens zur Absicht gehabt hätte!
FALK: Sehr gut! Du kommst mir auf dem rechten Weg entgegen. Denn nun sage mir; wenn die Staatsverfassungen Mittel, Mittel menschlicher Erfindung sind: sollten sie allein von dem Schicksale menschlicher Mittel ausgenommen sein?

ERNST: Was nennst du Schicksale menschlicher Mittel?

FALK: Das, was unzertrennlich mit menschlichen Mitteln verbunden ist; was sie von göttlichen unfehlbaren Mitteln unterscheidet.

ERNST: Was ist das?

FALK: Daß sie nicht unfehlbar sind. Daß sie ihrer Absicht nicht allein öfters nicht entsprechen, sondern auch wohl gerade das Gegenteil davon bewirken.

ERNST: Ein Beispiel: wenn dir eines einfällt.

FALK: So sind Schiffahrt und Schiffe Mittel in entlegene Länder zu kommen; und werden Ursache, daß viele Menschen nimmermehr dahingelangen.

ERNST: Die nämlich Schiffbruch leiden und ersaufen. Nun glaube ich dich zu verstehen. — Aber man weiß ja wohl, woher es kommt, wenn so viel einzelne Menschen durch die Staatsverfassung an ihrer Glückseligkeit nichts gewinnen. Der Staatsverfassungen sind viele; eine ist also besser als die andere; manche ist sehr fehlerhaft, mit ihrer Absicht offenbar streitend; und die beste soll vielleicht noch erfunden werden.

FALK: Das ungerechnet! Setze die beste Staatsverfassung, die sich nur denken läßt, schon erfunden; setze, daß alle Menschen in der ganzen Welt diese beste Staatsverfassung angenommen haben: meinst du nicht, daß auch dann noch selbst aus dieser besten Staatsverfassung Dinge entspringen müssen, welche der menschlichen Glückseligkeit höchst nachteilig sind, und wovon der Mensch in dem Stande der Natur schlechterdings nichts gewußt hätte?

ERNST: Ich meine: wenn dergleichen Dinge aus der besten Staatsverfassung entsprängen, daß es sodann die beste Staatsverfassung nicht wäre.

FALK: Und eine bessere möglich wäre? — Nun, so nehme ich diese bessere als die beste an: und frage das nämliche!

ERNST: Du scheinest mir hier bloß von vornherein aus dem angenommenen Begriffe zu vernünfteln, daß jedes Mittel menschlicher Erfindung, wofür du die Staatsverfassungen samt und sonders erklärest, nicht anders als mangelhaft sein könne.

FALK: Nicht bloß.

ERNST: Und es würde dir schwer werden, eins von jenen nachteiligen Dingen zu nennen.

FALK: Die auch aus der besten Staatsverfassung notwendig entspringen müssen? — O zehne für eines.

ERNST: Nur eines erst.

FALK: Wir nehmen also die beste Staatsverfassung für erfunden an; wir nehmen an, daß alle Menschen in der Welt in dieser besten Staatsverfassung leben: würden deswegen alle Menschen in der Welt nur einen Staat ausmachen?

ERNST: Wohl schwerlich. Ein so ungeheurer Staat würde keiner Verwaltung fähig sein. Er müßte sich also in mehrere kleine Staaten verteilen, die alle nach den nämlichen Gesetzen verwaltet würden.

FALK: Das ist: die Menschen würden auch dann noch Deutsche und Franzosen, Holländer und Spanier, Russen und Schweden sein; oder wie sie sonst heißen würden.

ERNST: Ganz gewiß!

FALK: Nun da haben wir ja schon eines. Denn nicht wahr, jeder dieser kleineren Staaten hätte sein eigenes Interesse? und jedes Glied derselben hätte das Interesse seines Staates?

ERNST: Wie anders?

FALK: Diese verschiedenen Interessen würden öfters in Kollision kommen, so wie itzt: und zwei Glieder aus zwei verschiedenen Staaten würden einander ebensowenig mit unbefangenem Gemüt begegnen können, als itzt ein Deutscher einem Franzosen, ein Franzose einem Engländer begegnet.

ERNST: Sehr wahrscheinlich!

FALK: Das ist: wenn itzt ein Deutscher einem Franzosen, ein Franzose einem Engländer, oder umgekehrt, begegnet, so begegnet nicht mehr ein bloßer Mensch einem bloßen Menschen, die vermöge ihrer gleichen Natur gegen einander angezogen werden, sondern ein solcher Mensch begegnet einem solchen Menschen, die ihrer verschiedenen Tendenz sich bewußt sind, welches sie gegen einander kalt, zurückhaltend, mißtrauisch macht, noch ehe sie für ihre einzelne Person das Geringste miteinander zu schaffen und zu teilen haben.

ERNST: Das ist leider wahr.

FALK: Nun so ist es denn auch wahr, daß das Mittel, welches die Menschen vereinigt, um sie durch diese Vereinigung ihres Glückes zu versichern, die Menschen zugleich trennt.

ERNST: Wenn du es so verstehest.

FALK: Tritt einen Schritt weiter. Viele von den kleineren Staaten würden ein ganz verschiedenes Klima, folglich ganz verschiedene Bedürfnisse und Befriedigungen, folglich ganz verschiedene Gewohnheiten und Sitten, folglich ganz verschiedene Sittenlehren, folglich ganz verschiedene Religionen haben. Meinst du nicht?

ERNST: Das ist ein gewaltiger Schritt!

FALK: Die Menschen würden auch dann noch Juden und Christen und Türken und dergleichen sein.

ERNST: Ich getraue mir nicht, nein zu sagen.

FALK: Würden sie das, so würden sie auch, sie möchten heißen, wie sie wollten,

sich untereinander nicht anders verhalten, als sich unsere Christen und
Juden und Türken von jeher untereinander verhalten haben. Nicht als
bloße Menschen gegen bloße Menschen; sondern als solche Menschen,
gegen solche Menschen, die sich einen gewissen geistigen Vorzug streitig
machen und darauf Rechte gründen, die dem natürlichen Menschen
nimmermehr einfallen könnten.

ERNST: Das ist sehr traurig; aber leider doch sehr vermutlich.

FALK: Nur vermutlich?

ERNST: Denn allenfalls dächte ich doch, so wie du angenommen hast, daß alle Staaten einerlei Verfassung hätten, daß sie auch wohl alle einerlei Religionen haben könnten, ja, ich begreife nicht, wie einerlei Staatsverfassung ohne einerlei Religion auch nur möglich ist.

FALK: Ich ebensowenig. — Auch nahm ich jenes nur an, um deine Ausflucht abzuschneiden. Eines ist zuverlässig ebenso unmöglich als das andere. Ein Staat: mehrere Staaten. Mehrere Staaten: mehrere Staatsverfassungen. Mehrere Staatsverfassungen: mehrere Religionen.

ERNST: Ja, ja: so scheinet es.

FALK: So ist es. — Nun sieh da das zweite Unheil, welches die bürgerliche Gesellschaft, ganz ihrer Absicht entgegen, verursacht. Sie kann die Menschen nicht vereinigen, ohne sie zu trennen; nicht trennen, ohne Klüfte zwischen ihnen zu befestigen, ohne Scheidemauern durch sie hin zu ziehen.

ERNST: Und wie schrecklich diese Klüfte sind! wie unübersteiglich oft diese Scheidemauern!

FALK: Laß mich noch das dritte hinzufügen. — Nicht genug, daß die bürgerliche Gesellschaft die Menschen in verschiedene Völker und Religionen teilet und trennet. — Diese Trennung in wenige große Teile, deren jeder für sich ein Ganzes wäre, wäre doch immer noch besser, als gar kein Ganzes. — Nein; die bürgerliche Gesellschaft setzt ihre Trennung auch in jedem dieser Teile gleichsam bis ins Unendliche fort.

ERNST: Wieso?

FALK: Oder meinst du, daß ein Staat sich ohne Verschiedenheit von Ständen denken läßt? Er sei gut oder schlecht, der Vollkommenheit mehr oder weniger nahe: unmöglich können alle Glieder desselben unter sich das nämliche Verhältnis haben. — Wenn sie auch alle an der Gesetzgebung Anteil haben: so können sie doch nicht gleichen Anteil haben, wenigstens nicht gleich unmittelbaren Anteil. Es wird also vornehmere und geringere Glieder geben. — Wenn anfangs auch alle Besitzungen des Staats unter sie gleich verteilet worden: so kann diese gleiche Verteilung doch keine zwei Menschenalter bestehen. Einer wird sein Eigentum besser zu nutzen wissen, als der andere. Einer wird sein schlechter genutztes Eigentum gleichwohl unter mehrere Nachkommen zu verteilen haben, als der andere. Es wird also reichere und ärmere Glieder geben.

ERNST: Das versteht sich.

FALK: Nun überlege, wie viel Übel es in der Welt wohl gibt, das in dieser Verschiedenheit der Stände seinen Grund nicht hat.

ERNST: Wenn ich dir doch widersprechen könnte! Aber was hatte ich für Ursache, dir überhaupt zu widersprechen? — Nun ja! die Menschen sind nur durch Trennung zu vereinigen! nur durch unaufhörliche Trennung in Vereinigung zu erhalten! Das ist nun einmal so. Das kann nicht anders sein.

FALK: Das sage ich eben!

ERNST: Also, was willst du damit? Mir das bürgerliche Leben dadurch verleiden? Mich wünschen machen, daß den Menschen der Gedanke, sich in Staaten zu vereinigen, nie möge gekommen sein?

FALK: Verkennst du mich soweit? — Wenn die bürgerliche Gesellschaft auch nur das Gute hätte, daß allein in ihr die menschliche Vernunft angebaut werden kann: ich würde sie auch bei weit größeren Übeln noch segnen.

ERNST: Wer des Feuers genießen will, sagt das Sprichwort, muß sich den Rauch gefallen lassen.

FALK: Allerdings! — Aber weil der Rauch bei dem Feuer unvermeidlich ist: durfte man darum keinen Rauchfang erfinden? Und der den Rauchfang erfand, war der darum ein Feind des Feuers? — Sieh, dahin wollte ich.

ERNST: Wohin? — Ich verstehe dich nicht.

FALK: Das Gleichnis war doch sehr passend. — Wenn die Menschen nicht anders in Staaten vereinigt werden konnten, als durch jene Trennungen: werden sie darum gut, jene Trennungen?

ERNST: Das wohl nicht.

FALK: Werden sie darum heilig, jene Trennungen?

ERNST: Wie heilig?

FALK: Daß es verboten sein sollte, Hand an sie zu legen?

ERNST: In Absicht? ...

FALK: In Absicht, sie nicht größer einreißen zu lassen, als die Notwendigkeit erfordert. In Absicht, ihre Folgen so unschädlich zu machen, als möglich.

ERNST: Wie könnte das verboten sein?

FALK: Aber geboten kann es doch auch nicht sein; durch bürgerliche Gesetze nicht geboten! Denn bürgerliche Gesetze erstrecken sich nie über die Grenzen ihres Staats. Und dieses würde nun gerade außer den Grenzen aller und jeder Staaten liegen. — Folglich kann es nur ein Opus supererogatum sein:

ERNST: und es wäre bloß zu wünschen, daß sich die Weisesten und Besten eines jeden Staats diesem Operi supererogato freiwillig unterzögen.

ERNST: Bloß zu wünschen; aber recht sehr zu wünschen.

FALK: Ich dächte! Recht sehr zu wünschen, daß es in jedem Staate Männer geben möchte, die über die Vorurteile der Völkerschaft hinweg wären und genau wüßten, wo Patriotismus, Tugend zu sein, aufhöret.

ERNST: Recht sehr zu wünschen!

FALK: Recht sehr zu wünschen, daß es in jedem Staate Männer geben möchte, die dem Vorurteile ihrer angeborenen Religion nicht unterlägen; nicht glaubten, daß alles notwendig gut und wahr sein müsse, was sie für gut und wahr erkennen.

ERNST: Recht sehr zu wünschen!

FALK: Recht sehr zu wünschen, daß es in jedem Staate Männer geben möchte, welche bürgerliche Hoheit nicht blendet und bürgerliche Geringfügigkeit nicht ekelt; in deren Gesellschaft der Hohe sich gern herabläßt, und der Geringe sich dreist erhebet.

ERNST: Recht sehr zu wünschen!

GOTTHOLD EPHRAIM LESSING
Meine Art zu streiten und zu schreiben

Was meine Art zu streiten anbelangt, nach welcher ich nicht sowohl den Verstand meiner Leser durch Gründe zu überzeugen, sondern mich ihrer Phantasie durch allerhand unerwartete Bilder und Anspielungen zu bemächtigen suchen soll: so habe ich mich schon zur Hälfte darüber erklärt. Ich suche allerdings durch die Phantasie mit auf den Verstand meiner Leser zu wirken. Ich halte es nicht allein für nützlich, sondern auch für notwendig, Gründe in Bilder zu kleiden und alle die Nebenbegriffe, welche die einen oder die andern erwecken, durch Anspielungen zu bezeichnen. Wer hiervon nichts weiß und versteht, müßte schlechterdings kein Schriftsteller werden wollen; denn alle guten Schriftsteller sind es nur auf diesem Wege geworden. Lächerlich also ist es, wenn der Herr Hauptpastor etwas verschreien will, was er nicht kann, und w e i l er es nicht kann. Und noch lächerlicher ist es, wenn er gleichwohl selbst überall so viel Bestreben verrät, es gern können zu wollen. Denn unter allen nüchternen und schalen Papierbesudlern braucht keiner mehr Gleichnisse, die von nichts ausgehen, und auf nichts hinauslaufen, als er. Selbst witzig sein und spotten möchte er manchmal gern; und der Reichspostreiter, oder dessen Pferd, hat ihm auch wirklich das Zeugnis gegeben, „daß er die satirische Schreibart gleichfalls in seiner Gewalt habe." — Worauf sich aber wohl dieses gleichfalls beziehen mag? — Ob auf die anständige Schreibart, welche sonst in der Schrift des Herrn Hauptpastors herrschen soll? Ob auf die Gründe, mit welchen er streiten soll? — Darüber möchte ich mir denn nun wohl kompetentere Richter erbitten, als den Postreiter und sein Pferd. — Oder ob auf mich? Ob der Postreiter sagen wollen, daß der Herr Hauptpastor ebensogut als ich die satirische Schreibart in seiner Gewalt habe? — Ja, darin kann der Postreiter und sein Pferd leicht recht haben. Denn ich habe die satirische Schreibart, Gott sei Dank, gar nicht in meiner Gewalt; habe auch nie gewünscht, sie in meiner Gewalt zu haben. Das einzige, was freilich mehrere Pferde Satire zu nennen pflegen, und was mir hierüber zuschulden kommt, ist dieses, daß ich einen Postreiter einen Postreiter, und ein Pferd ein Pferd nenne. Aber wahrlich, man hat unrecht, wenn man Offenherzigkeit und Wahrheit, mit Wärme gesagt, als Satire verschreiet. Häckerling und Haber können nicht verschiedener voneinander sein, mein gutes Pferd! Ich will dich besser lehren, was Satire ist. Wenn dein Reiter, — sonst genannt der Schwager, weil er schwägerlich die Partei eines jeden hält, dem er vorreitet, — sagt, daß eine anständige Schreibart in den Schriften des Herrn Hauptpastors herrsche; wenn er sagt, daß der Herr Hauptpastor mit Gründen streite: glaube mir; das, das ist Satire.

JOHANN GEORG HAMANN
Poesie und Genie

Poesie ist die Muttersprache des menschlichen Geschlechts; wie der Gartenbau älter als der Acker; Malerei — als Schrift; Gesang — als Deklamation; Gleichnisse — als Schlüsse; Tausch — als Handel. Ein tieferer Schlaf war die Ruhe unserer Urahnen und ihre Bewegung ein taumelnder Tanz. Sieben Tage im Stillschweigen des Nachsinnens oder Erstaunens saßen sie — und taten ihren Mund auf — zu geflügelten Sprüchen.

Sinne und Leidenschaften reden und verstehen nichts als Bilder. In Bildern besteht der ganze Schatz menschlicher Erkenntnis und Glückseligkeit. Der erste Ausbruch der Schöpfung und der erste Eindruck ihres Geschichtsschreibers; — die erste Erscheinung und der erste Genuß der Natur vereinigen sich in dem Worte: Es werde Licht! Hiermit fängt die Empfindung von der Gegenwart der Dinge an.

Was ersetzt bei Homer die Unwissenheit der Kunstregeln, die in Aristoteles nach ihm erdacht, und was bei einem Shakespeare die Unwissenheit oder Übertretung jener kritischen Gesetze? Das Genie, ist die einmütige Antwort.

Ein Engel fuhr herab zu seiner Zeit und bewegte den Teich Bethesda, in dessen fünf Hallen viel Kranke, Blinde, Lahme, Dürre lagen und warteten, wenn sich das Wasser bewegte. — Ebenso muß ein Genie sich herablassen, Regeln zu erschüttern; sonst bleiben sie Wasser; und — man muß der erste sein hereinzusteigen, nachdem das Wasser bewegt wird, wenn man die Wirkung und Kraft der Regeln selbst erleben will.

Alle großen und starken Genies scheinen einigermaßen jenem fremden Volke ähnlich zu sein, von dem Mose und die Propheten weissagen, daß es „wie ein Adler fliegt und ein Volk von tiefer Sprache ist, die man nicht vernehmen kann, und von lächerlicher Zunge, die man nicht versteht".

Denken Sie weniger, leben Sie mehr!
Das Herz schlägt früher, als unser Kopf denkt. Ein guter Wille ist brauchbarer als eine noch so reine Vernunft.

JOHANN GOTTFRIED HERDER
Genie

Die Alten sprachen vom Genie weniger, ehrten aber und kultivierten es vielleicht mehr als wir. Die höhere Macht, die einen Menschen zu Hervorbringung seines Werks belebet, das wir als unnachahmlich, als unerreichbar erkennen, aber mächtig oder sanft auf uns wirkend fühlen, diese auszeichnende Himmelsgabe nannten sie „Geist", „Genius". Ein mit uns geborner Geist, „δαίμων", „vis animi divinior", von dem sie Kultur, Kunst, Fleiß so wenig ausschlossen, daß sie vielmehr ihn als Vater, Stifter, Beleber, und Schutzgott aller Kultur und Menschenbelebung anerkannten, priesen, verehrten.

Die neueren Sprachen sind ins Kleine gegangen. Nicht nur „genio" und „ingenio", sondern auch „Genie", „Talent" und „Geist" haben sie so künstlich unterschieden, daß es ihnen bei weitem nicht gleichgültig ist, „Genie haben und ein Genie sein, Talent haben und von Talenten sein, Esprit haben und ein großer Geist sein"; auch gibts bei ihnen der Genies, Talente und Esprits so viel Stufen und Arten, daß zur Bezeichnung des großen, reichen, tiefen, fruchtbaren, schöpferischen Genies, des feinen, subtilen, ordnenden, aber auch des falschen, subtilisierenden Geistes u. f., insonderheit die französische Kritik Kommentare geliefert. Seit Helvétius versteht jeder petit esprit diese Nuancen der espritreichsten Sprache; mehrere Nationen haben sie sich zugeeignet, ohne sich doch die Herabsetzung des Worts Geist (spirito, spirit) gefallen zu lassen. Italienern und Spaniern und Engländern und Deutschen blieb das große belebende Prinzipium aller unsichtbaren Wirksamkeit, Geist, in Wert. Den von ihm Erfüllten nannten sie begeistert. Der kältere Sinn der Deutschen legte dem Wort noch eine Verstandeskraft bei, die andere Sprachen in dem Umfang und in der Wichtigkeit nicht bemerken. Ein vielumfassender, hellsehender, tief ergründender, schöpferischer, ein erfindender, ordnender, tätiger, wohltätiger, beseligender Geist sagt in unsrer Sprache so viel, daß man über ihn das vieldeutige Wort („Schenie) genie", außer wo es „Genius", d. i. angeborene eigentümliche Art bedeutet, leicht entbehren möchte. Lasset uns diese ursprüngliche, einfache Bedeutung am Wort „Genie", „Genius", entwickeln!

1. Genie ist angeboren (genius est, quod una genitur nobiscum, in cuius tutela vivimus nati; ingenium ingenitum est). Weder erkauft noch erbettelt, weder erstritten noch erstudiert kann es werden. Es ist Naturart (nativum quid), es wirkt also aus sich, aus angebornen Kräften, mit angeborner Lust, leicht genialisch. Seinem Genius leben, folgen, nachsehn, bedeutete der alten Welt ein seiner eigentümlichen Natur gemäßes, freudiges Wirken und Leben.

2. Der Genius schaffet, erzeuget, stellt sich selbst dar (genius gignit, sui simile procreat, condit genus). Von dem der nichts hervorbrachte, kann man seine Anlagen rühmen; von dem, der fremde Materialien zusammenzimmert, darf man sein Talent der Zusammensetzung, der Ordnung, des Fleißes preisen; Genius war nur der, der ein lebendes Ganze, sei es Entwurf oder Geschäft, ein Werk des Geistes oder der Kunst, aus sich hervorbrachte. Und zwar

3. War er Genius im Augenblick des Erschaffens, als (so sagt die begeisterte Sprache) der göttliche Funke in ihm schlug, als in einem Gedanken sein Werk oder Geschäft ihm ganz da stand: da (heißt es) belebte sein Genius ihn; das war die genialische Stunde. Wenn in Vollbringung oder Darstellung seines Werks der Genius ihn verließ, so bedauern wir den Verlassenen, ehren aber noch die Idee des Ganzen, die sein ist und bleibet.

4. Vollführte er, was er begann, so steht sein Werk genuin und genialisch da, ein Abbild seiner in Vollkommenheit, oft auch in Fehlern. Ist diese ihm eigentümliche Art ein in sich Bestehendes, das sich erhält und fortpflanzt, so wird sie nicht etwa ein tot dastehendes Muster zum Nachahmen oder zum Beurteilen, sondern Geschlecht (genus) oder Gattung. Trage sie seinen oder einen fremden Namen; dem Genius gehöret sie an.

5. Und eben daß wir in ihr den Naturgeist, der hier rein und eigentümlich wirkte, anerkennen und uns seines, ihn unsers Geschlechts fühlen; dies macht uns genialische Freude. Wir werden mitgenialisch (congénial) mit ihm, fühlen uns seiner Art, er bildet in uns seine Empfindungen, seine Gedanken. Andre wirken auf seiner

Bahn fort, lebendig, selbstwirksam, seines Geschlechtes. So klar und umfassend leitet sich alles aus dem ursprünglichen, nativen und genuinen Begriff des Wortes selbst her. Was nun schafft dieser Genius? Was für Werke oder Wirkungen sind sein? Wie der Naturgeist sich in allen lebenden Gattungen und Geschlechtern erzeugt habe und erzeuge, was er in ihnen und durch sie schaffe und wirke, sehen wir auf dem großen Schauplatz der Schöpfung. Wie er sich in der Menschennatur erweise, zeigt die Geschichte unsers Geschlechts in allen seinen Erfindungen, Tätigkeiten und Produktionen; seine künftige Geschichte wird es zeigen. In Absicht auf diese Zukunft sind wir selbst Embryonen. Jeder Tag, jeder Augenblick schafft und fördert das vielfache Werk des Menschengenius weiter.

Unglücklich, wenn hiezu nur Bildhauerei und Dichtkunst, Redner- und Malerei gehörte, als ob diese Werke des Namens Genie allein wert wären. Was irgend durch menschliche Natur genialisch hervorgebracht oder bewirkt werden kann, Wissenschaft und Kunst, Einrichtung oder Handlung ist Werk des Genius, der, jede Anlage der Menschheit zu erwecken und zu ihrem Zweck zu fördern, eben Genius ist. Jeder Mechanismus erfordert Geist, der ihn ins Werk stelle; alles Geistige, damit es ins Werk gestellt werde, erfordert Mechanismus. Ein unsichtbares Fortstreben bei einem sichtbaren Verschwinden und Wiederkommen ist die Erscheinung des göttlich-menschlichen Geistes.

Vergönne mir, noch einige Worte von dir zu stammeln, großer heiliger Genius der Menschheit.

Genius ist ein höherer, himmlischer Geist, wirkend unter Gesetzen der Natur, gemäß seiner Natur, zum Dienst der Menschen. Sei er Aufklärer und Ordner, der Beherrscher gleichsam eines Elements, oder der leitende, wirkende Schutzgeist seines Geschlechts, er dienet seinem Geschäft, und indem er die Glorie im Antlitz des Ewigen schauet, trägt er das Kind auf seinen Händen. Unsichtbar, sich selbst vergessend, gleichgültig, ob erkannt und wie er genannt werde, lebt er in seinem Werk, der Vorsehung wirkender Bote.

Ein Heil- und Friedensbote, zum Erhalten, nicht zum Zerstören, zum Segnen, nicht zum Verwüsten, Würgengel sind Strafgerichte; die ewigen Ankläger ihrer Brüder, die sie, ohne ihnen zu helfen, Tag und Nacht verklagen, sind keines andern Lebens fähig, als die Gewaltiger, die Peiniger ihres Geschlechts zu werden. Die Genien der Natur beleben das Tote, erquicken das Lechzende. Dem Halm in der Wüste und dem Vogel auf dem Gebirge gewähren sie auch sein Tröpfchen Tau.

Die Genien des Menschengeschlechts sind des Menschengeschlechts Freunde und Retter, seine Bewahrer und Helfer. Ein heilbringender Gedanke, den sie erwecken, schafft oft eine neue Ordnung der Dinge mit stillem Schritt. Eine schöne Tat, zu der sie begeistern, wirkt unauslöschlich in die tiefste Ferne. Menschliche Seelen sind ihr Reich; da bilden und fördern sie, ungesehen und unabsehlich, stille Entschlüsse, lange Gedanken.

Von Eitelkeit also fern, weil sie einer höheren Art sind, erkennen sie nur ihre Grenzen, ihre Mängel. Weil diese dem niedern Geschlecht gemeiniglich zuerst ins Auge fallen, so trauern sie über die Nachahmung dieser. Idole zu werden, ist weder ihr Wunsch noch ihr Beruf; vollends mit sich, mit dem Werk eines einzelnen das Geschäft des Gesamtgenius beschlossen zu halten, ist ihnen undenkbar: denn es ist eng und eitel antigenialisch.

Geist zu erwecken, Kräfte zu beleben, ist ihr Dienst und der Lohn ihres Dienstes. Je weiter die Menschheit rückt, je mehr und feiner sich ihre Angelegenheiten und Gefahren verflechten, desto höhere und immer höhere Genien hat sie nötig. Die Zeit ist vorüber, da man den Namen des Genies bloß an müßige Kunstprodukte verschwendete oder gar zum Fröner alberner Ergötzlichkeit machte; höhere Genien, kommet uns zu Hülfe. Euch rufet die Zeit.

Geschmeckt und geschmeckt haben wir lange; das Angenehmste ist uns zum Ekel worden; beinah in allem sogenannt Schönen leiden wir an Übermaß, an Überdruß, am Mangel des Triebes, Gefühls und Genusses, daß sogar die Philosophie a priori es dem Gemeinsinn deduzieren dürfen, „Kunst sei nichts als ein Spiel der Empfindungen und der Einbildungskraft ohne Zweck und Begriff". Komm uns zu Hülfe, Geist, der dies kindisch-grausame Spiel, das Schlenkern des Maikäfers um einen Stab, damit er sumse, in Theorie und Übung der Verachtung preisgebe. Die herrlichsten Talente, die größesten Genien auch in unserm Volk, woran mußten sie ihre Gaben oft und meistens verschwenden? und wie mißbrauchen wir ihre Werke? In Musik und bildender Kunst, in Dichtung und Rede, noch mehr in Tat und ordnenden Gedanken jähnen wir dem Genius zu, höchst ungenialisch. Wer erweckt Hunger in uns, damit wir nicht nur schmecken, sondern auch Lebenssaft empfangen? wer weckt in uns Neigungen, Kräfte?

Und zwar von Kindheit, von Jugend auf: denn ach, Genius, dein späteres Erscheinen ist schmerzhaft.

JOHANN GOTTFRIED HERDER
Über das Volkslied

Sie glauben, daß auch wir Deutschen wohl mehr solcher Gedichte hätten, als ich mit der schottischen Romanze angeführt; ich glaube nicht allein, sondern ich weiß es. In mehr als Einer Provinz sind mir Volkslieder, Provinziallieder, Bauernlieder bekannt, die an Lebhaftigkeit und Rhythmus, an Naivität und Stärke der Sprache vielen derselben gewiß Nichts nachgeben würden; nur wer ist, der sie sammle, der sich um sie bekümmre? sich um Lieder des Volks bekümmre auf Straßen und Gassen und Fischmärkten? im ungelehrten Rundgesange des Landvolks? um Lieder, die oft nicht skandiert und oft schlecht gereimt sind — wer wollte sie sammeln? — wer für unsre Kritiker, die ja so gut Sylben zählen und skandieren können, drucken lassen?

Sturm und Drang: Zusammenhang von Volksseele, Sprache und Poesie

... Zu unsern Zeiten wird so viel von Liedern für Kinder gesprochen, wollen Sie ein älteres deutsches hören? Es enthält zwar keine transcendente Weisheit und Moral, mit der die Kinder zeitig genug überhäuft werden, es ist nichts als ein kindisches

Fabelliedchen

> Es sah ein Knab ein Röslein stehn,
> Ein Röslein auf der Heiden:
> Er sah, es war so frisch und schön,
> Und blieb stehn, es anzusehn,
> Und stand in süßen Freuden.
>   Röslein, Röslein, Röslein rot,
>   Röslein auf der Heiden!
> Der Knabe sprach: „Ich breche dich!"
> Röslein etc.
> Das Röslein sprach: „Ich steche dich,
> Daß du ewig denkst an mich,
> Daß ich nicht wills leiden!" Röslein etc.
>
> Jedoch der wilde Knabe brach,
> Das Röslein etc.
> Das Röslein wehrte sich und stach,
> Aber es vergaß darnach
> Beim Genuß das Leiden! Röslein etc.

Ist das nicht Kinderton?

... Und so führen Sie mich wieder auf meine abgebrochne Materie: „Woher anscheinend einfältige Völker sich an dergleichen kühne Sprünge und Wendungen haben gewöhnen können?" Gewöhnen wäre immer das leichteste zu erklären; denn wozu kann man sich nicht gewöhnen, wenn man nichts Anders hat und kennet? Da wird uns im Kurzen die Hütte zum Palast und der Fels zum ebnen Wege. — Aber darauf kommen? Es als eigne Natur so lieben können? Das ist die Frage, und die Antwort darauf sehr kurz: weil das in der Tat die Art der Einbildung ist, und sie auf keinem engern Wege je fortgehen kann.

Alle Gesänge solcher wilden Völker weben um daseiende Gegenstände, Handlungen, Begebenheiten, um eine lebendige Welt! Wie reich und vielfach sind da nun Umstände, gegenwärtige Züge, Teilvorfälle! Und alle hat das Auge gesehen! Die Seele stellet sie sich vor! Das setzt Sprünge und Würfe! Es ist kein anderer Zusammenhang unter den Teilen des Gesanges, als unter den Bäumen und Gebüschen im Walde, unter den Felsen und Grotten in der Einöde, als unter den Szenen der Begebenheit selbst. Wenn der Grönländer von seinem Seehundfange erzählt, so redet er nicht, sondern malet mit Worten und Bewegungen jeden Umstand, jede Bewegung; denn alle sind Teile vom Bilde in seiner Seele. Wenn er also auch seinem

178 Verstorbenen das Leichenlob und die Totenklage hält, er lobt, er klagt nicht; er malt, und das Leben des Verstorbenen selbst, mit allen lebendigen Eindrücken der Einbildung herbeigerissen, muß reden und bejammern. Ich entbreche mich nicht, ein Fragment der Art hieher zu setzen; denn da es gewöhnlich ist, Sprünge und Würfe solcher Stücke für Tollheiten der morgenländischen Hitze, für Enthusiasmus des Prophetengeistes oder für schöne Kunstsprünge der Ode auszugeben, und man aus diesen eine so herrliche Webertheorie vom Plan und den Sprüngen der Ode recht regelmäßig ausgesponnen hat; so möge hier ein kalter Grönländer, fast unterm Pol hervor, ohne Hitze und Prophetengeist und Odentheorie aus dem vollen Bilde seiner Phantasie reden. Alle Grabbegleiter und Freunde des Verstorbenen sitzen im Trauerhause, den Kopf zwischen die Hände, die Arme aufs Knie gestützt, die Weiber auf dem Angesicht, und schluchzen und weinen in der Stille; und der Vater, Sohn oder nächste Verwandte fängt mit heulender Stimme an:

„Wehe mir, daß ich deinen Sitz ansehen soll, der nun leer ist! Deine Mutter bemühet sich vergebens, dir die Kleider zu trocknen!

Siehe! meine Freude ist ins Finstre gegangen und in den Berg verkrochen.

Ehedem ging ich des Abends aus und freute mich; ich streckte meine Augen aus und wartete auf dein Kommen.

Siehe, du kamst! du kamst mutig angerudert mit Jungen und Alten.

Du kamst nie leer von der See: dein Kajak war stets mit Seehunden oder Vögeln beladen.

Deine Mutter machte Feuer und kochte. Von dem Gekochten, das du erworben hattest, ließ deine Mutter den übrigen Leuten vorlegen, und ich nahm mir auch ein Stück.

Du sahest der Schaluppe roten Wimpel von Weitem, und ruftest: Da kommt Lars (der Kaufmann).

Du liefst an den Strand und hieltst das Vorderteil der Schaluppe.

Dann brachtest du deine Seehunde hervor, von welchen deine Mutter den Speck abnahm, und dafür bekamst du Hemde und Pfeileisen.

Aber das ist nun aus. Wenn ich an dich denke, so brauset mein Eingeweide.

O daß ich weinen könnte wie ihr andern, so könnte ich doch meinen Schmerz lindern.

Was soll ich mir wünschen? Der Tod ist mir nun selbst angenehm worden, aber wer soll mein Weib und meine übrigen kleinen Kinder versorgen?

Ich will noch eine Zeit lang leben; aber meine Freude soll sein in Enthaltung Dessen, was den Menschen sonst lieb ist!"

Der Grönländer befolgt die feinsten Gesetze vom Schweben der Elegie, die auch
— irrt, doch nicht verwirret! —

und von wem hat er sie gelernet? Sollte es mit den Gesetzen der Ode, des Liedes nicht eben so sein? Und wenn sie in der Natur der Einbildung liegen, wen sind sie nötig zu lehren? wem unmöglich zu fassen, der nur diejenige Einbildung hat? — Alle Gesänge des A. T.,[1] Lieder, Elegien, Orakelstücke der Propheten sind voll davon, und die sollten doch kaum poetische Übungen sein. —

... Endlich kann ich nicht umhin, noch mit ein paar Worten merken zu lassen, was ich für das Wesen des Liedes halte. Nicht Zusammensetzung desselben als eines Gemäldes niedlicher Farben, auch glaube ich nicht, daß der Glanz und die Politur seine einzige und Hauptvollkommenheit sei; sie ists nämlich nur von Einer, weder der ersten noch einzigen Gattung von Liedern, die ich lieber Kabinet- und Toilettstück, Sonett, Madrigal u. dgl. als ohne Einschränkung und Ausnahme Lied nennen möchte. Das Wesen des Liedes ist Gesang, nicht Gemälde; seine Vollkommenheit liegt im melodischen Gange der Leidenschaft oder Empfindung, den man mit dem alten treffenden Ausdruck Weise nennen könnte. Fehlt diese einem Liede, hat es keinen Ton, keine poetische Modulation, keinen gehaltenen Gang und Fortgang derselben; habe es Bild und Bilder, und Zusammensetzung und Niedlichkeit der Farben, so viel es wolle, es ist kein Lied mehr. Oder wird jene Modulation durch irgend etwas gestört, bringt ein fremder Verbesserer hier eine Paranthese von malerischer Komposition, dort eine niedliche Farbe von Beiwort u. f. hinein, bei der wir den Augenblick aus dem Ton des Sängers, aus der Melodie des Gesanges hinaus sind und ein schönes, aber hartes und nahrungsloses Farbenkorn kauen; hinweg Gesang! hinweg Lied und Freude! Ist gegenteils in einem Liede Weise da, wohlangeklungne und wohlgehaltne lyrische Weise; wäre der Inhalt selbst auch nicht von Belange, das Lied bleibt und wird gesungen. Über kurz oder lang wird statt des schlechtern ein beßrer Inhalt genommen und drauf gebauet werden; nur die Seele des Liedes, poetische Tonart, Melodie, ist geblieben. Hätte ein Lied von guter Weise einzelne merkliche Fehler; die Fehler verlieren sich, die schlechten Strophen werden nicht mit gesungen; aber der Geist des Liedes, der allein in die Seele wirkt und Gemüter zum Chor regt, dieser Geist ist unsterblich und wirkt weiter. Lied muß gehört werden, nicht gesehen; gehört mit dem Ohr der Seele, das nicht einzelne Sylben allein zählt und mißt und wäget, sondern auf Fortklang horcht und in ihm fortschwimmet.

Auch beim Übersetzen ist das Schwerste, diesen Ton, den Gesangton, einer fremden Sprache zu übertragen, wie hundert gescheiterte Lieder und lyrische Fahrzeuge am Ufer unsrer und fremden Sprachen zeigen. Oft ist kein ander Mittel als, wenns unmöglich ist, das Lied selbst zu geben, wie es in der Sprache singt, es treu zu erfassen, wie es in uns übertönet, und festgehalten so zu geben. Alles Schwanken aber zwischen zwo Sprachen und Singarten, des Verfassers und Übersetzers, ist unausstehlich; das Ohr vernimmts gleich und haßt den hinkenden Boten, der weder zu sagen noch zu schweigen wußte. Die Hauptsorge dieser Sammlung ist also auch gewesen, den Ton und die Weise jedes Gesanges und Liedes zu fassen und treu zu halten.

---
[1] Alten Testaments (Anm. d. H.)

JACOB MICHAEL REINHOLD LENZ
Anmerkungen übers Theater

Der Schöpfer hat unserer Seele einen Bleiklumpen angehängt, der wie die Penduln an der Uhr sie durch seine niederziehende Kraft in beständiger Bewegung erhält. Anstatt also mit den Hypochondristen auf diesen sichern Freund zu schimpfen (amicus certus in re incerta, denn, was für ein Wetterhahn ist unsere Seele?), ist er, hoff ich, ein Kunststück des Schöpfers, all unsere Erkenntnis festzuhalten, bis sie anschaulich geworden ist.

Die Sinne, ja die Sinne — es kommt freilich auf die spezifische Schleifung der Gläser und die spezifische Größe der Projektionstafel an, aber mit alledem, wenn die Camera obscura Ritzen hat —

So weit sind wir nun. Aber eine Erkenntnis kann vollkommen gegenwärtig und anschaulich sein — und ist deswegen noch nicht poetisch. Doch dies ist nicht der rechte Zipfel, an dem ich anfassen muß, um —

Wir nennen die Köpfe Genies, die alles, was ihnen vorkommt, gleich so durchdringen, durch und durch sehen, daß ihre Erkenntnis denselben Wert, Umfang, Klarheit hat, als ob sie durch Anschaun oder alle sieben Sinne zusammen wäre erworben worden. Legt einem solchen eine Sprache, mathematische Demonstration, verdrehten Charakter, was ihr wollt, ehe ihr ausgeredt habt, sitzt das Bild in seiner Seele mit allen seinen Verhältnissen, Licht, Schatten, Kolorit dazu.

Diese Köpfe werden nun zwar vortreffliche Weltweise, was weiß ich, Zergliederer, Kritiker — alle ers —, auch vortreffliche Leser von Gedichten abgeben, allein es muß noch was dazukommen, eh sie selbst welche machen, versteh mich wohl, nicht nachmachen. Die Folie, christlicher Leser! die Folie, was Horaz vivida vis ingenii und wir Begeisterung, Schöpfungskraft, Dichtungsvermögen oder lieber gar nicht nennen. Den Gegenstand zurückzuspiegeln, das ist der Knoten, die nota diacritica des Poetischen Genies, deren es nun freilich seit Anfang der Welt mehr als sechstausend soll gegeben haben, die aber auf Belsazers Waage vielleicht bis auf sechs, oder wie Sie wollen. —

Denn — und auf dieses Denn sind Sie vielleicht schon ungeduldig, das Vermögen, nachzuahmen ist nicht das, was bei allen Tieren schon im Ansatz — nicht Mechanik — nicht Echo — — nicht was es, um Odem zu sparen, bei unsern Poeten. Der wahre Dichter verbindet nicht in seiner Einbildungskraft, wie es ihm gefällt, was die Herren die schöne Natur zu nennen beliebten, was aber mit ihrer Erlaubnis nichts als die verfehlte Natur ist. Er nimmt Standpunkt — und dann muß er so verbinden. Man könnte sein Gemälde mit der Sache verwechseln, und der Schöpfer sieht auf ihn hinab, wie auf die kleinen Götter, die mit seinem Funken in der Brust auf den Thronen der Erde sitzen und seinem Beispiel gemäß eine kleine Welt erhalten.

Sturm und Drang: Theorie des Dramas im Sinne Shakespeares

... Und zum Henker, hat denn die Natur den Aristoteles um Rat gefragt, wenn sie ein Genie —?

Auf eins seiner Fundamentalgesetze muß ich noch zurückschießen, das so viel Lärm gemacht, bloß weil es so klein ist, und das ist die so erschröckliche, jämmerlich-berühmte Bulle von den drei Einheiten. Und was heißen denn nun drei Einheiten, meine Lieben? Ist es nicht die eine, die wir bei allen Gegenständen der Erkenntnis suchen, die eine, die uns den Gesichtspunkt gibt, aus dem wir das Ganze umfangen und überschauen können? Was wollen wir mehr, oder was wollen wir weniger? Ist es den Herren beliebig, sich in dem Verhältnis eines Hauses und eines Tages einzuschränken? In Gottes Namen, behalten Sie Ihre Familienstücke, Miniaturgemälde und lassen uns unsere Welt. Kommt es Ihnen so sehr auf den Ort an, von dem Sie sich nicht bewegen möchten, um dem Dichter zu folgen: wie denn, daß Sie sich nicht den Ruhepunkt Archimeds wählen: da mihi figere pedem et terram movebo? Welch ein größer und göttlicher Vergnügen, die Bewegung einer Welt als eines Hauses? und welche Wohltat des Genies, Sie auf die Höhe zu führen, wo Sie einer Schlacht mit all ihrem Getümmel, Jammern und Grauen zusehen können, ohne Ihr eigen Leben, Gemütsruhe und Behagen hineinzuflechten, ohne auf dieser grausamen Szene Akteure zu sein! Liebe Herren! was sollten wir mehr tun, daß ihr selig werdet? wie kann man's euch bequemer machen? Nur zuschauen, ruhen und zuschauen, mehr fordern wir nicht, warum wollt ihr denn nicht auf diesem Stern stehenbleiben und in die Welt 'nabgucken, aus kindischer Furcht, den Hals zu brechen?

Was heißen die drei Einheiten? hundert Einheiten will ich euch angeben, die alle immer noch die eine bleiben. Einheit der Nation, Einheit der Sprache, Einheit der Religion, Einheit der Sitten — ja was wird's denn nun? Immer dasselbe, immer und ewig dasselbe. Der Dichter und das Publikum müssen die eine Einheit fühlen, aber nicht klassifizieren. Gott ist nur eins in allen seinen Werken, und der Dichter muß es auch sein, wie groß oder klein sein Wirkungskreis auch immer sein mag. Aber fort mit dem Schulmeister, der mit seinem Stäbchen einem Gott auf die Finger schlägt.

FRIEDRICH MAXIMILIAN KLINGER
Rede des Satan

Fürsten, Mächtige, unsterbliche Geister, seid mir alle willkommen! Wollust durchglüht mich, wenn ich über euch zahllose Helden hinblicke! Noch sind wir, was wir damals waren, da wir zum erstenmal in diesem Pfuhl aufwachten, zum erstenmal uns sammelten, nur hier herrscht ein Gefühl, nur in der Hölle herrscht Einigkeit, nur hier arbeitet jeder auf einen gewissen Zweck. Wer über euch gebietet, kann leicht den einförmigen Glanz des Himmels vergessen. Ich gestehe, wir haben viel gelitten und leiden noch, da die Ausübung unsrer Kräfte von dem beschränkt ist, der uns mehr zu fürchten scheint als wir ihn; aber in dem Gefühl der Rache, die wir an den Söhnen des Staubs, seinen schwachen Günstlingen nehmen, in der Betrachtung ihres Wahnsinns und ihrer Laster, wodurch sie unaufhörlich seine Zwecke zerrütten, liegt Ersatz für dieses Leiden. Heil euch allen, die dieser Gedanke hoch entflammt!

Vernehmt nun die Veranlassung zu dem Feste, das ich heute mit euch feiern will. Faust, ein kühner Sterblicher, der gleich uns mit dem Ewigen hadert und durch die Kraft seines Geistes würdig werden kann, die Hölle einst mit uns zu bewohnen, hat die Kunst erfunden, die Bücher, das gefährliche Spielzeug der Menschen, die Fortpflanzer des Wahnsinns, der Irrtümer, der Lügen und Greuel, die Quelle des Stolzes und die Mutter peinlicher Zweifel, auf eine leichte Art tausend und tausendmal zu vervielfältigen. Bisher waren sie zu kostbar und nur in den Händen der Reichen, blähten nur diese mit Wahn auf und zogen sie von der Einfalt und Demut ab, die der Ewige zu ihrem Glück in ihr Herz gelegt hat und die er von ihnen fordert. Triumph! Bald wird sich das gefährliche Gift des Wissens und Forschens allen Ständen mitteilen! Wahnwitz, Zweifel, Unruhe und neue Bedürfnisse werden sich ausbreiten, und ich zweifle, ob mein ungeheures Reich sie alle fassen möge, die sich durch dieses reizende Gift hinrichten werden. Doch dieses wäre nur ein kleiner Sieg, mein Blick dringt tiefer in die ferne Zeit, die für uns der Umlauf des Zeigers ist. Die Zeit ist nah', wo die Gedanken und Meinungen kühner Erneuerer und Beekler des Alten durch Fausts Erfindung um sich greifen werden wie die Pest. Sogenannte Reformatoren des Himmels und der Erde werden aufstehen, und ihre Lehren werden durch die Leichtigkeit der Mitteilung bis in die Hütte des Bettlers dringen. Sie werden wähnen, Gutes zu stiften und den Gegenstand ihres Heils und ihrer Hoffnung vom falschen Zusatz zu reinigen; aber wann gelingt dem Menschen das Gute, und wie lange ist er dessen mächtig? Die Sünde ist ihnen nicht näher als böse Folgen und Mißbrauch ihren edelsten Bemühungen. Das vielgeliebte Volk des Mächtigen, das er durch ein uns furchtbares Wunder der Hölle auf immer entreißen wollte, wird über Meinungen, die keiner begreift, in blutigen Krieg zerfallen und sich zerreißen wie die wilden Tiere des Waldes. Greuel werden Europa verwüsten, die allen Wahnsinn übertreffen, den die Menschen von ihrem Beginnen gerast haben. Meine Hoffnungen scheinen euch zu kühn, ich sehe es an euren zweifelnden Blicken, so hört denn: Religionskrieg heißt diese neue Wut, wovon die alte Geschichte der Frevel und Rasereien der Menschen bisher noch kein Beispiel hat. Aus der uns furchtbaren Religion sogen ihn die Unsinnigen. Einmal hat er schon gewütet, und dort heulen die in dem glühenden Pfuhl, die ihn erweckten, aber nun erst wird der Fanatismus, der wilde Sohn des Hasses und des Aberglaubens, alle Bande der Natur und der Menschheit gänzlich auflösen. Dem Furchtbaren zu gefallen, wird der Vater den Sohn, der Sohn den Vater ermorden. Könige werden frohlockend ihre Hände in das Blut ihrer Untertanen tauchen, den Schwärmern das Schwert überliefern, ihre Brüder zu Tausenden zu ermorden, weil sie andrer Meinung wie sie sind. Dann wird sich das Wasser der Ströme in Blut verwandeln, und das Geschrei der Ermordeten wird selbst die Hölle erschüttern. Wir werden Verbrecher, mit Lastern besudelt, herunterfahren sehen, wofür wir bis jetzo weder Rahmen noch Strafe haben. Schon seh' ich sie den päpstlichen Stuhl anfallen, der das lockre Gebäude durch List und Betrug zusammenhält, während er sich durch Laster und Üppigkeit selbst untergräbt. Die Stützen der uns fürchterlichen Religion stürzen zusammen, und wenn der Ewige dem sinkenden Gebäude nicht durch neue Wunder zu Hilfe eilt, so wird sie von der Erde verschwinden, und wir werden nochmals in den Tempeln als angebetete Götter glänzen. Wo bleibt der Geist des Menschen stehen, wenn er angefangen hat, das zu beleuchten, was er als Heiligtum verehrt hat? Er tanzt auf dem Grabe des Tyrannen, vor dem er noch gestern gezittert, zerschlägt gänzlich den Altar, auf dem er geopfert hat, wenn er einmal unternimmt, dem Weg zum Himmel auf seine Weise nachzuspähen. Wer mag ihren rastlosen Geist auf Jahrtausende fesseln? Vermag der, der sie geschaffen, nur einen sich so zuzueignen, daß er nicht millionenmal unserm Reiche näher als dem seinen sei? Alles mißbraucht der Mensch, die Kraft seiner Seele und seines Leibes; alles, was er sieht, hört, betastet, fühlt und denkt, womit er spielt und womit er sich ernsthaft beschäftigt. Nicht zufrieden, das zu zertrümmern und zu verunstalten, was er mit den Händen fassen kann, schwingt er sich auf den Flügeln der Einbildungskraft in ihm unbekannte Welten und verunstaltet sie wenigstens in der Vorstellung. Selbst die Freiheit, ihr höchstes Gut, wenn sie auch Ströme Bluts dafür vergossen, verkaufen sie für Gold, Lust und Wahn, wenn sie dieselbe kaum gekostet haben. Des Guten unfähig, zittern sie vor dem Bösen, häufen Greuel auf Greuel, ihm zu entfliehen, und zerschlagen dann wieder ihrer Hände Werk.

Nach den blutigen Kriegen werden sie, vom Morden ermüdet, einen Augenblick rasten, und der giftige Haß wird sich nur in heimlichen Tücken zeigen. Einige werden diesen Haß unter dem Schatten der Gerechtigkeit zum Rächer des Glaubens machen, Scheiterhaufen errichten und die lebendig verbrennen, die nicht ihrer Meinung sind. Andere werden anfangen, die unerklärbaren Verhältnisse und dunklen Rätsel zu benagen, und die zur Finsternis Gebornen werden verwegen um Licht kämpfen. Ihre Einbildungskraft wird sich entflammen und tausende neue Bedürfnisse erschaffen. Wahrheit, Einfalt und Religion werden sie mit Füßen treten, um ein

Buch zu schreiben, das einen Namen mache und Gold einbringe. Das Bücherschreiben wird ein allgemeines Handwerk werden, wodurch Genies und Stümper Ruhm und Fortkommen suchen, unbekümmert, ob sie die Köpfe ihrer Mitbrüder verwirren und die Flamme an das Herz der Unschuldigen legen. Den Himmel, die Erde, den Furchtbaren selbst, die verborgenen Kräfte der Natur, die dunklen Ursachen ihrer Erscheinungen, die Macht, die die Gestirne wälzt und die Kometen durch den Raum schleudert, die unfaßliche Zeit, alles Sichtbare und Unsichtbare werden sie betasten, messen und begreifen wollen, für alles Unfaßliche Worte und Zahlen erfinden, Systeme auf Systeme häufen, bis sie die Finsternis auf Erden gezogen haben, wodurch nur die Zweifel wie Irrwische, die den Wandrer in den Sumpf locken, blitzen. Nur dann werden sie hell zu sehen glauben, und da erwarte ich sie! Wenn sie die Religion weggeräumt haben wie alten Schutt und gezwungen sind, aus dem stinkenden Überbleibsel ein neues, ungeheures Gemisch von Menschenweisheit und Aberglauben zusammenzugießen, dann erwarte ich sie! Und dann machet weit die Tore der Hölle, daß das Menschengeschlecht einziehe! Der erste Schritt ist geschehen, der zweite ist nah. Noch eine schreckliche Revolution auf dem Erdboden steht bevor. Ich berühre sie nur mit flüchtiger Eile. Bald werden die Bewohner der alten Welt ausziehen, um neue, ihnen bisher unbekannte Erdstriche zu entdecken. Dort werden sie Millionen in religiöser Wut erwürgen, um sich des Goldes zu bemächtigen, das diese Unschuldigen nicht achten. Diese neuen Welten werden sie mit allen ihren Lastern erfüllen und Stoff zu scheußlicheren der alten zurückführen. So werden Völker unsre Beute werden, die bisher Unschuld und Unwissenheit vor unsrer Rache gesichert hat. Jahrhunderte werden sie im Namen des Furchtbaren den Erdboden mit Blute netzen, und so sieget die Hölle durch die Günstlinge des Himmels über den, der uns hierher geschleudert hat!

Dies ist es, ihr Mächtigen, was ich euch verkünden wollte, und nun freut euch mit mir des festlichen herrlichen Tags, genießet im voraus der Siege, die ich euch verspreche, weil ich die Menschen kenne. Höhnt des Ewigen, der so lächerlich und widersinnig in dem Sohne des Staubs das rohe Tier mit dem Halbgott zusammenspannte, daß nun ein Teil den andern zerreibt. Höhnt seiner und ruft mit mir im Siegesgebrüll: Es lebe Faust!

5

DIE WEIMARER KLASSIK:
GOETHE UND SCHILLER

Zenit und Nadir

WO DU AUCH WANDELST IM RAUM,
ES KNÜPFT DEIN ZENIT UND NADIR
AN DEN HIMMEL DICH AN,
DICH AN DIE ACHSE DER WELT.
WIE DU AUCH HANDELST IN DIR,
ES BERÜHRE DEN HIMMEL DER WILLE,
DURCH DIE ACHSE DER WELT
GEHE DIE RICHTUNG DER TAT.

FRIEDRICH SCHILLER

JOHANN WOLFGANG GOETHE
Symbolum

Des Maurers Wandeln,
Es gleicht dem Leben,
Und sein Bestreben,
Es gleicht dem Handeln
Der Menschen auf Erden.

Die Zukunft decket
Schmerzen und Glücke
Schrittweis dem Blicke,
Doch ungeschrecket,
Dringen wir vorwärts.

Und schwer und ferne
Hängt eine Hülle
Mit Ehrfurcht. Stille
Ruhn oben die Sterne
Und unten die Gräber.

Betracht sie genauer!
Und siehe, so melden
Im Busen der Helden
Sich wandelnde Schauer
Und ernste Gefühle.

Doch rufen von drüben
Dich Stimmen der Geister,
Die Stimmen der Meister:
„Versäumt nicht zu üben
Die Kräfte des Guten!

Hier winden sich Kronen
In ewiger Stille,
Die sollen mit Fülle
Die Tätigen lohnen.
Wir heißen euch hoffen!"

JOHANN WOLFGANG GOETHE
Begegnung mit Herder

(Aus meinem Leben Dichtung und Wahrheit, 10. Buch)

Und so hatte ich von Glück zu sagen, daß durch eine unerwartete Bekanntschaft alles, was in mir von Selbstgefälligkeit, Bespiegelungslust, Eitelkeit, Stolz und Hochmut ruhen oder wirken mochte, einer sehr harten Prüfung ausgesetzt ward, die in ihrer Art einzig, der Zeit keineswegs gemäß und nur desto eindringender und empfindlich war.

Denn das bedeutendste Ereignis, was die wichtigsten Folgen für mich haben sollte, war die Bekannschaft und die daran sich knüpfende nähere Verbindung mit Herder. Er hatte den Prinzen von Holstein-Eutin, der sich in traurigen Gemütszuständen befand, auf Reisen begleitet und war mit ihm bis Straßburg gekommen. Unsere Sozietät, sobald sie seine Gegenwart vernahm, trug ein großes

188 Verlangen, sich ihm zu nähern, und mir begegnete dies Glück zuerst ganz unvermutet und zufällig. Ich war nämlich in den Gasthof „Zum Geist" gegangen, ich weiß nicht, welchen bedeutenden Fremden aufzusuchen. Gleich unten an der Treppe fand ich einen Mann, der eben auch hinaufzusteigen im Begriff war und den ich für einen Geistlichen halten konnte. Sein gepudertes Haar war in eine runde Locke aufgesteckt, das schwarze Kleid bezeichnete ihn gleichfalls, mehr noch aber ein langer schwarzer seidner Mantel, dessen Ende er zusammengenommen und in die Tasche gesteckt hatte. Dieses einigermaßen auffallende, aber doch im ganzen galante und gefällige Wesen, wovon ich schon hatte sprechen hören, ließ mich keineswegs zweifeln, daß er der berühmte Ankömmling sei, und meine Anrede mußte ihn sogleich überzeugen, daß ich ihn kenne. Er fragte nach meinem Namen, der ihm von keiner Bedeutung sein konnte; allein meine Offenheit schien ihm zu gefallen, indem er sie mit großer Freundlichkeit erwiderte und, als wir die Treppe hinaufstiegen, sich sogleich zu einer lebhaften Mitteilung bereit finden ließ. Es ist mir entfallen, wen wir damals besuchten; genug, beim Scheiden bat ich mir die Erlaubnis aus, ihn bei sich zu sehen, die er mir denn auch freundlich genug erteilte. Ich versäumte nicht, mich dieser Vergünstigung wiederholt zu bedienen, und ward immer mehr von ihm angezogen. Er hatte etwas Weiches in seinem Betragen, das sehr schicklich und anständig war, ohne daß es eigentlich adrett gewesen wäre. Ein rundes Gesicht, eine bedeutende Stirn, eine etwas stumpfe Nase, einen etwas aufgeworfenen, aber höchst individuell angenehmen, liebenswürdigen Mund. Unter schwarzen Augenbrauen ein paar kohlschwarze Augen, die ihre Wirkung nicht verfehlten, obwohl das eine rot und entzündet zu sein pflegte. Durch mannigfaltige Fragen suchte er sich mit mir und meinem Zustand bekannt zu machen, und seine Anziehungskraft wirkte immer stärker auf mich. Ich war überhaupt sehr zutraulicher Natur, und vor ihm besonders hatte ich gar kein Geheimnis. Es währte jedoch nicht lange, als der abstoßende Puls seines Wesens eintrat und mich in nicht geringes Mißbehagen versetzte.

... Von diesem seinen Widersprechungsgeiste sollte ich noch gar manches ausstehen: denn er entschloß sich, teils weil er sich vom Prinzen abzusondern gedachte, teils seines Augenübels wegen, in Straßburg zu verweilen.

... Die ganze Zeit dieser Kur besuchte ich Herder morgens und abends; ich blieb auch wohl ganze Tage bei ihm und gewöhnte mich in kurzem um so mehr an sein Schelten und Tadeln, als ich seine schönen und großen Eigenschaften, seine ausgebreiteten Kenntnisse, seine tiefen Einsichten täglich mehr schätzen lernte. Die Einwirkung dieses gutmütigen Polterers war groß und bedeutend. Er hatte fünf Jahre mehr als ich, welches in jüngeren Tagen schon einen großen Unterschied macht; und da ich ihn für das anerkannte, was er war, da ich dasjenige zu schätzen suchte, was er schon geleistet hatte, so mußte er eine große Superiorität über mich gewinnen. Aber behaglich war der Zustand nicht: denn ältere Personen, mit denen ich bisher umgegangen, hatten mich mit Schonung zu bilden gesucht, vielleicht auch durch Nachgiebigkeit verzogen; von Herder aber konnte man niemals eine Billigung erwarten, man mochte sich anstellen, wie man wollte. Indem nun also auf der einen Seite meine große Neigung und Verehrung für ihn und auf der andern das Mißbehagen, das er in mir erweckte, beständig miteinander in Streit lagen, so entstand ein Zwiespalt in mir, der erste in seiner Art, den ich in meinem Leben empfunden hatte. Da seine Gespräche jederzeit bedeutend waren, er mochte fragen, antworten oder sich sonst auf eine Weise mitteilen, so mußte er mich zu neuen Ansichten täglich, ja stündlich befördern. In Leipzig hatte ich mir eher ein enges und abgezirkeltes Wesen angewöhnt, und meine allgemeinen Kenntnisse der deutschen Literatur konnten durch meinen Frankfurter Zustand nicht erweitert werden; ja mich hatten jene mystisch-religiösen chemischen Beschäftigungen in dunkle Regionen geführt, und was seit einigen Jahren in der weiten literarischen Welt vorgegangen, war mir meistens fremd geblieben. Nun wurde ich auf einmal durch Herder mit allem neuen Streben und mit allen den Richtungen bekannt, welche dasselbe zu nehmen schien.

... Ich ward mit der Poesie von einer ganz andern Seite, in einem andern Sinne bekannt als bisher, und zwar in einem solchen, der mir sehr zusagte. Die hebräische Dichtkunst, welche er nach seinem Vorgänger Lowth geistreich behandelte, die Volkspoesie, deren Überlieferungen im Elsaß aufzusuchen er uns antrieb, die ältesten Urkunden als Poesie gaben das Zeugnis, daß die Dichtkunst überhaupt eine Welt- und Völkergabe sei, nicht ein Privaterbteil einiger feinen gebildeten Männer. Ich verschlang das alles, und je heftiger ich im Empfangen, desto freigebiger war er im Geben, und wir brachten die interessantesten Stunden zusammen zu. Meine übrigen angefangenen Naturstudien suchte ich fortzusetzen, und da man immer Zeit genug hat, wenn man sie gut anwenden will, so gelang mir mitunter das Doppelte und Dreifache. Was die Fülle dieser wenigen Wochen betrifft, welche wir zusammen lebten, kann ich wohl sagen, daß alles, was Herder nachher allmählich ausgeführt hat, im Keim angedeutet ward, und daß ich dadurch in die glückliche Lage geriet, alles, was ich bisher gedacht, gelernt, mir zugeeignet hatte, zu komplettieren, an ein Höheres anzuknüpfen, zu erweitern. Wäre Herder methodischer gewesen, so hätte ich auch für eine dauerhafte Richtung meiner Bildung die köstlichste Anleitung gefunden; aber er war mehr geneigt, zu prüfen und anzuregen als zu führen und zu leiten. So machte er mich zuerst mit Hamanns Schriften bekannt, auf die er einen großen Wert setzte. Anstatt mich aber über dieselben zu belehren und mir den Hang und Gang dieses außerordentlichen Geistes begreiflich zu machen, so diente es ihm gewöhnlich nur zur Belustigung, wenn ich mich, um zu dem Verständnis solcher sibyllischen Blätter zu gelangen, freilich wunderlich genug gebärdete. Indessen fühlte ich wohl, daß mir in Hamanns Schriften etwas zusagte, dem ich mich überließ, ohne zu wissen, woher es komme und wohin es führe.

190 JOHANN WOLFGANG GOETHE
Von deutscher Baukunst

Dis Manibus Ervini a Steinbach

Als ich auf deinem Grabe herumwandelte, edler Erwin, und den Stein suchte, der mir deuten sollte: Anno domini 1318 XVI. Kal. Febr. obiit Magister Ervinus, Gubernator Fabricae Ecclesiae Argentinensis, und ich ihn nicht finden, keiner deiner Landsleute mir ihn zeigen konnte, daß sich meine Verehrung deiner an der heiligen Stätte ergossen hätte, da ward ich tief in die Seele betrübt, und mein Herz jünger, wärmer, töriger und besser als jetzt, gelobte dir ein Denkmal, wenn ich zum ruhigen Genuß meiner Besitztümer gelangen würde, von Marmor oder Sandsteinen, wie ich's vermöchte.

Was braucht's dir Denkmal! Du hast dir das herrlichste errichtet; und kümmert die Ameisen, die drum krabbeln, dein Name nichts, hast du gleiches Schicksal mit dem Baumeister, der Berge auftürmte in die Wolken.

Wenigen ward es gegeben, einen Babelgedanken in der Seele zu zeugen, ganz, groß, und bis in den kleinsten Teil notwendig schön, wie Bäume Gottes! wenigern, auf tausend bietende Hände zu treffen, Felsengrund zu graben, steile Höhen draufzuzaubern und dann sterbend ihren Söhnen zu sagen: Ich bleibe bei euch, in den Werken meines Geistes, vollendet das Begonnene in die Wolken.

Was braucht's dir Denkmal! und von mir! Wenn der Pöbel heilige Namen ausspricht, ist's Aberglaube oder Lästerung. Dem schwachen Geschmäckler wird's ewig schwindeln an deinem Koloß, und ganze Seelen werden dich erkennen ohne Deuter...

Schädlicher als Beispiele sind dem Genius Prinzipien. Vor ihm mögen einzelne Menschen einzelne Teile bearbeiten. Er ist der erste, aus dessen Seele die Teile in ein ewiges Ganze zusammengewachsen, hervortreten. Aber Schule und Prinzipien fesselt alle Kraft der Erkenntnis und Tätigkeit...

Als ich das erstemal nach dem Münster ging, hatte ich den Kopf voll allgemeiner Erkenntnis guten Geschmacks. Auf Hörensagen ehrt' ich die Harmonie der Massen, die Reinheit der Formen, war ein abgesagter Feind der verworrenen Willkürlichkeiten gotischer Verzierungen. Unter die Rubrik „Gotisch" gleich dem Artikel eines Wörterbuchs, häufte ich alle synonymischen Mißverständnisse, die mir von Unbestimmtem, Ungeordnetem, Unnatürlichem, Zusammengestoppeltem, Aufgeflicktem, Überladenem jemals durch den Kopf gezogen waren. Nicht gescheiter als ein Volk, das die ganze fremde Welt barbarisch nennt, hieß alles „Gotisch", was nicht in mein System paßte, von dem gedrechselten bunten Puppen- und Bilderwerk an, womit unsre bürgerlichen Edelleute ihre Häuser schmücken, bis zu den ernsten Resten der älteren deutschen Baukunst, über die ich, auf Anlaß einiger abenteuerlichen Schnörkel, in den allgemeinen Gesang stimmte: „Ganz von Zierat erdrückt!" und so graute mir's im Gehen vorm Anblick eines mißgeformten krausborstigen Ungeheuers.

Mit welcher unerwarteten Empfindung überraschte mich der Anblick, als ich davortrat. Ein ganzer, großer Eindruck füllte meine Seele, den, weil er aus tausend harmonierenden Einzelheiten bestand, ich wohl schmecken und genießen, keineswegs aber erkennen und erklären konnte. Sie sagen, daß es also mit den Freuden des Himmels sei, und wie oft bin ich zurückgekehrt, diese himmlische Freude zu genießen, den Riesengeist unsrer ältern Brüder in ihren Werken zu umfassen! Wie oft bin ich zurückgekehrt, von allen Seiten, aus allen Entfernungen, in jedem Licht des Tags zu schauen seine Würde und Herrlichkeit! Schwer ist's dem Menschengeist, wenn seines Bruders Werk so hoch erhaben ist, daß er nur beugen und anbeten muß. Wie oft hat die Abenddämmerung mein durch forschendes Schauen ermattetes Aug' mit freundlicher Ruhe geletzt, wenn durch sie die unzähligen Teile zu ganzen Massen schmolzen und nun diese, einfach und groß, vor meiner Seele standen und meine Kraft sich wonnevoll entfaltete, zugleich zu genießen und zu erkennen! Da offenbarte sich mir, in leisen Ahndungen, der Genius des großen Werkmeisters. Was staunst du? lispelt' er mir entgegen. Alle diese Massen waren notwendig, und siehst du sie nicht an allen ältern Kirchen meiner Stadt? Nur ihre willkürlichen Größen hab' ich zum stimmenden Verhältnis erhoben. Wie über dem Haupteingang, der zwei kleinere zur Seite beherrscht, sich der weite Kreis des Fensters öffnet, der dem Schiffe der Kirche antwortet und sonst nur Tageloch war, wie hoch drüber der Glockenplatz die kleineren Fenster forderte, — das alles war notwendig! und ich bildete es schön. Aber ach, wenn ich durch die düstern, erhabnen Öffnungen hier zur Seite schwebe, die leer und vergebens dazustehn scheinen! In ihre kühne, schlanke Gestalt hab' ich die geheimnisvollen Kräfte verborgen, die jene beiden Türme hoch in die Luft heben sollten, deren, ach, nur einer traurig dasteht, ohne den fünfgetürmten Hauptschmuck, den ich ihm bestimmte, daß ihm und seinem königlichen Bruder die Provinzen umher huldigten! Und so schied er von mir, und ich versank in teilnehmende Traurigkeit — bis die Vögel des Morgens, die in seinen tausend Öffnungen wohnen, der Sonne entgegenjauchzten und mich aus dem Schlummer weckten. Wie frisch leuchtet' er im Morgenduftglanz mir entgegen, wie froh konnt' ich ihm meine Arme entgegenstrecken, schauen die großen harmonischen Massen zu unzählig kleinen Teilen belebt, wie in Werken der ewigen Natur, bis aufs geringste Zäserchen alles Gestalt und alles zweckend zum Ganzen; wie das festgegründete, ungeheure Gebäude sich leicht in die Luft hebt, wie durchbrochen alles und doch für die Ewigkeit! Deinem Unterricht dank' ich's, Genius, daß mir's nicht mehr schwindelt an deinen Tiefen, daß in meine Seele ein Tropfen sich senkt der Wonneruh des Geistes, der auf solch eine Schöpfung herabschauen und gottgleich sprechen kann: es ist gut! —

Und nun soll ich nicht ergrimmen, heiliger Erwin, wenn der deutsche Kunstgelehrte, auf Hörensagen neidischer Nachbarn, seinen Vorzug verkennt, dein

Goethe: Ahnung von der Schöpferkraft des Genius

Werk mit dem unverstandenen Worte „Gotisch" verkleinert? Da der Gott danken sollte, laut verkündigen zu können: Das ist deutsche Baukunst, unsre Baukunst, da der Italiener sich keiner eignen rühmen darf, viel weniger der Franzos. Und wenn du dir selber diesen Vorzug nicht zugestehen willst, so erweis uns, daß die Goten schon wirklich so gebaut haben, wo sich einige Schwierigkeiten finden werden. Und, ganz am Ende, wenn du nicht dartust, ein Homer sei schon vor dem Homer gewesen, so lassen wir dir gerne die Geschichte kleiner, gelungner und mißlungner Versuche und treten anbetend vor das Werk des Meisters, der zuerst die zerstreuten Elemente in ein lebendiges Ganzes zusammenschuf. Und du, mein lieber Bruder im Geiste des Forschens nach Wahrheit und Schönheit, verschließ dein Ohr vor allem Wortgeprahle über bildende Kunst, komm, genieße und schaue! Hüte dich, den Namen deines edelsten Künstlers zu entheiligen, und eile herbei, daß du schauest sein trefflichstes Werk! Macht es dir einen widrigen Eindruck oder keinen, so gehab dich wohl, laß einspannen und so weiter nach Paris!

Aber zu dir, teurer Jüngling, gesell' ich mich, der du bewegt dastehst und die Widersprüche nicht vereinigen kannst, die sich in deiner Seele kreuzen, bald die unwiderstehliche Macht des großen Ganzen fühlst, bald mich einen Träumer schiltst, daß ich da Schönheit sehe, wo du nur Stärke und Rauheit siehst. Laß einen Mißverstand uns nicht trennen, laß die weiche Lehre neuerer Schönheitelei dich für das bedeutende Rauhe nicht verzärteln, daß nicht zuletzt deine kränkelnde Empfindung nur eine unbedeutende Glätte ertragen könne. Sie wollen euch glauben machen, die schönen Künste seien entstanden aus dem Hang, den wir haben sollen, die Dinge rings um uns zu verschönern. Das ist nicht wahr! denn in dem Sinne, darin es wahr sein könnte, braucht wohl der Bürger und Handwerker die Worte, kein Philosoph!

Die Kunst ist lange bildend, eh' sie schön ist, und doch so wahre, große Kunst, ja oft wahrer und größer als die schöne selbst. Denn in dem Menschen ist eine bildende Natur, die gleich sich tätig beweist, wann seine Existenz gesichert ist. Sobald er nichts zu sorgen und zu fürchten hat, greift der Halbgott, wirksam in seiner Ruhe, umher nach Stoff, ihm seinen Geist einzuhauchen. Und so modelt der Wilde mit abenteuerlichen Zügen, gräßlichen Gestalten, hohen Farben seine Kokos, seine Federn und seinen Körper. Und laßt diese Bildnerei aus den willkürlichsten Formen bestehn, sie wird ohne Gestaltsverhältnis zusammenstimmen; denn eine Empfindung schuf sie zum charakteristischen Ganzen.

Diese charakteristische Kunst ist nun die einzig wahre. Wenn sie aus inniger, einiger, eigner, selbständiger Empfindung um sich wirkt, unbekümmert, ja unwissend alles Fremden, da mag sie aus rauher Wildheit oder aus gebildeter Empfindsamkeit geboren werden, sie ist ganz und lebendig. Da seht ihr bei Nationen und einzelnen Menschen dann unzählige Grade. Je mehr sich die Seele erhebt zu dem Gefühl der Verhältnisse, die allein schön und von der Ewigkeit sind, deren Hauptakkorde man beweisen, deren Geheimnisse man nur fühlen kann, in denen sich allein das Leben des gottgleichen Genius in seligen Melodien herumwälzt; je mehr diese Schönheit in das Wesen eines Geistes eindringt, daß sie mit ihm entstanden zu sein scheint, daß ihm nichts genugtut als sie, daß er nichts aus sich wirkt als sie; desto glücklicher ist der Künstler, desto herrlicher ist er, desto tiefgebeugter stehen wir da und beten an den Gesalbten Gottes. Und von der Stufe, auf welche Erwin gestiegen ist, wird ihn keiner herabstoßen. Hier steht sein Werk, tretet hin und erkennt das tiefste Gefühl von Wahrheit und Schönheit der Verhältnisse, wirkend aus starker, rauher, deutscher Seele auf dem eingeschränkten düstern Pfaffenschauplatz des medii aevi.

Und unser aevum? Hat auf seinen Genius verziehen, hat seine Söhne umhergeschickt, fremde Gewächse zu ihrem Verderben einzusammeln. Der leichte Franzose, der noch weit ärger stoppelt, hat wenigstens eine Art von Witz, seine Beute zu einem Ganzen zu fügen, er baut jetzt aus griechischen Säulen und deutschen Gewölben seiner Magdalena einen Wundertempel. Von einem unsrer Künstler, als er ersucht ward, zu einer altdeutschen Kirche ein Portal zu erfinden, hab' ich gesehen ein Modell fertigen, stattlichen antiken Säulenwerks.

Wie sehr unsre geschminkten Puppenmaler mir verhaßt sind, mag ich nicht deklamieren. Sie haben durch theatralische Stellungen, erlogne Teints und bunte Kleider die Augen der Weiber gefangen. Männlicher Albrecht Dürer, den die Neulinge anspötteln, deine holzgeschnitzteste Gestalt ist mir willkommener!

Und ihr selbst, treffliche Menschen, denen die höchste Schönheit zu genießen gegeben ward, und nunmehr herabtretet, zu verkünden eure Seligkeit, ihr schadet dem Genius. Er will auf keinen fremden Flügeln, und wären's die Flügel der Morgenröte, emporgehoben und fortgerückt werden. Seine eigenen Kräfte sind's, die sich im Kindertraum entfalten, im Jünglingsleben bearbeiten, bis er stark und behend wie der Löwe des Gebirges auseilt auf Raub. Drum erzieht sie meist die Natur, weil ihr Pädagogen ihm nimmer den mannigfaltigen Schauplatz erkünsteln könnt, stets im gegenwärtigen Maß seiner Kräfte zu handeln und zu genießen.

Heil dir, Knabe! der du mit einem scharfen Aug' für Verhältnisse geboren wirst, dich mit Leichtigkeit an allen Gestalten zu üben. Wenn dann nach und nach die Freude des Lebens um dich erwacht und du jauchzenden Menschengenuß nach Arbeit, Furcht und Hoffnung fühlst, das mutige Geschrei des Winzers, wenn die Fülle des Herbstes seine Gefäße anschwellt, den belebten Tanz des Schnitters, wenn er die müßige Sichel hoch in den Balken geheftet hat, wenn dann männlicher die gewaltige Nerve der Begierden und Leiden in deinem Pinsel lebt, du gestrebt und gelitten genug hast und genug genossen, und satt bist irdischer Schönheit, und wert bist, auszuruhen in dem Arme der Göttin, wert, an ihrem Busen zu fühlen, was den vergötterten Herkules neu gebar – nimm ihn auf, himmlische Schönheit, du Mittlerin zwischen Göttern und Menschen, und mehr als Prometheus leit' er die Seligkeit der Götter auf die Erde!

194 JOHANN WOLFGANG GOETHE
Zum Shakespeare-Tag (14. 10. 1771)

Erwarten Sie nicht, daß ich viel und ordentlich schreibe. Ruhe der Seele ist kein Festtagskleid, und noch zur Zeit habe ich wenig über Shakespearen gedacht; geahndet, empfunden, wenn's hoch kam, ist das Höchste, wohin ich's habe bringen können. Die erste Seite, die ich in ihm las, machte mich auf zeitlebens ihm eigen, und wie ich mit dem ersten Stücke fertig war, stund ich wie ein Blindgeborner, dem eine Wunderhand das Gesicht in einem Augenblicke schenkt. Ich erkannte, ich fühlte aufs lebhafteste meine Existenz um eine Unendlichkeit erweitert; alles war mir neu, unbekannt, und das ungewohnte Licht machte mir Augenschmerzen. Nach und nach lernt ich sehen, und, Dank sei meinem erkenntlichen Genius, ich fühle noch immer lebhaft, was ich gewonnen habe. Ich zweifelte keinen Augenblick, dem regelmäßigen Theater zu entsagen. Es schien mir die Einheit des Orts so kerkermäßig ängstlich, die Einheiten der Handlung und der Zeit lästige Fesseln unserer Einbildungskraft. Ich sprang in die freie Luft und fühlte erst, daß ich Hände und Füße hatte. Und jetzt, da ich sah, wieviel Unrecht mir die Herren der Regeln in ihrem Loch angetan haben, wieviel freie Seelen noch drinnen sich krümmen, so wäre mir mein Herz geborsten, wenn ich ihnen nicht Fehde angekündigt hätte und nicht täglich suchte, ihre Türme zusammenzuschlagen.

Das griechische Theater, das die Franzosen zum Muster nahmen, war nach innrer und äußerer Beschaffenheit so, daß eher ein Marquis den Alcibiades nachahmen könnte, als es Corneillen dem Sophokles zu folgen möglich wäre.

Erst Intermezzo des Gottesdienstes, dann feierlich politisch, zeigte das Trauerspiel einzelne große Handlungen der Väter dem Volk mit der reinen Einfalt der Vollkommenheit, erregte ganz große Empfindungen in den Seelen, denn es war selbst ganz und groß. Und in was für Seelen!

Griechischen! Ich kann mich nicht erklären, was das heißt, aber ich fühl's und berufe mich der Kürze halber auf Homer und Sophokles und Theokrit, die haben's mich fühlen gelehrt.

Nun sag ich geschwind hintendrein: Französchen, was willst du mit der griechischen Rüstung, sie ist dir zu groß und zu schwer.

Drum sind auch alle französischen Trauerspiele Parodien von sich selbst.

Wie das so regelmäßig zugeht, und daß sie einander ähnlich sind wie Schuhe und auch langweilig mitunter, besonders in genere im vierten Akt, das wissen die Herren leider aus der Erfahrung, und ich sage nichts davon.

Wer eigentlich zuerst drauf gekommen ist, die Haupt- und Staatsaktionen aufs Theater zu bringen, weiß ich nicht; es gibt Gelegenheit für den Liebhaber zu einer kritischen Abhandlung. Ob Shakespeare die Ehre der Erfindungen gehört, zweifle ich; genug, er brachte diese Art auf den Grad, der noch immer der höchste geschienen hat, da so wenig Augen hinaufreichen und also schwer zu hoffen ist, einer könne ihn übersehen oder gar übersteigen.

Shakespeare, mein Freund, wenn du noch unter uns wärest, ich könnte nirgend leben als mit dir; wie gern wollte ich die Nebenrolle eines Pylades spielen, wenn du Orest wärst, lieber als die geehrwürdigte Person eines Oberpriesters im Tempel zu Delphos.

Ich will abbrechen, meine Herren, und morgen weiterschreiben, denn ich bin in einem Ton, der Ihnen vielleicht nicht so erbaulich ist, als er mir von Herzen geht. Shakespeares Theater ist ein schöner Raritätenkasten, in dem die Geschichte der Welt vor unsern Augen an dem unsichtbaren Faden der Zeit vorbeiwallt. Seine Pläne sind, nach dem gemeinen Stil zu reden, keine Pläne, aber seine Stücke drehen sich alle um den geheimen Punkt (den noch kein Philosoph gesehen und bestimmt hat), in dem das Eigentümliche unsres Ichs, die prätendierte Freiheit unsres Willens mit dem notwendigen Gang des Ganzen zusammenstößt. Unser verdorbner Geschmack aber umnebelt dergestalt unsere Augen, daß wir fast eine neue Schöpfung nötig haben, uns aus dieser Finsternis zu entwickeln. Alle Franzosen und angesteckte Deutsche, sogar Wieland, haben sich bei dieser Gelegenheit, wie bei mehreren, wenig Ehre gemacht. Voltaire, der von jeher Profession machte, alle Majestäten zu lästern, hat sich auch hier als ein echter Thersit bewiesen. Wäre ich Ulysses, er sollte seinen Rücken unter meinem Zepter verzerren.

Die meisten von diesen Herren stoßen auch besonders an seinen Charakteren an. Und ich rufe: Natur! Natur! nichts so Natur als Shakespeares Menschen.

Da hab ich sie alle überm Hals. Laßt mir Luft, daß ich reden kann!

Er wetteiferte mit dem Prometheus, bildete ihm Zug vor Zug, seine Menschen nach, nur in kolossalischer Größe; darin liegt's, daß wir unsere Brüder verkennen; und dann belebte er sie alle mit dem Hauch seines Geistes, er redet aus allen, und man erkennt ihre Verwandtschaft.

Und was will sich unser Jahrhundert unterstehen, von Natur zu urteilen? Wo sollten wir sie her kennen, die wir von Jugend auf alles geschnürt und geziert an uns fühlen und an andern sehen. Ich schäme mich oft vor Shakespearen, denn es kommt manchmal vor, daß ich beim ersten Blick denke: das hätte ich anders gemacht! Hintendrein erkenn ich, daß ich ein armer Sünder bin, daß aus Shakespearen die Natur weissagt und daß meine Menschen Seifenblasen sind, von Romangrillen aufgetrieben.

Und nun zum Schluß, ob ich gleich noch nicht angefangen habe.

Das, was edle Philosophen von der Welt gesagt haben, gilt auch von Shakespearen: das, was wir bös nennen, ist nur die andre Seite vom Guten, die so notwendig zu seiner Existenz und in das Ganze gehört, als Zona torrida brennen und Lappland einfrieren muß, daß es einen gemäßigten Himmelsstrich gebe. Er führt uns durch die ganze Welt, aber wir verzärtelte, unerfahrene Menschen schreien bei jeder fremden Heuschrecke, die uns begegnet: Herr, er will uns fressen.

Auf, meine Herren! trompeten Sie mir alle edle Seelen aus dem Elysium des sogenannten guten Geschmacks, wo sie schlaftrunken, in langweiliger Dämmerung halb sind, halb nicht sind, Leidenschaften im Herzen und kein Mark in den Knochen haben, und weil sie nicht müde genug zu ruhen und doch zu faul sind, um tätig zu sein, ihr Schattenleben zwischen Myrten und Lorbeergebüschen verschlendern und vergähnen.

JOACHIM MÜLLER

Goethe: Willkommen und Abschied

Erste Fassung

Es schlug mein Herz, geschwind zu Pferde
Und fort wild wie ein Held zur Schlacht
Der Abend wiegte schon die Erde
4 Und an den Bergen hing die Nacht
Schon stund im Nebelkleid die Eiche
Wie ein getürmter Riese da,
Wo Finsternis aus dem Gesträuche
8 Mit hundert schwarzen Augen sah;

Der Mond von einem Wolkenhügel
Sah schläfrig aus dem Duft hervor,
Die Winde schwangen leise Flügel,
12 Umsausten schauerlich mein Ohr;
Die Nacht schuf tausend Ungeheuer
Doch tausendfacher war mein Mut.
Mein Blut war ein verzehrend Feuer
16 Mein ganzes Herz zerfloß in Glut.

Ich sah dich — und die reine Freude
Floß aus dem süßen Blick auf mich.
Ganz war mein Herz an deiner Seite
20 Und jeder Atemzug für dich.
Ein rosenfarbnes Frühlingswetter
Umgab das liebliche Gesicht,
Und Zärtlichkeit für mich, ihr Götter
24 Ich hofft es, ich verdient es nicht.

Doch ach schon mit der Morgensonne
Verengt der Abschied mir das Herz
In deinen Küssen welche Wonne
28 In deinen Augen welcher Schmerz
Du gingst — ich stand und sah zur Erden
Ich sah dir nach mit nassem Blick.
Und doch welch Glück geliebt zu werden
32 Und lieben, Götter, welch ein Glück!

Zweite Fassung

Es schlug mein Herz, geschwind zu Pferde
Es war getan fast eh gedacht
Der Abend wiegte schon die Erde
4 Und an den Bergen hing die Nacht
Schon stand im Nebelkleid die Eiche
Ein aufgetürmter Riese, da,
Wo Finsternis aus dem Gesträuche
8 Mit hundert schwarzen Augen sah.

Der Mond von einem Wolkenhügel
Sah kläglich aus dem Duft hervor.
Die Winde schwangen leise Flügel
12 Umsausten schauerlich mein Ohr.
Die Nacht schuf tausend Ungeheuer,
Doch frisch und fröhlich war mein Mut,
In meinen Adern welches Feuer,
16 In meinem Herzen welche Glut!

Dich sah ich — und die milde Freude
Floß von dem süßen Blick auf mich.
Ganz war mein Herz an deiner Seite
20 Und jeder Atemzug für dich.
Ein rosenfarbnes Frühlingswetter
Umgab das liebliche Gesicht,
Und Zärtlichkeit für mich, ihr Götter,
24 Ich hofft es, ich verdient es nicht.

Doch ach, schon mit der Morgensonne
Verengt der Abschied mir das Herz:
In deinen Küssen welche Wonne,
28 In deinen Augen welcher Schmerz.
Ich ging — du standst und sahst zur Erden
Und sahst mir nach mit nassem Blick:
Und doch, welch Glück geliebt zu werden
32 Und lieben, Götter, welch ein Glück!

Der fast regelmäßige Wechsel von starker und schwächerer Betonung im ersten Vers verwirklicht unmittelbar schon im Rhythmischen den Herzton und Pulsschlag des ungeduldigen Drängens, die erwartungsvolle Gespanntheit, den nach schnellem Fortstürmen begierigen Menschen. Und der zweiten Zeile spürt man in der zweiten Fassung die gewaltsame Eindämmung des leidenschaftlichen Einsatzes an, sie wirkt wie ein Beschwichtigen von außen, ein fast objektiv festgestelltes Resultat — diese Zeile kann nur aus dem Abstand gedichtet sein, auch wenn sie inhaltlich den Vorgang abschließt, aber eben ein wenig zu überlegt, zu wenig vom Gefühl fortgerissen. Die erste Fassung der zweiten Zeile dagegen ist allein die organische Fortsetzung der Eingangssituation: hier ist stürmischer Aufbruch, Vergessen aller Besinnung, leibhaftiges dichterisches Bild, Übermacht, Überschwang, Unaufhaltsamkeit.

Es gibt keine andere Möglichkeit, es überkommt den Getriebenen. In diesen beiden Zeilen bilden die Wörter und ihre Bedeutungen eine großartige sinnvolle Einheit: Schlagen, Herz, Pferd, wild, Held, Schlacht. Das ist die Welt des Jugendlichen, Kämpferischen, des Draufgängerischen, Erobernden. Hier gibt es nicht das Zögern und Innehalten, nicht das saubere Sondieren von Tun und Denken wie in der zweiten Fassung. Eine Welt des spontanen Begehrens, stolzen Auffahrens, unbezähmbaren Triebs, aber auch des herrischen Willens ist dichterisch lebendig — ganz das Gehaben eines entschlossenen bürgerlichen Revolutionärs, der sich seiner neuen gesellschaftlichen Position bewußt und seines Sieges sicher ist. Daran gerade schließt sich die dritte Zeile organisch an: der vom schnellen Aufbruch atemlos Gewordene muß sich im Reiten wieder sammeln, im tiefen Atmen wird das Innere beruhigter. Die äußerste Spannung ist

gewichen. Der wiegende Schritt des Pferdes läßt Raum für die Wahrnehmung von Landschaft und Tageszeit. Der rhythmische Übergang in Fassung eins V. 1/2 zu 3/4 ist schroffer als der in Fassung zwei 1/2 zu 3/4, aber entspricht völlig dem dichterischen Vollzug, der sprachlich gestaltet ist. Ist auch der Rhythmus ruhiger, ist auch der dahinjagende Reiter innerlich entspannter, ebbt das aufgerührte Blut zu gleichmäßigerem Wellenschlag zurück, so bleibt doch alles Bewegung, Miterleben mit der Natur — man könnte es mit einem Ausdruck der modernen Kinderpsychologie „Mitahmen" nennen. Goethe selbst spricht in „Dichtung und Wahrheit" von „einer wundersamen Verwandtschaft mit den einzelnen Gegenständen der Natur, von einem innigen Anklingen, einem Mitstimmen im Ganzen". Die Bewegungen der nicht eigentlich am Reiter vorbeigleitenden, sondern eher mit ihm mitgleitenden Natur sind in großen Bildern gesehen. Ein grandioses Schauspiel: Der Abend wiegte schon die Erde, an den Bergen hing die Nacht! Kühn sind Gezeiten und Gegenstände miteinander verbunden. Abend und Nacht sind tätige oder leidende Lebewesen, Erde und Berge sind einbezogen in ein dramatisches Wechselspiel — freilich keine Individuen, keine Personen. An Einzelheiten tritt in dieser Naturschau nur die Eiche hervor, sie vermag der Reiter wahrzunehmen: inmitten des sich weitenden Landschaftsgeschehens ist sie „ein aufgetürmter Riese" — hier ist die zweite Fassung folgerichtiger als die erste, die noch den Vergleich hat, noch nicht wagt, die Eiche wirklich als Riesen in einem Leben von riesigen Ausmaßen und Vorgängen zu sehen. Dann herrscht wieder die das einzelne aufhebende Finsternis, und statt des einzelnen Baumes wird das Gesträuch wahrgenommen, das keine Einzelumrisse unterscheiden läßt. Doch auch die Finsternis ist ein geheimnisvolles Wesen: heimtückisch lauernd, gefährlich unberechenbar sieht sie mit hundert schwarzen Augen aus dem Gesträuch.
Es ist, als ob der Blick, von dem drohenden Dunkel des Gesträuches geschreckt, von dem verderblichen Bann sich gewaltsam lösend, noch einmal ins Fernere glitte und auf den Mond fällt. Warum sieht der „kläglich" aus dem Abenddunst hervor? Wirkt er kläglich, ohnmächtig gegenüber der bedrängenden Nähe von Eiche und Gesträuch? Ist es ein klägliches, zum Scheitern verurteiltes Unterfangen, die Nacht mit dem wenigen Licht zu vertreiben, das ihm zur Verfügung steht, der Finsternis Trotz zu bieten, die nun die Herrschaft über die Erde angetreten? In der ersten Fassung heißt es „schläfrig" — das ist doch sinnvoller, tiefer: Unbeteiligt, abgerückt von dem stürmischen Geschehen in Nachtnatur und Seele, gleichgültig-passiv gegenüber der höchsten Aktivität der Nacht und des Menschenherzens — so wird der Mond empfunden. Anders die Winde. Sie greifen wie Abend und Finsternis bestimmend ein, sie sind mitbeteiligt am Verlauf. Wie in der ersten Strophe hat die dritte Zeile gegenüber den härteren, abgesetzten, drängenden Rhythmen der meisten anderen Verse ein Wiegendes, Schwingendes — man kann es nur mit den Worten ausdrücken, die im Vers selbst auch bedeutungsmäßig bestimmen. Natur und Mensch rücken wieder nah zusammen: wie die Finsternis, ein hundertäugiges Wesen, den Reiter aus dem eben noch

harmlosen Gesträuch ansprang, so schlagen die eben noch leise schwingenden Winde in schauerliches Sausen um — der Mensch, der zuvor das Entsetzliche erblickte, hört es nun auch. Alle Sinne sind in dem von seinem Blut Gejagten aufs äußerste wach, alle wachgespannten Sinne müssen wahrnehmen; es wird ihnen, denen in der Erregung des Herzens höchste Empfindlichkeit verliehen ward, nichts geschenkt. Das großartige Klangbild von 12 bezeugt es unmittelbar: nicht nur die herrschenden dunklen Vokale au und o, sondern vor allem die rhythmische Gliederung. Die Sinn-Einheit „umsausten" ist auch rhythmisch eine Einheit, danach eine Pause, wie das plötzliche Aussetzen des Windes nach wildem Pfeifen, worauf dann ein noch stärkeres Losgelassensein folgt — „schauerlich" ist Sinn-Mitte und Tongipfel der Zeile. Großartig dann die Steigerungen; schon im Vergleich zum Ende der ersten Strophe: nicht nur sind aus den hundert schwarzen Augen in maßloser Übertreibung tausend Ungeheuer geworden, die hundertäugige Finsternis war gleichsam schon da, ein starres, dennoch unheimliches Monstrum, nun aber schauen wir mitten hinein ins schöpferische Brodeln der Nacht (sie „schuf"); unabsehbar quillt aus ihrem trächtigen Schoß das Leben, ein schreckensvolles Leben, das anderes Leben nicht neben sich duldet, das es vielmehr auszurotten gesonnen ist. Die tausend Ungeheuer sind wie die hundert Augen kein pathetischer Schmuck, die Zahl ist keine bloße Übertreibung, sondern eine sich den weitoffenen Sinnen, den aufgepeitschten Nerven aufdrängende Wirklichkeit, die noch nicht vom ordnenden und erkennenden Verstand gebändigt wird.

Gerade angesichts solcher großartigen Wahrhaftigkeit des Nacherlebens, das eben der in großen dichterischen Reaktionsbildern sich darbietenden Wirklichkeit der Natur entspringt, wirkt der Gegensatz „frisch und fröhlich" künstlich gedämpft. Hier verspürt man ein gewolltes Abbrechen — und die erste Fassung allein zeigt die organische Auslösung, die dichterisch erst den Anstieg ins bildhafte Übermaß rechtfertigt. So kühn diese nochmalige Steigerung „doch tausendfacher war mein Mut" auch sein mag, so echt ist sie. Denn zu ertragen vermag das Erleben der beklemmenden Ungeheuerlichkeit der Nacht nur ein kühner Mut, nicht aber ein in banaler Frischfröhlichkeit — um den Unterschied sehr hart zu kennzeichnen — durch die Nacht galoppierender Reitersmann, ein Mut, der zu dem erregten Herzen des Anfangs auch in der zweiten Fassung nicht stimmen will. Die Verse 15/16 lassen dann freilich auch in der zurückhaltenden zweiten Fassung das Drängen und Gären erkennen — künstlerisch hier sogar sehr fein, indem es nicht bei Namen genannt, nicht ausgesagt wird: das vielsagende „welches", „welche" verrät gerade den Höchstgrad von Feuer und Glut, indem es im kraftgeladenen Ausruf eine nähere Kennzeichnung verschweigt. Doch ist die erste Fassung in dem superlativen Bekenntnis gerade wahrhaftiger: der stürmisch zur Geliebten drängende, durch die Schauer der Nacht nicht zurückgeschreckte, sondern erst recht im Innersten aufgewühlte und liebeshungrige Mensch, der den Kampf mit den Elementen aufnimmt, weil er selbst ganz Element ist, ganz elementarer Trieb und doch zugleich hochgesteigertes Bewußtsein — er darf es wagen. Feuer und Glut, die Blut und Herz bestimmen, in ihrer Stärke auch zu benennen. (Das Klangbild der beiden Verse wird sinnentsprechend bestimmt durch die konsonantische Schärfe des viermaligen z-Lautes.)

Mit diesen, dem überquellenden Inneren (auch in der zweiten Fassung) unmittelbar entstammenden Ausrufen ist bedeutungs- wie bewegungsgemäß der Gipfelpunkt des Gesamtgedichtes erreicht. Nach dem enthusiastischen Ausströmen des Lebensatems kommt die natürliche Entspannung — ein Zurückfallen in die Ruhelage, ein Zurückschwingen in die stille Besinnung. Zwischen der zweiten und dritten Strophe ist eine lange Pause — dann steht das „Dich" des neuen Einsatzes wie eine unerwartete Erscheinung vor dem entzückten Auge des Dichters, der nur zu stammeln vermag. Auch nach „Dich" ist eine Zäsur zu fühlen, das eigene Ich ist einen Augenblick ganz ausgelöscht, nur das Du füllt die angeschaute und erstrebte Welt aus. Dies ist der bedeutsame Unterschied zwischen der zweiten und der ersten Fassung: die erste Fassung schiebt mit dem betonten Ichbewußtsein des Sturm-und-Drang-Goethe das Ich in den Vordergrund, das natürlich auch hier kein isoliertes Ich ist, sondern das Ich einer aufbrechenden Generation. Aber das Liebesgefühl des Ich, nicht der geliebte Gegenstand beherrscht doch die Situation. Freilich ist auch in der ersten Fassung deutlich — und das läßt wiederum die Umwandlung in der zweiten Fassung erst so künstlerisch organisch erscheinen —, wie das ganz seiner selbst bewußte Ich bald von dem Zauber der geliebten Gestalt gefangen wird und sich in ihr verliert: Der Dichter, eben noch in höchster Leidenschaft der Geliebten zueilend, bereit, sie stürmisch in Besitz zu nehmen, steht ganz unter der Wirkung, die von der Geliebten ausstrahlt — nicht umsonst ist das erste „Enjambement" des Gedichtes, das Übergreifen des Satzes von einem Vers in den nächsten — „die reine Freude Floß ..." — an dieser Stelle zu finden. Das, was auf den Dichter „fließt", überwiegt alles stolze Selbstgefühl, das Ich ist dem Du nun völlig hingegeben, es lebt in erregender Wechselwirkung nur noch für das Du: „Ganz" zu Beginn von V. 19 bringt auch in der ersten Fassung die radikale Umwendung. Die Liebe ist kein „titanisches" Erleben mehr, sondern sie ist ein „schmelzendes" Dienen in Verzicht auf einen den geliebten anderen Menschen nicht vollachtenden Eigenanspruch geworden.

Hier liegt vielleicht auch der Grund für den leicht rokokohaften Einschlag, den die vier nächsten Zeilen bei aller Frische haben.

Es ist, als ob der Sturm-und-Drang-Goethe, der sich so sicher den gemäßen sprachlichen Ausdruck schafft, wenn es sich um die Aussage des uneingeschränkten Ichgefühls handelt, unbewußt ein wenig auf die literarische Tradition zurückgreifen muß, wenn er einem Gegenüber, sei es auch die Geliebte, huldigen will. So sehr gewiß Bild und Klang dieser vier Verse berücken, es ist alles, bis zu den „Göttern", ein wenig müßiges Spiel, einen Grad unernster als das leidenschaftliche Entflammtsein, sanfter als der seelenaufwühlende, nervenaufjagende Ritt durch die nächtliche Landschaft. Es ist, bei aller Echtheit und Innigkeit, doch eine

Spur süße Tändelei, tänzerisches Verbeugen wie in einem Menuett, kavaliermäßige Höflichkeit, galante Schmeichelei, allegorische Verbrämung darin enthalten — eine Spur nur von all dem, aber doch kaum zu übersehen. Die vier Verse wirken gegenüber den ersten beiden Strophen wie eine zartgetönte Pastellzeichnung gegenüber kräftigen Holzschnitten. Das ist erst recht merkbar, wenn man mit dem Beginn der vierten Strophe wieder den ganzen Ernst der Begegnung wahrnimmt — man kann jetzt getrost sagen: den Ernst eines wirklichen Geschehens, eines Geschehens in der Wirklichkeit. War die Liebe am Ende der dritten Strophe ein Göttergeschenk, von liebenswürdigen Genien dargereicht, so ist sie nun ein unausweichliches Ereignis, eine noch unfaßliche Macht. Dicht auf den Willkomm — fassen wir das Gedicht zunächst in seinem Vorgang, in seiner einheitlichen Situation —, dicht auf die so heiß ersehnte und mühsam errungene Begegnung folgt der Abschied: Wie schwer steht das Wort in dem stockenden, schleppenden Rhythmus der ersten beiden Zeilen der letzten Strophe. Darin aber gerade erweist sich die Realität, die Wirklichkeitsnähe, das Wirklichkeitsgewicht dieser Liebe, und solche Realität hebt erst ihre ganze Wahrhaftigkeit heraus, läßt sie in ihrer vollen Polarität erscheinen: zwischen Wonne und Schmerz, zwischen Überschwang und Wehmut, zwischen Begehren und Verzicht ist sie gespannt. Wonne und Schmerz, Seligkeit und Trauer liegen nah beieinander — es ist die realistische Dialektik, „freudvoll und leidvoll" zu sein, die Goethe später in Klärchens Lied im „Egmont" so ergreifend erklingen ließ:

<blockquote>

„Freudvoll   In schwebender Pein;
Und leidvoll,   Himmelhoch jauchzend
Gedankenvoll sein; Zum Tode betrübt;
Langen   Glücklich allein
Und bangen   Ist die Seele, die liebt."

</blockquote>

Noch genießt der Liebende die körperliche Nähe der Geliebten, aber er sieht schon ein unerbittlich Trennendes. Der Liebsten Küsse, in der Wonne des Gegenwärtigen gespendet, wollen den Geliebten noch halten, die Augen aber, die Spiegel der Seele, wissen, was kommen muß, und können den Schmerz nicht verbergen.

Für die letzten vier Zeilen ist wieder der Vergleich der ersten und der zweiten Fassung höchst aufschlußreich: Unbeschönigt sagt der Dichter in der zweiten Fassung: Ich ging, ich verließ dich, ich mußte dich verlassen, ich war der, der das Unheil über dich brachte, indem ich dich verließ — gewiß vermag auch er keinen Grund zu nennen, darin aber verrät sich gerade objektiv der gesellschaftliche Konflikt, der zwischen zwei Liebende ein Trennendes bringt. Auch wenn es sich in der biographischen Realität nicht eigentlich um einen Standesgegensatz handelt, für den Sturm und Drang ein so aktuelles Problem — erinnern wir uns nur des Schillerdramas „Kabale und Liebe" —, so doch um das von Goethe deutlich empfundene Problem des Unterschieds der Herkunft, des Unterschieds also des stadtbürgerlichen, geistig hochentwickelten Patriziersohnes und des in ländlich-idyllischer Beschränktheit aufgewachsenen Mädchens. Es ist kein rührendes Bild, sondern eine furchtbare Szene, die der Dichter zeigen muß. Der hoffnungslos Zurückbleibenden, die ihm alles Glück bedeutete und der er alles Glück war, muß er nun das tiefste Leid antun. Aber eben dies Bekenntnis einer Schuld, die doch nichts ist als die subjektive Seite der objektiven Notwendigkeit, des Zwangs der Umstände, dieser Blick des Scheidenden auf die von ihm Verlassene ist erst aus dem Abstand möglich, der unmittelbar Erlebende vermag dies nicht wahrzuhaben. Er ist zu allem, was er tut — tun muß, um sich nicht in der Idylle zu verlieren, weil er berufen ist, in der Welt der gesellschaftlichen Widersprüche zu handeln —, noch grausam und ungerecht, mißt der Geliebten alle Schuld zu: Du gingst, heißt es in der ersten Fassung vorwurfsvoll-unwillig. Der Dichter stellt sich damit als den Gekränkten, Enttäuschten und Betrogenen hin, und das ist das Unechte, Gewaltsame, das auch den Schluß unecht und gewaltsam erscheinen läßt. Wie fein empfand Goethe schon wenige Jahre später, wie taktvoll im Menschlichen, wie organisch im Künstlerischen, wie einsichtig im Gesellschaftlichen, wenn er erst das uneingeschränkte Bekenntnis der eigenen Verantwortung gab, die eine notwendige Folge der objektiven Widersprüchlichkeit ist, ehe er wagte zu rufen: Und doch welch Glück, geliebt zu werden! Und doch: trotz allen Schmerzes, den er bereiten mußte, trotz allen harten Geschicks, das der verlassenen Geliebten beschieden war und das in alle süßen Erinnerungen die Qualen eines sehr belasteten, weil sich für den geliebten Menschen verantwortlich fühlenden Gewissens verflocht — es war ein Glück, geliebt zu werden und zu lieben. Nun ist Glück aber nicht mehr Rokokogenuß, nicht mehr spielerisches Genügen, sondern Glück ist der Zustand, der den Menschen ganz beansprucht, ganz erfüllt, ihn alle Wonnen, aber auch allen Schmerz kosten, ihn des Lebens Süße wie des Lebens Bitternis ganz ausschöpfen läßt. Und die Götter, die angerufen werden, als den Abschiednehmenden gerade noch einmal der Gedanke an die Seligkeit der ihm zuteilgewordenen Liebesstunde überwältigen will, sie sind nicht mehr die Rokokogötter, nicht mehr allegorische Figuren, zu denen das Ende der dritten Strophe neigte, sondern sie sind jetzt die Notwendigkeit der Lebensgewalten, denen sich der junge Goethe anvertraute, die Götter, die ihren Lieblingen alle Schmerzen die unendlichen, und alle Freuden die unendlichen ganz geben, wie es in späteren Versen heißt.

Diese objektive Notwendigkeit als Ergebnis einer dialektischen Realität ist es, die dem Gedicht über die Aussage eines einmaligen Erlebnisses hinaus die Tiefe der typischen Gültigkeit gibt. So sehr ein Ablauf von unwiederholbaren Szenen gestaltet, eine Folge bestimmter Situationen gezeichnet scheint, so ist in dem eindrucksvollen Bild einer einzigen Begegnung eben die ganze Bewegung einer Liebe ausgesagt. Oft ist der Liebende so wie bei diesem geschilderten Ritt hinausgeritten, oft hat er das Glück der Gegenwart der Geliebten genossen — oft hat er Abschied genommen, ohne daß es der letzte Abschied war, aber während

Ritt und Begegnung oft in ähnlicher Weise vor sich gegangen sein mögen, ist freilich solch weher endgültiger Abschied, wie er im Gedicht Gestalt gewonnen hat, nur nach dem letzten Zusammensein möglich. Das Symbolisch-Allgemeingültige im unmittelbar Erlebten, das Sinnbildliche im gegenwärtig angeschauten Vorgang hat eine eigentümliche Prägung gefunden: in den ersten drei Strophen steht die einzelne, einmalige Situation so zeit- und raumgebunden, so erlebnisbedingt sie auch sein mag, stellvertretend für viele ähnliche Situationen in der gleichen Liebesbeziehung des Dichters, die einzelne Situation, der sehr bestimmte Verlauf ist dennoch gültig, typisch für diese Liebe: nächtlicher Ritt des ungeduldig Liebenden zur harrenden Geliebten und liebevolle Begegnung. In der letzten Strophe aber kann der ergreifende Vorgang insofern als sinnbildliches Geschehen begriffen werden, als in ihm das Widersprüchliche einer an eine bestimmte geschichtliche Situation gebundenen Liebe in ganzer Schwere verwirklicht ist. In dem einen bestimmten Liebeserlebnis des Dichters, in dem oft auf den Willkomm ein schneller Abschied folgte, bedeutete doch dieser schmerzlich-dunkle Abschied, in dem das Dennoch der Liebesbejahung einem quälenden Schuldbewußtsein als Ausdruck einer den objektiven Verhältnissen entspringenden Unzulänglichkeit abgerungen wurde, eine endgültige Trennung. Während Ritt und Begegnung gültige Sinnbilder darstellen sowohl für diese eine, auch in des Dichters Leben unvergleichliche Jugendliebe, als auch für jede stürmisch werbende und selig erfüllte Jugendliebe, meint der Abschied einen endgültigen Vorgang, der den jugendlich liebenden Dichter nur einmal in dieser schweren, schmerzlichen Gestalt treffen konnte, der aber jeden treffen wird und treffen muß, der noch in ähnlichen objektiven Konflikten liebt und lieben muß wie dieser junge bürgerliche Dichter Goethe um 1770.

JOHANN WOLFGANG GOETHE
Prometheus

Bedecke deinen Himmel, Zeus,
Mit Wolkendunst
Und übe, dem Knaben gleich,
Der Disteln köpft,
An Eichen dich und Bergeshöhn;
Mußt mir meine Erde
Doch lassen stehn.
Und meine Hütte,
Die du nicht gebaut,
Und meinen Herd, um dessen Glut
Du mich beneidest.

Ich kenne nichts Ärmeres
Unter der Sonn als euch, Götter!
Ihr nähret kümmerlich
Von Opfersteuern und Gebetshauch
Eure Majestät, und darbtet, wären
Nicht Kinder und Bettler
Hoffnungsvolle Toren.

Da ich ein Kind war,
Nicht wußte, wo aus noch ein,
Kehrt' ich mein verirrtes Auge
Zur Sonne, als wenn drüber wär'
Ein Ohr, zu hören meine Klage,
Ein Herz wie meins,
Sich des Bedrängten zu erbarmen.

Wer half mir
Wider der Titanen Übermut?
Wer rettete vom Tode mich,
Von Sklaverei?
Hast du nicht alles selbst vollendet,
Heilig glühend Herz?
Und glühtest jung und gut,
Betrogen, Rettungsdank
Dem Schlafenden da droben?

Ich dich ehren? Wofür?
Hast du die Schmerzen gelindert
Je des Beladenen?
Hast du die Tränen gestillet
Je des Geängsteten?
Hat nicht mich zum Manne geschmiedet
Die allmächtige Zeit
Und das ewige Schicksal,
Meine Herrn und deine?

Wähntest du etwa,
Ich sollte das Leben hassen,
In Wüsten fliehen,
Weil nicht alle
Blütenträume reiften?

Hier sitz' ich, forme Menschen
Nach meinem Bilde,
Ein Geschlecht, das mir gleich sei,
Zu leiden, zu weinen,
Zu genießen und zu freuen sich,
Und dein nicht zu achten,
Wie ich!

JOHANN WOLFGANG GOETHE
Werther

Am 10. Mai

Eine wunderbare Heiterkeit hat meine ganze Seele eingenommen, gleich den süßen Frühlingsmorgen, die ich mit ganzem Herzen genieße. Ich bin allein und freue mich meines Lebens in dieser Gegend, die für solche Seelen geschaffen ist, wie die meine. Ich bin so glücklich, mein Bester, so ganz in dem Gefühl von ruhigem Dasein versunken, daß meine Kunst darunter leidet. Ich könnte jetzt nicht zeichnen, nicht einen Strich, und bin nie ein größerer Maler gewesen als in diesen Augenblicken. Wenn das liebe Tal um mich dampft und die hohe Sonne an der Oberfläche der undurchdringlichen Finsternis meines Waldes ruht und nur einzelne Strahlen sich in das innere Heiligtum stehlen, ich dann im hohen Grase am fallenden Bache liege und näher an der Erde tausend mannigfaltige Gräschen mir merkwürdig werden; wenn ich das Wimmeln der kleinen Welt zwischen Halmen, die unzähligen unergründlichen Gestalten der Würmchen, der Mückchen näher an meinem Herzen fühle, und fühle die Gegenwart des Allmächtigen, der uns nach seinem Bilde schuf, das Wehen des All-Liebenden, der uns in ewiger Wonne schwebend trägt und erhält; mein Freund! wenn's dann um meine Augen dämmert und die Welt um mich her und der Himmel ganz in meiner Seele ruhn wie die Gestalt einer Geliebten — dann sehn' ich mich oft und denke: ach, könntest du das wieder ausdrücken, könntest du dem Papier das einhauchen, was so voll, so warm in dir lebt, daß es würde der Spiegel deiner Seele, wie deine Seele ist der Spiegel des unendlichen Gottes! Mein Freund! — Aber ich gehe darüber zugrunde, ich erliege unter der Gewalt der Herrlichkeit dieser Erscheinungen.

Am 16. Junius

Warum ich dir nicht schreibe? — Fragst du das und bist doch auch der Gelehrten einer. Du solltest raten, daß ich mich wohl befinde, und zwar — Kurz und gut, ich habe eine Bekanntschaft gemacht, die mein Herz näher angeht. Ich habe — ich weiß nicht.

Dir in der Ordnung zu erzählen, wie's zugegangen ist, daß ich eins der liebenswürdigsten Geschöpfe habe kennenlernen, wird schwer halten. Ich bin vergnügt und glücklich, und also kein guter Historienschreiber.

Einen Engel! — Pfui! das sagt jeder von der Seinigen, nicht wahr? Und doch bin ich nicht imstande, dir zu sagen, wie sie vollkommen ist, warum sie vollkommen ist; genug, sie hat allen meinen Sinn gefangengenommen.

So viel Einfalt bei so viel Verstand, so viel Güte bei so viel Festigkeit und die Ruhe der Seele bei dem wahren Leben und der Tätigkeit. —

Das ist alles garstiges Gewäsch, was ich da von ihr sage, leidige Abstraktionen, die nicht einen Zug ihres Selbst ausdrücken. Ein andermal — nein, nicht ein andermal, jetzt gleich will ich dir's erzählen. Tu' ich's jetzt nicht, so gescháh' es niemals. Denn, unter uns, seit ich angefangen habe zu schreiben, war ich schon dreimal im Begriffe, die Feder niederzulegen, mein Pferd satteln zu lassen und hinauszureiten. Und doch schwur ich mir heut früh, nicht hinauszureiten, und gehe doch alle Augenblick' ans Fenster, zu sehen, wie hoch die Sonne noch steht...

Unsere jungen Leute hatten einen Ball auf dem Lande angestellt, zu dem ich mich denn auch willig finden ließ. Ich bot einem hiesigen guten, schönen, übrigens unbedeutenden Mädchen die Hand, und es wurde ausgemacht, daß ich eine Kutsche nehmen, mit meiner Tänzerin und ihrer Base nach dem Orte der Lustbarkeit hinausfahren und auf dem Wege Charlotten S... mitnehmen sollte. — Sie werden ein schönes Frauenzimmer kennen lernen, sagte meine Gesellschafterin, da wir durch den weiten ausgehauenen Wald nach dem Jagdhause fuhren. — Nehmen Sie sich in acht, versetzte die Base, daß Sie sich nicht verlieben! — Wieso? sagt' ich. — Sie ist schon vergeben, antwortete jene, an einen sehr braven Mann, der weggereist ist, seine Sachen in Ordnung zu bringen, weil sein Vater gestorben ist, und sich um eine ansehnliche Versorgung zu bewerben. — Die Nachricht war mir ziemlich gleichgültig.

Die Sonne war noch eine Viertelstunde vom Gebirge, als wir vor dem Hoftore anfuhren. Es war sehr schwül, und die Frauenzimmer äußerten ihre Besorgnis wegen eines Gewitters, das sich in weiß-grauen dumpfichten Wölkchen rings am Horizonte zusammenzuziehen schien. Ich täuschte ihre Furcht mit anmaßlicher Wetterkunde, ob mir gleich selbst zu ahnen anfing, unsere Lustbarkeit werde einen Stoß leiden.

Ich war ausgestiegen, und eine Magd, die ans Tor kam, bat uns, einen Augenblick zu verziehen, Mamsell Lottchen würde gleich kommen. Ich ging durch den Hof nach dem wohlgebauten Hause, und da ich die vorliegenden Treppen hinaufgestiegen war und in die Tür trat, fiel mir das reizendste Schauspiel in die Augen, das ich je gesehen habe. In dem Vorsaale wimmelten sechs Kinder, von elf zu zwei Jahren, um ein Mädchen von schöner Gestalt, mittlerer Größe, die ein simples weißes Kleid mit blaßroten Schleifen an Arm und Brust anhatte. Sie hielt ein schwarzes Brot und schnitt ihren Kleinen rings herum jedem sein Stück nach Proportion ihres Alters und Appetits ab, gab's jedem mit solcher Freundlichkeit, und jedes rufte so ungekünstelt sein: Danke! indem es mit den kleinen Händchen lange in die Höh' gereicht hatte, eh' es noch abgeschnitten war, und nun mit seinem Abendbrote vergnügt entweder wegsprang oder nach seinem stillern Charakter gelassen davon ging nach dem Hoftore zu, um die Fremden und die Kutsche zu sehen, darinnen ihre Lotte wegfahren sollte. — Ich bitte um Vergebung, sagte sie, daß ich Sie hereinbemühe und die Frauenzimmer warten lasse. Über dem Anziehen und allerlei Bestellungen fürs Haus in meiner Abwesenheit habe ich vergessen, meinen Kindern ihr Vesperbrot zu geben, und sie wollen von niemandem Brot geschnitten haben als von mir. — Ich machte ihr ein unbedeutendes Kompliment, meine ganze Seele ruhte auf der Gestalt, dem Tone, dem Betragen, und ich hatte eben Zeit, mich von der Überraschung zu erholen, als sie in die Stube lief, ihre Handschuhe und den Fächer zu holen. Die Kleinen sahen mich in einiger Entfernung so von der Seite an, und ich ging auf das Jüngste los, das ein Kind von der glücklichsten Gesichtsbildung war. Es zog sich zurück, als eben Lotte zur Tür herauskam und sagte: Louis, gib dem Herrn Vetter eine Hand. — Das tat der Knabe sehr freimütig, und ich konnte mich nicht enthalten, ihn ungeachtet seines kleinen Rotznäschens herzlich zu küssen. — Vetter? sagt' ich, indem ich ihr die Hand reichte, glauben Sie, daß ich des Glückes wert sei, mit Ihnen verwandt zu sein? — Oh, sagte sie mit einem leichtfertigen Lächeln, unsere Vetterschaft ist sehr weitläufig, und es wäre mir leid, wenn Sie der Schlimmste drunter sein sollten. — Im Gehen gab sie Sophien, der ältesten Schwester nach ihr, einem Mädchen von ungefähr elf Jahren, den Auftrag, wohl auf die Kinder acht zu haben und den Papa zu grüßen, wenn er vom Spazierritte nach Hause käme. Den Kleinen sagte sie, sie sollten ihrer Schwester Sophie folgen, als wenn sie's selber wäre, das denn auch einige ausdrücklich versprachen. Eine kleine naseweise Blondine aber, von ungefähr sechs Jahren, sagte: du bist's doch nicht, Lottchen, wir haben dich doch lieber. — Die zwei ältesten Knaben waren hinten auf die Kutsche geklettert und auf mein Vorbitten erlaubte sie ihnen, bis vor den Wald mitzufahren, wenn sie versprächen, sich nicht zu necken und sich recht festzuhalten.

Wir hatten uns kaum zurechtgesetzt, die Frauenzimmer sich bewillkommt, wechselweis' über den Anzug, vorzüglich über die Hüte ihre Anmerkungen gemacht, und die Gesellschaft, die man erwartete, gehörig durchgezogen, als Lotte den Kutscher halten und ihre Brüder herabsteigen ließ, die noch einmal ihre Hand zu küssen begehrten, das denn der älteste mit aller Zärtlichkeit, die dem Alter von fünfzehn Jahren eigen sein kann, der andere mit viel Heftigkeit und Leichtsinn tat. Sie ließ die Kleinen noch einmal grüßen und wir fuhren weiter ...

Wir traten ans Fenster. Es donnerte abseitswärts, und der herrliche Regen säuselte auf das Land, und der erquickendste Wohlgeruch stieg in aller Fülle einer warmen Luft zu uns auf. Sie stand auf ihren Ellenbogen gestützt, ihr Blick durchdrang die Gegend, sie sah gen Himmel und auf mich, ich sah ihr Auge tränenvoll, sie legte ihre Hand auf die meinige und sagte: — Klopstock! — Ich erinnerte mich sogleich der herrlichen Ode, die ihr in Gedanken lag, und versank in dem Strome von Empfindungen, den sie in dieser Losung über mich ausgoß. Ich ertrugs nicht, neigte mich auf ihre Hand und küßte sie unter den wonnevollsten Tränen, und sah nach ihrem Auge wieder — Edler! hättest du deine Vergötterung in diesem Blicke gesehen, und möcht' ich nun deinen so oft entweihten Namen nie wieder nennen hören.

Am 21. Junius

Ich lebe so glückliche Tage, wie sie Gott seinen Heiligen aufspart; und mit mir mag werden was will, so darf ich nicht sagen, daß ich die Freuden, die reinsten Freuden des Lebens nicht genossen habe. — Du kennst mein Wahlheim; dort bin ich völlig etabliert, von da hab' ich nur eine halbe Stunde zu Lotten, dort fühl' ich mich selbst und alles Glück, das dem Menschen gegeben ist.

Hätt' ich gedacht, als ich mir Wahlheim zum Zwecke meiner Spaziergänge wählte, daß es so nahe am Himmel läge! Wie oft habe ich das Jagdhaus, das nun alle meine Wünsche einschließt, auf meinen weiten Wanderungen, bald vom Berge, bald von der Ebne über den Fluß gesehn!

Lieber Wilhelm, ich habe allerlei nachgedacht, über die Begier im Menschen, sich auszubreiten, neue Entdeckungen zu machen, herumzuschweifen; und dann wieder über den inneren Trieb, sich der Einschränkung willig zu ergeben, in dem Gleise der Gewohnheit so hinzufahren und sich weder um rechts noch um links zu bekümmern.

Es ist wunderbar: wie ich hierherkam und vom Hügel in das schöne Tal schaute, wie es mich ringsumher anzog. — Dort das Wäldchen! — Ach könntest du dich in seine Schatten mischen! — Dort die Spitze des Berges! Ach könntest du von da die weite Gegend überschauen! — Die ineinandergeketteten Hügel und vertraulichen Täler! — O könnte ich mich in ihnen verlieren! — Ich eilte hin und kehrte zurück und hatte nicht gefunden, was ich hoffte. Oh, es ist mit der Ferne wie mit der Zukunft! Ein großes dämmerndes Ganze ruht vor unserer Seele, unsere Empfindung verschwimmt darin wie unser Auge, und wir sehnen uns, ach! unser ganzes Wesen hinzugeben, uns mit aller Wonne eines einzigen großen herrlichen Gefühls ausfüllen zu lassen. — Und ach! wenn wir hinzueilen, wenn das Dort nun Hier wird, ist alles vor wie nach, und wir stehen in unserer Armut, in unserer Eingeschränktheit, und unsere Seele lechzt nach entschlüpftem Labsale.

So sehnt sich der unruhigste Vagabund zuletzt wieder nach seinem Vaterlande, und findet in seiner Hütte, an der Brust seiner Gattin, in dem Kreise seiner Kinder, in den Geschäften zu ihrer Erhaltung die Wonne, die er in der weiten Welt vergebens suchte.

Wenn ich des Morgens mit Sonnenaufgange hinausgehe nach meinem Wahlheim und dort im Wirtsgarten mir meine Zuckererbsen selbst pflücke, mich hinsetze, sie abfädle und dazwischen in meinem Homer lese; wenn ich in der kleinen Küche mir einen Topf wähle, mir Butter aussteche, Schoten ans Feuer stelle, zudecke und mich dazu setze, sie manchmal umzuschütteln: da fühl' ich so lebhaft, wie die übermütigen Freier der Penelope Ochsen und Schweine schlachten, zerlegen und braten. Es ist nichts, was mich so mit einer stillen, wahren Empfindung ausfüllte, als die Züge patriarchalischen Lebens, die ich, Gott sei Dank, ohne Affektion in meine Lebensart verweben kann.

210   Wie wohl ist mir's, daß mein Herz die simple harmlose Wonne des Menschen fühlen kann, der ein Krauthaupt auf seinen Tisch bringt, das er selbst gezogen, und nun nicht den Kohl allein, sondern all die guten Tage, den schönen Morgen, da er ihn pflanzte, die lieblichen Abende, da er ihn begoß, und da er an dem fortschreitenden Wachstum seine Freude hatte, alle in einem Augenblicke wieder mitgenießt.

Am 18. August

Mußte denn das so sein, daß das, was des Menschen Glückseligkeit macht, wieder die Quelle seines Elends würde?

Das volle, warme Gefühl meines Herzens an der lebendigen Natur, das mich mit so vieler Wonne überströmte, das ringsumher die Welt mir zu einem Paradiese schuf, wird mir jetzt zu einem unerträglichen Peiniger, zu einem quälenden Geist, der mich auf allen Wegen verfolgt. Wenn ich sonst vom Felsen über den Fluß bis zu jenen Hügeln das fruchtbare Tal überschaute und alles um mich her keimen und quellen sah; wenn ich jene Berge vom Fuße bis zum Gipfel mit hohen dichten Bäumen bekleidet, jene Täler in ihren mannigfaltigen Krümmungen von den lieblichsten Wäldern beschattet sah, und der sanfte Fluß zwischen den lispelnden Rohren dahin gleitete, und die lieben Wolken abspiegelte, die der sanfte Abendwind am Himmel herüberwiegte; wenn ich dann die Vögel um mich den Wald beleben hörte, und die Millionen Mückenschwärme im letzten roten Strahle der Sonne mutig tanzten und ihr letzter zuckender Blick den summenden Käfer aus seinem Grase befreite; und das Schwirren und Weben um mich her mich auf den Boden aufmerksam machte, und das Moos, das meinen harten Felsen seine Nahrung abzwingt, und das Geniste, das den dürren Sandhügel hinunter wächst, mir das innere, glühende, heilige Leben der Natur eröffnete: wie faßte ich das alles in mein warmes Herz, fühlte mich in der überfließenden Fülle wie vergöttert, und die herrlichen Gestalten der unendlichen Welt bewegten sich allbelebend in meiner Seele. Ungeheure Berge umgaben mich, Abgründe lagen vor mir, und Wetterbäche stürzten herunter, die Flüsse strömten unter mir, und Wald und Gebirg erklang; und ich sah sie wirken und schaffen ineinander in den Tiefen der Erde, alle die unergründlichen Kräfte; und nun über der Erde und unter dem Himmel wimmeln die Geschlechter der mannigfaltigen Geschöpfe. Alles, alles bevölkert mit tausendfältigen Gestalten; und die Menschen dann sich in Häuslein zusammen sichern, und sich annisten, und herrschen in ihrem Sinne über die weite Welt! Armer Tor! Der du alles so gering achtest, weil du so klein bist. — Vom unzugänglichen Gebirge über die Einöde, die kein Fuß betrat, bis ans Ende des unbekannten Ozeans weht der Geist des Ewigschaffenden, und freut sich jedes Staubes, der ihn vernimmt und lebt. — Ach damals, wie oft habe ich mich mit Fittichen eines Kranichs, der über mich hinflog, zu dem Ufer des ungemessenen Meeres gesehnt, aus dem schäumenden Becher des Unendlichen jene schwellende Lebenswonne zu trinken und nur einen Augenblick, in der eingeschränkten Kraft meines Busens, einen Tropfen der Seligkeit des Wesens zu fühlen, das alles in sich und durch sich hervorbringt.

Bruder, nur die Erinnerung jener Stunden macht mir wohl. Selbst diese Anstrengung, jene unsäglichen Gefühle zurückzurufen, wieder auszusprechen, hebt meine Seele über sich selbst und läßt mich dann das Bangen des Zustandes doppelt empfinden, der mich jetzt umgibt.

Es hat sich vor meiner Seele wie ein Vorhang weggezogen, und der Schauplatz des unendlichen Lebens verwandelte sich vor mir in den Abgrund des ewig offenen Grabes. Kannst du sagen: Das ist! da alles vorübergeht, da alles mit der Wetterschnelle vorüberrollt, so selten die ganze Kraft seines Daseins ausdauert; ach, in den Strom fortgerissen, untergetaucht und an Felsen zerschmettert wird? Da ist kein Augenblick, der nicht dich verzehrte und die Deinigen um dich her, kein Augenblick, da du nicht ein Zerstörer bist, sein mußt; der harmloseste Spaziergang kostet tausend armen Würmchen das Leben, es zerrüttet ein Fußtritt die mühseligen Gebäude der Ameisen und stampft eine kleine Welt in ein schmähliches Grab. Ha! nicht die große, seltene Not der Welt, diese Fluten, die eure Dörfer wegspülen, diese Erdbeben, die eure Städte verschlingen, rühren mich; mir untergräbt das Herz die verzehrende Kraft, die in dem All der Natur verborgen liegt; die nichts gebildet hat, das nicht seinen Nachbar, nicht sich selbst zerstörte. Und so taumle ich beängstigt, Himmel und Erde und ihre webenden Kräfte um mich her: ich sehe nichts als ein ewig verschlingendes, ewig wiederkäuendes Ungeheuer.

JOHANN WOLFGANG GOETHE

An den Mond

Füllest wieder Busch und Tal
Still mit Nebelglanz,
Lösest endlich auch einmal
Meine Seele ganz;

Jeden Nachklang fühlt mein Herz
Froh- und trüber Zeit,
Wandle zwischen Freud' und Schmerz
In der Einsamkeit.

Ich besaß es doch einmal,
Was so köstlich ist!
Daß man doch zu seiner Qual
Nimmer es vergißt!

Breitest über mein Gefild
Lindernd deinen Blick,
Wie des Freundes Auge mild
Über mein Geschick.

Fließe, fließe, lieber Fluß!
Nimmer werd' ich froh,
So verrauschte Scherz und Kuß,
Und die Treue so.

Rausche, Fluß, das Tal entlang,
Ohne Rast und Ruh,
Rausche, flüstre meinem Sang
Melodien zu.

Wenn du in der Winternacht
Wütend überschwillst,
Oder um die Frühlingspracht
Junger Knospen quillst.

Selig, wer sich vor der Welt
Ohne Haß verschließt,
Einen Freund am Busen hält
Und mit dem genießt,

Was, von Menschen nicht gewußt
Oder nicht bedacht,
Durch das Labyrinth der Brust
Wandelt in der Nacht.

JOHANN WOLFGANG GOETHE

Wandrers Nachtlied

Der du von dem Himmel bist,
Alles Leid und Schmerzen stillest,
Den, der doppelt elend ist,
Doppelt mit Erquickung füllest,
Ach, ich bin des Treibens müde!
Was soll all der Schmerz und Lust?
Süßer Friede,
Komm, ach komm in meine Brust!

Ein Gleiches

Über allen Gipfeln
Ist Ruh,
In allen Wipfeln
Spürest du
Kaum einen Hauch;
Die Vögelein schweigen im Walde.
Warte nur, balde
Ruhest du auch.

JOHANN WOLFGANG GOETHE
Grenzen der Menschheit

Wenn der uralte,
Heilige Vater
Mit gelassener Hand
Aus rollenden Wolken
Segnende Blitze
Über die Erde sät,
Küß ich den letzten
Saum seines Kleides,
Kindliche Schauer
Treu in der Brust.

Steht er mit festen,
Markigen Knochen
Auf der wohlgegründeten
Dauernden Erde,
Reicht er nicht auf,
Nur mit der Eiche
Oder der Rebe
Sich zu vergleichen.

Denn mit Göttern
Soll sich nicht messen
Irgendein Mensch!
Hebt er sich aufwärts
Und berührt
Mit dem Scheitel die Sterne,
Nirgends haften dann
Die unsichern Sohlen,
Und mit ihm spielen
Wolken und Winde.

Was unterscheidet
Götter von Menschen?
Daß viele Wellen
Vor jenen wandeln,
Ein ewiger Strom:
Uns hebt die Welle,
Verschlingt die Welle,
Und wir versinken.

Ein kleiner Ring
Begrenzt unser Leben,
Und viele Geschlechter
Reihen sich dauernd
An ihres Daseins
Unendliche Kette.

JOHANN WOLFGANG GOETHE
Dauer im Wechsel

Hielte diesen frühen Segen,
Ach, nur e i n e Stunde fest!
Aber vollen Blütenregen
Schüttelt schon der laue West.
Soll ich mich des Grünen freuen,
Dem ich Schatten erst verdankt?
Bald wird Sturm auch das zerstreuen,
Wenn es falb im Herbst geschwankt.

Willst du nach den Früchten greifen,
Eilig nimm dein Teil davon!
Diese fangen an zu reifen,
Und die andern keimen schon;
Gleich mit jedem Regengusse
Ändert sich dein holdes Tal,
Ach, und in demselben Flusse
Schwimmst du nicht zum zweitenmal!

Du nun selbst! Was felsenfeste
Sich vor dir hervorgetan,
Mauern siehst du, siehst Paläste
Stets mit andern Augen an.
Weggeschwunden ist die Lippe,
Die im Kusse sonst genas,
Jener Fuß, der an der Klippe
Sich mit Gemsenfreche maß.

Jene Hand, die gern und milde
Sich bewegte, wohlzutun,
Das gegliederte Gebilde,
Alles ist ein andres nun.
Und was sich an jener Stelle
Nun mit deinem Namen nennt,
Kam herbei wie eine Welle,
Und so eilt's zum Element.

Laß den Anfang mit dem Ende
Sich in e i n s zusammenziehn!
Schneller als die Gegenstände
Selber dich vorüberfliehn!
Danke, daß die Gunst der Musen
Unvergängliches verheißt:
Den Gehalt in deinem Busen
Und die Form in deinem Geist.

JOHANN WOLFGANG GOETHE

Natur und Kunst

Natur und Kunst, sie scheinen sich zu fliehen
Und haben sich, eh man es denkt, gefunden;
Der Widerwille ist auch mir verschwunden,
Und beide scheinen gleich mich anzuziehen.

Es gilt wohl nur ein redliches Bemühen!
Und wenn wir erst in abgemessnen Stunden
Mit Geist und Fleiß uns an die Kunst gebunden,
Mag frei Natur im Herzen wieder glühen.

So ist's mit aller Bildung auch beschaffen.
Vergebens werden ungebundne Geister
Nach der Vollendung reiner Höhe streben.

Wer Großes will, muß sich zusammenraffen;
In der Beschränkung zeigt sich erst der Meister,
Und das Gesetz nur kann uns Freiheit geben.

216 JOHANN WOLFGANG GOETHE

Aus: Wilhelm Meisters Lehrjahre

Als Wilhelm davon spricht, in seiner Hinneigung zum Schauspielerberuf das ihn zwingende „Schicksal" zu fühlen, erwidert im ein Unbekannter:

Leider höre ich schon wieder das Wort Schicksal von einem jungen Manne aussprechen, der sich eben in einem Alter befindet, wo man gewöhnlich seinen lebhaften Neigungen den Willen höherer Wesen unterzuschieben pflegt.

So glauben Sie kein Schicksal? Keine Macht, die über uns waltet und alles zu unserm besten lenkt? —

Es ist hier die Rede nicht von meinem Glauben, noch der Ort, auszulegen, wie ich mir die Dinge, die uns allen unbegreiflich sind, einigermaßen denkbar zu machen suche; hier ist nur die Frage, welche Vorstellungsart zu unserm besten gereicht. Das Gewebe dieser Welt ist aus Notwendigkeit und Zufall gebildet, die Vernunft des Menschen stellt sich zwischen beide und weiß sie zu beherrschen; sie behandelt das Notwendige als den Grund ihres Daseins; das Zufällige weiß sie zu lenken, zu leiten und zu nutzen, und nur, indem sie fest und unerschütterlich steht, verdient der Mensch, ein Gott der Erde genannt zu werden. Wehe dem, der sich von Jugend auf gewöhnt, in dem Notwendigen etwas Willkürliches finden zu wollen, der dem Zufälligen eine Art von Vernunft zuschreiben möchte, welcher zu folgen sogar eine Religion sei. Heißt das etwas weiter, als seinem eignen Verstande entsagen und seinen Neigungen unbedingten Raum geben? Wir bilden uns ein, fromm zu sein, indem wir ohne Überlegung hinschlendern, uns durch angenehme Zufälle determinieren lassen und endlich dem Resultate eines solchen schwankenden Lebens den Namen einer göttlichen Führung geben. —

Waren Sie niemals in dem Falle, daß ein kleiner Umstand Sie veranlaßte, einen gewissen Weg einzuschlagen, auf welchem bald eine gefällige Gelegenheit Ihnen entgegenkam und eine Reihe von unerwarteten Vorfällen Sie endlich ans Ziel brachte, das Sie selbst noch kaum ins Auge gefaßt hatten? Sollte das nicht Ergebenheit in das Schicksal, Zutrauen zu einer solchen Leitung einflößen? —

Mit diesen Gesinnungen könnte kein Mädchen ihre Tugend, niemand sein Geld im Beutel behalten; denn es gibt Anlässe genug, beides loszuwerden. Ich kann mich nur über d e n Menschen freuen, der weiß, was ihm und andern nütze ist, und seine Willkür zu beschränken arbeitet. Jeder hat sein eigen Glück unter den Händen, wie der Künstler eine rohe Materie, die er zu einer Gestalt umbilden will. Aber es ist mit dieser Kunst wie mit allen: nur die Fähigkeit dazu wird uns angeboren, sie will gelernt und sorgfältig ausgeübt sein.

Aus Verzweiflung über die vermeintliche Untreue der von ihm geliebten Schauspielerin, die er als seine Muse verehrte, vernichtete Wilhelm alle seine poetischen Manuskripte, als sein Freund Werner Zeuge dieser Szene wird.

Ich gebe einen Beweis, sagte Wilhelm, daß es mir ernst sei, ein Handwerk aufzugeben, wozu ich nicht geboren ward; und mit diesen Worten warf er das zweite Paket in das Feuer. Werner wollte ihn abhalten, allein es war geschehen.
Ich sehe nicht ein, wie du zu diesem Extrem kommst, sagte dieser. Warum sollen denn nun diese Arbeiten, wenn sie nicht vortrefflich sind, gar vernichtet werden? —
Weil ein Gedicht entweder vortrefflich sein oder gar nicht existieren soll. Weil jeder, der keine Anlage hat, das Beste zu leisten, sich der Kunst enthalten und sich vor jeder Verführung dazu ernstlich in acht nehmen sollte. Denn freilich regt sich in jedem Menschen ein gewisses unbestimmtes Verlangen, dasjenige, was er sieht, nachzuahmen; aber dieses Verlangen beweist gar nicht, daß auch die Kraft in uns wohne, mit dem, was wir unternehmen, zustande zu kommen. Sieh nur die Knaben an, wie sie jedesmal, so oft Seiltänzer in der Stadt gewesen, auf allen Planken und Balken hin und wider gehen und balancieren, bis ein anderer Reiz sie wieder zu einem ähnlichen Spiele hinzieht. Hast du es nicht in dem Zirkel unsrer Freunde bemerkt? So oft sich ein Virtuose hören läßt, finden sich immer einige, die sogleich dasselbe Instrument zu lernen anfangen. Wie viele irren auf diesem Wege herum! Glücklich, wer den Fehlschluß von seinen Wünschen auf seine Kräfte bald gewahr wird!
Werner widersprach; die Unterredung ward lebhaft, und Wilhelm konnte nicht ohne Bewegung die Argumente, mit denen er sich selbst so oft gequält hatte, gegen seinen Freund wiederholen. Werner behauptete, es sei nicht vernünftig, ein Talent, zu dem man nur einigermaßen Neigung und Geschick habe, deswegen, weil man es niemals in der größten Vollkommenheit ausüben werde, ganz aufzugeben. Es finde sich ja so manche leere Zeit, die man dadurch ausfüllen und nach und nach etwas hervorbringen könne, wodurch wir uns und andern ein Vergnügen bereiten. Unser Freund, der hierin ganz anderer Meinung war, fiel ihm sogleich ein und sagte mit großer Lebhaftigkeit:
Wie sehr irrst du, lieber Freund, wenn du glaubst, daß ein Werk, dessen erste Vorstellung die ganze Seele füllen muß, in unterbrochenen, zusammengegeizten Stunden könne hervorgebracht werden. Nein, der Dichter muß ganz sich, ganz in seinen geliebten Gegenständen leben. Er, der vom Himmel innerlich auf das köstlichste begabt ist, der einen sich immer selbst vermehrenden Schatz im Busen bewahrt, er muß auch von außen ungestört mit seinen Schätzen in der stillen Glückseligkeit leben, die ein Reicher vergebens mit aufgehäuften Gütern um sich hervorzubringen sucht. Sieh die Menschen an, wie sie nach Glück und Vergnügen rennen! Ihre Wünsche, ihre Mühe, ihr Geld jagen rastlos, und wonach? Nach dem, was der Dichter von der Natur erhalten hat, nach dem Genuß der Welt, nach dem Mitgefühl seiner selbst in andern, nach einem harmonischen Zusammensein mit vielen oft unvereinbaren Dingen.
Was beunruhigt die Menschen, als daß sie ihre Begriffe nicht mit den Sachen verbinden können, daß der Genuß sich ihnen unter den Händen wegstiehlt, daß das Gewünschte zu spät kommt und daß alles Erreichte und Erlangte auf ihr Herz nicht

die Wirkung tut, welche die Begierde uns in der Ferne ahnen läßt. Gleichsam wie einen Gott hat das Schicksal den Dichter über alles dieses hinübergesetzt. Er sieht das Gewirre der Leidenschaften, Familien und Reiche sich zwecklos bewegen, er sieht die unauflöslichen Rätsel der Mißverständnisse, denen oft nur ein einsilbiges Wort zur Entwicklung fehlt, unsäglich verderbliche Verwirrungen verursachen. Er fühlt das Traurige und das Freudige jedes Menschenschicksals mit. Wenn der Weltmensch in einer abzehrenden Melancholie über großen Verlust seine Tage hinschleicht oder in ausgelassener Freude seinem Schicksale entgegengeht, so schreitet die empfängliche, leichtbewegliche Seele des Dichters, wie die wandelnde Sonne, von Nacht zu Tag fort, und mit leisen Übergängen stimmt seine Harfe zu Freude und Leid. Eingeboren auf dem Grund seines Herzens, wächst die schöne Blume der Weisheit hervor, und wenn die andern wachend träumen und von ungeheuren Vorstellungen aus allen ihren Sinnen geängstiget werden, so lebt er den Traum des Lebens als ein Wachender, und das Seltenste, was geschieht, ist ihm zugleich Vergangenheit und Zukunft. Und so ist der Dichter zugleich Lehrer, Wahrsager, Freund der Götter und der Menschen. Wie! willst du, daß er zu einem kümmerlichen Gewerbe heruntersteige? Er, der wie ein Vogel gebaut ist, um die Welt zu überschweben, auf hohen Gipfeln zu nisten und seine Nahrung von Knospen und Früchten, einen Zweig mit dem andern leicht verwechselnd, zu nehmen, er sollte zugleich wie der Stier am Pfluge ziehen, wie der Hund sich auf eine Fährte gewöhnen, oder vielleicht gar, an die Kette geschlossen, einen Meierhof durch sein Bellen sichern?

Werner hatte, wie man sich denken kann, mit Verwunderung zugehört. Wenn nur auch die Menschen, fiel er ihm ein, wie die Vögel gemacht wären und, ohne daß sie spinnen und weben, holdselige Tage in beständigem Genuß zubringen könnten! Wenn sie nur auch bei Ankunft des Winters sich so leicht in ferne Gegenden begeben könnten, dem Mangel auszuweichen und sich vor dem Froste zu sichern!

So haben die Dichter in Zeiten gelebt, wo das Ehrwürdige mehr erkannt ward, rief Wilhelm aus, und so sollten sie immer leben. Genugsam in ihrem Innersten ausgestattet, bedurften sie wenig von außen; die Gabe, schöne Empfindungen, herrliche Bilder den Menschen in süßen, sich an jeden Gegenstand anschmiegenden Worten und Melodien mitzuteilen, bezauberte von jeher die Welt und war für den Begabten ein reichliches Erbteil. An der Könige Höfen, an den Tischen der Reichen, vor den Türen der Verliebten horchte man auf sie, indem sich das Ohr und die Seele für alles andere verschloß; wie man sich selig preist und entzückt stille steht, wenn aus den Gebüschen, durch die man wandelt, die Stimme der Nachtigall gewaltig rührend hervordringt! Sie fanden eine gastfreie Welt, und ihr niedrig scheinender Stand erhöhte sie nur desto mehr. Der Held lauschte ihren Gesängen, und der Überwinder der Welt huldigte einem Dichter, weil er fühlte, daß ohne diesen sein ungeheures Dasein nur wie ein Sturmwind vorüberfahren würde; der Liebende wünschte sein Verlangen und seinen Genuß so tausendfach und so harmonisch zu fühlen, als ihn die beseelte Lippe zu schildern verstand; und selbst der Reiche konnte seine Besitztümer, seine Abgötter nicht mit eigenen Augen so kostbar sehen, als sie ihm vom Glanz des allen Wert fühlenden und erhöhenden Geistes beleuchtet erschienen. Ja, wer hat, wenn du willst, Götter gebildet, uns zu ihnen erhoben, sie zu uns herniedergebracht, als der Dichter?

Mein Freund, versetzte Werner nach einigem Nachdenken, ich habe schon oft bedauert, daß du das, was du so lebhaft fühlst, mit Gewalt aus deiner Seele zu verbannen strebst. Ich müßte mich sehr irren, wenn du nicht besser tätest, dir selbst einigermaßen nachzugeben, als dich durch die Widersprüche eines so harten Entsagens aufzureiben und dir mit der einen unschuldigen Freude den Genuß aller übrigen zu entziehen.

GEORG LUKACS

Wilhelm Meister und das Prinzip der humanistischen Persönlichkeitsbildung

Goethes ›Wilhelm Meister‹ ist das bedeutendste Übergangsprodukt der Romanliteratur zwischen dem 18. und dem 19. Jahrhundert. Er trägt die Züge beider Entwicklungsperioden des modernen Romans, und zwar sowohl ideologisch als auch künstlerisch. Es ist, wie wir sehen werden, kein Zufall, daß seine endgültige Niederschrift in die Jahre 1793—95 fällt, in die Zeit, in der die revolutionäre Übergangskrise zwischen den beiden Zeitaltern in Frankreich ihren Gipfelpunkt erreicht hat.

Freilich reichen die Anfänge dieses Romans viel weiter zurück. Die Konzeption und möglicherweise auch die ersten Versuche der Niederschrift können schon für 1777 festgestellt werden. 1785 waren die sechs Bücher des Romans ›Wilhelm Meisters theatralische Sendung‹ bereits niedergeschrieben. Diese erste Fassung, die lange Zeit verschollen gewesen und erst 1910 durch einen glücklichen Zufall entdeckt worden ist, bietet die beste Handhabe, klarzulegen, in welchen künstlerischen und ideologischen Momenten jener neue Übergangscharakter der ›Lehrjahre‹ zum Ausdruck kommt.

Denn die erste Fassung ist noch durchaus im Geist des jungen Goethe konzipiert und gestaltet. In ihrem Mittelpunkt steht — ebenso wie in dem des ›Tasso‹ — das Problem der Beziehung des Dichters zur bürgerlichen Welt, ein Problem, zu dem sich die Rebellion des ›Werther‹ in den Anfängen der Weimarer Periode verengt und vertieft.

Demgemäß beherrscht das Problem von Theater und Drama den ersten Entwurf vollständig. Und zwar bedeutet das Theater hier die Befreiung einer poetischen Seele aus der dürftigen prosaischen Enge der bürgerlichen Welt. Goethe sagt über seinen Helden: „Mußte nicht die Bühne ein Heilort für ihn werden, da er wie in einer Nuß die Welt, wie in einem Spiegel seine Empfindungen und künftigen Taten, die Gestalten seiner Freunde und Brüder, der Helden und die überblickenden Herrlichkeiten der Natur bei aller Witterung unter Dache bequem anstaunen konnte?"

In der späteren Fassung erweitert sich das Problem zu der Beziehung der humanistischen Ausbildung der Gesamtpersönlichkeit zur Welt der bürgerlichen Gesellschaft. Wenn der Held sich in den ›Lehrjahren‹ endgültig entschließt, ans Theater zu gehen, so stellt er die Frage folgendermaßen: „Was hilft es mir, gutes Eisen zu fabrizieren, wenn mein eigenes Inneres voller Schlacken ist, und was, ein Land gut in Ordnung zu bringen, wenn ich mit mir selbst immer uneins bin?" Und seine damalige Einsicht, daß die vollkommene Entfaltung seiner menschlichen Fähigkeiten unter den gegebenen gesellschaftlichen Bedingungen ihm nur durch das Theater ermöglicht werden könne, wird das Motiv seiner Entscheidung. Das Theater, die dramatische Dichtung sind also hier nur Mittel zur freien und vollständigen Entfaltung der menschlichen Persönlichkeit.

Dieser Auffassung des Theaters entspricht es durchaus, daß die ›Lehrjahre‹ in ihrer Handlung über das Theater hinausgehen, daß das Theater für Wilhelm Meister keine ›Sendung‹, sondern bloß ein *Durchgangspunkt* ist. Die Darstellung des Theaterlebens, die den ganzen Inhalt der ersten Fassung abgegeben hatte, erfüllt hier nur den ersten Teil des Romans und wird von dem reif gewordenen Wilhelm ausdrücklich als Verirrung, als Umweg zum Ziel angesehen. Die neue Fassung weitet sich also zu einer Darstellung der ganzen Gesellschaft aus. Im ›Werther‹ erscheint zwar auch das Bild der bürgerlichen Gesellschaft, jedoch bloß in der Spiegelung der rebellischen Subjektivität des Helden. Die ›Theatralische Sendung‹ ist in der Darstellungsweise viel objektiver, ihre Konzeption läßt aber nur die Gestaltung jener gesellschaftlichen Mächte und Typen zu, die unmittelbar oder vermittelt mit Theater und Drama zusammenhängen. Der inhaltliche wie der formale Durchbruch Goethes zur objektiven Gestaltung der ganzen bürgerlichen Gesellschaft vollzieht sich also nur in den Lehrjahren. Allerdings ist diesen das kleine satirische Epos ›Reineke Fuchs‹ (1793) unmittelbar vorangegangen, ein kleines Meisterwerk, in dem Goethe ein umfassendes satirisches Bild der entstehenden bürgerlichen Gesellschaft darbietet.

Das Theater wird somit zu einem bloßen Moment des Ganzen. Goethe übernimmt sehr viel aus der ersten Fassung: die meisten Figuren, das Schema der Handlung, eine Reihe einzelner Szenen usw. Aber einerseits entfernt Goethe mit echt künstlerischer Rücksichtslosigkeit aus dem ersten Entwurf alles, was dort bloß von der zentralen Bedeutung des Theaters aus notwendig gewesen ist. (Die Aufführung des Dramas, das Wilhelm Meister geschrieben hat, überhaupt die detaillierte Schilderung seiner dichterischen Entwicklung, die Auseinandersetzungen mit dem französischen Klassizismus usw.) Andererseits jedoch wird vieles, was in der ersten Fassung nur episodische Bedeutung hatte, vertieft und energisch in den Vordergrund gestellt, so vor allem die Aufführung des ‚Hamlet' und im Zusammenhang mit ihr die Behandlung der ganzen Shakespeare-Frage.

Scheinbar wird damit die Bedeutung des Theaters und des Dramas nur noch mehr unterstrichen. Aber doch nur scheinbar, denn die Shakespeare-Frage geht für Goethe jetzt weit über die Sphäre des Theaters hinaus. Shakespeare ist für ihn ein großer Erzieher zur vollentfalteten Menschlichkeit und Persönlichkeit, seine Dramen sind ihm gestaltete Vorbilder dafür, wie sich die Entfaltung der Persönlichkeit in den großen Perioden des Humanismus vollzogen hat und wie sie sich in der Gegenwart vollziehen sollte. Die Aufführung Shakespeares auf der Bühne der damaligen Zeit ist notgedrungen ein Kompromiß. Wilhelm Meister fühlt stets, wie sehr Shakespeare über den Rahmen dieser Bühne hinausragt. Er ist bestrebt, nach Möglichkeit das Allerwesentlichste an Shakespeare irgendwie zu retten. Daher wird in den ›Lehrjahren‹ der Gipfelpunkt der theatralischen Bestrebungen Wilhelm Meisters, die Aufführung des ›Hamlet‹, zu einer deutlichen Gestaltung der Tatsache, daß Theater und Drama, ja Dichtung überhaupt nur eine Seite, einen Teil des großen umfassenden Problemkomplexes von Bildung, Persönlichkeitsentfaltung und Humanität sind.

So ist das Theater hier in jeder Hinsicht nur Durchgangspunkt. Die eigentliche Schilderung der Gesellschaft, die Kritik am Bürgertum und am Adel, die Gestaltung des vorbildlichen humanistischen Lebens kann erst nach Überwindung des Theaters als des Wegs zur Humanität wirklich entfaltet werden. In der ›Theatralischen Sendung‹ war noch jede Gesellschaftsschilderung auf das Theater bezogen. Die Kritik an der Enge des bürgerlichen Lebens wurde dort unter der Perspektive der dichterischen Bestrebungen Wilhelms geübt, der Adel vom Standpunkt des Mäzenats gesehen usw. In den ›Lehrjahren‹ dagegen ermahnt Jarno den Wilhelm, als dieser seine Enttäuschungen durch das Theater mit bitteren Worten schildert, mit den Worten: „Wissen Sie denn, mein Freund ..., daß Sie nicht das Theater, sondern die Welt beschrieben haben und daß ich Ihnen aus allen Ständen genug Figuren und Handlungen zu ihren harten Pinselstrichen finden wollte?" Und diese Gestaltungsweise bezieht sich selbstverständlich nicht nur auf den zweiten Teil des Romans, sondern auf die Überarbeitung auch des theatralischen Teils. So schreibt, unmittelbar nach dem Erscheinen der ›Lehrjahre‹, der bedeutende Kritiker Friedrich Schlegel über die Schloßszene: „Aus wahrer Affenliebe begrüßt ihn (einen Schauspieler) sein Kollege, der Graf, mit gnädigen Blicken über die ungeheure Kluft der Verschiedenheit des Standes; der Baron darf an geistiger Albernheit und die Baronesse an sittlicher Gemeinheit niemand weichen; die Gräfin selbst ist höchstens eine reizende Veranlassung zu der schönsten Rechtfertigung des Putzes; und diese Adeligen sind, den Stand abgerechnet, den Schauspielern nur darin vorzuziehen, daß sie gründlicher gemein sind."

Die Verwirklichung der humanistischen Ideale in diesem Roman beweist immer wieder die Notwendigkeit, „sobald es auf etwas rein Menschliches ankommt, Geburt und Stand in ihre völlige Nullität zurückzuweisen, und zwar, wie billig, auch ohne nur ein Wort darüber zu verlieren" (Schiller). Darstellung und Kritik der verschiedenen Klassen und der sie repräsentierenden Typen gehen in den ›Lehrjahren‹ immer von diesem zentralen Gesichtspunkt aus. Darum ist hier die Kritik am

Bürgertum nicht nur eine Kritik an einer spezifisch deutschen Kleinlichkeit und Enge, sondern zugleich eine Kritik an der kapitalistischen Arbeitsteilung, an der allzu großen Spezialisierung des Menschen, an der Zerreißung des Menschen durch diese Arbeitsteilung. Der Bürger, sagt Wilhelm Meister, kann keine öffentliche Person sein: „Ein Bürger kann sich Verdienst erwerben und zur höchsten Not seinen Geist ausbilden; seine Persönlichkeit geht aber verloren, er mag sich stellen, wie er will ... Er darf nicht fragen: was bist du?, sondern nur: was hast du?, welche Einsicht, welche Kenntnis, welche Fähigkeit, wieviel Vermögen? ... er soll einzelne Fähigkeiten ausbilden, um brauchbar zu werden, und es wird schon vorausgesetzt, daß in seinem Wesen keine Harmonie sei, noch sein dürfe, weil er, um sich auf eine Weise brauchbar zu machen, alles übrige vernachlässigen muß."

Unter diesem humanistischen Blickpunkt vollzieht sich in den ›Lehrjahren‹ die von der bürgerlichen Literaturhistorik so gern hervorgehobene ›Verherrlichung des Adels‹ durch Goethe. Es ist richtig, daß Wilhelm Meister in denselben Betrachtungen, aus denen wir soeben einige Sätze zitiert haben, ausführlich darüber spricht, wie sehr die adlige Lebensweise jene Hindernisse der freien und vollständigen Ausbildung der Persönlichkeit aus dem Weg räumt, gegen die er im bürgerlichen Leben Anklage erhebt. Aber ausschließlich als Sprungbrett, als günstige Bedingung für eine solche Ausbildung der Persönlichkeit, hat der Adel in Goethes Augen einen Wert. Und sogar Wilhelm Meister — von Goethe selbst gar nicht zu reden — sieht klar, daß von diesem Sprungbrett keineswegs notwendigerweise ein Sprung erfolgt, daß diese Bedingungen sich keineswegs von selbst in Wirklichkeit verwandeln.

Im Gegenteil. Die humanistische Gesellschaftskritik richtet sich nicht nur gegen die kapitalistische Arbeitsteilung, sondern auch gegen die Verengung, gegen die Verzerrung des menschlichen Wesens durch jede Befangenheit im Sein und Bewußtsein des Standes. Wir haben gehört, wie Friedrich Schlegel über die ›verherrlichten‹ Adligen dieses Romans urteilte. Wilhelm Meister selbst spricht unmittelbar nach der Schloßszene folgendermaßen über den Adel: „Wem ererbte Reichtümer eine vollkommene Leichtigkeit des Daseins verschafft haben ... gewöhnt sich meist, diese Güter als das Erste und Größte zu betrachten, und der Wert einer von der Natur schön ausgestatteten Menschheit wird ihm nicht so deutlich. Das Betragen der Vornehmen gegen Geringere, und auch untereinander, ist nach äußeren Vorzügen abgemessen; sie erlauben jedem seinen Titel, seinen Rang, seine Kleider und Equipage, nur nicht seine Verdienste geltend zu machen."

Selbstverständlich bietet die adlige Gesellschaft im zweiten Teil des Romans ein wesentlich anderes Bild. Insbesondere in Lothario und in Natalie verkörpert Goethe die Verwirklichung der humanistischen Ideale. Diese Figuren sind zwar, gerade aus diesem Grunde, viel blasser geraten als die problematischeren. Aber Goethe zeigt am Lebensweg Lotharios außerordentlich klar, wie er sich die Auswertung jener Möglichkeiten denkt, die eine adlige Geburt und ein ererbtes Vermögen für die allseitige Entwicklung einer Persönlichkeit bieten. Lothario hat die Welt bereist, hat aber zugleich in Amerika an der Seite Washingtons im Befreiungskrieg gekämpft;

als er in den Besitz seiner Güter gelangt ist, setzt er sich die freiwillige Liquidierung der feudalen Privilegien zum Ziel. Und die Handlung wird in der zweiten Hälfte des Romans ebenfalls durchweg in diese Richtung geführt. Der Roman endet mit einer Reihe von Ehen, die vom Standpunkt der Standesgesellschaft ausnahmslos ›Mesalliancen‹, d. h. Ehen zwischen Adligen und Bürgerlichen sind. Schiller hat also recht, wenn er hier den Beweis der ›Nullität‹ des Standes im Licht der humanistischen Ideale erblickt.

Aber die Umarbeitung der ersten Fassung bringt nicht nur diese vollkommen neue Welt des humanistisch gewordenen Adels und des mit ihm verschmolzenen Bürgertums zur Anschauung, sondern greift auch in den ersten, in den theatralischen Teil ein. Philine ist in der ersten Fassung eine nicht allzu bedeutungsvolle Nebenfigur. Sie erhält auch in der zweiten Fassung extensiv keine allzu große Rolle, ihre Gestalt wird aber außerordentlich vertieft. Sie ist die einzige Figur des Romans, die eine spontane, naturhafte Menschlichkeit und menschliche Harmonie besitzt. Goethe stattet ihr Bild, kraft eines tiefen Realismus, mit allen Zügen einer plebejischen Schlauheit, Gewandtheit und Anpassungsfähigkeit aus. Diese leichtlebige Listigkeit ist aber bei Philine stets mit einem urwüchsig-sicheren menschlichen Instikt verbunden: sie gibt sich nie auf, sie verkrüppelt und verzerrt sich niemals in allen ihren Leichtfertigkeiten. Und es ist sehr interessant zu sehen, daß Goethe sein tiefstes Lebensgefühl, die Art seines Verhaltens zur Natur und zu den Menschen, den von Spinoza übernommenen und vermenschlichten ›amor dei intellectualis‹ gerade Philine in den Mund legt. Als der verwundete, von Philine gerettete Wilhelm aus moralischen Skrupeln sie wegschicken will, lacht sie ihn aus. „Du bist ein Tor", sagt sie, „du wirst nicht klug werden. Ich weiß besser, was dir gut ist: ich werde bleiben, ich werde mich nicht von der Stelle rühren. Auf den Dank der Männer habe ich niemals gerechnet, also auch auf deinen nicht; und wenn ich dich liebhabe, was geht's dich an?"

In sehr ähnlicher Weise, nur freilich mit einer ganz anderen menschlichen und künstlerischen Färbung, wird in den ›Lehrjahren‹ die Figur der alten Barbara, der kupplerhaften Dienerin von Wilhelms erster Liebe, von Marianne, vertieft. In den ersten Szenen treten ihre unsympathischen Züge viel schärfer und drastischer hervor. In der Szene jedoch, in der sie Wilhelm den Tod Mariannes mitteilt, wächst ihre Anklage gegen die Gesellschaft, die eine Armgeborene zur Sünde und zur Heuchelei zwingt und sie dann in den Untergang treibt, zu einer wirklich tragischen Größe empor.

Die Verwirklichung der humanistischen Ideale bietet in diesem Roman nicht nur den Maßstab zur Beurteilung der einzelnen Klassen und ihrer Vertreter, sondern wird auch zur treibenden Kraft und zum Kriterium der Handlung des ganzen Romans. Bei Wilhelm Meister und bei mehreren anderen Gestalten dieses Buchs ist die Verwirklichung der humanistischen Ideale die mehr oder weniger bewußte Triebfeder ihrer Handlungen. Selbstverständlich kann sich dies nicht auf alle Gestalten des Romans beziehen, ja nicht einmal auf ihre Mehrheit. Die meisten handeln, wie natürlich, aus egoistischen Motiven, sie suchen ihre höher oder niedriger gelegenen persönlichen Vorteile. Aber die Art, wie das Erreichen oder das Verfehlen solcher Ziele in dem Roman selbst behandelt wird, steht immer und überall im engsten Zusammenhang mit der Verwirklichung der humanistischen Ideale.

Goethe schildert hier ein ganzes Gewirr ineinander verflochtener Lebensläufe. Er beschreibt solche, die schuldig oder unschuldig auf tragische Art untergehen; er gestaltet Menschen, deren Lebenslauf ins Nichts zerrinnt; er zeichnet Figuren, bei denen die Spezialisierung durch die kapitalistische Arbeitsteilung einen Zug ihrer Persönlichkeit bis ins Karikaturhafte verknöchert und den Rest ihrer Menschlichkeit vollständig verkümmern läßt, er zeigt, daß das Leben anderer wiederum in Nichtigkeiten, in wertloser Zersplitterung zerrinnt, ohne ein zusammenhaltendes Zentrum aus einer Tätigkeit, die dem menschlichen Mittelpunkt der Persönlichkeit entspringt und stets den ganzen Menschen zugleich in Bewegung setzt. Indem Goethe nach diesem Kriterium die Lebensläufe sich ineinander verschlingen läßt, indem er hierin und nur hierin das Kriterium erfolgreicher Lebensführung erblickt und alles andere, jeden Erfolg, jedes Erreichen der bewußt gestellten Lebensziele als gleichgültige Nebensächlichkeiten behandelt (man denke an die sonst sehr verschiedenen Figuren von Werner und Serlo), gibt er dieser seiner Weltanschauung überall einen gestalteten, in lebendige Handlung umgesetzten Ausdruck.

So stellt er in diesem Roman mit einer Deutlichkeit und Prägnanz wie kaum ein Schriftsteller in irgendeinem anderen Werk der Weltliteratur den Menschen, die Verwirklichung und Entfaltung seiner Persönlichkeit in den Mittelpunkt. Selbstverständlich ist diese Weltanschauung nicht das persönliche Eigentum Goethes. Sie beherrscht vielmehr die ganze europäische Literatur seit der Renaissance, sie bildet den Mittelpunkt der ganzen Literatur der Aufklärung. Der besondere Zug des Goetheschen Romans zeigt sich aber darin, daß diese Weltanschauung einerseits mit einer hohen, immer wieder philosophisch, stimmungshaft und handlungsmäßig unterstrichenen Bewußtheit in den Mittelpunkt gestellt, daß sie zur bewußten Triebkraft der ganzen gestalteten Welt gemacht wird; und andererseits besteht diese Eigenart darin, daß Goethe die von Renaissance und Aufklärung erträumte, in der bürgerlichen Gesellschaft stets utopisch bleibende Erfüllung der vollentfalteten Persönlichkeit als ein reales Werden konkreter Menschen unter konkreten Umständen vor uns stellt. Die Dichtwerke der Renaissance und der Aufklärung gestalten entweder bestimmte Menschen, die unter besonders günstigen Umständen eine vielseitige Entfaltung ihrer Persönlichkeit, eine Harmonie ihrer menschlichen Entwicklung erreichen, oder sie stellen mit klarer Bewußtheit diese Utopie als Utopie dar...

Die Gestaltung dieses positiven Ausgangs der menschlichen Zielsetzungen der bürgerlichen Revolution in der Form eines konkreten Werks ist das also Neue, das Spezifische an Goethes Roman. Damit rückt sowohl die tätige Seite der Verwirklichung dieses Ideals als auch sein gesellschaftlicher Charakter in den Vordergrund. Die menschliche Persönlichkeit kann sich nach Goethes Anschauung nur handelnd entfalten. Handeln bedeutet aber stets eine tätige Wechselwirkung der Menschen innerhalb der Gesellschaft. Der klarblickende Realist Goethe kann selbstverständlich keinen Augenblick bezweifeln, daß die bürgerliche Gesellschaft, die er vor Augen hat, insbesondere das miserable und unentwickelte Deutschland seiner Tage, sich nie und nirgends in der Richtung der gesellschaftlichen Verwirklichung dieser Ideale bewegt. Es ist unmöglich, daß die Gesellschaftlichkeit der humanistischen Tätigkeit aus der realistischen Auffassung der bürgerlichen Gesellschaft organisch herauswächst; sie kann also auch in der realistischen Gestaltung dieser Gesellschaft kein organisch-spontanes Produkt ihrer Selbstbewegung sein. Andererseits fühlt Goethe mit einer Klarheit und Tiefe, wie wenige Menschen vor und nach ihm, daß diese Ideale dennoch notwendige Produkte dieser gesellschaftlichen Bewegung sind. So fremd und feindlich die reale bürgerliche Gesellschaft sich zu diesen Idealen im Alltagsleben auch verhalten mag, sie sind doch auf dem Boden dieser gesellschaftlichen Bewegung gewachsen; sie sind das kulturell Wertvollste alles dessen, was diese Entwicklung hervorgebracht hat.

Goethe gestaltet nun gemäß dieser widerspruchsvollen Grundlage seiner Gesellschaftskonzeption eine Art ›Insel‹ innerhalb der bürgerlichen Gesellschaft. Es wäre aber oberflächlich, darin bloß eine Flucht zu sehen. Der Gestaltung eines in der bürgerlichen Gesellschaft notwendigen utopisch bleibenden Ideals, wie des Humanismus, muß notwendig ein gewisser Fluchtcharakter anhaften. Denn kein Realist kann diese Verwirklichung mit der realistischen Gestaltung des normalen Ablaufs der Geschehnisse in der bürgerlichen Gesellschaft vereinen. Die Goethesche Insel ist aber eine Gruppe tätiger, in der Gesellschaft wirkender Menschen. Der Lebenslauf eines jeden dieser Menschen wächst mit echtem und wahrem Realismus aus wirklichen gesellschaftlichen Grundlagen und Voraussetzungen heraus. Nicht einmal die Tatsache, daß solche Menschen sich zusammenfinden und vereinigen, kann als unrealistisch bezeichnet werden. Die Stilisierung durch Goethe besteht nur darin, daß er dieser Vereinigung bestimmte — freilich wieder ironisch aufgehobene — feste Formen gibt, daß er versucht, diese ›Insel‹ als eine Gesellschaft innerhalb der Gesellschaft darzustellen, als eine Keimzelle der allmählichen Umwandlung der ganzen bürgerlichen Gesellschaft...

Die überzeugende Wirkung der von Goethe gestalteten ›Insel‹ kann nur durch den Entwicklungsgang der Menschen erzielt werden. Die Meisterschaft Goethes zeigt sich darin, daß er alle Probleme des Humanismus — positiv wie negativ — aus den konkreten Lebensumständen, aus den konkreten Erlebnissen bestimmter Menschen herauswachsen läßt, daß diese Ideale bei ihm nie in einer fertigen utopischen, seinshaften Form erscheinen, sondern stets alle bestimmte handlungsmäßige und psychologische Funktionen haben, als Elemente der Weiterentwicklung bestimmter Menschen an bestimmten krisenhaften Wendepunkten ihres Werdens. Diese Art der Gestaltung der humanistischen Ideale bedeutet aber bei Goethe keineswegs eine Ausschaltung des bewußten Elements. Im Gegenteil, Goethe ist in dieser Hinsicht ein konsequenter Fortführer der Aufklärung; er schreibt der bewußten Leitung der menschlichen Entwicklung der Erziehung eine außerordentliche Bedeutung zu. Der komplizierte Mechanismus des Turms, der Lehrbriefe usw. dient gerade dazu, dieses bewußte erzieherische Prinzip zu unterstreichen. Mit sehr feinen diskreten Zügen, mit einigen kurzen Szenen deutet Goethe an, daß die Entwicklung Wilhelm Meisters von Anfang an überwacht und in einer bestimmten Weise geleitet wurde.

Freilich ist diese Erziehung eigenartig: sie will Menschen heranbilden, die in freier Spontaneität alle ihre Qualitäten entfalten. Goethe sucht eine Einheit von Planmäßigkeit und Zufall im menschlichen Leben, von bewußter Leitung und freier Spontaneität in allen Betätigungen des Menschen. Darum wird im Roman ununterbrochen der Haß gegen das Schicksal, gegen jede fatalistische Ergebung gepredigt. Darum betonen die Erzieher in dem Roman ununterbrochen eine Verachtung der moralischen Gebote. Nicht einer aufgezwungenen Moral sollen die Menschen knechtisch gehorchen, sondern kraft freier organischer Selbsttätigkeit gesellschaftlich werden, die vielseitige Entfaltung ihrer Individualität mit dem Glück und den Interessen ihrer Mitmenschen in Einklang bringen. Die Moral des ›Wilhelm Meister‹ ist eine große — freilich unausgesprochene — Polemik gegen die Moraltheorie Kants. Demgemäß steht das Ideal der ›schönen Seele‹ im Mittelpunkt dieses Teils des Romans. Dieses Ideal taucht zum erstenmal ausdrücklich im Titel des sechsten Buches als ›Bekenntnisse einer schönen Seele‹ auf. Man würde aber die Absichten Goethes verkennen, seine feinironischen Betonungen überhören, wenn man in der Stiftsdame dieser Bekenntnisse das Goethesche Ideal der schönen Seele erblicken wollte. Die ›schöne Seele‹ ist bei Goethe eine harmonische Vereinigung von Bewußtsein und Spontaneität, von weltlicher Aktivität und harmonisch ausgebildetem Innenleben. Die Stiftsdame ist ebenso ein subjektivistisches, rein innerliches Extrem wie die meisten suchenden Gestalten des ersten Teils, wie Wilhelm Meister selbst, wie Aurelia. Dieses subjektivistische, ins rein Innerliche flüchtende Suchen bildet dort den — relativ berechtigten — Gegenpol zu dem leeren und zersplitterten Praktizismus eines Werner, eines Laertes und sogar eines Serlo. Die Wendung in der Erziehung Wilhelm Meisters besteht gerade in der Abkehr von dieser reinen Innerlichkeit, die Goethe, ebenso wie später Hegel in der ›Phänomenologie des Geistes‹, als leer und abstrakt verurteilt. Freilich wird diese Kritik der Stiftsdame von Goethe mit sehr leisen und feinen Akzenten durchgeführt. Aber schon die kompositionelle Stelle dieser Einlage, die Tatsache, daß die Bekenntnisse dem Wilhelm zur Zeit der Krise seiner bloß innerlichen Entwicklung, zur Zeit des tragischen Untergangs, von Aurelia gewissermaßen als Spiegel vorgehalten werden, zeigt die Richtung der Goetheschen Kritik. Und am Ende der Bekenntnisse wird Goethe etwas deutlicher: der Abbé, die Verkörperung des Erziehungsprinzips in diesem Roman, hält die Verwandten der Stiftsdame, Lothario, Natalie und andere, in ihrer Kindheit von ihr fern, achtet darauf, daß sie nicht unter ihren Einfluß geraten können. Erst in Gestalten wie Lothario und Natalie, erst in dem, was Wilhelm Meister für sich erstrebt, wird dieser die Gegensätze von Innerlichkeit und Aktivität überwindende Charakter der wirklichen ›schönen Seele‹ gestaltet.

Aber die gestaltete Polemik des ›Wilhelm Meister‹ richtet sich nicht nur gegen die beiden oben bezeichneten falschen Extreme; sie kündigt auch einen Kampf für die

Überwindung der romantischen Tendenzen an. Die von Goethe stürmisch herbeigesehnte neue Poesie des Lebens, die Poesie des harmonischen, das Leben tätig meisternden Menschen, ist bereits, wie wir gesehen haben, von der Prosa des Kapitalismus bedroht. Wir haben das Goethesche Humanitätsideal in seinem Kampf gegen diese Prosa beobachten können. Goethe verurteilt aber nicht nur diese Prosa, sondern zugleich die blinde Revolte gegen sie. Die blinde Revolte, die falsche Poesie der Romantik besteht nach Goethe gerade in ihrer Heimatlosigkeit im bürgerlichen Leben. Diese Heimatlosigkeit hat notwendigerweise eine verführerische poetische Kraft, entspricht sie ja gerade der unmittelbaren, der spontanen Auflehnung gegen die Prosa des kapitalistischen Lebens. Aber in eben dieser Unmittelbarkeit ist sie nur verführerisch, jedoch nicht fruchtbar, sie ist keine Überwindung der Prosa, sondern ein Vorbeigehen an ihr, ein achtloses Beiseitelassen ihrer eigentlichen Probleme — wodurch diese Prosa ungestört weiterflorieren kann. Den ganzen Roman erfüllt die Überwindung der unfruchtbaren Romantik. Wilhelms Theatersehnsucht ist die erste Etappe dieses Kampfes, die Romantik der Religion in den ›Bekenntnissen einer schönen Seele‹ die zweite. Und den ganzen Roman durchwandern die heimatlosen, romantisch-poetischen Gestalten Mignons und des Harfenspielers als höchst poetische Verkörperungen der Romantik. Schiller bemerkt in einem Brief an Goethe außerordentlich fein die polemischen Grundlagen dieser Gestalten: „Wie schön gedacht ist es, daß Sie das praktisch Ungeheure, das furchtbar Pathetische im Schicksal Mignons und des Harfenspielers von dem theoretisch Ungeheuren, von den Mißgeburten des Verstandes ableiten ... Nur im Schoß des dummen Aberglaubens werden diese monströsen Schicksale ausgeheckt, die Mignon und den Harfenspieler verfolgen."

Die verführerische und romantische Schönheit dieser Gestalten ist die Ursache dafür, daß die Mehrzahl der Romantiker die leise akzentuierte, gestaltete Polemik Goethes übersah, daß der ›Wilhelm Meister‹ ein viel kopiertes Vorbild romantischer Romane geworden ist. Nur der denkerisch konsequenteste Frühromantiker, Novalis, hat diese Tendenz des Goetheschen Romans klar erkannt und deshalb erbittert bekämpft.

Bei Goethe gibt es selbstverständlich keinen utopischen Sozialismus. Alle Versuche, einen solchen in seine Werke hineinzuinterpretieren, vom seichten Schwätzer Grün bis zu unseren Tagen, müssen zu einer Verdrehung seiner Ansichten führen. Goethe gelangt nur bis zum tiefen Erlebnis dieses Widerspruchs und bis zu den immer wieder erneuten Versuchen, ihn utopisch im Rahmen der bürgerlichen Gesellschaft zu lösen, d. h. in der dichterischen Gestaltung jene Elemente und Tendenzen der menschlichen Entwicklung hervorzuheben, in denen das Erlebnis der Verwirklichung der humanistischen Ideale, wenigstens der Richtung nach, möglich erscheint. Der Glanz jener Hoffnungen auf Erneuerung der Menschheit, die die Französische Revolution in den Besten der Zeitgenossen Goethes erweckt, bringt in ›Wilhelm Meister‹ den gesellschaftlichen Charakter ihrer Verwirklichung hervor, jene ›Insel‹ hervorragender Menschen, die diese Ideale in ihrem Leben in die Praxis umsetzen und deren Wesen und Lebensführung zu einer Keimzelle des Kommenden werden soll.

Der Widerspruch, der dieser Konzeption zugrunde liegt, ist im ›Wilhelm Meister‹ nirgends klar ausgesprochen. Das Erlebnis des Widerspruchs liegt aber der Gestaltung des ganzen zweiten Teils zugrunde. Es kommt zum Ausdruck in der außerordentlich feinen und tiefen Ironie, mit der dieser ganze Teil dichterisch gestaltet wurde. Goethe läßt das Humanitätsideal durch das bewußte erzieherische Zusammenwirken einer Gruppe von Menschen auf einer solchen ›Insel‹ verwirklichen. Und es ist nach den bisherigen Ausführungen klar, daß sowohl der Inhalt dieser Bestrebungen als auch die Hoffnung auf ihre Verwirklichung zu den tiefsten weltanschaulichen Überzeugungen Goethes gehört. Die angeführten Theorien des Abbés sind Anschauungen Goethes selbst, die mit seiner ganzen Auffassung der Dialektik, der Bewegung der Natur und der Gesellschaft in innigstem Zusammenhang stehen. Zugleich läßt Goethe aber dieselben Überzeugungen des Abbés durch so wichtige Personen wie Natalie und Jarno ironisch kritisieren. Und es geschieht keineswegs zufällig, daß Goethe einerseits die bewußte Leitung der Erziehung Wilhelms (und anderer) durch die Gesellschaft im Turm zum wichtigsten Faktor der Handlung macht, anderseits aber dieselbe Leitung, die Frage der Lehrbriefe usw. als ein halbes Spiel behandeln läßt, als etwas, das die Gesellschaft einmal ernst nahm, über dessen Ernst sie jedoch bereits hinausgelangt ist.

Goethe unterstreicht also mit dieser Ironie den real-irrealen, den erlebt-utopischen Charakter der Verwirklichung der Humanitätsideale. Er ist sich — wenigstens erlebnishaft — klar darüber, daß er hier nicht die Wirklichkeit selbst schildert. Er hat aber die tiefe erlebnishafte Sicherheit, daß er hier eine Synthese der besten Tendenzen der Menschheit schafft, die in menschlich hervorragenden Exemplaren der Gattung immer wieder wirksam gewesen sind. Seine Stilisierung besteht darin, daß er alle diese Tendenzen in der kleinen Gesellschaft des zweiten Teils konzentriert und diese konzentrierte Wirklichkeit der übrigen bürgerlichen Gesellschaft als eine Utopie gegenüberstellt. Aber als eine Utopie, in der jedes einzelne menschliche Element *wirklich*, aus der Gesellschaft seiner Zeit, herausgewachsen ist. Die Ironie dient nur dazu, diesen stilisierten Charakter der positiven Konzentration solcher Elemente und Tendenzen wieder auf das Niveau der Wirklichkeit zurückzuführen...

So steht der ›Wilhelm Meister‹ weltanschaulich an der Grenze zweier Zeiten: er gestaltet die tragische Krise der bürgerlichen Humanitätsideale, den Beginn ihres — vorläufig utopischen — Hinauswachsens über den Rahmen der bürgerlichen Gesellschaft. Daß diese Krisenhaftigkeit bei Goethe in hellen Farbtönen der künstlerischen Vollendung, der weltanschaulichen Hoffnungsfreudigkeit gestaltet wurde, war, wie wir gesehen haben, ein Erlebnisreflex der Französischen Revolution. Aber dieses Farbenleuchten kann den tragischen Abgrund, der sich hier für die besten Vertreter des revolutionären Bürgertums auftut, nicht aus der Welt schaffen. Weltanschaulich wie künstlerisch ist der ›Wilhelm Meister‹ das Produkt einer Übergangskrise, eines sehr kurzen Übergangszeitalters.

WILHELM VON HUMBOLDT
Theorie der Bildung des Menschen

Es wäre ein großes und treffliches Werk zu liefern, wenn jemand die eigentümlichen Fähigkeiten zu schildern unternähme, welche die verschiedenen Fächer der menschlichen Erkenntnis zu ihrer glücklichen Erweiterung voraussetzen; den echten Geist, in dem sie einzeln bearbeitet, und die Verbindung, in die sie alle miteinander gesetzt werden müssen, um die Ausbildung der Menschheit, als ein Ganzes, zu vollenden. Der Mathematiker, der Naturforscher, der Künstler, ja oft selbst der Philosoph beginnen nicht nur jetzt gewöhnlich ihr Geschäft, ohne seine eigentliche Natur zu kennen und es in seiner Vollständigkeit zu übersehen, sondern auch nur wenige erheben sich selbst späterhin zu diesem höheren Standpunkt und dieser allgemeineren Übersicht. In einer noch schlimmeren Lage aber befindet sich derjenige, welcher, ohne ein einzelnes jener Fächer ausschließend zu wählen, nur aus allen für seine Ausbildung Vorteil ziehen will. In der Verlegenheit der Wahl unter mehreren und aus Mangel an Fertigkeit, irgendeins aus den engeren Schranken desselben heraus zu seinem eignen allgemeineren Endzweck zu benutzen, gelangt er notwendig früher oder später dahin, sich allein dem Zufall zu überlassen und, was er etwa ergreift, nur zu untergeordneten Absichten oder bloß als ein zeitverkürzendes Spielwerk zu gebrauchen. Hierin liegt einer der vorzüglichsten Gründe der häufigen und nicht ungerechten Klagen, daß das Wissen unnütz und die Bearbeitung des Geistes unfruchtbar bleibt, daß zwar vieles um uns her zustande gebracht, aber nur wenig in uns verbessert wird und daß man über der höheren und nur für wenige tauglichen wissenschaftlichen Ausbildung des Kopfes die allgemeiner und unmittelbarer nützliche der Gesinnungen vernachlässigt.

Im Mittelpunkt aller besonderen Arten der Tätigkeit nämlich steht der Mensch, der ohne alle auf irgend etwas einzelnes gerichtete Absicht nur die Kräfte seiner Natur stärken und erhöhen, seinem Wesen Wert und Dauer verschaffen will. Da jedoch die bloße Kraft einen Gegenstand braucht, an dem sie sich übe, und die bloße Form, der reine Gedanke, einen Stoff, in dem sie, sich darin ausprägend, fortdauern könne, so bedarf auch der Mensch einer Welt außer sich. Daher entspringt sein Streben, den Kreis seiner Erkenntnis und seiner Wirksamkeit zu erweitern, und ohne daß er sich selbst deutlich dessen bewußt ist, liegt es ihm nicht eigentlich an dem, was er von jener erwirbt oder vermöge dieser außer sich hervorbringt, sondern nur an seiner inneren Verbesserung und Veredlung oder wenigstens an der Befriedigung der innern Unruhe, die ihn verzehrt. Rein und in seiner Endabsicht betrachtet, ist sein Denken immer nur ein Versuch seines Geistes, vor sich selbstverständlich, sein Handeln ein Versuch seines Willens, in sich frei und unabhängig zu werden, seine ganze äußre Geschäftigkeit überhaupt aber nur ein Streben, nicht in sich müßig zu bleiben. Bloß weil beides, sein Denken und sein

Handeln, nicht anders als nur vermöge eines Dritten, nur vermöge des Vorstellens und des Bearbeitens von etwas möglich ist, dessen eigentlich unterscheidendes Merkmal es ist, Nicht-Mensch, d. i. Welt zu sein, sucht er, soviel Welt als möglich zu ergreifen und so eng als er nur kann, mit sich zu verbinden.

Die letzte Aufgabe unsres Daseins: dem Begriff der Menschheit in unsrer Person, sowohl während der Zeit unsres Lebens, als auch noch über dasselbe hinaus, durch die Spuren des lebendigen Wirkens, die wir zurücklassen, einen so großen Inhalt als möglich zu verschaffen, diese Aufgabe löst sich allein durch die Verknüpfung unsres Ichs mit der Welt zu der allgemeinsten, regesten und freiesten Wechselwirkung. Dies allein ist nun auch der eigentliche Maßstab zur Beurteilung der Bearbeitung jedes Zweiges menschlicher Erkenntnis. Denn nur diejenige Bahn kann in jedem die richtige sein, auf welcher das Auge ein unverrücktes Fortschreiten bis zu diesem letzten Ziele zu verfolgen imstande ist, und hier allein darf das Geheimnis gesucht werden, das, was sonst ewig tot und unnütz bleibt, zu beleben und zu befruchten.

Die Verknüpfung unsres Ichs mit der Welt scheint vielleicht auf den ersten Anblick nicht nur ein unverständlicher Ausdruck, sondern auch ein überspannter Gedanke. Bei genauerer Untersuchung aber wird wenigstens der letztere Verdacht verschwinden, und es wird sich zeigen, daß, wenn man einmal das wahre Streben des menschlichen Geistes (das, worin ebensowohl sein höchster Schwung als sein ohnmächtigster Versuch enthalten ist) aufsucht, man unmöglich bei etwas Geringerem stehen bleiben kann.

Was verlangt man von einer Nation, einem Zeitalter, von dem ganzen Menschengeschlecht, wenn man ihm seine Achtung und seine Bewunderung schenken soll? Man verlangt, daß Bildung, Weisheit und Tugend so mächtig und allgemein verbreitet als möglich unter ihm herrschen, daß es seinen innern Wert so hoch steigern, daß der Begriff der Menschheit, wenn man ihn von ihm, als dem einzigen Beispiel abziehen müßte, einen großen und würdigen Gehalt gewönne. Man begnügt sich nicht einmal damit. Man fordert auch, daß der Mensch den Verfassungen, die er bildet, selbst der leblosen Natur, die ihn umgibt, das Gepräge seines Wertes sichtbar aufdrücke, ja, daß er seine Tugend und seine Kraft (so mächtig und so allwaltend sollen sie sein ganzes Wesen durchstrahlen) noch der Nachkommenschaft einhauche, die er erzeugt. Denn nur so ist eine Fortdauer der einmal erworbenen Vorzüge möglich, und ohne diese, ohne den beruhigenden Gedanken einer gewissen Folge in der Veredlung und Bildung, wäre das Dasein des Menschen vergänglicher als das Dasein der Pflanze, die, wenn sie hinwelkt, wenigstens gewiß ist, den Keim eines ihr gleichen Geschöpfs zu hinterlassen.

Beschränken sich indes auch alle diese Forderungen nur auf das innere Wesen des Menschen, so drängt ihn doch seine Natur beständig, von sich aus zu den Gegenständen außer ihm überzugehen, und hier kommt es nun darauf an, daß er in dieser Entfremdung nicht sich selbst verliere, sondern vielmehr von allem, was er außer sich vornimmt, immer das erhellende Licht und die wohltätige Wärme in sein Innres zurückstrahle. Zu dieser Absicht aber muß er die Maße der Gegenstände sich selbst näherbringen, diesem Stoff die Gestalt seines Geistes aufdrücken und beide einander ähnlicher machen. In ihm ist vollkommene Einheit und durchgängige Wechselwirkung, beide muß er also auch auf die Natur übertragen; in ihm sind mehrere Fähigkeiten, ihm denselben Gegenstand in verschiedenen Gestalten, bald als Begriff des Verstandes, bald als Bild der Einbildungskraft, bald als Anschauung der Sinne vor seine Betrachtung zu führen. Mit allen diesen wie mit ebensoviel verschiedenen Werkzeugen muß er die Natur aufzufassen versuchen, nicht sowohl um sie von allen Seiten kennenzulernen, als vielmehr um durch diese Mannigfaltigkeit der Ansichten die eigene innewohnende Kraft zu stärken, von der sie nur anders und anders gestaltete Wirkungen sind. Gerade aber diese Einheit und Allheit bestimmt den Begriff der Welt. Allein auch außerdem finden sich nun in eben diesem Begriff in vollkommenem Grade die Mannigfaltigkeit, mit welcher die äußeren Gegenstände unsre Sinne rühren, und das eigne selbständige Dasein, wodurch sie auf unsre Empfindungen einwirken. Denn nur die Welt umfaßt alle nur denkbare Mannigfaltigkeit, und nur sie besitzt eine so unabhängige Selbständigkeit, daß sie dem Eigensinn unsres Willens die Gesetze der Natur und die Beschlüsse des Schicksals entgegenstellt.

Was also der Mensch notwendig braucht, ist bloß ein Gegenstand, der die Wechselwirkung seiner Empfänglichkeit mit seiner Selbsttätigkeit möglich mache. Allein wenn dieser Gegenstand genügen soll, sein ganzes Wesen in seiner vollen Stärke und seiner Einheit zu beschäftigen, so muß er der Gegenstand schlechthin, die Welt sein oder doch (denn dies ist eigentlich allein richtig) als solcher betrachtet werden. Nur um der zerstreuenden und verwirrenden Vielheit zu entfliehen, sucht man Allheit; um sich nicht auf eine leere und unfruchtbare Weise ins Unendliche hin zu verlieren, bildet man einen in jedem Punkt leicht übersehbaren Kreis; um an jeden Schritt, den man vorrückt, auch die Vorstellung des letzten Zwecks anzuknüpfen, sucht man das zerstreute Wissen und Handeln in ein geschlossenes, die bloße Gelehrsamkeit in eine gelehrte Bildung, das bloße unruhige Streben in eine weise Tätigkeit zu verwandeln.

JOHANN WOLFGANG GOETHE
Urworte · Orphisch

Nachstehende fünf Stanzen sind schon im zweiten Heft der Morphologie abgedruckt, allein sie verdienen wohl, einem größeren Publikum bekannt zu werden; auch haben Freunde gewünscht, daß zum Verständnis derselben einiges geschähe, damit dasjenige, was sich hier fast nur ahnen läßt, auch einem klaren Sinne gemäß und einer reinen Erkenntnis übergeben sei.

Was nun von älteren und neueren orphischen Lehren überliefert worden, hat man hier zusammenzudrängen, poetisch-kompendios, lakonisch vorzutragen gesucht. Diese wenigen Strophen enthalten viel Bedeutendes in einer Folge, die, wenn man sie erst kennt, dem Geiste die wichtigsten Betrachtungen erleichtert.

ΔAIMΩN, DÄMON

> Wie an dem Tag, der dich der Welt verliehen,
> Die Sonne stand zum Gruße der Planeten,
> Bist alsobald und fort und fort gediehen
> Nach dem Gesetz, wonach du angetreten.
> So mußt du sein, dir kannst du nicht entfliehen,
> So sagten schon Sibyllen, so Propheten;
> Und keine Zeit und keine Macht zerstückelt
> Geprägte Form, die lebend sich entwickelt.

Der Bezug der Überschrift auf die Strophe selbst bedarf einer Erläuterung. Der Dämon bedeutet hier die notwendige, bei der Geburt unmittelbar ausgesprochene, begrenzte Individualität der Person, das Charakteristische, wodurch sich der einzelne von jedem andern bei noch so großer Ähnlichkeit unterscheidet. Diese Bestimmung schrieb man dem einwirkenden Gestirn zu, und es ließen sich die unendlich mannigfaltigen Bewegungen und Beziehungen der Himmelskörper unter sich selbst und zu der Erde gar schicklich mit den mannigfaltigen Abwechslungen der Geburten in Bezug stellen. Hiervon sollte nun auch das künftige Schicksal des Menschen ausgehen, und man möchte, jenes erste zugebend, gar wohl gestehen, daß angeborene Kraft und Eigenheit mehr als alles übrige des Menschen Schicksal bestimme.

Deshalb spricht diese Strophe die Unveränderlichkeit des Individuums mit wiederholter Beteuerung aus. Das noch so entschieden Einzelne kann als ein Endliches gar wohl zerstört, aber, solange sein Kern zusammenhält, nicht zersplittert noch zerstückelt werden, sogar durch Generationen hindurch.

Goethes Weltbild

Dieses feste, zähe, dieses nur aus sich selbst zu entwickelnde Wesen kommt freilich in mancherlei Beziehungen, wodurch sein erster und ursprünglicher Charakter in seinen Wirkungen gehemmt, in seinen Neigungen gehindert wird, und was hier nun eintritt, nennt unsere Philosophie

TYXH, das ZUFÄLLIGE

> Die strenge Grenze doch umgeht gefällig
> Ein Wandelndes, das mit und um uns wandelt;
> Nicht einsam bleibst du, bildest dich gesellig,
> Und handelst wohl so wie ein andrer handelt:
> Im Leben ist's bald hin-, bald widerfällig,
> Es ist ein Tand und wird so durchgetandelt.
> Schon hat sich still der Jahre Kreis gerundet,
> Die Lampe harrt der Flamme, die entzündet.

Zufällig ist es jedoch nicht, daß einer aus dieser oder jener Nation, Stamm oder Familie sein Herkommen ableite: denn die auf der Erde verbreiteten Nationen sind so wie ihre mannigfaltigen Verzweigungen als Individuen anzusehen, und die Tyche kann nur bei Vermischung und Durchkreuzung eingreifen. Wir sehen das wichtige Beispiel von hartnäckiger Persönlichkeit solcher Stämme an der Judenschaft; europäische Nationen, in andere Weltteile versetzt, legen ihren Charakter nicht ab, und nach mehreren hundert Jahren wird in Nordamerika der Engländer, der Franzose, der Deutsche gar wohl zu erkennen sein; zugleich aber auch werden sich bei Durchkreuzungen die Wirkungen der Tyche bemerklich machen, wie der Mestize an einer klarern Hautfarbe zu erkennen ist. Bei der Erziehung, wenn sie nicht öffentlich und nationell ist, behauptet Tyche ihre wandelbaren Rechte. Säugamme und Wärterin, Vater oder Vormund, Lehrer oder Aufseher, so wie alle die ersten Umgebungen an Gespielen, ländlicher oder städtischer Lokalität, alles bedingt die Eigentümlichkeit durch frühere Entwicklung, durch Zurückdrängen oder Beschleunigen; der Dämon freilich hält sich durch alles hindurch, und dieses ist denn die eigentliche Natur, der alte Adam und wie man es nennen mag, der so oft auch ausgetrieben, immer wieder unbezwinglicher zurückkehrt.

In diesem Sinne einer notwendig aufgestellten Individualität hat man einem jeden Menschen seinen Dämon zugeschrieben, der ihm gelegentlich ins Ohr raunt, was denn eigentlich zu tun sei, und so wählte Sokrates den Giftbecher, weil ihm ziemte zu sterben.

Allein Tyche läßt nicht nach und wirkt besonders auf die Jugend immerfort, die sich mit ihren Neigungen, Spielen, Geselligkeiten und flüchtigem Wesen bald da-, bald dorthin wirft und nirgends Halt noch Befriedigung findet. Da entsteht denn mit dem wachsenden Tage eine ernstere Unruhe, eine gründlichere Sehnsucht; die Ankunft eines neuen Göttlichen wird erwartet.

234 ἜΡΩΣ, LIEBE

> Die bleibt nicht aus! — Er stürzt vom Himmel nieder,
> Wohin er sich aus alter Öde schwang,
> Er schwebt heran auf luftigem Gefieder
> Um Stirn und Brust den Frühlingstag entlang,
> Scheint jetzt zu fliehn, vom Fliehen kehrt er wieder;
> Da wird ein Wohl im Weh, so süß und bang.
> Gar manches Herz verschwebt im Allgemeinen,
> Doch widmet sich das edelste dem Einen.

Hierunter ist alles begriffen, was man von der leisesten Neigung bis zur leidenschaftlichen Raserei nur denken möchte; hier verbinden sich der individuelle Dämon und die verführende Tyche miteinander; der Mensch scheint nur sich zu gehorchen, sein eigenes Wollen walten zu lassen, seinem Triebe zu frönen, und doch sind es Zufälligkeiten, die sich unterschieben, Fremdartiges, was ihn von seinem Wege ablenkt; er glaubt zu erhaschen und wird gefangen, er glaubt gewonnen zu haben und ist schon verloren. Auch hier treibt Tyche wieder ihr Spiel, sie lockt den Verirrten zu neuen Labyrinthen, hier ist keine Grenze des Irrens: denn der Weg ist ein Irrtum. Nun kommen wir in Gefahr, uns in der Betrachtung zu verlieren, daß das, was auf das Besonderste angelegt schien, ins Allgemeine verschwebt und zerfließt. Daher will das rasche Eintreten der zwei letzten Zeilen uns einen entscheidenden Wink geben, wie man allein diesem Irrsal entkommen und davor lebenslängliche Sicherheit gewinnen möge.

Denn nun zeigt sich erst, wessen der Dämon fähig sei; er, der selbständige, selbstsüchtige, der mit unbedingtem Wollen in die Welt griff und nur mit Verdruß empfand, wenn Tyche da oder dort in den Weg trat, er fühlt nun, daß er nicht allein durch Natur bestimmt und gestempelt sei; jetzt wird er in seinem Innern gewahr, daß er sich selbst bestimmen könne, daß er den durchs Geschick ihm zugeführten Gegenstand nicht nur gewaltsam ergreifen, sondern auch sich aneignen und, was noch mehr ist, ein zweites Wesen eben wie sich selbst mit ewiger unzerstörlicher Neigung umfassen könne.

Kaum war dieser Schritt getan, so ist durch freien Entschluß die Freiheit aufgegeben; zwei Seelen sollen sich in einen Leib, zwei Leiber in eine Seele schicken, und indem eine solche Übereinkunft sich einleitet, so tritt zu wechselseitiger liebevoller Nötigung noch eine dritte hinzu: Eltern und Kinder müssen sich abermals zu einem Ganzen bilden, groß ist die gemeinsame Zufriedenheit, aber größer das Bedürfnis. Der aus so viel Gliedern bestehende Körper krankt gemäß dem irdischen Geschick an irgendeinem Teile, und anstatt daß er sich im Ganzen freuen sollte, leidet er am einzelnen, und dessenungeachtet wird ein solches Verhältnis so wünschenswert als notwendig gefunden. Der Vorteil zieht einen jeden an, und man läßt sich gefallen, die Nachteile zu übernehmen. Familie reiht sich an Familie, Stamm an Stamm, eine Völkerschaft hat sich zusammengefunden und wird ge-

wahr, daß auch dem Ganzen fromme, was der einzelne beschloß, sie macht den
Beschluß unwiderruflich durchs Gesetz; alles, was liebevolle Neigung freiwillig gewährte, wird nun Pflicht, welche tausend Pflichten entwickelt, und damit alles ja für
Zeit und Ewigkeit abgeschlossen sei, läßt weder Staat noch Kirche noch Herkommen es an Zeremonien fehlen. Alle Teile sehen sich durch die bündigsten Kontrakte, durch die möglichsten Öffentlichkeiten vor, daß ja das Ganze in keinem
kleinsten Teil durch Wankelmut und Willkür gefährdet werde.

'ΑΝΑΓΚΗ, NÖTIGUNG

Da ist's denn wieder wie die Sterne wollten:
Bedingung und Gesetz und aller Wille
Ist nur ein Wollen, weil wir eben sollten,
Und vor dem Willen schweigt die Willkür stille;
Das Liebste wird vom Herzen weggescholten,
Dem harten Muß bequemt sich Will und Grille.
So sind wir scheinfrei denn nach manchen Jahren,
Nur enger dran als wir am Anfang waren.

Keiner Anmerkung bedarf wohl diese Strophe weiter; niemand ist, dem nicht Erfahrung genugsame Noten zu einem solchen Text darreichte, niemand, der sich
nicht peinlich gezwängt fühlte, wenn er nur erinnerungsweise sich solche Zustände
hervorruft, gar mancher, der verzweifeln möchte, wenn ihn die Gegenwart also
gefangen hält. Wie froh eilen wir daher zu den letzten Zeilen, zu denen jedes feine
Gemüt sich gern den Kommentar sittlich und religiös zu bilden übernehmen wird.

’ΕΛΠΙΣ, HOFFNUNG

Doch solcher Grenze, solcher ehrnen Mauer
Höchst widerwärt'ge Pforte wird entriegelt,
Sie stehe nur mit alter Felsendauer!
Ein Wesen regt sich leicht und ungezügelt.
Aus Wolkendecke, Nebel, Regenschauer
Erhebt sie uns, mit ihr, durch sie beflügelt,
Ihr kennt sie wohl, sie schwärmt nach allen Zonen;
Ein Flügelschlag! — und hinter uns Äonen!

ERNST BEUTLER

Goethes Begegnung mit Faust

Wie es schwer ist, eine Gegend wiederzuerkennen, wenn ein Erdbeben ihre Höhen und Tiefen verworfen und die Wasserläufe umgelenkt hat, so ist es nicht ganz leicht, in Goethes Faustdichtung eine Art Spiegel- und Gegenbild von Dantes „Göttlicher Komödie" herauszufinden. Und doch stehen beide Dichtungen ihrem tiefsten Ursprung nach in derselben geistigen Landschaft. Hier wie dort bildet den Inhalt alles Geschehen der Weg der Seele durch die Welt des Höllischen und des Bösen zur reinen Herrlichkeit des Himmels. Hier wie dort ist eine in der Läuterung erprobte Führerin die helfende und bahnweisende Gewalt, und hier wie dort ist die anbetende Vereinigung der Seele mit Gott das selige Ende. Aber bei Dante geht diese Wanderung durch eine Welt feststehender Ordnungen. Seine Seele ist im Glauben und in der Gewißheit; bei Goethe ist der Mensch im Unglauben und in der Verzweiflung, immer ist er von neuem im Fragen und immer von neuem im Irren. Denn alles, was bei Dante in unerschütterlicher Feste stand, das ist in der Faustdichtung schwankend geworden und liegt im Zwielicht. Dantes Seele findet ihren Weg, weil er ihr gewiesen wird, Faust hat den seinen zu suchen. Daraus ergibt sich der Unterschied, daß in der italienischen Dichtung die Entwicklung klar und auf geradem Weg zum Ziele führt, bei Goethe aber — das ist eben das Wesen allen Suchens — die Handlung tastet und unsicher die Wege wechselt.

Die Katastrophe, die über die mittelalterliche Welt Dantes hereingebrochen ist und ehrwürdige Gewißheiten erschüttert hat, ist die Tatsache der Glaubensspaltung und das Ereignis der Renaissance. Dadurch, daß es plötzlich zwei Glaubensbekenntnisse gab statt des einen unanzweifelbaren, war der Einzelne vor eine Entscheidung gestellt, die er auf eigene Gewissensverantwortung selbst treffen mußte. In dem Moment der Entscheidung, da er die Wahl zu treffen hatte, welche Religion die seine sei, stand er, der Mensch mächtig über der Kirche, deren Lehren und Weisungen er eben noch gläubig und ohnmächtig nachgefolgt war. Und dadurch, daß plötzlich eine Wissenschaft aufkam, die letzten Endes nicht mehr auf dem christlichen Dogma, sondern auf der antik-heidnischen Weltschau beruhte, war der allumfassenden Alleingültigkeit des christlichen Glaubens ein gefährlicher Stoß versetzt. Dantes Dichtung zeigt die Lage der menschlichen Seele vor dieser Katastrophe, Goethes Dichtung nach dieser Katastrophe.

Der Faust der Sage — von ihr, noch nicht von Goethes Dichtung, sei vorerst die Rede — ist der Mensch, der auf solche Weise mächtig geworden war und nicht mehr Gott, sondern sich selbst in den Mittelpunkt der Schöpfung stellt. Er erkennt zwar die christliche Weltordnung noch an, aber die christlichen Werte haben an Vollgültigkeit eingebüßt. Die neue Wissenschaft, der Glanz der Welt, die heidnische Schönheit, wie sie in Helena verführerischer Leib ward, sind in ihrer Lockung jetzt so stark geworden, daß Faust wagt, sich zu ihren Gunsten zu entscheiden und glaubt, auf das Jenseits und seinen Himmel verzichten zu können. Die Möglichkeit solchen Denkens muß, obwohl man es verabscheute, tief und beunruhigend von dem deutschen Menschen des 16. Jahrhunderts empfunden worden sein, sonst hätte die Faustsage sich nicht so schnell überallhin verbreiten können. Es war die Gefährdung einer Zeit, die sich von den asketischen Idealen des Mittelalters ab und der Lebensfreudigkeit und dem Sinnenrausch des Barock zuwandte, — in der bildenden Kunst etwa der Weg von Giotto zu Rubens. Je mehr das Jenseits versank, um so üppiger und stärker rief das Diesseits.

Wenn diese Faustsage auf einmal den jungen Goethe so erschüttern konnte, daß aus der Berührung mit ihr wie ein angeschlagener Quell die eigne Faustdichtung entsprang, so war dies nur möglich, weil Goethe plötzlich in diesem faustischen Schicksal irgendwie sein eigenes Schicksal wiedererkannte. Er hatte die Sage ja schon als Knabe gelesen gehabt, als billiges Volksbuch, auf Löschpapier gedruckt, in einer der Bücherbuden der Vaterstadt gekauft. Er hatte auch damals schon das Puppenspiel von Faust gesehen; es war ihm das eine unterhaltende und komische Geschichte gewesen, über die man lachen mußte, wenn man sah, wie der lustige Hanswurst die Geister zum besten hielt, und wie zum Schluß die schwarzen Teufel Faust in den Höllenrachen schleppten. Mit seinem eigenen Empfinden, seinem eigenen dichterischen Planen und Wollen aber hatte dieser Teufelsbündner nichts zu tun ... Aber im selben Moment, da ihm selbst das Heilige fragwürdig und die christliche Glaubenswelt erschüttert ward, und er nun nach einem Ersatz, nach neuen Gewißheiten und neuem Lebensinhalt aussah, ward ihm das Verständnis der faustischen Gestalt aufgetan. Goethe erkannte, was der wirkliche Gehalt der Faustsage war, erkannte in Faust seinen Bruder, sah, daß dessen Not seine eigene Not war. Die Zeit, in der diese Wandlung für Goethe eintrat, war das Jahr 1771, da er sich von der christlichen Welt der Brüdergemeinde, der er bis dahin nahegestanden hatte, abwandte, da er es aufgab, zum Abendmahl zu gehen und den alten Gott verloren hatte, einen neuen aber suchte. Was diese seine Lage erschwerte, war zugleich die Erkenntnis, daß die Wissenschaft, die sich als Ersatz anbot, noch weniger imstande sei, die ersehnten Antworten zu liefern als der wankend gewordene Glaube. Der junge Dichter verlangte Antworten — Antworten auf die Fragen nach dem Sein Gottes, dem Sinn des Lebens, den Geheimnissen alles Werdens und Sterbens —, aber die Welt blieb stumm. Das ist der tiefste Ursprung von Goethes Faustdichtung.

„Die bedeutende Puppenspielfabel", so schreibt Goethe später in „Dichtung und Wahrheit" von dieser Straßburger Zeit, „klang und summte gar vieltönig in mir wider. Auch ich hatte mich in allem Wissen herumgetrieben und war früh genug auf die Eitelkeit desselben hingewiesen worden. Ich hatte es auch im Leben auf allerlei Weise versucht und war immer unbefriedigter und gequälter zurückgekommen. Nun trug ich diese Dinge mit mir herum und ergötzte mich daran in einsamen Stunden."

Dazu kam ein Anderes: in keiner Zeit hat sich der deutsche Mensch in so stürmischem Gefühl der Natur entgegengedrängt wie in eben jenen Jahrzehnten, die wir die Zeit des „Sturmes und Dranges" nennen. Die neue Religion der Zeit verwirft die Offenbarung und verwirft die Vernunft, aber sie hat zwei Sakramente: „das Gefühl" und „die Natur". So wie der Mensch als Gläubiger in Gott gewesen war, so wollte er jetzt, ungläubig geworden, in der Natur sein. Die Natur sollte ihm Gott ersetzen, ihn bergend umfangen, ihre Offenbarungen ihm auftun. Der alte mystische Drang, die Gottesminne der Eckart, Scheffler, Jakob Böhme, sie warf sich jetzt auf die Natur und schlug in eine leidenschaftlich herrische Naturmystik um. Frühere Geschlechter hatten sich mit der Natur nicht allzuviel abgegeben, spätere lernten sich bescheiden in demütiger wissenschaftlicher Einzelforschung Schritt für Schritt Einzelerkenntnisse zu gewinnen, der „Sturm und Drang" aber war dem Wahn verfallen, er könne ganz aus dem Gefühl heraus ebenbürtig oder überlegen sich der Natur bemächtigen, sie wie in einer mystischen Hochzeit überwinden und mit ihr eins werden. Insofern als Goethe glaubte, ähnliche Stimmungen auch im Faust der Sage wiederzufinden, machte er ihn zu seinem Heros. So ist Goethes „Faust" aus dem Gesetz seines Werdens heraus eine religiöse Dichtung. Als solche muß die Tragödie gedeutet und verstanden werden.

JOHANN WOLFGANG GOETHE

Sinn und Idee des Faust

Handschriftliches Schema der ganzen Dichtung (Niedergeschrieben am 11. April 1800)

Ideales Streben nach Einwirken und Einfühlen in die ganze Natur.
Erscheinung des Geistes als Welt- und Tatengenius.
Streit zwischen Form und Formlosem.
Vorzug dem formlosen Gehalt.
Vor der leeren Form.
Gehalt bringt die Form mit; Form ist nie ohne Gehalt.
Diese Widersprüche, statt sie zu vereinigen, disparater zu machen.
Helles kaltes wissenschaftliches Streben: Wagner.
Dumpfes warmes wissenschaftliches Streben: Schüler.
Lebensgenuß der Person von außen gesucht: in der Dumpfheit der
Leidenschaft: Erster Teil.
Tatengenuß nach außen und Genuß mit Bewußtsein, Schönheit:
Zweiter Teil.
Schöpfungsgenuß von innen. Epilog im Chaos auf dem Weg zur Hölle.

ERNST BEUTLER
Fausts Ende und Rettung

> Das Letzte wär' das Höchsterrungene.
> Eröffn' ich Räume vielen Millionen,
> Nicht sicher zwar, doch tätig-frei zu wohnen. —
> Ja! diesem Sinne bin ich ganz ergeben,
> Das ist der Weisheit letzter Schluß:
> Nur der verdient sich Freiheit wie das Leben,
> Der täglich sie erobern muß.
> Und so verbringt, umrungen von Gefahr,
> Hier Kindheit, Mann und Greis sein tüchtig Jahr.
> Solch ein Gewimmel möcht' ich sehn,
> Auf freiem Grund mit freiem Volke stehn.

Es ist die entscheidende Wandlung Fausts vom „Ich", vom auf sich selbst bezogenen Leben, zum „Du", zum Wirken für die Allgemeinheit. In dem, was hier geleistet wird, will er weiterleben; so, und nicht mehr im Sinn bloßer „Gloria", des Eigenruhms, wären jetzt seine Worte zu verstehen:

> Es kann die Spur von meinen Erdentagen
> Nicht in Äonen untergehn.

In tiefem Pessimismus hatte Faust einst gewettet, keine Stunde werde kommen, die ihn so beglücken könne, daß er ihr Dauer wünschen würde. Jetzt da vor seinem innern Auge die Vision des durch ihn beglückten Volkes auftaucht, gesteht er vor solcher Zukunft:

> Zum Augenblicke dürft' ich sagen:
> Verweile doch, du bist so schön!

und er bekennt weiter:

> Im Vorgefühl von solchem hohem Glück
> Genieß' ich jetzt den höchsten Augenblick.

Der „höchste Augenblick", jenes trotz aller Vergänglichkeit tiefste, segnende Jasagen zum Leben, das in Goethes Dichten eine so große Rolle spielt und der bei Nietzsche zum Wunsch der ewigen Wiederkunft führt, — Faust empfindet es in dem Moment, da er sich vom eigenen Ich gelöst hat und dienende Stufe für ein Größeres geworden ist. Er empfindet es also in der Selbstüberwindung. Und im gleichen Moment stirbt er.

240 Der Teufel hält seine Wette für gewonnen, eben weil Faust bekannt hat, daß er jenen Augenblick tiefster Befriedigung gefühlt, dem er Ewigkeit wünscht. Aber Mephisto übersieht, daß Faust dieses Empfinden in keiner seiner Versuchungen, sondern gerade in der Bewährung einer christlichen, einer göttlichen Tugend erlebt hat. Und eben weil Faust sich dadurch vor Gott bewährt hat, ist der Moment gekommen, den Gott Vater voraussah, als er zu Mephisto sagte:

> Und steh beschämt, wenn du bekennen mußt:
> Ein guter Mensch in seinem dunklen Drange
> Ist sich des rechten Weges wohl bewußt.

Und eben deshalb findet Faust Erlösung. Daß diese Erlösung aber Gnade ist, bringt Goethe deutlich zum Ausdruck. Ein feiner Hauch von Ironie liegt über dem so stummen Eintritt des himmelstürmenden Titanen in die Kreise der Seligen, wie überhaupt auf weite Strecken hin über der Faustgestalt des Zweiten Teils. Es ist nicht in allen Partien, daß der Dichter mit seinem Helden sympathisiert. Am Kaiserhof steht Faust in merkwürdigem Zwielicht, ebenso in der Schlacht als Feldherr oder als Herrscher von Gnaden Mephistos und seiner doch sehr nachdenklich zu bewertenden „Drei gewaltigen Gesellen". Tief tragische Ironie erfüllt auch gerade Fausts letzte Stunden. Er glaubt das emsige Schaufeln seiner Arbeiter zu hören und hört seine Totengräber. Er glaubt für die Ewigkeit zu schaffen, und sein Land wird Raub des Meeres werden. Und ist es nicht Ironie, daß eben derselbe, der gerade noch verkündete:

> Nach drüben ist die Aussicht uns verrannt;
> Tor, wer dorthin die Augen blinzelnd richtet

sich nun eben diesem „Drüben" verantwortlich gegenüber findet, nachdem Engel sich haben Fausts Seele von den Teufeln erkämpfen müssen. Ist es nicht Ironie, daß Gretchen, das in „Himmelsglut" verführte Kind, fürbittend sich für ihn verwendet und daß das einzige Wort, das die Mater Gloriosa spricht, nicht an Faust, sondern eben an Gretchen gerichtet wird: „Wenn er dich ahnet, folgt er nach?" Und ist es nicht Ironie, wenn der Titan, dem der Erdkreis zu klein war, „Zum Anbeginn, Steigendem Vollgewinn" den Seligen Knaben, als der, der von diesen Kindern belehrt werden muß, zugesellt wird? — Faust stirbt königlich, aber einsam und betrogen, wie Herrscher oft sterben. Wohl auf Grund der Erfahrungen, die der Dichter im Laufe seines Lebens mit dem Leben selbst gemacht hatte, ist auch sein Faustbild im Lauf des Schaffens düsterer geworden. Es ist härter, diesseitiger. Die weichen Töne jugendlicher Liebe, der Sehnsucht, des Mitgefühls, wie sie in den ersten Monologen, im Osterspaziergang, in der Szene „Wald und Höhle", in

JOHANN WOLFGANG GOETHE (1749–1832)
Erscheinung des Erdgeistes

JOHANN WOLFGANG GOETHE (1749–1832)
›Faust‹, Pudelszene

den Gretchenszenen erklangen, sind zurückgetreten. Die heroischen Lebenskreise und Aufgaben haben einen anderen Mann geformt, aber auch einen anderen Menschen verlangt. Indes, obwohl ihm Dämonen dienen, ist Faust darum kein dämonischer Mensch im Sinn der Goetheschen Wortbedeutung, also jenseits von Gut und Böse. Daß er das nicht sein soll, erklingt klar aus den Worten Gottvaters über ihn gegenüber Mephisto, aus den Worten der Engel, die Fausts Unsterbliches tragen und ergibt sich aus seiner eigenen Stellungnahme zu seinen Taten, aus seiner bitteren Reue über Gretchens Leid in der Szene „Trüber Tag, Feld" und in der Kerkerszene, aus seiner Reue über das den beiden Alten angetane Unheil und auch aus dem Wunschbild seiner Freiheitsvision. Nun erkennt er, ebenso wie Egmont erst im Angesicht des Todes, wo seine wahren Aufgaben gelegen hätten. So steht denn am Ende die demütige Erkenntnis: Leben ist Stückwerk, geeinte Zwienatur. Selbst Engel wissen Gut und Böse nicht zu unterscheiden.

Goethe hat lange geschwankt, wie er nun diesen letzten Ausgang, die Entscheidung über die Wette und Fausts Erlösung dichterisch gestalten sollte. Zuerst war es wohl seine Meinung, das Stück so, wie es mit einem Prolog im Himmel begonnen hatte, auch mit einem Epilog im Himmel zu schließen. Da sollte denn feierlich die Streitfrage ausgetragen werden, ob der Herr oder Mephisto die Wette gewonnen habe. Zu diesem Plan gehört noch ein erhaltenes Bruchstück einer Rede Mephistos vor Fausts aufgebahrtem Leichnam:

> So ruhe denn an deiner Stätte.
> Sie weihen das Paradebette,
> Und, eh das Seelchen sich entrafft,
> Sich einen neuen Körper schafft,
> Verkünd' ich oben die gewonnene Wette.
> Nun freu ich mich aufs große Fest,
> Wie sich der Herr vernehmen läßt.

Dann ändert er den Plan — unter anderem unter dem Einfluß der Bilder auf dem Campo Santo am Dom zu Pisa. Engel sollten, brennende Rosen streuend, die Teufel vertreiben, Fausts Seele entführen und mit ihr nach oben schweben; Mephisto aber, im Gefühl, betrogen zu sein, zum Himmel eilen, Einspruch erheben und Recht verlangen. Hier sollte er aber nicht, wie im Prolog im Himmel, Gott Vater finden, sondern Jesus Christus, den Gottessohn, um im Beisein der Mutter Maria, der Evangelisten, Heiligen, Märtyrer Gericht über Faust zu halten. Die Idee war offenbar, daß Christus durch seinen Kreuzestod auch Fausts Seele erlöst habe. Das wäre freilich eine rein christliche Fassung, ein rein christlicher Abschluß geworden. Die jetzige, endgültige Gestalt ist eine Verbindung des allgemein Christlichen mit persönlich Goetheschem. Indem Goethe an Stelle Gott Vaters und an Stelle Christi jetzt die Mutter Gottes treten und Gretchen als U n a p o e n i t e n - t i u m — gleichsam wie eine Heilige der Kirche — für Faust Fürbitte leisten läßt, legt er die Entscheidung, „die Gnade", legt er die Erlösung in die Hand Gottes,

242 aber in der Form des weiblichen Prinzips in der Welt, in die Hand des wie die Natur mütterlich und weiblich Liebenden:

> Jungfrau, Mutter, Königin,
> Göttin, bleibe gnädig!

Vor dem Bild der „Mater dolorosa" hatte einst Gretchen in tiefster Verzweiflung gelegen. Als das „Ewig Weibliche" steht jetzt die Himmelskönigin strahlend in der Mandorla über dem Reigen der Engel, Heiligen und Büßer. Die einzigen Worte, die sie spricht, sind nicht an Faust, sondern bedeutungsvoll an Gretchen gerichtet, noch einmal das betonend, was man Gretchens Sendung im Schicksal Fausts nennen könnte:

> Komm! Hebe dich zu höhern Sphären!
> Wenn er dich ahnet, folgt er nach.

Eckermann erzählt unter dem 6. Juni 1831, Goethe habe ihn auf folgende Verse aufmerksam gemacht:

> Gerettet ist das edle Glied
> Der Geisterwelt vom Bösen:
> „Wer immer strebend sich bemüht,
> Den können wir erlösen."
> Und hat an ihm die Liebe gar
> Von oben teilgenommen,
> Begegnet ihm die selige Schar
> Mit herzlichem Willkommen.

„In diesen Versen", so sagte Goethe, „ist der Schlüssel zu Fausts Rettung enthalten. In Faust selber eine immer höhere und reinere Tätigkeit bis ans Ende, und von oben die ihm zu Hilfe kommende ewige Liebe. Es steht dieses mit unserer religiösen Vorstellung durchaus in Harmonie, nach welcher wir nicht bloß durch eigene Kraft selig werden, sondern durch die hinzukommende göttliche Gnade". Diese Äußerung ist deutlich genug. Es ist durchaus goethisch, daß das Letzte die Gnade ist. Von einer Selbstvollendung Faust's ist nicht die Rede. —
Friedrich Hebbel hat über den Faust gesagt: „Immer klarer wird mir auch das: nur was von Gott selbst ausging, ist Gegenstand der höchsten Kunst, nichts, was Menschen den Ursprung verdankt. Sogar im Faust ist das vergänglich, was auf Magie gebaut ist, denn eine Zeit wird kommen, wo selbst die Erinnerung an Magie und Zauberei verloren ging." Unter solchem Aspekt ist das Ende der Dichtung, das Spiel von der Erlösung Faust's wesentlicher als der Anfang, das Magierspiel. —
Und noch ein anderer Denker des 19. Jahrhunderts sei hier angeführt. Nietzsche hatte seinen Zarathustra ursprünglich als Drama geplant. Hätte er diesen Plan ausgeführt, so wäre der Zarathustra der Faust des 19. Jahrhunderts geworden. Er hätte sich aber von dem Goethes im Wesentlichen unterschieden. Weder hätte

Nietzsche seine Tragödie mit einem Prolog im Himmel begonnen, noch mit der
göttlichen Gnade geendet. Das „Ewig Weibliche" hätte keine Stelle in ihm gehabt,
und am allerwenigsten wäre die Erfüllung des Lebens im Dienst am Volke gesehen worden. Der Übermensch des 18. Jahrhunderts ist von dem des 19. Jahrhunderts wesensgemäß verschieden.

Goethe aber hat seinen Faust als zeitloses Vermächtnis an die Menschheit geschrieben. Als er den Faust begann, war, was er niederschrieb, nur Bekenntnis seiner selbst. Der Greis, der die Dichtung vollendete, hatte längst gelernt, den Blick vom eigenen Ich auf die Mitmenschen zu lenken. Als Lehrer, als Weiser steht er unter ihnen. Wie in „Wilhelm Meisters Wanderjahren", dem andern großen Werk seines Alters, fühlt er sich verantwortlich. Sein Werk ist verpflichtend, und so will es aufgenommen sein.

JOHANN GOTTLIEB FICHTE

Bestimmung des Menschen in der Gesellschaft

Es gehört unter die Grundtriebe des Menschen, vernünftige Wesen, seinesgleichen außer sich annehmen zu dürfen; diese kann er nur unter Bedingung annehmen, daß er mit ihnen, nach der oben bestimmten Bedeutung des Wortes, in Gesellschaft tritt. — Der gesellschaftliche Trieb gehört demnach unter die Grundtriebe des Menschen. Der Mensch ist bestimmt, in der Gesellschaft zu leben; er soll in der Gesellschaft leben; er ist kein ganzer vollendeter Mensch und widerspricht sich selbst, wenn er isoliert lebt.

Sie sehen, meine Herren, wie wichtig es ist, die Gesellschaft überhaupt nicht mit der besondern empirisch bedingten Art von Gesellschaft, die man den Staat nennt, zu verwechseln. Das Leben im Staate gehört nicht unter die absoluten Zwecke des Menschen, was auch ein sehr großer Mann darüber sage; sondern es ist ein nur unter gewissen Bedingungen stattfindendes Mittel zur Gründung einer vollkommenen Gesellschaft. Der Staat geht, ebenso wie alle menschlichen Institute, die bloße Mittel sind, auf seine eigene Vernichtung aus: es ist der Zweck aller Regierung, die Regierung überflüssig zu machen. Jetzt ist der Zeitpunkt sicher noch nicht — und ich weiß nicht, wie viele Myriaden Jahre oder Myriaden von Myriaden Jahren bis dahin sein mögen — und es ist überhaupt hier nicht von einer Anwendung im Leben, sondern von Berichtigung eines spekulativen Satzes die Rede — jetzt ist der Zeitpunkt nicht; aber es ist sicher, daß auf der a priori vorgezeichneten Laufbahn des Menschengeschlechts ein solcher Punkt liegt, wo alle Staatsverbindungen überflüssig sein werden. Es ist derjenige Punkt, wo statt der Stärke oder der Schlauheit die bloße Vernunft als höchster Richter allgemein anerkannt sein wird. Anerkannt sein, sage ich, denn irren, und aus Irrtum ihren Mitmenschen verletzen mögen die Menschen auch dann noch; aber sie müssen nur alle den guten Willen haben, sich ihres Irrtums überführen zu lassen, und so, wie sie desselben überführt sind, ihn zurückzunehmen und den Schaden zu ersetzen. — Ehe dieser Zeitpunkt eintritt, sind wir im allgemeinen noch nicht einmal wahre Menschen.

Nach dem Gesagten ist Wechselwirkung durch Freiheit der positive Charakter der Gesellschaft. — Diese — ist selbst Zweck; und es wird demnach gewirkt, bloß und schlechthin darum, damit gewirkt werde. — Durch die Behauptung aber, daß die Gesellschaft ihr eigener Zweck sei, wird gar nicht geleugnet, daß die Art des Einwirkens noch ein besonderes Gesetz haben könne, welches der Einwirkung ein noch bestimmteres Ziel aufstellt.

Der Grundtrieb war, vernünftige Wesen unseresgleichen, oder Menschen zu finden. — Der Begriff vom Menschen ist ein idealischer Begriff, weil der Zweck des Menschen, insofern er das ist, unerreichbar ist. Jedes Individuum hat sein besonderes Ideal vom Menschen überhaupt, welche Ideale zwar nicht in der Materie, aber doch in den Graden verschieden sind; jeder prüft nach seinem eigenen Ideale denjenigen, den er für einen Menschen anerkennt. Jeder wünscht vermöge jenes Grundtriebes jeden andern demselben ähnlich zu finden; er versucht, er beobachtet ihn auf alle Weise, und wenn er ihn unter demselben findet, so sucht er ihn dazu emporzuheben. In diesem Ringen der Geister mit Geistern siegt stets derjenige, der der höhere, bessere Mensch ist, so entsteht durch Gesellschaft Vervollkommnung der Gattung, und wir haben denn auch zugleich die Bestimmung der ganzen Gesellschaft, als solcher, gefunden. Wenn es scheint, als ob der höhere und bessere Mensch keinen Einfluß auf den niedern und ungebildeten habe, so täuscht uns hierbei teils unser Urteil, da wir oft die Frucht auf der Stelle erwarten, ehe das Samenkorn keimen und sich entwickeln kann; teils kommt es daher, daß der bessere vielleicht um zu viele Stufen höher steht als der ungebildete; daß sie zu wenig Berührungspunkte miteinander gemein haben, zu wenig aufeinander wirken können — ein Umstand, der die Kultur auf eine unglaubliche Art aufhält und dessen Gegenmittel wir zu seiner Zeit aufzeigen werden. Aber im ganzen siegt der bessere gewiß; ein beruhigender Trost für den Freund der Menschen und der Wahrheit, wenn er dem offenen Kriege des Lichts mit der Finsternis zusieht. Das Licht siegt endlich gewiß — die Zeit kann man freilich nicht bestimmen, aber es ist schon ein Unterpfand des Sieges und des nahen Sieges, wenn die Finsternis genötigt ist, sich in einen öffentlichen Kampf einzulassen. Sie liebt das Dunkel; sie hat schon verloren, wenn sie gezwungen ist, an das Licht zu treten.

Also — das ist das Resultat unsrer ganzen bisherigen Betrachtung — der Mensch ist für die Gesellschaft bestimmt; unter diejenigen Geschicklichkeiten, welche er seiner in der vorigen Vorlesung entwickelten Bestimmung nach in sich vervollkommnen soll, gehört auch die Gesellschaftlichkeit.

Diese Bestimmung für die Gesellschaft überhaupt ist, so sehr sie auch aus dem Innersten, Reinsten des menschlichen Wesens entsprungen ist, dennoch, als bloßer

Trieb, dem höchsten Gesetz der steten Übereinstimmung mit uns selbst, oder dem Sittengesetze untergeordnet, und muß durch dasselbe weiter bestimmt und unter eine feste Regel gebracht werden; und so, wie wir diese Regel auffinden, finden wir die Bestimmung des Menschen in der Gesellschaft, die der Zweck unserer gegenwärtigen Untersuchung und aller bis jetzt angestellten Betrachtungen ist.

Zuvörderst wird durch jenes Gesetz der absoluten Übereinstimmung der gesellschaftliche Trieb negativ bestimmt; er darf sich selbst nicht widersprechen. Der Trieb geht auf Wechselwirkung, gegenseitige Einwirkung, gegenseitiges Geben und Nehmen, gegenseitiges Leiden und Tun: nicht auf bloße Kausalität, nicht auf bloße Tätigkeit, wogegen der andere sich nur leidend zu verhalten hätte. Der Trieb geht darauf aus, freie vernünftige Wesen außer uns zu finden, und mit ihnen in Gemeinschaft zu treten; er geht nicht auf Subordination, wie in der Körperwelt, sondern er geht auf Koordination aus. Will man die gesuchten vernünftigen Wesen außer sich nicht frei sein lassen, so rechnet man etwa bloß auf ihre theoretische Geschicklichkeit, nicht auf ihre freie praktische Vernünftigkeit: man will nicht in Gesellschaft mit ihnen treten, sondern man will sie, als geschicktere Tiere, beherrschen, und dann versetzt man seinen gesellschaftlichen Trieb mit sich selbst in Widerspruch. — Doch was sage ich: man versetzt ihn mit sich selbst in Widerspruch? man hat ihn vielmehr noch gar nicht — jenen höhern Trieb: die Menschheit hat sich dann in uns noch gar nicht so weit ausgebildet; wir stehen selbst noch auf der niedern Stufe der halben Menschheit, oder der Sklaverei. Wir sind selbst noch nicht zum Gefühl unsrer Freiheit und Selbständigkeit gereift; denn sonst müßten wir notwendig um uns herum uns ähnliche, d. i. freie Wesen sehen wollen. Wir sind Sklaven und wollen Sklaven halten. Rousseau sagt: Mancher hält sich für einen Herrn anderer, der doch mehr Sklav ist als sie; er hätte noch weit richtiger sagen können: Jeder, der sich für einen Herrn anderer hält, ist selbst ein Sklav. Ist er es auch nicht immer wirklich, so hat er doch sicher eine Sklavenseele, und vor dem ersten Stärkern, der ihn unterjocht, wird er niederträchtig kriechen. — Nur derjenige ist frei, der alles um sich herum frei machen will und durch einen gewissen Einfluß, dessen Ursache man nicht immer bemerkt hat, wirklich frei macht. Unter seinem Auge atmen wir freier; wir fühlen uns durch nichts gepreßt und zurückgehalten und eingeengt; wir fühlen eine ungewohnte Lust, allein zu sein und zu tun, was nicht die Achtung für uns selbst uns verbietet.

Der Mensch darf vernunftlose Dinge als Mittel für seine Zwecke gebrauchen, nicht aber vernünftige Wesen: er darf dieselben nicht einmal als Mittel für ihre eigenen Zwecke brauchen; er darf nicht auf sie wirken, wie auf tote Materie oder auf das Tier, so daß er bloß seinen Zweck mit ihnen durchsetze, ohne auf ihre Freiheit gerechnet zu haben. — Er darf kein vernünftiges Wesen wider seinen Willen tugendhaft oder weise oder glücklich machen. Abgerechnet, daß diese Bemühung vergeblich sein würde, und daß keiner tugendhaft oder weise oder glücklich werden kann, außer durch seine eigene Arbeit und Mühe — abgerechnet also, daß das der Mensch nicht kann, soll er — wenn er es auch könnte oder zu können glaubte — es nicht einmal wollen; denn es ist unrecht, und er versetzt sich dadurch in Widerspruch mit sich selbst.

Durch das Gesetz der völligen formalen Übereinstimmung mit sich selbst wird der gesellschaftliche Trieb auch positiv bestimmt, und so bekommen wir die eigentliche Bestimmung des Menschen in der Gesellschaft. — Alle Individuen, die zum Menschengeschlechte gehören, sind unter sich verschieden; es ist nur eins, worin sie völlig übereinkommen, ihr letztes Ziel, die Vollkommenheit. Die Vollkommenheit ist nur auf eine Art bestimmt: sie ist sich selbst völlig gleich; könnten alle Menschen vollkommen werden, könnten sie ihr höchstes und letztes Ziel erreichen, so wären sie alle einander völlig gleich; sie wären nur eins, ein einziges Subjekt. Nun aber strebt jeder in der Gesellschaft, den andern, wenigstens seinen Begriffe nach, vollkommener zu machen; ihn zu seinem Ideale, das er sich von dem Menschen gemacht hat, emporzuheben. — Mithin ist das letzte, höchste Ziel der Gesellschaft völlige Einigkeit und Einmütigkeit mit allen möglichen Gliedern derselben. Da aber die Erreichung dieses Ziels die Erreichung der Bestimmung des Menschen überhaupt — die Erreichung der absoluten Vollkommenheit vorausgesetzt: so ist es ebenso unerreichbar, als jenes — ist unerreichbar, solange der Mensch nicht aufhören soll, Mensch zu sein, und nicht Gott werden soll. Völlige Einigkeit mit allen Individuen ist mithin zwar das letzte Ziel, aber nicht die Bestimmung des Menschen in der Gesellschaft.

Aber annähern und ins Unendliche sich annähern an dieses Ziel — das kann er und das soll er. Dieses Annähern zur völligen Einigkeit und Einmütigkeit mit allen Individuen können wir Vereinigung nennen. Also Vereinigung, die der Innigkeit nach stets fester, dem Umfange nach stets ausgebreiteter werde, ist die wahre Bestimmung des Menschen in der Gesellschaft: diese Vereinigung aber ist, da nur über ihre letzte Bestimmung die Menschen einig sind und einig werden können — nur durch Vervollkommnung möglich. Wir können demnach ebensogut sagen: gemeinschaftliche Vervollkommnung, Vervollkommnung seiner selbst durch die frei benutzte Einwirkung andrer auf uns: und Vervollkommnung anderer durch Rückwirkung auf sie, als auf freie Wesen, ist unsere Bestimmung in der Gesellschaft.

Um diese Bestimmung zu erreichen und sie immer mehr zu erreichen, dazu bedürfen wir einer Geschicklichkeit, die nur durch Kultur erworben und erhöht wird, und zwar einer Geschicklichkeit von zweierlei Art: einer Geschicklichkeit zu geben, oder auf andere, als auf freie Wesen zu wirken, und einer Empfänglichkeit zu nehmen, oder aus den Wirkungen anderer auf uns den besten Vorteil zu ziehen. Von beiden werden wir an seinem Orte besonders reden. Besonders die letztere muß man sich auch neben einem hohen Grade der erstern zu erhalten suchen; oder man bleibt stehen und geht dadurch zurück. Selten ist jemand so vollkommen, daß er nicht fast durch jeden andern wenigstens von irgendeiner, vielleicht unwichtig scheinenden, oder übersehenen Seite sollte ausgebildet werden können.

Ich kenne wenig erhabnere Ideen, meine Herren, als die Idee dieses allgemeinen

Einwirkens des ganzen Menschengeschlechts auf sich selbst, dieses unaufhörlichen Lebens und Strebens, dieses eifrigen Wettstreites zu geben und zu nehmen, das Edelste, was dem Menschen zuteil werden kann, dieses allgemeinen Eingreifens zahlloser Räder ineinander, deren gemeinsame Triebfeder die Freiheit ist, und der schönen Harmonie, die daraus entsteht.

Wer du auch seist, so kann jeder sagen, du, der du nur Menschenantlitz trägst, du bist doch ein Mitglied dieser großen Gemeine; durch welch unzählige Mittelglieder die Wirkung auch fortgepflanzt werde — ich wirke darum doch auch auf dich, und du wirkst darum doch auch auf mich; keiner, der nur das Gepräge der Vernunft, sei es auch noch so roh ausgedrückt, auf seinem Gesichte trägt, ist vergebens für mich da. Aber ich kenne dich nicht, noch kennst du mich: — O, so gewiß wir den gemeinschaftlichen Ruf haben, gut zu sein und immer besser zu werden — so gewiß — und daure es Millionen und Billionen Jahre — was ist die Zeit? — so gewiß wird einst eine Zeit kommen, da ich auch dich in meinen Wirkungskreis mit fortreißen werde, da ich auch dir werde wohltun und von dir Wohltaten empfangen können, da auch an dein Herz das meinige durch das schönste Band des gegenseitigen freien Gebens und Nehmens geknüpft sein wird.

JOHANN PETER ECKERMANN
Goethe über den schöpferischen Geist

Goethe gefiel mir diesen Abend ganz besonders. Das Edelste seiner Natur schien in ihm rege zu sein; dabei war der Klang seiner Stimme und das Feuer seiner Augen von solcher Kraft, als wäre er von einem ganz frischen Auflodern seiner besten Jugend durchglüht. — Merkwürdig war es mir, daß er, der selbst in so hohen Jahren noch einem so bedeutenden Posten vorstand, so ganz entschieden der Jugend das Wort redete und die ersten Stellen im Staat, wenn auch nicht von Jünglingen, doch von Männern in noch jugendlichem Alter besetzt haben wollte. Ich konnte nicht umhin, einige hochstehende deutsche Männer zu erwähnen, denen im hohen Alter die nötige Energie und jugendliche Beweglichkeit zum Betrieb der bedeutendsten und mannigfaltigsten Geschäfte doch keineswegs zu fehlen schiene.

„Solche Männer und ihresgleichen", erwiderte Goethe, „sind geniale Naturen, mit denen es eine eigene Bewandtnis hat; sie erleben eine wiederholte Pubertät, während andere Leute nur einmal jung sind."

„Jede Entelechie nämlich ist ein Stück Ewigkeit, und die paar Jahre, die sie mit dem irdischen Körper verbunden ist, machen sie nicht alt. Ist diese Entelechie geringer Art, so wird sie während ihrer körperlichen Verdüsterung wenig Herrschaft ausüben, vielmehr wird der Körper vorherrschen, und wie er altert, wird sie ihn nicht halten und hindern. Ist aber die Entelechie mächtiger Art, wie es bei allen genialen Naturen der Fall ist, so wird sie, bei ihrer belebenden Durchdringung des Körpers, nicht allein auf dessen Organisation kräftigend und veredelnd einwirken, sondern sie wird auch, bei ihrer geistigen Übermacht, ihr Vorrecht einer ewigen Jugend fortwährend geltend zu machen suchen. Daher kommt es denn, daß wir bei vorzüglich begabten Menschen auch während ihres Alters immer noch frische Epochen besonderer Produktivität wahrnehmen; es scheint bei ihnen immer einmal wieder eine temporäre Verjüngung einzutreten, und das ist es, was ich eine wiederholte Pubertät nennen möchte."

„Aber jung ist jung, und wie mächtig auch eine Entelechie sich erweise, sie wird doch über das Körperliche nie ganz Herr werden, und es ist ein ganz gewaltiger Unterschied, ob sie an ihm einen Alliierten oder einen Gegner findet."

„Ich hatte in meinem Leben eine Zeit, wo ich täglich einen gedruckten Bogen von mir fordern konnte, und es gelang mir mit Leichtigkeit. Meine „Geschwister" habe ich in drei Tagen geschrieben. Meinen „Clavigo", wie Sie wissen, in acht. Jetzt soll ich dergleichen wohl bleiben lassen; und doch kann ich über Mangel an Produktivität selbst in meinem hohen Alter mich keineswegs beklagen. Was mir aber in meinen jungen Jahren täglich und unter allen Umständen gelang, gelingt mir jetzt nur periodenweise und unter gewissen günstigen Bedingungen. Als mich vor zehn, zwölf Jahren, in der glücklichen Zeit nach dem Befreiungskrieg, die Gedichte des „Diwan" in ihrer Gewalt hatten, war ich produktiv genug, um oft an einem Tage zwei bis drei zu machen; und auf freiem Felde, im Wagen oder im Gasthof, es war mir alles gleich. Jetzt, am zweiten Teil meines „Faust", kann ich nur in den frühen Stunden des Tags arbeiten, wo ich mich vom Schlaf erquickt und gestärkt fühle und die Fratzen des täglichen Lebens mich noch nicht verwirrt haben. Und doch, was ist es, das ich ausführe! Im allerglücklichsten Falle eine geschriebene Seite; in der Regel aber nur so viel, als man auf den Raum einer Handbreit schreiben könnte, und oft, bei unproduktiver Stimmung, noch weniger."

„Gibt es denn im allgemeinen", sagte ich, „kein Mittel, um eine produktive Stimmung hervorzubringen, oder, wenn sie nicht mächtig genug wäre, sie zu steigern?"

„Um diesen Punkt", erwiderte Goethe, „steht es gar wunderlich und wäre darüber allerlei zu denken und zu sagen."

„Jede Produktivität höchster Art, jede Erfindung, jeder große Gedanke, der Früchte bringt und Folge hat, steht in niemandes Gewalt und ist über aller irdischen Macht erhaben. Dergleichen hat der Mensch als unverhoffte Geschenke von oben, als reine Kinder Gottes zu betrachten, die er mit freudigem Dank zu empfangen und zu verehren hat. Es ist dem Dämonischen verwandt, das übermächtig mit ihm tut, wie es beliebt, und dem es sich bewußtlos hingibt, während er glaubt, er handle aus eigenem Antrieb. In welchen Fällen ist der Mensch oftmals als ein Werkzeug einer höheren Weltregierung zu betrachten, als ein würdig befundenes Gefäß zur Aufnahme eines göttlichen Einflusses. Ich sage dies, indem ich erwäge, wie oft ein einziger Gedanke ganzen Jahrhunderten eine andere Gestalt gab, und wie einzelne Menschen durch das, was von ihnen ausging, ihrem Zeitalter ein Gepräge aufdrücken, das noch in nachfolgenden Geschlechtern kenntlich blieb und wohltätig fortwirkte."

„Sodann aber gibt es eine Produktivität anderer Art, die schon eher irdischen Einflüssen unterworfen ist, und die der Mensch schon mehr in seiner Gewalt hat, obgleich er auch hier immer noch sich vor etwas Göttlichem zu beugen Ursache findet. In diese Region zähle ich alles zur Ausführung eines Planes Gehörige, alle Mitglieder einer Gedankenkette, deren Endpunkte bereits leuchtend dastehen; ich zähle dahin alles dasjenige, was den sichtbaren Leib und Körper eines Kunstwerkes ausmacht."

„So kam Shakespeare der erste Gedanke zu seinem Hamlet, wo sich ihm der Geist des Ganzen als unerwarteter Eindruck vor die Seele stellte, und er die einzelnen Situationen, Charaktere und Ausgang des Ganzen in erhöhter Stimmung übersah, als ein reines Geschenk von oben, worauf er keinen unmittelbaren Einfluß gehabt hatte. Die spätere Ausführung der einzelnen Szenen aber und die Wechselreden der Personen hatte er vollkommen in seiner Gewalt, so daß er sie täglich und stündlich machen und daran wochenlang fortarbeiten konnte, wie es ihm nur beliebte. Und zwar sehen wir an allem, was er ausführte, immer die gleiche Kraft der Produktion, und wir kommen in allen seinen Stücken nirgends auf eine Stelle, von der man sagen könnte, sie sei nicht in der rechten Stimmung und nicht mit dem vollkommensten Vermögen geschrieben. Indem wir ihn lesen, erhalten wir von ihm den Eindruck eines geistig wie körperlich durchaus und stets gesunden, kräftigen Menschen."

„Gesetzt aber, eines dramatischen Dichters körperliche Konstitution wäre nicht so fest und vortrefflich, und er wäre vielmehr häufigen Kränklichkeiten und Schwächlichkeiten unterworfen, so würde die zur täglichen Ausführung seiner Szenen nötige Produktivität sicher sehr häufig stocken und oft wohl tagelang gänzlich mangeln. Wollte er nun, etwa durch geistige Getränke, die mangelnde Produktivität herbeinötigen und die unzulängliche dadurch steigern, so würde das allenfalls auch wohl angehen, allein man würde es allen Szenen, die er auf solche Weise gewissermaßen erzwungen hätte, zu ihrem großen Nachteil anmerken."

„Sie sprechen", erwiderte ich, „etwas aus, was ich selber oft erfahren und empfunden und was man sicher als durchaus wahr und richtig zu verehren hat. Aber doch will mir scheinen, als ob wohl jemand durch natürliche Mittel seine produktive Stimmung steigern könnte. Ich war in meinem Leben sehr oft in dem Fall, bei gewissen komplizierten Zuständen zu keinem rechten Entschluß kommen zu können. Trank ich aber in solchen Fällen einige Gläser Wein, so war es mir sogleich klar, was zu tun sei, und ich war auf der Stelle entschieden. Das Fassen eines Entschlusses ist aber doch auch eine Art Produktivität, und wenn nun einige Gläser Wein diese Tugend bewirkten, so dürfte ein solches Mittel doch nicht ganz zu verwerfen sein."

„Ihrer Bemerkung", erwiderte Goethe, „will ich nicht widersprechen; was ich aber vorhin sagte, hat auch seine Richtigkeit, woraus wir denn sehen, daß die Wahrheit wohl einem Diamant zu vergleichen wäre, dessen Strahlen nicht nach einer Seite gehen, sondern nach vielen. Da Sie übrigens meinen „Diwan" so gut kennen, so wissen Sie, daß ich selber gesagt habe: ‚Wenn man getrunken hat, — weiß man das Rechte', und daß ich Ihnen also vollkommen beistimme. Es liegen im Wein allerdings produktiv-machende Kräfte sehr bedeutender Art; aber es kommt dabei alles auf Zustände und Zeit und Stunde an, und was dem einen nützt, schadet dem andern. Es liegen ferner produktivmachende Kräfte in der Ruhe und im Schlaf; sie liegen aber auch in der Bewegung. Es liegen solche Kräfte im Wasser, und ganz besonders in der Atmosphäre. Die frische Luft des freien Feldes ist der eigentliche Ort, wo wir hingehören; es ist, als ob der Geist Gottes dort den Menschen unmittelbar anwehte und eine göttliche Kraft ihren Einfluß ausübte. Lord Byron, der täglich mehrere Stunden im Freien lebte, bald zu Pferd am Strand des Meeres reitend, bald im Boote segelnd oder rudernd, dann sich im Meere badend und seine Körperkraft im Schwimmen übend, war einer der produktivsten Menschen, die je gelebt haben."

Goethe hatte sich mir gegenüber gesetzt, und wir sprachen noch über allerlei Dinge. „Überhaupt", fuhr er fort, „werden Sie finden, daß im mittleren Leben eines Menschen häufig eine Wendung eintritt, und daß, wie ihn in seiner Jugend alles begünstigte und alles ihm glückte, nun mit einemmal alles ganz anders wird, und ein Unfall und ein Mißgeschick sich auf das andere häuft."

„Wissen Sie aber, wie ich es mir denke? Der Mensch muß wieder ruiniert werden! Jeder außerordentliche Mensch hat eine gewisse Sendung, die er zu vollführen berufen ist. Hat er sie vollbracht, ist er auf Erden in dieser Gestalt nicht weiter vonnöten, und die Vorsehung verwendet ihn wieder zu etwas anderem. Da aber hienieden alles auf natürlichem Wege geschieht, so stellen ihm die Dämonen ein Bein nach dem andern, bis er zuletzt unterliegt: So ging es Napoleon und vielen anderen. Mozart starb in seinem sechsunddreißigsten Jahr, Raphael in fast gleichem Alter, Byron nur um weniges älter. Alle aber hatten ihre Mission auf das vollkommenste erfüllt, und es war wohl Zeit, daß sie gingen, damit auch anderen Leuten in dieser auf eine lange Dauer berechneten Welt noch etwas zu tun übrigbliebe."

JOHANN WOLFGANG GOETHE
Über den Granit

Der Granit war in den ältesten Zeiten schon eine merkwürdige Steinart und ist es zu den unsrigen noch mehr geworden. Die Alten kannten ihn nicht unter diesem Namen. Sie nannten ihn Syenit, von Syene, einem Orte an den Grenzen von Äthiopien. Die ungeheuren Massen dieses Steines flößten Gedanken zu ungeheuren Werken den Ägyptern ein. Ihre Könige errichteten der Sonne zu Ehren Spitzsäulen aus ihm und von seiner rotgesprengten Farbe erhielt er in der Folge den Namen des Feurigbunten. Noch sind die Sphinxe, die Memnonsbilder, die ungeheuren Säulen die Bewunderung der Reisenden, und noch am heutigen Tage hebt der ohnmächtige Herr von Rom die Trümmer eines alten Obelisken in die Höhe, die seine allgewaltige Vorfahren aus einem fremden Weltteile ganz herüberbrachten.

Die Neuern gaben dieser Gesteinsart den Namen, den sie jetzt trägt, von ihrem körnigen Ansehen, und sie mußte in unsern Tagen erst einige Augenblicke der Erniedrigung dulden, ehe sie sich zu dem Ansehen, in dem sie nun bei allen Naturkundigen steht, emporhob. Die ungeheuren Massen jener Spitzsäulen und die wunderbare Abwechslung ihres Kornes verleiteten einen italienischen Naturforscher, zu glauben, daß sie von den Ägyptern durch Kunst aus einer flüssigen Masse zusammengehäuft seien.

Aber diese Meinung verwehte geschwind, und die Würde dieses Gesteins wurde von den vielen trefflich beobachtenden Reisenden endlich befestigt. Jeder Weg in unbekannte Gebirge bestätigte die alte Erfahrung, daß das Höchste und das Tiefste Granit sei, daß diese Steinart, die man nun näher kennen und von andern unterscheiden lernte, die Grundveste unserer Erde sei, worauf sich alle übrigen mannigfaltigen Gebirge hinaufgebildet. In den innersten Eingeweiden der Erde ruht sie unerschüttert, ihre hohen Rücken steigen empor, deren Gipfel nie das alles umgebende Wasser erreichte. So viel wissen wir von diesem Gesteine und wenig mehr. Aus bekannten Bestandteilen auf eine geheimnisreiche Weise zusammengesetzt, erlaubt es ebensowenig, seinen Ursprung aus Feuer wie aus Wasser herzuleiten. Höchst mannigfaltig in der größten Einfalt wechselt seine Mischung ins Unzählige ab. Die Lage und das Verhältnis seiner Teile, seine Dauer, seine Farbe ändert sich mit jedem Gebirge, und die Massen eines jeden Gebirges sind oft von Schritt zu Schritte wieder in sich unterschieden und im ganzen doch wieder immer einander gleich. Und so wird jeder, der den Reiz kennt, den natürliche Geheimnisse für den Menschen haben, sich nicht wundern, daß ich den Kreis der Beobachtungen, den ich sonst betreten, verlassen und mich mit einer recht leidenschaftlichen Neigung in diesen gewandt habe. Ich fürchte den Vorwurf nicht, daß es ein Geist des Widerspruchs sein müsse, der mich von Betrachtung und Schilderung des menschlichen Herzens, des jüngsten, mannigfaltigsten, beweglichsten, veränderlichsten, erschütterlichsten Teiles der Schöpfung zu der Beobachtung des ältesten, festesten, tiefsten, unerschütterlichsten Sohnes der Natur geführt hat. Denn man wird mir gerne zugeben, daß alle natürlichen Dinge in einem genauen Zusammenhange stehen, daß der forschende Geist sich nicht gerne von etwas Erreichbarem ausschließen läßt. Ja man gönne mir, der ich durch die Abwechslungen der menschlichen Gesinnungen, durch die schnellen Bewegungen derselben in mir selbst und in andern manches gelitten habe und leide, die erhabene Ruhe, die jene einsame stumme Nähe der großen, leise sprechenden Natur gewährt, und wer davon eine Ahndung hat, folge mir.

Mit diesen Gesinnungen nähere ich mich euch, ihr ältesten, würdigsten Denkmäler der Zeit. Auf einem hohen nackten Gipfel sitzend und eine weite Gegend überschauend, kann ich mir sagen: Hier ruhst du unmittelbar auf einem Grunde, der bis zu den tiefsten Orten der Erde hinreicht, keine neuere Schicht, keine aufgehäufte zusammengeschwemmte Trümmer haben sich zwischen dich und den festen Boden der Urwelt gelegt, du gehst nicht wie in jenen fruchtbaren schönen Tälern über ein anhaltendes Grab, diese Gipfel haben nichts Lebendiges erzeugt und nichts Lebendiges verschlungen, sie sind vor allem Leben und über alles Leben. In diesem Augenblicke, da die innern anziehenden und bewegenden Kräfte der Erde gleichsam unmittelbar auf mich wirken, da die Einflüsse des Himmels mich näher umschweben, werde ich zu höheren Betrachtungen der Natur hinaufgestimmt, und wie der Menschengeist alles belebt, so wird auch ein Gleichnis in mir rege, dessen Erhabenheit ich nicht widerstehen kann. So einsam, sage ich zu mir selber, indem ich diesen ganzen nackten Gipfel hinabsehe und kaum in der Ferne am Fuße ein geringwachsendes Moos erblicke, so einsam, sage ich, wird es dem Menschen zu Mute, der nur den ältesten, ersten, tiefsten Gefühlen der Wahrheit seine Seele eröffnen will.

Ja, er kann zu sich sagen: Hier auf dem ältesten, ewigen Altare, der unmittelbar auf die Tiefe der Schöpfung gebaut ist, bring ich dem Wesen aller Wesen ein Opfer. Ich fühle die ersten, festesten Anfänge unsers Daseins, ich überschaue die Welt, ihre schrofferen und gelinderen Täler und ihre fernen fruchtbaren Weiden, meine Seele wird über sich selbst und über alles erhaben und sehnt sich nach dem nähern Himmel. – Aber bald ruft die brennende Sonne Durst und Hunger, seine menschlichen Bedürfnisse, zurück. Er sieht sich nach jenen Tälern um, über die sich sein Geist schon hinausschwang, er bemerkt die Bewohner jener fruchtbaren, quellreichen Ebenen, die auf dem Schutte und Trümmern von Irrtümern und Meinungen ihre glücklichen Wohnungen aufgeschlagen haben, den Staub ihrer Voreltern aufkratzen und das geringe Bedürfnis ihrer Tage in einem engen Kreise ruhig befriedigen. Vorbereitet durch diese Gedanken, dringt die Seele in die vergangenen Jahrhunderte hinauf, sie vergegenwärtigt sich alle Erfahrungen sorgfältiger Beobachter, alle Vermutungen feuriger Geister. Diese Klippe, sage ich zu mir selber, stand schroffer, zackiger, höher in die Wolken, da dieser Gipfel noch als eine meerumfloßne Insel in den alten Wassern da stand; um sie sauste der

Geist, der über den Wogen brütete, und in ihrem weiten Schoße die höheren Berge aus den Trümmern des Urgebirges, und aus ihren Trümmern und den Resten der eigenen Bewohner die späteren und ferneren Berge sich bilden. Schon längst fängt das Moos zuerst sich zu erzeugen an, schon bewegen sich seltner die schaligen Bewohner des Meeres, es senkt sich das Wasser, die höhern Berge werden grün, es fängt alles an, von Leben zu wimmeln.

Aber bald setzen sich diesem Leben neue Szenen der Zerstörungen entgegen. In der Ferne heben sich tobende Vulkane in die Höhe; sie scheinen der Welt den Untergang zu drohen, jedoch unerschüttert bleibt die Grundveste, auf der ich noch sicher ruhe, indes die Bewohner der fernen Ufer und Inseln unter dem untreuen Boden begraben werden. Ich kehre von jeder schweifenden Betrachtung zurück und sehe die Felsen selbst an, deren Gegenwart meine Seele erhebt und sicher macht. Ich sehe ihre Masse von verworrenen Rissen durchschnitten, hier gerade, dort gelehnt in die Höhe stehen, bald scharf übereinander gebaut, bald in unförmlichen Klumpen wie übereinander geworfen, und fast möchte ich bei dem ersten Anblicke ausrufen: Hier ist nichts in seiner alten Lage, hier ist alles Trümmer, Unordnung und Zerstörung. Eben diese Meinung werden wir finden, wenn wir von dem lebendigen Anschauen dieser Gebirge uns in die Studierstube zurücke ziehen und die Bücher unserer Vorfahren aufschlagen. Hier heißt es bald: das Urgebirge sei durchaus ganz, als wenn es aus einem Stücke gegossen wäre; bald: es sei durch Flözklüfte in Lager und Bänke getrennt, die durch eine große Anzahl Gänge nach allen Richtungen durchschnitten werden; bald: es sei dieses Gestein keine Schichten, sondern in ganzen Massen, die ohne das geringste Regelmäßige abwechselnd getrennt seien; ein anderer Beobachter will dagegen bald starke Schichten, bald wieder Verwirrung angetroffen haben. Wie vereinigen wir alle diese Widersprüche und finden einen Leitfaden zu ferneren Beobachtungen?

Dies ist es, was ich zu tun mir gegenwärtig vorsetze; und sollte ich auch nicht so glücklich sein, wie ich wünsche und hoffe, so werden doch meine Bemühungen andern Gelegenheit geben, weiter zu gehen; denn bei Beobachtungen sind selbst die Irrtümer nützlich, indem sie aufmerksam machen und dem Scharfsichtigen Gelegenheit geben, sich zu üben. Nur möchte eine Warnung hier nicht überflüssig sein — mehr für Ausländer, wenn diese Schrift bis zu ihnen kommen sollte, als für Deutsche —; diese Gesteinart von andern wohl unterscheiden zu lernen. Noch verwechseln die Italiener eine Lava mit dem kleinkörnigen Granit und die Franzosen den Gneis, den sie blättrigten Granit oder Granit der zweiten Ordnung nennen; ja sogar wir Deutsche, die wir sonst in dergleichen Dingen so gewissenhaft sind, haben noch vor kurzem das Rotliegende, eine zusammengebackene Steinart aus Quarz und Hornsteinarten und meist unter den Schieferflözen, ferner die graue Wacke des Harzes, ein innigeres Gemisch von Quarz und Schieferteilen, mit dem Granit verwechselt.

WERNER HEISENBERG

Das Naturbild Goethes und die technisch-naturwissenschaftliche Welt

Für Goethe begannen alle Naturbetrachtungen und alles Naturverständnis mit dem unmittelbaren sinnlichen Eindruck; also nicht mit einer durch Apparaturen ausgefilterten, der Natur gewissermaßen abgezwungenen Einzelerscheinung, sondern mit dem unmittelbar unseren Sinnen offenen, freien Naturgeschehen. Greifen wir eine beliebige Stelle aus dem Abschnitt „Physiologische Farben" der Goetheschen Farbenlehre heraus. Der Abstieg vom beschneiten Brocken an einem Winterabend gibt Anlaß zu folgender Beobachtung: „Waren den Tag über bei dem gelblichen Ton des Schnees schon leise violette Schatten bemerklich gewesen, so mußte man sie nun für hochblau ansprechen, als ein gesteigertes Gelb von den beleuchteten Teilen widerschien. Als aber die Sonne sich endlich ihrem Niedergang näherte und ihre durch die stärkeren Dünste höchstgemäßigten Strahlen die ganze mich umgebende Welt mit der schönsten Purpurfarbe überzog, da verwandelte sich die Schattenfarbe in ein Grün, das nach seiner Klarheit einem Meergrün, nach seiner Schönheit einem Smaragdgrün verglichen werden konnte. Die Erscheinung ward immer lebhafter. Man glaubte, sich in einer Feenwelt zu befinden, denn alles hatte sich in die zwei lebhaften und so schön übereinstimmenden Farben gekleidet, bis endlich mit dem Sonnenuntergang die Prachterscheinung sich in eine graue Dämmerung und nach und nach in eine mond- und sternhelle Nacht verlor."

Aber Goethe blieb bei der unmittelbaren Beobachtung nicht stehen. Er wußte sehr wohl, daß er mit dem Leitfaden eines zunächst nur vermuteten, dann aber im Erfolg zur Gewißheit werdenden Zusammenhangs aus dem unmittelbaren Eindruck auch Erkenntnis werden kann. Ich zitiere eine Stelle aus dem Vorwort zur Farbenlehre: „Denn das bloße Anblicken einer Sache kann uns nicht fördern. Jedes Ansehen geht über in ein Betrachten, jedes Betrachten in ein Sinnen, jedes Sinnen in ein Verknüpfen, und so kann man sagen, daß wir schon bei jedem aufmerksamen Blick in die Welt theoretisieren. Dieses aber mit Bewußtsein, mit Selbsterkenntnis, mit Freiheit und, um uns eines gewagten Wortes zu bedienen, mit Ironie zu tun und vorzunehmen, eine solche Gewandtheit ist nötig, wenn die Abstraktion, vor der wir uns fürchten, unschädlich und das Erfahrungsresultat, das wir hoffen, recht lebendig und nützlich werden soll."

„Die Abstraktion, vor der wir uns fürchten." An dieser Stelle ist nun schon genau bezeichnet, wo Goethes Weg sich von dem der geltenden Naturwissenschaft trennen muß. Goethe weiß, alle Erkenntnis bedarf der Bilder, der Verknüpfung, der sinngebenden Strukturen. Ohne sie wäre Erkenntnis unmöglich. Aber der Weg zu diesen Strukturen führt unweigerlich später in die Abstraktion. Das hatte Goethe schon bei seinen Untersuchungen zur Morphologie der Pflanzen erlebt. In den so verschiedenartigen Gestalten der Pflanzen, die er besonders auf seiner italienischen Reise beobachtete, glaubte er bei eingehenderem Studium immer deutlicher ein zugrunde liegendes, einheitliches Prinzip zu erkennen. Er sprach von der „wesentlichen Form, mit der die Natur gleichsam nur immer spielt und spielend das mannigfaltige Leben hervorbringt", und von hier gelangt er zur Vorstellung eines Urphänomens, der Urpflanze. „Mit diesem Modell", sagt Goethe, „und dem Schlüssel dazu, kann man alsdann noch Pflanzen ins Unendliche erfinden, die, wenn sie auch nicht existieren, doch existieren könnten und eine innere Wahrheit und Notwendigkeit haben." Hier steht Goethe an der Grenze der Abstraktion, vor der er sich fürchtete. Goethe hat sich selbst versagt, diese Grenze zu überschreiten. Er hat auch gewarnt und gemeint, die Physiker und die Philosophen sollten es ebenso halten. „Wäre denn auch ein solches Urphänomen gefunden, so bleibt immer noch das Übel, daß man es nicht als solches anerkennen will, daß wir hinter ihm und über ihm noch etwas Weiteres aufsuchen, da wir doch hier die Grenzen des Schauens eingestehen sollten. Der Naturforscher lasse die Urphänomene in ihrer ewigen Ruhe und Herrlichkeit bestehen." Die Grenze zum Abstrakten soll also nicht überschritten werden. Dort, wo die Grenze des Schauens erreicht ist, soll der Weg nicht fortgesetzt werden, indem man das Schauen durch abstraktes Denken ersetzt. Goethe war überzeugt, daß das Lösen von der sinnlich wirklichen Welt, das Betreten dieses grenzenlosen Bereichs der Abstraktion, zu mehr Schlechtem als Gutem führen müsse.

Aber die Naturwissenschaft war schon seit Newton andere Wege gegangen. Sie hat die Abstraktion von Anfang an nicht gefürchtet, und ihre Erfolge bei der Erklärung des Planetensystems, bei der praktischen Anwendung der Mechanik, bei der Konstruktion optischer Apparate und vielem anderen haben ihr scheinbar recht gegeben, und sie haben schnell dazu geführt, daß die Warnungen Goethes überhört wurden. Diese Naturwissenschaft hat sich als eigentlich von Newtons großem Werk, den „Philosophiae naturalis principia mathematica", bis zum heutigen Tage völlig geradlinig und folgerichtig entwickelt. Ihre Auswirkungen in der Technik haben das Bild der Erde umgestaltet.

In dieser landläufigen Naturwissenschaft wird die Abstraktion an zwei etwas verschiedenen Stellen vollzogen. Die Aufgabe lautet ja, in der bunten Vielfalt der Erscheinungen das Einfache zu erkennen. Das Bestreben der Physiker mußte also darauf gerichtet sein, aus der verwirrenden Kompliziertheit der Phänomene einfache Vorgänge herauszuschälen. Aber was ist einfach? Seit Galilei und Newton lautet die Antwort: Einfach ist ein Vorgang, dessen gesetzmäßiger Ablauf quantitativ, in allen Einzelheiten, mathematisch ohne Schwierigkeiten dargestellt werden kann. Der einfache Vorgang ist also nicht jener, den uns die Natur unmittelbar darbietet; sondern der Physiker muß durch manchmal recht komplizierte Apparate das bunte Gemisch der Phänomene erst trennen, das Wichtige von allem unnötigen Beiwerk reinigen, bis der eine „einfache" Vorgang allein und deutlich hervortritt, so daß man eben von allen Nebenerscheinungen absehen, das heißt, abstrahieren kann. Das ist die eine Form der Abstraktion, und Goethe meint dazu, daß man damit eigentlich schon die Natur selbst vertrieben habe. Er sagt: „Nur begegnen wir der kühnen Behauptung, das sei nun auch noch Natur, wenigstens mit einem stillen Lächeln, einem leisen Kopfschütteln; kommt es doch dem Architekten nicht in den Sinn, seine Paläste für Gebirgslagen und Wälder auszugeben."

Die andere Form der Abstraktion besteht im Gebrauch der Mathematik zur Darstellung der Phänomene. In der Mechanik Newtons hat sich zum erstenmal gezeigt — und das war der Grund für ihren enormen Erfolg —, daß in der mathematischen Beschreibung riesige Erfahrungsbereiche einheitlich zusammengefaßt und damit einfach verstanden werden können. Die Fallgesetze Galileis, die Bewegungen des Mondes um die Erde, die der Planeten um die Sonne, die Schwingungen eines Pendels, die Bahn eines geworfenen Steins, alle diese Erscheinungen konnten aus der einen Grundannahme der Newtonschen Mechanik, aus der Gleichung: Masse × Beschleunigung = Kraft, zusammen mit dem Gravitationsgesetz, mathematisch hergeleitet werden. Die abbildende mathematische Gleichung war also der abstrakte Schlüssel zum einheitlichen Verständnis sehr weiter Naturbereiche; und gegen das Vertrauen in die öffnende Kraft dieses Schlüssels hat Goethe vergeblich angekämpft. In einem Brief an Zelter steht: „Und das ist eben das größte Unheil der neueren Physik, daß man die Experimente gleichsam vom Menschen abgesondert hat und bloß in dem, was künstliche Instrumente zeigen, die Natur erkennen, ja was sie leisten kann, dadurch beschränken und beweisen will. Ebenso ist es mit dem Berechnen. Es ist vieles, was sich nicht berechnen läßt sowie sehr vieles was sich nicht bis zum entschiedenen Experiment bringen läßt."

Hat Goethe die ordnende Kraft, die Erkenntnisleistung der naturwissenschaftlichen Methode, Experiment und Mathematik, wirklich nicht erkannt? Hat er den Gegner unterschätzt, gegen den er in der Farbenlehre und an vielen anderen Stellen so unermüdlich gekämpft hat? Oder hat er diese Kraft nicht erkennen wollen, weil für ihn Werte auf dem Spiel standen, die er nicht zu opfern bereit war? Man wird wohl antworten müssen, daß Goethe diesen abstrakten Weg zum einheitlichen Verständnis nicht beschreiten wollte, weil er ihm zu gefährlich schien.

Die Gefahren, vor denen Goethe sich hier fürchtete, hat er wohl nirgends genau bezeichnet. Aber die berühmteste Gestalt aus Goethes Dichtung, sein Faust, läßt uns ahnen, worum es sich handelt. Faust ist neben vielem anderen auch ein enttäuschter Physiker. Er hat sich in seiner Studierstube mit Apparaten umgeben. Doch er sagt: „Ihr Instrumente freilich spottet mein, mit Rad und Kämmen, Walz und Bügel: Ich stand am Tor, ihr solltet Schlüssel sein; zwar euer Bart ist kraus, doch hebt ihr nicht die Riegel." Die geheimnisvollen Zeichen, die er im Buch des Nostradamus aufsucht, sind vielleicht den Chiffren der Mathematik irgendwie verwandt. Und diese ganze Welt der Chiffren und der Instrumente, jener unersättliche Drang nach immer weiterer, immer tieferer, immer abstrakterer Erkenntnis veranlaßt ihn, den Verzweifelnden, den Pakt mit dem Teufel zu schließen. Der Weg, der aus dem natürlichen Leben heraus in die abstrakte Erkenntnis führt, kann also beim Teufel enden. Das war die Gefahr, die Goethes Haltung der naturwissenschaftlich-technischen Welt gegenüber bestimmte. Goethe spürte die dämonischen Kräfte, die in dieser Entwicklung wirksam werden, und er glaubte, ihnen auszuweichen zu sollen. Aber, so wird man vielleicht antworten müssen, so leicht kann man dem Teufel nicht ausweichen.

Goethe selbst hat schon früh Kompromisse schließen müssen. Der wichtigste war wohl die Zustimmung zum kopernikanischen Weltbild, dessen Überzeugungskraft auch er nicht widerstehen konnte. Aber auch hier wußte Goethe, wieviel dabei geopfert werden muß. Ich zitiere wieder aus der Farbenlehre: „Doch unter allen Entdeckungen und Überzeugungen möchte nichts eine größere Wirkung auf den menschlichen Geist hervorgebracht haben als die Lehre des Kopernikus. Kaum war die Welt als rund anerkannt und in sich selbst abgeschlossen, so sollte sie auf das ungeheure Vorrecht Verzicht tun, der Mittelpunkt des Weltalls zu sein. Vielleicht ist noch nie eine größere Forderung an die Menschheit geschehen; denn was ging nicht alles durch diese Anerkennung in Dunst und Rauch auf, ein zweites Paradies, eine Welt der Unschuld, Dichtkunst und Frömmigkeit, das Zeugnis der Sinne, die Überzeugung eines poetisch-religiösen Glaubens; kein Wunder, daß man dies alles nicht wollte fahren lassen, daß man sich auf alle Weise einer solchen Lehre entgegensetzte, die denjenigen, der sie annahm, zu einer bisher unbekannten, ja ungeahnten Denkfreiheit und Großheit der Gesinnung berechtigte und aufforderte."

Diese Stelle wird man auch allen jenen entgegenhalten müssen, die, um den von Goethe gefürchteten Gefahren zu entgehen, selbst in unserer Zeit versuchen, die Richtigkeit, die Verbindlichkeit der neuzeitlichen Naturwissenschaft in Zweifel zu ziehen. Da wird etwa darauf hingewiesen, daß auch diese Naturwissenschaft ihre Ansichten im Laufe der Zeit ändere oder modifiziere, daß zum Beispiel die Newtonsche Mechanik heute nicht mehr als richtig anerkannt werde und durch die Relativitätstheorie und die Quantentheorie ersetzt worden sei, daß man also allen Grund habe, den Ansprüchen dieser Naturwissenschaft gegenüber skeptisch zu sein. Dieser Einwand beruht aber auf einem Mißverständnis, wie man zum Beispiel gerade an der Frage nach der Stellung der Erde im Planetensystem erkennen kann. Es ist zwar richtig, daß die Einsteinsche Relativitätstheorie die Möglichkeit offenläßt, die Erde als ruhend, die Sonne als um die Erde bewegt anzusehen. Aber dadurch ändert sich gar nichts an der entscheidenden Behauptung der Newtonschen Theorie, daß die Sonne mit ihrer starken Gravitationswirkung die Bahn der Planeten bestimme. Daß man also das Planetensystem nur wirklich verstehen könne, wenn man von der Sonne als Mittelpunkt, als Zentrum der Gravitationskräfte ausgeht. Man kann, das sei hier besonders betont, den Ergebnissen der modernen Naturwissenschaft sicher nicht entgehen, wenn man ihre Methodik zugibt; und ihre Methodik lautet: Beobachtung, die zum Experiment verfeinert wird, und rationale Analyse, die in mathematischer Darstellung ihre präzise Gestalt annimmt. Die Richtigkeit der Ergebnisse kann man nicht ernstlich in Zweifel ziehen, wenn man Experiment und rationale Analyse zuläßt. Man kann ihr aber vielleicht die Wertfrage entgegenstellen: Ist die so gewonnene Erkenntnis wertvoll?

Wenn man diese Frage zunächst nicht im Goetheschen Sinne zu beantworten sucht, sondern, dem Geist unserer Zeit entsprechend, auch ohne viel Skrupel das Nützlichkeitsargument zuläßt, so kann man hier auf die Errungenschaften der modernen Wissenschaft und Technik hinweisen; auf die wirksame Beseitigung mancherlei Mangels, auf die Linderung der Not des Kranken durch die moderne Medizin, auf die Bequemlichkeit des Verkehrs und vieles andere. Sicher hätte Goethe, der ja tätig im Leben stehen wollte, solchen Argumenten viel Verständnis entgegengebracht. Gerade wenn man von der Situation des Menschen in dieser Welt ausgeht, von den Schwierigkeiten, die ihn bedrängen, von den Forderungen, die von anderen an ihn gestellt werden, so wird man die Möglichkeit, hier praktisch und wirksam tätig zu werden, andern helfen zu können und die Lebensverhältnisse allgemein zu bessern, sehr hoch einschätzen. Man braucht bei Goethe nur große Teile der Wanderjahre oder die letzten Abschnitte des Faust nachzulesen, um zu erkennen, wie ernst der Dichter gerade diese Seite unseres Problems genommen hat. Von den verschiedenen Aspekten der technisch-naturwissenschaftlichen Welt war ihm der pragmatische sicher am verständlichsten. Aber Goethe hat auch hier die Furcht nicht loswerden können, daß der Teufel dabei seine Hand im Spiel habe. Im letzten Akt des Faust wird der Erfolg, der Reichtum des tätigen Lebens, mit dem Mord an Philemon und Baucis ins Absurde verkehrt. Aber auch dort, wo die Hand des Teufels nicht so unmittelbar sichtbar wird, bleibt das Geschehen von seiner Wirksamkeit bedroht. Goethe hat erkannt, daß die fortschreitende Umgestaltung der Welt durch die Verbindung von Technik und Naturwissenschaft nicht aufzuhalten war. Er hat es in den Wanderjahren mit Sorge ausgesprochen: „Das überhandnehmende Maschinenwesen quält und ängstigt mich. Es wälzt sich heran wie ein Gewitter, langsam, langsam. Aber es hat seine Richtung genommen, es wird kommen und treffen." Goethe wußte also, was bevorstand, und er hat sich Gedanken darüber gemacht, wie dieses Geschehen auf das Verhalten der Menschen zurückwirken würde. Im Briefwechsel mit Zelter steht: „Reichtum und Schnelligkeit ist, was die Welt bewundert und wonach jeder strebt. Eisenbahn, Schnellpost, Dampfschiffe und alle möglichen Facilitäten der Kommunikation sind es, worauf die gebildete Welt ausgeht, sich zu überbieten, zu überbilden und dadurch in der Mittelmäßigkeit zu verharren. Eigentlich ist es ein Jahrhundert für die fähigen Köpfe, für leicht fassende praktische Menschen, die, mit einer gewissen Gewandtheit ausgestattet, ihre Superiorität über die Menge fühlen, wenn sie gleich selbst nicht zum höchsten begabt sind." Oder auch in den Wanderjahren: „Es ist jetzt die Zeit der Einseitigkeiten; wohl dem, der es begreift, für sich und andere in diesem Sinne wirkt." Goethe hat also ein erhebliches Stück Weges vorausschauen können, und er hat das, was bevorstand, mit größter Sorge betrachtet.

Die moderne Naturwissenschaft vermittelt Erkenntnisse, deren Richtigkeit im ganzen nicht bezweifelt werden kann; und die aus ihr entspringende Technik gestattet, diese Erkenntnisse zur Verwirklichung auch weitgesteckter Ziele einzusetzen. Aber ob der so erreichte Fortschritt wertvoll sei, wird damit überhaupt nicht entschieden. Das entscheidet sich erst mit den Wertvorstellungen, von denen sich die Menschen beim Setzen der Ziele leiten lassen. Diese Wertvorstellungen aber können nicht aus der Wissenschaft selbst kommen; jedenfalls kommen sie einstweilen nicht daher. Der entscheidende Einwand Goethes gegen die seit Newton angewandte Methodik der Naturwissenschaft richtet sich also wohl gegen das Auseinanderfallen der Begriffe „Richtigkeit" und „Wahrheit" in dieser Methodik. Wahrheit war für Goethe vom Wertbegriff nicht zu trennen. Das „unum, bonum, verum", das „Eine, Gute, Wahre", war für ihn wie für die alten Philosophen der einzig mögliche Kompaß, nach dem die Menschheit sich beim Suchen ihres Weges durch die Jahrhunderte richten konnte. Eine Wissenschaft aber, die nur noch richtig ist, in der sich die Begriffe „Richtigkeit" und „Wahrheit" getrennt haben, in der also die göttliche Ordnung nicht mehr von selbst die Richtung bestimmt, ist zu sehr gefährdet, sie ist, um wieder an Goethes Faust zu denken, dem Zugriff des Teufels ausgesetzt. Daher wollte Goethe sie nicht akzeptieren. In einer verdunkelten Welt, die vom Licht dieser Mitte, des unum, bonum, verum nicht mehr erhellt wird, sind, wie Erich Heller es in diesem Zusammenhang einmal ausgedrückt hat, die technischen Fortschritte kaum etwas anderes als verzweifelte Versuche, die Hölle zu einem angenehmeren Aufenthaltsraum zu machen. Das muß besonders jenen gegenüber betont werden, die glauben, mit der Verbreitung der technisch-naturwissenschaftlichen Zivilisation auch auf die entlegensten Gebiete der Erde alle wesentlichen Voraussetzungen für ein goldenes Zeitalter schaffen zu können. So leicht kann man dem Teufel nicht entgehen.

Hat Goethe mit seiner Naturwissenschaft, mit seiner Art, die Natur anzusehen, der in der Nachfolge Newtons entstandenen technisch-naturwissenschaftlichen Welt etwas Wirksames entgegenzusetzen?

Man wird hier noch einmal fragen müssen, was denn eigentlich das Charakteristische dieser Goetheschen Naturbetrachtung sei, wodurch sich seine Art, die Natur anzuschauen, von der Newtons und seiner Nachfolger unterschieden habe. An dieser Stelle wird vor allem hervorgehoben, daß Goethes Naturbetrachtung eben vom Menschen ausgehe, daß in ihr der Mensch und sein unmittelbares Naturerlebnis den Mittelpunkt bilde, von dem aus sich die Erscheinungen in eine sinnvolle Ordnung fügen. Eine solche Formulierung ist zwar richtig, und sie macht den großen Unterschied zwischen der Goetheschen Naturbetrachtung und der Newtonschen besonders deutlich.

Aber sie übersieht doch einen ganz wesentlichen Punkt, daß nämlich nach Goethes Überzeugung dem Menschen in der Natur die göttliche Ordnung sichtbar gegenübertritt. Nicht das Naturerlebnis des einzelnen Menschen, sosehr es ihn als jungen Menschen erfüllt hatte, war dem älteren Goethe wichtig, sondern die göttliche Ordnung, die in diesem Erlebnis erkennbar wird. Es ist für Goethe nicht nur dichterische Metapher, wenn etwa in dem Gedicht „Vermächtnis altpersischen Glaubens" der Gläubige durch den Anblick der über dem Gebirge aufgehenden Sonne dazu bewegt wird, „Gott auf seinem Thron zu erkennen, ihn den Herrn des Lebensquells zu nennen, jenes hohen Anblicks wert zu handeln und in seinem Lichte fortzuwandeln." Diesem Inhalt des Naturerlebnisses muß sich, so glaubt Goethe, auch die wissenschaftliche Methode anpassen, und so ist das Suchen nach dem Urphänomen aufzufassen als das Forschen nach jenen der Erscheinung zugrunde liegenden, von Gott gesetzten Strukturen, die nicht nur mit dem Verstande konstruiert, sondern unmittelbar geschaut, erlebt, empfunden werden können.

„Ein Urphänomen", erklärt Goethe, „ist nicht einem Grundsatz gleichzusetzen, aus dem sich mannigfaltige Folgen ergeben, sondern anzusehen als eine Grunderscheinung, innerhalb derer das Mannigfaltige anzuschauen ist. Schauen, wissen, ahnen, glauben und wie die Fühlhörner alle heißen, mit denen der Mensch ins Universum tastet, müssen denn doch eigentlich zusammenwirken, wenn wir unseren wichtigen, obgleich schweren Beruf erfüllen wollen." Goethe empfindet sehr deutlich, daß die Grundstrukturen von einer solchen Art sein müssen, daß nicht mehr entschieden werden kann, ob sie der als objektiv gedachten Welt oder der menschlichen Seele zugehören, da sie für beide die Voraussetzung bilden. So hofft er, daß sie auch im „Schauen, Wissen, Ahnen, Glauben" wirksam werden. Aber, so müssen wir fragen, woher wissen wir oder woher weiß Goethe, daß die eigentlichen, die tiefsten Zusammenhänge so unmittelbar sichtbar werden können, daß sie so offen zutage liegen? Mag es nicht sein, daß gerade das, was Goethe als die göttliche Ordnung der Naturerscheinung empfindet, erst in der höheren Abstraktionsstufe in voller Klarheit vor uns steht? Kann an dieser Stelle nicht vielleicht die moderne Naturwissenschaft Antworten geben, die doch allen Goetheschen Wertforderungen standhalten können?

„Daß ich erkenne, was die Welt im Innersten zusammenhält, schau alle Wirkungskraft und Samen und tu' nicht mehr in Worten kramen", so hatte die Forderung gelautet. Auf dem Wege dorthin war Goethe in seinen Naturbetrachtungen zum Urphänomen, in seiner Morphologie der Pflanzen zur Urpflanze gekommen. Aber obwohl dieses Urphänomen nicht ein Grundsatz sein soll, aus dem man die verschiedenartigen Phänomene herzuleiten hätte, sondern eine Grunderscheinung, innerhalb deren das Mannigfache anzuschauen ist, so hat doch Schiller in jener ersten berühmten Begegnung in Jena, die im Jahre 1794 die Freundschaft mit Goethe begründete, dem Dichter klargemacht, daß sein Urphänomen eigentlich nicht eine Erscheinung, sondern eine Idee sei; eine Idee im Sinne der Philosophie Platos, wollen wir hinzufügen, und wir würden in unserer Zeit, da das Wort „Idee" eine etwas zu subjektive Färbung erhalten hat, vielleicht eher das Wort „Struktur" als „Idee" an diese Stelle setzen. Die Urpflanze ist die Urform, die Grundstruktur, das gestaltende Prinzip der Pflanze, das man freilich nicht nur mit dem Verstand konstruieren, sondern dessen man im Anschauen unmittelbar gewiß werden kann. Der Unterschied, auf den Goethe hier so großen Wert legt, zwischen dem unmittelbaren Anschauen und der nur rationalen Ableitung entspricht wohl ziemlich genau dem Unterschied der beiden Erkenntnisarten „Episteme" und „Dianoia" in der platonischen Philosophie. Episteme ist eben dieses unmittelbare Gewißwerden, auf dem man ruhen kann, hinter dem man nichts weiter zu suchen braucht. Dianoia ist das Durchanalysierenkönnen, das Ergebnis des logischen Ableitens. Auch bei

Plato wird deutlich, daß nur die erste Art der Erkenntnis, die Episteme, die Verbindung mit dem Eigentlichen, dem Wesentlichen, mit der Welt der Werte vermittelt, während die Dianoia zwar Erkenntnis schafft, aber eben nur wertfreie Erkenntnis. Was Schiller auf dem Heimweg vom gemeinsam gehörten naturwissenschaftlichen Vortrag Goethe zu erklären suchte, war nun freilich nicht platonische, sondern Kantsche Philosophie. Hier hat das Wort „Idee" eine etwas andere, eine etwas mehr subjektive Bedeutung; und jedenfalls ist die Idee eben von der Erscheinung scharf geschieden, so daß Schillers Behauptung, die Urpflanze sei eine Idee, Goethe zutiefst beunruhigte. Er antwortete: „Das kann mir sehr lieb sein, daß ich Ideen habe, ohne es zu wissen, und sie sogar mit den Augen sehe." In der sich anschließenden Diskussion, in der, wie Goethe berichtete, viel gekämpft wurde, erwiderte Schiller: „Wie kann jemals Erfahrung gegeben werden, die einer Idee angemessen sein sollte; denn darin besteht eben das Eigentümliche der letzteren, daß ihr niemals eine Erfahrung kongruieren könne." Im Lichte der platonischen Philosophie aber handelt es sich bei dieser Diskussion wohl nicht so sehr um einen Streit über das, was eine Idee sei, sondern über das Erkenntnisorgan, mit dem sich uns die Idee erschließt. Wenn Goethe die Ideen mit den Augen sehen kann, so sind das eben andere Augen als die, von denen heute gewöhnlich die Rede ist. Jedenfalls könnte man die Augen an dieser Stelle nicht durch ein Mikroskop oder eine photographische Platte ersetzen. Aber wie auch immer man in diesem Streit entscheiden mag, die Urpflanze ist also eine Idee, und sie bewährt sich als solche, indem man mit ihr, mit dieser Grundstruktur als Schlüssel, wie Goethe sagt, Pflanzen ins Unendliche erfinden kann. Man hat mit ihr also den Bau der Pflanze verstanden; und „verstehen" heißt: auf ein einfaches, einheitliches Prinzip zurückführen.

Wie sieht das nun in der modernen Biologie aus? Auch hier gibt es eine Grundstruktur, die nicht nur die Gestalt aller Pflanzen, sondern aller Lebewesen überhaupt bestimmt. Es ist ein unsichtbar kleines Objekt, ein Fadenmolekül, nämlich die berühmte Doppelkette der Nukleinsäure, deren Struktur vor etwa 15 Jahren von Crick und Watson in den Vereinigten Staaten von Amerika aufgeklärt worden ist und die das ganze Erbgut der betreffenden Lebewesen trägt. Wir können auf Grund zahlreicher Erfahrungen der modernen Biologie nicht mehr daran zweifeln, daß eben von diesem Fadenmolekül die Struktur des Lebewesens bestimmt wird, daß von ihm gewissermaßen die ganze Gestaltungskraft ausgeht, die den Bau des Organismus festlegt.

Kann nun die Doppelkette der Nukleinsäure der Goetheschen Urpflanze irgendwie verglichen werden? Es handelt sich ja in beiden Fällen um das Verständnis der gestaltenden, formgebenden Kräfte in der belebten Natur, um ihre Zurückführung auf etwas Einfaches, allen lebendigen Gestalten Gemeinsames. Das eben leistet das Urgebilde der heutigen Molekularbiologie, das noch etwas zu primitiv ist, um schon ein Urlebewesen genannt zu werden.

Dieses Urgebilde hat auch dies mit der Goetheschen Urpflanze gemeinsam, daß es nicht nur eine Grundstruktur, eine Idee, eine Vorstellung, eine formgebende

Kraft, sondern auch ein Objekt, eine Erscheinung ist, wenn es gleich nicht mit unseren gewöhnlichen Augen gesehen, sondern nur indirekt erschlossen werden kann. Es kann mit hochauflösenden Mikroskopen und mit dem Mittel der rationalen Analyse erkannt werden, ist also durchaus wirklich und nicht etwa nur ein Gedankengebilde. Insofern genügt es fast allen von Goethe an das Urphänomen gestellten Forderungen. Ob wir es allerdings im Goetheschen Sinne „schauen, fühlen, ahnen" können, in anderen Worten, ob es zum Gegenstand der „Episteme", der reinen Erkenntnis in der Formulierung Platos werden kann, das mag zweifelhaft scheinen. Normalerweise wird das biologische Urgebilde jedenfalls nicht so gesehen. Man könnte sich nur vorstellen, daß es vielleicht den Entdeckern zum ersten Male so erschienen ist.

Wenn man also nach dem Verhältnis von Richtigkeit und Wahrheit in der modernen Naturwissenschaft fragt, so wird man zwar auf ihrer pragmatischen Seite nur die völlige Trennung der beiden Begriffe konstatieren müssen, man wird aber dort, wo es sich, wie in der Biologie, um das Erkennen ganz großer Zusammenhänge handelt, die in der Natur von Anfang an vorhanden und nicht etwa von Menschen gemacht sind, eine gewisse Annäherung feststellen können. Denn die ganz großen Zusammenhänge werden in den Grundstrukturen, in den so sich manifestierenden platonischen Ideen sichtbar, und diese Ideen können, da sie von der dahinterliegenden Gesamtordnung Kunde geben, vielleicht auch von anderen Bereichen der menschlichen Psyche als nur von der Ratio aufgenommen werden, von Bereichen, die eben selbst wieder in unmittelbarer Beziehung zu jener Gesamtordnung und damit auch zur Welt der Werte stehen.

Das wird besonders deutlich, wenn man zu den ganz allgemeinen Gesetzmäßigkeiten übergeht, die auf die Gebiete Biologie, Chemie, Physik übergreifen und die erst in den letzten Jahrzehnten im Zusammenhang mit der Physik der Elementarteilchen erkennbar geworden sind. Hier handelt es sich also um Grundstrukturen der Natur oder der Welt im ganzen, die noch tiefer liegen als die der Biologie und die deshalb noch abstrakter, noch weniger unseren Sinnen unmittelbar zugänglich sind als jene. Sie sind im gleichen Maß aber auch noch einfacher, da sie nur noch das Allgemeine, gar nicht mehr das Besondere darzustellen haben. Während das Urgebilde der Biologie nicht nur den lebendigen Organismus an sich repräsentieren, sondern — durch die verschiedenen möglichen Anordnungen einiger weniger chemischer Gruppen auf der Kette — auch die unzähligen verschiedenen Organismen unterscheiden muß, brauchen die Grundstrukturen der gesamten Natur nur noch die Existenz ebendieser Natur darzustellen. In der modernen Physik wird dieser Gedanke in folgender Weise verwirklicht: Es wird in mathematischer Sprache ein grundlegendes Naturgesetz formuliert, eine „Weltformel", wie es gelegentlich genannt wurde, dem alle Naturerscheinungen genügen müssen, das also gewissermaßen nur die Möglichkeit, die Existenz der Natur symbolisiert. Die einfachsten Lösungen dieser mathematischen Gleichung repräsentieren die verschiedenen Elementarteilchen, die genau in demselben Sinne Grundformen der Natur sind, wie

Plato die regulären Körper der Mathematik, Würfel, Tetraeder usw., als die Grundformen der Natur aufgefaßt hat. Auch sie sind, um wieder zu dem Streitgespräch zwischen Schiller und Goethe zurückzukehren, so wie Goethes Urpflanze „Ideen", auch wenn sie nicht mit gewöhnlichen Augen gesehen werden können. Ob sie im Goetheschen Sinne angeschaut werden können, das hängt wohl einfach davon ab, mit welchen Erkenntnisorganen wir der Natur gegenübertreten. Daß diese Grundstrukturen unmittelbar mit der großen Ordnung der Welt im ganzen zusammenhängen, kann wohl kaum bestritten werden. Es bleibt aber uns überlassen, ob wir nur den einen engen, rational faßbaren Ausschnitt aus diesem großen Zusammenhang ergreifen wollen.

Werfen wir noch einmal den Blick zurück auf die historische Entwicklung. Die Naturwissenschaft hat den Schritt in die Abstraktion getan, hat die riesige Weite der modernen Technik gewonnen.

Gleichzeitig sind die Gefahren so bedrohlich geworden, wie Goethe es vorausgesehen hat. Wir denken etwa an die Entseelung, die Entpersönlichung der Arbeit, an das Absurde der modernen Waffen oder an die Flucht in den Wahn, der die Form einer politischen Bewegung angenommen hatte. Der Teufel ist ein mächtiger Herr. Aber der lichte Bereich, den Goethe überall durch die Natur hindurch erkennen konnte, ist auch in der modernen Naturwissenschaft sichtbar geworden, dort wo sie von der großen einheitlichen Ordnung der Welt Kunde gibt. Wir werden von Goethe auch heute noch lernen können, daß wir nicht zugunsten des einen Organs, der rationalen Analyse, alle anderen verkümmern lassen dürfen; daß es vielmehr darauf ankommt, mit allen Organen, die uns gegeben sind, die Wirklichkeit zu ergreifen und sich darauf zu verlassen, daß diese Wirklichkeit dann auch das Wesentliche, das „Eine, Gute, Wahre" spiegelt.

FRIEDRICH SCHILLER
Die Größe der Welt

Die der schaffende Geist einst aus dem Chaos schlug,
Durch die schwebende Welt flieg' ich des Windes Flug,
Bis am Strande
Ihrer Wogen ich lande,
Anker werf', wo kein Hauch mehr weht
Und der Markstein der Schöpfung steht.

Sterne sah ich bereits jugendlich auferstehn,
Tausendjährigen Gangs durchs Firmament zu gehn,
Sah sie spielen
Nach den lockenden Zielen;
Irrend suchte mein Blick umher,
Sah die Räume schon — sternenleer.

Anzufeuern den Flug weiter zum Reich des Nichts,
Steur' ich mutiger fort, nehme den Flug des Lichts,
Neblicht trüber
Himmel an mir vorüber,
Weltsysteme, Fluten im Bach,
Strudeln dem Sonnenwanderer nach.

Sieh, den einsamen Pfad wandelt ein Pilger mir
Rasch entgegen —: „Halt an! Waller, was suchst du hier?"
„Zum Gestade
Seiner Welt meine Pfade!
Segle hin, wo kein Hauch mehr weht
Und der Markstein der Schöpfung steht."

„Steh! du segelst umsonst — vor dir Unendlichkeit!"
„Steh! du segelst umsonst — Pilger, auch hinter mir!
Senke nieder,
Adlergedank', dein Gefieder!
Kühne Seglerin, Phantasie,
Wirf ein mutloses Anker hie!"

FRIEDRICH SCHILLER
Über Egmont, Trauerspiel von Goethe

Entweder es sind außerordentliche Handlungen und Situationen, oder es sind Leidenschaften, oder es sind Charaktere, die dem tragischen Dichter zum Stoff dienen; und wenngleich oft alle diese drei, als Ursach und Wirkung, in einem Stücke sich beisammen finden, so ist doch immer das eine oder andere vorzugsweise der letzte Zweck der Schilderung gewesen. Ist die Begebenheit oder Situation das Hauptaugenmerk des Dichters, so braucht er sich nur insofern in die Leidenschafts- und Charakterschilderung einzulassen, als er jene durch diese herbeiführt. Ist hingegen die Leidenschaft sein Hauptzweck, so ist ihm oft die unscheinbarste Handlung schon genug, wenn sie jene nur ins Spiel setzt. Ein am unrechten Orte gefundenes Schnupftuch veranlaßt eine Meisterszene im Mohren von Venedig. Ist endlich der Charakter sein vorzüglicheres Augenmerk, so ist er in der Wahl und Verknüpfung der Begebenheiten noch viel weniger gebunden, und die ausführliche Darstellung des ganzen Menschen verbietet ihm sogar, einer Leidenschaft zu viel Raum zu geben. Die alten Tragiker haben sich beinahe einzig auf Situationen und Leidenschaften eingeschränkt. Darum findet man bei ihnen auch nur wenig Individualität, Ausführlichkeit und Schärfe der Charakteristik. Erst in neuern Zeiten, und in diesen erst seit Shakespeare, wurde die Tragödie mit der dritten Gattung bereichert; er war der erste, der in seinem ›Macbeth‹, ›Richard III.‹ usw. ganze Menschen und Menschenleben auf die Bühne brachte, und in Deutschland gab uns der Verfasser des ›Götz von Berlichingen‹ das erste Muster in dieser Gattung. Es ist hier nicht der Ort zu untersuchen, wie viel oder wie wenig sich diese neue Gattung mit dem letzten Zwecke der Tragödie, Furcht und Mitleid zu erregen, verträgt; genug, sie ist einmal vorhanden, und ihre Regeln sind bestimmt.

Zu dieser letzten Gattung nun gehört das vorliegende Stück, und es ist leicht einzusehen, inwiefern die vorangeschickte Erinnerung mit demselben zusammenhängt. Hier ist keine hervorstechende Begebenheit, keine vorwaltende Leidenschaft, keine Verwicklung, kein dramatischer Plan, nichts von dem allem; eine bloße Aneinanderstellung mehrerer einzelner Handlungen und Gemälde, die beinahe durch nichts als durch den Charakter zusammengehalten werden, der an allem Anteil nimmt, und auf den sich alle beziehen. Die Einheit dieses Stücks liegt also weder in den Situationen, noch in irgendeiner Leidenschaft, sondern sie liegt in dem Menschen. Egmonts wahre Geschichte konnte dem Verfasser auch nicht viel Mehreres liefern. Seine Gefangennehmung und Verurteilung hat nichts Außerordentliches, und sie selbst ist auch nicht die Folge irgendeiner einzelnen interessanten Handlung, sondern vieler kleinern, die der Dichter alle nicht brauchen konnte, wie er sie fand, die er mit der Katastrophe auch nicht so genau zusammenknüpfen konnte, daß sie eine dramatische Handlung mit ihr ausmachten. Wollte er also diesen Gegenstand in einem Trauerspiel behandeln, so hatte er die Wahl, entweder eine ganz neue

266 Handlung zu dieser Katastrophe zu erfinden, diesem Charakter, den er in der Geschichte vorfand, irgendeine herrschende Leidenschaft unterzulegen oder ganz und gar auf diese zwei Gattungen der Tragödie Verzicht zu tun und den Charakter selbst, von dem er hingerissen war, zu seinem eigentlichen Vorwurf zu machen. Und dieses letztere, das schwerere unstreitig, hat er vorgezogen, weniger vermutlich aus zu großer Achtung für die historische Wahrheit, als weil er die Armut seines Stoffs durch den Reichtum seines Genies ersetzen zu können fühlte.

In diesem Trauerspiel — oder Rec. müßte sich ganz in dem Gesichtspunkte geirrt haben — wird ein Charakter aufgeführt, der in einem bedenklichen Zeitlauf, umgeben von den Schlingen einer arglistigen Politik, in nichts als sein Verdienst eingehüllt, voll übertriebenen Vertrauens zu seiner gerechten Sache, die es aber nur für ihn allein ist, gefährlich wie ein Nachtwandler auf jäher Dachspitze wandelt. Diese übergroße Zuversicht, von deren Ungrund wir unterrichtet werden, und der unglückliche Ausschlag derselben sollen uns Furcht und Mitleiden einflößen oder uns tragisch rühren — und diese Wirkung wird erreicht.

In der Geschichte ist Egmont kein großer Charakter, er ist es auch in dem Trauerspiel nicht. Hier ist er ein wohlwollender, heiterer und offener Mensch, Freund mit der ganzen Welt, voll leichtsinnigen Vertrauens zu sich selbst und zu den andern, frei und kühn, als ob ihm die Welt gehörte, brav und unerschrocken, wo es gilt, dabei großmütig, liebenswürdig und sanft, im Charakter der schöneren Ritterzeit, prächtig und etwas Prahler, sinnlich und verliebt, ein fröhliches Weltkind — alle diese Eigenschaften in eine lebendige, menschliche, durchaus wahre und individuelle Schilderung verschmolzen, die der verschönernden Kunst nichts, auch gar nichts zu danken hat. Egmont ist ein Held, aber auch ganz nur ein flämischer Held, ein Held des sechzehnten Jahrhunderts; Patriot, jedoch ohne sich durch das allgemeine Elend in seinen Freuden stören zu lassen; Liebhaber, ohne darum weniger Essen und Trinken zu lieben. Er hat Ehrgeiz, er strebt nach einem großen Ziele; aber das hält ihn nicht ab, jede Blume aufzulesen, die er auf seinem Wege findet, hindert ihn nicht, des Nachts zu seinem Liebchen zu schleichen, das kostet ihm keine schlaflosen Nächte. Tolldreist wagt er bei St. Quentin und Gravelingen sein Leben, aber er möchte weinen, wenn er von dieser freundlichen, süßen Gewohnheit des Daseins und Wirkens scheiden soll. „Leb' ich nur", so schildert er sich selbst, „um aufs Leben zu denken? Soll ich den gegenwärtigen Augenblick nicht genießen, damit ich des folgenden gewiß sei? Und diesen wieder mit Sorgen und Grillen verzehren? — Wir haben die und jene Torheit in einem lustigen Augenblick empfangen und geboren, sind schuld, daß eine ganze edle Schar mit Bettelsäcken und mit einem selbstgewählten Unnamen dem König seine Pflicht mit spottender Demut ins Gedächtnis rief, sind schuld — was ist's nun weiter? Ist ein Fastnachtsspiel gleich Hochverrat? Sind uns die kurzen bunten Lumpen zu mißgönnen, die ein jugendlicher Mut um unsers Lebens arme Blöße hängen mag? Wenn ihr das Leben gar zu ernsthaft nehmt, was ist denn dran? Scheint mir die Sonne heut, um das zu überlegen, was gestern war?" — Durch seine schöne Humanität, nicht durch Außerordentlichkeit, soll dieser

Charakter uns rühren; wir sollen ihn lieb gewinnen, nicht über ihn erstaunen. Diesem Letztern scheint der Dichter so sorgfältig aus dem Wege gegangen zu sein, daß er ihm eine Menschlichkeit über die andere beilegt, um ja seinen Helden zu uns herabzuziehen; — daß er ihm endlich nicht einmal so viel Größe und Ernst mehr übrig läßt, als unserer Meinung nach unumgänglich erfordert wird, diesen Menschlichkeiten selbst das höchste Interesse zu verschaffen. Wahr ist es, solche Züge menschlicher Schwachheit ziehen oft unwiderstehlich an — in seinem Heldengemälde, wo sie mit großen Handlungen in schöner Mischung zerfließen. Heinrich IV. von Frankreich kann uns nach dem glänzendsten Siege nicht interessanter sein, als auf einer nächtlichen Wanderung zu seiner Gabriele; aber durch welche strahlende Tat, durch was für gründliche Verdienste hat sich Egmont bei uns das Recht auf eine ähnliche Teilnahme und Nachsicht erworben? Zwar heißt es, diese Verdienste werden als schon geschehen vorausgesetzt, sie leben im Gedächtnis der ganzen Nation, und alles, was er spricht, atmet den Willen und die Fähigkeit, sie zu erwerben. Richtig! Aber das ist eben das Unglück, daß wir seine Verdienste vom Hörensagen wissen und auf Treu und Glauben anzunehmen gezwungen werden, — seine Schwachheiten hingegen mit unsern Augen sehen. Alles weiset auf diesen Egmont hin, als auf die letzte Stütze der Nation, und was tut er eigentlich Großes, um dieses ehrenvolle Vertrauen zu verdienen? (denn folgende Stelle darf man doch wohl nicht dagegen anführen? „Die Leute", sagt Egmont, „erhalten sie (die Liebe) auch meist allein, die nicht danach jagen. Klärchen: Hast du diese stolze Anmerkung über dich selbst gemacht, du, den alles Volk liebt? Egmont: Hätte ich nur etwas für sie getan! Es ist ihr guter Wille, mich zu lieben.") Ein großer Mann soll er nicht sein, aber auch erschlaffen soll er nicht; eine relative Größe, einen gewissen Ernst verlangen wir mit Recht von jedem Helden eines Stückes, wir verlangen, daß er über dem Kleinen nicht das Große hintansetze, daß er die Zeiten nicht verwechsle. Wer wird z. B. folgendes billigen? Oranien ist eben von ihm gegangen; Oranien, der ihn mit allen Gründen der Vernunft auf sein nahes Verderben hingewiesen, der ihn, wie uns Egmont selbst gesteht, durch diese Gründe erschüttert hat. „Dieser Mann", sagt er, „trägt seine Sorglichkeit in mich herüber; — weg — das ist ein fremder Tropfen in meinem Blute. Gute Natur, wirf ihn wieder heraus. Und von meiner Stirne die sinnenden Runzeln wegzubaden, gibt es ja wohl noch ein freundlich Mittel." Dieses freundliche Mittel nun — wer es noch nicht weiß — ist kein anderes, als ein Besuch beim Liebchen! Nach einer so ernsten Aufforderung keinen andern Gedanken, als nach Zerstreuung? Nein, guter Graf Egmont! Runzeln, wo sie hingehören! und freundliche Mittel, wo sie hingehören! Wenn es euch zu beschwerlich ist, euch eurer eignen Rettung anzunehmen, so mögt ihr's haben, wenn sich die Schlinge über euch zusammenzieht. Wir sind nicht gewohnt, unser Mitleid zu verschenken. Hätte also die Einmischung dieser Liebesangelegenheit dem Interesse wirklich Schaden getan, so wäre dieses doppelt zu beklagen, da der Dichter noch obendrein der historischen Wahrheit Gewalt antun mußte, um sie hervorzubringen. In der Geschichte nämlich war Egmont verheiratet und hinterließ neun (andere sagen elf) Kinder, als er starb. Diesen Umstand konnte der Dichter wissen und nicht wissen, wie es sein Interesse mit sich brachte; aber er hätte ihn nicht vernachlässigen sollen, sobald er Handlungen, welche natürliche Folgen davon waren, in sein Trauerspiel aufnahm. Der wahre Egmont hatte durch eine prächtige Lebensart sein Vermögen äußerst in Unordnung gebracht und brauchte also den König, wodurch seine Schritte in der Republik sehr gebunden wurden. Besonders aber war es seine Familie, was ihn auf eine so unglückliche Art in Brüssel zurückhielt, da fast alle seine übrigen Freunde sich durch die Flucht retteten. Seine Entfernung aus dem Lande hätte ihm nicht bloß die reichen Einkünfte von zwei Statthalterschaften gekostet; sie hätte ihn auch zugleich um den Besitz aller seiner Güter gebracht, die in den Staaten des Königs lagen und sogleich dem Fiskus anheimgefallen sein würden. Aber weder er selbst, noch seine Gemahlin, eine Herzogin von Bayern, waren gewohnt, Mangel zu ertragen; auch seine Kinder waren nicht dazu erzogen. Diese Gründe setzte er selbst bei mehreren Gelegenheiten dem Prinzen von Oranien, der ihn zur Flucht bereden wollte, auf eine rührende Art entgegen; diese Gründe waren es, die ihn so geneigt machten, sich an dem schwächsten Aste von Hoffnung zu halten und sein Verhältnis zum König von der besten Seite zu nehmen. Wie zusammenhängend, wie menschlich wird nunmehr sein ganzes Verhalten! Er wird nicht mehr das Opfer einer blinden, törichten Zuversicht, sondern der übertrieben ängstlichen Zärtlichkeit für die Seinigen. Weil er zu fein und zu edel denkt, um einer Familie, die er über alles liebt, ein hartes Opfer zuzumuten, stürzt er sich selbst ins Verderben. Und nun der Egmont im Trauerspiel! — Indem der Dichter ihm Gemahlin und Kinder nimmt, zerstört er den ganzen Zusammenhang seines Verhaltens. Er ist ganz gezwungen, dieses unglückliche Bleiben aus einem leichtsinnigen Selbstvertrauen entspringen zu lassen, und verringert dadurch gar sehr unsre Achtung für den Verstand seines Helden, ohne ihm diesen Verlust von Seiten des Herzens zu ersetzen. Im Gegenteil — er bringt uns um das rührende Bild eines Vaters, eines liebenden Gemahls — um uns einen Liebhaber von ganz gewöhnlichem Schlag dafür zu geben, der die Ruhe eines liebenswürdigen Mädchens, das ihn nie besitzen und noch weniger seinen Verlust überleben wird, zugrunde richtet, dessen Herz er nicht einmal besitzen kann, ohne eine Liebe, die glücklich hätte werden können, vorher zu zerstören, der also, mit dem besten Herzen zwar, zwei Geschöpfe unglücklich macht, um die sinnenden Runzeln von seiner Stirne wegzubaden. Und alles dieses kann er noch außerdem erst nur auf Unkosten der historischen Wahrheit möglich machen, die der dramatische Dichter allerdings hintansetzen darf, um das Interesse seines Gegenstandes zu erheben, aber nicht, um es zu schwächen. Wie teuer läßt er uns alle diese Episode bezahlen, die, an sich betrachtet, gewiß eines der schönsten Gemälde ist, die in einer größern Komposition, wo sie von verhältnismäßig großen Handlungen aufgewogen würde, von der höchsten Wirkung würde gewesen sein.

Egmonts tragische Katastrophe fließt aus seinem politischen Leben, aus seinem Verhältnis zu der Nation und zu der Regierung. Eine Darstellung des damaligen politisch bürgerlichen Zustandes der Niederlande mußte daher seiner Schilderung zum Grund liegen oder vielmehr selbst einen Teil der dramatischen Handlung mit ausmachen. Betrachtet man nun, wie wenig sich Staatsaktionen überhaupt dramatisch behandeln lassen, und was für Kunst dazu gehöre, so viele zerstreute Züge in ein faßliches, lebendiges Bild zusammenzutragen, und das Allgemeine wieder im Individuellen anschaulich zu machen, wie z. B. Shakespeare in seinem Julius Cäsar getan hat; betrachtet man ferner das Eigentümliche der Niederlande, die nicht eine Nation, sondern ein Aggregat mehrerer kleinen sind, die unter sich aufs schärfste kontrastieren, so daß es unendlich leichter war, uns nach Rom als nach Brüssel zu versetzen; betrachtet man endlich, wie unzählig viele kleine Dinge zusammenwirkten, um den Geist jener Zeit und jenen politischen Zustand der Niederlande hervorzubringen; so wird man nicht aufhören können, das schöpferische Genie zu bewundern, das alle diese Schwierigkeiten besiegt und uns mit einer Kunst, die nur von derjenigen erreicht wird, womit es uns selbst in zwei andern Stücken in die Ritterzeiten Deutschlands und nach Griechenland versetzte, nun auch in diese Welt gezaubert hat. Nicht genug, daß wir diese Menschen vor uns leben und wirken sehen, wir wohnen unter ihnen, wir sind alte Bekannte von ihnen. Auf der einen Seite die fröhliche Geselligkeit, die Gastfreundlichkeit, die Redseligkeit, die Großtuerei dieses Volkes, der republikanische Geist, der bei der geringsten Neuerung aufwallt und sich fast ebenso schnell auf die seichtesten Gründe wieder gibt; auf der andern die Lasten, unter denen es seufzt, von den neuen Bischofsmützen an bis auf die französischen Psalmen, die es nicht singen soll — nichts ist vergessen, nichts ohne die höchste Natur und Wahrheit herbeigeführt. Wir sehen hier nicht bloß den gemeinen Haufen, der sich überall gleich ist, wir erkennen darin den Niederländer, und zwar den Niederländer dieses und keines andern Jahrhunderts; in diesem unterscheiden wir noch den Brüsseler, den Holländer, den Friesen, und selbst unter diesen noch den Wohlhabenden und den Bettler, den Zimmermeister und den Schneider. So etwas läßt sich nicht wollen, nicht erzwingen durch Kunst. — Das kann nur der Dichter, der von seinem Gegenstand ganz durchdrungen ist. Diese Züge entwischen ihm, wie sie demjenigen, den er dadurch schildert, entwischen, ohne daß er es will oder gewahr wird; ein Beiwort, ein Komma zeichnet einen Charakter...

Die wenigen Szenen, wo sich die Bürger von Brüssel unterreden, scheinen uns das Resultat eines tiefen Studiums jener Zeiten und jenes Volks zu sein, und schwerlich findet man in so wenigen Worten ein schöneres historisches Denkmal für jene Geschichte.

Mit nicht geringerer Wahrheit ist derjenige Teil des Gemäldes behandelt, der uns von dem Geiste der Regierung und den Anstalten des Königs zu Unterdrückung des niederländischen Volkes unterrichtet. Milder und menschlicher ist doch hier alles, und sehr veredelt ist besonders der Charakter der Herzogin von Parma. „Ich weiß, daß einer ein ehrlicher und verständiger Mann sein kann, wenn er gleich den nächsten und besten Wege zum Heil seiner Seele verfehlt hat", konnte eine Zöglingin des Ignatius Loyola wohl nicht sagen.

Besonders gut verstand es der Dichter, durch eine gewisse Weiblichkeit, die er aus ihrem sonst männlichen Charakter sehr glücklich hervorscheinen läßt, dessen Exposition er ihr anvertrauen mußte, mit Licht und Wärme zu beseelen und ihm eine gewisse Individualität und Lebendigkeit zu geben. Vor seinem Herzog von Alba zittern wir, ohne uns mit Abscheu von ihm wegzukehren; es ist ein fester, starrer, unzugänglicher Charakter, „ein eherner Turm ohne Pforte, wozu die Besatzung Flügel haben muß." Die kluge Vorsicht, womit er die Anstalten zu Egmonts Verhaftung trifft, ersetzt ihm an unserer Bewunderung, was ihm an unserm Wohlwollen abgeht. Die Art, wie er uns in seine innerste Seele hineinführt und uns auf den Ausgang seines Unternehmens spannt, macht uns auf einen Augenblick zu Teilhabern desselben; wir interessieren uns dafür, als gält' es etwas, das uns lieb ist.

Meisterhaft erfunden und ausgeführt ist die Szene Egmonts mit dem jungen Alba im Gefängnis, und sie gehört dem Verfasser ganz allein. Was kann rührender sein, als wenn ihm dieser Sohn seines Mörders die Achtung bekennt, die er längst im Stillen gegen ihn getragen. „Dein Name war's, der mir in meiner ersten Jugend gleich einem Stern des Himmels entgegenleuchtete. Wie oft hab' ich nach dir gehorcht, gefragt! Des Kindes Hoffnung ist der Jüngling, des Jünglings der Mann. So bist du vor mir hergeschritten, immer vor, ohne Neid sah ich dich vor, und schritt dir nach und fort und fort. Nun hofft' ich endlich dich zu sehen und sah dich und mein Herz flog dir entgegen. Nun hofft' ich erst mit dir zu sein, mit dir zu leben, dich zu fassen, dich — das ist nun alles weggeschnitten, und ich sehe dich hier!" — Und wenn ihm Egmont darauf antwortet: „War dir mein Leben ein Spiegel, in welchem du dich gern betrachtetest, so sei es auch mein Tod. Die Menschen sind nicht bloß zusammen, wenn sie beisammen sind; auch der Entfernte, der Abgeschiedene lebt uns. Ich lebe dir und habe mir genug gelebt. Eines jeden Tages habe ich mich gefreuet" usw. — Die übrigen Charaktere im Stück sind mit Wenigem treffend gezeichnet; eine einzige Szene schildert uns den schlauen, wortkargen, alles verknüpfenden und alles fürchtenden Oranien. Alba sowohl als Egmont malen sich in den Menschen, die ihnen nahe sind; diese Schilderungsart ist vortrefflich. Um alles Licht auf den einzigen Egmont zu versammeln, hat der Dichter ihn ganz isoliert, darum auch der Graf von Hoorn, der ein Schicksal mit ihm hatte, weggeblieben ist. Ein ganz neuer Charakter ist Brackenburg, Klärchens Liebhaber, den Egmont verdrängt hat. Dieses Gemälde des melancholischen Temperaments mit leidenschaftlicher Liebe wäre einer eigenen Auseinandersetzung wert. Klärchen, die ihn für Egmont aufgegeben, hat Gift genommen und geht ab, nachdem sie ihm den Rest zurückgelassen. Er sieht sich allein. Wie schrecklich schön ist diese Schilderung ...

Klärchen selbst ist unnachahmlich schön und wahr gezeichnet. Auch im höchsten Adel ihrer Unschuld noch das gemeine Bürgermädchen und ein niederländisches Mädchen — durch nichts veredelt als durch ihre Liebe, reizend im Zustand der Ruhe, hinreißend und herrlich im Zustand des Affekts. Aber wer zweifelt, daß der Verfasser in einer Manier unübertrefflich sei, worin er sein eigenes Muster ist!

Je höher die Illusion in dem Stücke getrieben ist, desto unbegreiflicher wird man es finden, daß der Verfasser selbst sie mutwillig zerstört. Egmont hat alle seine Angelegenheiten berichtigt und schlummert endlich, von Müdigkeit überwältigt, ein. Eine Musik läßt sich hören, und hinter seinem Lager scheint sich die Mauer aufzutun; eine glänzende Erscheinung, die Freiheit, in Klärchens Gestalt, zeigt sich in einer Wolke. — Kurz, mitten aus der wahrsten und rührendsten Situation werden wir durch einen Salto mortale in eine Opernwelt versetzt, um einen Traum — zu sehen. Lächerlich würde es sein, dem Verfasser dartun zu wollen, wie sehr dadurch unserem Gefühle Gewalt angetan werde; das hat er so gut und besser gewußt, als wir; aber ihm schien die Idee, Klärchen und die Freiheit, Egmonts beide herrschende Gefühle, in Egmonts Kopf allegorisch zu verbinden, gehaltreich genug, um diese Freiheit allenfalls zu entschuldigen. Gefalle dieser Gedanke, wem er will, — Rec. gesteht, daß er gern einen sinnreichen Einfall entbehrt hätte, um eine Empfindung ungestört zu genießen.

JOHANN WOLFGANG GOETHE
Erste Bekanntschaft mit Schiller, 1794

Alle meine Wünsche und Hoffnungen übertraf das auf einmal sich entwickelnde Verhältnis zu Schiller, das ich zu den höchsten zählen kann, die mir das Glück in späteren Jahren bereitete. Und zwar hatte ich dieses günstige Ereignis meinen Bemühungen um die Metamorphose der Pflanzen zu verdanken, wodurch ein Umstand herbeigeführt wurde, der die Mißverhältnisse beseitigte, die mich lange Zeit von ihm entfernt hielten.

Nach meiner Rückkunft aus Italien, wo ich mich zu größerer Bestimmtheit und Reinheit in allen Kunstfächern auszubilden gesucht hatte, unbekümmert, was während der Zeit in Deutschland vorgegangen, fand ich neuere und ältere Dichterwerke in großem Ansehen, von ausgebreiteter Wirkung, leider solche, die mich äußerst anwiderten, ich nenne nur Heinse's Ardinghello und Schillers Räuber. Jener war mir verhaßt, weil er Sinnlichkeit und abstruse Denkweisen durch bildende Kunst zu veredeln und aufzustutzen unternahm, dieser, weil ein kraftvolles, aber unreifes Talent gerade die ethischen und theatralischen Paradoxen, von denen ich mich zu reinigen gestrebt, recht im vollen hinreißenden Strome über das Vaterland ausgegossen hatte.

Beiden Männern von Talent verargte ich nicht, was sie unternommen und geleistet; denn der Mensch kann sich nicht versagen, nach seiner Art wirken zu wollen, er versucht es erst unbewußt, ungebildet, dann auf jeder Stufe der Bildung immer bewußter; daher denn so viel Treffliches und Albernes sich über die Welt verbreitet, und Verwirrung aus Verwirrung sich entwickelt.

Das Rumoren aber, das im Vaterland dadurch erregt, der Beifall, der jenen wunderlichen Ausgeburten allgemein so von wilden Studenten als von der gebildeten Hofdame gezollt ward, der erschreckte mich, denn ich glaubte all mein Bemühen völlig verloren zu sehen; die Gegenstände, zu welchen, die Art und Weise, wie ich mich gebildet hatte, schienen mir beseitigt und gelähmt. Und was mich am meisten schmerzte, alle mit mir verbundenen Freunde, Heinrich Meyer und Moritz, so wie die im gleichen Sinne fortwaltenden Künstler Tischbein und Bury schienen mir gleichfalls gefährdet, ich war sehr betroffen. Die Betrachtung der bildenden Kunst, die Ausübung der Dichtkunst hätte ich gern völlig aufgegeben, wenn es möglich gewesen wäre; denn wo war eine Aussicht, jene Produktion von genialem Wert und wilder Form zu überbieten? Man denke sich meinen Zustand! Die reinsten Anschauungen suchte ich zu nähren und mitzuteilen, und nun fand ich mich zwischen Ardinghello und Franz Moor eingeklemmt.

Moritz, der aus Italien gleichfalls zurückkam und eine Zeitlang bei mir verweilte, bestärkte sich mit mir leidenschaftlich in diesen Gesinnungen; ich vermied Schillern, der, sich in Weimar aufhaltend, in meiner Nachbarschaft wohnte. Die Erscheinung des Don Carlos war nicht geeignet, mich ihm näher zu führen, alle Versuche von Personen, die ihm und mir gleich nahe standen, lehnte ich ab, und so lebten wir eine Zeitlang nebeneinander fort.

Sein Aufsatz über Anmut und Würde war eben so wenig ein Mittel, mich zu versöhnen. Die Kantische Philosophie, welche das Subjekt so hoch erhebt, indem sie es einzuengen scheint, hatte er mit Freuden in sich aufgenommen; sie entwickelte das Außerordentliche, was die Natur in sein Wesen gelegt, und er im höchsten Gefühl der Freiheit und Selbstbestimmung, war undankbar gegen die große Mutter, die ihn gewiß nicht stiefmütterlich behandelte. Anstatt sie als selbständig, lebendig vom Tiefsten bis zum Höchsten gesetzlich hervorbringend zu betrachten, nahm er sie von der Seite einiger empirischen menschlichen Natürlichkeiten. Gewisse harte Stellen sogar konnte ich direkt auf mich deuten, sie zeigten mein Glaubensbekenntnis in einem falschen Lichte; dabei fühlte ich, es sei noch schlimmer, wenn es ohne Beziehung auf mich gesagt worden; denn die ungeheure Kluft zwischen unsern Denkweisen klaffte nur desto entschiedener.

An keine Vereinigung war zu denken. Selbst das milde Zureden eines Dalberg, der Schillern nach Würden zu ehren verstand, blieb fruchtlos; ja meine Gründe, die ich jeder Vereinigung entgegen setzte, waren schwer zu widerlegen. Niemand konnte leugnen, daß zwischen zwei Geistesantipoden mehr als ein Erddiameter die Scheidung mache, da sie denn beiderseits als Pole gelten mögen, aber eben deswegen in eins nicht zusammenfallen können. Daß aber doch ein Bezug unter ihnen stattfinde, erhellt aus Folgendem:

Schiller zog nach Jena, wo ich ihn ebenfalls nicht sah. Zu gleicher Zeit hatte Batsch durch unglaubliche Regsamkeit eine naturforschende Gesellschaft in Tätigkeit gesetzt, auf schöne Sammlungen, auf bedeutenden Apparat gegründet. Ihren periodischen Sitzungen wohnte ich gewöhnlich bei; einstmals fand ich Schillern daselbst, wir gingen zufällig beide zugleich heraus, ein Gespräch knüpfte sich an, er schien an dem Vorgetragenen Teil zu nehmen, bemerkte aber sehr verständig und einsichtig und mir sehr willkommen, wie eine so zerstückelte Art, die Natur zu behandeln, den Laien, der sich gern darauf einließe, keineswegs anmuten könne.

Ich erwiderte darauf: daß sie den Eingeweihten selbst vielleicht unheimlich bleibe, und daß es doch wohl noch eine andere Weise geben könne, die Natur nicht gesondert und vereinzelt vorzunehmen, sondern sie wirkend und lebendig, aus dem Ganzen in die Teile strebend, darzustellen. Er wünschte, hierüber aufgeklärt zu sein, verbarg aber seine Zweifel nicht; er konnte nicht eingestehen, daß ein solches, wie ich behauptete, schon aus der Erfahrung hervorgehe.

Wir gelangten zu seinem Hause, das Gespräch lockte mich hinein; da trug ich die Metamorphose der Pflanzen lebhaft vor, und ließ, mit manchen charakteristischen Federstrichen, eine symbolische Pflanze vor seinen Augen entstehen. Er vernahm und schaute das alles mit großer Teilnahme, mit entschiedener Fassungskraft, als ich aber geendet, schüttelte er den Kopf und sagte: das ist keine Erfahrung, das ist eine Idee. Ich stutzte, verdrießlich einigermaßen; denn der Punkt, der uns trennte, war dadurch auf's strengste bezeichnet. Die Behauptung aus Anmut und Würde fiel mir wieder ein, der alte Groll wollte sich wieder regen, ich nahm mich aber zusammen und versetzte: das kann mir sehr lieb sein, daß ich Ideen habe, ohne es zu wissen und sie sogar mit Augen sehe.

Schiller, der viel mehr Lebensklugheit und Lebensart hatte als ich, und mich auch wegen der Horen, die er herauszugeben im Begriff stand, mehr anzuziehen als abzustoßen gedachte, erwiderte darauf als ein gebildeter Kantianer; und als aus meinem hartnäckigen Realismus mancher Anlaß zu lebhaftem Widerspruch entstand, so ward viel gekämpft und dann Stillstand gemacht; keiner von beiden konnte sich für den Sieger halten, beide hielten sich für unüberwindlich. Sätze wie folgender machten mich ganz unglücklich: „Wie kann jemals Erfahrung gegeben werden, die einer Idee angemessen sein sollte? denn darin besteht eben das eigentümliche der letztern, daß ihr niemals eine Erfahrung congruieren könne." Wenn er das für eine Idee hielt, was ich als Erfahrung aussprach, so mußte doch zwischen beiden irgend etwas Vermittelndes, Bezügliches obwalten!

Der erste Schritt war jedoch getan. Schillers Anziehungskraft war groß, er hielt alle fest, die sich ihm näherten; ich nahm Teil an seinen Absichten und versprach zu den Horen manches, was bei mir verborgen lag, herzugeben; seine Gattin, die ich von ihrer Kindheit auf zu lieben und zu schätzen gewohnt war, trug das Ihrige bei zu dauerndem Verständnis, alle beiderseitigen Freunde waren froh, und so besiegelten wir, durch den größten, vielleicht nie ganz zu schlichtenden Wettkampf zwischen Objekt und Subjekt, einen Bund, der ununterbrochen gedauert, und für uns und andere manches Gute gewirkt hat.

Für mich insbesondere war es ein neuer Frühling, in welchem alles froh neben einander keimte und aus aufgeschlossenen Samen und Zweigen hervorging. Unsere beiderseitigen Briefe geben davon das unmittelbarste, reinste und vollständigste Zeugnis.

GOETHE – SCHILLER
Briefe

Schiller an Goethe   *Jena, den 23. August 1794*

Man brachte mir gestern die angenehme Nachricht, daß Sie von Ihrer Reise wieder zurückgekommen seien. Wir haben also wieder Hoffnung, Sie vielleicht bald einmal bei uns zu sehen, welches ich an meinem Teil herzlich wünsche. Die neulichen Unterhaltungen mit Ihnen haben meine ganze Ideenmasse in Bewegung gebracht, denn sie betrafen einen Gegenstand, der mich seit etlichen Jahren lebhaft beschäftigt. Über so manches, worüber ich mit mir selbst nicht recht einig werden konnte, hat die Anschauung Ihres Geistes (denn so muß ich den Totaleindruck Ihrer Ideen auf mich nennen) ein unerwartetes Licht in mir angesteckt. Mir fehlte das Objekt, der Körper, zu mehreren spekulativischen Ideen, und Sie brachten mich auf die Spur davon. Ihr beobachtender Blick, der so still und rein auf den Dingen ruht, setzt Sie nie in Gefahr, auf den Abweg zu geraten, in den sowohl die Spekulation als die willkürliche und bloß sich selbst gehorchende Einbildungskraft sich so leicht verirrt. In Ihrer richtigen Intuition liegt alles und weit vollständiger, was die Analyse mühsam sucht, und nur weil es als ein Ganzes in Ihnen liegt, ist Ihnen Ihr eigener Reichtum verborgen; denn leider wissen wir nur das, was wir scheiden. Geister Ihrer Art wissen daher selten, wie weit sie gedrungen sind, und wie wenig Ursache sie haben, von der Philosophie zu borgen, die nur von ihnen lernen kann. Diese kann bloß zergliedern, was ihr gegeben wird, aber das Geben selbst ist nicht die Sache des Analytikers, sondern des Genies, welches unter dem dunklen, aber sicheren Einfluß reiner Vernunft nach objektiven Gesetzen verbindet.

Schon lange habe ich, obgleich aus ziemlicher Ferne, dem Gang Ihres Geistes zugesehen und den Weg, den Sie sich vorgezeichnet haben, mit immer erneuter Bewunderung bemerkt. Sie suchen das Notwendige der Natur, aber Sie suchen es auf dem schwersten Wege, vor welchem jede schwächere Kraft sich wohl hüten wird. Sie nehmen die ganze Natur zusammen, um über das Einzelne Licht zu bekommen; in der Allheit ihrer Erscheinungsarten suchen Sie den Erklärungsgrund für das Individuum auf. Von der einfachen Organisation steigen Sie, Schritt vor Schritt, zu den mehr verwickelten hinauf, um endlich die verwickeltste von allen, den Menschen, genetisch aus den Materialien des ganzen Naturgebäudes zu erbauen. Dadurch, daß Sie ihn der Natur gleichsam nacherschaffen, suchen Sie in seine verborgene Technik einzudringen. Eine große und wahrhaft heldenmäßige Idee, die zur Genüge zeigt, wie sehr Ihr Geist das reiche Ganze seiner Vorstellungen in einer schönen Einheit zusammenhält. Sie können niemals gehofft haben, daß Ihr Leben zu einem solchen Ziele zureichen werde, aber einen solchen Weg auch nur einzuschlagen, ist mehr wert, als jeden anderen zu endigen – und Sie haben gewählt, wie Achill in der Ilias zwischen Phthia und der Unsterblichkeit. Wären Sie als ein

Grieche, ja nur als ein Italiener geboren worden, und hätte schon von der Wiege an eine auserlesene Natur und eine idealisierende Kunst Sie umgeben, so wäre Ihr Weg unendlich verkürzt, vielleicht ganz überflüssig gemacht worden. Schon in die erste Anschauung der Dinge hätten Sie dann die Form des Notwendigen aufgenommen, und mit Ihren ersten Erfahrungen hätte sich der große Stil in Ihnen entwickelt. Nun, da Sie ein Deutscher geboren sind, da Ihr griechischer Geist in diese nordische Schöpfung geworfen wurde, so blieb Ihnen keine andere Wahl, als entweder selbst zum nordischen Künstler zu werden, oder Ihrer Imagination das, was ihr die Wirklichkeit vorenthielt, durch Nachhilfe der Denkkraft zu ersetzen und so gleichsam von innen heraus und auf einem rationalen Wege ein Griechenland zu gebären. In derjenigen Lebensepoche, wo die Seele sich aus der äußern Welt ihre innere bildet, von mangelhaften Gestalten umringt, hatten Sie schon eine wilde und nordische Natur in sich aufgenommen, als Ihr siegendes, seinem Material überlegenes Genie diesen Mangel von innen entdeckte, und von außen her durch die Bekanntschaft mit der griechischen Natur davon vergewissert wurde. Jetzt mußten Sie die alte, Ihrer Einbildungskraft schon aufgedrungene schlechtere Natur nach dem besseren Muster, das Ihr bildender Geist sich erschuf, korrigieren, und das kann nun freilich nicht anders als nach leitenden Begriffen vonstatten gehen. Aber diese logische Richtung, welche der Geist bei der Reflexion zu nehmen genötigt ist, verträgt sich nicht wohl mit der ästhetischen, durch welche allein er bildet. Sie hatten also eine Arbeit mehr, denn so wie Sie von der Anschauung zur Abstraktion übergingen, so mußten Sie nun rückwärts Begriffe wieder in Intuitionen umsetzen und Gedanken in Gefühle verwandeln, weil nur durch diese das Genie hervorbringen kann.

So ungefähr beurteile ich den Gang Ihres Geistes, und ob ich recht habe, werden Sie selbst am besten wissen. Was Sie aber schwerlich wissen können (weil das Genie sich immer selbst das größte Geheimnis ist), ist die schöne Übereinstimmung Ihres philosophischen Instinktes mit den reinsten Resultaten der spekulierenden Vernunft. Beim ersten Anblicke zwar scheint es, als könne es keine größern Opposita geben, als den spekulativen Geist, der von der Einheit, und den intuitiven, der von der Mannigfaltigkeit ausgeht. Sucht aber der erste mit keuschem und treuem Sinn die Erfahrung, und sucht der letzte mit selbsttätiger freier Denkkraft das Gesetz, so kann es gar nicht fehlen, daß nicht beide einander auf halbem Wege begegnen werden. Zwar hat der intuitive Geist nur mit Individuen und der spekulative nur mit Gattungen zu tun. Ist aber der intuitive genialisch, und sucht er in dem empirischen den Charakter der Notwendigkeit auf, so wird er zwar immer Individuen, aber mit dem Charakter der Gattung erzeugen; und ist der spekulative Geist genialisch, und verliert er, indem er sich darüber erhebt, die Erfahrung nicht, so wird er zwar immer nur Gattungen, aber mit der Möglichkeit des Lebens und mit gegründeter Beziehung auf wirkliche Objekte erzeugen.

Aber ich bemerke, daß ich anstatt eines Briefes eine Abhandlung zu schreiben im Begriff bin — verzeihen Sie es dem lebhaften Interesse, womit dieser Gegenstand mich erfüllt hat; und sollten Sie Ihr Bild in diesem Spiegel nicht erkennen, so bitte ich sehr, fliehen Sie ihn darum nicht...

Goethe an Schiller   Ettersburg, den 27. August 1794

Zu meinem Geburtstage, der mir diese Woche erscheint, hätte mir kein angenehmer Geschenk werden können, als Ihr Brief, in welchem Sie mit freundlicher Hand die Summe meiner Existenz ziehen und mich durch Ihre Teilnahme zu einem emsigeren und lebhafteren Gebrauch meiner Kräfte aufmuntern.

Reiner Genuß und wahrer Nutzen kann nur wechselseitig sein; und ich freue mich, Ihnen gelegentlich zu entwickeln, was mir Ihre Unterhaltung gewährt hat, wie ich von jenen Tagen an auch eine Epoche rechne, und wie zufrieden ich bin, ohne sonderliche Aufmunterung, auf meinem Wege fortgegangen zu sein, da es nun scheint, als wenn wir, nach einem so unvermuteten Begegnen, miteinander fortwandern müßten. Ich habe den redlichen und so seltenen Ernst, der in allem erscheint, was Sie geschrieben und getan haben, immer zu schätzen gewußt, und ich darf nunmehr Anspruch machen, durch Sie selbst mit dem Auge Ihres Geistes, besonders in den letzten Jahren, bekannt zu werden. Haben wir uns wechselseitig die Punkte klar gemacht, wohin wir gegenwärtig gelangt sind, so werden wir desto ununterbrochener gemeinschaftlich arbeiten können.

Alles, was an und in mir ist, werde ich mit Freuden mitteilen. Denn da ich sehr lebhaft fühle, daß mein Unternehmen das Maß der menschlichen Kräfte und ihre irdische Dauer weit übersteigt, so möchte ich manches bei Ihnen deponieren und dadurch nicht allein erhalten, sondern auch beleben.

Wie groß der Vorteil Ihrer Teilnehmung für mich sein wird, werden Sie bald selbst sehen, wenn Sie, bei näherer Bekanntschaft, eine Art Dunkelheit und Zaudern bei mir entdecken werden, über die ich nicht Herr werden kann, wenn ich mich ihrer gleich sehr deutlich bewußt bin. Doch dergleichen Phänomene finden sich mehr in unserer Natur, von der wir uns denn doch gerne regieren lassen, wenn sie nur nicht gar zu tyrannisch ist.

Schiller an Goethe   Jena, den 31. August 1794

Bei meiner Zurückkunft aus Weißenfels, wo ich mit meinem Freunde Körner aus Dresden eine Zusammenkunft gehabt, erhielt ich Ihren vorletzten Brief, dessen Inhalt mir doppelt erfreulich war. Denn ich ersehe daraus, daß ich in meiner Ansicht Ihres Wesens Ihrem eigenen Gefühl begegnete, und daß Ihnen die Aufrichtigkeit, mit der ich mein Herz darin sprechen ließ, nicht mißfiel. Unsre späte, aber mir manche schöne Hoffnung erweckende Bekanntschaft ist mir abermals ein Beweis, wie viel besser man oft tut, den Zufall machen zu lassen, als ihm durch zu viele

Geschäftigkeit vorzugreifen. Wie lebhaft auch immer mein Verlangen war, in ein näheres Verhältnis zu Ihnen zu treten, als zwischen dem Geist des Schriftstellers und seinem aufmerksamsten Leser möglich ist, so begreife ich doch nunmehr vollkommen, daß die so sehr verschiedenen Bahnen, auf denen Sie und ich wandelten, uns nicht wohl früher als gerade jetzt, mit Nutzen zusammenführen konnten. Nun kann ich aber hoffen, daß wir, soviel von dem Wege noch übrig sein mag, in Gemeinschaft durchwandeln werden, und mit umso größerem Gewinn, da die letzten Gefährten auf einer langen Reise sich immer am meisten zu sagen haben.

Erwarten Sie bei mir keinen großen materiellen Reichtum von Ideen; dies ist es, was ich bei Ihnen finden werde. Mein Bedürfnis und Streben ist, aus wenigem viel zu machen, und wenn Sie meine Armut an allem, was man erworbene Erkenntnis nennt, einmal näher kennen sollten, so finden Sie vielleicht, daß es mir in manchen Stücken damit mag gelungen sein. Weil mein Gedankenkreis kleiner ist, so durchlaufe ich ihn eben darum schneller und öfter, und kann eben darum meine kleine Barschaft besser nutzen, und eine Mannigfaltigkeit, die dem Inhalte fehlt, durch die Form erzeugen. Sie bestreben sich, Ihre große Ideenwelt zu simplifizieren, ich suche Varietät für meine kleinen Besitzungen. Sie haben ein Königreich zu regieren, ich nur eine etwas zahlreiche Familie von Begriffen, die ich herzlich gern zu einer kleinen Welt erweitern möchte. Ihr Geist wirkt in einem außerordentlichen Grade intuitiv, und alle Ihre denkenden Kräfte scheinen auf die Imagination, als ihre gemeinschaftliche Repräsentantin, gleichsam kompromittiert zu haben. Im Grund ist dies das Höchste, was der Mensch aus sich machen kann, sobald es ihm gelingt, seine Anschauung zu generalisieren und seine Empfindung gesetzgebend zu machen. Darnach streben Sie, und in wie hohem Maße haben Sie es schon erreicht! Mein Verstand wirkt eigentlich mehr symbolisierend, und so schwebe ich, als eine Zwitter-Art, zwischen dem Begriff und der Anschauung, zwischen der Regel und der Empfindung, zwischen dem technischen Kopf und dem Genie. Dies ist es, was mir, besonders in früheren Jahren, sowohl auf dem Felde der Spekulation als der Dichtkunst ein ziemlich linkisches Ansehen gegeben; denn gewöhnlich übereilte mich der Poet, wo ich philosophieren sollte, und der philosophische Geist, wo ich dichten wollte. Noch jetzt begegnet es mir, häufig genug, daß die Einbildungskraft meine Abstraktionen, und der kalte Verstand meine Dichtung stört. Kann ich dieser beiden Kräfte insoweit Meister werden, daß ich einer jeden durch meine Freiheit ihre Grenzen bestimmen kann, so erwartet mich noch ein schönes Los; leider aber, nachdem ich meine moralischen Kräfte recht zu kennen und zu gebrauchen angefangen, droht eine Krankheit meine physischen zu untergraben. Eine große und allgemeine Geistesrevolution werde ich schwerlich Zeit haben in mir zu vollenden, aber ich werde tun, was ich kann, und wenn endlich das Gebäude zusammenfällt, so habe ich doch vielleicht das Erhaltenswerte aus dem Brande geflüchtet.

Sie wollten, daß ich von mir selbst reden sollte, und ich machte von dieser Erlaubnis Gebrauch. Mit Vertrauen lege ich Ihnen diese Geständnisse hin, und ich darf hoffen, daß Sie sie mit Liebe aufnehmen ...

FRIEDRICH SCHILLER
Nänie

Auch das Schöne muß sterben! Das Menschen und Götter bezwinget,
　　Nicht die eherne Brust rührt es des stygischen Zeus.
Einmal nur erweichte die Liebe den Schattenbeherrscher,
　　Und an der Schwelle noch, streng, rief er zurück sein Geschenk.
Nicht stillt Aphrodite dem schönen Knaben die Wunde,
　　Die in den zierlichen Leib grausam der Eber geritzt.
Nicht errettet den göttlichen Held die unsterbliche Mutter,
　　Wenn er, am skäischen Tor fallend, sein Schicksal erfüllt.
Aber sie steigt aus dem Meer mit allen Töchtern des Nereus,
　　Und die Klage hebt an um den verherrlichten Sohn.
Siehe! da weinen die Götter, es weinen die Göttinnen alle,
　　Daß das Schöne vergeht, daß das Vollkommene stirbt.
Auch ein Klaglied zu sein im Mund der Geliebten, ist herrlich,
　　Denn das Gemeine geht klanglos zum Orkus hinab.

FRIEDRICH SCHILLER

Das Ideal und das Leben

Ewigklar und spiegelrein und eben
fließt das zephyrleichte Leben
im Olymp den Seligen dahin.
Monde wechseln, und Geschlechter fliehen;
ihrer Götterjugend Rosen blühen
wandellos im ewigen Ruin.
Zwischen Sinnenglück und Seelenfrieden
bleibt dem Menschen nur die bange Wahl;
auf der Stirn des hohen Uraniden
leuchtet ihr vermählter Strahl.

Wollt ihr schon auf Erden Göttern gleichen,
frei sein in des Todes Reichen,
brechet nicht von seines Gartens Frucht!
An dem Scheine mag der Blick sich weiden;
des Genusses wandelbare Freuden
rächet schleunig der Begierde Flucht.
Selbst der Styx, der neunfach sie umwindet,
wehrt die Rückkehr Ceres' Tochter nicht;

Nach dem Apfel greift sie, und es bindet
ewig sie des Orkus Pflicht.

Nur der Körper eignet jenen Mächten,
die das dunkle Schicksal flechten;
aber frei von jeder Zeitgewalt,
die Gespielin seliger Naturen,
wandelt oben in des Lichtes Fluren
göttlich unter Göttern die Gestalt.
Wollt ihr hoch auf ihren Flügeln schweben,
werft die Angst des Irdischen von euch!
Fliehet aus dem engen, dumpfen Leben
in des Ideales Reich!

Jugendlich, von allen Erdenmalen
frei, in der Vollendung Strahlen
schwebet hier der Menschheit Götterbild,
wie des Lebens schweigende Phantome
glänzend wandeln an dem stygschen Strome,
wie sie stand im himmlischen Gefild,
ehe noch zum traurgen Sarkophage
die Unsterbliche heruntersieg.
Wenn im Leben noch des Kampfes Waage
schwankt, erscheinet hier der Sieg.

Nicht vom Kampf die Glieder zu entstricken,
den Erschöpften zu erquicken,
wehet hier des Sieges duftger Kranz.
Mächtig, selbst wenn eure Sehnen ruhten,
reißt das Leben euch in seine Fluten,
euch die Zeit in ihren Wirbeltanz.
Aber sinkt des Mutes kühner Flügel
bei der Schranken peinlichem Gefühl,
dann erblicket von der Schönheit Hügel
freudig das erflogne Ziel.

Wenn es gilt, zu herrschen und zu schirmen,
Kämpfer gegen Kämpfer stürmen
auf des Glückes, auf des Ruhmes Bahn,
da mag Kühnheit sich an Kraft zerschlagen,
und mit krachendem Getös die Wagen
sich vermengen auf bestäubtem Plan.
Mut allein kann hier den Dank erringen,
der am Ziel des Hippodromes winkt.
Nur der Starke wird das Schicksal zwingen,
wenn der Schwächling untersinkt.

280 Aber der, von Klippen eingeschlossen,
wild und schäumend sich ergossen,
sanft und eben rinnt des Lebens Fluß
durch der Schönheit stille Schattenlande,
und auf seiner Wellen Silberrande
malt Aurora sich und Hesperus.
Aufgelöst in zarter Wechselliebe,
in der Anmut freiem Bund vereint,
ruhen hier die ausgesöhnten Triebe,
und verschwunden ist der Feind.

Wenn, das Tote bildend zu beseelen,
mit dem Stoff sich zu vermählen,
tatenvoll der Genius entbrennt,
da, da spanne sich des Fleißes Nerve,
und beharrlich ringend unterwerfe
der Gedanke sich das Element.
Nur dem Ernst, den keine Mühe bleichet,
rauscht der Wahrheit tief versteckter Born;
nur des Meißels schwerem Schlag erweichet
sich des Marmors sprödes Korn.

Aber dringt bis in der Schönheit Sphäre,
und im Staube bleibt die Schwere
mit dem Stoff, den sie beherrscht, zurück.
Nicht der Masse qualvoll abgerungen,
schlank und leicht, wie aus dem Nichts gesprungen,
steht das Bild vor dem entzückten Blick.
Alle Zweifel, alle Kämpfe schweigen
in des Sieges hoher Sicherheit;
ausgestoßen hat es jeden Zeugen
menschlicher Bedürftigkeit.

Wenn ihr in der Menschheit traurger Blöße
steht vor des Gesetzes Größe,
wenn dem Heiligen die Schuld sich naht,
da erblasse vor der Wahrheit Strahle
eure Tugend, vor dem Ideale
fliehe mutlos die beschämte Tat.
Kein Erschaffner hat dies Ziel erflogen;
über diesen grauenvollen Schlund
trägt kein Nachen, keiner Brücke Bogen,
und kein Anker findet Grund.

Aber flüchtet aus der Sinne Schranken
in die Freiheit der Gedanken,

und die Furchterscheinung ist entflohn,
und der ewge Abgrund wird sich füllen;
nehmt die Gottheit auf in euren Willen,
und sie steigt von ihrem Weltenthron.
Des Gesetzes strenge Fessel bindet
nur den Sklavensinn, der es verschmäht;
mit des Menschen Widerstand verschwindet
auch des Gottes Majestät.

Wenn der Menschheit Leiden euch umfangen,
wenn Laokoon der Schlangen
sich erwehrt mit namenlosem Schmerz,
da empöre sich der Mensch! Es schlage
an des Himmels Wölbung seine Klage
und zerreiße euer fühlend Herz!
Der Natur furchtbare Stimme siege,
und der Freude Wange werde bleich,
und der heilgen Sympathie erliege
das Unsterbliche in euch!

Aber in den heitern Regionen,
wo die reinen Formen wohnen,
rauscht des Jammers trüber Sturm nicht mehr.
Hier darf Schmerz die Seele nicht durchschneiden,
keine Träne fließt hier mehr dem Leiden,
nur des Geistes tapfrer Gegenwehr.
Lieblich, wie der Iris Farbenfeuer
auf der Donnerwolke duftgem Tau,
schimmert durch der Wehmut düstern Schleier
hier der Ruhe heitres Blau.

Tief erniedrigt zu des Feigen Knechte,
ging in ewigem Gefechte
einst Alcid des Lebens schwere Bahn,
rang mit Hydern und umarmt' den Leuen,
stürzte sich, die Freunde zu befreien,
lebend in des Totenschiffers Kahn.
Alle Plagen, alle Erdenlasten
wälzt der unversöhnten Göttin List
auf die willgen Schultern des Verhaßten,
bis sein Lauf geendigt ist —

Bis der Gott, des Irdischen entkleidet,
flammend sich vom Menschen scheidet
und des Äthers leichte Lüfte trinkt.
Froh des neuen, ungewohnten Schwebens,

fließt er aufwärts, und des Erdenlebens
schweres Traumbild sinkt und sinkt und sinkt.
Des Olympus Harmonien empfangen
den Verklärten in Kronions Saal,
und die Göttin mit den Rosenwangen
reicht ihm lächelnd den Pokal.

FRIEDRICH SCHILLER
Über naive und sentimentalische Dichtung

Man gelangt am besten zu dem wahren Begriff dieses Gegensatzes, wenn man, wie ich eben bemerkte, sowohl von dem naiven als von dem sentimentalischen Charakter absondert, was beide Poetisches haben. Es bleibt alsdann von dem ersteren nichts übrig als, in Rücksicht auf das Theoretische, ein nüchterner Beobachtungsgeist und eine feste Anhänglichkeit an das gleichförmige Zeugnis der Sinne; in Rücksicht auf das Praktische eine resignierte Unterwerfung unter die Notwendigkeit (nicht aber unter die blinde Nötigung) der Natur: eine Ergebung also in das, was ist und was sein muß. Es bleibt von dem sentimentalischen Charakter nichts übrig als (im Theoretischen) ein unruhiger Spekulationsgeist, der auf das Unbedingte in allen Erkenntnissen dringt, im Praktischen ein moralischer Rigorism, der auf dem Unbedingten in Willenshandlungen besteht. Wer sich zu der ersten Klasse zählt, kann ein Realist, und wer zu andern, ein Idealist genannt werden; bei welchen Namen man sich aber weder an den guten noch schlimmen Sinn, den man in der Metaphysik damit verbindet, erinnern darf.*

Da der Realist durch die Notwendigkeit der Natur sich bestimmen läßt, der Idealist durch die Notwendigkeit der Vernunft sich bestimmt, so muß zwischen beiden dasselbe Verhältnis stattfinden, welches zwischen den Wirkungen der Natur und den Handlungen der Vernunft angetroffen wird. Die Natur, wissen wir, obgleich

---

* Ich bemerke, um jeder Mißdeutung vorzubeugen, daß es bei dieser Einteilung ganz und gar nicht darauf abgesehen ist, eine Wahl zwischen beiden, folglich eine Begünstigung des einen mit Ausschließung des andern zu veranlassen. Gerade diese Ausschließung, welche sich in der Erfahrung findet, bekämpfe ich; und das Resultat der gegenwärtigen Betrachtungen wird der Beweis sein, daß nur durch die vollkommen gleiche Einschließung beider dem Vernunftbegriff der Menschheit kann Genüge geleistet werden. Übrigens nehme ich beide in ihrem würdigsten Sinn und in der ganzen Fülle ihres Begriffs, der nur immer mit der Reinheit desselben und mit Beibehaltung ihrer spezifischen Unterschiede bestehen kann. Auch wird es sich zeigen, daß ein hoher Grad menschlicher Wahrheit sich mit beiden verträgt und daß ihre Abweichungen voneinander zwar im einzelnen, aber nicht im ganzen, zwar der Form, aber nicht dem Gehalt nach eine Veränderung machen.

eine unendliche Größe im ganzen, zeigt sich in jeder einzelnen Wirkung abhängig und bedürftig; nur in dem All ihrer Erscheinungen drückt sie einen selbständigen großen Charakter aus. Alles Individuelle in ihr ist nur deswegen, weil etwas anderes ist; nichts springt aus sich selbst, alles nur aus dem vorhergehenden Moment hervor, um zu einem folgenden zu führen. Aber eben diese gegenseitige Beziehung der Erscheinungen aufeinander sichert einer jeden das Dasein durch das Dasein der andern, und von der Abhängigkeit ihrer Wirkungen ist die Stetigkeit und Notwendigkeit derselben unzertrennlich. Nichts ist frei in der Natur, aber auch nichts ist willkürlich in derselben.

Und gerade so zeigt sich der Realist, sowohl in seinem Wissen als in seinem Tun. Auf alles, was bedingungsweise existiert, erstreckt sich der Kreis seines Wissens und Wirkens, aber nie bringt er es auch weiter als zu bedingten Erkenntnissen, und die Regeln, die er sich aus einzelnen Erfahrungen bildet, gelten, in ihrer ganzen Strenge genommen, auch nur einmal; erhebt er die Regel des Augenblicks zu einem allgemeinen Gesetz, so wird er sich unausbleiblich in Irrtum stürzen. Will daher der Realist in seinem Wissen zu etwas Unbedingtem gelangen, so muß er es auf dem nämlichen Wege versuchen, auf dem die Natur ein Unendliches wird, nämlich auf dem Wege des Ganzen und in dem All der Erfahrung. Da aber die Summe der Erfahrung nie völlig abgeschlossen wird, so ist eine komparative Allgemeinheit das Höchste, was der Realist in seinem Wissen erreicht. Auf die Wiederkehr ähnlicher Fälle baut er seine Einsicht und wird daher richtig urteilen in allem, was in der Ordnung ist; in allem hingegen, was zum erstenmal sich darstellt, kehrt seine Weisheit zu ihrem Anfang zurück.

Was von dem Wissen des Realisten gilt, das gilt auch von seinem (moralischen) Handeln. Sein Charakter hat Moralität, aber diese liegt, ihrem reinen Begriffe nach, in keiner einzelnen Tat, nur in der ganzen Summe seines Lebens. In jedem besondern Fall wird er durch äußere Ursachen und durch äußere Zwecke bestimmt werden; nur daß jene Ursachen nicht zufällig, jene Zwecke nicht augenblicklich sind, sondern aus dem Naturganzen subjektiv fließen und auf dasselbe sich objektiv beziehen. Die Antriebe seines Willens sind also zwar in rigoristischem Sinne weder frei genug noch moralisch lauter genug, weil sie etwas anders als den bloßen Willen zu ihrer Ursache und etwas anders als das bloße Gesetz zu ihrem Gegenstand haben; aber es sind ebensowenig blinde und materialistische Antriebe, weil dieses andre das absolute Ganze der Natur, folglich etwas Selbständiges und Notwendiges ist. So zeigt sich der gemeine Menschenverstand, der vorzügliche Anteil des Realisten, durchgängig im Denken und im Betragen. Aus dem einzelnen Falle schöpft er die Regel seines Urteils, aus einer innern Empfindung die Regel seines Tuns; aber mit glücklichem Instinkt weiß er von beiden alles Momentane und Zufällige zu scheiden. Bei dieser Methode fährt er im ganzen vortrefflich und wird schwerlich einen bedeutenden Fehler sich vorzuwerfen haben; nur auf Größe und Würde möchte er in keinem besondern Fall Anspruch machen können. Diese ist nur der Preis der Selbständigkeit und Freiheit, und davon sehen wir in seinen einzelnen Handlungen zu wenig Spuren.

284 Ganz anders verhält es sich mit dem Idealisten, der aus sich selbst und aus der bloßen Vernunft seine Erkenntnisse und Motive nimmt. Wenn die Natur in ihren einzelnen Wirkungen immer abhängig und beschränkt erscheint, so legt die Vernunft den Charakter der Selbständigkeit und Vollendung gleich in jede einzelne Handlung. Aus sich selbst schöpft sie alles, und auf sich selbst bezieht sie alles. Was durch sie geschieht, geschieht nur um ihretwillen; eine absolute Größe ist jeder Begriff, den sie aufstellt, und jeder Entschluß, den sie bestimmt. Und ebenso zeigt sich auch der Idealist, soweit er diesen Namen mit Recht führt, in seinem Wissen wie in seinem Tun. Nicht mit Erkenntnissen zufrieden, die bloß unter bestimmten Voraussetzungen gültig sind, sucht er bis zu Wahrheiten zu dringen, die nichts mehr voraussetzen, und die Voraussetzung von allem andern sind. Ihn befriedigt nur die philosophische Einsicht, welche alles bedingte Wissen auf ein unbedingtes zurückführt und an dem Notwendigen in dem menschlichen Geist alle Erfahrung befestigt; die Dinge, denen der Realist sein Denken unterwirft, muß er sich, seinem Denkvermögen unterwerfen. Und er verfährt hierin mit völliger Befugnis, denn wenn die Gesetze des menschlichen Geistes nicht auch zugleich die Weltgesetze wären, wenn die Vernunft endlich selbst unter der Erfahrung stünde, so würde auch keine Erfahrung möglich sein.

Aber er kann es bis zu den absoluten Wahrheiten gebracht haben und dennoch in seinen Kenntnissen dadurch nicht viel gefördert sein. Denn alles freilich steht zuletzt unter notwendigen und allgemeinen Gesetzen, aber nach zufälligen und besondern Regeln wird jedes einzelne regiert; und in der Natur ist alles einzeln. Er kann also mit seinem philosophischen Wissen das Ganze beherrschen und für das Besondre, für die Ausübung, dadurch nichts gewonnen haben: ja, indem er überall auf die obersten Gründe dringt, durch die alles möglich wird, kann er die nächsten Gründe, durch die alles möglich wird, leicht versäumen; indem er überall auf das Allgemeine sein Augenmerk richtet, welches die verschiedensten Fälle einander gleichmacht, kann er leicht das Besondere vernachlässigen, wodurch sie sich voneinander unterscheiden. Er wird also sehr viel mit seinem Wissen umfassen können und vielleicht eben deswegen wenig fassen und oft an Einsicht verlieren, was er an Übersicht gewinnt. Daher kommt es, daß, wenn der spekulative Verstand den gemeinen um seiner Beschränktheit willen verachtet, der gemeine Verstand den spekulativen seiner Leerheit wegen verlacht; denn die Erkenntnisse verlieren immer an bestimmtem Gehalt, was sie an Umfang gewinnen.

In der moralischen Beurteilung wird man bei dem Idealisten eine reinere Moralität im einzelnen, aber weit weniger moralische Gleichförmigkeit im ganzen finden. Da er nur insofern Idealist heißt, als er aus reiner Vernunft seine Bestimmungsgründe nimmt, die Vernunft aber in jeder ihrer Äußerungen sich absolut beweist, so tragen schon seine einzelnen Handlungen, sobald sie überhaupt nur moralisch sind, den ganzen Charakter moralischer Selbständigkeit und Freiheit, und gibt es überhaupt nur im wirklichen Leben eine wahrhaft sittliche Tat, die es auch vor einem rigoristischen Urteil bliebe, so kann sie nur von dem Idealisten ausgeübt werden. Aber je reiner die Sittlichkeit seiner einzelnen Handlungen ist, desto zu-

fälliger ist sie auch; denn Stetigkeit und Notwendigkeit ist zwar der Charakter der
Natur, aber nicht der Freiheit. Nicht zwar, als ob der Idealism mit der Sittlichkeit
je in Streit geraten könnte, welches sich widerspricht; sondern weil die menschliche Natur eines konsequenten Idealism gar nicht fähig ist. Wenn sich der Realist,
auch in seinem moralischen Handeln, einer physischen Notwendigkeit ruhig und
gleichförmig unterordnet, so muß der Idealist einen Schwung nehmen, er muß
augenblicklich seine Natur exaltieren, und er vermag nichts, als insofern er begeistert ist. Alsdann freilich vermag er auch desto mehr, und sein Betragen wird
einen Charakter der Hoheit und Größe zeigen, den man in den Handlungen des
Realisten vergeblich sucht. Aber das wirkliche Leben ist keineswegs geschickt,
jene Begeisterung in ihm zu wecken, und noch viel weniger, sie gleichförmig zu
nähren. Gegen das Absolutgroße, von dem er jedesmal ausgeht, macht das
Absolutkleine des einzelnen Falles, auf den er es anzuwenden hat, einen gar zu
starken Absatz. Weil sein Wille der Form nach immer auf das Ganze gerichtet ist,
so will er ihn, der Materie nach, nicht auf Bruchstücke richten, und doch sind es
mehrenteils nur geringfügige Leistungen, wodurch er seine moralische Gesinnung
beweisen kann. So geschieht es denn nicht selten, daß er über dem unbegrenzten
Ideale den begrenzten Fall der Anwendung übersieht und, von einem Maximum
erfüllt, das Minimum verabsäumt, aus dem allein doch alles Große in der Wirklichkeit erwächst.

Will man also dem Realisten Gerechtigkeit widerfahren lassen, so muß man ihn
nach dem ganzen Zusammenhang seines Lebens richten; will man sie dem Idealisten erweisen, so muß man sich an einzelne Äußerungen desselben halten, aber
man muß diese erst herauswählen. Das gemeine Urteil, welches so gern nach dem
Einzelnen entscheidet, wird daher über den Realisten gleichgültig schweigen, weil
seine einzelnen Lebensakte gleich wenig Stoff zum Lob und zum Tadel geben;
über den Idealisten hingegen wird es immer Partei ergreifen und zwischen Verwerfung und Bewunderung sich teilen, weil in dem Einzelnen sein Mangel und
seine Stärke liegt.

Es ist nicht zu vermeiden, daß bei einer so großen Abweichung in den Prinzipien
beide Parteien in ihren Urteilen einander nicht oft gerade entgegengesetzt sein
und, wenn sie selbst in den Objekten und Resultaten übereinträfen, nicht in den
Gründen auseinander sein sollten. Der Realist wird fragen, wozu eine Sache gut
sei? und die Dinge nach dem, was sie wert sind, zu taxieren wissen: der Idealist
wird fragen, ob sie gut sei, und die Dinge nach dem taxieren, was sie würdig
sind. Von dem, was seinen Wert und Zweck in sich selbst hat (das Ganze jedoch
immer ausgenommen), weiß und hält der Realist nicht viel; in Sachen des Geschmacks wird er dem Vergnügen, in Sachen der Moral wird er der Glückseligkeit
das Wort reden, wenn er diese gleich nicht zur Bedingung des sittlichen Handelns
macht; auch in seiner Religion vergißt er seinen Vorteil nicht gern, nur daß er
denselben in dem Ideale des höchsten Guts veredelt und heiligt. Was er liebt,
wird er zu beglücken, der Idealist wird es zu veredeln suchen. Wenn daher der
Realist in seinen politischen Tendenzen den Wohlstand bezweckt, gesetzt, daß es

auch von der moralischen Selbständigkeit des Volks etwas kosten sollte, so wird der Idealist, selbst auf Gefahr des Wohlstandes, die Freiheit zu seinem Augenmerk machen. Unabhängigkeit des Zustandes ist jenem, Unabhängigkeit von dem Zustand ist diesem das höchste Ziel, und dieser charakteristische Unterschied läßt sich durch ihr beiderseitiges Denken und Handeln verfolgen. Daher wird der Realist seine Zuneigung immer dadurch beweisen, daß er gibt, der Idealist dadurch, daß er empfängt; durch das, was er in seiner Großmut aufopfert, verrät jeder, was er am höchsten schätzt. Der Idealist wird die Mängel seines Systems mit seinem Individuum und seinem zeitlichen Zustand bezahlen, aber er achtet dieses Opfer nicht; der Realist büßt die Mängel des seinigen mit seiner persönlichen Würde, aber er erfährt nichts von diesem Opfer. Sein System bewährt sich an allem, wovon er Kundschaft hat und wornach er ein Bedürfnis empfindet — was bekümmern ihn Güter, von denen er keine Ahnung und an die er keinen Glauben hat? Genug für ihn, er ist im Besitze, die Erde ist sein, und es ist Licht in seinem Verstande, und Zufriedenheit wohnt in seiner Brust. Der Idealist hat lange kein so gutes Schicksal. Nicht genug, daß er oft mit dem Glücke zerfällt, weil er versäumte, den Moment zu seinem Freunde zu machen, er zerfällt auch mit sich selbst; weder sein Wissen noch sein Handeln kann ihm Genüge tun. Was er von sich fordert, ist ein Unendliches, aber beschränkt ist alles, was er leistet. Diese Strenge, die er gegen sich selbst beweist, verleugnet er auch nicht in seinem Betragen gegen andre. Er ist zwar großmütig, weil er sich andern gegenüber seines Individuums weniger erinnert, aber er ist öfters unbillig, weil er das Individuum ebenso leicht in andern übersieht. Der Realist hingegen ist weniger großmütig, aber er ist billiger, da er alle Dinge mehr in ihrer Begrenzung beurteilt. Das Gemeine, ja selbst das Niedrige im Denken und Handeln kann er verzeihen, nur das Willkürliche, das Exzentrische nicht; der Idealist hingegen ist ein geschworener Feind alles Kleinlichen und Platten und wird sich selbst mit dem Extravaganten und Ungeheuren versöhnen, wenn es nur von einem großen Vermögen zeugt. Jener beweist sich als Menschenfreund, ohne eben einen sehr hohen Begriff von den Menschen und der Menschheit zu haben; dieser denkt von der Menschheit so groß, daß er darüber in Gefahr kommt, die Menschen zu verachten.

Der Realist für sich allein würde den Kreis der Menschheit nie über die Grenzen der Sinnenwelt hinaus erweitert, nie den menschlichen Geist mit seiner selbständigen Größe und Freiheit bekannt gemacht haben; alles Absolute der Menschheit ist ihm nur eine schöne Schimäre und der Glaube daran nicht viel besser als Schwärmerei, weil er den Menschen niemals in seinem reinen Vermögen, immer nur in einem bestimmten und eben darum begrenzten Wirken erblickt. Aber der Idealist für sich allein würde ebensowenig die sinnlichen Kräfte kultiviert und den Menschen als Naturwesen ausgebildet haben, welches doch ein gleich wesentlicher Teil seiner Bestimmung und die Bedingung aller moralischer Veredlung ist. Das Streben des Idealisten geht viel zu sehr über das sinnliche Leben und über die Gegenwart hinaus; für das Ganze nur, für die Ewigkeit will er säen und pflanzen und vergißt darüber, daß das Ganze nur der vollendete Kreis des Individuellen, daß die Ewigkeit nur eine Summe von Augenblicken ist. Die Welt, wie der Realist sie um sich herum bilden möchte und wirklich bildet, ist ein wohlangelegter Garten, worin alles nützt, alles seine Stelle verdient und, was nicht Früchte trägt, verbannt ist; die Welt unter den Händen des Idealisten ist eine weniger benutzte, aber in einem größeren Charakter ausgeführte Natur. Jenem fällt es nicht ein, daß der Mensch noch zu etwas anderem da sein könnte, als wohl und zufrieden zu leben; und daß er nur deswegen Wurzeln schlagen soll, um seinen Stamm in die Höhe zu treiben. Dieser denkt nicht daran, daß er vor allen Dingen wohl leben muß, um gleichförmig gut und edel zu denken, und daß es auch um den Stamm getan ist, wenn die Wurzeln fehlen.

Wenn in einem System etwas ausgelassen ist, wornach doch ein dringendes und nicht zu umgehendes Bedürfnis in der Natur sich vorfindet, so ist die Natur nur durch eine Inkonsequenz gegen das System zu befriedigen. Einer solchen Inkonsequenz machen auch hier beide Teile sich schuldig, und sie beweist, wenn es bis jetzt noch zweifelhaft geblieben sein könnte, zugleich die Einseitigkeit beider Systeme und den reichen Gehalt der menschlichen Natur. Von den Idealisten brauch ich es nicht erst insbesondere darzutun, daß er notwendig aus seinem System treten muß, sobald er eine bestimmte Wirkung bezweckt; denn alles bestimmte Dasein steht unter zeitlichen Bedingungen und erfolgt nach empirischen Gesetzen. In Rücksicht auf den Realisten hingegen könnte es zweifelhafter scheinen, ob er nicht auch schon innerhalb seines Systems allen notwendigen Forderungen der Menschheit Genüge leisten kann. Wenn man den Realisten fragt: warum tust du, was recht ist, und leidest, was notwendig ist? so wird er im Geist seines Systems darauf antworten: weil es die Natur so mit sich bringt, weil es so sein muß. Aber damit ist die Frage noch keineswegs beantwortet, denn es ist nicht davon die Rede, was die Natur mit sich bringt, sondern was der Mensch will; denn er kann ja auch nicht wollen, was sein muß. Man kann ihn also wieder fragen: Warum willst du denn, was sein muß? Warum unterwirft sich dein freier Wille dieser Naturnotwendigkeit, da er sich ihr ebensogut (wenngleich ohne Erfolg, von dem hier auch gar nicht die Rede ist) entgegensetzen könnte und sich in Millionen deiner Brüder derselben wirklich entgegensetzt? Du kannst nicht sagen, weil alle andern Naturwesen sich derselben unterwerfen, denn du allein hast einen Willen, ja, du fühlst, daß deine Unterwerfung eine freiwillige sein soll. Du unterwirfst dich also, wenn es freiwillig geschieht, nicht der Naturnotwendigkeit selbst, sondern der Idee derselben; denn jene zwingt dich bloß blind, wie sie den Wurm zwingt, deinem Willen aber kann sie nichts anhaben, da du, selbst von ihr zermalmt, einen andern Willen haben kannst. Woher bringst du aber jene Idee der Naturnotwendigkeit? Aus der Erfahrung doch wohl nicht, die dir nur einzelne Naturwirkungen, aber keine Natur (als Ganzes), und nur einzelne Wirklichkeiten, aber keine Notwendigkeit liefert. Du gehst also über die Natur hinaus und bestimmst dich idealistisch, sooft du entweder moralisch handeln oder nur nicht blind leiden willst. Es ist also offenbar, daß der Realist würdiger handelt, als er seiner Theorie nach zugibt, so wie der Realist erhabener denkt, als er handelt. Ohne es sich selbst zu gestehen, beweist jener durch die ganze Haltung seines Lebens die Selbständigkeit, dieser durch einzelne Handlungen die Bedürftigkeit der menschlichen Natur.

Einem aufmerksamen und parteilosen Leser werde ich nach der hier gegebenen Schilderung (deren Wahrheit auch derjenige eingestehen kann, der das Resultat nicht annimmt) nicht erst zu beweisen brauchen, daß das Ideal menschlicher Natur unter beide verteilt, von keinem aber völlig erreicht ist. Erfahrung und Vernunft haben beide ihre eigene Gerechtsame, und keine kann in das Gebiet der andern einen Eingriff tun, ohne entweder für den innern oder äußern Zustand des Menschen schlimme Folgen anzurichten. Die Erfahrung allein kann uns lehren, was unter gewissen Bedingungen ist, was unter bestimmten Voraussetzungen erfolgt, was zu bestimmten Zwecken geschehen muß. Die Vernunft allein kann uns hingegen lehren, was ohne alle Bedingung gilt und was notwendig sein muß. Maßen wir uns nun an, mit unserer bloßen Vernunft über das äußere Dasein der Dinge etwas ausmachen zu wollen, so treiben wir bloß ein leeres Spiel, und das Resultat wird auf nichts hinauslaufen; denn alles Dasein steht unter Bedingungen, und die Vernunft bestimmt unbedingt. Lassen wir aber ein zufälliges Ereignis über dasjenige entscheiden, was schon der bloße Begriff unsers eigenen Seins mit sich bringt, so machen wir uns selbst zu einem leeren Spiele des Zufalls, und unsre Persönlichkeit wird auf nichts hinauslaufen. In dem ersten Fall ist es also um den Wert (den zeitlichen Gehalt) unsers Lebens, in dem zweiten um die Würde (den moralischen Gehalt) unsers Lebens getan.

Zwar haben wir in der bisherigen Schilderung dem Realisten einen moralischen Wert und dem Idealisten einen Erfahrungsgehalt zugestanden, aber bloß insofern beide nicht ganz konsequent verfahren und die Natur in ihnen mächtiger wirkt als das System. Obgleich aber beide dem Ideal vollkommener Menschheit nicht ganz entsprechen, so ist zwischen beiden doch der wichtige Unterschied, daß der Realist zwar dem Vernunftbegriff der Menschheit in keinem einzelnen Falle Genüge leistet, dafür aber dem Verstandesbegriff derselben auch niemals widerspricht, der Idealist hingegen zwar in einzelnen Fällen dem höchsten Begriff der Menschheit näher kommt, dagegen aber nicht selten sogar unter dem niedrigsten Begriffe derselben bleibt. Nun kommt es aber in der Praxis des Lebens weit mehr darauf an, daß das Ganze gleichförmig menschlich gut, als daß das Einzelne zufällig göttlich sei — und wenn also der Idealist ein geschickteres Subjekt ist, uns von dem, was der Menschheit möglich ist, einen großen Begriff zu erwecken und Achtung für ihre Bestimmung einzuflößen, so kann nur der Realist sie mit Stetigkeit in der Erfahrung ausführen und die Gattung in ihren ewigen Grenzen erhalten. Jener ist zwar ein edleres, aber ein ungleich weniger vollkommenes Wesen; dieser erscheint zwar durchgängig weniger edel, aber er ist dagegen desto vollkommener; denn das Edle liegt schon in dem Beweis eines großen Vermögens, aber das Vollkommene liegt in der Haltung des Ganzen und in der wirklichen Tat.

Was von beiden Charakteren in ihrer besten Bedeutung gilt, das wird noch merklicher in ihren beiderseitigen Karikaturen. Der wahre Realism ist wohltätiger in seinen Wirkungen und nur weniger edel in seiner Quelle; der falsche ist in seiner Quelle verächtlich und in seinen Wirkungen nur etwas weniger verderblich. Der wahre Realist nämlich unterwirft sich zwar der Natur und ihrer Notwendigkeit; aber der Natur als einem Ganzen, aber ihrer ewigen und absoluten Notwendigkeit, nicht ihren blinden und augenblicklichen Nötigungen. Mit Freiheit umfaßt und befolgt er ihr Gesetz und immer wird er das Individuelle dem Allgemeinen unterordnen; daher kann es auch nicht fehlen, daß er mit dem echten Idealisten in dem endlichen Resultat übereinkommen wird, wie verschieden auch der Weg ist, welchen beide dazu einschlagen. Der gemeine Empiriker hingegen unterwirft sich der Natur als einer Macht und mit wahlloser blinder Ergebung. Auf das Einzelne sind seine Urteile, seine Bestrebungen beschränkt; er glaubt und begreift nur, was er betastet, er schätzt nur, was ihn sinnlich verbessert. Er ist daher auch weiter nichts, als was die äußern Eindrücke zufällig aus ihm machen wollen, seine Selbstheit ist unterdrückt, und als Mensch hat er absolut keinen Wert und keine Würde. Aber als Sache ist er noch immer etwas, er kann noch immer zu etwas gut sein. Eben die Natur, der er sich blindlings überliefert, läßt ihn nicht ganz sinken; ihre ewigen Grenzen schützen ihn, ihre unerschöpflichen Hülfsmittel retten ihn, sobald er seine Freiheit nur ohne allen Vorbehalt aufgibt. Obgleich er in diesem Zustand von keinen Gesetzen weiß, so walten diese doch unerkannt über ihm, und wie sehr auch seine einzelnen Bestrebungen mit dem Ganzen im Streit liegen mögen, so wird sich dieses doch unfehlbar dagegen zu behaupten wissen. Es gibt Menschen genug, ja wohl ganze Völker, die in diesem verächtlichen Zustande leben, die bloß durch die Gnade des Naturgesetzes, ohne alle Selbstheit, bestehen und daher auch nur zu etwas gut sind, aber daß sie auch nur leben und bestehen, beweist, daß dieser Zustand nicht ganz gehaltlos ist.

Wenn dagegen schon der wahre Idealist in seinen Wirkungen unsicher und öfters gefährlich ist, so ist der falsche in den seinigen schrecklich. Der wahre Idealist verläßt nur deswegen die Natur und Erfahrung, weil er hier das Unwandelbare und unbedingt Notwendige nicht findet, wornach die Vernunft ihn doch streben heißt; der Phantast verläßt die Natur aus bloßer Willkür, um dem Eigensinne der Begierden und den Launen der Einbildungskraft desto ungebundener nachgeben zu können. Nicht in die Unabhängigkeit von physischen Nötigungen, in die Lossprechung von moralischen setzt er seine Freiheit. Der Phantast verleugnet also nicht bloß den menschlichen — er verleugnet allen Charakter, er ist völlig ohne Gesetz, er ist also gar nichts und dient auch zu gar nichts. Aber eben darum, weil die Phantasterei keine Ausschweifung der Natur, sondern der Freiheit ist, also aus einer an sich achtungswürdigen Anlage entspringt, die ins Unendliche perfektibel ist, so führt sie auch zu einem unendlichen Fall in eine bodenlose Tiefe und kann nur in einer völligen Zerstörung sich endigen.

FRIEDRICH SCHILLER
Über die ästhetische Erziehung des Menschen

(Neunter Brief)

Die theoretische Kultur soll die praktische herbeiführen und die praktische doch die Bedingung der theoretischen sein? Alle Verbesserung im Politischen soll von Veredlung des Charakters ausgehen — aber wie kann sich unter den Einflüssen einer barbarischen Staatsverfassung der Charakter veredeln? Man müßte also zu diesem Zwecke ein Werkzeug aufsuchen, welches der Staat nicht hergibt, und Quellen dazu eröffnen, die sich bei aller politischen Verderbnis rein und lauter erhalten. Dieses Werkzeug ist die schöne Kunst, diese Quellen öffnen sich in ihren unsterblichen Mustern. Von allem, was positiv ist und was menschliche Konventionen einführten, ist die Kunst wie die Wissenschaft losgesprochen, und beide erfreuen sich einer absoluten Immunität von der Willkür der Menschen. Der politische Gesetzgeber kann ihr Gebiet sperren, aber darin herrschen kann er nicht. Er kann den Wahrheitsfreund ächten, aber die Wahrheit besteht; er kann den Künstler erniedrigen, aber die Kunst kann er nicht verfälschen. Zwar ist nichts gewöhnlicher, als daß beide, Wissenschaft und Kunst, dem Geist des Zeitalters huldigen und der hervorbringende Geschmack von dem beurteilenden das Gesetz empfängt. Wo der Charakter straff wird und sich verhärtet, da sehen wir die Wissenschaft streng ihre Grenzen bewachen und die Kunst in den schweren Fesseln der Regel gehen; wo der Charakter erschlafft und sich auflöst, da wird die Wissenschaft zu gefallen und die Kunst zu vergnügen streben. Ganze Jahrhunderte lang zeigen sich die Philosophen wie die Künstler geschäftig, Wahrheit und Schönheit in die Tiefen gemeiner Menschheit hinabzutauchen; jene gehen darin unter, aber mit eigner unzerstörbarer Lebenskraft ringen sich diese siegend empor. Der Künstler ist zwar der Sohn seiner Zeit, aber schlimm für ihn, wenn er zugleich ihr Zögling oder gar noch ihr Günstling ist. Eine wohltätige Gottheit reiße den Säugling beizeiten von seiner Mutter Brust, nähre ihn mit der Milch eines bessern Alters und lasse ihn unter fernem griechischen Himmel zur Mündigkeit reifen. Wenn er dann Mann geworden ist, so kehre er, eine fremde Gestalt, in sein Jahrhundert zurück — aber nicht, um es mit seiner Erscheinung zu erfreuen, sondern, furchtbar wie Agamemnons Sohn, um es zu reinigen. Den Stoff zwar wird er von der Gegenwart nehmen, aber die Form von einer edleren Zeit, ja, jenseits aller Zeit, von der absoluten, unwandelbaren Einheit seines Wesens entlehnen. Hier aus dem reinen Äther seiner dämonischen Natur rinnt die Quelle der Schönheit herab, unangesteckt von der Verderbnis der Geschlechter und Zeiten, welche tief unter ihr in trüben Strudeln sich wälzen. Seinen Stoff kann die Laune entehren, wie sie ihn geadelt hat, aber die keusche Form ist ihrem Wechsel entzogen. Der Römer des ersten Jahrhunderts hatte längst schon die Knie vor seinen Kaisern gebeugt, als die Bildsäulen noch aufrecht standen; die Tempel blieben dem Auge heilig, als die Götter längst zum Gelächter dienten, und die Schandtaten eines Nero und Commodus beschämte der edle Stil des Gebäudes, das seine Hülle dazu gab. Die Menschheit hatte ihre Würde verloren, aber die Kunst hat sie gerettet und aufbewahrt in bedeutenden Steinen; die Wahrheit lebt in der Täuschung fort, und aus dem Nachbilde wird das Urbild wiederhergestellt werden. So wie die edle Kunst die edle Natur überlebte, so schreitet sie derselben auch in der Begeisterung, bildend und erweckend, voran. Ehe noch die Wahrheit ihr siegendes Licht in die Tiefe der Herzen sendet, fängt die Dichtungskraft ihre Strahlen auf, und die Gipfel der Menschheit werden glänzen, wenn noch feuchte Nacht in den Tälern liegt.

Wie verwahrt sich aber der Künstler vor den Verderbnissen seiner Zeit, die ihn von allen Seiten umfangen? Wenn er ihr Urteil verachtet. Er blicke aufwärts nach seiner Würde und dem Gesetz, nicht niederwärts nach dem Glücke und nach dem Bedürfnis. Gleich frei von der eiteln Geschäftigkeit, die in den flüchtigen Augenblick gern ihre Spur drücken möchte, und von dem ungeduldigen Schwärmergeist, der auf die dürftige Geburt der Zeit den Maßstab des Unbedingten anwendet, überlasse er dem Verstande, der hier einheimisch ist, die Sphäre des Wirklichen; er aber strebe, aus dem Bunde des Möglichen mit dem Notwendigen das Ideal zu erzeugen. Dieses präge er aus in Täuschung und Wahrheit, präge es in die Spiele seiner Einbildungskraft und in den Ernst seiner Taten, präge es aus in allen sinnlichen und geistigen Formen und werfe es schweigend in die unendliche Zeit.

Aber nicht jedem, dem dieses Ideal in der Seele glüht, wurde die schöpferische Ruhe und der große geduldige Sinn verliehen, es in den verschwiegnen Stein einzudrücken oder in das nüchterne Wort auszugießen und den treuen Händen der Zeit zu vertrauen. Viel zu ungestüm, um durch dieses ruhige Mittel zu wandern, stürzt sich der göttliche Bildungstrieb oft unmittelbar auf die Gegenwart und auf das handelnde Leben und unternimmt, den formlosen Stoff der moralischen Welt umzubilden. Dringend spricht das Unglück seiner Gattung zu dem fühlenden Menschen, dringend ihre Entwürdigung, der Enthusiasmus entflammt sich, und das glühende Verlangen strebt in kraftvollen Seelen ungeduldig zur Tat. Aber befragte er sich auch, ob diese Unordnungen in der moralischen Welt seine Vernunft beleidigen oder nicht vielmehr seine Selbstliebe schmerzen? Weiß er noch nicht, so wird er es an dem Eifer erkennen, womit er auf bestimmte und beschleunigte Wirkungen dringt. Der reine moralische Trieb ist aufs Unbedingte gerichtet, für ihn gibt es keine Zeit, und die Zukunft wird ihm zur Gegenwart, sobald sie sich aus der Gegenwart notwendig entwickeln muß. Vor einer Vernunft ohne Schranken ist die Richtung zugleich die Vollendung, und der Weg ist zurückgelegt, sobald er eingeschlagen ist.

Gib also, werde ich dem jungen Freund der Wahrheit und Schönheit zur Antwort geben, der von mir wissen will, wie er dem edeln Trieb in seiner Brust, bei allem Widerstande des Jahrhunderts, Genüge zu tun habe, gib der Welt, auf die du wirkst, die Richtung zum Guten, so wird der ruhige Rhythmus der Zeit die Entwicklung bringen. Diese Richtung hast du ihr gegeben, wenn du lehrend ihre Gedanken zum Notwendigen und Ewigen erhebst, wenn du handelnd oder bildend das Notwendige und Ewige in einen Gegenstand ihrer Triebe verwandelst. Fallen wird das Gebäude des Wahns und der Willkürlichkeit, fallen muß es, es ist schon gefallen, sobald du gewiß bist, daß es sich neigt; aber in dem innern, nicht bloß in dem äußern Menschen muß es sich neigen. In der schamhaften Stille deines Gemüts erziehe die siegende Wahrheit, stelle sie aus dir heraus in der Schönheit, daß nicht bloß der Gedanke ihr huldige, sondern auch der Sinn ihre Erscheinung liebend ergreife. Und damit es dir nicht begegne, von der Wirklichkeit das Muster zu empfangen, das du ihr geben sollst, so wage dich nicht eher in ihre bedenkliche Gesellschaft, bis du eines idealischen Gefolges in deinem Herzen versichert bist. Lebe mit deinem Jahrhundert, aber sei nicht sein Geschöpf; leiste deinen Zeitgenossen, aber was sie bedürfen, nicht was sie loben. Ohne ihre Schuld geteilt zu haben, teile mit edler Resignation ihre Strafen und beuge dich mit Freiheit unter das Joch (des Staates), das sie gleich schlecht entbehren und tragen. Durch den standhaften Mut, mit dem du ihr Glück verschmähest, wirst du ihnen beweisen, daß nicht deine Feigheit sich ihren Leiden unterwirft. Denke sie dir, wie sie sein sollten, wenn du auf sie zu wirken hast, aber denke sie dir, wie sie sind, wenn du für sie zu handeln versucht wirst. Ihren Beifall suche durch ihre Würde, aber auf ihren Unwert berechne ihr Glück, so wird dein eigener Adel dort den ihrigen aufwecken und ihre Unwürdigkeit hier deinen Zweck nicht vernichten. Der Ernst deiner Grundsätze wird sie von dir scheuchen, aber im Spiele ertragen sie sie noch; ihr Geschmack ist keuscher als ihr Herz, und hier mußt du den scheuen Flüchtling ergreifen. Ihre Maximen wirst du umsonst bestürmen, ihre Taten umsonst verdammen, aber an ihrem Müßiggange kannst du deine bildende Hand versuchen. Verjage die Willkür, die Frivolität, die Rohigkeit aus ihren Vergnügungen, so wirst du sie unvermerkt auch aus ihren Handlungen, endlich aus ihren Gesinnungen verbannen. Wo du sie findest, umgib sie mit edeln, mit großen, mit geistreichen Formen, schließe sie ringsum mit den Symbolen des Vortrefflichen ein, bis der Schein die Wirklichkeit und die Kunst die Natur überwindet.

G. W. FRIEDRICH HEGEL

Über ›Wallenstein‹

Der unmittelbare Eindruck nach der Lesung Wallensteins ist trauriges Verstummen über den Fall eines mächtigen Menschen unter einem schweigenden und tauben Schicksal. Wenn das Stück endigt, so ist alles aus, das Reich des Nichts, des Todes hat den Sieg behalten; es endigt nicht als eine Theodizee.

Das Stück enthält zweierlei Schicksale Wallensteins: — das eine das Schicksal des Bestimmtwerdens eines Entschlusses, das zweite das Schicksal dieses Entschlusses und der Gegenwirkung auf ihn. Jedes kann für sich als ein tragisches Ganzes angesehen werden. Das erste — Wallenstein, ein großer Mensch — denn er hat als er selbst, als Individuum, über viele Menschen geboten —, tritt auf als dieses gebietende Wesen, geheimnisvoll, weil er kein Geheimnis hat, im Glanz und Genuß dieser Herrschaft. Die Bestimmtheit teilt sich gegen seine Unbestimmtheit notwendig in zwei Zweige, der eine in ihm, der andere außer ihm; der in ihm ist nicht sowohl ein Ringen nach derselben als ein Gären derselben; er besitzt persönliche Größe, Ruhm als Feldherr, als Retter eines Kaisertums durch Individualität, Herrschaft über viele, die ihm gehorchen, Furcht bei Freunden und Feinden; er ist selbst über die Bestimmtheit erhaben, dem von ihm geretteten Kaiser oder gar dem Fanatismus anzugehören; welche Bestimmtheit wird ihn erfüllen? Er bereitet sich die Mittel zu dem größten Zwecke seiner Zeit, dem, für das allgemeine Deutschland Frieden zu gebieten; ebenso dazu, sich selbst ein Königreich und seinen Freunden verhältnismäßige Belohnung zu verschaffen; — aber seine erhabene, sich selbst genügende, mit den größten Zwecken spielende und darum charakterlose Seele kann keinen Zweck ergreifen, sie sucht ein Höheres, von dem sie gestoßen werde; der unabhängige Mensch, der doch lebendig und kein Mönch ist, will die Schuld der Bestimmtheit von sich abwälzen, und wenn nichts für ihn ist, das ihm gebieten kann — es darf nichts für ihn sein —, so erschafft er sich, was ihm gebietet; Wallenstein sucht seinen Entschluß, sein Handeln und sein Schicksal in den Sternen (Max Piccolomini spricht davon nur wie ein Verliebter). Eben die Einseitigkeit des Unbestimmtseins mitten unter lauter Bestimmtheiten, der Unabhängigkeit unter lauter Abhängigkeiten bringt ihn in Beziehung mit tausend Bestimmtheiten, seine Freunde bilden diese zu Zwecken aus, die zu den seinigen werden, seine Feinde ebenso, gegen die sie aber kämpfen müssen; und diese Bestimmtheit, die sich in dem gärenden Stoff — denn es sind Menschen — selbst gebildet hat, ergreift ihn, da er damit zusammen- und also davon abhängt, mehr, als daß er sie machte. Dieses Erliegen der Unbestimmtheit unter die Bestimmtheit ist ein höchst tragisches Wesen und groß, konsequent dargestellt; — die Reflexion wird darin das Genie nicht rechtfertigen, sondern aufzeigen. Der Eindruck von diesem Inhalt als einem tragischen Ganzen steht mir sehr lebhaft vor. Wenn dies Ganze ein Roman wäre, so könnte man fordern, das Bestimmte erklärt zu sehen, — nämlich dasjenige, was Wallenstein zu dieser Herrschaft über die Menschen gebracht hat. Das Große, Bestimmungslose, für sie Kühne, fesselt sie; es ist aber im Stück und konnte nicht handelnd dramatisch, d. h. bestimmend und zugleich bestimmt auftreten; es tritt nur als Schattenbild, wie es im Prolog, vielleicht im andern Sinne, heißt, auf; aber das Lager ist dieses Herrschen, als ein Gewordenes, als ein Produkt.

Das Ende dieser Tragödie wäre demnach das Eingreifen des Entschlusses; die andere Tragödie das Zerschellen dieses Entschlusses an seinem Entgegengesetzten; und so groß die erste ist, so wenig ist mir die zweite Tragödie befriedigend. Leben gegen Leben; aber es steht nur Tod gegen Leben auf, und unglaublich! abscheulich! der Tod siegt über das Leben! Dies ist nicht tragisch, sondern entsetzlich! Dies zerreißt das Gemüt, daraus kann man nicht mit erleichterter Brust springen!

FRIEDRICH DÜRRENMATT
Kann man die heutige Welt noch mit der Dramatik Schillers abbilden?

Läßt sich die heutige Welt, um konkret zu fragen, mit der Dramatik Schillers gestalten, wie einige Schriftsteller behaupten, da ja Schiller das Publikum immer noch packe? Gewiß, in der Kunst ist alles möglich, wenn sie stimmt, die Frage ist nur, ob eine Kunst, die einmal stimmte, auch heute noch möglich ist. Die Kunst ist nie wiederholbar, wäre sie es, wäre es töricht, nun nicht einfach mit den Regeln Schillers zu schreiben.

Schiller schrieb so, wie er schrieb, weil die Welt, in der er lebte, sich noch in der Welt, die er schrieb, die er sich als Historiker erschuf, spiegeln konnte Gerade noch. War doch Napoleon vielleicht der letzte Held im alten Sinne. Die heutige Welt, wie sie uns erscheint, läßt sich dagegen schwerlich in der Form des geschichtlichen Dramas Schillers bewältigen, allein aus dem Grunde, weil wir keine tragischen Helden, sondern nur Tragödien vorfinden, die von Weltmetzgern inszeniert und von Hackmaschinen ausgeführt werden. Aus Hitler und Stalin lassen sich keine Wallensteine mehr machen. Ihre Macht ist so riesenhaft, daß sie selber nur noch zufällige, äußere Ausdrucksformen dieser Macht sind, beliebig zu ersetzen, und das Unglück, das man besonders mit dem ersten und ziemlich mit dem zweiten verbindet, ist zu weitverzweigt, zu verworren, zu grausam, zu mechanisch geworden und oft einfach auch zu sinnlos. Die Macht Wallensteins ist eine noch sichtbare Macht, die heutige Macht ist nur zum kleinsten Teil sichtbar, wie bei einem Eisberg ist der größte Teil im Gesichtslosen, Abstrakten versunken. Das Drama Schillers setzt eine sichtbare Welt voraus, die echte Staatsaktion (wie ja auch die griechische Tragödie). Sichtbar in der Kunst ist das Überschaubare. Der heutige Staat ist jedoch unüberschaubar, anonym, bürokratisch geworden, und dies nicht etwa nur in Moskau oder Washington, sondern auch schon in Bern, und die heutigen Staatsaktionen sind nachträgliche Satyrspiele, die den im Verschwiegenen vollzogenen Tragödien folgen. Die echten Repräsentanten fehlen, und die tragischen Helden sind ohne Namen. Mit einem kleinen Schieber, mit einem Kanzlisten, mit einem Polizisten läßt sich die heutige Welt besser wiedergeben als mit einem Bundesrat, als mit einem Bundeskanzler.

Die Kunst dringt nur noch bis zu den Opfern vor, dringt sie überhaupt zu Menschen, die Mächtigen erreicht sie nicht mehr. Kreons Sekretäre erledigen den Fall Antigone. Der Staat hat seine Gestalt verloren, und wie die Physik die Welt nur noch in mathematischen Formeln wiederzugeben vermag, so ist er nur noch statistisch darzustellen. Sichtbar, Gestalt wird die heutige Macht nur etwa da, wo sie explodiert, in der Atombombe, in diesem wundervollen Pilz, der da aufsteigt und sich ausbreitet, makellos wie die Sonne, bei dem Massenmord und Schönheit eins werden. Die Atombombe kann man nicht mehr darstellen, seit man sie herstellen kann. Vor ihr versagt jede Kunst als eine Schöpfung des Menschen, weil sie selbst eine Schöpfung des Menschen ist. Zwei Spiegel, die sich ineinander spiegeln, bleiben leer.

6

ZWISCHEN KLASSIK UND ROMANTIK

(LITERATUR ALS AUSDRUCK DER ZEITKRISE)

Patmos

NAH IST
UND SCHWER ZU FASSEN DER GOTT.
WO ABER GEFAHR IST, WÄCHST
DAS RETTENDE AUCH.
IM FINSTERN WOHNEN
DIE ADLER, UND FURCHTLOS GEHN
DIE SÖHNE DER ALPEN ÜBER DEN ABGRUND WEG
AUF LEICHTGEBAUTEN BRÜCKEN.
DRUM, DA GEHÄUFT SIND RINGS
DIE GIPFEL DER ZEIT, UND DIE LIEBSTEN
NAH WOHNEN, ERMATTEND AUF
GETRENNTESTEN BERGEN,
SO GIB UNSCHULDIG WASSER,
O FITTICHE GIB UNS, TREUESTEN SINNS
HINÜBERZUGEHN UND WIEDERZUKEHREN...

FRIEDRICH HÖLDERLIN

FRIEDRICH HÖLDERLIN
Briefe

An den Bruder 2. November 1797

Es ist mir unendlich viel wert, mein Wesen so wirksam und so freundlich aufgenommen in einer Seele zu finden, wie die Deine ist. Es stillt und besänftigt mich nichts mehr, als ein Tropfen lauterer, unverfälschter Liebe, so wie im Gegenteil die Kälte und geheime Unterjochungssucht der Menschen mich, bei aller Vorsicht, deren ich fähig bin, doch immer überspannt und zu unmäßiger Anstrengung und Bewegung meines innern Lebens aufreizt. Lieber Karl! es ist ein so schönes Gedeihn in allem, was wir treiben, wenn es mit gehaltener Seele geschieht, und uns das stille, stete Feuer belebt, das ich besonders in den alten Meisterwerken aller Art, als herrschenden Charakter immer mehr zu finden glaube. Aber wer hält in schöner Stellung sich, wenn er sich durch ein Gedränge durcharbeitet, wo ihn alles hin und her stößt? Und wer vermag sein Herz in einer schönen Grenze zu halten, wenn die Welt auf ihn mit Fäusten einschlägt? Je angefochtener wir sind vom Nichts, das, wie ein Abgrund, um uns her uns angähnt, oder auch vom tausendfachen Etwas der Gesellschaft und Tätigkeit der Menschen, das gestaltlos, seel- und lieblos uns verfolgt, zerstreut, um so leidenschaftlicher und heftiger und gewaltsamer muß der Widerstand von unserer Seite werden.

An Susette Gontard Homburg, um Ostern 1799

Hier unsern Hyperion, Liebe! Ein wenig Freude wird diese Frucht unserer seelenvollen Tage Dir doch geben. Verzeih mir's, daß Diotima stirbt. Du erinnerst Dich, wir haben uns ehmals nicht ganz darüber vereinigen können. Ich glaubte, es wäre, der ganzen Anlage nach, notwendig, Liebste! alles, was von ihr und uns, vom Leben unseres Lebens hie und da gesagt ist, nimm es wie einen Dank, der öfters um so wahrer ist, je ungeschickter er sich ausdrückt. Hätte ich mich zu Deinen Füßen nach und nach zum Künstler bilden können, in Ruhe und Freiheit, ja ich glaube, ich wäre es schnell geworden, wonach in allem Leide mein Herz sich in Tränen und am hellen Tage und oft mit schweigender Verzweiflung sehnt. — Es ist wohl der Tränen alle wert, die wir seit Jahren geweint, daß wir die Freude nicht haben sollten, die wir uns geben können, aber es ist himmelschreiend, wenn wir denken müssen, daß wir beide mit unsern besten Kräften vielleicht vergehen müssen, weil wir uns fehlen. Und sieh! das macht mich eben so stille manchmal, weil ich mich hüten muß vor solchen Gedanken. Deine Krankheit, Dein Brief, es trat mir wieder, so sehr ich sonst verblinden möchte, so klar vor die Augen, daß Du immer, immer leidest, — und ich Knabe kann nur weinen darüber! — Was ist besser, sage mir's, daß wir's verschweigen, was in unserm Herzen ist, oder daß wir uns es sagen! — Immer hab ich die Memme gespielt, um Dich zu schonen, — habe immer getan, als könnt ich mich in alles schicken, als wär ich so recht zum Spielball der Menschen und der Umstände gemacht und hätte kein festes Herz in mir, das treu und frei in seinem Rechte für sein Bestes schlüge, teuerstes Leben! habe oft meine liebste Liebe, selbst die Gedanken an Dich mir manchmal versagt und verleugnet; nur um so sanft wie möglich um Deinetwillen dies Schicksal durchzuleben. — Du auch, Friedliche! um Ruhe zu haben, hast mit Heldenkraft geduldet und verschwiegen, was nicht zu ändern ist, hast Deines Herzens ewige Wahl in Dir verborgen und begraben, und darum dämmerts oft vor uns, und wir wissen nicht mehr, was wir sind und haben, kennen uns kaum noch selbst; dieser ewige Kampf und Widerspruch im Innern, der muß Dich freilich langsam töten, und wenn kein Gott ihn da besänftigen kann, so hab ich keine Wahl, als zu verkümmern über Dir und mir, oder nichts mehr zu achten als Dich und einen Weg mit Dir zu suchen, der den Kampf uns endet.

Ich habe schon gedacht, als könnten wir auch von Verleugnung leben, als machte vielleicht auch dies uns stark, daß wir entschieden der Hoffnung das Lebewohl sagten ...

FRIEDRICH HÖLDERLIN

Hälfte des Lebens - Skizze einer Ode

    Mit gelben Birnen hänget und (— —) voll
    Mit wilden Rosen — — das — —
        Land in den See: Ihr holden Schwäne
    — — — — — — — — — — —

    — — — — — — — — — — —
    und trunken — von Küssen — tunkt ihr das
    — — — — — Haupt ins heilig
        Nüchterne Wasser — — — — —

    Weh mir wo nehm ich, — wenn es Winter ist
    Die Blumen — und wo — den Sonnenschein
        Und Schatten der — — — Erde
    — — — — — — — — — — —

    — — — — — — — — — — —
    — — — — — Die Mauern stehn
    Sprachlos und kalt; im — — Winde
        Klirren die Fahnen — — — — —

FRIEDRICH HÖLDERLIN
Hyperions Schicksalslied

Ihr wandelt droben im Licht
 Auf weichem Boden, selige Genien!
  Glänzende Götterlüfte
   Rühren euch leicht,
    Wie die Finger der Künstlerin
     Heilige Saiten.

Schicksallos, wie der schlafende
 Säugling, atmen die Himmlischen;
  Keusch bewahrt
   In bescheidener Knospe,
    Blühet ewig
     Ihnen der Geist,
      Und die seligen Augen
       Blicken in stiller
        Ewiger Klarheit.

Doch uns ist gegeben,
 Auf keiner Stätte zu ruhn,
  Es schwinden, es fallen
   Die leidenden Menschen
    Blindlings von einer
     Stunde zur andern,
      Wie Wasser von Klippe
       Zu Klippe geworfen,
        Jahrlang ins Ungewisse hinab.

FRIEDRICH HÖLDERLIN
An die Parzen

Nur einen Sommer gönnt, ihr Gewaltigen!
 Und einen Herbst zu reifem Gesange mir,
  Daß williger mein Herz, vom süßen
   Spiele gesättiget, dann mir sterbe!

Die Seele, der im Leben ihr göttlich Recht
 Nicht ward, sie ruht auch drunten im Orkus nicht;
  Doch ist mir einst das Heilge, das am
   Herzen mir liegt, das Gedicht, gelungen:

300   Willkommen dann, o Stille der Schattenwelt!
           Zufrieden bin ich, wenn auch mein Saitenspiel
               Mich nicht hinabgeleitet; Einmal
                   Lebt ich, wie Götter, und mehr bedarfs nicht.

FRIEDRICH HÖLDERLIN
Brot und Wein

(An Heinze)

1

Rings um ruhet die Stadt; still wird die erleuchtete Gasse,
    Und, mit Fackeln geschmückt, rauschen die Wagen hinweg.
Satt gehn heim von Freuden des Tags zu ruhen die Menschen,
    Und Gewinn und Verlust wäget ein sinniges Haupt
Wohlzufrieden zu Haus; leer steht von Trauben und Blumen,
    Und von Werken der Hand ruht der geschäftige Markt.
Aber das Saitenspiel tönt fern aus Gärten; vielleicht, daß
    Dort ein Liebendes spielt oder ein einsamer Mann
Ferner Freunde gedenkt und der Jugendzeit; und die Brunnen
    Immerquillend und frisch rauschen an duftendem Beet.
Still in dämmriger Luft ertönen geläutete Glocken,
    Und der Stunden gedenk rufet ein Wächter die Zahl.
Jetzt auch kommet ein Wehn und regt die Gipfel des Hains auf,
    Sieh! und das Schattenbild unserer Erde, der Mond,
Kommet geheim nun auch; die Schwärmerische, die Nacht, kommt,
    Voll mit Sternen und wohl wenig bekümmert um uns,
Glänzt die Erstaunende dort, die Fremdlingin unter den Menschen,
    Über Gebirgshöhn traurig und prächtig herauf.

2

Wunderbar ist die Gunst der Hocherhabnen und niemand
    Weiß, von wannen und was einem geschiehet von ihr.
So bewegt sie die Welt und die hoffende Seele der Menschen,
    Selbst kein Weiser versteht, was sie bereitet, denn so
Will es der oberste Gott, der sehr dich liebet, und darum
    Ist noch lieber, wie sie, dir der besonnene Tag.
Aber zuweilen liebt auch klares Auge den Schatten
    Und versuchet zu Lust, eh es die Not ist, den Schlaf,
Oder es blickt auch gern ein treuer Mann in die Nacht hin,
    Ja, es ziemet sich ihr Kränze zu weihn und Gesang,

Weil den Irrenden sie geheiligt ist und den Toten,
  Selber aber besteht, ewig, in freiestem Geist.
Aber sie muß uns auch, daß in der zaudernden Weile,
  Daß im Finstern für uns einiges Haltbare sei,
Uns die Vergessenheit und das Heiligtrunkene gönnen,
  Gönnen das strömende Wort, das, wie die Liebenden, sei,
Schlummerlos und voller Pokal und kühneres Leben,
  Heilig Gedächtnis auch, wachend zu bleiben bei Nacht.

3

Auch verbergen umsonst das Herz im Busen, umsonst nur
  Halten den Mut noch wir, Meister und Knaben, denn wer
Möcht es hindern und wer möcht uns die Freude verbieten?
  Göttliches Feuer auch treibest, bei Tag und bei Nacht,
Aufzubrechen. So komm! daß wir das Offene schauen,
  Daß ein Eigenes wir suchen, so weit es auch ist.
Fest bleibt Eins; es sei um Mittag oder es gehe
  Bis in die Mitternacht, immer bestehet ein Maß,
Allen gemein, doch jeglichem auch ist eignes beschieden,
  Dahin gehet und kommt jeder, wohin er es kann.
Drum! und spotten des Spotts mag gern frohlockender Wahnsinn,
  Wenn er in heiliger Nacht plötzlich die Sänger ergreift.
Drum an den Isthmos komm: dorthin, wo das offene Meer rauscht
  Am Parnaß und der Schnee delphische Felsen umglänzt,
Dort ins Land der Olymps, dort auf die Höhe Cithärons,
  Unter die Fichten dort, unter die Trauben, von wo
Thebe drunten und Ismenos rauscht im Lande des Kadmos,
  Dorther kommt und zurück deutet der kommende Gott.

4

Seliges Griechenland! du Haus der Himmlischen alle,
  Also ist wahr, was einst wir in der Jugend gehört?
Festlicher Saal! der Boden ist Meer! und Tische die Berge,
  Wahrlich zu einzigem Brauche vor alters gebaut!
Aber die Thronen, wo? die Tempel, und wo die Gefäße,
  Wo mit Nektar gefüllt, Göttern zu Lust der Gesang?
Wo, wo leuchten sie denn, die fernhintreffenden Sprüche?
  Delphi schlummert und wo tönet das große Geschick?
Wo ist das schnelle? wo bricht's, allgegenwärtigen Glücks voll,
  Donnernd aus heiterer Luft über die Augen herein?
Vater Äther! so rief's und flog von Zunge zu Zunge,
  Tausendfach, es ertrug keiner das Leben allein;

Ausgeteilet erfreut solches Gut und getauschet, mit Fremden,
  Wird's ein Jubel, es wächst schlafend des Wortes Gewalt
Vater! heiter! und hallt, so weit es gehet, das uralt
  Zeichen, von Eltern geerbt, treffend und schaffend hinab.
Denn so kehren die Himmlischen ein, tiefschütternd gelangt so
  Aus den Schatten herab unter die Menschen ihr Tag.

5

Unempfunden kommen sie erst, es streben entgegen
  Ihnen die Kinder, zu hell kommet, zu blendend das Glück,
Und es scheut sie der Mensch, kaum weiß zu sagen ein Halbgott,
  Wer mit Namen sie sind, die mit den Gaben ihm nahn.
Aber der Mut von ihnen ist groß, es füllen das Herz ihm
  Ihre Freuden und kaum weiß er zu brauchen das Gut,
Schafft, verschwendet und fast ward ihm Unheiliges heilig,
  Das er mit segnender Hand törig und gütig berührt.
Möglichst dulden die Himmlischen dies; dann aber in Wahrheit
  Kommen sie selbst, und gewohnt werden die Menschen des Glücks
Und des Tags und zu schaun die Offenbaren, das Antlitz
  Derer, welche schon längst, Eines und Alles genannt,
Tief die verschwiegene Brust mit freier Genüge gefüllet,
  Und zuerst und allein alles Verlangen beglückt.
So ist der Mensch; wenn da ist das Gut, und es sorget mit Gaben
  Selber ein Gott für ihn, kennet und sieht er es nicht.
Tragen muß er, zuvor; nun aber nennt er sein Liebstes,
  Nun, nun müssen dafür Worte, wie Blumen entstehn.

6

Und nun denkt er zu ehren in Ernst die seligen Götter,
  Wirklich und wahrhaftig muß alles verkünden ihr Lob.
Nichts darf schauen das Licht, was nicht den Hohen gefället,
  Vor den Äther gebührt Müßigversuchendes nicht.
Drum in der Gegenwart der Himmlischen würdig zu stehen,
  Richten in herrlichen Ordnungen Völker sich auf
Untereinander und baun die schönen Tempel und Städte
  Fest und edel, sie gehn über Gestaden empor —
Aber wo sind sie? wo blühn die Bekannten, die Kronen des Festes?
  Thebe welkt und Athen; rauschen die Waffen nicht mehr
In Olympia, nicht die goldnen Wagen des Kampfspiels,
  Und bekränzen sich denn nimmer die Schiffe Korinths?
Warum schweigen auch sie, die alten heilgen Theater?
  Warum freuet sich denn nicht der geweihete Tanz?

Warum zeichnet, wie sonst, die Stirne des Mannes ein Gott nicht,
    Drückt den Stempel, wie sonst, nicht dem Getroffenen auf?
Oder er kam auch selbst und nahm des Menschen Gestalt an
    Und vollendet' und schloß tröstend das himmlische Fest.

7

Aber Freund! wir kommen zu spät. Zwar leben die Götter,
    Aber über dem Haupt droben in anderer Welt.
Endlos wirken sie da und scheinens wenig zu achten,
    Ob wir leben, so sehr schonen die Himmlischen uns.
Denn nicht immer vermag ein schwaches Gefäß sie zu fassen,
    Nur zu Zeiten erträgt göttliche Fülle der Mensch.
Traum von ihnen ist drauf das Leben. Aber das Irrsal
    Hilft, wie Schlummer und stark machet die Not und die Nacht,
Bis daß Helden genug in der ehernen Wiege gewachsen,
    Herzen an Kraft, wie sonst, ähnlich den Himmlischen sind.
Donnernd kommen sie drauf. Indessen dünket mir öfters
    Besser zu schlafen, wie so ohne Genossen zu sein,
So zu harren, und was zu tun indes und zu sagen,
    Weiß ich nicht, und wozu Dichter in dürftiger Zeit?
Aber sie sind, sagst du, wie des Weingotts heilige Priester,
    Welche von Lande zu Land zogen in heiliger Nacht.

8

Nämlich, als vor einiger Zeit, uns dünket sie lange,
    Aufwärts stiegen sie all, welche das Leben beglückt.
Als der Vater gewandt sein Angesicht vor den Menschen,
    Und das Trauern mit Recht über der Erde begann,
Als erschienen zuletzt ein stiller Genius, himmlisch
    Tröstend, welcher des Tags Ende verkündet' und schwand,
Ließ zum Zeichen, daß einst er da gewesen und wieder
    Käme, der himmlische Chor einige Gaben zurück,
Derer menschlich, wie sonst, wir uns zu freuen vermöchten,
    Denn zur Freude, mit Geist, wurde das Größre zu groß
Unter den Menschen und noch, noch fehlen die Starken zu höchsten
    Freuden, aber es lebt stille noch einiger Dank.
Brod ist der Erde Frucht, doch ists vom Lichte gesegnet,
    Und vom donnernden Gott kommet die Freude des Weins.
Darum denken wir auch dabei der Himmlischen, die sonst
    Da gewesen und die kehren in richtiger Zeit,
Darum singen sie auch mit Ernst, die Sänger, den Weingott,
    Und nicht eitel erdacht tönet dem Alten das Lob.

9

Ja! sie sagen mit Recht, er söhne den Tag mit der Nacht aus,
　　Führe des Himmels Gestirn ewig hinunter, hinauf,
Allzeit froh, wie das Laub der immergrünenden Fichte,
　　Das er liebt, und der Kranz, den er von Efeu gewählt,
Weil er bleibet und selbst die Spur der entflohenen Götter
　　Götterlosen hinab unter das Finstere bringt.
Was der Alten Gesang von Kindern Gottes geweissagt,
　　Siehe! wir sind es, wir; Frucht von Hesperien ists!
Wunderbar und genau ists als an Menschen erfüllet,
　　Glaube, wer es geprüft! aber so vieles geschieht,
Keines wirket, denn wir sind herzlos, Schatten, bis unser
　　Vater Äther erkannt jeden und allen gehört.
Aber indessen kommet als Fackelschwinger des Höchsten
　　Sohn, der Syrier, unter die Schatten herab.
Selige Weise sehns; ein Lächeln aus der gefangnen
　　Seele leuchtet, dem Licht tauet ihr Auge noch auf.
Sanfter träumet und schläft in Armen der Erde der Titan,
　　Selbst der neidische, selbst Cerberus trinket und schläft.

HEINRICH VON KLEIST

Briefe

An Wilhelmine von Zenge

Berlin, d. 22t März 1801

Ich komme jetzt zu dem Gedanken aus Deinem Briefe, der mir in meiner Stimmung der theuerste sein mußte, und der meiner verwundeten Seele fast wohl that, wie Balsam einer körperlichen Wunde.

Du schreibst: „Wie sieht es aus in Deinem Innern? Du würdest mir viele Freude machen, wenn Du mir etwas mehr davon mittheiltest, als bisher; glaube mir, ich kann leicht fassen, was Du mir sagst, und möchte gern Deine Hauptgedanken mit Dir theilen."

Liebe Wilhelmine, ich erkenne an diesen fünf Zeilen mehr als irgend etwas, daß Du wahrhaft meine Freundin bist. Nur unsre äußern Schicksale interessieren die Menschen, die innern nur den Freund. Unsere äußere Lage kann ganz ruhig sein, indessen unser Innerstes ganz bewegt ist — Ach, ich kann Dir nicht beschreiben, wie wohl es mit thut, einmal jemandem, der mich versteht, mein Innerstes zu öffnen.

Eine ängstliche Bangigkeit ergreift mich immer, wenn ich unter Menschen bin, die alle von dem Grundsatze ausgehen, daß man ein Narr sei, wenn man ohne Vermögen jedes Amt ausschlägt. Du wirst nicht so hart über mich urtheilen, – nicht wahr?
Ja, allerdings dreht sich mein Wesen jetzt um einen Hauptgedanken, der mein Innerstes ergriffen hat, er hat eine tiefe erschütternde Wirkung auf mich hervorgebracht – Ich weiß nur nicht, wie ich das, was seit 3 Wochen durch meine Seele flog, auf diesem Blatte zusammenpressen soll. Aber Du sagst ja, Du kannst mich fassen – also darf ich mich schon etwas kürzer fassen. Ich werde Dir den Ursprung und den ganzen Umfang dieses Gedankens, nebst allen seinen Folgerungen einst, wenn Du es wünschest, weitläufiger mittheilen. Also jetzt nur so viel.
Ich hatte schon als Knabe (mich dünkt am Rhein durch eine Schrift von Wieland) mir den Gedanken angeeignet, daß die Vervollkommnung der Zweck der Schöpfung wäre. Ich glaubte, daß wir einst nach dem Tode von der Stufe der Vervollkommnung, die wir auf diesem Sterne erreichten, auf einem andern weiter fortschreiten würden, und daß wir den Schatz von Wahrheiten, den wir hier sammelten, auch dort einst brauchen könnten. Aus diesen Gedanken bildete sich so nach und nach eine eigne Religion, und das Bestreben, nie auf einen Augenblick hienieden still zu stehen, und immer unaufhörlich einem höhern Grade von Bildung entgegenzuschreiten, war bald das einzige Ziel, das des Bestrebens, W a h r h e i t der einzige Reichthum, der des Besitzes würdig ist. – Ich weiß nicht, liebe Wilhelmine, ob Du diese zwei Gedanken: Wahrheit und Bildung, mit einer solchen Heiligkeit denken kannst, als ich – Das freilich, würde doch nöthig sein, wenn Du den Verfolg dieser Geschichte meiner Seele verstehen willst. Mir waren sie so heilig, daß ich diesen beiden Zwecken, Wahrheit zu sammeln, und Bildung mir zu erwerben, die k o s t b a r s t e n Opfer brachte – Du kennst sie. – Doch ich muß mich kurz fassen.
Vor kurzem ward ich mit der neueren sogenannten Kantischen Philosophie bekannt – und Dir muß ich jetzt daraus einen Gedanken mittheilen, indem ich nicht fürchten darf, daß er Dich so tief, so schmerzhaft erschüttern wird, als mich. Auch kennst Du das Ganze nicht hinlänglich, um sein Interesse vollständig zu begreifen. Ich will indessen so deutlich sprechen, als möglich.
Wenn alle Menschen statt der Augen grüne Gläser hätten, so würden sie urtheilen müssen, die Gegenstände, welche sie dadurch erblicken, s i n d grün – und nie würden sie entscheiden können, ob ihr Auge ihnen die Dinge zeigt, wie sie sind, oder ob es nicht etwas zu ihnen hinzuthut, was nicht ihnen, sondern dem Auge gehört. So ist es mit dem Verstande. Wir können nicht entscheiden, ob das, was wir Wahrheit nennen, wahrhaft Wahrheit ist, oder ob es uns nur so scheint. Ist das letzte, so ist die Wahrheit, die wir hier sammeln, nach dem Tode nicht mehr – und alles Bestreben, ein Eigenthum sich zu erwerben, das uns auch in das Grab folgt, ist vergeblich –
Ach, Wilhelmine, wenn die Spitze dieses Gedankens Dein Herz nicht trifft, so lächle nicht über einen Andern, der sich tief in seinem heiligsten Innern davon ver-

wundet fühlt. Mein einziges, mein höchstes Ziel ist gesunken, und ich habe nun keines mehr —

Seit diese Überzeugung, nämlich, daß hienieden keine Wahrheit zu finden ist, vor meine Seele trat, habe ich nicht wieder ein Buch angerührt. Ich bin unthätig in meinem Zimmer umhergegangen, ich habe mich an das offene Fenster gesetzt, ich bin hinausgelaufen ins Freie, eine innerliche Unruhe trieb mich zuletzt in Tabagien und Caffeehäuser, ich habe Schauspiele und Concerte besucht, um mich zu zerstreuen, ich habe sogar, um mich zu betäuben, eine Thorheit begangen, die Dir Carl lieber erzählen mag, als ich; und dennoch war der einzige Gedanke, den meine Seele in diesem äußeren Tumulte mit glühender Angst bearbeitete, immer nur dieser; dein **e i n z i g e s**, dein **h ö c h s t e s** Ziel ist gesunken —

An Ulrike von Kleist

Meine theure Ulrike! Was ich Dir schreiben werde, kann Dir vielleicht das Leben kosten; aber ich muß, ich muß, ich muß es vollbringen. Ich habe in Paris mein Werk, so weit es fertig war, durchlesen, verworfen, und verbrannt: und nun ist es aus. Der Himmel versagt mir den Ruhm, das größte der Güter der Erde; ich werfe ihm, wie ein eigensinniges Kind, alle übrigen hin. Ich kann mich Deiner Freundschaft nicht würdig zeigen, ich kann ohne diese Freundschaft doch nicht leben: ich stürze mich in den Tod. Sei ruhig, Du Erhabene, ich werde den schönen Tod der Schlachten sterben. Ich habe die Hauptstadt dieses Landes verlassen, ich bin an seine Nordküste gewandert, ich werde französische Kriegsdienste nehmen, das Heer wird bald nach England hinüber rudern, unser aller Verderben lauert über den Meeren, ich frohlocke bei der Aussicht auf das unendlich-prächtige Grab. O Du Geliebte, Du wirst mein letzter Gedanke sein!

St. Omer, d. 26t October, 1803.   Heinrich von Kleist.

An Ulrike von Kleist

Ich kann nicht sterben, ohne mich, zufrieden und heiter, wie ich bin, mit der ganzen Welt, und somit auch, vor allen anderen, meine theuerste Ulrike, mit Dir versöhnt zu haben. Laß sie mich, die strenge Äußerung, die in dem Briefe an die Kleisten enthalten ist, laß sie mich zurücknehmen; wirklich, Du hast an mir gethan, ich sage nicht, was in Kräften einer Schwester, sondern in Kräften eines Menschen stand, um mich zu retten: die Wahrheit ist, daß mir auf Erden nicht zu helfen war. Und nun lebe wohl; möge Dir der Himmel einen Tod schenken, nur halb an Freude und unaussprechlicher Heiterkeit, dem meinigen gleich; das ist der herzlichste und innigste Wunsch, den ich für Dich aufzubringen weiß.

Stimmings bei Potsdam
d. — am Morgen meines Todes.   Dein Heinrich

HEINRICH VON KLEIST
Über das Marionettentheater

Als ich den Winter 1801 in M... zubrachte, traf ich daselbst eines Abends, in einem öffentlichen Garten, den Hrn. C. an, der seit kurzem in dieser Stadt als erster Tänzer der Oper angestellt war und bei dem Publiko außerordentliches Glück machte.

Ich sagte ihm, daß ich erstaunt gewesen wäre, ihn schon mehreremale in einem Marionettentheater zu finden, das auf dem Markte zusammengezimmert worden war, und den Pöbel, durch kleine dramatische Burlesken, mit Gesang und Tanz durchwebt, belustigte.

Er versicherte mir, daß ihm die Pantomimik dieser Puppen viel Vergnügen machte, und ließ nicht undeutlich merken, daß ein Tänzer, der sich ausbilden wolle, mancherlei von ihnen lernen könne.

Da diese Äußerung mir, durch die Art, wie er sie vorbrachte, mehr als ein bloßer Einfall schien, so ließ ich mich bei ihm nieder, um ihn über die Gründe, auf die er eine so sonderbare Behauptung stützen könne, näher zu vernehmen.

Er fragte mich, ob ich nicht, in der Tat, einige Bewegungen der Puppen, besonders der kleineren, im Tanz sehr graziös gefunden hatte.

Diesen Umstand konnte ich nicht leugnen. Eine Gruppe von vier Bauern, die nach einem raschen Takt die Ronde tanzte, hätte von Teniers nicht hübscher gemalt werden können.

Ich erkundigte mich nach dem Mechanismus dieser Figuren, und wie es möglich wäre, die einzelnen Glieder derselben und ihre Punkte, ohne Myriaden von Fäden an den Fingern zu haben, so zu regieren, als es der Rhythmus der Bewegungen, oder der Tanz, erfordere?

Er antwortete, daß ich mir nicht vorstellen müsse, als ob jedes Glied einzeln, während der verschiedenen Momente des Tanzes, von den Maschinisten gestellt oder gezogen würde.

Jede Bewegung, sagte er, hätte einen Schwerpunkt; es wäre genug, diesen, in dem Innern der Figur zu regieren; die Glieder, welche nichts als Pendel wären, folgten, ohne irgendein Zutun, auf eine mechanische Weise von selbst.

Er setzte hinzu, daß diese Bewegung sehr einfach wäre; daß jedesmal, wenn der Schwerpunkt in einer graden Linie bewegt wird, die Glieder schon Kurven beschrieben; und daß oft, auf eine bloß zufällige Weise erschüttert, das Ganze schon in eine Art von rhythmische Bewegung käme, die dem Tanz ähnlich wäre.

Diese Bemerkung schien mir zuerst einiges Licht über das Vergnügen zu werfen, das er in dem Theater der Marionetten zu finden vorgegeben hatte. Inzwischen ahndete ich bei weitem die Folgerungen noch nicht, die er späterhin daraus ziehen würde.

Ich fragte ihn, ob er glaube, daß der Maschinist, der diese Puppen regierte, selbst ein Tänzer sein, oder wenigstens einen Begriff vom Schönen im Tanz haben müsse? Er erwiderte, daß wenn ein Geschäft von seiner mechanischen Seite, leicht sei, daraus noch nicht folge, daß es ganz ohne Empfindung betrieben werden könne.

Die Linie, die der Schwerpunkt zu beschreiben hat, wäre zwar sehr einfach, und, wie er glaube, in den meisten Fällen, gerad. In Fällen wo sie krumm sei, scheine das Gesetz ihrer Krümmung wenigstens von der ersten oder höchstens zweiten Ordnung; und auch in diesem letzten Fall nur elliptisch, welche Form der Bewegung den Spitzen des menschlichen Körpers (wegen der Gelenke) überhaupt die natürliche sei, und also dem Maschinisten keine große Kunst koste, zu verzeichnen.

Dagegen wäre diese Linie wieder, von einer andern Seite, etwas sehr Geheimnisvolles. Denn sie wäre nichts anders, als der Weg der Seele des Tänzers; und er zweifele, daß sie anders gefunden werden könne, als dadurch, daß sich der Maschinist in den Schwerpunkt der Marionette versetzt, d. h. mit anderen Worten, tanzt.

Ich erwiderte, daß man mir das Geschäft desselben als etwas ziemlich Geistloses vorgestellt hätte; etwa was das Drehen einer Kurbel sei, die eine Leier spielt.

„Keineswegs", antwortete er. „Vielmehr verhalten sich die Bewegungen seiner Finger zur Bewegung der daran befestigten Puppen ziemlich künstlich, etwa wie Zahlen zu ihren Logarithmen oder die Asymptote zur Hyperbel."

Inzwischen glaube er, daß auch dieser letzte Bruch von Geist, von dem er gesprochen, aus den Marionetten entfernt werden, daß ihr Tanz gänzlich ins Reich mechanischer Kräfte hinübergespielt, und vermittelst einer Kurbel, so wie ich es mir gedacht, hervorgebracht werden könne.

Ich äußerte meine Verwunderung zu sehen, welcher Aufmerksamkeit er diese, für den Haufen erfundene, Spielart einer schönen Kunst würdige. Nicht bloß, daß er sie einer höheren Entwicklung für fähig halte; er scheine sich sogar selbst damit zu beschäftigen.

Er lächelte und sagte, er getraue sich zu behaupten, daß wenn ihm ein Mechanikus, nach den Forderungen, die er an ihn zu machen dächte, eine Marionette bauen wollte, er vermittelst derselben einen Tanz darstellen würde, den weder er, noch irgend ein anderer geschickter Tänzer seiner Zeit, Vestris selbst nicht ausgenommen, zu erreichen imstande wäre.

„Haben Sie", fragte er, da ich den Blick schweigend zur Erde schlug: „haben Sie von jenen mechanischen Beinen gehört, welche englische Künstler für Unglückliche verfertigen, die ihre Schenkel verloren haben?"

Ich sagte, nein: dergleichen wäre mir nie vor Augen gekommen.

„Es tut mir leid", erwiderte er: „denn wenn ich Ihnen sage, daß diese Unglücklichen damit tanzen, so fürchte ich fast, Sie werden es mir nicht glauben. — Was sag' ich, tanzen? Der Kreis ihrer Bewegungen ist zwar beschränkt; doch diejenigen, die ihnen zu Gebote stehen, vollziehen sich mit einer Ruhe, Leichtigkeit und Anmut, die jedes denkende Gemüt in Erstaunen setzen."

Ich äußerte, scherzend, daß er ja, auf diese Weise, seinen Mann gefunden habe. Denn derjenige Künstler, der einen so merkwürdigen Schenkel zu bauen imstande sei, würde ihm unzweifelhaft auch eine ganze Marionette, seinen Forderungen gemäß, zusammensetzen können.

„Wie", fragte ich, da er seinerseits ein wenig betreten zur Erde sah; „wie sind denn diese Forderungen, die Sie an die Kunstfertigkeit desselben zu machen gedenken, bestellt?"

„Nichts", antwortete er, „was sich nicht auch schon hier fände: Ebenmaß, Beweglichkeit, Leichtigkeit — nur alles in einem höheren Grade; und besonders eine naturgemäßere Anordnung der Schwerpunkte."

„Und der Vorteil, den diese Puppe vor lebendigen Tänzern voraus haben würde?"

„Der Vorteil? Zuvörderst ein negativer, mein vortrefflicher Freund, nämlich dieser, daß sie sich niemals zierte. — Denn Ziererei erscheint, wie Sie wissen, wenn sich die Seele (vis motrix) in irgend einem andern Punkt befindet, als in dem Schwerpunkt der Bewegung. Da der Maschinist nun schlechthin, vermittelst des Drahtes oder Fadens, keinen andern Punkt in seiner Gewalt hat, als diesen: so sind alle übrigen Glieder, was sie sein sollen, tot, reine Pendel, und folgen dem bloßen Gesetz der Schwere; eine vortreffliche Eigenschaft, die man vergebens bei dem größten Teil unsrer Tänzer sucht.

„Sehen Sie nur die P... an", fuhr er fort, „wenn sie die Daphne spielt, und sich, verfolgt vom Apoll, nach ihm umsieht; die Seele sitzt ihr in den Wirbeln des Kreuzes; sie beugt sich, als ob sie brechen wollte, wie eine Najade aus der Schule Berninis. Sehen Sie den jungen F... an, wenn er, als Paris, unter den drei Göttinnen steht, und der Venus den Apfel überreicht: die Seele sitzt ihm gar (es ist ein Schrecken, es zu sehen) im Ellenbogen."

„Solche Mißgriffe", setzte er abbrechend hinzu, „sind unvermeidlich, seitdem wir von dem Baum der Erkenntnis gegessen haben. Doch das Paradies ist verriegelt und der Cherub hinter uns; wir müssen die Reise um die Welt machen, und sehen, ob es vielleicht von hinten irgendwo wieder offen ist."

Ich lachte. — Allerdings, dachte ich, kann der Geist nicht irren, da, wo keiner vorhanden ist. Doch ich bemerkte, daß er noch mehr auf dem Herzen hatte, und bat ihn, fortzufahren.

„Zudem", sprach er, „haben diese Puppen den Vorteil, daß sie antigrav sind. Von der Trägheit der Materie, dieser dem Tanze entgegenstrebendsten aller Eigenschaften, wissen sie nichts; weil die Kraft, die sie in die Lüfte erhebt, größer ist, als jene, die sie an die Erde fesselt. Was würde unsre gute G... darum geben, wenn sie sechzig Pfund leichter wäre, oder ein Gewicht von dieser Größe ihr, bei ihren Entrechats und Pirouetten, zu Hülfe käme? Die Puppen brauchen den Boden nur, wie die Elfen, um ihn zu streifen, und den Schwung der Glieder durch die augenblickliche Hemmung neu zu beleben; wir brauchen ihn, um darauf zu ruhen, und uns von der Anstrengung des Tanzes zu erholen; ein Moment, der offenbar selber kein Tanz ist, und mit dem sich weiter nichts anfangen läßt, als ihn möglichst verschwinden zu machen."

Ich sagte, daß, so geschickt er auch die Sache seiner Paradoxe führe, er mich doch nimmermehr glauben machen würde, daß in einem mechanischen Gliedermann mehr Anmut enthalten sein könne, als in dem Bau des menschlichen Körpers.

Er versetzte, daß es dem Menschen schlechthin unmöglich wäre, den Gliedermann darin auch nur zu erreichen. Nur ein Gott könne sich, auf diesem Felde, mit der Materie messen; und hier sei der Punkt, wo die beiden Enden der ringförmigen Welt ineinander griffen.

Ich erstaunte immer mehr, und wußte nicht, was ich zu so sonderbaren Behauptungen sagen sollte.

Es scheine, versetzte er, indem er eine Prise Tabak nahm, daß ich das dritte Kapitel vom ersten Buch Moses nicht mit Aufmerksamkeit gelesen; und wer diese erste Periode aller menschlichen Bildung nicht kennt, mit dem könne man nicht füglich über die folgenden, um wie viel weniger über die letzte, sprechen.

Ich sagte, daß ich gar wohl wüßte, welche Unordnungen, in der natürlichen Grazie des Menschen, das Bewußtsein anrichtet. Ein junger Mann von meiner Bekanntschaft hätte, durch eine bloße Bemerkung, gleichsam vor meinen Augen, seine Unschuld verloren, und das Paradies derselben, trotz aller ersinnlichen Bemühungen, nachher niemals wieder gefunden. — Doch, welche Folgerungen, setzte ich hinzu, können Sie daraus ziehen?

Er fragte mich, welch einen Vorfall ich meine?

Ich badete mich, erzählte ich, vor etwa drei Jahren, mit einem jungen Mann, über dessen Bildung damals eine wunderbare Anmut verbreitet war. Er mochte ohngefähr in seinem sechzehnten Jahre stehen, und nur ganz von fern ließen sich, von der Gunst der Frauen herbeigerufen, die ersten Spuren von Eitelkeit erblicken. Es traf sich, daß wir grade kurz zuvor in Paris den Jüngling gesehen hatten, der sich einen Splitter aus dem Fuße zieht; der Abguß der Statue ist bekannt und befindet sich in den meisten deutschen Sammlungen. Ein Blick, den er in dem Augenblick, da er den Fuß auf den Schemel setzte, um ihn abzutrocknen, in einen großen Spiegel warf, errinnerte ihn daran; er lächelte und sagte mir, welch eine Entdeckung er gemacht habe. In der Tat hatte ich, in eben diesem Augenblick, dieselbe gemacht; doch sei es, um die Sicherheit der Grazie, die ihm beiwohnte, zu prüfen, sei es, um seiner Eitelkeit ein wenig heilsam zu begegnen: ich lachte und erwiderte — er sähe wohl Geister! Er errötete, und hob den Fuß zum zweitenmal, um es mir zu zeigen; doch der Versuch, wie sich leicht hätte voraussehen lassen, mißglückte. Er hob verwirrt den Fuß zum dritten- und vierten-, er hob ihn wohl noch zehnmal: umsonst! er war außerstand, dieselbe Bewegung wieder hervorzubringen — was sag' ich? Die Bewegungen, die er machte, hatten ein so komisches Element, daß ich Mühe hatte, das Gelächter zurückzuhalten. —

Von diesem Tage, gleichsam von diesem Augenblick an, ging eine unbegreifliche Veränderung mit dem jungen Menschen vor. Er fing an, tagelang vor dem Spiegel zu stehen; und immer ein Reiz nach dem andern verließ ihn. Eine unsichtbare und unbegreifliche Gewalt schien sich, wie ein eisernes Netz, um das freie Spiel seiner Gebärden zu legen, und als ein Jahr verflossen war, war keine Spur mehr von der Lieblichkeit in ihm zu entdecken, die die Augen der Menschen sonst, die ihn umringten, ergötzt hatte. Noch jetzt lebt jemand, der ein Zeuge jenes sonderbaren und unglücklichen Vorfalls war, und ihn, Wort für Wort, wie ich ihn erzählt, bestätigen könnte. —

„Bei dieser Gelegenheit", sagte Herr C... freundlich, „muß ich Ihnen eine andere Geschichte erzählen, von der Sie leicht begreifen werden, wie sie hieher gehört.

Ich befand mich, auf meiner Reise nach Rußland, auf einem Landgut des Hrn. von G..., eines livländischen Edelmanns, dessen Söhne sich damals stark im Fechten übten. Besonders der ältere, der eben von der Universität zurückgekommen war, machte den Virtuosen, und bot mir, da ich eines Morgens auf seinem Zimmer war, ein Rapier an. Wir fochten; doch es traf sich, daß ich ihm überlegen war; Leidenschaft kam dazu, ihn zu verwirren; fast jeder Stoß, den ich führte, traf, und sein Rapier flog zuletzt in den Winkel. Halb scherzend, halb empfindlich, sagte er, indem er das Rapier aufhob, daß er seinen Meister gefunden habe; doch alles auf der Welt finde den seinen, und fortan wolle er mich zu dem meinigen führen. Die Brüder lachten laut auf, und riefen: „Fort, fort! In den Holzstall herab!" Und damit nahmen sie mich bei der Hand und führten mich zu einem Bären, den Hr. v. G., ihr Vater, auf dem Hofe aufziehen ließ.

Der Bär stand, als ich erstaunt vor ihn trat, auf den Hinterfüßen, mit dem Rücken an einem Pfahl gelehnt, an welchem er angeschlossen war, die rechte Tatze schlagfertig erhoben, und sah mir ins Auge; das war seine Fechtpositur. Ich wußte nicht, ob ich träumte, da ich mich einem solchen Gegner gegenübersah; doch: „Stoßen Sie! stoßen Sie! sagte Hr. v. G... und versuchen Sie, ob Sie ihm eins beibringen können!" Ich fiel, da ich mich ein wenig von meinem Erstaunen erholt hatte, mit dem Rapier auf ihn aus; der Bär machte eine ganz kurze Bewegung mit der Tatze und parierte den Stoß. Ich versuchte ihn durch Finten zu verführen; der Bär rührte sich nicht. Ich fiel wieder, mit einer augenblicklichen Gewandtheit, auf ihn aus, eines Menschen Brust würde ich ohnfehlbar getroffen haben: der Bär machte eine ganz kurze Bewegung mit der Tatze und parierte den Stoß. Jetzt war ich fast in dem Fall des jungen Hrn. v. G... Der Ernst des Bären kam hinzu, mir die Fassung zu rauben. Stöße und Finten wechselten sich, mir triefte der Schweiß! umsonst! Nicht bloß, daß der Bär, wie der erste Fechter der Welt, alle meine Stöße parierte; auf Finten (was ihm kein Fechter der Welt nachmacht) ging er gar nicht einmal ein: Aug' in Auge, als ob er meine Seele darin lesen könnte, stand er, die Tatze schlagfertig erhoben, und wenn meine Stöße nicht ernsthaft gemeint waren, so rührte er sich nicht.

Glauben Sie diese Geschichte?"

„Vollkommen!" rief ich, mit freudigem Beifall: „jedwedem Fremden, so wahrscheinlich ist sie: um wie viel mehr Ihnen!"

„Nun, mein vortrefflicher Freund", sagte Herr C..., „so sind Sie im Besitz von allem, was nötig ist, um mich zu begreifen. Wir sehen, daß in dem Maße, als, in der organischen Welt, die Reflexion dunkler und schwächer wird, die Grazie darin immer strahlender und herrschender hervortritt. — Doch so, wie sich der Durchschnitt zweier Linien, auf der einen Seite eines Punkts, nach dem Durchgang durch das Unendliche, plötzlich wieder auf der andern Seite einfindet, oder das Bild des Hohlspiegels, nachdem er sich in das Unendliche entfernt hat, plötzlich wieder dicht vor uns tritt, so findet sich auch, wenn die Erkenntnis gleichsam durch ein Unendliches gegangen ist, die Grazie wieder ein; so, daß sie, zu gleicher Zeit, in demjenigen menschlichen Körperbau am reinsten erscheint, der entweder gar keins, oder ein unendliches Bewußtsein hat, d. h. in dem Gliedermann oder in dem Gott!"

„Mithin", sagte ich ein wenig zerstreut, „müßten wir wieder von dem Baum der Erkenntnis essen, um in den Stand der Unschuld zurückzufallen?"

„Allerdings", antwortete er, „das ist das letzte Kapitel von der Geschichte der Welt." —

HANS MAYER

Homburg oder Freiheit und Ordnung

Der Prinz von Homburg muß den Liebhabern einer absurden Literatur den meisten Widerstand entgegensetzen, wenngleich er ihnen scheinbar mit Somnambulismus und Todesromantik die Sache leicht macht. Das letzte und größte Drama Heinrich von Kleists meint es durchaus anders. Muß man wirklich erläutern, es handle sich nicht um ein ›preußisches Drama‹? Vor solchem Mißverständnis sollte ein Vergleich der historischen Vorgänge mit dem Theatergeschehen bewahren. Weit eher könnte Kleist, wie der Romanschreiber Aragon über seinen 1815 spielenden Roman ›Die Karwoche‹ bemerken, die Gestalten des Schauspiels seien Erfindungen dichterischer Einbildungskraft, denen jedoch der Dichter die Namen historischer Persönlichkeiten beigelegt habe. Der Kurfürst hat nichts mit dem Hohenzollernfürsten der zweiten Hälfte des 17. Jahrhunderts zu tun, die dramatische Themenstellung ist anachronistisch, betrachtet man die Verhältnisse aus der Zeit der Schlacht von Fehrbellin, der Prinz besitzt kein geschichtliches Vorbild. Die Gedanken über Staat, Heer und Politik sind unverhüllt vom Jahre 1810. Doch haben sie nur mit dem Vordergrund des Schauspiels zu tun. Wer die Schlußwendung des Schauspiels betrachtet, hat Kleist sehr gründlich mißverstanden.

Nicht minder hilflos aber stehen diejenigen Deuter vor dem tiefsinnigen Werk, die unbedingt eine religiöse Thematik finden möchten. Der Kurfürst wird dann als göttlicher Weltlenker gedeutet, der mit der ›Überlegenheit eines Gottes‹ schalte und walte, am Schluß aber dem Prinzen nicht sein Recht, sondern bloß Gnade zumesse. Die Gestalt aber des Kurfürsten im Schauspiel selbst widerlegt diese Interpretation. Gewiß ist der Monarch auf weite Strecken hin undurchsichtig; er scheint an unerforschlichen Ratschlägen zu spinnen, ähnlich wie der Cheruskerfürst der Hermannsschlacht. Aber dann erleben wir seine kurze Meditation über den ›Dei von Tunis‹ im fünften Akt und erkennen plötzlich: auch der Kurfürst ist verstrickt in das Spiel und Gegenspiel, er ist beileibe kein Weltenlenker über den Parteien. Er braucht Homburg und dessen freie Einsicht in die Notwendigkeit ebenso, wie der ihn braucht. Auch der Kurfürst weiß nicht von vornherein, wie alles ausgehen wird; auch er muß neu reagieren und planen. Weder Apologie des Preußentums noch verkappte Theologie, und sei es selbst eine solche des Deismus. Vielleicht wohl eher ein Parabelstück, um einen heutigen Ausdruck der Stückeschreiber zu gebrauchen. Was sich an Homburg vollzieht, ist eine ›Maßnahme‹; durch sein Verhalten in der Schlacht hat er das Zusammenspiel zwischen gemeinsamer Beratung und Subordination gestört; aber auch der Kurfürst stört durch seine Reaktion diese Harmonie der Kräfte und Gegenkräfte. Es ist nicht zufällig, wie so häufig bei Kleist, eine Frau, die Prinzessin Natalie, die als Vertreterin des natürlichen Menschentums gegen eine Staats- und Rechtsordnung auftritt, die unmenschlich zu werden droht. Wo Penthesilea nur noch den Untergang sehen konnte, erblickt Natalie die Möglichkeit zu einer harmonischen Versöhnung der natürlichen mit der staatlichen Ordnung. Unter der Bedingung, daß auch der Kurfürst mehr repräsentieren möge als bloße staatliche Ordnung, die sie selbst (und der Rousseauist Kleist mit ihr) nur als Unordnung empfindet!

> O Herr! Was sorgst du doch? Dies Vaterland!
> Das wird um dieser Regung deiner Gnade
> nicht gleich, zerschellt in Trümmern, untergehn.
> Vielmehr, was du, im Lager aufgezogen,
> Unordnung nennst, die Tat, den Spruch der Richter,
> In diesem Fall willkürlich zu zerreißen,
> Erscheint mir als die schönste Ordnung erst:
> Das Kriegsgesetz, das weiß ich wohl, soll herrschen,
> Jedoch die lieblichen Gefühle auch.
>
> (Prinz Friedrich von Homburg IV, 1)

Doch damit ist die Lösung noch nicht gegeben, und der Kurfürst weiß es. Der Synthese aus Staatsordnung und Naturordnung, die der Herrscher zu vollziehen hat, muß die gleichfalls zu schaffende Synthese aus Freiheit und Notwendigkeit beim Prinzen entsprechen. Erst als sich dieser Vorgang, bei welchem es um Leib und Leben geht, um den wirklichen Tod, ereignet hat, ist die Harmonie — für diesen dramatischen Augenblick — vollzogen. Im Drama, nicht im geschichtlichen Augenblick Heinrich von Kleists. Ein Parabelstück, denn sein Konflikt entsteht, in geschichtlich wechselndem Kostüm, immer wieder von neuem. Er muß stets neu gelöst werden. Immer wieder gibt es dabei Scheitern, aber auch Glück. Ein Parabelstück auch unseres Lebens. Ein Vorläufer aber des absurden Theaters? Wohl kaum.

JEAN PAUL

Rede des toten Christus vom Weltgebäude herab, daß kein Gott sei

Ich lag einmal an einem Sommerabende vor der Sonne auf einem Berge und entschlief. Da träumte mir, ich erwachte auf dem Gottesacker. Die abrollenden Räder der Turmuhr, die elf Uhr schlug, hatten mich erweckt. Ich suchte im ausgeleerten Nachthimmel die Sonne, weil ich glaubte, eine Sonnenfinsternis verhüllte sie mit dem Mond. Alle Gräber waren aufgetan und die eisernen Türen des Gebeinhauses gingen unter unsichtbaren Händen auf und zu. An den Mauern flogen Schatten, die niemand warf, und andere Schatten gingen aufrecht in der bloßen Luft. In den offenen Särgen schlief nichts mehr als die Kinder. Am Himmel hing in großen Falten bloß ein grauer, schwüler Nebel, den ein Riesenschatten wie ein Netz immer näher, enger und heißer hereinzog. Über mir hörte ich den fernen Fall der Lawinen, unter mir den ersten Tritt eines unermeßlichen Erdbebens. Die Kirche schwankte auf und nieder von zwei unaufhörlichen Mißtönen, die in ihr miteinander kämpften und vergeblich zu einem Wohllaut zusammenfließen wollten. Zuweilen hüpfte an ihren Fenstern ein grauer Schimmer hinan und unter dem Schimmer lief das Blei und Eisen zerschmolzen nieder. Das Netz des Nebels und die schwankende Erde rückten mich in den Tempel, vor dessen Tore in zwei Gifthecken zwei Basilisken funkelnd brüteten. Ich ging durch unbekannte Schatten, denen alle Jahrhunderte aufgedrückt waren. — Alle Schatten standen um den Altar und allen zitterte und schlug statt des Herzens die Brust. Nur ein Toter, der erst in der Kirche begraben worden, lag noch auf seinen Kissen ohne eine zitternde Brust, und auf seinem lächelnden Angesicht stand ein glücklicher Traum. Aber da ein Lebendiger hineintrat, erwachte er und lächelte nicht mehr, er schlug mühsam ziehend das schwere Augenlid auf, aber innen lag kein Auge und in der schlagenden Brust war statt des Herzens eine Wunde. Er hob die Hände empor und faltete sie zu einem Gebete; aber die Arme verlängerten sich und lösten sich ab und die Hände fielen gefaltet hinweg. Oben am Kirchengewölbe stand das Zifferblatt der E w i g k e i t, auf dem keine Zahl erschien und das sein eigener Zeiger war; nur ein schwarzer Finger zeigte darauf und die Toten wollten die Zeit darauf sehen.

Jetzo sank eine hohe edle Gestalt mit einem unvergänglichen Schmerz aus der Höhe auf den Altar hernieder und alle Toten riefen: „Christus, ist kein Gott?"

Er antwortete: „Es ist keiner."

Der ganze Schatten jedes Toten erbebte, nicht bloß die Brust allein, und einer um den andern wurde durch das Zittern zertrennt. Christus fuhr fort: „Ich ging durch die Welten, ich stieg in die Sonnen und flog mit den Milchstraßen durch die Wüsten des Himmels, aber es ist kein Gott. Ich stieg herab, so weit das Sein seine Schatten wirft, und schauete in den Abgrund und rief: „Vater, wo bist du?" Aber ich hörte nur den ewigen Sturm, den niemand regiert, und der schimmernde Regenbogen aus Westen stand ohne eine Sonne, die ihn schuf, über dem Abgrunde und tropfte hinunter. Und als ich aufblickte zur unermeßlichen Welt nach dem göttlichen Auge, starrte sie mich mit einer leeren, bodenlosen Augenhöhle an und die Ewigkeit lag auf dem Chaos und zernagte es und wiederkäuete sich. — Schreiet fort, Mißtöne, zerschreiet die Schatten; denn Er ist nicht!"

Die entfärbten Schatten zerflatterten wie weißer Dunst, den der Frost gestaltet, im warmen Hauche zerrinnt, und alles wurde leer. Da kamen, schrecklich für das Herz, die gestorbenen Kinder, die im Gottesacker erwacht waren, in den Tempel und warfen sich vor die hohe Gestalt am Altare nieder und sagten: „Jesus, haben wir keinen Vater?" — Und er antwortete mit strömenden Tränen: „Wir sind alle Waisen, ich und ihr, wir sind ohne Vater."

Da kreischten die Mißtöne heftiger — die zitternden Tempelmauern rückten auseinander — und der Tempel und die Kinder sanken unter — und die ganze Erde und die Sonne sanken nach — und das ganze Weltgebäude sank mit seiner Unermeßlichkeit vor uns vorbei — und oben am Gipfel der unermeßlichen Natur stand Christus und schauete in das mit tausend Sonnen durchbrochene Weltgebäude herab, gleichsam in das um die ewige Nacht gewühlte Bergwerk, in dem die Sonnen wie Grubenlichter und die Milchstraßen wie Silberadern gehen.

Und als Christus das reibende Gedränge der Welten, den Fackeltanz der himmlischen Irrlichter und die Korallenbänke schlagender Herzen sah und als er sah, wie eine Weltkugel um die andere ihre glimmenden Seelen auf das Totenmeer ausschüttete, wie eine Wasserkugel schwimmende Lichter auf die Wellen streuet, so hob er groß wie der höchste Endliche die Augen empor gegen das Nichts und gegen die leere Unermeßlichkeit und sagte: „Starres, stummes Nichts! Kalte, ewige Notwendigkeit! Wahnsinniger Zufall! Kennt ihr das unter euch? Wann zerschlagt ihr das Gebäude und mich? Zufall, weißt du selber, wenn du mit Orkanen durch das Sternen-Schneegestöber schreitest und eine Sonne um die andere auswehest und wenn der funkelnde Tau der Gestirne ausblinkt, indem du vorübergehest? — Wie ist jeder so allein in der weiten Leichengruft des Alls! Ich bin nur neben mir. — O Vater, o Vater! Wo ist deine unendliche Brust, daß ich an ihr ruhe? — Ach, wenn jedes Ich sein eigner Vater und Schöpfer ist, warum kann es nicht auch sein eigener Würgengel sein? . . .

Ist das neben mir noch ein Mensch? Du Armer! Euer kleines Leben ist der Seufzer der Natur oder nur sein Echo — ein Hohlspiegel wirft seine Strahlen in die Staubwolken aus Totenasche auf eure Erde hinab, und dann entsteht ihr bewölkten, wankenden Bilder. — Schaue hinunter in den Abgrund, über den Aschenwolken ziehen — Nebel voll Welten steigen aus dem Totenmeer, die Zukunft ist ein steigender Nebel und die Gegenwart ist der fallende. Erkennst du deine Erde?"

Hier schauete Christus hinab, und sein Auge wurde voll Tränen, und er sagte: „Ach, ich war sonst auf ihr: da war ich noch glücklich, da hatt' ich noch meinen unendlichen Vater und blickte noch froh von den Bergen in den unermeßlichen Himmel und drückte die durchstochene Brust an sein linderndes Bild und sagte noch im herben Tode: ‚Vater, ziehe deinen Sohn aus der blutenden Hülle und heb ihn an dein Herz!' ... Ach, ihr überglücklichen Erdenbewohner, ihr glaubt Ihn noch. Vielleicht gehet jetzt euere Sonne unter, und ihr fallet unter Blüten, Glanz und Tränen auf die Knie und hebet die seligen Hände empor und rufet unter tausend Freudentränen zum aufgeschlossenen Himmel hinauf: ‚Auch mich kennst du, Unendlicher, und alle meine Wunden, und nach dem Tode empfängst du mich und schließest sie alle.'' ... Ihr Unglücklichen, nach dem Tode werden sie nicht geschlossen. Wenn der Jammervolle sich mit wundem Rücken in die Erde legt, um einem schönern Morgen voll Wahrheit, voll Tugend und Freude entgegenzuschlummern, so erwacht er im stürmischen Chaos, in der ewigen Mitternacht — und es kommt kein Morgen und keine heilende Hand und kein unendlicher Vater! — Sterblicher neben mir, wenn du noch lebest, so bete Ihn an, sonst hast du Ihn auf ewig verloren!"

Und als ich niederfiel und ins leuchtende Weltgebäude blickte, sah ich die emporgehobenen Ringe der Riesenschlange der Ewigkeit, die sich um das Welten-All gelagert hatte — und die Ringe fielen nieder und sie umfaßte das All doppelt — und quetschte die Welten aneinander — und drückte zermalmend den unendlichen Tempel zu einer Gottesackerkirche zusammen — und alles wurde eng, düster, bang — und ein unermeßlich ausgedehnter Glockenhammer sollte die letzte Stunde der Zeit schlagen und das Weltgebäude zersplittern ... als ich erwachte.

Meine Seele weinte vor Freude, daß sie wieder Gott anbeten konnte — und die Freude und das Weinen und der Glaube an ihn waren das Gebet. Und als ich aufstand, glimmte die Sonne tief hinter den vollen, purpurnen Kornähren und warf friedlich den Widerschein ihres Abendrotes dem kleinen Monde zu, der ohne eine Aurora im Morgen aufstieg; und zwischen dem Himmel und der Erde streckte eine frohe, vergängliche Welt ihre kurzen Flügel aus und lebte, wie ich, vor dem unendlichen Vater; und von der ganzen Natur um mich flossen friedliche Töne aus, wie von fernen Abendglocken.

JEAN PAUL
Höchstes Ziel der Dichtkunst

Gerade das Höchste, was aller unserer Wirklichkeit, auch der schönsten des Herzens ewig abgeht, das gibt sie und malt auf den Vorhang der Ewigkeit das zukünftige Schauspiel; sie ist kein platter Spiegel der Gegenwart, sondern der Zauberspiegel der Zeit, welche nicht ist. Jenes Etwas, dessen Lücke unser Denken und unser Anschauen entzweiet und trennet, dieses Heiligste zieht sie durch ihre Zauberei vom Himmel näher herab; und wie die Moral der gebende und zeigende Arm aus der Wolke ist, so ist sie das helle, süße Auge aus der Wolke.

Sie kann spielen, aber nur mit dem Irdischen, nicht mit dem Himmlischen. Sie soll die Wirklichkeit, die einen göttlichen Sinn haben muß, weder vernichten, noch wiederholen, sondern entziffern. Alles Himmlische wird erst durch Versetzung mit dem Wirklichen, wie der Regen des Himmels erst auf der Erde, für uns hell und labend. Doch beide muß uns nicht das Tal, sondern der Berg zubringen. Indes muß dem Dichter wie den Engeln die Erkenntnis des Göttlichen die erste am Morgen sein und die des Geschaffenen die spätere abends; denn aus einem Gott kommt wohl eine Welt, aber nicht aus einer Welt ein Gott.

... Niemals ... ist daher vielleicht der Dichter wichtiger als in solchen Tagen, denen er unwichtiger erscheint, d. h. in unsern. Wer in die historische Zukunft hinaussieht, der findet unter den wachsenden Städten und Thronen, welche den Himmel immer mehr zu einem blauen Streif verbauen — in dem immer tieferen Einsinken der Völker in die weiche Erde der Sinnlichkeit — im tiefern Eingraben der goldhungrigen Selbstsucht — ach, in tausend Zeichen der Zeit, worin Religion, Staat und Sitten abblühen, da findet man keine Hoffnung ihrer Emporhebung mehr — außer bloß durch zwei Arme, welche nicht der weltliche und der geistliche sind, aber zwei ähnliche, die Wissenschaft und die Dichtkunst. Letztere ist der stärkere. Sie darf singen, was niemand zu sagen wagt in schlechter Zeit. Große oder verschämte Gefühle, die sich vor der Welt verhüllen, krönt sie auf dem höchsten Throne; wenn jene sich wie die Sterne am Tage verbergen, so gleicht sie dem Sterne der Weisen, der nach den Alten am Tage leuchtete. Wenn die Welt- und Geschäftsmenschen täglich stärker den Erdgeschmack der Zeit annehmen müssen, in der sie leben: so bricht der Genius, wie der Nachtschmetterling, der sich unter der Erde entpuppt, mit unversehrten Flügeln aus den Schollen in die Lüfte auf. Ist einst keine Religion mehr und jeder Tempel der Gottheit verfallen oder ausgeleert — möge nie das Kind eines guten Vaters diese Zeit erleben! — dann wird noch im Musentempel der Gottesdienst gehalten werden.

Denn das ist eben das Große, daß, wenn Philosophie und Gelehrsamkeit sich im Zeitenlaufe zerreiben und verlieren, gleichwohl das älteste Dichterwerk noch wie sein Apollo ein Jüngling bleibt, bloß weil das letzte Herz dem ersten gleicht, nicht aber so die Köpfe. Deswegen gibt es für die unabsehliche Wirkung des Dichters nur ein Gebot: beflecke die Ewigkeit nicht mit irgendeiner Zeit, gib nicht die Ewigkeit der Hölle statt des Himmels. Darf sich die Dichtkunst, weder zu mißfallen, noch zu gefallen suchend, absondern von der Gegenwart und uns, obwohl in Ahnungen, Resten, Seufzern, Lichtblicken, eine andere Welt zeigen in der hiesigen ..., so trete sie auch der verdorbnen, zugleich ebenso selbstmörderischen als selbstsüchtigen Zeit desto freier in den Weg, welche, den Tod aus Mangel an Himmel hassend, gern die hohe Muse nur zur Tänzerin und Flötenspielerin am flüchtigen Lebensgastmahl bestellte und herabzöge. Kommt die Muse groß, auf den Grabhügel statt auf den Kothurn steigend, und ist sie, obwohl ein Engel des Himmels, doch ein Todesengel der Erde: so wird, sagen sie, die Mahlzeit und die griechische Heiterkeit der Poesie ganz gestört. Aber da die rechte Poesie keine Welt nimmt, ohne die bessere dafür zu geben, so leidet nur die gemeine Seele, die von einem Almosen des Augenblicks zum andern lebt, ohne den Schatz eines Innern zu haben, und welche zwar, wie sonst die alten Städte im Frühling, den Tod, nämlich dessen Bildnis, hinausschafft, aber ohne das Leben hereinzubringen. Ist denn das Sterben in der Dichtkunst nicht ein Sterben vor Freude? Und wenn sie das Leben in einen Traum verkehrt — sogar das gelehrte literarische lässet sich so ansehen —, hat sie nicht die gestirnte Nacht, in welche der Traum erwacht? —

JEAN PAUL
Traum über das All

Mein Körper — so träumte mir — sank an mir herab und meine innere Gestalt trat licht hervor; neben mir stand eine ähnliche, die aber, statt zu schimmern, unaufhörlich blitzte. „Zwei Gedanken", sagte die Gestalt, „sind meine Flügel, der Gedanke H i e r, der Gedanke D o r t; und ich bin dort. Denke und fliege mit mir, damit ich dir das All zeige und verhülle."

Und ich flog mit. Schnell stürzte sich mir die Erdkugel hinter dem reißenden Aufflug in den Abgrund, nur von einigen südamerikanischen Sternbildern bleich umgeben, und zuletzt blieb aus unserm Himmel nur noch die Sonne als ein Sternlein mit einigen Flämmchen von nahe gerückten Kometenschweifen übrig. Vor einem fernen Kometen, der von der Erden-Sonne kam und nach dem Sirius flog, zuckten wir vorüber.

Jetzo flogen wir durch die zahllosen Sonnen so eilig hindurch, daß sie sich vor uns kaum auf einen Augenblick zu Monden ausdehnen konnten, ehe sie hinter uns zu Nebelstäubchen entschwanden; und ihre Erden erschienen dem schnellen Fluge gar nicht. Endlich standen die Erdsonne und der Sirius und alle Sternbilder und die Milchstraße unseres Himmels unter unseren Füßen als ein heller Nebelfleck

Jean Paul: Enge der Wirklichkeit und Unendlichkeit des inneren Gefühls

mitten unter kleinen tieferen Wölkchen. So flogen wir durch die gestirnten Wüsten; ein Himmel nach dem andern erweiterte sich vor uns, und verengerte sich hinter uns — und Milchstraßen standen hintereinander aufgebaut in den Fernen, wie Ehrenpforten des unendlichen Geistes. —

Zuweilen überflog die blitzende Gestalt meinen müden Gedanken und leuchtete, ferne von mir, als ein Funke neben einem Stern, bis ich noch einmal dachte: d o r t, und bei ihr war. Aber als wir uns von einem gestirnten Abgrund in den andern verloren und der Himmel über unsern Augen nicht leerer wurde und der Himmel unter ihnen nicht voller, und als unaufhörlich Sonnen in den Sonnenozean, wie Wassergüsse eines Gewitters in das Wassermeer, fielen: so ermattete das überfüllte Menschenherz und sehnte sich aus dem weiten Sonnentempel in die enge Zelle der Andacht, und ich sagte zu der Gestalt: „O Geist! hat denn das All kein Ende?" — Er antwortete: „Es hat keinen Anfang."

Aber siehe, auf einmal erschien der Himmel über uns ausgeleert, kein Sternchen blinkte in der reinen Finsternis; — die blitzende Gestalt flog in ihr fort — zuletzt gingen auch alle Sternhimmel hinter uns in einen dünnen Nebel zurück, und schwanden endlich auch dahin. — Und ich dachte: „Das All hat sich doch geendigt" — und nun erschrak ich vor dem grenzenlosen Nachtkerker der Schöpfung, der hier seine Mauer anfing, vor dem toten Meer des Nichts, in dessen bodenloser Finsternis der Edelstein des lichten All unaufhörlich untersank; und ich fand nur noch die blitzende Gestalt, aber nicht mich Einsamen, weil sie mich unerleuchtet ließ.

Da antwortete sie meiner stummen Angst: „Kleingläubiger! Blick auf! Das uralte Licht kommt an." Ich blickte auf, schnell kam eine Dämmerung, schnell eine Milchstraße, schnell ein ganzes schimmerndes Sternengewölbe; jeder Gedanke war zu lang für die drei Augenblicke. Seit grauen Jahrtausenden war das Sternlicht auf dem Wege zu uns gewesen, und kam aus den unergründlichen Höhen endlich an. — Nun flogen wir, wie durch ein neues Jahrhundert, durch die neue Sternenkugel. Wieder kam ein ungestirnter Nachtweg, und länger wurd' es, eh' die Strahlen eines entlegenen Sternhimmels uns erreichten.

Aber als wir fortsteigend immer die Nächte abwechselten mit Himmeln, und wir immer länger eine Finsternis hinaufflogen, eh' unter uns ein altes Sternengewölbe ein Fünkchen wurde und erlosch — als wir einmal aus der Nacht plötzlich vor einen Nordschein zusammenlodernder, um Erden kämpfender Sonnen traten, und um uns her auf allen Erden jüngste Tage brannten — und als wir durch die schauderhaften Reiche der Weltenbildungen gingen, wo überirdische Wasser über uns rauschten und weltenlange Blitze durch den Wesendunst zuckten; wo ein finsterer, endloser, bleierner Sonnenkörper nur Flammen und Sonnen einsog, ohne von ihnen hell zu werden — und als ich in der unabsehbaren Ferne ein Gebirge mit einem blitzenden Schnee aus zusammengerückten Sonnen stehen und doch über ihm Milchstraßen als dünne Mondsicheln hängen sah: so hob sich und beugte sich mein Geist unter der Schwere des All, und ich sagte zur blitzenden Gestalt: lass' ab und führe mich nicht weiter; ich werde zu einsam in der Schöpfung; ich werde noch einsamer in ihren Wüsten; die volle Welt ist groß, aber die leere ist noch größer und mit dem All wächst die Wüste.

Da berührte mich die Gestalt, wie ein warmer Hauch, und sprach sanfter als bisher: „Vor Gott besteht keine Leere; um die Sterne, zwischen den Sternen wohnt das rechte All. Aber dein Geist verträgt nur irdische Bilder des Überirdischen; schaue die Bilder."

Siehe! da wurden meine Augen aufgetan, und ich sah ein unermeßliches Lichtmeer stehen, worin die Sonnen und Erden nur als schwarze Felseninseln verstreuet waren, und ich war in, nicht auf dem Meere und nirgends erschien Boden, und nirgends Küste. Alle Räume von einer Milchstraße zur andern waren mit Licht ausgefüllt, und tönende Meere schienen über Meere und unter Meeren zu ziehen, und es war ein Donnern wie das der Flut, und wieder ein Flöten wie von ziehenden Singschwänen; aber beides vermischte sich nicht. Das Leuchten und das Tönen überwältigte sanft das Herz; ich war voll Freuden, ohne zu wissen, woher sie zu mir kamen, es war ein Freuen über Sein und Ewigsein, und eine unaussprechliche Liebe faßte, ohne daß ich wußte wofür, mich an, wenn ich in das neue Licht-All um mich sah. Da sagte die Gestalt:

„Dein Herz faßt jetzt die Geisterwelt; für Aug' und Ohr gibt's keine; sondern nur die Körperwelt, in der sie regiert und erschafft. Nun schaue dein geschärftes Auge, armes Menschenkind; nun fasse dein träumendes Herz!" — Und das Auge schaute zugleich das Nächste und das Fernste; ich sah alle die ungeheuern Räume, durch die wir geflogen, und die kleinen Sternhimmel darin; in den leichten Ätherräumen schwammen die Sonnen nur als aschgraue Blüten und die Erden als schwarze Samenkörner. — Und das träumende Herz faßte; die Unsterblichkeit wohnte in den Räumen, der Tod nur auf den Welten. — Auf den Sonnen gingen aufrechte Schatten in Menschengestalt, aber sie verklärten sich, wenn sie von ihnen zogen und im Lichtmeer untergingen, und die dunkeln Wandelsterne waren nur Wiegen für die Kindergeister des lichten All. — In den Räumen glänzte, tönte, wehte, hauchte nur Leben und Schaffen im Freien des All; die Sonnen waren nur gedrehte Spinnräder, die Erden nur geschossene Weberschiffchen zu dem unendlichen Gewebe des Isis-Schleiers, der über die Schöpfung hing, und der sich verlängerte, wenn ihn ein Endlicher hob. Da, vor der lebendigen Unermeßlichkeit, konnt' es keinen großen Schmerz mehr geben, nur eine Wonne ohne Maß und ein Freudengebet.

Aber unter dem Glanze des All war die blitzende Gestalt unsichtbar geworden, oder nur heimgegangen in die unsichtbare Geisterwelt; ich war mitten im weiten Leben allein und sehnte mich nach einem Wesen. Da schiffte und drang aus der Tiefe durch alle Sterne ein dunkler Weltkörper fliegend das hohe Lichtmeer herauf, und eine Menschengestalt wie ein Kind stand auf ihm, die sich nicht veränderte und vergrößerte durch das Nahen. Endlich stand unsere Erde vor mir, und auf ihr ein Jesuskind; und das Kind blickte mich so hell und mild und liebevoll an, daß ich erwachte vor Liebe und Wonne.

7

DIE ROMANTISCHE BEWEGUNG

HÄTTEN DIE NÜCHTERNEN
EINMAL GEKOSTET,
ALLES VERLIESSEN SIE
UND SETZTEN SICH ZU UNS
AN DEN TISCH DER SEHNSUCHT,
DER NIE LEER WIRD.

NOVALIS

WILHELM HEINRICH WACKENRODER
Das merkwürdige musikalische Leben des Tonkünstlers Joseph Berglinger

Joseph Berglinger ward in einem kleinen Städtchen im südlichen Deutschland geboren. Seine Mutter mußte die Welt verlassen, indem sie ihn darein setzte; sein Vater, schon ein ziemlich bejahrter Mann, war Doktor der Arzneigelehrsamkeit, und in dürftigen Vermögensumständen. Das Glück hatte ihm den Rücken gewandt; und es kostete ihn sauren Schweiß, sich und sechs Kinder (denn Joseph hatte fünf weibliche Geschwister) durch das Leben zu bringen, zumal, da ihm eine verständige Wirtschafterin mangelte.

Dieser Vater war usprünglich ein weicher und sehr gutherziger Mann, der nichts lieber tun mochte als helfen, raten und Almosen geben, so viel er nur vermögend war; der nach einer guten Tat besser schlief als gewöhnlich; der lange, mit herzlicher Rührung und Dank gegen Gott, von den guten Früchten seines Herzens zehren konnte, und seinen Geist am liebsten mit rührenden Empfindungen nährte. Man muß in der Tat allemal von tiefer Wehmut und herzlicher Liebe ergriffen werden, wenn man die beneidenswerte Einfachheit dieser Seelen betrachtet, welche in den gewöhnlichen Äußerungen des guten Herzens einen so unerschöpflichen Abgrund von Herrlichkeit finden, daß dies völlig ihr Himmel auf Erden ist, wodurch sie mit der ganzen Welt versöhnt, und immer in zufriedenem Wohlbehagen erhalten werden. Joseph hatte ganz diese Empfindung, wenn er seinen Vater betrachtete; — aber ihn hatte der Himmel nun einmal so eingerichtet, daß er immer nach etwas noch Höherem trachtete; es genügte ihm nicht die bloße Gesundheit der Seele, und daß sie ihre ordentlichen Geschäfte auf Erden, als arbeiten und Gutes tun, verrichtete; — er wollte, daß sie auch in üppigem Übermute dahertanzen, und zum Himmel, als zu ihrem Ursprunge, hinaufjauchzen sollte.

Das Gemüt seines Vaters war aber auch noch aus andern Dingen zusammengesetzt. Er war ein emsiger und gewissenhafter Arzt, der Zeit seines Lebens an nichts als an der Kenntnis der seltsamen Dinge, die im menschlichen Körper verborgen liegen, und an der weitläufigen Wissenschaft aller jammervollen menschlichen Gebrechen und Krankheiten seine Lust gehabt hatte. Dieses eifrige Studium nun war ihm, wie es öfter zu geschehen pflegt, ein heimliches, nervenbetäubendes Gift geworden, das alle seine Adern durchdrang und viele klingende Saiten des menschlichen Busens bei ihm zernagte. Dazu kam der Mißmut über das Elend seiner Dürftigkeit, und endlich das Alter. Alles dieses zehrte an der ursprünglichen Güte seines Gemüts; denn bei nicht starken Seelen geht alles, womit der Mensch zu schaffen hat, in sein Blut über, und verwandelt sein Inneres, ohne daß er es selber weiß.

Die Kinder des alten Arztes wuchsen bei ihm auf, wie Unkraut in einem verwilderten Garten. Josephs Schwestern waren teils kränklich, teils von schwachem Geiste, und führten ein kläglich einsames Leben in ihrer dunklen kleinen Stube.

In diese Familie konnte niemand weniger passen als Joseph, der immer in schöner Einbildung und himmlischen Träumen lebte. Seine Seele glich einem zarten Bäum-

Frühromantik: Tragische Disharmonie zwischen Kunst und Wirklichkeit

324 chen, dessen Samenkorn ein Vogel in das Gemäuer öder Ruinen fallen ließ, wo es zwischen harten Steinen jungfräulich hervorschießet. Er war stets einsam und still für sich, und weidete sich nur an seinen inneren Phantasien; drum hielt der Vater auch ihn ein wenig verkehrt und blöden Geistes. Seinen Vater und seine Geschwister liebte er aufrichtig; aber sein Inneres schätzte er über alles, und hielt es vor andern heimlich und verborgen. So hält man ein Schatzkästlein verborgen, zu welchem man den Schlüssel niemandem in die Hände gibt.

Seine Hauptfreude war von seinen frühesten Jahren an die Musik gewesen. Er hörte zuweilen jemanden auf dem Klavier spielen, und spielte auch selber etwas. Nach und nach bildete er sich durch den oft wiederholten Genuß auf eine so eigene Weise aus, daß sein Inneres ganz und gar zu Musik ward, und sein Gemüt, von dieser Kunst gelockt, immer in den dämmernden Irrgängen poetischer Empfindung umherschweifte.

Eine vorzügliche Epoche in seinem Leben machte eine Reise nach der bischöflichen Residenz, wohin ein begüterter Anverwandter, der dort wohnte, und der den Knaben liebgewonnen hatte, ihn auf einige Wochen mitnahm. Hier lebte er nun recht im Himmel; sein Geist ward mit tausendfältiger schöner Musik ergötzt, und flatterte nicht anders als ein Schmetterling in warmen Lüften umher.

Vornehmlich besuchte er die Kirchen, und hörte die heiligen Oratorien, Kantilenen und Chöre mit vollem Posaunen- und Trompetenschall unter den hohen Gewölben ertönen, wobei er oft, aus innerer Andacht, demütig auf den Knien lag. Ehe die Musik anbrach, war es ihm, wenn er so in dem gedrängten, leise murmelnden Gewimmel der Volksmenge stand, als wenn er das gewöhnliche und gemeine Leben der Menschen, als einen großen Jahrmarkt, unmelodisch durcheinander und um sich herum summen hörte; sein Kopf ward von leeren, irdischen Kleinigkeiten betäubt. Erwartungsvoll harrte er auf den ersten Ton der Instrumente; — und indem er nun aus der dumpfen Stille, mächtig und langgezogen, gleich dem Wehen eines Windes vom Himmel hervorbrach, und die ganze Gewalt der Töne über seinem Haupte daherzog — da war es ihm, als wenn auf einmal seiner Seele große Flügel ausgespannt, als wenn er von einer dürren Heide aufgehoben würde, der trübe Wolkenvorhang vor den sterblichen Augen verschwände und er zum lichten Himmel emporschwebte. Dann hielt er sich mit seinem Körper still und unbeweglich, und heftete die Augen unverrückt auf den Boden. Die Gegenwart versank vor ihm; sein Inneres war von allen irdischen Kleinigkeiten, welche der wahre Staub auf dem Glanze der Seele sind, gereinigt; die Musik durchdrang seine Nerven mit leisen Schauern, und ließ, so wie sie wechselte, mannigfache Bilder vor ihm aufsteigen. So kam es ihm bei manchen frohen und herzerhebenden Gesängen zum Lobe Gottes ganz deutlich vor, als wenn er den König David im langen königlichen Mantel, die Krone auf dem Haupt, vor der Bundeslade lobsingend hertanzen sähe; er sah sein ganzes Entzücken und alle seine Bewegungen, und das Herz hüpfte ihm in der Brust. Tausend schlafende Empfindungen in seinem Busen wurden losgerissen, und bewegten sich wunderbar durcheinander. Ja bei manchen Stellen der Musik endlich schien ein besonderer Lichtstrahl in seine Seele zu fallen; es war ihm, als wenn er

dabei auf einmal weit klüger würde, und mit helleren Augen und einer gewissen erhabenen und ruhigen Wehmut auf die ganze wimmelnde Welt herabsähe.
So viel ist gewiß, daß er sich, wenn die Musik geendigt war, und er aus der Kirche herausging, reiner und edler geworden vorkam. Sein ganzes Wesen glühte noch von dem geistigen Weine, der ihn berauscht hatte, und er sah alle Vorübergehenden mit andern Augen an. Wenn er dann etwa ein paar Leute auf dem Spaziergange zusammenstehen und lachen, oder sich Neuigkeiten erzählen sah, so machte das einen ganz eigenen widrigen Eindruck auf ihn. Er dachte: du mußt zeitlebens, ohne Aufhören in diesem schönen poetischen Taumel bleiben, und dein ganzes Leben muß eine Musik sein.
Wenn er dann aber zu seinem Verwandten zum Mittagessen ging, und es sich in einer gewöhnlich-lustigen und scherzenden Gesellschaft hatte wohlschmecken lassen — dann war er unzufrieden, daß er sobald wieder ins prosaische Leben hinabgezogen war, und sein Rausch sich wie eine glänzende Wolke verzogen hatte.
Diese bittere Mißhelligkeit zwischen seinem angeborenen ätherischen Enthusiasmus und dem irdischen Anteil an dem Leben eines jeden Menschen, der jeden täglich aus seinen Schwärmereien mit Gewalt herabzieht, quälte ihn sein ganzes Leben hindurch ...
Die schönen Tage, die Joseph in der bischöflichen Residenz verlebt hatte, waren endlich vorüber, und er mußte wieder nach seiner Vaterstadt in das Haus seines Vaters zurückkehren. Wie traurig war der Rückweg! Wie kläglich und niedergedrückt fühlte er sich wieder in einer Familie, deren ganzes Leben und Weben sich nur um die kümmerliche Befriedigung der notwendigsten physischen Bedürfnisse drehte, und bei einem Vater, der so wenig in seine Neigungen einstimmte! Dieser verachtete und verabscheute alle Künste als Dienerinnen ausgelassener Begierden und Leidenschaften, und Schmeichlerinnen der vornehmen Welt. Schon von jeher hatte er es mit Mißvergnügen gesehen, daß sein Joseph sich so sehr an die Musik gehängt hatte; und nun, da diese Liebe in dem Knaben immer höher wuchs, machte er einen anhaltenden und ernstlichen Versuch, ihn von dem verderblichen Hange zu einer Kunst, deren Ausübung nicht viel besser als Müßiggang sei, und die bloß die Lüsternheit der Sinne befriedige, zur Medizin, als zu der wohltätigsten und für das Menschengeschlecht allgemeinnützlichsten Wissenschaft, zu bekehren. Er gab sich viele Mühe, ihn selber in den Anfangsgründen zu unterweisen, und gab ihm Hilfsbücher in die Hände.
Dies war eine recht quälende und peinliche Lage für den armen Joseph. Er preßte seinen Enthusiasmus heimlich in seine Brust zurück, um seinen Vater nicht zu kränken, und wollte sich zwingen, ob er nicht nebenher eine nützliche Wissenschaft erlernen könnte. Aber das war ein ewiger Kampf in seiner Seele. Er las in seinen Lehrbüchern eine Seite zehnmal, ohne zu fassen, was er las; — immer sang seine Seele innerlich ihre melodischen Phantasien fort. Der Vater war sehr bekümmert um ihn ...
Ach, aber! — wenn ihm nun so eine entzückte Stunde, da er in ätherischen Träumen

326 dadurch unterbrochen wurde, daß seine Geschwister sich um ein neues Kleid zanklebte, oder da er eben ganz berauscht von dem Genuß einer herrlichen Musik kam, ten, oder daß sein Vater der Ältesten nicht hinreichend Geld zur Wirtschaft geben konnte, oder der Vater von einem recht elenden, jammervollen Kranken erzählte, oder daß eine alte, ganz krummgebückte Bettelfrau an die Tür kam, die sich in ihren Lumpen vor dem Winterfrost nicht schützen konnte; — ach! es gibt in der Welt keine so entsetzlich bittere, so herzdurchschneidende Empfindung, als von der Joseph alsdann zerrissen ward. Er dachte: Lieber Gott! ist denn das die Welt, wie sie ist? und ist es denn dein Wille, daß ich mich so unter das Gedränge des Haufens mischen, und an dem gemeinen Elend Anteil nehmen soll? Und doch sieht es so aus und mein Vater predigt es immer, daß es die Pflicht und Bestimmung des Menschen sei, sich darunter zu mischen, und Rat und Almosen zu geben, und ekelhafte Wunden zu verbinden, und häßliche Krankheiten zu heilen! Und doch ruft mir wieder eine innere Stimme ganz laut zu: „Nein! nein! du bist zu einem höheren, edleren Ziel geboren!" — Mit solchen Gedanken quälte er sich oft lange, und konnte keinen Ausweg finden; allein eh' er es sich versah, waren die widrigen Bilder, die ihn gewaltsam in den Schlamm dieser Erde herabzuziehen schienen, aus seiner Seele verwischt, und sein Geist schwärmte wieder ungestört in den Lüften umher ...

Über ein Jahr lang wohl quälte sich und brütete der arme Joseph in der Einsamkeit über einen Schritt, den er tun wollte. Eine unwiderstehliche Macht zog seinen Geist nach der herrlichen Stadt zurück, die er als ein Paradies für sich betrachtete; denn er brannte vor Begierde, dort seine Kunst von Grund aus zu erlernen. Das Verhältnis gegen seinen Vater aber preßte sein Herz ganz zusammen. Dieser hatte wohl gemerkt, daß Joseph sich gar nicht mehr mit Ernst und Eifer in seiner Wissenschaft anlegen wollte, hatte ihn auch schon halb aufgegeben, und sich in seinen Mißmut, der mit zunehmendem Alter immer stärker ward, zurückgezogen. Er gab sich wenig mehr mit dem Knaben ab. Joseph indessen verlor darum sein kindliches Gefühl nicht; er kämpfte ewig mit seiner Neigung, und er konnte immer nicht das Herz fassen, in des Vaters Gegenwart über die Lippen zu bringen, was er ihm zu entdecken hatte. Ganze Tage lang peinigte er sich, alles gegeneinander abzuwägen, aber er konnte und konnte aus dem entsetzlichen Abgrunde von Zweifeln nicht herauskommen, all sein inbrünstiges Beten wollte nichts fruchten: das stieß ihm beinahe das Herz ab. Von dem über alles trübseligen und peinlichen Zustand, worin er sich damals befand, zeugen auch folgende Zeilen, die ich unter seinen Papieren gefunden habe:

> Ach was ist es, was mich also dränget,
> Mich mit heißen Armen eng umfänget,
> Daß ich mit ihm fern von hinnen ziehen,
> Daß ich soll dem Vaterhaus entfliehen?
> Ach, was muß ich ohne mein Verschulden
> Für Versuchung und für Marter dulden!

> Gottes Sohn! um Deiner Wunden willen,
> Kannst Du nicht die Angst des Herzens stillen?
> Kannst Du mir nicht Offenbarung schenken?
> Was ich innerlich soll wohl bedenken?
> Kannst Du mir die rechte Bahn nicht zeigen?
> Nicht mein Herz zum rechten Wege neigen?
>
> Wenn Du mich nicht bald zu Dir errettest,
> Oder in den Schoß der Erde bettest,
> Muß ich mich der fremden Macht ergeben,
> Muß, geängstigt, dem zu Willen leben,
> Was mich zieht von meines Vaters Seite,
> Unbekannten Mächten Raub und Beute! —

Seine Angst ward immer größer, — die Versuchung, nach der herrlichen Stadt zu entfliehen, immer stärker. Wird denn aber, dachte er, der Himmel dir nicht zu Hilfe kommen? wird er dir gar kein Zeichen geben? — Seine Leidenschaft erreichte endlich den höchsten Gipfel, als sein Vater bei einer häuslichen Mißhelligkeit ihn einmal mit einer ganz andern Art, als gewöhnlich, anfuhr, und ihm seitdem immer zurückstoßend begegnete. Nun war es beschlossen; allen Zweifeln und Bedenklichkeiten wies er von nun an die Tür; er wollte nun durchaus nicht mehr überlegen. Das Osterfest war nahe; das wollte er noch zu Hause mitfeiern, aber sobald es vorüber wäre, — in die weite Welt.

Es war vorüber. Er wartete den ersten schönen Morgen ab, da der helle Sonnenschein ihn bezaubend anzulocken schien, da lief er früh aus dem Hause fort, wie man wohl an ihm gewohnt war, — aber diesmal kam er nicht wieder. Mit Entzücken und mit pochendem Herzen eilte er durch die engen Gassen der kleinen Stadt; — ihm war zumut, als wollte er über alles, was er um sich sah, hinweg, in den offenen Himmel hineinspringen. Eine alte Verwandte begegnete ihm an einer Ecke: — „So eilig, Vetter?" fragte sie, — „will er wieder Grünes vom Markt einholen für die Wirtschaft?" — „Ja, ja!" rief Joseph in Gedanken, und lief vor Freude zitternd das Tor hinaus.

Wie er aber eine kleine Strecke auf dem Felde gegangen war, und sich umsah, brachen ihm die hellen Tränen hervor. Soll ich noch umkehren? dachte er. Aber er lief weiter, als wenn ihm die Fersen brennten, und weinte immerfort, und er lief, als wollte er seinen Tränen entlaufen. So ging's nun durch manches fremde Dorf, und an manchen fremden Gesichtern vorbei: — der Anblick der fremden Welt gab ihm wieder Mut, er fühlte sich frei und stark, — er kam immer näher, — und endlich — gütiger Himmel! welch Entzücken! — endlich sah er die Türme der herrlichen Stadt vor sich liegen. — —

328 BONAVENTURA (F. G. WETZEL)
Monolog des wahnsinnigen Weltschöpfers

„Es ist ein wunderlich's Ding hier in meiner Hand, und wenn ich's von Sekunde zu Sekunde — was sie dort ein Jahrhundert heißen — durch das Vergrößerungsglas betrachte, so hat sich's immer toller auf der Kugel verwirrt, und ich weiß nicht, ob ich darüber lachen oder mich ärgern soll — wenn beides sich nur überhaupt für mich schickte. Das Sonnenstäubchen, das daran herumkriecht, nennt sich Mensch. Als ich es geschaffen hatte, sagte ich zwar der Sonderbarkeit wegen, es sei gut — übereilt war das freilich, indeß ich hatte nun einmal meine gute Laune, und alles Neue ist hier oben in der langen Ewigkeit willkommen, wo es gar keinen Zeitvertreib gibt. — Mit manchem, was ich geschaffen, bin ich freilich noch jetzt zufrieden, so ergötzt mich die bunte Blumenwelt mit den Kindern, die darunter spielen, und die fliegenden Blumen, die Schmetterlinge und Insekten, die sich als leichtsinnige Jugend von ihren Müttern trennten und doch zu ihnen zurückkehren, um ihre Milch zu trinken und an der Mutter Brust zu schlummern und zu sterben. — Aber dies winzige Stäubchen, dem ich einen lebendigen Atem einblies und es Mensch nannte, ärgert mich wohl hin und wieder mit seinem Fünkchen Gottheit, das ich ihm in der Übereilung anerschuf und worüber es verrückt wurde. Ich hätte es gleich einsehen sollen, daß so wenig Gottheit nur zum Bösen führen müsse, denn die arme Kreatur weiß nicht mehr, wohin sie sich wenden soll, und die Ahnung von Gott, die sie in sich herumträgt, macht, daß sie sich immer tiefer verwirret, ohne jemals damit aufs reine zu kommen. In der einen Sekunde, die sie das goldene Zeitalter nannte, schnitzte sie Figuren, lieblich anzuschauen, und baute Häuserchen darüber, deren Trümmer man in der andern Sekunde anstaunte und als die Wohnung der Götter betrachtete. Dann betete sie die Sonne an, die ich ihr zur Erleuchtung anzündete und die, mit meiner Studierlampe verglichen, sich wie das Fünkchen zur Flamme verhält. Zuletzt — und das war das ärgste — dünkte sich das Stäubchen selbst Gott und baute Systeme auf, worin es sich bewunderte. Beim Teufel! Ich hätte die Puppe ungeschnitzt lassen sollen! — Was soll ich nun mit ihr anfangen? — Hier oben sie in der Ewigkeit mit ihren Possen herumhüpfen lassen? — Das geht bei mir selbst nicht an; denn da sie sich dort unten schon mehr als zuviel langweilt und sich oft vergeblich bemüht, in der kurzen Sekunde ihrer Existenz die Zeit sich zu vertreiben, wie müßte sie sich bei mir in der Ewigkeit, vor der ich oft selbst erschrecke, langweilen! Sie ganz und gar zu vernichten, tut mir auch leid; denn der Staub träumt doch oft gar so angenehm von der Unsterblichkeit und meint, eben weil er so etwas träume, müsse es ihm werden. — Was soll ich beginnen? Wahrlich, hier steht mein Verstand selbst still! Lasse ich die Kreatur sterben und wieder sterben und verwische jedesmal das Fünkchen Erinnerung an sich selbst, daß es von neuem auferstehe und umherwandle? Das wird mir auf die Länge auch langweilig, denn das Possenspiel, immer und immer wiederholt, muß ermüden! — Am besten, ich warte überhaupt mit der Entscheidung, bis es mir einfällt, einen Jüngsten Tag festzusetzen und mir ein klügerer Gedanke beikommt."...

Der Weltschöpfer, der bei seiner Rede einen Kinderball in der Hand hielt und jetzt mit ihm zu spielen anfing, fuhr nach einer Pause fort:
„Wie die Physiker sich jetzt über die veränderte Temperatur wundern und neue Systeme darüber aufstellen werden! Ja, diese Erschütterung bringt vielleicht Erdbeben und andere Erscheinungen zuwege, und es gibt ein weites Feld für die Theologen. O, das Sonnenstäubchen hat eine erstaunliche Vernunft und bringt selbst in das Willkürliche und Verworrenste etwas Systematisches; ja, es lobt und preiset oft seinen Schöpfer eben deshalb, weil es davon überrascht wurde, daß er ebenso gescheit als es selbst sei. — Dann treibt es sich durcheinander, und das Ameisenvolk bildet eine große Zusammenkunft und stellt sich fast an, als ob etwas darin abgehandelt würde. Lege ich jetzt mein Hörrohr an, so vernehme ich wirklich etwas, und es summen von Kanzeln und Kathedern ernsthafte Reden über die weise Einrichtung in der Natur, wenn ich etwa den Ball spiele und dadurch ein paar Dutzend Länder und Städte untergehen und mehrere von den Ameisen zerschmettert werden, die sich ohnedas, seitdem sie die Kuhpocken erfunden haben, nur zu viel vermehren. O, seit einer Sekunde sind sie so klug geworden, daß ich mich hier oben nicht schneuzen darf, ohne daß sie das Phänomen ernsthaft untersuchen. — Beim Teufel! Da ist es fast ärgerlich, Gott zu sein, wenn einen solch ein Volk bekrittelt! — Ich möchte den ganzen Ball zerdrücken!" —

LUDWIG TIECK
Die Töne

Wie glücklich ist der Mensch, daß, wenn er nicht weiß, wohin er entfliehen, wo er sich retten soll, ein einziger Ton, ein Klang sich ihm mit tausend Engelsarmen entgegenstreckt, ihn aufnimmt und in die Höhe trägt! Wenn wir von Freunden, von unsern Lieben entfernt sind, und durch den einsamen Wald in träger Unzufriedenheit dahinirren, dann erschallt aus der Ferne ein Horn, und schlägt nur wenige Akkorde an, und wir fühlen, wie auf den Tönen die fremde Sehnsucht uns auch nachgeeilt ist, und wie alle die Seelen wieder zugegen sind, die wir vermißten und betrauerten. Die Töne sagen uns von ihnen, wir fühlen es innigst, wie auch sie uns vermissen, und wie es keine Trennung gibt.

Weht ein Ton vom Feld herüber
Grüß ich immer einen Freund,
Spricht zu mir: was weinst du, Lieber?
Sieh, wie Sonn' die Liebe scheint:
Herz am Herzen stets vereint
Gehn die bösen Stunden über.
Liebe denkt in süßen Tönen,
Denn Gedanken stehn zu fern,

Nur in Tönen mag sie gern
Alles was sie will verschönen.
Drum ist ewig uns zugegen
Wenn Musik mit Klängen spricht
Ihr die Sprache nicht gebricht
Holde Lieb' auf allen Wegen,
Liebe kann sich nicht bewegen
Leihet sie den Odem nicht.

FRIEDRICH SCHLEGEL
Fragmente über romantische Poesie

Die romantische Poesie ist eine progressive Universalpoesie. Ihre Bestimmung ist nicht bloß, alle getrennten Gattungen der Poesie wieder zu vereinigen und die Poesie mit der Philosophie und Rhetorik in Berührung zu setzen. Sie will und soll auch Poesie und Prosa, Genialität und Kritik, Kunstpoesie und Naturpoesie bald mischen, bald verschmelzen, die Poesie lebendig und gesellig und das Leben und die Gesellschaft poetisch machen, den Witz poetisieren und die Formen der Kunst mit gediegenem Bildungsstoff jeder Art anfüllen und sättigen und durch die Schwingungen des Humors beseelen. Sie umfaßt alles, was nur poetisch ist, vom größten, wieder mehrere Systeme in sich enthaltenden Systeme der Kunst bis zu dem Seufzer, dem Kuß, den das dichtende Kind aushaucht in kunstlosen Gesang. Sie kann sich so in das Dargestellte verlieren, daß man glauben möchte, poetische Individuen jeder Art zu charakterisieren, sei ihr eins und alles; und doch gibt es noch keine Form, die dazu gemacht wäre, den Geist des Autors vollständig auszudrücken: so daß manche Künstler, die nur auch einen Roman schreiben wollten, von ungefähr sich selbst dargestellt haben. Nur sie kann gleich dem Epos ein Spiegel der ganzen umgebenden Welt, ein Bild des Zeitalters werden. Und doch kann auch sie am meisten zwischen dem Dargestellten und dem Darstellenden, frei von allem realen und idealen Interesse, auf den Flügeln der poetischen Reflexion in der Mitte schweben, diese Reflexion immer wieder potenzieren und wie in einer endlosen Reihe von Spiegeln vervielfachen. Sie ist der höchsten und der allseitigsten Bildung fähig, nicht bloß von innen heraus, sondern auch von außen hinein, indem sie jedem, was ein Ganzes in ihren Produkten sein soll, alle Teile ähnlich organisiert, wodurch ihr die Aussicht auf eine grenzenlos wachsende Klassizität eröffnet wird. Die romantische Poesie ist unter den Künsten, was der Witz der Philosophie und die Gesellschaft, Umgang, Freundschaft und Liebe im Leben ist. Andre Dichtarten sind fertig und können nun vollständig zergliedert werden. Die romantische Dichtart ist noch im Werden; ja das ist ihr eigentliches Wesen, daß sie ewig nur werden, nie vollendet sein kann. Sie kann durch keine Theorie erschöpft werden, und nur eine divinatorische Kritik dürfte es wagen, ihr Ideal charakterisieren zu wollen. Sie allein ist unendlich, wie sie allein frei ist und das als ihr erstes Gesetz anerkennt, daß die Willkür des Dichters kein Gesetz über sich leide. Die romantische Dichtart ist die einzige, die mehr als Art und gleichsam die Dichtkunst selbst ist: denn in einem gewissen Sinn ist oder soll alle Poesie romantisch sein.

In jedem guten Gedicht muß alles Absicht, und alles Instinkt sein. Dadurch wird es idealisch.

Man sollte sich nie auf den Geist des Altertums berufen, wie auf eine Autorität. Es ist eine eigene Sache mit den Geistern; sie lassen sich nicht mit Händen greifen, und dem andern vorhalten. Geister zeigen sich nur Geistern. Das Kürzeste und das Bündigste wäre wohl auch hier, den Besitz des alleinseligmachenden Glaubens durch gute Werke zu beweisen.

Die Alten sind Meister der poetischen Abstraktion: die Modernen haben mehr poetische Spekulation.

Nur derjenige kann ein Künstler sein, welcher eine eigne Religion, eine originelle Ansicht des Unendlichen hat.

Sie jammern immer, die deutschen Autoren schrieben nur für einen so kleinen Kreis, ja oft nur für sich selbst untereinander. Das ist recht gut. Dadurch wird die deutsche Literatur immer mehr Geist und Charakter bekommen. Und unterdessen kann vielleicht ein Publikum entstehen.

NOVALIS

Fragmente

Über die Poesie

Die Poesie im strengern Sinn scheint fast die Mittelkunst zwischen den bildenden und tönenden Künsten zu sein.

Poesie ist Darstellung des Gemüts — der inneren Welt in ihrer Gesamtheit.

Die Poesie ist für den Menschen, was der Chor dem griechischen Schauspiele ist — Handlungsweise der schönen, rhythmischen Seele — begleitende Stimme unsers bildenden Selbst — Gang im Lande der Schönheit — überall leise Spur des Fingers der Humanität — freie Regel — Sieg über die rohe Natur in jedem Worte — ihr Witz ist Ausdruck freier, selbständiger Tätigkeit — Flug — Humanisierung — Aufklärung — Rhythmus — Kunst.

Die Kunst, auf eine angenehme Art zu befremden, einen Gegenstand fremd zu machen und doch bekannt und anziehend, das ist die romantische Poetik.

Über den Künstler

Der Künstler ist durchaus transzendental.

Nur ein Künstler kann den Sinn des Lebens erraten.

Der echte Dichter ist allwissend — er ist eine wirkliche Welt im kleinen.

Über das Märchen

Märchen sind magische Begebenheiten.

In einem echten Märchen muß alles wunderbar — geheimnisvoll und unzusammenhängend sein — alles belebt. Jedes auf eine andre Art. Die ganze Natur muß auf eine wunderliche Art mit der ganzen Geisterwelt vermischt sein — die Zeit der allgemeinen Anarchie — der Gesetzlosigkeit — Freiheit — der Naturstand der Natur — die Zeit vor der Welt (Staat). Die Welt des Märchens ist durchaus entgegengesetzte Welt der Welt der Wahrheit (Geschichte).

Das echte Märchen muß zugleich prophetische Darstellung — idealische Darstellung — absolut notwendige Darstellung sein. Der echte Märchendichter ist ein Seher der Zukunft.

Im Märchen glaub' ich am besten meine Gemütsstimmung ausdrücken zu können. (Alles ist ein Märchen.)

Das Märchen ist gleichsam der Kanon der Poesie.

NOVALIS
Der Lehrling

Mannigfache Wege gehen die Menschen. Wer sie verfolgt und vergleicht, wird wunderliche Figuren entstehen sehn; Figuren, die zu jener großen Chiffernschrift zu gehören scheinen, die man überall, auf Flügeln, Eierschalen, in Wolken, im Schnee, in Kristallen und in Steinbildungen, auf gefrierenden Wassern, im Innern und Äußern der Gebirge, der Pflanzen, der Tiere, der Menschen, in den Lichtern des Himmels, auf berührten und gestrichenen Scheiben von Pech und Glas, in den Feilspänen um den Magnet her, und sonderbaren Konjunkturen des Zufalls erblickt. In ihnen ahndet man den Schlüssel dieser Wunderschrift, die Sprachlehre derselben; allein die Ahndung will sich selbst in keine feste Formen fügen, und scheint kein höherer Schlüssel werden zu wollen. Ein Alkahest scheint über die Sinne der Menschen ausgegossen zu sein. Nur augenblicklich scheinen ihre Wünsche, ihre Gedanken sich zu verdichten. So entstehen ihre Ahndungen, aber nach kurzen Zeiten schwimmt alles wieder, wie vorher, vor ihren Blicken.

Von weitem hört' ich sagen: die Unverständlichkeit sei Folge nur des Unverstandes; dieser suche, was er habe, und also niemals weiter finden könnte. Man verstehe die Sprache nicht, weil sich die Sprache selber nicht verstehe, nicht verstehen wolle; die echte Sanskrit spräche, um zu sprechen, weil Sprechen ihre Lust und ihr Wesen sei.

Nicht lange darauf sprach einer: „Keiner Erklärung bedarf die Heilige Schrift. Wer wahrhaft spricht, ist des ewigen Lebens voll, und wunderbar verwandt mit echten Geheimnissen dünkt uns seine Schrift, denn sie ist ein Akkord aus des Weltalls Symphonie."

Von unserem Lehrer sprach gewiß die Stimme, denn er versteht die Züge zu versammeln, die überall zerstreut sind. Ein eignes Licht entzündet sich in seinen Blicken, wenn vor uns nun die hohe Rune liegt und er in unsern Augen späht, ob auch in uns aufgegangen ist das Gestirn, das die Figur sichtbar und verständlich macht. Sieht er uns traurig, daß die Nacht nicht weicht, so tröstet er uns, und verheißt dem emsigen, treuen Seher künftiges Glück. Oft hat er uns erzählt, wie ihm als Kind der Trieb, die Sinne zu üben, zu beschäftigen und zu erfüllen, keine Ruhe ließ. Den Sternen sah er zu und ahmte ihre Züge, ihre Stellungen im Sande nach. In's Luftmeer sah er ohne Rast, und ward nicht müde, seine Klarheit, seine Bewegungen, seine Wolken, seine Lichter zu betrachten. Er sammelte sich Steine, Blumen, Käfer aller Art, und legte sie auf mannigfache Weise sich in Reihen. Auf Menschen und auf Tiere gab er acht, am Strand des Meeres saß er, suchte Muscheln. Auf sein Gemüt und seine Gedanken lauschte er sorgsam. Er wußte nicht, wohin ihn seine Sehnsucht trieb. Wie er größer ward, strich er umher, besah sich andre Länder, andre Meere, neue Lüfte, fremde Sterne, unbekannte Pflanzen, Tiere, Menschen, stieg in Höhlen, sah wie in Bänken und in bunten Schichten der Erde Bau vollführt war, und drückte Ton in sonderbare Felsenbilder. Nun fand er überall Bekanntes wieder, nur wunderlich gemischt, gepaart, und also ordneten sich selbst in ihm oft seltsame Dinge. Er merkte bald auf die Verbindungen in allem, auf Begegnungen, Zusammentreffungen. Nun sah er bald nichts mehr allein. — In große bunte Bilder drängten sich die Wahrnehmungen seiner Sinne: er hörte, sah, tastete und dachte zugleich. Er freute sich, Fremdlinge zusammenzubringen. Bald waren ihm die Sterne Menschen, bald die Menschen Sterne, die Steine Tiere, die Wolken Pflanzen, er spielte mit den Kräften und Erscheinungen, er wußte, wo und wie er dies und jenes finden, und erscheinen lassen konnte, und griff so selbst in den Saiten nach Tönen und Gängen umher.

Was nun seitdem aus ihm geworden ist, tut er nicht kund. Er sagt uns, daß wir selbst, von ihm und eigner Lust geführt, entdecken würden, was mit ihm vorgegangen sei. Mehrere von uns sind von ihm gewichen. Sie kehrten zu ihren Eltern zurück und lernten ein Gewerbe treiben. Einige sind von ihm ausgesendet worden, wir wissen nicht wohin; er suchte sie aus. Von ihnen waren einige nur kurze Zeit erst da, die andern länger. Eins war ein Kind noch, es war kaum da, so wollte er ihm den Unterricht übergeben. Es hatte große dunkle Augen mit himmelblauem Grunde, wie Lilien glänzte seine Haut, und seine Locken wie lichte Wölkchen, wenn der Abend kommt. Die Stimme drang uns allen durch das Herz, wir hätten gern ihm unsere Blumen, Steine, Federn, alles gern geschenkt. Es lächelte unendlich ernst, und uns ward seltsam wohl mit ihm zu Mute. „Einst wird es wiederkommen", sagte der Lehrer, „und unter uns wohnen, dann hören die Lehrstunden auf." — Einen schickte er mit ihm fort, der hat uns oft gedauert. Immer traurig sah er aus, lange Jahre war er hier, ihm glückte nichts, er fand nicht leicht, wenn wir Kristalle suchten oder Blumen. In die Ferne sah er schlecht, bunte Reihen gut zu legen wußte er nicht. Er zerbrach alles so leicht. Doch hatte keiner einen solchen Trieb und solche Lust am Sehn und Hören. Seit einer Zeit, — vorher eh jenes Kind in unsern Kreis trat, — ward er auf einmal heiter und geschickt. Eines Tages war er traurig ausgegangen, er kam nicht wieder und die Nacht brach ein. Wir waren seinetwegen sehr in Sorgen; auf einmal, wie des Morgens Dämmerung kam, hörten wir in einem nahen Haine seine Stimme. Er sang ein hohes, frohes Lied; wir wunderten uns alle; der Lehrer sah mit einem Blick nach Morgen, wie ich ihn wohl nie wieder sehen werde. In unsre Mitte trat er bald, und brachte, mit unaussprechlicher Seligkeit im Antlitz, ein unscheinbares Steinchen von seltsamer Gestalt. Der Lehrer nahm es in die Hand, und küßte ihn lange, dann sah er uns mit nassen Augen an und legte dieses Steinchen auf einen leeren Platz, der mitten unter andern Steinen lag, gerade wo wie Strahlen viele Reihen sich berührten.

Ich werde dieser Augenblicke nie fortan vergessen. Uns war, als hätten wir im Vorübergehen eine helle Ahndung dieser wunderbaren Welt in unsern Seelen gehabt.

Auch ich bin ungeschickter als die andern, und minder gern scheinen sich die Schätze der Natur von mir finden zu lassen. Doch ist der Lehrer mir gewogen, und läßt mich in Gedanken sitzen, wenn die andern suchen gehen. So wie dem Lehrer ist mir nie gewesen. Mich führt alles in mich selbst zurück. Was einmal die zweite Stimme sagte, habe ich wohl verstanden. Mich freuen die wunderlichen Haufen und Figuren in den Sälen, allein mir ist, als wären sie nur Bilder, Hüllen, Zierden, versammelt um ein göttlich Wunderbild, und dieses liegt mir immer in Gedanken. Sie such' ich nicht, in ihnen such' ich oft. Es ist, als sollten sie den Weg mir zeigen, wo in tiefem Schlaf die Jungfrau steht, nach der mein Geist sich sehnt. Mir hat der Lehrer nie davon gesagt, auch ich kann ihm nichts anvertrauen, ein unverbrüchliches Geheimnis dünkt es mir. Gern hätt ich jenes Kind gefragt, in seinen Zügen fand ich Verwandtschaft; auch schien in seiner Nähe mir alles heller innerlich zu werden. Wäre es länger geblieben, sicherlich hätte ich mehr in mir erfahren. Auch wäre mir am Ende vielleicht der Busen offen, die Zunge frei geworden. Gern wär' ich auch mit ihm gegangen. Es kam nicht so. Wie lang' ich hier noch bleibe, weiß ich nicht. Mir scheint es, als blieb' ich immer hier. Kaum wag' ich es mir selber zu gestehn, allein zu innig dringt sich mir der Glauben auf: einst find' ich hier, was mich beständig rührt; sie ist zugegen. Wenn ich mit diesem Glauben hier umher gehe, so tritt mir alles in ein höher Bild, in eine neue Ordnung mir zusammen und alle sind nach einer Gegend hin gerichtet. Mir wird dann jedes so bekannt, so lieb; und was mir seltsam noch erschien und fremd, wird nun auf einmal wie ein Hausgerät.

Gerade diese Fremdheit ist mir fremd, und darum hat mich immer diese Sammlung zugleich entfernt und angezogen. Den Lehrer kann und mag ich nicht begreifen. Er ist mir just so unbegreiflich lieb. Ich weiß es, er versteht mich, er hat nie gegen mein Gefühl und meinen Wunsch gesprochen. Vielmehr will er, daß wir den eignen Weg verfolgen, weil jeder neue Weg durch neue Länder geht, und jeder endlich zu diesen Wohnungen, zu dieser heiligen Heimat wieder führt. Auch ich will also meine Figur beschreiben, und wenn kein Sterblicher, nach jener Inschrift dort, den Schleier hebt, so müssen wir Unsterbliche zu werden suchen; wer ihn nicht heben will, ist kein echter Lehrling zu Sais.

NOVALIS
Heinrich von Ofterdingen

Der Traum von der blauen Blume

Der Jüngling verlor sich allmählich in süßen Phantasien und entschlummerte. Da träumte ihm erst von unabsehlichen Fernen und wilden, unbekannten Gegenden. Er wanderte über Meere mit unbegreiflicher Leichtigkeit; wunderliche Tiere sah er; er lebte mit mannigfaltigen Menschen, bald im Kriege, in wildem Getümmel, in stillen Hütten. Er geriet in Gefangenschaft und die schmählichste Not. Alle Empfindungen stiegen bis zu einer nie gekannten Höhe in ihm. Er durchlebte ein unendlich buntes Leben, starb und kam wieder, liebte bis zur höchsten Leidenschaft und war dann wieder auf ewig von seiner Geliebten getrennt. Endlich gegen Morgen, wie draußen die Dämmerung anbrach, wurde es stiller in seiner Seele, klarer und bleibender wurden die Bilder. Es kam ihm vor, als ginge er in einem dunkeln Walde allein. Nur selten schimmerte der Tag durch das grüne Netz. Bald kam er vor eine Felsenschlucht, die bergan stieg. Er mußte über bemooste Steine klettern, die ein ehemaliger Strom heruntergerissen hatte. Je höher er kam, desto lichter wurde der Wald. Endlich gelangte er zu einer kleinen Wiese, die am Hange des Berges lag.
Hinter der Wiese erhob sich eine hohe Klippe, an deren Fuß er eine Öffnung erblickte, die der Anfang eines in den Felsen gehauenen Ganges zu sein schien. Der Gang führte ihn gemächlich eine Zeitlang eben fort, bis zu einer großen Weitung, aus der ihm schon von fern ein helles Licht entgegenglänzte. Wie er hineintrat, ward er einen mächtigen Strahl gewahr, der wie aus einem Springquell bis an die Decke des Gewölbes stieg und oben in unzählige Funken zerstäubte, die sich unten in einem großen Becken sammelten; der Strahl glänzte wie entzündetes Gold; nicht das geringste Geräusch war zu hören, eine heilige Stille umgab das herrliche Schauspiel. Er näherte sich dem Becken, das mit unendlichen Farben wogte und zitterte. Die Wände der Höhle waren mit dieser Flüssigkeit überzogen, die nicht heiß, sondern kühl war und an den Wänden nur ein mattes bläuliches Licht von sich warf. Er tauchte seine Hand in das Becken und benetzte seine Lippen. Es war, als durchdringe ihn ein geistiger Hauch, und er fühlte sich innigst gestärkt und erfrischt. Ein unwiderstehliches Verlangen ergriff ihn, sich zu baden, er entkleidete sich und stieg in das Becken. Es dünkte ihn, als umflösse ihn eine Wolke des Abendrots; eine himmlische Empfindung überströmte sein Inneres; mit inniger Wollust strebten unzählbare Gedanken in ihm sich zu vermischen; neue, nie gesehene Bilder entstanden, die auch ineinanderflossen und zu sichtbaren Wesen um ihn wurden, und jede Welle des lieblichen Elements schmiegte sich wie ein zarter Busen an ihn. Die Flut schien eine Auflösung reizender Mädchen, die an dem Jüngling sich augenblicklich verkörperten.
Berauscht von Entzücken und doch jedes Eindrucks bewußt, schwamm er gemach dem leuchtenden Strome nach, der aus dem Becken in den Felsen hineinfloß. Eine

336 Art von süßem Schlummer befiel ihn, in welchem er unbeschreibliche Begebenheiten träumte und woraus ihn eine andere Erleuchtung weckte. Er fand sich auf einem weichen Rasen am Rande einer Quelle, die in die Luft hinausquoll und sich darin zu verzehren schien. Dunkelblaue Felsen mit bunten Adern erhoben sich in einiger Entfernung; das Tageslicht, das ihn umgab, war heller und milder als das gewöhnliche, der Himmel war schwarzblau und völlig rein. Was ihn aber mit voller Macht anzog, war eine hohe lichtblaue Blume, die zunächst an der Quelle stand und ihn mit ihren breiten, glänzenden Blättern berührte. Rund um sie her standen unzählige Blumen von allen Farben, und der köstlichste Geruch erfüllte die Luft. Er sah nichts als die blaue Blume und betrachtete sie lange mit unnennbarer Zärtlichkeit. Endlich wollte er sich ihr nähern, als sie auf einmal sich zu bewegen und zu verändern anfing; die Blätter wurden glänzender und schmiegten sich an den wachsenden Stengel, die Blume neigte sich nach ihm zu, und die Blütenblätter zeigten einen blauen ausgebreiteten Kragen, in welchem ein zartes Gesicht schwebte. Sein süßes Staunen wuchs mit der sonderbaren Verwandlung, als ihn plötzlich die Stimme seiner Mutter weckte und er sich in der elterlichen Stube fand, die schon die Morgensonne vergoldete. Er war zu entzückt, um unwillig über diese Störung zu sein, vielmehr bot er seiner Mutter freundlich guten Morgen und erwiderte ihre herzliche Umarmung.

Von zweierlei Menschen

Es war früh am Tage, als die Reisenden aus den Toren von Eisenach fortritten, und die Dämmerung begünstigte Heinrichs gerührte Stimmung. Je heller es ward, desto bemerklicher wurden ihm die neuen unbekannten Gegenden; und als auf einer Anhöhe die verlassene Landschaft von der aufgehenden Sonne auf einmal erleuchtet wurde, so fielen dem überraschten Jüngling alte Melodien seines Innern in den trüben Wechsel seiner Gedanken ein. Er sah sich an der Schwelle der Ferne, in die er oft vergebens von den nahen Bergen geschaut und die er oft sich mit sonderbaren Farben ausgemalt hatte. Er war im Begriff, sich in ihre blaue Flut zu tauchen. Die Wunderblume stand vor ihm, und er sah nach Thüringen, welches er jetzt hinter sich ließ, mit der seltsamen Ahndung hinüber, als werde er nach langen Wanderungen von der Weltgegend her, nach welcher sie jetzt reisten, in sein Vaterland zurückkommen und als reise er daher diesem eigentlich zu. Die Gesellschaft, die anfänglich aus ähnlichen Ursachen still gewesen war, fing nachgerade an aufzuwachen und sich mit allerhand Gesprächen und Erzählungen die Zeit zu verkürzen...

„Ich weiß nicht", sagte Heinrich, „wie es kommt. Schon oft habe ich von Dichtern und Sängern sprechen gehört und habe noch nie einen gesehn. Ja, ich kann mir nicht einmal einen Begriff von ihrer sonderbaren Kunst machen, und doch habe ich eine große Sehnsucht, davon zu hören. Es ist mir, als würde ich manches besser verstehen, was jetzt nur dunkle Ahndung in mir ist. Von Gedichten ist mir oft erzählt worden, aber noch nie habe ich eins zu sehen bekommen, und mein Lehrer hat nie Gelegenheit gehabt, Kenntnisse von dieser Kunst einzuziehn. Alles, was er mir davon gesagt, habe ich nicht deutlich begreifen können. Doch meinte er immer, es sei eine edle Kunst, der ich mich ganz ergeben würde, wenn ich sie einmal kennen lernte. In alten Zeiten sei sie weit gemeiner gewesen und habe jedermann einige Wissenschaft davon gehabt; jedoch einer vor dem andern. Sie sei noch mit andern verlorengegangenen herrlichen Künsten verschwistert gewesen. Die Sänger hätte göttliche Gunst so hoch geehrt, so daß sie, begeistert durch unsichtbaren Umgang, himmlische Weisheit auf Erden in lieblichen Tönen verkündigen können."

Die Kaufleute sagten darauf: „Wir haben uns freilich nie um die Geheimnisse der Dichter bekümmert, wenn wir gleich mit Vergnügen ihrem Gesange zugehört. Es mag wohl wahr sein, daß ein besonderes Gestirn dazu gehört, wenn ein Dichter zur Welt kommen soll; denn es ist gewiß eine recht wunderbare Sache mit dieser Kunst. Auch sind die andern Künste gar sehr davon unterschieden und lassen sich weit eher begreifen. Bei den Malern und Tonkünstlern kann man leicht einsehn, wie es zugeht, und mit Fleiß und Geduld läßt sich beides lernen. Die Töne liegen schon in den Saiten, und es gehört nur eine Fertigkeit dazu, diese zu bewegen, um jene in einer reizenden Folge aufzuwecken. Bei den Bildern ist die Natur die herrlichste Lehrmeisterin. Sie erzeugt unzählige schöne und wunderliche Figuren, gibt die Farben, das Licht und den Schatten, und so kann eine geübte Hand, ein richtiges Auge und die Kenntnis von der Bereitung und Vermischung der Farben die Natur auf das vollkommenste nachahmen. Wie natürlich ist daher auch die Wirkung dieser Künste, das Wohlgefallen an ihren Werken zu begreifen. Der Gesang der Nachtigall, das Sausen des Windes und die herrlichen Lichter, Farben und Gestalten gefallen uns, weil sie unsere Sinne angenehm beschäftigen; und da unsere Sinne dazu von der Natur, die auch jenes hervorbringt, so eingerichtet sind, so muß uns auch die künstliche Nachahmung der Natur gefallen. Die Natur will selbst auch einen Genuß von ihrer großen Künstlichkeit haben, und darum hat sie sich in Menschen verwandelt, wo sie nun selber sich über ihre Herrlichkeit freut, das Angenehme und Liebliche von den Dingen absondert und es auf solche Art allein hervorbringt, daß sie es auf mannigfaltigere Weise und zu allen Zeiten und allen Orten haben und genießen kann. Dagegen ist von der Dichtkunst sonst nirgends äußerlich etwas anzutreffen. Auch schafft sie nichts mit Werkzeugen und Händen; das Auge und das Ohr vernehmen nichts davon: denn das bloße Hören der Worte ist nicht die eigentliche Wirkung dieser geheimen Kunst. Es ist alles innerlich, und wie jene Künstler die äußern Sinne mit angenehmen Empfindungen erfüllen, so erfüllt der Dichter das inwendige Heiligtum des Gemüts mit neuen, wunderbaren und gefälligen Gedanken. Er weiß jene geheimen Kräfte in uns nach Belieben zu erregen und gibt uns durch Worte eine unbekannte, herrliche Welt zu vernehmen. Wie aus tiefen Höhlen steigen alte und künftige Zeiten, unzählige Menschen, wunderbare Gegenden und die seltsamsten Begebenheiten in uns herauf und entreißen uns der bekannten Gegenwart. Man hört fremde Worte und weiß doch, was sie bedeuten sollen. Eine magische Gewalt üben die Sprüche des Dichters aus; auch die gewöhnlichen Worte kommen in reizenden Klängen vor und berauschen die festgebannten Zuhörer."

338 „Ihr verwandelt meine Neugierde in heiße Ungeduld", sagte Heinrich. „Ich bitte euch, erzählt mir von allen Sängern, die ihr gehört habt. Ich kann nicht genug von diesen besondern Menschen hören. Mir ist auf einmal, als hätte ich irgendwo schon davon in meiner tiefsten Jugend reden hören, doch kann ich mich schlechterdings nichts mehr davon entsinnen. Aber mir ist das, was ihr sagt, so klar, so bekannt, und ihr macht mir ein außerordentliches Vergnügen mit euren schönen Beschreibungen."

„Wir erinnern uns selbst gern", fuhren die Kaufleute fort, „mancher frohen Stunden, die wir in Welschland, Frankreich und Schwaben in der Gesellschaft von Sängern zugebracht haben, und freuen uns, daß Ihr so lebhaften Anteil an unsern Reden nehmt. Wenn man so in Gebirgen reist, spricht es sich mit doppelter Annehmlichkeit, und die Zeit vergeht spielend. Vielleicht ergötzt es euch, einige artige Geschichten von Dichtern zu hören, die wir auf unsern Reisen erfuhren. Von den Gesängen selbst, die wir gehört haben, können wir wenig sagen, da die Freude und der Rausch des Augenblicks das Gedächtnis hindert, viel zu behalten und die unaufhörlichen Handelsgeschäfte manches Andenken auch wieder verwischt haben.

In alten Zeiten muß die Natur lebendiger und sinnvoller gewesen sein als heutzutage. Wirkungen, die jetzt kaum noch die Tiere zu bemerken scheinen und die Menschen eigentlich allein noch empfinden und genießen, bewegten damals leblose Körper; und so war es möglich, daß kunstreiche Menschen allein Dinge möglich machten und Erscheinungen hervorbrachten, die uns jetzt völlig unglaublich und fabelhaft dünken. So sollen vor uralten Zeiten in den Ländern des jetzigen griechischen Kaisertums, wie uns Reisende berichten, die diese Sagen noch dort unter dem gemeinen Volke angetroffen haben, Dichter gewesen sein, die durch den seltsamen Klang wunderbarer Werkzeuge das geheime Leben der Wälder, die in den Stämmen verborgenen Geister aufgeweckt, in wüsten, verödeten Gegenden den toten Pflanzensamen erregt und blühende Gärten hervorgerufen, grausame Tiere gezähmt und verwilderte Menschen zu Ordnung und Sitte gewöhnt, sanfte Neigungen und Künste des Friedens in ihnen rege gemacht, reißende Flüsse in milde Gewässer verwandelt und selbst die totesten Steine in regelmäßige tanzende Bewegungen hingerissen haben. Sie sollen zugleich Wahrsager und Priester, Gesetzgeber und Ärzte gewesen sein, indem selbst die höhern Wesen durch ihre zauberische Kunst herabgezogen worden sind und sie in den Geheimnissen der Zukunft unterrichtet, das Ebenmaß und die natürliche Einrichtung aller Dinge, auch die innern Tugenden und Heilkräfte der Zahlen, Gewächse und aller Kreaturen ihnen offenbart. Seitdem sollen, wie die Sage lautet, erst die mannigfaltigen Töne und die sonderbaren Sympathien und Ordnungen in die Natur gekommen sein, indem vorher alles wild, unordentlich und feindselig gewesen ist. Seltsam ist nur hierbei, daß zwar diese schönen Spuren zum Andenken der Gegenwart jener wohltätigen Menschen geblieben sind, aber entweder ihre Kunst oder jene zarte Gefühligkeit der Natur verloren gegangen ist."

NOVALIS
Wenn nicht mehr Zahlen und Figuren

Wenn nicht mehr Zahlen und Figuren
Sind Schlüssel aller Kreaturen,
Wenn die, so singen oder küssen,
Mehr als die Tiefgelehrten wissen,
Wenn sich die Welt ins freie Leben
Und in die Welt wird zurückbegeben,
Wenn dann sich wieder Licht und Schatten
Zu echter Klarheit wieder gatten,
Und man in Märchen und Gedichten
Erkennt die wahren Weltgeschichten,
Dann fliegt vor einem geheimen Wort
Das ganze verkehrte Wesen fort.

CLEMENS BRENTANO
Eingang

Was reif in diesen Zeilen steht,
Was lächelnd winkt und sinnend fleht,
Das soll kein Kind betrüben;
Die Einfalt hat es ausgesät,
Die Schwermut hat hindurchgeweht,
Die Sehnsucht hats getrieben.
Und ist das Feld einst abgemäht,
Die Armut durch die Stoppeln geht,
Sucht Ähren, die geblieben;
Sucht Lieb, die für sie untergeht,
Sucht Lieb, die mit ihr aufersteht,
Sucht Lieb, die sie kann lieben.
Und hat sie einsam und verschmäht
Die Nacht durch, dankend im Gebet,
Die Körner ausgerieben,
Liest sie, als früh der Hahn gekräht,
Was Lieb erhielt, was Leid verweht,
Ans Feldkreuz angeschrieben:
„O Stern und Blume, Geist und Kleid,
Lieb, Leid und Zeit und Ewigkeit!"

CLEMENS BRENTANO
Nachklänge Beethovenscher Musik

I

Selig, wer ohne Sinne
Schwebt wie ein Geist auf dem Wasser,
Nicht wie ein Schiff — die Flaggen
Wechselnd der Zeit und Segel
Blähend, wie heute der Wind weht.
Nein, ohne Sinne, dem Gott gleich,
Selbst sich nur wissend und dichtend,
Schafft er die Welt, die er selbst ist,
Und es sündigt der Mensch drauf,
Und es war nicht sein Wille!
Aber geteilet ist alles.
Keinem ward alles, denn jedes
Hat einen Herrn, nur der Herr nicht;
Einsam ist er und dient nicht.
So auch der Sänger.

II

Gott! dein Himmel faßt mich in den Haaren,
Deine Erde reißt mich in die Hölle,
Herr! wo soll ich doch mein Herz bewahren,
Daß ich deine Schwelle sicher stelle?
Also fleh ich durch die Nacht, da fließen
Meine Klagen hin wie Feuerbronnen,
Die mit glühenden Meeren mich umschließen;
Doch inmitten hab ich Grund gewonnen,
Rage hoch gleich rätselvollen Riesen.
Memnons Bild: Des Morgens erste Sonnen
Fragend ihren Strahl zur Stirn mir schießen,
Und den Traum, den Mitternacht gesponnen,
Üb ich tönend, um den Tag zu grüßen.

III

Einsamkeit, du stummer Bronnen,
Heilge Mutter tiefer Quellen,
Zauberspiegel innrer Sonnen,
Die in Tönen überschwellen,
Seit ich durft in deine Wonnen
Das betörte Leben stellen,
Seit du ganz mich überronnen
Mit den dunklen Wunderwellen,
Hab zu funkeln ich begonnen,
Und nun klingen all die hellen
Sternensphären meiner Seele,
Deren Takt ein Gott mir zähle.
Alle Sonnen meines Herzens,
Die Planeten meiner Lust,
Die Kometen meines Schmerzens
Klingen hoch in meiner Brust.
In dem Monde meiner Wehmut,
Alles Glanzes unbewußt,
Muß ich singen und in Demut
Vor den Schätzen meines Innern,
Vor der Armut meines Lebens,
Vor den Gipfeln meines Strebens,
Ewger Gott! mich dein erinnern.
Alles andre ist vergebens!

WALTHER KILLY
›Das Abendständchen‹ von Brentano

> Hör, es klagt die Flöte wieder
> Und die kühlen Brunnen rauschen.
> Golden wehn die Töne nieder,
> Stille, stille, laß uns lauschen!
> Holdes Bitten, mild Verlangen,
> Wie es süß zum Herzen spricht!
> Durch die Nacht, die mich umfangen,
> Blickt zu mir der Töne Licht.

Berühmt und bildhaft sind diese Verse: Von Anbeginn — Hör! — finden wir uns mit einbezogen in den wunderbaren Raum, in welchen hier ein Ich und ein unbekanntes Du hineinlauschen. Wir hören mit, aber wir hören nicht nur. Innigkeit und Bewegtheit ergreifen uns mit der ersten Strophe, welche Klänge und Bilder vorbringt. Sie erscheinen als bloße Impressionen, Eindrücke von Tönen, die wiederkehren, aus dem Unendlichen kommend und ins Unendliche gehend. Es klagt die Flöte wieder: in der dichtesten Abbreviatur sind Wiederholung des allzu leicht schwindenden Klanges und Gestimmtheit des Gemütes zusammengefaßt. Es ist nicht ein Sinn, der wahrnimmt, wie bei Goethe vorzüglich der des Auges. Alle Sinne sind offen, im Rauschen der Brunnen ist ihre Kühle enthalten. Jeder wahrnehmende Sinn kann für einen anderen stehen. Die Intensität der Verse entspringt nicht zuletzt der Intensität der *Synästhesie:* die kühlen Brunnen rauschen; die Töne wehen golden, ja das Licht der Töne blickt durch die Nacht.

Vollkommen umfangen von dieser zauberischen Nacht ist der Mensch nur noch Organ der Apperzeption. Indem er Sinnliches aufnimmt, erfährt er Seelisches, Bitten und Verlangen, hold und mild, werden süß empfunden. Es ist, als ob die Begrenzung der Person aufgelöst und nur noch Offenheit da sei für die Welt und was an geheimnisvoller Empfindung aus ihr herbeiströmt. Zwischen Gemüt und Natur, zwischen Seelenraum und nächtlichem Raum ist keine Scheidewand mehr. Kein nach Gestalt verlangendes Auge sucht das bestimmte Bild und mit ihm den ordnenden Sinn, sondern ein bloßes Lauschen, ein bloßes Sehen waltet vor.

Dabei stürzt gleichsam alles, was erlauscht und alles, was ersehen wird, in einem Vorgang von vollkommener Simultaneität in die Tiefe des Gemütes hinein. In der ersten Strophe weht es von „draußen", aber Flöte, Brunnen und goldene Töne sind magisch der Innerlichkeit anverwandelt. In der zweiten Strophe ist zuerst von Seelischem die Rede, von Wunsch und Verlangen; aber es findet sich sogleich wieder in der Unendlichkeit der Nacht:

> Durch die Nacht, die mich umfangen,
> Blickt zu mir der Töne Licht.

Über keinen Dichter ist so schwer zu reden, keiner nötigt so zu ungenügender Umschreibung. Das liegt nicht nur an der unbegreiflichen Süße seiner Worte und auch nicht allein an der zauberhaften Allgemeinheit seiner Bilder, von der noch die Rede sein wird. Zunächst entspringt die Schwierigkeit jener gänzlichen Vermischung der Bereiche und Vermögen, die in einem so reinen Akkord aufgehen. Innen und Außen sind ungeschieden, Innen ist Außen und Außen ist Innen.

Man hat es geradezu zum Kennzeichen der lyrischen Dichtung gemacht, daß sie weder Außenwelt noch Innenwelt darstelle, daß vielmehr in ihr ›innen‹ und ›außen‹, ›subjektiv‹ und ›objektiv‹ unscheidbar seien. Wenn irgendwo, so gilt diese Bestimmung von Brentano, von dem sie auch am überzeugendsten zu gewinnen ist; wenn irgendeiner, so hebt Brentano die alte Guckkastenvorstellung vom menschlichen Gemüt auf. Es ist nicht so, daß durch die Öffnungen von Auge und Ohr ein Ausschnitt der Welt auf die empfangende Seele projiziert wird — je differenzierter der Mensch ist, um so mehr wird er die Welt mit seinem ganzen Dasein aufnehmen. Aber dabei erfährt er dann auch seine Grenzen und findet seine Sehnsucht gefangen in den Bedingungen nicht nur der physischen Existenz. Er muß spüren, wie das, was er bemerkt und denkt, eben von dieser Begrenzung bestimmt wird. Die Magie Brentanoscher Verse beruht auf dem Anschein, daß solche Grenzen aufgehoben seien — der schönste Zauber.

HEINRICH HEINE
Über das Volkslied

Clemens Brentano hat mit seinem Freund Achim von Arnim unter dem Titel ›Des Knaben Wunderhorn‹ eine Sammlung Lieder herausgegeben, die sie teils noch im Munde des Volkes, teils auch in fliegenden Blättern und seltenen Druckschriften gefunden haben. Dieses Buch kann ich nicht genug rühmen; es enthält die holdseligsten Blüten des deutschen Geistes, und wer das deutsche Volk von einer liebenswürdigen Seite kennen lernen will, der lese diese Volkslieder. In diesem Augenblick liegt dieses Buch vor mir, und es ist mir, als röche ich den Duft der deutschen Linden. Die Linde spielt nämlich eine Hauptrolle in diesen Liedern, in ihrem Schatten kosen des Abends die Liebenden, sie ist ihr Lieblingsbaum und vielleicht aus dem Grunde, weil das Lindenblatt die Form eines Menschenherzens zeigt. Diese Bemerkung machte einst ein deutscher Dichter, der mir am liebsten ist, nämlich ich. Auf dem Titelblatt jenes Buches ist ein Knabe, der das Horn bläst; und wenn ein Deutscher in der Fremde dieses Bild lange betrachtet, glaubt er die wohlbekanntesten Töne zu vernehmen, und es könnte ihn wohl dabei das Heimweh beschleichen, wie den Schweizer Landsknecht, der auf der Straßburger Bastei Schildwache stand, fern den Kuhreigen hörte, die Pike von sich warf, über den Rhein schwamm, aber bald wieder eingefangen und als Deserteur erschossen wurde...

344 Es liegt in diesen Volksliedern ein sonderbarer Zauber. Die Kunstpoeten wollen diese Naturerzeugnisse nachahmen, in derselben Weise, wie man künstliche Mineralwässer verfertigt. Aber wenn sie auch durch chemischen Prozeß die Bestandteile ermitteln, so entgeht ihnen doch die Hauptsache, die unersetzbare sympathetische Naturkraft. In diesen Liedern fühlt man den Herzschlag des deutschen Volkes. Hier offenbart sich all seine düstere Heiterkeit, all seine närrische Vernunft. Hier trommelt der deutsche Zorn, hier pfeift der deutsche Spott, hier küßt die deutsche Liebe. Hier perlt der echt deutsche Wein und die echt deutsche Träne. Letztere ist manchmal doch noch köstlicher als ersterer. Welche Naivität in der Treue! In der Untreue, welche Ehrlichkeit! ...

Fragt man entzückt nach dem Verfasser solcher Lieder, so antworten diese wohl selbst mit ihren Schlußworten:

> Wer hat das schöne Liedel erdacht?
> Es haben's drei Gäns' übers Wasser gebracht,
> Zwei graue und eine weiße.

Gewöhnlich aber ist es wanderndes Volk, Vagabunden, Soldaten, fahrende Schüler oder Handwerksburschen, die solch ein Lied gedichtet. Es sind besonders die Handwerksburschen. Gar oft auf meinen Fußreisen verkehrte ich mit diesen Leuten und bemerkte, wie sie zuweilen, angeregt von irgendeinem ungewöhnlichen Ereignisse, ein Stück Volkslied improvisierten oder in die freie Luft hineinpfiffen. Das erlauschten nun die Vögelein, die auf den Baumzweigen saßen; und kam nachher ein anderer Bursch mit Ränzel und Wanderstab vorbeigeschlendert, dann pfiffen sie ihm jenes Stücklein ins Ohr, und er sang die fehlenden Verse hinzu, und das Lied war fertig. Die Worte fallen solchem Burschen vom Himmel herab auf die Lippen, und er braucht sie nur auszusprechen, und sie sind dann noch poetischer als all die schönen poetischen Phrasen, die wir aus der Tiefe unseres Herzens hervorgrübeln.

BRÜDER GRIMM

Die Gänsemagd

Es lebte einmal eine alte Königin, der war ihr Gemahl schon lange Jahre gestorben, und sie hatte eine schöne Tochter. Wie die erwuchs, wurde sie weit über Feld an einen Königssohn versprochen. Als nun die Zeit kam, wo sie vermählt werden sollten und das Kind in das fremde Reich abreisen mußte, packte ihr die Alte gar viel köstliches Gerät und Geschmeide ein, Gold und Silber, Becher und Kleinode, kurz alles, was nur zu einem königlichen Brautschatz gehörte, denn sie hatte ihr Kind von Herzen lieb. Auch gab sie ihr eine Kammerjungfer bei, welche mitreiten und die Braut in die Hände des Bräutigams überliefern sollte, und jede bekam ein

Pferd zur Reise, aber das Pferd der Königstochter hieß Falada und konnte sprechen. Wie nun die Abschiedsstunde da war, begab sich die alte Mutter in ihre Schlafkammer, nahm ein Messerlein und schnitt damit in ihre Finger, daß sie bluteten: darauf hielt sie ein weißes Läppchen unter und ließ drei Tropfen Blut hineinfallen, gab sie der Tochter und sprach: „Liebes Kind, verwahre sie wohl, sie werden dir unterwegs not tun."

Also nahmen sie beide voneinander betrübten Abschied: das Läppchen steckte die Königstochter in ihren Busen vor sich, setzte sich aufs Pferd und zog nun fort zu ihrem Bräutigam. Da sie eine Stunde geritten waren, empfand sie heißen Durst und sprach zu ihrer Kammerjungfer: „Steig ab und schöpfe mir mit meinem Becher, den du für mich mitgenommen hast, Wasser aus dem Bache, ich möchte gern einmal trinken." — „Wenn Ihr Durst habt", sprach die Kammerjungfer, „so steigt selber ab, legt Euch ans Wasser und trinkt, ich mag Eure Magd nicht sein." Da stieg die Königstochter vor großem Durst herunter, neigte sich über das Wasser im Bach und trank und durfte nicht aus dem goldenen Becher trinken. Da sprach sie: „Ach, Gott!", da entworteten die drei Blutstropfen: „Wenn das deine Mutter wüßte, das Herz im Leibe tät ihr zerspringen." Aber die Königsbraut war demütig, sagte nichts und stieg wieder zu Pferd. So ritten sie etliche Meilen weiter fort, aber der Tag war warm, die Sonne stach, und sie durstete bald von neuem. Da sie nun an einen Wasserfluß kamen, rief sie noch einmal ihrer Kammerjungfer: „Steig ab und gib mir aus meinem Goldbecher zu trinken", denn sie hatte aller bösen Worte längst vergessen. Die Kammerjungfer sprach aber noch hochmütiger: „Wollt Ihr trinken, so trinkt allein, ich mag nicht Eure Magd sein." Da stieg die Königstochter hernieder vor großem Durst, legte sich über das fließende Wasser, weinte und sprach: „Ach Gott!", und die Blutstropfen antworteten wiederum: „Wenn das deine Mutter wüßte, das Herz im Leibe tät ihr zerspringen." Und wie sie so trank und sich recht überlehnte, fiel ihr das Läppchen, worin die drei Tropfen waren, aus dem Busen und floß mit dem Wasser fort, ohne daß sie es in ihrer großen Angst merkte. Die Kammerjungfer hatte aber zugesehen und freute sich, daß sie Gewalt über die Braut bekäme: denn damit, daß diese die Blutstropfen verloren hatte, war sie schwach und machtlos geworden. Als sie nun wieder auf ihr Pferd steigen wollte, das da hieß Falada, sagte die Kammerfrau: „Auf Falada gehör ich, und auf meinen Gaul gehörst du"; und das mußte sie sich gefallen lassen. Dann befahl ihr die Kammerfrau mit harten Worten, die königlichen Kleider auszuziehen und ihre schlechten anzulegen, und endlich mußte sie sich unter freiem Himmel verschwören, daß sie am königlichen Hof keinem Menschen etwas davon sprechen wollte; und wenn sie diesen Eid nicht abgelegt hätte, wäre sie auf der Stelle umgebracht worden. Aber Falada sah das alles an und nahm's wohl in acht.

Die Kammerfrau stieg nun auf Falada und die wahre Braut auf das schlechte Roß, und so zogen sie weiter, bis sie endlich in dem königlichen Schloß eintrafen. Da war große Freude über die Ankunft, und der Königssohn sprang ihnen entgegen, hob die Kammerfrau vom Pferde und meinte, sie wäre seine Gemahlin: sie ward die Treppe hinaufgeführt, die wahre Königstochter aber mußte unten stehenbleiben. Da schaute der alte König am Fenster und sah sie im Hof halten und sah, wie sie fein war, zart und gar schön: ging alsbald hin ins königliche Gemach und fragte die Braut nach der, die sie bei sich hätte und da unten im Hofe stände, und wer sie wäre? „Die hab' ich mir unterwegs mitgenommen zur Gesellschaft; gebt der Magd was zu arbeiten, daß sie nicht müßig steht." Aber der alte König hatte keine Arbeit für sie und wußte nichts, als daß er sagte: „Da hab' ich so einen kleinen Jungen, der hütet die Gänse, dem mag sie helfen." Der Junge hieß Kürdchen (Konrädchen), dem mußte die wahre Braut helfen, Gänse hüten.

Bald aber sprach die falsche Braut zu dem jungen König: „Liebster Gemahl, ich bitte Euch, tut mir einen Gefallen." Er antwortete: „Das will ich gerne tun." — „Nun, so laßt den Schinder rufen und da dem Pferde, worauf ich hergeritten bin, den Hals abhauen, weil es mich unterwegs geärgert hat." Eigentlich aber fürchtete sie, daß das Pferd sprechen möchte, wie sie mit der Königstochter umgegangen war. Nun war das so weit geraten, daß es geschehen und der treue Falada sterben sollte; da kam es auch der rechten Königstochter zu Ohr, und sie versprach dem Schinder heimlich ein Stück Geld, das sie ihm bezahlen wollte, wenn er ihr einen kleinen Dienst erwiese. In der Stadt war ein großes finsteres Tor, wo sie abends und morgens mit den Gänsen durch mußte; unter das finstere Tor möchte er dem Falada seinen Kopf hinnageln, daß sie ihn doch noch mehr als einmal sehen könnte. Also versprach das der Schindersknecht zu tun, hieb den Kopf ab und nagelte ihn unter das finstere Tor fest. — Des Morgens früh, da sie und Kürdchen unterm Tor hinaustrieben, sprach sie im Vorbeigehen:

„O du Falada, da du hangest",

da antwortete der Kopf:

„O du Jungfer Königin, da du gangest,
Wenn das deine Mütter wüßte,
Ihr Herz tät ihr zerspringen."

Da zog sie still weiter zur Stadt hinaus, und sie trieben die Gänse aufs Feld. Und wenn sie auf der Wiese angekommen war, saß sie nieder und machte ihre Haare auf, die waren eitel Gold, und Kürdchen sah sie und freute sich, wie sie glänzten, und wollte ihr ein paar ausraufen. Da sprach sie:

„Weh, weh, Windchen,
Nimm Kürdchen sein Hütchen,
Und laß'n sich mit jagen,
Bis ich mich geflochten und geschnatzt
und wieder aufgesatzt."

Und da kam ein so starker Wind, daß er dem Kürdchen sein Hütchen wegwehte über alle Land, und es mußte ihm nachlaufen. Bis es wieder kam, war sie mit dem Kämmen und Aufsetzen fertig, und er konnte keine Haare kriegen. Da war Kürdchen bös und sprach nicht mit ihr; und so hüteten sie die Gänse, bis daß es Abend ward, dann gingen sie nach Haus. — Den andern Morgen, wie sie unter dem finstern Tor hinaustrieben, sprach die Jungfrau:

„O du Falada, da du hangest."

Falada antwortete:

„O du Jungfer Königin, da du gangest,
Wenn das deine Mutter wüßte,
Das Herz tät ihr zerspringen."

Und in dem Feld setzte sie sich wieder auf die Wiese und fing an, ihr Haar auszukämmen, und Kürdchen lief und wollte danach greifen, da sprach sie schnell:

„Weh, weh, Windchen,
Nimm Kürdchen sein Hütchen,
Und laß'n sich mit jagen,
Bis ich mich geflochten und geschnatzt
Und wieder aufgesatzt."

Da wehte der Wind und wehte ihm das Hütchen vom Kopf weit weg, daß Kürdchen nachlaufen mußte; und als es wiederkam, hatte sie längst ihr Haar zurecht, und es konnte keins davon erwischen; und so hüteten sie die Gänse, bis es Abend ward. Abends aber, nachdem sie heimgekommen waren, ging Kürdchen vor den alten König und sagte: „Mit dem Mädchen will ich nicht länger Gänse hüten." — „Warum denn?" fragte der alte König. „Ei, das ärgert mich den ganzen Tag." Da befahl ihm der alte König zu erzählen, wie's ihm denn mit ihr ginge. Da sagte Kürdchen: „Morgens, wenn wir unter dem finstern Tor mit der Herde durchkommen, so ist da ein Gaulskopf an der Wand, zu dem redet sie:

„Falada, da du hangest",

da antwortet der Kopf:

„O du Königsjungfer, da du gangest,
Wenn das deine Mutter wüßte,
Das Herz tät ihr zerspringen."

Und so erzählte Kürdchen weiter, was auf der Gänsewiese geschähe, und wie es da dem Hute im Winde nachlaufen müßte.

Der alte König befahl ihm, den nächsten Tag wieder hinauszutreiben, und er selbst, wie es Morgen war, setzte sich hinter das finstere Tor und hörte da, wie sie mit dem Haupt des Falada sprach; und dann ging er ihr auch nach in das Feld und barg sich in einem Busch auf der Wiese. Da sah er nun bald mit eigenen Augen, wie die Gänsemagd und der Gänsejunge die Herde getrieben brachten, und wie nach einer

348 Weile sie sich setzte und ihre Haare losflocht, die strahlten von Glanz. Gleich sprach sie wieder:

„Weh, weh, Windchen,
Nimm Kürdchen sein Hütchen,
Und laß'n sich mit jagen,
Bis ich mich geflochten und geschnatzt
Und wieder aufgesatzt."

Da kam ein Windstoß und fuhr mit Kürdchens Hut weg, daß es weit zu laufen hatte, und die Magd kämmte und flocht ihre Locken still fort, welches der alte König alles beobachtete. Darauf ging er unbemerkt zurück, und als abends die Gänsemagd heimkam, rief er sie beiseite und fragte, warum sie dem allem so täte? „Das darf ich Euch nicht sagen und darf auch keinem Menschen mein Leid klagen, denn so hab' ich mich unter freiem Himmel verschworen, weil ich sonst um mein Leben gekommen wäre." Er drang in sie und ließ ihr keinen Frieden, aber er konnte nichts aus ihr herausbringen. Da sprach er: „Wenn du mir nichts sagen willst, so klag dem Eisenofen da dein Leid", und ging fort. Da kroch sie in den Eisenofen, fing an zu jammern und zu weinen, schüttete ihr Herz aus und sprach: „Da sitze ich nun von aller Welt verlassen und bin doch eine Königstochter, und eine falsche Kammerjungfer hat mich mit Gewalt dahin gebracht, daß ich meine königlichen Kleider habe ablegen müssen, und hat meinen Platz bei meinem Bräutigam eingenommen, und ich muß als Gänsemagd gemeine Dienste tun. Wenn das meine Mutter wüßte, das Herz im Leibe tät ihr zerspringen." Der alte König stand aber außen an der Ofentüre, lauerte ihr zu und hörte, was sie sprach.

Da kam er wieder herein und hieß sie aus dem Ofen gehen. Da wurden ihr königliche Kleider angetan, und es schien ein Wunder, wie sie so schön war. Der alte König rief seinen Sohn und offenbarte ihm, daß er die falsche Braut hätte: die wäre bloß ein Kammermädchen, die wahre aber stände hier als die gewesene Gänsemagd. Der junge König war herzensfroh, als er ihre Schönheit und Tugend erblickte, und ein großes Mahl wurde angestellt, zu dem alle Leute und guten Freunde gebeten wurden. Obenan saß der Bräutigam, die Königstochter zur einen Seite und die Kammerjungfer zur anderen, aber die Kammerjungfer war verblendet und erkannte jene nicht mehr in dem glänzenden Schmuck. Als sie nun gegessen und getrunken hatten und guten Mutes waren, gab der alte König der Kammerfrau ein Rätsel auf, was eine solche wert wäre, die den Herrn so und so betrogen hätte, erzählte damit den ganzen Verlauf und fragte: „Welches Urteils ist diese würdig?" Da sprach die falsche Braut: „Die ist nichts Besseres wert, als daß sie splitternackt ausgezogen und in ein Faß gesteckt wird, das inwendig mit spitzen Nägeln beschlagen ist: und zwei weiße Pferde müssen vorgespannt werden, die sie Gasse auf Gasse ab zu Tode schleifen." — „Das bist du", sprach der alte König, „und hast dein eigen Urteil gefunden, und danach soll dir widerfahren." Und als das Urteil vollzogen war, vermählte sich der junge König mit seiner rechten Gemahlin, und beide herrschten ihr Reich in Frieden und Seligkeit.

MAX LÜTHI

Deutung eines Märchens

Im vierzehnten Kapitel seines Zyklus ›Deutschland, ein Wintermärchen‹ spricht Heinrich Heine von den Liedern und Gedichten, die seine alte Amme ihm einst erzählt habe. Er nennt eine Schauerballade vom Typus ›Die Sonne bringt es an den Tag‹, die Kyffhäusersage und das Märchen von der Gänsemagd.

Wie pochte mein Herz, wenn die alte Frau
Von der Königstochter erzählte,
Die einsam auf der Heide saß
und die goldenen Haare strählte ...

Das Märchen erzählt, wie eine schöne Königstochter auf der Reise ins Reich ihres Bräutigams von der Magd, die sie begleitet, gezwungen wird, Kleider und Pferd mit ihr zu tauschen. So hebt denn der fremde Königssohn die falsche Braut vom Pferd, er vermählt sich mit der Kammerjungfer, während die echte Königstochter zur Gänsemagd erniedrigt wird. Das sprechende Pferd, das die Wahrheit verraten könnte, wird umgebracht, aber die Königstochter läßt seinen Kopf im finsteren Durchgang des Stadttors annageln, und jeden Morgen, wenn sie die Gänse hinausführt, hält sie ihr Zwiegespräch mit dem Kopf des Pferdes Falada:
„O du Falada, da du hangest", und der Kopf antwortet: „O du Jungfer Königin, da du gangest, wenn das deine Mutter wüßte, ihr Herz tät ihr zerspringen." Auf der Wiese dann löst sie ihre Haare: „die waren eitel Gold". Diese beiden Bilder, das geheimnisvolle Gespräch mit dem Pferdehaupt unter dem dunklen Torbogen, und die strahlende Selbstoffenbarung der Königstochter im Licht des offenen Himmels, hebt Heine in seinem Gedicht aus dem Märchen heraus (und gibt ihnen ironisch einen politischen Sinn). Das Märchen aber erzählt weiter, wie der alte König die Wahrheit entdeckt, wie er die falsche Braut entlarvt und bestraft und die echte in ihre Rechte einsetzt.

„Dies schöne Märchen", sagte Wilhelm Grimm, „stellt die Hoheit der selbst in Knechtsgestalt aufrecht stehenden königlichen Geburt mit desto tieferen Zügen vor, je einfacher sie sind." Hoheit in Knechtsgestalt: Damit ist ein Grundthema nicht nur der Geschichte von der Gänsemagd, sondern des europäischen Volksmärchens überhaupt bezeichnet. Märchen sind Menschheitsträume. Träume aber brauchen nicht bloße Wunschträume zu sein, Hoheit in Knechtsgestalt, Verwundbarkeit des Königlichen im Menschen, demütiges Tragen eines leidvollen Schicksals, aber auch Rettung und Hilfe von außen ebenso wie schlummernde, in besonderer Lage unversehens und wie selbstverständlich sich entfaltende eigene Kräfte, die sich in den

Märchen niedergeschlagen haben. In allen Märchen — im Märchen von der Gänsemagd aber in besonders präzisen und einfachen Linien.

Wilhelm Grimms Satz hat den Kern des Märchens sichtbar gemacht. Darüber hinaus enthält es, bei aller Einfachheit, eine Fülle von Motiven und Themen, die bedeutsam und auch in anderen Volksmärchen anzutreffen sind. Die böse Braut muß sich am Ende selber ihr eigenes Urteil sprechen, so wie die Hexe in „Hänsel und Gretel" in ihrem eigenen Ofen verbrennen muß. Daß das Böse sich selber verzehre, an sich selber zugrunde gehe, ist eine Hoffnung, die im Märchen, dessen böse Figuren Repräsentanten des bösen Prinzips sind, immer wieder zum Ausdruck kommt. Auch der in vielen Volkssagen, besonders in denen vom betrogenen Teufel, enthaltene Glaube, daß das Böse gegen seinen Willen in den Dienst des Guten gezwungen werden könne, klingt in unserer Erzählung an. Der Hüterbube, dem sie helfen muß, ärgert sich über die schöne Königstochter; zwar freuen ihn ihre goldenen Haare, aber als er ihr ein paar davon auszupfen will, ruft sie den Wind zu Hilfe:

> Weh, weh, Windchen,
> nimm Kürdchen sein Hütchen,
> und laß'n sich mit jagen,
> bis ich mich geflochten und geschnatzt
> und wieder aufgesatzt.

Und wirklich kommt ein Windstoß und weht Kürdchens Hütchen „über alle Land", so daß er ihm weit nachlaufen muß. Nun verklagt er sie beim alten König. Aber gerade das führt die entscheidende Wendung zum Guten herbei: Böses bewirkt Gutes.

Im Eingang unserer Erzählung erklingt ein drittes, uns aus anderen Märchen vertrautes Thema. Warum verliert die Königstochter ihre Kräfte und muß sich von der ungetreuen Kammerjungfer unterdrücken lassen? Zweimal wird sie durstig, zweimal muß sie sich über einen Bach beugen und trinken, da verliert sie die drei Blutstropfen, die ihre Mutter ihr mitgegeben und wohl zu verwahren aufgetragen hat. In „Brüderchen und Schwesterchen" kann Brüderchen seinen Durst nicht bezähmen und trinkt gegen die Warnung seiner Schwester aus dem verhexten Quell, der den, der aus ihm trinkt, in ein Reh verwandelt.

Vor dem Hintergrund solcher Parallelen gewinnt auch das weniger gekennzeichnete Verhalten unserer Königstochter seinen Sinn. Sie ist nicht ganz unschuldig an ihrem Geschick, allzu unbedacht und sorglos gibt sie ihren Gelüsten nach und gerät so in die Gewalt böser Kräfte. Wer in den Märchen eine Darstellung von Reifungsvorgängen sieht, wird in dem kleinen Fehl, welcher der Königstochter anhaftet, in ihrer Abhängigkeit von Augenblicksbedürfnissen, in der Sorglosigkeit und Unachtsamkeit, mit der sie verfährt, ein Zeichen der Unreife sehen, und die spätere Zeit der Entbehrungen und Demütigungen wird als eine Zeit des Reifens sinnvoll.

Die drei Blutstropfen, in denen die Königstochter die Kräfte ihres königlichen Stamms, die Mutterkräfte ihres Daseins verliert, erinnern an den alten Glauben, daß in den Körpersäften, insbesondere im Blut, die Kraft, das Leben, die Essenz eines Menschen oder Tiers enthalten sei. Gewicht hat das Gespräch mit dem Haupt des toten Pferdes im dunklen Torbogen; aber von den alten Glaubensformen, die die Brüder Grimm in ihren Anmerkungen aufführen — die Germanen weissagten aus dem Wiehern der Pferde und versuchten, mit den aufgesteckten Köpfen geopferter Pferde Feinde oder auch Seuchen abzuwehren —, ist nichts mehr zu spüren, das sprechende Pferdehaupt ist zu einem bloßen Erzählmotiv geworden. So nimmt das Märchen verschiedenste Elemente in sich auf und verwandelt sie, verwandelt sie sich an. Dies gilt auch für das Motiv der Ofenbeichte. Man findet es in historischen Sagen als Zentrum und Prunkstück. In unserem Märchen ist es nur ein Glied in der Kette.

Zudem entspringt der Einfall, statt einem Menschen seine Sorgen dem Ofen anzuvertrauen und so den erzwungenen Schweigeeid zu umgehen, hier nicht dem eigenen Nachdenken des Mädchens. In der Sage von der Luzerner Mordnacht sucht der Knabe verzweifelt nach einem Ausweg, die Stadtbürger trotz des Eides zu warnen.

Die Gänsemagd aber folgt nur dem Rat des alten Königs — getreu dem Gesetz der Außenlenkung, das im Märchen herrscht. Helden und Heldinnen des Volksmärchens sind Figuren, wie Marionetten an leichten Fäden geführt. Das raubt ihnen zwar Plastik und Seelentiefe, schenkt ihnen aber dafür Grazie und befähigt sie, Symbolträger zu werden.

Die Betrachtung des Märchens von der Gänsemagd hat uns noch einmal die Wesenszüge des Volksmärchens vor Augen gebracht: Seine Vorliebe für bestimmte, das Denken und Fühlen des Menschen beschäftigende Themen, die Symbolkraft seines Handlungsverlaufs, die Leichtigkeit und Eleganz, mit der es über seine Motive verfügt; sie werden durchscheinend in ihm und gehen daher leicht und wie von selber in unsere Vorstellung und durch sie in unser Empfinden ein. Nicht als Verführer. Wir behalten unsere Freiheit dem Spielwerk des Volksmärchens gegenüber. Aber wir empfinden und genießen den künstlerischen Reiz dieses Spiels, und wir ahnen seine tiefere Bedeutung.

352   Aus ›Des Knaben Wunderhorn‹:
       Laß rauschen, Lieb, laß rauschen

Ich hört ein Sichlein rauschen,
Wohl rauschen durch das Korn,
Ich hört ein Mägdlein klagen,
Sie hätt ihr Lieb verlorn.

Laß rauschen, Lieb, laß rauschen,
Ich acht nicht, wie es geh,
Ich tät mein Lieb vertauschen
In Veilchen und im Klee.

Du hast ein Mägdlein worben
In Veilchen und im Klee,
So steh ich hier alleine,
Tut meinem Herzen weh.

Ich hör ein Hirschlein rauschen,
Wohl rauschen durch den Wald,
Ich hör mein Lieb sich klagen,
Die Lieb verrauscht so bald.

Laß rauschen, Lieb, laß rauschen,
Ich weiß nicht, wie mir wird,
Die Bächlein immer rauschen,
Und keines sich verirrt.

Morgenlied

Steht auf, ihr lieben Kinderlein,
Der Morgenstern mit hellem Schein
Läßt sich sehn frei gleich wie ein Held
Und leuchtet in die ganze Welt.

Sei willkommen, du lieber Tag,
Vor dir die Nacht nicht bleiben mag,
Leucht uns in unsre Herzen fein
Mit deinem himmelischen Schein.

JOSEPH VON EICHENDORFF
Mondnacht

Es war, als hätt der Himmel
Die Erde still geküßt,
Daß sie im Blütenschimmer
Von ihm nun träumen müßt.

Die Luft ging durch die Felder,
Die Ähren wogten sacht,
Es rauschten leis die Wälder,
So sternklar war die Nacht.

Und meine Seele spannte
Weit ihre Flügel aus,
Flog durch die stillen Lande,
Als flöge sie nach Haus.

JOSEPH VON EICHENDORFF
Die Nachtblume

Nacht ist wie ein stilles Meer,
Lust und Leid und Liebesklagen
Kommen so verworren her
In dem linden Wellenschlagen.

Wünsche wie die Wolken sind,
Schiffen durch die stillen Räume,
Wer erkennt im lauen Wind,
Obs Gedanken oder Träume? —

Schließ ich nun auch Herz und Mund,
Die so gern den Sternen klagen:
Leise doch im Herzensgrund
Bleibt das linde Wellenschlagen.

THOMAS MANN
Über Eichendorffs ›Taugenichts‹

Es hat doch wohl keinen Sinn, daß ich die Fabel rekapituliere? Sie anspruchslos zu nennen, wäre schon zuviel gesagt. Sie ist die reine ironische Spielerei, und der Verfasser selbst macht sich darüber lustig, indem er gegen den Schluß jemanden sagen läßt: „Also zum Schluß, wie sich's von selbst versteht und einem wohlerzogenen Romane gebührt: Entdeckung, Reue, Versöhnung, wir sind alle wieder lustig beisammen, und übermorgen ist Hochzeit!" Aber der Roman ist nichts weniger als wohlerzogen, er entbehrt jedes soliden Schwergewichts, jedes psychologischen Ehrgeizes, jedes sozialkritischen Willens und jeder intellektuellen Zucht; er ist nichts als Traum, Musik, Gehenlassen, ziehender Posthornklang, Fernweh, Heimweh, Leuchtkugelfall auf nächtlichen Park, törichte Seligkeit, so daß einem die Ohren klingen und der Kopf summt vor poetischer Verzauberung und Verwirrung. Aber er ist auch Volkstanz im Sonntagputz und wandernde Leierkasten, ein deutsch-romantisch gesehenes Künstler-Italien, fröhliche Schiffahrt einen schönen Fluß hinab, während die Abendsonne Wälder und Täler vergoldet und die Ufer von Waldhornklängen widerhallen. Sang vazierender Studenten, welche „die Hüt' im Morgenstrahl schwenken", Gesundheit, Frische, Einfalt, Frauendienst, Humor, Drolligkeit, innige Lebenskunst und eine stete Bereitschaft zur Liebe, zum reinsten erquickendsten, wunderschönsten Gesange ... Ja, die Weisen, die da erklingen, die überall eingestreut sind, als sei es nicht weiter viel damit — es sind nicht solche, die man nur eben in Kauf nimmt, es sind Kleinode der deutschen Lyrik, hochberühmt, unserm Ohr und Herzen alt und lieb vertraut; hier aber stehen sie an ihrem eigentlichen Platze, noch ganz ohne Ruhmespatina, noch nicht eingegangen in den Liederschatz der Jugend und des Volkes, frisch, erstmalig und nagelneu: Dinge wie „Wohin ich geh und schaue" oder jenes „Wer in die Fremde will wandern" mit dem Endruf „Grüß dich, Deutschland, aus Herzensgrund!" oder „Die treuen Berg' stehn auf der Wacht" und dann die Zauberstrophe, die eine als wandernder Maler verkleidete Frau zu Zither auf dem Balkon in die warme Sommernacht singt; die, wie jedes der Lieder auf noch prosaischem Wege musikalisch vorbereitet wird — „Weit von den Weinbergen herüber hörte man noch zuweilen einen Winzer singen, dazwischen blitzte es manchmal von ferne, und die ganze Gegend zitterte und säuselte im Mondschein" — und die nun freilich nicht mehr volkstümlich ist, sondern ein non plus ultra, eine betörende Essenz der Romantik —

„Schweigt der Menschen laute Lust:
rauscht die Erde wie in Träumen
wunderbar mit allen Bäumen,
was dem Herzen kaum bewußt,

alte Zeiten, linde Trauer,
und es schweifen leise Schauer
wetterleuchtend durch die Brust."

Der Taugenichts nun also, um persönlich auf ihn zu kommen, ist ein Müllersjunge, der seinen Schimpfnamen daher hat, daß er daheim zu nichts taugt, als sich in der Sonne zu rekeln und die Geige zu spielen, und den sein Vater darum ärgerlich auf die Wanderschaft schickt, damit er sich draußen sein Brot erwerbe. „Nun", sagt der Junge, „wenn ich ein Taugenichts bin, so ist's gut, so will ich in die Welt gehen und mein Glück machen." Und während rechts und links seine Bekannten und Kameraden, „wie gestern und vorgestern und immerdar", zur Arbeit hinausziehen, graben und pflügen, streicht er, „ewigen Sonntag im Gemüte", mit seiner Geige durchs Dorf in die freie Welt hinaus und lenkt mit dem nagelneuen Liede „Wem Gott will rechte Gunst erweisen" begreiflicherweise die Aufmerksamkeit zweier Damen auf sich, die ihn in einem „köstlichen Reisewagen" auf der Landstraße überholen. Sie nehmen ihn auf dem Trittbrette mit nach Wien, das er ins Blaue hinein als sein Wanderziel genannt hat, und damit beginnt der verträumte Reigen seiner deutsch-italienischen Abenteuer, die Geschichte seiner Liebe zur vielschönen, gnädigen Frau, diese willenlose Geschichte, die sich in einer Opernintrige verwirrt, um sich in kindliches Wohlgefallen aufzulösen, und in welcher der Charakter dessen, der sie erlebt und erzählt, sich so treuherzig-unverantwortlich offenbart.

Der Charakter des Taugenichts ist folgender: Seine Bedürfnisse schwanken zwischem völligstem Müßiggang, so daß ihm vor Faulheit die Knochen knacken, und einem vag-erwartungsvollen Vagabundentriebe ins Weite, der ihm die Landstraßen als Brücken — über das schimmernde Land sich fern über Berge und Täler hinschwingende Brücken — zeigt. Er ist nicht allein selber nutzlos, sondern er wünscht auch die Welt nutzlos zu sehen, und als er ein Gärtchen zu bewirtschaften hat, wirft er Kartoffeln und anderes Gemüse, das er darin findet, hinaus und bebaut es zum Befremden der Leute ganz mit erlesenen Blumen, mit denen er allerdings seine hohe Frau beschenken will und die also wohl einen Zweck haben, aber nur einen unpraktisch-empfindsamen. Er ist von der Familie der jüngsten Söhne und dummen Hänse des Märchens, von denen niemand etwas erwartet und die dann doch die Aufgabe lösen und die Prinzessin zur Frau bekommen. Das heißt, er ist ein Gotteskind, dem es der Herr im Schlafe gibt, und er weiß das auch; denn als er in die Welt zieht, wiederholt er nicht seines Vaters Wort vom Broterwerb, sondern erklärt leichthin, er gehe, sein Glück zu machen. Auch ist er so hübsch von Gesicht, daß in Italien, wo er, ohne es zu wissen, infolge der Intrige eine Zeitlang für ein verkleidetes Mädchen gilt, ein schwärmerischer Student sich recht hoffnungslos in ihn verliebt und daß überhaupt alle Herzen sich freundlich zu ihm neigen. Trotzdem aber und obgleich er die schöne Wandererde, das frische Krähen der Hähne über die leise wogenden Kornfelder hin, die schweifenden Lerchen zwischen den Morgenstreifen hoch am Himmel, den ernsten Mittag, die flüsternde Nacht aus dankbarer Seele liebt und innig belauscht, ist er in der Welt doch nicht zu Hause, hat in der Regel nicht teil an dem Glücke derer, die sich in ihr zu Hause fühlen. „Alles ist so fröhlich", denkt er, „um dich kümmert sich kein Mensch. Und so geht es mir überall und immer. Jeder hat sein Plätzchen auf der Erde ausgesteckt, hat seinen warmen Ofen, seine Tasse Kaffee, eine Frau, sein Glas Wein zu Abend und ist so recht zufrieden. Mir ist's nirgends recht. Es ist, als wäre ich überall eben zu spät gekommen, als hätte die ganze Welt gar nicht auf mich gerechnet ..." Er vergleicht sich mit einem zusammengerollten Igel, mit einer Nachteule, die in Ruinen hockt, mit einer Rohrdommel im Schilf eines einsamen Weihers. Und er nimmt dann seine Geige von der Wand und spricht zu ihr: „Komm nur her, du getreues Instrument! Unser Reich ist nicht von dieser Welt!" Er ist ein Künstler und ein Genie — was nicht seine eigene Behauptung noch die des Dichters ist, aber durch seine Lieder zur schönsten Evidenz erwiesen wird. Gleichwohl hat sein Wesen nicht den geringsten Einschlag von Exzentrizität, Problematik, Dämonie, Krankhaftigkeit. Nichts ist bezeichnender für ihn als sein „Grausen" vor den wildschönen und überspannten Reden des Malers in dem römischen Garten, eines Bohemiens von dekorativem Gebaren, der mit grotesker Lustigkeit von Genie und Ewigkeit, von „Zucken, Weintrinken und Hungerleiden" rodomontiert und dabei mit seinen verwirrten Haaren vom Tanzen und Trinken im Mondschein ganz leichenblaß anzusehen ist. Der Taugenichts schleicht sich davon. Obgleich Landstreicher, Musikant und Verliebter, versteht er sich nur schlecht auf die Boheme — denn die Boheme ist eine äußerst literarische und naturferne Form der Romantik, und er ist vollkommen unliterarisch. Er ist Volk, seine Melancholie ist die des Volksliedes und seine Lebensfreude desselben Geistes. Er ist gesund, wenn auch keineswegs derb, und kann die Verrücktheiten nicht ausstehen. Er „befiehlt sich Gottes Führung, zieht seine Violine hervor und spielt alle seine liebsten Stücke durch, daß es recht fröhlich in dem einsamen Walde erklang". Sein Romantizismus also ist weder hysterisch noch phthisisch, noch wollüstig, noch katholisch, noch phantastisch, noch intellektuell. Dieser Romantizismus ist ganz unentartet und unentgleist, er ist human, und sein Grundton ist melancholisch-humoristisch. Wo dieser Ton drollig wird, erinnert er auffallend an den eines sehr hohen germanischen Humoristen der Gegenwart, der ebenfalls Volk und inniger Landstreicher ist: an den Knut Hamsuns. „Parlez-vous francais? sagte ich endlich in meiner Angst zu ihm, er schüttelt mit dem Kopfe, und das war mir sehr lieb, denn ich konnte ja auch nicht französisch." — Der Taugenichts verleugnet den Humoristen auch nicht in der Liebe. Auch seine Liebe ist nicht „leichenblaß", auch sie ist human, das heißt melancholisch, innig und humoristisch. Er würde sich niemals, wie der welsche Student tut, der ihn für ein Mädchen hält, jemandem mit iddio und cuore und amore und furore zu Füßen stürzen. Als „alles, alles gut" ist und er seine hohe Frau haben kann, da sie gottlob nur eine Portiersnichte ist, da ist er „so recht seelenvergnügt" und langt eine Handvoll Knackmandeln aus der Tasche, die er noch aus Italien mitgebracht hat. „Sie nahm auch davon und wir knackten nun und sahen zufrieden in die stille Gegend hinein." Das ist so freiwillig humoristisch, daß keine unfreiwillige Komik aufkommen kann, und man erinnert sich, daß auch die Märchenhänse sich nicht exaltierter aufführen, wenn sie die Prinzessin bekommen. Daß seine Reinheit nicht albern wirkt, ist eine starke poetische Leistung. Es ist die Reinheit des Volksliedes und des Märchens und also gesund und nicht exzentrisch. Er hat die Naivität und Freimenschlichkeit gemeinsam mit Gestalten wie dem Wagnerschen Waldknaben, dem Helden der Dschungelbücher und Kaspar Hauser. Aber er hat weder Siegfrieds Muskelhypertrophie, noch Parsivals Heiligkeit, noch Mowglis Halbtierheit, noch Hausers seelische Kellerfarbe. Das alles wären Exzentrizitäten; der Taugenichts aber ist human-gemäßigt. Er ist Mensch, und er ist es so sehr, daß er überhaupt nichts außerdem sein will und kann: eben deshalb ist er der Taugenichts. Denn man ist selbstverständlich ein Taugenichts, wenn man nichts weiter prästiert, als eben ein Mensch zu sein. Auch ist sein Menschentum wenig differenziert, es hat etwas Abstraktes, es ist bestimmt eigentlich nur im nationalen Sinne — dies allerdings sehr stark, es ist überzeugend und exemplarisch deutsch, und obgleich sein Format so bescheiden ist, möchte man ausrufen: wahrhaftig, der deutsche Mensch!

JOSEPH VON EICHENDORFF
Der alte Garten

Kaiserkron und Päonien rot,
die müssen verzaubert sein,
denn Vater und Mutter sind lange tot,
was blühn sie hier so allein?

Der Springbrunn plaudert noch immerfort
von der alten schönen Zeit,
eine Frau sitzt eingeschlafen dort,
ihre Locken bedecken ihr Kleid.

Sie hat eine Laute in der Hand,
als ob sie im Schlafe spricht,
mir ist, als hätt ich sie sonst gekannt —
still, geh vorbei und weck sie nicht!

Und wenn es dunkelt das Tal entlang,
streift sie die Saiten sacht,
da gibts einen wunderbaren Klang
durch den Garten die ganze Nacht.

Europäische Romantik: England (Shelley, Keats)

PERCY BYSSHE SHELLEY
The World's Wanderers

TELL me, thou Star, whose wings of light
Speed thee in thy fiery flight,
In what cavern of the night
Will thy pinions close now?

Tell me, Moon, thou pale and gray
Pilgrim of Heaven's homeless way,
In what depth of night or day
Seekest thou repose now?

Weary Wind, who wanderest
Like the world's rejected guest,
Hast thou still some secret nest
On the tree or billow?

JOHN KEATS
When I have fears

WHEN I have fears that I may cease to be
   Before my pen has glean'd my teeming brain,
Before high-piled books, in charactery,
   Hold like rich garners the full ripen'd grain;
When I behold, upon the night's starr'd face,
   Huge cloudy symbols of a high romance,
And think that I may never live to trace
   Their shadows, with the magic hand of chance;
And when I feel, fair creature of an hour,
   That I shall never look upon thee more,
Never have relish in the faery power
   Of unreflecting love; — then on the shore
Of the wide world I stand alone, and think
   Till love and fame to nothingness do sink.

PERCY BYSSHE SHELLEY
Die Wanderer der Welt

Sag mir, Stern, des helle Pracht
Sich im Feuerflug entfacht,
Welche Höhle du der Nacht
Wählst zur Ruhestelle?

Sag mir, Mond, der bleich und grau
Pilgert durch das ew'ge Blau,
Wo ist in der Himmelsau
Deine Heimatzelle?

Müder Wind, der ohne Rast
Flieht, der Welt verstoßner Gast;
Ob du wohl ein Nestchen hast
Noch auf Baum und Welle?

Deutsch von Adolf Strodtmann

JOHN KEATS
Befällt mich Angst

Befällt mich Angst, ich müßte aus der Welt,
   Bevor ich meines Geistes sel'ge Fracht
Im Worte barg, eh' Buch um Buch enthält,
   Gleich reichen Scheuern, reifste Frucht; wenn Nacht
In ihrem Sternenantlitz sich mir zeigt
   Mit Geisterschrift aus unbekanntem Land,
Und ich bedenk, daß sich mein Leben neigt,
   Eh' ich sie schrieb mit magisch freier Hand;
Und wenn ich spüre, liebliche Gestalt,
   Daß nimmermehr mein Auge dich umfaßt,
Ich nie mehr koste holdeste Gewalt
   Einsamster Liebe, — steh ich, stiller Gast;
Am Strand der Welt und grüble lang,
   Bis Ruhm und Liebe in ein Nichts versank.

Deutsch von Hans Hennecke

Europäische Romantik: Frankreich (de Nerval, Baudelaire)

360   GÉRARD DE NERVAL

Les Cydalises

> Où sont nos amoureuses?
> Elles sont au tombeau!
> Elles sont plus heureuses
> Dans un séjour plus beau.
>
> Elles sont près des anges
> Dans le fond du ciel bleu,
> Et chantent les louanges
> De la mère de Dieu!
>
> O pâle fiancée!
> O jeune vierge en fleur!
> Amante délaissée
> Que flétrit la douleur!
>
> L'Eternité profonde
> Souriait dans vos yeux:
> Flambeaux éteints du monde,
> Rallumez-vous aux cieux!

CHARLES BAUDELAIRE

La Mort des Amants

> Nous aurons des lits pleines d'odeurs légères,
> Des divans profonds comme des tombeaux,
> Et d'étranges fleurs sur des étagères,
> Écloses pour nous sous des cieux plus beaux.
>
> Usant à l'envi leurs chaleurs dernières,
> Nos deux cœurs seront deux vastes flambeaux,
> Qui réfléchiront leurs doubles lumières
> Dans nos deux esprits, ces miroirs jumeaux.
>
> Un soir fait de rose et de bleu mystique,
> Nous échangerons un éclair unique,
> Comme un long sanglot, tout chargé d'adieux;
>
> Et plus tard un Ange, entr'ouvrant les portes,
> Viendra ranimer, fidèle et joyeux,
> Les miroirs ternis et les flammes mortes.

GÉRARD DE NERVAL
Die Cydalisen

Die liebenden Geliebten,
wo sind sie? Gräberfern.
Sie sind die Seligeren,
sie wohnen gut und gern.

Sie sind in Engelsnähe,
ihr Haus — im tiefsten Blau,
sie singen Lob und Preisung
Unsrer Lieben Frau.

O Bleiche, mir Verlobte!
O Jungfrau kaum erblüht!
Ich ließ dich deiner Liebe,
am Schmerz bist du verglüht!

O Ewigkeit, o tiefe,
die aus dem Aug dir sprach.
O Fackel Welt, erloschen —
im Himmel neu entfacht!

                                          Deutsch von Paul Celan

CHARLES BAUDELAIRE
Der Tod der Liebenden

Wir haben betten voller leichter düfte ·
Wir haben polster wie die gräber tief
Und seltne blumen ragen in die lüfte
die schönres land für uns ins dasein rief.

Die letzte glut verbrennt auf gutes glück
In unsrer herzen beiden flammentiegeln ·
Ihr zwiefach leuchten aber strahlt zurück
In unsren geistern · diesen zwillingsspiegeln.

Ein abend kommt mit blau und rosa blinken ·
Da flackert es noch einmal lichterloh:
Ein langer seufzer und ein scheidewinken.

Hernach erscheint ein engel auf der schwelle
Um wieder zu beleben treu und froh
Die trüben spiegel und die tote helle.

                                 Deutsch von Stefan George

RICARDA HUCH
Der romantische Charakter

> Wer etwas Unendliches will, der weiß nicht, was er will;
> aber umkehren läßt sich dieser Satz nicht.
>
> Friedrich Schlegel

O wie wechselnd ist
Doch mein Gemüt, so wandelbar veränderlich
Ist nichts mehr in der weiten Welt: denn bald
Bin ich so glücklich, so von Herzen froh,
So in mir selber groß, daß ich mit Frechheit
Die Sterne pflücken möchte und wie Blumen
Zum Kranze für mein Haupt zusammenflechten.
Ein Augenblick, so wechselt diese Flut,
Sie tritt zurück und macht das Ufer nackt,
Und ärmlich dünkt mir dann mein ganzes Inn're.
Dann könnt' ich mit dem Bettler tauschen, sterben,
In ferne, nie besuchte Höhlen kriechen,
In ewiger Betrachtung meines Jammers
Ein langes, qualenvolles Leben schmachten.
Dann seh' ich ihren Blick, ein Lächeln grüßt
Den eingekrümmten Geist, und alles ist
Vergessen, mir gehört die ganze Welt.

Das ist der romantische Charakter, wie er träumerisch, die Augen in den Wolken, durch die Werke Tiecks und seiner Gefährten wandert, ihr eigener Doppelgänger; der bewußtwerdende, der moderne, in den Geist und Natur, voneinandergerissen, sich immer wieder berühren und zu vermischen streben, um heftiger auseinander zu fliehen; der das starke Band nicht hat, das sie ebenso trennt wie vereinigt. Was ihm fehlt, ist Festigkeit und Harmonie, aber er hat, wenn man den Berührungspunkt des Unbewußten und Bewußten so nennen darf, Seele. Er hat einen Körper, in dem das ausgelassene Herz bald zu geschwinde, bald zu träge klopft, ein Gesicht, aus dem uns suchende, ahnende Augen voll Geheimnis ansehen.

Der Ausspruch Friedrich Schlegels: „Man nennt viele Künstler, die eigentlich Kunstwerke der Natur sind", ist auf die meisten Romantiker anzuwenden; weil sie selbst im Strome des Gestaltetwerdens fluteten, konnten sie nicht gestalten und wollten es doch, weil sie besser als ein Fertiger wußten, wie es dabei zugeht. Es ist erstaunlich, bis zu welchem Grade es Tieck mißlang, Menschen zu schaffen. Die unzähligen Personen, die in seinen Büchern auftreten, sind nichts als bunte Figuren einer Laterna magica, die, auf eine Wand geworfen, marionettenartig mit zuckenden Bewegungen an dem Beschauer vorübergleiten. Sie springen in erstaunlicher Fülle, mühelos, aus seinem Kopfe; eben weil es nur Kopfgeburten sind, ohne Fleisch und Bein. „Es gibt zwei Arten, Menschen zu schildern", sagt Novalis, „die poetische und die wissenschaftliche. Jene gibt uns einen durchaus individuellen Zug — ex ungue leonem —, diese deduziert vollständig." Tiecks Art ist die wissenschaftliche, und insofern haben seine Menschen ein unendliches Interesse. Man muß ihnen die aufgeklebten Etiketten abreißen und sie allesamt Ludwig Tieck nennen; denn in Wahrheit sind sie nur Brechungen dieses einen Strahles. Auch sind wir ihm für seine Art zu schildern dankbar; denn es wäre schade, einer so künstlichen Spieluhr, wie es der romantische Charakter ist, nur zuzuhören und sie nicht auch einmal aufzumachen und im Innern arbeiten zu sehen — voir ce qu'il y a dedans, sagte ein kleiner Junge, ehe er sein Spielzeug zerbrach.

In dem harmonischen Menschen entwickeln sich die beiden Wesenshälften, Mann und Weib, Tier und Engel, gleichmäßig, so daß sie in guter Kameradschaft nebeneinander aushalten können, wie die alten germanischen Heidengötter nie ohne ein edles Tier erschienen, das ihnen gemäß war; der romantische Mensch ist eine personifizierte unglückliche Ehe und Mißheirat, gewöhnlich deswegen, weil die Frau sich dem Manne überlegen fühlt, manchmal auch, weil sie ihm nicht gewachsen ist und ringt, nicht in ihm unterzugehen, oder denn, daß sie sich nun einmal nicht verstehen können: gegenseitige unüberwindliche Abneigung. Aber die Ehe des Menschen mit sich selbst ist wirklich ein Sakrament, unauflöslich, zum Zwecke gegenseitiger Erziehung, eine oft qualvolle Bildungsschule. Meistens ist der Romantiker der werdende Engel, der die Menschlichkeit haßt, die ihn noch mit der Erde verbindet. Wie das unglückliche Opfer den Leichnam, mit dem sein Peiniger es zusammengebunden hat, um die Todesqual zu verschärfen, möchte der Intellekt den Willen von sich stoßen, der doch der seinige ist: „Ein Engel darf, ein Mensch mag ich nicht sein, nur die Hölle bleibt dem Unbefriedigten übrig", dieser Verzweiflungsschrei aus Tiecks Abdallah ist das Thema endlos phantasierender Klagen.

„O daß ich mich stürzen könnte in das Meer der unermeßlichen Göttlichkeit! Diese tausendfachen Schätze in meinen Busen saugen! Könnt' ich sie fesseln und ewig wach erhalten in meiner Brust, diese göttlichen Gefühle, die jetzt durch meine Seele zittern! Ach, daß der Gesang durch die Laute rauscht und nachher verstummt! Ich höre das Pochen meines ungeduldigen Geistes: was ist diese unnennbare, unausfüllbare Leere, die mich stets im Genusse so kalt und tot ergreift? Ein fremdes Streben ringt mit meiner Begeisterung und wirft sie nieder. Ich schwindle auf der Freude höchstem Gipfel und stürze in den Staub betäubt zurück."

„O daß der Mensch in seinem Busen einen unversöhnlichen Feind mit sich herumtragen muß, der ihn unablässig quält! Daß das heillose Drängen unserer Seele, das Streben gegen die Unmöglichkeit uns den Genuß unseres Daseins raubt und uns gegen uns selbst verderbliche Waffen in die Hand gibt!"

„Die Seele steht tief hinab in einem dunkeln Gewölbe in einem dunkeln Hinter-

364 grunde und lebt im weiten Gebäude für sich, wie ein eingekerkerter Engel; sie hängt mit dem Körper und seinen vielfachen Teilen ebensowenig zusammen wie der Verbrecher mit der Stadt, in der er gefangen sitzt. — Was kann ich also für meine Seele tun, die wie ein unaufgelöstes Rätsel in mir wohnt? Die dem sichtbaren Menschen die größte Willkür läßt, weil sie ihn auf keine Weise beherrschen kann?"

Mit einem anderen Bilde, das dasselbe bedeutet, hörte ich jemand seine Natur mit einem wilden Pferde vergleichen, das sein Geist nicht bändigen und lenken könne.

Schlichter als Tieck, aber kindlich rührender erzählt Wackenroder, wie sein Jakob Berglinger an dieser Mißhelligkeit zugrunde geht; wie es ihn anwidert, die Leute auf der Straße schwatzen und lachen zu sehen, wenn er in übersinnlichem Enthusiasmus aus dem Konzerte kommt, und wie er sich dann vor sich selber schämt, wenn er es sich beim Essen, im Kreise alltäglicher Bekannter, wohlschmecken läßt. Ein unaufhörlicher Kampf, nur unterbrochen durch erzwungene, äußerliche Versöhnungen.

Auch Novalis' Geist schwang sich oft hoch über seine Natur empor, aber er kehrte immer gern und freundlich zu ihr zurück. Es war eine Liebe, nicht wie die der heiligen Paare des Mittelalters, die Gott gelobt hatten, sich niemals zu berühren, sondern eine solche, deren Leidenschaft zu einer reinen Flamme verklärt war: ebenso willig zu Kuß und Umarmung wie zu Trennung und Tätigkeit, echte Freiheit. Anders ist es, wenn der Intellekt sich dem Willen hingibt, den er im stillen fürchtet und haßt. Um die geheime Abneigung zu betäuben, unfähig, dem sinnlichen Reiz zu widerstehen, stürzt er sich blindlings in schwelgerisches Genießen, bis zur Erschöpfung und Zerrüttung. Nicht Ehe ist es, sondern Buhlschaft, und alle Folgen eines unreinen und unwahren Verhältnisses knüpfen sich daran. „Das Schwelgen an den Kräften des Gemüts ist die unerlaubteste aller Verschwendungen, die schlimmste aller Verderbtheiten", das war eine Erfahrung, die Tieck an sich selber gemacht hatte. Als er einmal einen halben Tag und eine Nacht durch ohne Unterbrechung, seine Erregtheit selbst absichtlich steigernd, einen damals beliebten Schauerroman gelesen hatte, bekam er wirklich einen Anfall von Wahnsinn, den seine lüsterne Phantasie ihm schon so oft vorgespielt hatte. Durch einen großen Natureindruck, den er bald darauf während einer Harzreise empfing, fühlte er sich gerettet. Aber keine Rettung gab es für Wackenroder, der weit unschuldiger war als Tieck, aber schwächer. Sein Geist war wie ein zartes Mädchen, ganz Demut und Hingebung, die dem Strome von Leidenschaft, der auf sie eindringt, nur mit einem bangen, flehentlichen Blick zu wehren vermag, während ihr sanfter Leib sich ihm schon zuneigt.

Das Bewußtwerden, die beständigen Berührungen zwischen Natur und Geist, denen nie eine gänzliche Vereinigung folgt, die aufregenden Stelldicheine in der Dämmerung sind die Ursachen jener grenzenlosen Sehnsucht, jenes unersättlichen Verlangens, woran der Romantiker sich aufzehrt. Die Wut der Unbefriedigung hat es Friedrich Schlegel einmal genannt. Wer hat nicht das Sehnen des Herzens in sich gefühlt, beklemmend aber süß, das der erste Tauwind des Jahres oder die bacchantische Sterbeluft des Herbstes einhaucht? Ein leiser Zug, man weiß nicht wohin, vielleicht nach einer fernen, fernen Waldwiese, auf der ein allerschönstes Bild auf uns wartet, sei es Liebe oder Tod, Willkommen im allmächtigen Blick. Was aber bei den meisten Menschen nur ein flüchtiges Mitzittern der Saiten in dem großen Harfenspiel der Natur ist, das ist der Grundton des romantischen Charakters, sein Merkmal, sein Hauptvermögen, seine Schönheit, sein Fluch. Daß sie diese zehrende Sehnsucht nicht kannte, machte die Größe, Schönheit und Vollendung der Antike aus, aber ihre Begrenztheit liegt auch darin. Aus der Zerrissenheit des modernen Menschen wächst sie heraus, eine Marterblume mit tiefem, blutendem Kelche, aus dem sich seelenberauschende Düfte unablässig in die Unendlichkeit ergießen.

Warum Schmachten?
Warum Sehnen?
Alle Tränen
Ach sie trachten
Nach der Ferne,
Wo sie wähnen
Schön're Sterne!

Daß sie es nur wähnen, das ist es eben. Das blanke, lockende Sternbild ist eine Fata Morgana, die vor dem Näherkommenden weicht, eine Luft-Oase, die niemals den brennenden Durst löscht. Niemand hat wie Tieck, mit so züngelnden, flackernden, lodernden Feuerbuchstaben die Symptome dieser Krankheit geschildert, die Geschichte der Jo, die der Stachel des Wahnsinns rastlos durch alle Welt jagt.

„Aber was ist es, daß ein Genuß wie unser Herz ganz ausfüllt? Welche unnennbare, wehmütige Sehnsucht ist es, die mich zu neuen, ungekannten Freuden drängt? Im vollen Gefühl meines Glücks, auf der höchsten Stufe meiner Begeisterung ergreift mich kalt und gewaltsam eine Nüchternheit, eine dunkle Ahnung — wie soll ich es beschreiben — wie ein feuchter, nüchterner Morgenwind auf der Spitze des Berges nach einer durchwachten Nacht, wie das Auffahren aus einem schönen Traum in einem engen, trüben Zimmer. Ehedem glaubte ich, dieses beklemmende Gefühl sei Sehnsucht nach Liebe, Drang der Seele, sich an Gegenliebe zu verjüngen — aber es ist nicht das; auch neben Amalien quälte mich diese tyrannische Empfindung, die, wenn sie Herrscherin in meiner Seele würde, mich in einer ewigen Herzensleerheit von Pol zu Pol jagen könnte. Ein solches Wesen müßte das elendste unter Gottes Himmel sein: jede Freude flieht heimtückisch zurück, indem er danach greift, er steht wie ein vom Schicksal verhöhnter Tantalus in der Natur da, wie Ixion wird er in einem unaufhörlichen, martervollen Wirbel herumgejagt; auf einen solchen kann man den orientalischen Ausdruck anwenden, daß er vom bösen Feinde verfolgt wird."

„Ich möchte in manchen Stunden von hier reisen und eine seltsame Natur mit ihren Wundern aufsuchen, steile Felsen erklettern und in schwindelnde Abgründe herunterkriechen, mich in Höhlen verirren und das dumpfe Rauschen unterirdischer Wässer vernehmen, ich möchte Indiens seltsame Gesträuche besehen und aus den Flüssen Wasser schöpfen, deren Name mich schon in den Kindermärchen erquickte; Stürme möchte ich auf dem Meere erleben und die ägyptischen Pyramiden besuchen – o Rosa, wohin mit dieser Ungenügsamkeit, und würde sie mir nicht selbst zum Orkus und im Elysium folgen?"

Die Helden aller romantischen Bücher sind fast beständig auf Reisen: Don Quixote so gut wie Wilhelm Meister und alle ihre Nachkommen. Die Dichter ließen ihre Doppelgänger an ihrer Stelle auf die ersehnte Wanderschaft gehen. Alles lockt und zieht:

> Wie mit süßen Flötenstimmen
> Rufen alle goldnen Sterne;
> Weit muß manche Woge schwimmen,
> Deine Lieb' ist in der Ferne.

Ist sie es wirklich? Finden sie sie jemals? Heimlich wissen sie es wohl, daß ein Aufhören der Sehnsucht Aufhören des Lebens wäre:

> Die Nachtigall singt aus weiter Fern':
> Wir locken, damit du lebest gern.
> Daß du dich nach uns sehnst und immer matter sehnst,
> Ist, was du töricht dein Leben wähnst.

PHILIPP OTTO RUNGE

Fragmente über die Kunst

Ich habe mich immer von Jugend auf darnach gesehnt, Worte zu finden oder Zeichen oder irgend etwas, womit ich mein inneres Gefühl, das eigentlich, was sich in meinen schönsten Stunden so ruhig und lebendig in mir auf und ab bewegt, andern deutlich machen könnte, und habe immer bei mir gedacht: wenn sich auch niemand für dein Gefühl sonderlich interessiert, das muß der andre doch auch haben, in sich, und wenn einer das den andern einmal gesagt hätte, so müßte man es sich so anfühlen können, wenn man sich die Hand gibt und in die Augen sieht, wie sich das nun in unserm Gemüt bewegt, und der Gedanke war mir immer mehr wert als viel mühsame Wissenschaften, weil es mir so vorkam: dies wäre so recht das, warum alle Wissenschaft und Kunst doch eigentlich nur da sind.

Entsteht nicht ein Kunstwerk nur in dem Moment, wann ich deutlich einen Zusammenhang mit dem U n i v e r s u m vernehme? Kann ich den fliehenden Mond nicht ebenso festhalten wie eine fliehende Gestalt, die einen Gedanken bei mir erweckt, und wird jenes nicht ebenso ein Kunstwerk? Und welcher Künstler, der dieses in sich fühlt, den die Natur, die wir nur noch in uns selbst, in unsrer Liebe und an dem Himmel rein sehen, erweckt, wird nicht nach dem rechten Gegenstande greifen, um diese Empfindung an den Tag zu legen? Wie könnte ihm da der Gegenstand mangeln? Solch ein Gefühl muß also dem Gegenstande noch vorausgehen.

Wenn der Himmel über mir von unzähligen Sternen wimmelt, der Wind saust durch den weiten Raum, die Woge bricht sich brausend in der weiten Nacht, über dem Walde rötet sich der Äther und die Sonne erleuchtet die Welt; das Tal dampft und ich werfe mich im Grase unter funkelnden Tautropfen hin, jedes Blatt und jeder Grashalm wimmelt von Leben, die Erde lebt und regt sich unter mir, alles tönet in einen Akkord zusammen, da jauchzet die Seele laut auf und fliegt umher in dem unermeßlichen Raum um mich, es ist kein Unten und kein Oben mehr, keine Zeit, kein Anfang und kein Ende, ich höre und fühle den lebendigen Odem Gottes, der die Welt hält und trägt, an dem alles lebt und wirkt: hier ist das Höchste, was wir ahnen — G o t t !

Das höchst vollendete Kunstwerk ist immer, es möge sonst sein, was es sill, das Bild von der tiefsten Ahnung Gottes in dem Manne, der es hervorgebracht. Das ist: In jedem vollendeten Kunstwerke fühlen wir durchaus unsern innigsten Zusammenhang mit dem Universum. Wir mögen in einer Stimmung sein, traurig oder freudig: sobald sie uns erst zu diesem deutlichen Gefühl unsers Zusammenhanges mit dem All führt, so ist es im Grunde nur eins, die höchste Traurigkeit, die höchste Freude, der höchste Grimm, es ist alles nur e i n Gefühl, bloß daß dahin verschiedene Wege führen; und eben daher grenzen die entgegengesetztesten Punkte wieder so nahe aneinander.

Wenn unser Gefühl uns hinreißt, daß alle unsre Sinne im Grunde erzittern, dann suchen wir nach den harten, bedeutenden, von andern gefundenen Zeichen außer uns und vereinigen sie mit unserm Gefühl; im schönsten Moment können wir es dann andern mitteilen.

Es ist erstaunlich schön, ein Künstler zu sein, so lebendig ist keinem andern Menschen die ganze Welt, und ich bin doch erst im ersten Anfange; welche Seligkeit liegt mir in der Zukunft!

FRITZ NEMITZ

Die Kunst des Caspar David Friedrich

Die Geburt der romantischen Landschaft

Dresden wurde damals zum Mittelpunkt der romantischen Bewegung. Unter dem Druck von Norden her entwickelte es sich zu einer Insel der Kunst und Literatur. Auch der scheue und spröde Friedrich konnte sich den neuen Ideen nicht entziehen. Runge hatte ihn schon auf Tieck aufmerksam gemacht, der der Bewegung das Motto der „mondbeglänzten Zaubernacht" gab. Und in seinem „Sternbald" stand zum ersten Male ein Maler im Mittelpunkt einer Erzählung. „Oh mein Freund, wenn ihr doch diese wunderliche Musik, die der Himmel heute dichtet, in eure Malerei hineinlassen könntet", hieß es dort. Dieser Berliner, ein Jahr älter als Friedrich und schon berühmt, entwickelte sich später zum Haupt der romantischen Schule in Dresden. Auch war er ein genialer Vorleser — „das größte mimische Talent, was jemals die Bühne nicht betrat", nannte ihn Brentano.

Landschaft hieß das Zauberwort, das von allen Seiten erklang. Der Schwerpunkt der Kunst verschob sich. Malerei und Farbe, von der strengen klassizistischen Anschauung verbannt, bekamen nun ganz neue Bedeutung. Landschaft — damit war aber nicht die einfache Darstellung der Natur gemeint im Sinne der historischen, heroischen oder idyllischen Form. Man meinte damit die symbolische Darstellung des Lebens selber. „Die neue Kunst soll den Menschen, das heißt seine Seele, in welcher sein Zusammenhang mit Gott gegeben ist, sein seelisches Leben durch die Natur darstellen", sagte Runge.

Und Schelling verkündete: „Wie selbst die Philosophen dahin kommen, daß man alles nur aus sich selbst heraus imaginiert, so sehen wir oder sollten wir sehen in jeder Blume den lebendigen Geist, den der Mensch hineinlegt, und dadurch wird die Landschaft entstehen."

„Wenn wir in der Natur nur unser Leben sehen, so ist es klar, daß dann erst die echte Landschaft entstehen muß, als völlig entgegengesetzt der menschlichen oder historischen Komposition."

„Sinn der Landschaft ist es, die Dinge als eine Hülle zu gebrauchen, die eine höhere Art von Wahrscheinlichkeit durchscheinen lasse." Gedanken, in denen Friedrich seine eigenen Ahnungen bestätigt fand.

CASPAR DAVID FRIEDRICH (1774–1840) ▶
›Der Wanderer über dem Nebelmeer‹, etwa 1813–1818

JAKOB ALT (1789–1872)
Sonnenfinsternis am 8. Juli 1842

FRITZ STRICH
Europa und die deutsche Klassik und Romantik

Es ist kein Zufall, daß Goethe es war, der die Idee der Weltliteratur konzipierte. Denn mit ihm erst beginnt die deutsche Literatur weltliterarisch zu werden und einen Ton in die Welt zu bringen, der von keinem anderen Volke kommen konnte als dem deutschen. Das erste Werk von weltliterarischer Wirkung und Geltung, welches die deutsche Dichtung hervorbrachte, war Goethes „Werther". Er sprach mit diesem Werke seinen eigensten und deutschesten Schmerz aus, und Europa horchte auf. Er gestaltete in seinem „Faust" die eigenste und deutscheste Sehnsucht und sprach im Namen Europas. Werther und Faust erobern die Welt, verwandeln das europäische Menschenantlitz, und dies in einer Zeit, da Deutschland von Napoleon unterjocht wird.

Warum geschah dieser deutsche Eintritt in die Weltliteratur gerade damals? Hatte es vielleicht nur diesen Grund, daß damals eben ein so gewaltiger Genius wie Goethe in Deutschland geboren wurde, der die Welt hinreißen und bezwingen mußte? Aber auch Genien werden manchmal nicht zu ihrer eigenen Zeit gehören, und daß überhaupt ein solcher Genius wie Goethe damals in Deutschland möglich war, ist schon das Zeichen dafür, daß die Sternenstunde des deutschen Volkes eingetreten war. Die Frage lautet also besser: Wann ist die historische Stunde eines Volkes gekommen?

Man kann in dem Ablauf der allgemeinen Geistesgeschichte erkennen, wie der Menschengeist in jedem Augenblick der Geschichte eine neue besondere Forderung, eine Aufgabe stellt, die so übernational und ewig menschlich ist, daß sie auf keine einzelne Nation beschränkt bleibt, sondern überall zur Herrschaft und Verwirklichung gelangt. Nur so ist es zu verstehen, daß ein jeder Stil noch, ob der Stil der Renaissance, der Gotik oder des Barock ein europäischer Stil geworden ist. Aber ebenso wird man auch finden, daß jeder Stil in einem ganz bestimmten Volke zuerst entsteht, von ihm zur reinsten und schönsten Entfaltung gebracht wird und von ihm über die Völker verbreitet wird. In einem ganz bestimmten Stile nur scheint sich ein Volk in seiner eigensten und besten Art zu offenbaren; in einer ganz bestimmten Stilperiode wird es führend und gebend, während es in anderen nur aufnehmen und empfangen kann. Das also heißt: die historische Stunde eines Volkes ist gekommen, wenn seine eigenste Forderung mit der allgemeinen Forderung des geistigen Augenblicks zusammentrifft, wenn ein Volk es kraft seiner eigensten Art und Begabung vermag, diese Forderung des welthistorischen Momentes zu erfüllen. Dies wird die Sternenstunde eines Volkes sein, in der seine geistige Welteroberung beginnt.

Dieser historische Augenblick war für den deutschen Geist gekommen, als Europa des französischen Klassizismus und der westlichen Aufklärung, von denen es im 18. Jahrhundert ganz beherrscht worden war, gegen Ende des Jahrhunderts müde wurde, als diese westliche Kultur so überreif geworden war, daß sie ihre Sendung in der Welt erfüllt zu haben schien.

370 Diese französische Kultur, in welcher der lateinische Geist sich zur höchsten Entfaltung brachte, hatte ihre europäische Herrschaft begonnen, als ihre Stunde gekommen war. Es war eine Kultur des Rationalismus, gegründet auf die menschliche Vernunft, die jeder einzelnen Persönlichkeit Bestimmung, Schicksal, Grenze sein soll. Dem erkennenden Menschen war die Grenze des logischen Gesetzes gezogen, dem glaubenden Menschen die des kritisch nach Wahrscheinlichkeit fragenden Verstandes. Dem handelnden Menschen war das Gesetz des Staates und der Gesellschaft auferlegt, dem gestaltenden Menschen, dem Künstler und dem Dichter, das Vernunftgesetz der Einheit, Proportion, des Maßes und der Symmetrie, der Klarheit und der ruhig edlen Haltung, der in sich selbst seligen, geschlossenen und begrenzten Form. So war die Dichtung nicht der Ausdruck eines schöpferischen, freien Genius, sondern Sprache der gesellschaftlichen Konvention, nicht mehr gewachsener Organismus, nicht Naturgewächs, sondern die Bewältigung und Zuschneidung der Natur durch die Vernunft, so wie ein französischer Park die Natur durch die Vernunft bezwingt.

Vernunft war also überall die Grenze für den schaffenden Genius, und diese Grenze wurde nicht mehr als ein Schmerz empfunden oder nur aus Entsagung anerkannt. Keine pessimistische Weltanschauung stand mehr dahinter, und kein tragischer Heroismus wirkte sich in dieser Begrenzung aus. Denn diese Grenze der Vernunft wurde ja auch als Ziel und Zweck der Welt verehrt. Was unter ihr lag, wurde nicht anerkannt, und was über ihr war, nicht geglaubt. Das Wesen des Menschen, das ihn aus der Natur heraus und über sie erhebt, wurde in der Vernunft gesehen, und so erfüllte der Mensch seine Sendung, wenn er die Welt vernünftigte. Es war eine skeptisch heitere, kritisch helle Kultur, die im 18. Jahrhundert europäisch wurde. Ihr repräsentativster Geist: Voltaire.

Mit diesem Geist der Klarheit und der Form und Grenze glaubte Frankreich das Erbe der Antike angetreten zu haben. Aber es war in Wahrheit doch nur die eine Seite der Antike, die sich hier wirklich fortsetzte: Der antike Logos, das apollonische Formprinzip, der männlich klare Geist, der nicht mehr in dem mütterlichen, dunklen Schoß von dionysischen Naturgewalten zeugte. Es war der Geist des Westens, der den östlichen Göttern entsagt hatte, ein Tempel ohne Krypta gleichsam. Diese rationale Welt war großartig in ihrer Einseitigkeit und Konsequenz. Aber es war doch eben nur die eine, dem Lichte zugekehrte Seite des Menschentums, die sich in ihr entfaltete, und so kam es, daß sie nur eine klassizistische und nicht eine klassische Welt geworden war. Wo blieb hier die Einheit des Menschen, und wo Europa, das wirkliche, das ganze Europa, das sich ja nicht nur aus dem apollinischen Prinzip der Antike gebildet hatte, sondern aus der Verbindung des antiken Geistes mit Germanentum und Christentum?

Als die französische Kultur sich selbst so übersteigert hatte, mußten sich mit innerer Notwendigkeit die anderen, dunkleren und tieferen Gründe des Menschentums regen, und dieses war der welthistorische Moment, in welchem die Stunde des germanischen Geistes gekommen war. Denn jetzt fiel die allgemeine Forderung der Geschichte mit der eigensten Kraft und Richtung des germanischen Volkes ganz zusammen, weil dieses Volk, wenn es sich selber überlassen war, sich niemals in die Grenzen der Vernunft und einer in sich selbst geschlossenen Gestalt und Form zu fügen vermochte, sondern mit der Kraft eines heroischen Freiheitsdranges immer diese Grenzen niederriß und seine Idee unendlicher Entgrenzung sich gegen den westlichen Klassizismus empören mußte.

Es war zuerst von allen germanischen Völkern England, das auf den Plan trat, und wenn einst die antike Welt durch die Germanen gestürzt oder wenigstens doch ganz verwandelt wurde, so geschah es nun der französischen Kultur durch England. In englischer Dichtung regte sich germanisches Naturgefühl und lehnte sich gegen die Zivilisationskunst auf. Die Schöpferkraft will sich von Konvention befreien; Genialität, nicht Bildung soll die Quelle dichterischer Welten werden. Die Leidenschaft verkündet ihre Rechte gegen Sitte und Vernunft, der Glauben gegen die Kritik. Die Individualität sagt sich von der Gesellschaft los, und die Forderung nach Bewahrung nationaler Eigentümlichkeit zersprengt die kosmopolitische Einheit der europäischen Dichtung. Landschaft und Idyll verdrängt die Zivilisationsmotive, und eine heroische Gesinnung bedroht die bürgerlich gezähmte Welt. Englische Dichter sind es nun, welche dem französischen Klassizismus entgegengehalten werden: Shakespeare, Milton, Ossian und die Sänger der alten volkstümlichen Balladen. Der französische Park, der die Natur bezwungen hatte durch Vernunft, muß nun dem englischen Garten weichen, der den Charakter der natürlichen Landschaft treu bewahren will.

Die Zeit des Optimismus ist vorüber, und der Grundton der Dichtung wird die Melancholie. Denn überall erwacht nun der Schmerz um den Untergang der natürlichen Welt, ob der idyllischen oder der heroischen, in der modernen Zeit, und die Sehnsucht nach Freiheit und Entgrenzung von den Formen der Zivilisation.

Aber eine Grenze wird von dem englischen Geist auch jetzt noch anerkannt, und wenn die französische Dichtung sich an die Grenze der Vernunft gebunden fühlte, so nun die englische an die Grenze der Erfahrung. Der englische Geist empörte sich wohl gegen die nur zeitlich bedingten Formen der modernen Welt, nicht aber gegen jene ewigen Grenzen des Menschentums, die er in der Notwendigkeit sinnlicher Erfahrung zu sehen meinte. Erfahrung war für die englische Dichtung die einzige Quelle der Erkenntnis und Gestaltung: Von außen her, aus Natur und Geschichte strömt der Weltstoff in den Menschen ein und wird von ihm gestaltet und erkannt. Die Idee der unbedingten, absoluten Freiheit eines schöpferischen Geistes wurde nicht von England konzipiert.

Unter dem überwältigenden Eindruck der englischen Dichtung erwacht der junge Goethe zu sich selbst und faßt den Mut zu seiner eigenen, germanischen und deutschen Natur und einem Dichtertum, das nur aus innerster Notwendigkeit ohne Regel und Vorbild neue Welten gebiert.

Die englische Dichtung ist es, die ihn zum Kampfe gegen den französischen Klassizismus, gegen westliche Form und Regel, Vernunft und Konvention, für Leben, Freiheit, Leidenschaft, Natur entflammt. Die englische Dichtung entzündet in ihm jene Krankheit des Weltschmerzes, der die Quelle seines Werther wurde.

372 Wenn man nun aber diesen Weltschmerz Werthers mit dem englischen vergleicht, wird doch ein großer Unterschied ganz offenbar. Denn es ist hier nicht nur ein Schmerz um die Konventionen der Gesellschaft, welche die Liebe und alles überragende Menschentum ersticken, nicht nur ein Schmerz um die Zivilisation, in der Natur zugrunde geht, und um die Frage des europäischen Raumes, in der ein lebendiger Mensch nicht atmen kann, sondern hier geht es noch um etwas anderes: um die ewigen Grenzen nämlich, die dem Menschen als einem solchen gesetzt sind: die Grenzen der Erkenntnis, welche die Vernunft ihr setzt, die Grenzen der schöpferischen Kraft durch die Erfahrung, die Grenzen des Lebens durch die Notwendigkeit des Todes. Nicht zeitlich bedingte und noch zu heilende Unvollkommenheiten standen also hier in Frage, sondern das ewig unheilbare Wesen, der Bruch der Welt erregte hier den Weltschmerz, und darin liegt der Unterschied von dem empiristischen Geiste Englands. Es war der ganz spezifisch deutsche Ton, der hier erklang, die Sehnsucht nach der absoluten, unbedingten, unendlichen Freiheit.

Dies Erlebnis der Unheilbarkeit der Welt und diese Sehnsucht konnte ein Schmerz bleiben, der den Lebenswillen lähmt und sich bis zur Unmöglichkeit steigert, das Leben in solchen Grenzen überhaupt noch zu ertragen. So geschah es in Goethes Werther. Aber der Schmerz konnte sich auch in Empörung verwandeln, Empörung gegen den, der solche Grenzen setzte, gegen Gott, und die Empörung konnte zum heroischen, titanischen Versuche werden, die Grenzen zu zerbrechen, die Kraft des Menschen unendlich zu erhöhen, ihn allumfassend, allgenießend, allerkennend und allschaffend zu machen. Der Schmerz konnte zum Willen nach Menschvergottung, nach dem Übermenschen werden. Er blieb auch freilich dann noch Schmerz, eine Sehnsucht nämlich, die in keinem Augenblick, in keiner Gegenwart sich ganz erfüllen kann, ein unendlicher Weg. Es ist der Faust, der diesen Weg beschreitet und somit zum Symbol des deutschen Geistes wird, seines Schmerzes, seiner Sehnsucht nach dem Absoluten, seines Versuches, die Grenzen zu zersprengen, seines Heldentums, das selbst den Kampf gegen Gott aufnimmt und auf das ewige Seelenheil verzichtet, wenn nur das Ziel der unbedingten Entgrenzung erreicht wird.

Dieser faustisch-deutsche Drang wird fast gleichzeitig in der Philosophie des deutschen Idealismus zum Prinzip der deutschen Welterklärung. Diese Philosophie, geboren aus dem deutschen Freiheits- und Entgrenzungsdrang, beginnt ja mit dem Satz: Das Ich ist Schöpfer seiner Welt. Es schafft sich diese Welt und begrenzt sich selbst mit ihr nur darum, um ihren ewigen Widerstand zu besiegen, ihre Grenzen ewig zu zerbrechen und sich mit ihrer immer neuen Überwindung die absolute Freiheit immer wieder zu erkämpfen. Das war die philosophische Formel für den heroischen Freiheitsdrang des deutschen Geistes.

Werthers Schmerz und Fausts Empörung und Fichtes Idealismus strömten nun in das eine Meer zusammen, welches deutsche Romantik heißt, und in welchem sich das deutsche Wesen zu seinem umfassendsten und ungezwungensten Ausdruck sammelte. Denn hier handelte es sich ja um gar nichts anderes, als um die Entgrenzung des Geistes. Fassen wir doch noch einmal kurz zusammen, worum es ging. Das Gesetz der allgemeinen Vernunft wird jetzt als Schicksal angesehen, das lähmend auf der Freiheit lastet. Frei ist der Mensch nur, wenn er einzigartig, unwiederholbar, eine Individualität ist, die nur ihrem eigensten, einmaligen Gesetze folgt. Die Formen von Raum und Zeit sind dem romantischen Menschen unerträgliche Schranken, und er sucht jene Kräfte in sich zu entfalten und in Wirksamkeit zu setzen, welche von Raum und Zeit zu entbinden vermögen: die magischen, visionären, hellseherischen Kräfte, welche die Grenzen von Raum und Zeit überwinden. Die Idee einer kosmopolitisch einheitlichen Menschheit muß jetzt der Forderung nach Freiheit aller nationalen Eigentümlichkeit weichen. Das Leben soll sich seine Mannigfaltigkeit und Fülle, seine ewige Verwandlung und Entwicklung wahren.

Aber auch die in sich selbst geschlossene Form der einzelnen Individualität wird von der deutschen Romantik noch als schmerzliche Begrenzung empfunden, und sie will die Grenzen zwischen Mensch und Natur zerbrechen und aufgehen in die Unendlichkeit des einen Lebens, will die Grenzen zwischen Mensch und Mensch zerbrechen und aufgehen in die Einheit eines Volkes, will die Grenzen zwischen den Nationen zerbrechen, indem sie sich einfühlend und mitschwingend in das geistige Leben aller Völker versetzt und es durch Übersetzungen ihrer Literaturen in seiner eigenen Sprache umfaßt, will die Grenze zwischen den Zeiten zerbrechen, indem sie sich in die Geschichte versenkt und die Vergangenheit lebt und belebt, als wäre es ihre eigene Gegenwart. Sie will endlich die Grenze zwischen der diesseitigen und jenseitigen Welt überschreiten, sich abwärts in die ewige Nacht versenken und sich aufwärts zum ewigen Licht erheben. Das Christentum mit seiner Sehnsucht nach Erlösung und Entgrenzung, nach Befreiung von den Schranken der Welt und nach unendlicher Vergeistigung findet sich in der deutschen Romantik mit dem eingeborenen und eigensten Schmerz und Drang der deutschen Natur zusammen.

So bildet sich denn in Novalis und Friedrich Schlegel die Idee eines Europa, das die europäischen Völker nicht, wie es Frankreich wollte, durch die alles ausgleichende Vernunft, sondern durch das eine Band der christlichen Religion und die eine allumfassende Kirche wieder einigt.

Wo aber wird die deutsche Romantik die Entgrenzung des menschlichen Geistes am weitesten vorgerückt und verwirklicht finden? In dem Dichter natürlich, der sich seine eigene Welt buchstäblich schaffen kann. Freilich mußte das romantische Bild des Dichters ein anderes sein als das bei anderen Völkern und Zeiten. Der romantische Dichter kann das Gesetz der plastischen Form nicht anerkennen; denn Plastik ist Umgrenzung und Umschränkung. Das Ideal der Romantik heißt: Musik. Denn in Musik, dieser Sprache der reinen Seele, befreit sich der Mensch von jeder Forderung der Vernunft, und in Musik, dieser apriorischen, weltfreien, ganz expressiven Kunst, befreit er sich von allen Grenzen, welche sonst durch die Erfahrung, durch Materie und Stoff der äußeren Welt gesetzt sind. Die Sprache der deutschen Romantik verwandelt sich also in Musik, und Lyrik ist das eigentlich romantische Element, in das auch Drama und Roman getaucht sind. Wo sich aber die romantische Musik zu farbigem Bild verdichtet, auch da noch und gerade da ist die Befreiung von erfahrener Wirklichkeit und von Vernunft, diesen beiden Feinden des romantischen Geistes, hergestellt. Denn in der Welt, welche die romantische Dichtung sich erschafft, gilt nur ein einziges Gesetz, das Gesetz der freien Phantasie, welche nicht an die Formen der Erfahrung, die Formen von Raum und Zeit, und nicht an die Gesetze der Vernunft gebunden ist. Die so von Raum und Zeit und von der Vernunft entbundene Welt der romantischen Dichtung heißt: das Märchen und der Traum. In dieser Welt ist der Dichter freier, unbeschränkter Herr. Hier kann er mit der von ihm geschaffenen Welt so schalten wie ein Puppenspieler mit seinen Marionetten schalten kann, das heißt: er kann sie lenken, wie es ihm beliebt, und sie vernichten, wenn es ihm beliebt. Der romantische Dichter stellt ja sein Werk nicht aus sich selbst heraus und gibt ihm nicht ein von ihm selber abgelöstes, objektives Dasein, sondern trägt es in sich selbst und bleibt so immer Herr und Meister seiner Schöpfung. Diese absolute und unbedingte Freiheit des Dichters, diese Überlegenheit des dichtenden Geistes über die von ihm geschaffene Welt, das ist es, was man romantische Ironie genannt hat.

Aber die deutsche Romantik kann sich auch bei solcher dichterischen Freiheit noch nicht beruhigen, und sie will auch in der Welt der Wirklichkeit so frei sein, wie in der Dichtung. Sie will auch Welt und Wirklichkeit in Traum, Märchen, Dichtung verwandeln. Denn sie glaubt, daß die weltschaffenden Kräfte des Ich genau die gleichen Kräfte sind, welche auch den Traum und die Dichtung schaffen. Nur gilt es, sich dieser dunklen, unbewußten Kräfte zu bemeistern und die Welt als freier, schöpferischer Geist zu dichten, wie ein Dichter eben sein Gedicht. Das nannte Novalis magischen Idealismus, und wenn die Romantik alles in der Welt beseitigen wollte, was unpoetisch, alltäglich und prosaisch ist, so wollte sie damit den Traum in Welt, die Welt in dichterischen Traum verwandeln.

Wie ist nun dieser Befreiungsdrang der deutschen Romantik vom europäischen Standpunkt aus zu verstehen? Er nahm eine entgegengesetzte Richtung als diejenige war, welche die westliche Freiheitsbewegung, die Französische Revolution, der europäischen Geschichte geben wollte. Es war eine verschiedene Freiheitsidee, die sich hier und dort zur Auswirkung brachte. Es handelt sich mit einem Worte um den deutschen Versuch, jene Werte gerade zu erretten und zu bewahren, welche in der modernen Zeit unterzugehen drohten, jene irrationalen Werte, welche der Weltvernünftigung sich widersetzten.

Dieses Bedürfnis war sicherlich in ganz Europa um die Wende der Jahrhunderte vorhanden, denn wie hätte sonst die deutsche Romantik ihre gewaltige Wirkung in Europa haben können. Es war auch in Frankreich vorhanden, wo die Enttäuschung über den Ausgang der Revolution den Zweifel an der Wahrheit ihrer Ideen erweckte, und eine Leere eingetreten war, welche nach Ausfüllung durch neue Ideale verlangte. Aber jetzt war der deutsche Augenblick gekommen, weil diese europäische Sehnsucht nach anderen Idealen als denen des Rationalismus gerade von der deutschen Traumkraft zu erfüllen war.

8

BIEDERMEIERLICHER NACHIDEALISMUS

EINES NUR IST GLÜCK HIENIEDEN,
EINS: DES INNERN STILLER FRIEDEN
UND DIE SCHULDBEFREITE BRUST!
UND DIE GRÖSSE IST GEFÄHRLICH
UND DER RUHM EIN LEERES SPIEL ...

FRANZ GRILLPARZER

FRANZ GRILLPARZER
Gedanken über die Poesie

(1821.)

Die Poesie ist wie der Nichtnebel im Schwert des Orions. Ein ungeheures Lichtmeer läßt dort den Mittelpunkt des Sonnensystems ahnen, aber beweisen kann man nichts.

(1821.)

Was die Lebendigkeit der Natur erreicht, und doch durch die begleitenden Ideen sich über die Natur hinaus erhebt, das u n d a u c h n u r d a s ist Poesie.

(1836.)

Poesie ist die Verkörperung des Geistes, die Vergeistigung des Körpers, die Empfindung des Verstandes und das Denken des Gefühls.

(1836.)

Nichts ist abgeschmackter, als von schönen Wissenschaften zu sprechen. Die Poesie ist eine bildende Kunst, wie die Malerei.

(1853.)

Die Wissenschaft und Kunst (Poesie) unterscheiden sich darin, daß die Wissenschaft die Erscheinung auf das Wesen oder den Grund zurückführt und dadurch die Erscheinung als solche aufhebt, die Poesie dagegen läßt die Erscheinung als solche bestehen und rechtfertigt sie nur dadurch, daß sie sie auf eine tiefer liegende Grunderscheinung bezieht, die, ohne weitere Beglaubigung, durch ihr Vorkommen in allen Menschen sich als eine der Grundlagen der menschlichen Natur im a l l g e m e i n e n ausweist. Omni autem in re consensio omnium gentium lex naturae putanda est. (Cicero Tuscu. I. 13.)

(1833.)

Die Enunziationen und Eindrücke des Lebens in ihrer Fülle sind der Gegenstand der Poesie. Alles, was den Menschen im Gefühl einer Realität über sich selbst, d. h. über seinen gewöhnlichen Zustand erhebt, hat ihn begeistert, und diese Begeisterung

378 ist die Poesie. Jede Realität nimmt daran teil. Die Vorstellung oder Darstellung einer Idee erweckt das Gefühl des Ähnlichen im Menschen, bringt ihn für länger oder kürzer seinem Ursprunge, dem Urbilde der Menschheit näher, macht ihn sich wesenhaft fühlen, und der Genuß dieser Wesenhaftigkeit ist die Poesie. Die moralische Kraft gehört auch in den Kreis der Poesie, aber nicht mehr, als jede andere Kraft, und nur insofern sie Kraft, Realität ist; als Negation, als Schranke liegt sie außer der Poesie: und gerade um die Lebensgeister von den ewigen Nörgeleien dieser lästigen Hofmeisterin etwas zu erfrischen, dem inneren Menschen neue Spannkraft zu geben, flüchtet man von Zeit zu Zeit aus der Werkstube des Geistes in seinen Blumengarten.

(1836.)

Jedes Streben ist prosaisch, das einer Realität nachgeht. Kants Definition wird ewig wahr bleiben: Schön ist dasjenige, was ohne Interesse gefällt. Aller Poesie liegt die Idee einer höheren Weltordnung zugrunde, die sich aber vom Verstande nie im ganzen auffassen, daher nie realisieren läßt, und von welcher nur dem Gefühl vergönnt ist, dem Gleichverborgenen in der Menschenbrust, je und dann einen Teil ahnend zu erfassen. Zweckmäßigkeit ohne Zweck hat es Kant ausgedrückt, tiefer schauend, als vor ihm und nach ihm irgend ein Philosoph.

Das Symbolische der Poesie besteht darin, daß sie nicht die Wahrheit an die Spitze ihres Beginnens stellt, sondern, bildlich in allem, ein B i l d der Wahrheit, eine Inkarnation derselben, die Art und Weise, wie sich das Licht des Geistes in den halbdunklen Modium des Gemütes färbt und bricht.

(1836—1838.)

Wissenschaft und Kunst oder, wenn man will: Poesie und Prosa, unterscheiden sich voneinander, wie eine Reise und eine Spazierfahrt. Der Zweck der Reise liegt im Ziel, der Zweck der Spazierfahrt im Weg.

Die prosaische Wahrheit ist die Wahrheit des Verstandes, des Denkens. Die poetische ist dieselbe Wahrheit, aber in dem Kleide, der Form, der Gestalt, die sie im Gemüte annimmt. Man hat die poetische Wahrheit auch die subjektive genannt. Unrichtig! denn die Grundlage ist ebenso objektiv, als die andere, denn alle Wahrheit ist objektiv. Aber die Gestalt, das Bild, die Erscheinung ist aus dem Subjekt genommen. Man würde sie am besten die symbolische Wahrheit nennen. Warum nimmt denn aber die Wahrheit Gestalt? Weil alle Kunst auf Gestaltung, Formgebung, Bildung beruht und die nackte Wahrheit ihr Reich ohnehin in der — Prosa hat.

(1849.)

Die Gewalt des bildlichen, also uneigentlichen Ausdrucks in der Poesie kommt daher, daß wir bei dem eigentlichen Ausdruck schon längst gewohnt sind, nichts mehr zu denken oder vorzustellen. Das Bild und, weiter fortgesetzt, das Gleichnis nötigt uns aber aus dieser stumpfen Gewohnheit heraus, und die unentsprechende Bezeichnung wirkt stärker als die völlig gemäße.

(1838.)

Das, was aller Poesie zugrunde liegt, womit sie anfängt, ist etwas, was dem geistigen Wissen gar nicht zur Ehre gereicht. Sie fängt nämlich an mit dem Bilde, dem Gleichnis. Worin liegt es denn nun, daß das poetische Bild, der Tropus, das Gleichnis, einen Eindruck macht, den die zugrunde liegende Wahrheit ewig nimmer machen würde? — Darin — worüber sich eben die Metaphysik die Haare ausraufen sollte — daß ein wirklich existierendes Staubkörnchen mehr Überzeugung mit sich führt, als all die erhabenen Ideen, die unserer geistigen Bildung zugrunde liegen sollen, oder wirklich liegen.

Die ganze Poesie ist nur ein Gleichnis, eine Figur, ein Tropus des Unendlichen.

Der Geist der Poesie ist zusammengesetzt aus dem Tiefsinn des Philosophen und der Freude des Kindes an bunten Bildern.

(1822.)

Poesie und Prosa sind voneinander unterschieden wie Essen und Trinken. Man muß vom Wein nicht fordern, daß er auch den Hunger stillen soll, und wer, um das zu erreichen, ekelhaft Brot in seinen Wein brockt, mag das Schweinefutter selbst ausfressen.

(1822.)

Nicht die Ideen machen den eigentlichen Reiz der Poesie aus; der Philosoph hat deren vielleicht höhere; aber daß die kalte D e n k b a r k e i t dieser Ideen in der Poesie eine W i r k l i c h k e i t erhält, das setzt uns ins Entzücken. D i e K ö r p e r l i c h k e i t der Poesie macht sie zu dem, was sie ist, und wer sie, wie die Neueren, zu sehr vergeistigt, hebt sie auf. — Hierher gehört der Reiz des Bildes, der Metapher, der Vergleichung, und warum z. B. eine Fabel mehr überzeugt, als der ihr zugrunde liegende moralische Satz.

(1843.)

Jede poetische Figur enthält eine contradictio in adjecto zum deutlichen Beweis, daß die Logik nicht die Richterin der Kunst ist.

FRANZ GRILLPARZER
Über das Drama

Das Wesen des Drama ist, da es etwas Gedichtetes als wirklich geschehend anschaulich machen soll, strenge Kausalität. Im Lauf der wirklichen Welt bescheiden wir uns gern, daß manches vorkommen könne, was sich für uns in die stetige Kette von Ursache und Wirkung nicht fügt, weil wir einen unfaßlichen Urheber des Ganzen anzunehmen genötigt sind und immer hoffen können, daß das, was für unsere Beschränktheit unzusammenhängend ist, in ihm einen uns unbegreiflichen Zusammenhang habe: Im Gedicht aber kennen wir den Urheber der Begebenheiten und ihrer Verknüpfung und wissen in ihm einen dem unsern ähnlichen Verstand, daher sind wir auch wohl berechtigt, anzunehmen, was in seiner Schöpfung für unsere und überhaupt für die menschlich-endliche Denkkraft nicht zusammenhänge, habe überhaupt keinen Zusammenhang und gehöre daher in die Klasse der leeren Erdichtungen, die der Verstand, von dessen formaler Leitung sich auch die schaffende Phantasie, wie jedes innere Vermögen, nicht losmachen kann, unbedingt verwirft, oder die wenigstens die beim Drama beabsichtigte Annäherung an das Wirkliche ganz ausschließt.

Das Kausalitätsband ist nun, den Begriff der Freiheit vorausgesetzt, seiner Möglichkeit nach ein doppeltes: Nach dem Gesetze der Notwendigkeit, d. i. der Natur, und nach dem Gesetze der Freiheit. Unter dem Notwendigen wird hier alles dasjenige verstanden, was, unabhängig von der Willensbestimmung des Menschen, in der Natur oder durch andere seinesgleichen geschieht, und was, durch die unbezweifelte Einwirkung auf die unteren, unwillkürlichen Triebfedern seiner Handlungen, die Äußerungen seiner Tätigkeit zwar nicht nötigend, aber doch anregend bestimmt. Die Einwirkung dieser äußeren Triebfedern ist bekanntlich so stark, daß sie bei Menschen von heftigen, durch verkehrte Erziehung und unglückliches Temperament genährten Neigungen oft alle Tätigkeit der Freiheit aufzuheben scheint, und selbst die Besten unter uns sind sich bewußt, wie oft sie dadurch zum Schlimmen fortgerissen wurden, und wie diese Triebfedern einen Grad von extensiver und intensiver Größe erreichen können, wo fast nur ein halbes Wunder möglich machen kann, ihnen zu entgehen. Das nun, was außer unserem Willenskreise, unabhängig von uns, also notwendig vorgeht und, ohne daß wir es nach Willkür bestimmen könnten, auf uns bestimmend (nicht nötigend) einwirkt, nennen wir, im Zusammenhange und unter dem für die ganze Natur geltenden Kausalitätsgesetze als Ursache und Wirkung stehend gedacht, V e r h ä n g n i s, und insofern wir einen Verstand voraussetzen, der, ohne Einwirkung auf die Verhängnisse, das Verhängnis denkt und, außer der Beschränkung von Raum und Zeit, von vorher und nachher erkennt, S c h i c k s a l (Fatum). Das Schicksal ist nichts, als eine Vorhersehung ohne Vorsicht, eine p a s s i v e Vorsehung möchte ich sie nennen, entgegengesetzt der aktiven, die als die Naturgesetze zu Gunsten des Freiheitsgesetzes modifizierend gedacht wird.

Im Trauerspiel nun wird entweder der Freiheit über die Notwendigkeit der Sieg verschafft, oder umgekehrt. Die Neueren halten das erstere für das allein Zulässige, worüber ich aber ganz der entgegengesetzten Meinung bin. Die Erhebung des Geistes, die aus dem Siege der Freiheit entspringen soll, hat durchaus nichts mit dem Wesen des **Tragischen** gemein und schließt nebstdem das Trauerspiel scharf ab, ohne jenes weitere Fortspielen im Gemüte des Zuschauers zu begünstigen, das eben die eigentliche Wirkung der wahren Tragödie ausmacht. Das Tragische, das Aristoteles nur etwas steif mit Erweckung von Furcht und Mitleid bezeichnet, liegt darin, daß der Mensch das Richtige des Irdischen erkennt, die Gefahren sieht, welchen der Beste ausgesetzt ist und oft unterliegt; daß er, für sich selbst fest das Rechte und Wahre hütend, den strauchelnden Mitmenschen bedauere, den Fallenden nicht aufhöre zu lieben, wenn er ihn gleich straft, weil jede Störung des ewigen Rechts vernichtet werden muß. Menschenliebe, Duldsamkeit, Selbsterkenntnis, **Reinigung der Leidenschaften durch Mitleid und Furcht** wird eine solche Tragödie bewirken. Das Stück wird nach dem Fallen des Vorhangs fortspielen im Inneren des Menschen, und die Verherrlichung des Rechts, die Schlegel in derber Anschaulichkeit auf den Brettern und in den Lumpen der Bühne sehen will, wird glänzend sich herabsenken auf die stillzitternden Kreise des aufgeregten Gemüts.

Es ist ein Schicksal, das den Gerechten hienieden fallen läßt und den Ungerechten siegen, das „unvergoltene" Wunden schlägt, **hier** unvergolten. Laßt euch von der Geschichte belehren, daß es eine moralische Weltordnung gibt, die im Geschlechte ausgleicht, was stört in den Individuen; laßt euch von der Philosophie und Religion sagen, daß es ein **Jenseits** gibt, wo auch das Rechttun des **Individuums** seine Vollendung und Verherrlichung findet. Mit diesen Vorkenntnissen und Gefühlen tretet vor unsere Bühne, und ihr werdet verstehen, was wir wollen. **Die wahre Darstellung hat keinen didaktischen Zweck**, sagt irgendwo Goethe, und wer ein Künstler ist, wird ihm beifallen. Das Theater ist kein Korrektionshaus für Spitzbuben und keine Trivialschule für Unmündige. Wenn ihr mit den ewigen Begriffen des Rechts und der Tugend vor unsere Bühne tretet, so wird euch das zerschmetternde Schicksal ebenso erheben, wie es die Griechen erhob; denn der Mensch bleibt Mensch „im Filzhut und im Jamerlonk", und was einmal wahr gewesen, muß es ewig sein und bleiben.

Zudem tun diejenigen, die das Heilige durch die Kunst verherrlichen wollen, weder der Kunst noch dem Heiligen einen Gefallen; denn das Heilige, das der Phantasie bedarf, um ins Herz zu kommen, ist ein erlogenes, und das Kunstgefühl, das, um aufgeregt zu werden, einen Gegenstand braucht, der das hat, was Kant Interesse nennt, ermangelt des Schönheitssinnes.

382 EDUARD MÖRIKE
   Gesang Weylas

   Du bist Orplid, mein Land!
   Das ferne leuchtet;
   Vom Meere dampfet dein besonnter Strand
   Den Nebel, so der Götter Wange feuchtet.

   Uralte Wasser steigen
   Verjüngt um deine Hüften, Kind!
   Vor deiner Gottheit beugen
   Sich Könige, die deine Wärter sind.

EDUARD MÖRIKE
Um Mitternacht

   Gelassen stieg die Nacht ans Land,
   Lehnt träumend an der Berge Wand,
   Ihr Auge sieht die goldne Waage nun
   Der Zeit in gleichen Schalen stille ruhn;
   Und kecker rauschen die Quellen hervor,
   Sie singen der Mutter, der Nacht, ins Ohr
   Vom Tage,
   Vom heute gewesenen Tage.

   Das uralt alte Schlummerlied,
   Sie achtet's nicht, sie ist es müd;
   Ihr klingt des Himmels Bläue süßer noch,
   Der flücht'gen Stunden gleichgeschwungenes Joch.
   Doch immer behalten die Quellen das Wort,
   Es singen die Wasser im Schlafe noch fort
   Vom Tage,
   Vom heute gewesenen Tage.

EDUARD MÖRIKE
Früh im Wagen

Es graut vom Morgenreif
In Dämmerung das Feld,
Da schon ein blasser Streif
Den fernen Ost erhellt.

Man sieht im Lichte bald
Den Morgenstern vergehn
Und doch am Fichtenwald
Den vollen Mond noch stehn:

So ist mein scheuer Blick,
Den schon die Ferne drängt,
Noch in das Schmerzensglück
Der Abschiedsnacht versenkt.

Dein blaues Auge steht,
Ein dunkler See, vor mir,
Dein Kuß, dein Hauch umweht,
Dein Flüstern mich noch hier.

An deinem Hals begräbt
Sich weinend mein Gesicht,
Und Purpurschwärze webt
Mir vor dem Auge dicht.

Die Sonne kommt; — sie scheucht
Den Traum hinweg im Nu,
Und von den Bergen streicht
Ein Schauer auf mich zu.

ALBRECHT GOES
Früh im Wagen, von Mörike

Es ist nicht nötig, von der Person des Dichters etwas zu wissen, um ein Gedicht zu verstehen: Verfassernamen stören zuweilen, und das eine und andere Mal könnte es sich ziemen, sie zu vergessen. Der Knabe Carossa konnte nicht begreifen, was „spaßige Wörter wie Klopstock, Mörike oder Kopisch, die im poetischen Hausschatz unter den Gedichten zu lesen waren, mit der innigen Musik der Verse zu tun haben sollten", man erinnert sich an die ergötzlichen Schilderungen aus den „Verwandlungen einer Jugend". Gedichte sind mehr als ihre Dichter: das ist ihr Geheimnis, ihre Legitimation. Auch die Umkehrung dieses Satzes, die Versicherung: Dichter sind mehr als ihre Gedichte – gibt einen Sinn; das Phänomen Goethe zum Beispiel geht weder in die brausenden Hymnen der Frühe noch in die sublimen Gebilde des „Divan" hinein ohne Rest; Überfluß ist im einen wie im anderen Fall der Name des Gesetzes, das hier regiert.

Worauf es ankommt, ist dies: daß wir einen dichterischen Text um seiner selbst willen lesen und ihn fürs erste und zweite in sich selbst genug sein lassen. Biographische Erfahrungen stehen auf einem anderen Blatt, und das Wissen um die Entstehungszeit eines Gedichts trägt lange nicht immer etwas Ersprießliches bei zu seinem Verständnis. Gerade bei Mörike gibt es ja — ein wenig vereinfacht gesagt — kaum eine Entwicklung. Der Einundzwanzigjährige schrieb das Gedicht „An einem Wintermorgen, vor Sonnenaufgang". Wer es kennt, wird sich in Wahrheit fragen, wohin eigentlich von diesem Gedicht, einem vollkommenen Gedicht, noch eine Entwicklung zielen könnte. Unser Gedicht „Früh im Wagen" gehört nicht zu diesen Gedichten des Anfangs, sondern in die Mitte von Mörikes Leben und damit bei dem so früh Verstummten schon fast an das Ende seiner Schaffenszeit. Doch bedeuten derlei Daten nicht viel. Das Wahre, Wirkliche, das Gültige ist ohnehin immer wie außer der Zeit.

„Früh im Wagen" ist keines von den bekanntesten unter Mörikes Gedichten, auch ist es — man mache die Probe aufs Exempel — nicht eben leicht auswendig zu lernen. Ein Gebilde der Grenze ist es, und das in mehr als einem Betracht. Es wohnt an jener Grenze des halbbewußten Lebens, von der eine scharfsichtige Bemerkung des Novalis spricht: „Wir sind dem Erwachen nah, wenn wir träumen, daß wir träumen." Die Stunde dieses Gedichts ist die Stunde vor Tag, die fröstelnd frühe, eine Stunde, in der sich der Dichter Mörike — man kann so sagen — sonderlich zu Hause gewußt hat: immer wieder ist er im Gedicht zu ihr zurückgekehrt. Es ist dies nicht die romantische Stunde, nicht Eichendorffs Abend, nicht die Stunde der tiefen Träume: die Dämmerung, von der eingangs die Rede ist, hat nichts zu tun mit der Dämmerung aus dem „Abendlied" des Matthias Claudius. Hier ist nichts „so traulich und so hold": Wipfel an Wipfel in scharfer Kontur geschnitten und gezackt — so ragt der Fichtenwald in dieses vier Uhr, fünf Uhr früh. Beide, der volle Mond und der Morgenstern, der verblassende, erscheinen, jeder ein einzeln Einziger, unverwechselbar und streng. Im Doppelreim dann sind sie einander gesellt: dieser Morgen mit seinem ersten Licht und der immerwährende Wald, „... im Lichte bald, ... am Fichtenwald" — und dieser Doppelreim — den Mörike sonst kaum einmal verwendete — prägt eine fast beängstigende Überdeutlichkeit ins Bewußtsein, jene Überdeutlichkeit des Außen, die sich selbst versteht als Gleichnis für ein Innen, das schmerzhaft scharf gesehen und erfahren wird: „So ist mein scheuer Blick" —. Was nun diesen Innenraum angeht, so erscheint zunächst ein Signet, ein Begriff, und zwar ein für Mörikes Jahrhundert ganz ungewöhnlicher, wir möchten sagen, ein moderner Begriff, ein gefährlich-gefährdeter, ein Zwielichtbegriff, es erscheint das Wort Schmerzensglück. Aber dann öffnet sich der Vorhang, und aus dem dunklen Gehäuse der Erinnerung, aus den Erfüllungen der jüngst vergangenen Vergangenheit, aus der unwiderruflichen, der Abschiedsnacht steigt Bild um Bild. Alle Sinne leben, leben, wie man in solcher Stunde lebt, bang und überwach. Gesicht, Gefühl und Gehör, eins dem andern zu Hilfe eilend, eins das andere steigernd — bis zur deutlich getasteten Wirklichkeit steigernd, und nichts ist für Mörikes Dichtung so bezeichnend wie diese Genauigkeit gerade auch der sinnlichen Wahrnehmung. Er ist alles andere als leibarm, leibfern, leibfeindlich. Leiblichkeit: sie ist — nach einem tiefen Wort des schwäbischen Mystikers Oetinger — „das Ende der Wege Gottes",

sie ist auch das Ende der Wege des Dichters, und so endet es denn: „An deinem
Hals begräbt / Sich weinend mein Gesicht / und Purpurschwärze webt..." — Purpurschwärze: in diesem Wort ist die geheimnisvolle Chiffre Schmerzensglück noch
einmal aufgenommen. Purpurschwärze: sieht man das? O ja. Aber eben dort, wo
Mörike es sieht: „Vor dem Auge dicht" — dort nämlich, wo äußere und innere Sicht
nicht mehr zu unterscheiden sind.

„Die Sonne kommt": das könnte bei Goethe stehen, und es steht auch bei Goethe,
wortwörtlich, im „Divan" nämlich ... aber so, wie es hier steht, erscheint es ganz
eigen, und ganz anders als in Goethes Vers. Nicht Helios erscheint, nicht das flammenhufige Gespann. „Die Sonne kommt" — das ist hier fast der Feind, der sich
naht. Der Traum, das Schmerzensglück, die geliebte, in Schrecken geliebte Welt entschwebt, sie löst sich, wie Nebel sich lösen, und was das Feld behält, das ist der
Schauer.

„Und von den Bergen streicht / Ein Schauer auf mich zu." Ein Schauer: das ist nicht
Kontur, nicht Fichtenwald und Morgenstern, nicht blaues Aug' und dunkler See.
Ein Schauer, das ist das Es, das mysterium tremendum. Man versteht, wenn man
dieser Strophe nachhorcht, warum Mörike eine Musik wie Mozarts „Don Giovanni" so über alles geliebt hat: der unermeßliche Ernst, der gerade dort, wo wir uns
seiner nicht versehen, eintritt und die Szene bestimmt, er ist bei Mörike wie bei
Mozart der nämliche Ernst. Um noch einer Einzelheit nachzugehen, die freilich,
recht verstanden, keine Einzelheit ist, sondern die Tinktur des ganzen Gedichts bestimmt: es ist merkwürdig, wie wenig in diesem Gedicht Jahreszeit ist, eindeutig
fühlbare, und wie auch die Landschaft, die sonst in Mörikes Gedicht meist Schwaben, Franken, Land Hohenlohe heißt und anders nicht, diesmal nur wie durch den
Tränenschleier hindurch gesehen ist, Seelenlandschaft — wobei sie freilich nicht das
geringste einbüßt an Unmittelbarkeit, an Inständigkeit, an Natur.

„Große Dichtung: ist sie nur die höchste Leistung menschlichen Vermögens oder ist
sie eine Stimme von jenseits des Menschen?" So läßt Thornton Wilder in den „Iden
des März" seinen Cäsar fragen, und ein Gedicht wie Mörikes „Früh im Wagen"
rechtfertigt die Cäsarfrage wieder und wieder. Wir werden gut daran tun, sie als
Frage stehen zu lassen und den Schauer nicht deuten zu wollen, der von der Bergwelt des schöpferischen Geistes niederstreicht in die Bezirke gelebten Lebens, in
ihre Süße, in ihren Ernst, in ihre flüchtige, zitternde Herrlichkeit.

EDUARD MÖRIKE
Verborgenheit

Laß, o Welt, o laß mich sein!
Locket nicht mit Liebesgaben!
Laßt dies Herz alleine haben
Seine Wonne, seine Pein!

Was ich traure, weiß ich nicht:
Es ist unbekanntes Wehe;
Immerdar durch Tränen sehe
Ich der Sonne liebes Licht.

Oft bin ich mir kaum bewußt,
Und die helle Freude zücket
Durch die Schwere, so mich drücket
Wonniglich in meiner Brust.

Laß, o Welt, o laß mich sein!
Locket nicht mit Liebesgaben!
Laßt dies Herz alleine haben
Seine Wonne, seine Pein!

ADALBERT STIFTER
Über Großes und Kleines

Es ist einmal gegen mich bemerkt worden, daß ich nur das Kleine bilde, und daß meine Menschen stets gewöhnliche Menschen seien. Wenn das wahr ist, bin ich heute in der Lage, den Lesern ein noch Kleineres und Unbedeutenderes anzubieten, nämlich allerlei Spielereien für junge Herzen. Es soll sogar in denselben nicht einmal Tugend und Sitte gepredigt werden, wie es gebräuchlich ist, sondern sie sollen nur durch das wirken, was sie sind. Wenn etwas Edles und Gutes in mir ist, wird es von selber in meinen Schriften liegen, wenn aber dasselbe nicht in meinem Gemüte ist, so werde ich mich vergeblich bemühen, Hohes und Schönes darzustellen, es wird doch immer das Niedrige und Unedle durchscheinen. Großes oder Kleines zu bilden, hatte ich bei meinen Schriften überhaupt nie im Sinne, ich wurde von ganz anderen Gesetzen geleitet. Die Kunst ist mir ein so Hohes und Erhabenes, sie ist mir, wie ich schon einmal an einem anderen Orte gesagt habe, nach der Religion das Höchste auf Erden, so daß ich meine Schriften nie für Dichtungen gehalten habe, noch mich je vermessen werde, sie für Dichtungen zu halten. Dichter gibt es sehr wenige auf der Welt, sie sind die hohen Priester, sie sind die Wohltäter des menschlichen Geschlechtes; falsche Propheten aber gibt es sehr viele. Allein, wenn auch nicht jede gesprochenen Worte Dichtung sein können, so können sie doch etwas anderes sein, dem nicht alle Berechtigung des Daseins abgeht. Gleichgestimmten Freunden eine vergnügte Stunde zu machen, ihnen allen bekannten wie unbekannten einen Gruß zu schicken, und ein Körnlein Gutes zu dem Baue des Ewigen beizutragen, das war die Absicht bei meinen Schriften und wird auch die Absicht bleiben. Ich wäre sehr glücklich, wenn ich mit Gewißheit wüßte, daß ich nur diese Absicht erreicht hätte. Weil wir aber schon einmal von dem Großen und Kleinen reden, so will ich meine Ansichten darlegen, die wahrscheinlich von denen vieler anderer Menschen abweichen. Das Wehen der Luft, das Rieseln des Wassers, das Wachsen der Getreide, das Wogen des Meeres, das Grünen der Erde, das Glänzen des Himmels, das Schimmern der Gestirne halte ich für so groß; das prächtig einherziehende Gewitter, den Blitz, welcher Häuser spaltet, den Sturm, der die Brandung treibt, den feuerspeienden Berg, das Erdbeben, welches Länder verschüttet, halte ich nicht für größer, als obige Erscheinungen, ja ich halte sie für kleiner, weil sie nur Wirkungen viel höherer Gesetze sind. Sie kommen auf einzelnen Stellen vor und sind die Ergebnisse einseitiger Ursachen. Die Kraft, welche die Milch im Töpfchen der armen Frau emporschnellen und übergehen macht, ist es auch, die die Lava in dem feuerspeienden Berge emportreibt und auf den Flächen der Berge hinabgleiten läßt. Nur augenfälliger sind diese Erscheinungen und reißen den Blick des Unkundigen und Unaufmerksamen mehr an sich, während der Geisteszug des Forschers vorzüglich auf das Ganze und Allgemeine geht und nur in ihm allein Großartigkeit zu erkennen vermag, weil es allein das Welterhaltende ist. Die Einzelheiten gehen vorüber, und ihre Wirkungen sind nach kurzem kaum noch erkennbar. Wir wollen das Gesagte durch ein Beispiel erläutern. Wenn ein Mann durch Jahre hindurch die Magnetnadel, deren eine Spitze immer nach Norden weist, tagtäglich zu festgesetzten Stunden beobachtete und sich die Veränderungen, wie die Nadel bald mehr bald weniger klar nach Norden zeigt, in einem Buche aufschriebe, so würde gewiß ein Unkundiger dieses Beginnen für ein kleines und für Spielerei ansehen: aber wie ehrfurchterregend wird dieses Kleine und wie begeisterungserweckend diese Spielerei, wenn wir nun erfahren, daß diese Beobachtungen wirklich auf dem ganzen Erdboden angestellt werden, und daß aus den daraus zusammengestellten Tafeln ersichtlich wird, daß manche kleine Veränderungen an der Magnetnadel oft auf allen Punkten der Erde gleichzeitig und in gleichem Maße vor sich gehen, daß also ein magnetisches Gewitter über die ganze Erde geht, daß die ganze Erdoberfläche gleichzeitig gleichsam ein magnetisches Schauern empfindet. Wenn wir, so wie wir für das Licht die Augen haben, auch für die Elektrizität und den aus ihr kommenden Magnetismus ein Sinneswerkzeug hätten, welche große Welt, welche Fülle von unermeßlichen Erscheinungen würde uns da aufgetan sein. Wenn wir aber auch dieses leibliche Auge nicht haben, so haben wir dafür das geistige der Wissenschaft, und diese lehrt uns, daß die elektrische und magnetische Kraft auf einem ungeheuren Schauplatze wirke, daß sie auf der ganzen Erde und durch den ganzen Himmel verbreitet sei, und daß sie alles umfließe und sanft und unablässig verändernd, bildend und lebenerzeugend sich darstelle. Der Blitz ist nur ein ganz kleines Merkmal dieser Kraft, sie selber aber ist ein Großes in der Natur. Weil aber die Wissenschaft nur Körnchen nach Körnchen erringt, nur Beobachtung nach Beobachtung macht, nur aus Einzelnem das Allgemeine zusammenträgt, und weil endlich die Menge der Erscheinungen und das Feld des Gegebenen unendlich groß ist, Gott also die Freude und die Glückseligkeit des Forschens unversieglich gemacht hat, wir auch in unseren Werkstätten immer nur das Einzelne darstellen können, nie das Allgemeine, denn dies wäre die Schöpfung: so ist auch die Geschichte des in der Natur Großen in einer immerwährenden Umwandlung der Ansichten über dieses Große bestanden. Da die Menschen in der Kindheit waren, ihr geistiges Auge von der Wissenschaft noch nicht berührt war, wurden sie von dem Nahestehenden und Auffälligen ergriffen und zur Furcht und Bewunderung hingerissen; aber als ihr Sinn geöffnet wurde, da der Blick sich auf den Zusammenhang zu richten begann, so sanken die einzelnen Erscheinungen immer tiefer, und es erhob sich das Gesetz immer höher, die Wunderbarkeiten hörten auf, das Wunder nahm zu.

So wie es in der äußeren Natur ist, so ist es auch in der innern, in der des menschlichen Geschlechtes. Ein ganzes Leben voll Gerechtigkeit, Einfachheit, Bezwingung seiner selbst, Verstandesgemäßheit, Wirksamkeit in seinem Kreise, Bewunderung des Schönen, verbunden mit einem heiteren gelassenen Sterben, halte ich für groß: mächtige Bewegungen des Gemütes, furchtbar einherrollenden Zorn, die Begier nach Rache, den entzündeten Geist, der nach Tätigkeit strebt, umreißt, ändert, zerstört und in der Erregung oft das eigene Leben hinwirft, halte ich nicht für größer, sondern für kleiner, da diese Dinge so gut nur Hervorbringungen einzelner und einseitiger Kräfte sind, wie Stürme, feuerspeiende Berge, Erdbeben. Wir wollen das sanfte Gesetz zu erblicken suchen, wodurch das menschliche Geschlecht geleitet wird. Es gibt Kräfte, die nach dem Bestehen des einzelnen zielen. Sie nehmen alles und verwenden es, was zum Bestehen und zum Entwickeln desselben notwendig ist. Sie sichern den Bestand des Einen und dadurch den aller. Wenn aber jemand jedes Ding unbedingt an sich reißt, was sein Wesen braucht, wenn er die Bedingungen des Daseins eines andern zerstört, so ergrimmt etwas Höheres in uns, wir helfen dem Schwachen und Unterdrückten, wir stellen den Stand wieder her, daß er ein Mensch neben dem andern bestehe und seine menschliche Bahn gehen könne, und wenn wir das getan haben, so fühlen wir uns befriedigt, wir fühlen uns noch viel höher und inniger, als wir uns als Einzelne fühlen, wir fühlen uns als ganze Menschheit. Es gibt daher Kräfte, die nach dem Bestehen der gesamten Menschheit hinwirken, die durch die Einzelkräfte nicht beschränkt werden dürfen, ja im Gegenteile beschränkend auf sie selber einwirken. Es ist das Gesetz dieser Kräfte, das Gesetz der Gerechtigkeit, das Gesetz der Sitte, das Gesetz, das will, daß jeder geachtet, geehrt, ungefährdet neben dem anderen bestehe, daß er seine höhere menschliche Laufbahn gehen könne, sich Liebe und Bewunderung seiner Mitmenschen erwerbe, daß er als Kleinod gehütet werde, wie jeder Mensch ein Kleinod für alle anderen Menschen ist. Dieses Gesetz liegt überall, wo Menschen neben Menschen wohnen, und es zeigt sich, wenn Menschen gegen Menschen wirken. Es liegt in der Liebe der Ehegatten zueinander, in der Liebe der Eltern zu den Kindern, der Kinder zu den Eltern, in der Liebe der Geschwister, der Freunde zueinander, in der süßen Neigung beider Geschlechter, in der Arbeitsamkeit, wodurch wir erhalten werden, in der Tätigkeit, wodurch man für seinen Kreis, für die Ferne, für die Menschheit wirkt, und endlich in der Ordnung und Gestalt, womit ganze Gesellschaften und Staaten ihr Dasein umgeben und zum Abschlusse bringen. Darum haben alte und neue Dichter vielfach diese Gegenstände benützt, um ihre Dichtungen dem Mitgefühl naher und ferner Geschlechter anheim zu geben. Darum sieht der Menschenforscher, wohin er seinen Fuß setzt, überall nur dieses Gesetz allein, weil es das einzige Allgemeine, das einzige Erhaltende und nie Endende ist. Er sieht es ebenso gut in der niedersten Hütte wie in dem höchsten Palaste, er sieht es in der Hingabe eines armen Weibes und in der ruhigen Todesverachtung des Helden für das Vaterland und die Menschheit. Es hat Bewegungen in dem menschlichen Geschlechte gegeben, wodurch den Gemütern eine Richtung nach einem Ziele hin eingeprägt worden ist, wodurch ganze Zeiträume auf die Dauer eine andere Gestalt gewonnen haben. Wenn in diesen Bewegungen das Gesetz der Gerechtigkeit und Sitte erkennbar ist, wenn sie von demselben eingeleitet und fortgeführt worden sind, so fühlen wir uns in der ganzen Menschheit erhoben, wir fühlen uns menschlich verallgemeinert, wir empfinden das Erhabene, wie es sich überall in die Seele senkt, wo durch unmeßbar große Kräfte in der Zeit oder im Raume auf ein gestaltvolles vernunftgemäßes Ganzes zusammen gewirkt wird. Wenn aber in diesen Bewegungen des Rechtes und der Sitte nicht ersichtlich ist, wenn sie nach einseitigen und selbstsüchtigen Zwecken ringen, dann wendet sich der Menschenforscher, wie gewaltig und furchtbar sie auch sein mögen, mit Ekel von ihnen ab und betrachtet sie als ein Kleines, als ein des Menschen Unwürdiges. So groß ist die Gewalt dieses Rechts- und Sittengesetzes, daß es überall, wo es immer bekämpft worden ist, doch endlich allezeit siegreich und herrlich aus dem Kampfe hervorgegangen ist. Ja wenn sogar der einzelne oder ganze Geschlechter für Recht und Sitte untergegangen sind, so fühlen wir sie nicht als besiegt, wir fühlen sie als triumphierend, in unser Mitleid mischt sich ein Jauchzen und Entzücken, weil das Ganze höher steht als der Teil, weil das Gute größer ist als der Tod, wir sagen da, wir empfinden das Tragische und werden mit Schauern in den reineren Äther des Sittengesetzes emporgehoben. Wenn wir die Menschheit in der Geschichte wie einen ruhigen Silberstrom einem großen ewigen Ziele entgegen gehen sehen, so empfinden wir das Erhabene, das vorzugsweise Epische. Aber wie gewaltig und in großen Zügen auch das Tragische und Epische wirken, wie ausgezeichnete Hebel sie auch in der Kunst sind, so sind es hauptsächlich doch immer die gewöhnlichen, alltäglichen, in Unzahl wiederkehrenden Handlungen der Men-

390 schen, in denen dieses Gesetz am sichersten als Schwerpunkt liegt, weil diese Handlungen die dauernden, die gründenden sind, gleichsam die Millionen Wurzelfasern des Baumes des Lebens, so wie in der Natur die allgemeinen Gesetze still und unaufhörlich wirken, und das Auffällige nur eine einzelne Äußerung dieser Gesetze ist, so wirkt das Sittengesetz still und seelenbelebend durch den unendlichen Verkehr der Menschen mit Menschen, und die Wunder des Augenblicks bei vorgefallenen Taten sind nur kleine Merkmale dieser allgemeinen Kraft. So ist dieses Gesetz, so wie das der Natur das welterhaltende ist, das menschenerhaltende.

Wie in der Geschichte der Natur die Ansichten über das Große sich stets geändert haben, so ist es auch in der sittlichen Geschichte der Menschen gewesen. Anfangs wurden sie von dem Nächstliegenden berührt, körperliche Stärke und ihre Siege im Ringkampfe wurden gepriesen, dann kamen Tapferkeit und Kriegesmut, dahin zielend, heftige Empfindungen und Leidenschaften gegen feindselige Haufen und Verbindungen auszudrücken und auszuführen, dann wurde Stammeshoheit und Familienherrschaft besungen, inzwischen auch Schönheit und Liebe so wie Freundschaft und Aufopferung gefeiert, dann aber erschien ein Überblick über ein Größeres: ganze menschliche Abteilungen und Verhältnisse wurden geordnet, das Recht des Ganzen vereint mit dem des Teiles, und Großmut gegen den Feind und Unterdrückung seiner Empfindungen und Leidenschaften zum Besten der Gerechtigkeit hoch und herrlich gehalten, wie ja Mäßigung schon den Alten als die erste menschliche Tugend galt, und endlich wurde ein völkerumschlingendes Band als ein Wünschenswertes gedacht, ein Band, das alle Gaben des einen Volkes mit denen des andern vertauscht, die Wissenschaft fördert, ihre Schätze für alle Menschen darlegt und in der Kunst und Religion zu dem einfach Hohen und Himmlischen leitet.

Wie es mit dem Aufwärtssteigen des menschlichen Geschlechtes ist, so ist es auch mit seinem Abwärtssteigen. Untergehenden Völkern verschwindet zuerst das Maß. Sie gehen nach Einzelnem aus, sie werfen sich mit kurzem Blicke auf das Beschränkte und Unbedeutende, sie setzen das Bedingte über das Allgemeine; dann suchen sie den Genuß und das Sinnliche, sie suchen Befriedigung ihres Hasses und Neides gegen den Nachbar, in ihrer Kunst wird das Einseitige geschildert, das nur von einem Standpunkte Gültige, dann das Zerfahrene, Unstimmende, Abenteuerliche, endlich das Sinnenreizende, Aufregende und zuletzt die Unsitte und das Laster, in der Religion sinkt das Innere zur bloßen Gestalt oder zur üppigen Schwärmerei herab, der Unterschied zwischen Gut und Böse verliert sich, der einzelne verachtet das Ganze und geht seiner Lust und seinem Verderben nach, und so wird das Volk eine Beute seiner inneren Zerwirrung oder die eines äußeren, wilderen, aber kräftigeren Feindes.

ADALBERT STIFTER
Die Sonnenfinsternis am 8. Juli 1842

Es gibt Dinge, die man fünfzig Jahre weiß, und im einundfünfzigsten erstaunt man über die Schwere und Furchtbarkeit ihres Inhaltes. So ist es mir mit der totalen Sonnenfinsternis ergangen, welche wir in Wien am 8. Juli 1842 in den frühesten Morgenstunden bei dem günstigsten Himmel erlebten. Da ich die Sache recht schön auf dem Papiere durch Zeichnung und Rechnung darstellen kann, und da ich wußte, um so und so viel Uhr trete der Mond unter der Sonne weg, und die Erde schneide ein Stück seines kegelförmigen Schattens ab, welches dann wegen des Fortschreitens des Mondes in seiner Bahn und wegen der Achsendrehung der Erde einen schwarzen Streifen über ihre Kugel ziehe, was man dann an verschiedenen Orten zu verschiedenen Zeiten in der Art sieht, daß eine schwarze Scheibe in die Sonne zu rücken scheint, von ihr immer mehr und mehr wegnimmt, bis nur eine schmale Sichel übrigbleibt, und endlich auch die verschwindet — auf Erden wird es da immer finsterer und finsterer, bis wieder am anderen Ende die Sonnensichel erscheint und wächst, und das Licht auf Erden nach und nach wieder zum vollen Tage anschwillt — dies alles wußte ich voraus, und zwar so gut, daß ich eine totale Sonnenfinsternis im voraus so treu beschreiben zu können vermeinte, als hätte ich sie bereits gesehen. Aber, da sie nun wirklich eintrat, da ich auf einer Warte hoch über der ganzen Stadt stand und die Erscheinung mit eigenen Augen anblickte, da geschahen freilich ganz andere Dinge, an die ich weder wachend noch träumend gedacht hatte, und an die keiner denkt, der das Wunder nicht gesehen. — Nie und nie in meinem ganzen Leben war ich so erschüttert, von Schauer und Erhabenheit so erschüttert wie in diesen zwei Minuten — und es war nicht anders, als hätte Gott auf einmal ein deutliches Wort gesprochen, und ich hätte es verstanden. Ich stieg von der Warte herab, wie vor tausend und tausend Jahren etwa Moses von dem brennenden Berge herabgestiegen sein mochte, verwirrten und betäubten Herzens.

Es war ein so einfach Ding. Ein Körper leuchtet einen andern an, und dieser wirft seinen Schatten auf einen dritten: aber die Körper stehen in solchen Abständen, daß wir in unserer Vorstellung kein Maß mehr dafür haben, sie sind so riesengroß, daß sie über alles, was wir groß heißen, hinausschwellen — ein solcher Komplex von Erscheinungen ist mit diesem einfachen Dinge verbunden, eine solche moralische Gewalt ist in diesen physischen Hergang gelegt, daß er sich unserem Herzen zum unbegreiflichen Wunder emportürmt. Vor tausendmaltausend Jahren hat Gott es so gemacht, daß es heute zu dieser Sekunde sein wird; in unsere Herzen aber hat er die Fibern gelegt, es zu empfinden. Durch die Schrift seiner Sterne hat er versprochen, daß es kommen werde nach tausend und tausend Jahren, unsere Väter haben diese Schrift entziffern gelernt und die Sekunde angesagt, in der es eintreffen müsse; wir, die späten Enkel, richten unsere Augen und Sehröhre zu gedachter Sekunde gegen die Sonne, und siehe: es kommt — der Verstand triumphiert schon, daß er ihm die

Pracht und Einrichtung seiner Himmel nachgerechnet und abgelernt hat — und in der Tat, der Triumph ist einer der gerechtesten der Menschen — es kommt, stille wächst es weiter — aber siehe, Gott gab ihm auch für das Herz etwas mit, was wir nicht vorausgewußt und was millionenmal mehr wert ist, als was der Verstand begriff und vorausrechnen konnte: das Wort gab er ihm mit: „Ich bin — nicht darum bin ich, weil diese Körper sind und diese Erscheinung, nein, sondern darum, weil es euch in diesem Momente euer Herz schauernd sagt, und weil dieses Herz sich trotz der Schauer als groß empfindet." — Das Tier hat gefürchtet, der Mensch hat angebetet...

Ich stieg um fünf Uhr auf die Warte des Hauses Nr. 495 in der Stadt, von wo aus man die Übersicht nicht nur über die ganze Stadt hat, sondern auch über das Land um dieselbe, bis zum fernsten Horizonte, an dem die ungarischen Berge wie zarte Luftbilder dämmern. Die Sonne war bereits herauf und glänzte freundlich auf die rauchenden Donauauen nieder, auf die spiegelnden Wässer und auf die vielkantigen Formen der Stadt, vorzüglich auf die Stephanskirche, die ordentlich greifbar nahe an uns aus der Stadt, wie ein dunkles ruhiges Gebirge aus Gerölle, emporstand. Mit einem seltsamen Gefühl schaute man die Sonne an, da an ihr nach wenigen Minuten so Merkwürdiges vorgehen sollte. Weit draußen, wo der große Strom geht, lag eine dicke langgestreckte Nebellinie, auch im südöstlichen Horizonte krochen Nebel und Wolkenballen herum, die wir sehr fürchteten, und ganze Teile der Stadt schwammen in Dunst hinaus. An der Stelle der Sonne waren nur ganz schwache Schleier, und auch diese ließen große blaue Inseln durchblicken.

Die Instrumente wurden gestellt, die Sonnengläser in Bereitschaft gehalten, aber es war noch nicht an der Zeit. Unten ging das Gerassel der Wagen, das Laufen und Treiben an — oben sammelten sich betrachtende Menschen; unsere Warte füllte sich, aus den Dachfenstern der umstehenden Häuser blickten Köpfe, auf Dachfirsten standen Gestalten, alle nach derselben Stelle des Himmels blickend, selbst auf der äußersten Spitze des Stephansturmes, auf der letzten Platte des Baugerüstes stand eine schwarze Gruppe, wie auf Felsen oft ein Schöpfchen Waldanflug — und wie viele tausend Augen mochten in diesem Augenblicke von den umliegenden Bergen nach der Sonne schauen, nach derselben Sonne, die Jahrtausende den Segen herabschüttelt, ohne daß einer dankt — heute ist sie das Ziel von Millionen Augen —, aber immer noch, wie man sie mit den dämpfenden Gläsern anschaut, schwebt sie als rote oder grüne Kugel rein und schön umzirkelt in dem Raume.

Endlich zur vorausgesagten Minute — gleichsam wie von einem unsichtbaren Engel empfing sie den sanften Todeskuß — ein feiner Streifen ihres Lichtes wich vor dem Hauche dieses Kusses zurück, der andere Rand wallte in dem Glase des Sternenrohres zart und golden fort — „es kommt" riefen nun auch die, welche bloß mit dämpfenden Gläsern, aber sonst mit freien Augen hinaufschauten, — „es kommt" und mit Spannung blickte nun alles auf den Fortgang. Die erste seltsame fremde Empfindung rieselte nun durch die Herzen, es war die, daß draußen in der Entfernung von Tausenden und Millionen Meilen, wohin nie ein Mensch gedrungen, an Körpern, deren Wesen nie ein Mensch erkannte, nun auf einmal etwas zur selben Sekunde geschehe, auf die es schon längst der Mensch auf Erden festgesetzt. Man wende nicht ein, die Sache sei ja natürlich und aus den Bewegungsgesetzen der Körper leicht rechenbar; die wunderbare Magie des Schönen, die Gott den Dingen mitgab, frägt nichts nach solchen Rechnungen, sie ist da, weil sie da ist, ja sie ist trotz der Rechnungen da, und selig das Herz, welches sie empfinden kann; denn nur dies ist Reichtum, und einen andern gibt es nicht — schon in dem ungeheuren Raum des Himmlischen wohnt das Erhabene, das unsere Seele überwältigt, und doch ist dieser Raum in der Mathematik sonst nichts als groß.

Indes nun alle schauten, und man bald dieses, bald jenes Rohr rückte und stellte, und sich auf dies und jenes aufmerksam machte, wuchs das unsichtbare Dunkel immer mehr und mehr in das schöne Licht der Sonne ein — alle harrten, die Spannung stieg; aber so gewaltig ist die Fülle dieses Lichtmeeres, das von dem Sonnenkörper niederregnet, daß man auf Erden keinen Mangel fühlte, die Wolken glänzten fort, das Band des Wassers schimmerte, die Vögel flogen und kreuzten lustig über den Dächern, die Stephanstürme warfen ruhig ihre Schatten gegen das funkelnde Dach, über die Brücke wimmelte das Fahren und Reiten wie sonst, sie ahnten nicht, daß indessen oben der Balsam des Lebens, das Licht, heimlich wegsteche — dennoch draußen an dem Kahlengebirge und jenseits des Schlosses Belvedere war es schon, als schliche eine Finsternis, oder vielmehr ein bleigraues Licht, wie ein böses Tier heran — aber es konnte auch Täuschung sein, auf unserer Warte war es lieb und hell, und Wangen und Angesichter der Nahestehenden waren klar und freundlich wie immer.

Seltsam war es, daß dies unheimliche klumpenhafte tiefschwarze vorrückende Ding, das langsam die Sonne wegfraß, unser Mond sein sollte, der schöne sanfte Mond, der sonst die Nächte so florig silbern beglänzte; aber doch war er es, und im Sternenrohr erschienen auch seine Ränder mit Zacken und Wulsten besetzt, den furchtbaren Bergen, die sich auf dem uns so freundlich lächelnden Runde türmen.

Endlich wurden auch auf Erden die Wirkungen sichtbar, und immer mehr, je schmäler die am Himmel glühende Sichel wurde; der Fluß schimmerte nicht mehr, sondern war ein taftgraues Band, matte Schatten lagen umher, die Schwalben wurden unruhig, der schöne sanfte Glanz des Himmels erlosch, als liefe er von einem Hauche matt an, ein kühles Lüftchen hob sich und stieß gegen uns, über den Auen starrte ein unbeschreiblich seltsames, aber bleischweres Licht, über den Wäldern war mit dem Lichterspiele die Beweglichkeit verschwunden, und Ruhe lag auf ihnen, aber nicht die des Schlummers, sondern die der Ohnmacht — und immer fahler goß sichs über die Landschaft, und diese wurde immer starrer — die Schatten unserer Gestalten legten sich leer und inhaltslos gegen das Gemäuer, die Gesichter wurden aschgrau — erschütternd war dieses allmähliche Sterben mitten in der noch vor wenigen Minuten herrschenden Frische des Morgens. Wir hatten uns das Eindämmern wie etwa ein Abendwerden vorgestellt, nur ohne Abendröte; wie geisterhaft aber ein Abendwerden ohne Abendröte sei, hatten wir uns nicht vorgestellt, aber auch außerdem war dieses Dämmern ein ganz anderes, es war ein lastend unheimliches Entfremden unserer Natur; gegen Südost lag eine fremde gelbrote Finsternis, und die Berge und selbst das Belvedere wurden von ihr eingetrunken — die Stadt sank zu unsern Füßen immer tiefer wie ein wesenloses Schattenspiel hinab, das Fahren und Gehen und Reiten über die Brücken geschah, als sähe man es in einem schwarzen Spiegel — die Spannung stieg aufs höchste — einen Blick tat ich noch in das Sternrohr, er war der letzte; so schmal, wie mit der Schneide eines Federmessers in das Dunkel geritzt, stand nur mehr die glühende Sichel da, jeden Augenblick zum Erlöschen, und wie ich das freie Auge hob, sah ich auch, daß bereits alle andern die Sonnengläser weggetan und bloßen Auges hinaufschauten — sie hatten auch keines mehr nötig; denn nicht anders als wie der letzte Funke eines erlöschenden Dochtes, schmolz eben auch der letzte Sonnenfunken weg, wahrscheinlich durch die Schlucht zwischen zwei Mondbergen zurück — es war ein ordentlich trauriger Augenblick — deckend stand nun Scheibe auf Scheibe — und dieser Moment war es eigentlich, der wahrhaft herzzermalmend wirkte — das hatte keiner geahnt — ein einstimmiges „Ah" aus aller Munde und dann Totenstille, es war der Moment, da Gott redete und die Menschen horchten.

Hatte uns früher das allmähliche Erblassen und Einschwinden der Natur gedrückt und verödet, und hatten wir uns das nur fortgehend in eine Art Tod schwindend gedacht: so wurden wir nun plötzlich aufgeschreckt und emporgerissen durch die furchtbare Kraft und Gewalt der Bewegung, die da auf einmal durch den ganzen Himmel ging: die Horizontwolken, die wir früher gefürchtet, halfen das Phänomen erst recht bauen, sie standen nun wie Riesen auf, von ihrem Scheitel rann ein fürchterliches Rot, und in tiefem, kaltem, schwerem Blau wölbten sich unter uns und drückten den Horizont — Nebelbänke, die schon lange am äußersten Erdsaume gequollen und bloß mißfärbig gewesen waren, machten sich nun geltend und schauerten in einem zarten furchtbaren Glanze, der sie überlief — Farben, die nie ein Auge gesehen, schweiften durch den Himmel; — der Mond stand mitten in der Sonne, aber nicht mehr als schwarze Scheibe, sondern gleichsam halb transparent, wie mit einem leichten Stahlschimmer überlaufen, rings um ihn kein Sonnenrand, sondern ein wundervoller schöner Kreis von Schimmer, bläulich, rötlich, in Strahlen auseinanderbrechend, nicht anders, als gösse die oben stehende Sonne ihre Lichtflut auf die Mondeskugel nieder, daß es rings auseinanderspritzte — das Holdeste, was ich je an Lichtwirkung sah! — Draußen weit über das Marchfeld hin lag schief eine lange spitze Lichtpyramide gräßlich gelb, in Schwefelfarbe flammend und unnatürlich blau gesäumt; es war die jenseits des Schattens beleuchtete Atmosphäre, aber nie schien ein Licht so wenig irdisch und so furchtbar, und von ihm floß das aus, mittels dessen wir sahen. Hatte uns die frühere Eintönigkeit verödet, so waren wir jetzt erdrückt von Kraft und Glanz und Massen — unsere eigenen Gestalten hafteten darinnen wie schwarze hohle Gespenster, die keine Tiefe haben; das Phantom der Stephanskirche hing in der Luft, die andere Stadt war ein Schatten, alles Rasseln hatte aufgehört, über die Brücke war keine Bewegung mehr; denn jeder Wagen und Reiter stand, und jedes Auge schaute zum Himmel — nie, nie werde ich jene zwei

Minuten vergessen — es war die Ohnmacht eines Riesenkörpers, unserer Erde. — Wie heilig, wie unbegreiflich und wie furchtbar ist jenes Ding, das uns stets umflutet, das wir seelenlos genießen, und das unseren Erdball mit solchen Schaudern überzittern macht, wenn es sich entzieht, das Licht, wenn es sich nur so kurz entzieht. — Die Luft wurde kalt, empfindlich kalt, es fiel Tau, daß Kleider und Instrumente feucht waren — die Tiere entsetzten sich; — was ist das schrecklichste Gewitter, es ist ein lärmender Trödel gegen diese todesstille Majestät — mir fiel Lord Byrons Gedicht ein: „Die Finsternis", wo die Menschen Häuser anzünden, um nur Licht zu sehen, Wälder anzünden, um nur Licht zu sehen — aber auch eine solche Erhabenheit, ich möchte sagen Gottesnähe, war in der Erscheinung dieser zwei Minuten, daß es dem Herzen nicht anders war, als müsse er irgendwo stehen. — Byron war viel zu klein — es kamen, wie mit einmal, jene Worte des Heiligen Buches in meinen Sinn, die Worte bei dem Tode Christi: „Die Sonne verfinsterte sich, die Erde bebte, die Toten standen aus den Gräbern auf, und der Vorhang des Tempels zerriß von oben bis unten." Auch wurde die Wirkung auf die Menschenherzen sichtbar. Nach dem ersten Verstummen des Schrecks geschahen unartikulierte Laute der Bewunderung und des Staunens: der eine hob die Hände empor, der andere rang sie leise vor Bewegung, andere ergriffen sich bei denselben und drückten sich — eine Frau begann heftig zu weinen, eine andere in dem Hause neben uns fiel in Ohnmacht, und ein Mann, ein ernster, fester Mann, hat mir später gesagt, daß ihm die Tränen herabgeronnen. Ich habe immer die alten Beschreibungen von Sonnenfinsternissen für übertrieben gehalten, so wie vielleicht in späterer Zeit diese für übertrieben wird gehalten werden; aber alle, so wie diese, sind weit hinter der Wahrheit zurück. Sie können nur das Geschehene malen, aber schlecht, das Gefühlte noch schlechter, aber gar nicht die namenlos tragische Musik von Farben und Lichtern, die durch den ganzen Himmel liegt — ein Requiem, ein dies irae, das unser Herz spaltet, daß es Gott sieht und seine teuren Verstorbenen, daß es in ihm rufen muß: „Herr, wie groß und herrlich sind deine Werke, wir sind wie Staub vor dir, daß du uns durch das bloße Weghauchen eines Lichtteilchens vernichten kannst, und unsere Welt, den holdvertrauten Wohnort, in einen wildfremden Raum verwandelst, darin Larven starren!"
Aber wie alles in der Schöpfung sein rechtes Maß hat, so auch diese Erscheinung, sie dauerte zum Glück sehr kurz, gleichsam nur den Mantel hat er von seiner Gestalt gelüftet, daß wir hineinsehen, und augenblicks wieder zugehüllt, daß alles sei wie früher. Gerade da die Menschen anfingen, ihren Empfindungen Worte zu geben, also da sie nachzulassen begannen, da man eben ausrief: „Wie herrlich, wie furchtbar!" — gerade in diesem Moment hörte es auf; mit eins war die Jenseitswelt verschwunden, und die hiesige wieder da, ein einziger Lichttropfen quoll vom oberen Rande wie ein weißschmelzendes Metall hervor, und wir hatten unsere Welt wieder — er drängte sich hervor, dieser Tropfen, wie wenn die Sonne selber ordentlich froh wäre, daß sie überwunden habe, ein Strahl schoß gleich durch den Raum, ein zweiter machte sich Platz — aber ehe man nur Zeit hatte, zu rufen: „Ach!", bei dem ersten Blitz des ersten Atoms war die Larvenwelt verschwunden, und die unsere

396 wieder da: und das bleifarbene Lichtgrauen, das uns vor dem Erlöschen so ängstlich schien, war uns nun Erquickung, Labsal, Freund und Bekannter, die Dinge warfen wieder Schatten, das Wasser glänzte, die Bäume waren wieder grün, wir sahen uns in die Augen — siegreich kam Strahl an Strahl, und wie schmal, wie winzig schmal auch nur noch erst der leuchtende Zirkel war, es schien, als sei uns ein Ozean von Licht geschenkt worden — man kann es nicht sagen, und der es nicht erlebt, glaubt es kaum, welche freudige, welche siegende Erleichterung in die Herzen kam: wir schüttelten uns die Hände, wir sagten, daß wir uns zeitlebens daran erinnern wollten, daß wir das miteinander gesehen haben — man hörte einzelne Laute, wie sich die Menschen von den Dächern und über die Gassen zuriefen, das Fahren und Lärmen begann wieder, selbst die Tiere empfanden es; die Pferde wieherten, und die Sperlinge auf den Dächern begannen ein Freudengeschrei, so grell und närrisch, wie sie es gewöhnlich tun, wenn sie sehr aufgeregt sind, und die Schwalben schossen blitzend und kreuzend, hinauf, hinab, in der Luft umher. Das Wachsen des Lichtes machte keine Wirkung mehr, fast keiner wartete den Austritt ab, die Instrumente wurden abgeschraubt, wir stiegen hinab, und auf allen Straßen und Wegen waren heimkehrende Gruppen und Züge in den heftigsten exaltiertesten Gesprächen und Ausrufungen begriffen. Und ehe sich noch die Wellen der Bewunderung und Anbetung gelegt hatten, ehe man mit Freunden und Bekannten ausreden konnte, wie auf diesen, wie auf jenen, wie hier, wie dort die Erscheinung gewirkt hatte, stand wieder das schöne, holde, wärmende, funkelnde Rund in den freundlichen Lüften und das Werk des Tages ging fort; — wie lange aber das Herz des Menschen fortwogte, bis es auch wieder in sein Tagwerk kam, wer kann es sagen? Gebe Gott, daß der Eindruck recht lange nachhalte, er war ein herrlicher, dessen selbst ein hundertjähriges Menschenleben wenige aufzuweisen haben wird. Ich weiß, daß ich nie, weder von Musik noch Dichtkunst, noch von irgendeinem Phänomen oder Kunst so ergriffen und erschüttert worden war — freilich bin ich seit Kindheitstagen viel, ich möchte fast sagen, ausschließlich mit der Natur umgegangen und habe mein Herz an ihre Sprache gewöhnt und liebe diese Sprache, vielleicht einseitiger, als es gut ist; aber ich denke, es kann kein Herz geben, dem nicht diese Erscheinung einen unverlöschlichen Eindruck zurückgelassen habe.

Ihr aber, die es im höchsten Grade nachempfunden, habet Nachsicht mit diesen armen Worten, die es nachzumalen versuchten und soweit zurückblieben. Wäre ich Beethoven, so würde ich es in Musik sagen; ich glaube, da könnte ich es besser.

WORTERKLÄRUNGEN UND TEXTERLÄUTERUNGEN
(in fortlaufender Anordnung nach Seitenzahlen)

91 *Mont Ventoux* = Bergstock in den südlichen provenzalischen Kalkalpen, 1912 m, in der Nähe der Städte Carpentras und Malaucène

Livius, Titus Livius, röm. Geschichtsschreiber, 59 v. Chr. bis 17 n. Chr., beschrieb in 42 Büchern „ab urbe condita" die Geschichte Roms von 753 v. Chr. bis 9 n. Chr.

93 *Ovid*, Publius Ovidius Naso, römischer Dichter, 43 v. Chr. bis ca. 17 n. Chr. Hauptwerke: „Metamorphosen" (Verwandlungen), „Fasti" (Festkalender), „Tristia" (Trauerlieder)

Athos = heiliger Berg auf der östlichsten der Chalkidike-Halbinseln in Nordgriechenland, seit dem 9. Jhd. von Einsiedlern bewohnt, heute Mönchsrepublik

Buch der Bekenntnisse des Augustin = die „Confessiones", in denen der heilige Augustinus (354–430), der größte Kirchenlehrer des christl. Altertums, seinen inneren Weg zum Glauben schildert

117 *apokalyptische Bilder* = Visionen von den Ereignissen des Welt-Endes. Am bekanntesten die Apokalypse (griech. „Offenbarung") des Johannes, in der die vier apokalyptischen Reiter über die Welt Krieg, Hunger, Pest und Tod bringen (vgl. Dürers Holzschnitt von 1498)

119 *Manet unica virtus* = einzig die Tugend bleibt

124 *Claudian*, Claudius Claudianus (ca. 375 bis ca. 404), lateinischer Dichter der Spätzeit, Hofdichter des weström. Kaisers Honorius

126 *ambrirter safft* = Mit Ambra (Gewürz) versehene Arznei, deren süßer Geschmack die bitteren Bestandteile überdecken soll

141 *Scanderbeck* (Skanderbeg), albanischer Fürst, eigentlich Gjergj Kastriota (1444–1468), einigte sein Land im Kampf gegen die Türken

Tamerlan, Timur-i Läng (1336–1405), grausamer Herrscher, eroberte Iran, Kaukasien, Indien

Plautus, Titus Maccius Plautus (ca. 250 bis 184 v. Chr.), lat. Komödiendichter. Von der großen Zahl seiner Werke sind nur 21 erhalten, u. a. „Amphitruo", „Miles Gloriosus"

147 *Sapere aude:* „Wage es, weise zu sein", ein Wort des röm. Dichters Horaz (Epist, I 2,40): Entschließe dich zu eigener Arbeit, um wahre Lebensweisheit zu gewinnen

150 *Skribent* = Schreiber, Schriftsteller, oft abwertend gebraucht

151 *Plinius*, Gaius Plinius Caecilius Secundus (62 bis ca. 113 n. Chr.), röm. Staatsmann, als Schriftsteller bekannt durch eine Sammlung von Kunstbriefen, die wie kleine lit. Essays die verschiedensten Gebiete behandeln

Stoiker = Mitglieder der Stoa, einer philosophischen Schule im antiken Griechenland

152 *Seneca*, Lucius Annaeus Seneca (ca. 4 v. Chr. bis 65 n. Chr.), röm. Dichter und philosoph. Schriftsteller; Hauptwerke: „Epistulae morales ad Lucilium", „Naturales quaestiones"

Cicero, Marcus Tullius Cicero (106–43 v. Chr.), der bedeutendste Redner Roms, Schöpfer der lateinischen Kunstprosa. Hauptwerke: „De re publica", „De officiis", „Tusculanae disputationes"

Wolff, Christian (1679–1754), Professor der Mathematik und Jurisprudenz; als Philosoph Wortführer der dt. Aufklärung mit maßgebendem Einfluß auf das Geistesleben seiner Zeit

Buchner, Augustus (1591–1661), Professor der Poesie in Dresden. Hauptwerk: „Anleitung zur deutschen Poeterey" (1665)

Worterklärungen

398

157 *Mayer*, Robert (1814–1878), Arzt und Physiker, setzte 1842 in seiner Schrift „Die organische Bewegung in ihrem Zusammenhange mit dem Stoffwechsel" das Gesetz von der Erhaltung der Energie auseinander

160 *Cook*, James (1728–1779), engl. Seefahrer, umsegelte 1772–75 die Erde und entdeckte 1776 die nördl. Durchfahrt zwischen Atlantik und Stillem Ozean

163 *Neuber(in)*, Friederike Caroline (1697–1760), berühmteste Schauspielerin ihrer Zeit, leitete seit 1725 eine eigene Truppe. Zusammen mit Gottsched bemühte sie sich um die Hebung des verwilderten deutschen Theaters nach frz. Vorbild. 1737 verbannte sie in einem symbolischen Spiel den Hanswurst vom Theater

164 *Addison*, Joseph (1672–1719), engl. Staatsmann und Schriftsteller; Mitherausgeber der moralischen Wochenschrift „The Spectator"

Johnson, Samuel (1709–1784), engl. Schriftsteller und Literaturkritiker

Beaumont, Francis (1584–1616), engl. Dramatiker

Fletcher, John (1579–1625), engl. Dramatiker. Schrieb mit Beaumont zusammen etwa 15 Dramen, die eine Verflachung des engl. Dramas nach Shakespeare bedeuteten

165 *Sultan Orosman* = Hauptfigur in Voltaires Tragödie „Zaire"

170 *Opus supererogatum* = ein Werk, das über die geforderte (oder erwartete) Leistung hinausgeht

173 *Helvétius*, Claude Adrien (1715–1771), franz. Philosoph; Hauptwerk: „De l'esprit"

181 *da mihi figere pedem et terram movebo* (Archimedes) = Gib mir einen Punkt, wo ich hintreten kann, und ich bewege die Erde

190 *Dis Manibus Ervini a Steinbach* = Dem Genius des Erwin von Steinbach

XVI. Kal. Febr. obiit Magister Ervinus, Gubernator Fabricae Ecclesiae Argentinensis = Am 16. Februar (1318) starb Meister Erwin, der Leiter der Bauhütte am Münster von Straßburg

193 *aevum* = Zeitalter

195 *Thersit* = nach Homer der häßlichste, feigste und frechste Grieche vor Troja

196 *Zona torrida* (span.) = heiße Zone

223 *amor dei intellectualis* = intellektuelle Liebe zu Gott

226 *Polemik* = literarische oder wissenschaftliche Auseinandersetzung

232 *Morphologie* = in der Biologie: die Wissenschaft vom Bau und der Organisation der Lebewesen und ihrer Bestandteile, der Organe, Gewebe, Zellen. Allgemein: die Lehre von den Gestalten oder Formen eines Sach- oder Sinnbereiches

241 *Campo Santo* (ital.) = Friedhof mit architektonischer Einfassung durch Arkadengänge

Una poenitentium = eine aus der Schar der Büßerinnen

242 *Mandorla* = mandelförmiger Heiligenschein

247 *Entelechie* (gr. was sein Ziel in sich hat) = ein innewohnendes Formprinzip, das etwa den Organismus zur Selbstentwicklung bringt

251 *Memnonsbilder* = die zwei Sitzfiguren des ägyptischen Königs Amenophis III. auf dem Westufer des Nils bei Theben

256 *Buch Nostradamus* = die Prophezeihung des Astrologen Michel de Notredame (Nostradamus) 1503–1566

Gravitation = die Anziehung, die zwei Massen aufeinander ausüben

259 *Heller*, Erich (geb. 1911), Literaturhistoriker

260 *Episteme* (griech.) = Wissen, Erkenntnis, Einsicht (z. B. bei Plato und Aristoteles)

Dianoia (griech.) = Denkkraft, Vernunft

261 *kongruieren* = entsprechen

Crick, Francis Harry (geb. 1916), brit. Vererbungsforscher, erhielt 1962 zusammen mit J. D. Watson den Nobelpreis für Medizin

Molekularbiologie = Gebiet der Biologie, welches die Lebensvorgänge im Bereich der Moleküle umfaßt

265 *Egmont*, Graf von Lamoral, Fürst von Gavre (1522–1568), stand als Statthalter der Provinzen Flandern und Artois an der Spitze der Adelsopposition gegen die span. Verwaltung der Niederlande

266 *St. Quentin* = Stadt im frz. Dep. Aisne, 1557 Schauplatz des spanischen Sieges über die Franzosen

Gravelingen = Gemeinde im frz. Dep. Nord; hier siegten 1558 die Spanier unter Egmont über die Franzosen

267 *Oranien*, Graf Wilhelm I. von Oranien (1533–1584), seit 1561 Egmonts Mitstreiter im Widerstand gegen die Spanier

271 *Heinse*, Johann Jakob Wilhelm (1746–1803), Dichter. In seinen Werken pries er Schönheit, Kraft und Leidenschaft, der keine Schranken gesetzt sind

272 *Meyer*, Heinrich (1760–1832), Maler und Kunstschriftsteller. 1784–89 hielt er sich in Rom auf, wo er ein Freund Goethes wurde

Moritz, Karl Philipp (1757–1793), Schriftsteller und Professor der Altertumskunde, befreundete sich 1786 in Italien mit Goethe

Tischbein, Joh. Heinrich Wilhelm (1751–1829), Maler. Während seiner Tätigkeit in Rom malte er 1786/87 das bekannte Bildnis „Goethe in der Campagna"

Bury, Friedrich (1763–1823), lernte durch die Vermittlung Tischbeins Goethe in Rom kennen

Dalberg, Wolfgang Heribert von (1750–1806), Intendant des Mannheimer Nationaltheaters; brachte u. a. Schillers „Räuber" und „Fiesko" heraus

273 *Horen* = bedeutendste Zeitschrift der klassischen deutschen Literaturperiode. 1795–97 als Monatszeitschrift von Schiller in Cotta's Verlag, Tübingen, herausgegeben

276 *Körner*, Christian Gottfried (1756–1831), Jurist. Er nahm Schiller nach dessen Weggang aus Mannheim in sein Haus in Dresden auf und blieb zeitlebens einer der engsten Freunde des Dichters

278 *Nereus* = Gott des Wassers, besonders des Meeres, Vater der Nereiden

Uranide = Nachkomme des Uranos, i. e. Kronos, Vater des Zeus

Styx = „der Verhaßte"; Fluß der Unterwelt

Orkus = lat. Bezeichnung für Hades, den griech. Gott der Unterwelt

Ceres' Tochter = Persephone (Proserpina), Gattin des Hades

279 *Hippodrom* = im Altertum Pferde- und Wagenrennbahn

280 *Aurora* (lat.) = die Morgenröte und die Göttin, die sie heraufführt

Hesperus = der Abendstern

281 *Alcid*, Enkel des Alceus = Herakles, Held der griech. Sage, verrichtete 12 Arbeiten, so tötete er die Hydra *(Hydern)*, eine sagenhafte neunköpfige Schlange, erschlug den Löwen *(Leuen)* von Nemea und holte den Höllenhund Cerberus aus dem Hades *(Totenschiffers Reich* = Unterwelt)

283 *rigoristisch* = starr festhaltend an Grundsätzen

290 *Agamemnons Sohn* = Orestes rächte den Mord an seinem Vater, indem er seine Mutter und deren Liebhaber Aegisth tötete

291 *Commodus*, Lucius Aurelius (180–192), lasterhafter röm. Kaiser

Worterklärungen

292 *Theodizee* (gr. „Gottesrechtfertigung") = Rechtfertigung Gottes hinsichtlich des von ihm in der Welt zugelassenen Übels

294 *Kreon*, König von Theben, Herrscherfigur in Sophokles' Drama „Antigone"

Antigone, Tochter des Ödipus, bestattete gegen den Befehl des Königs ihren Bruder Polyneikes

301 *Cithäron* = Kalkgebirge in Griechenland, zwischen Böotien und Attika

Kadmos = Gründer der Stadt Theben in Griechenland

304 *Hesperien* = altgriech. Name des Abendlandes

307 *Ronde* = Rondo, „Rundgesang"; mittelalterliches Tanzlied

309 *vis motrix* = die bewegende Kraft

Entrechat = Luftsprung

Bernini, Lorenzo (1598—1689), ital. Bildhauer und Baumeister. Die Darstellung von Apollo und Daphne gehört zu seinen berühmtesten Werken

311 *Rapier* = eine Sonderform des Degens

312 *Somnambulismus* = schlafähnlicher Zustand, Schlafwandlerei

Aragon, Louis, geb. 1897, franz. Schriftsteller des Dadaismus und Surrealismus

313 *Apologie* = Verteidigung, Rechtfertigung

Penthesilea, Amazonenkönigin, Titelheldin eines Kleist'schen Dramas, die am Widerspruch zwischen Gesetz und individuellem Liebesverlangen scheitert

314 *Basilisk(en)* (gr. kleiner König) = Fabelwesen mit tödlichem Blick und Gifthauch, Mischwesen zwischen Drache und Hahn

318 *Kothurn* = Stelzschuh der Schauspieler in der griech. Tragödie

320 *Isis* = ägyptische Göttin der Schiffahrt, auch Himmelsgöttin

332 *Alkahest* = nach Paracelsus das angebliche Universallösungsmittel für alle Stoffe

Sanskrit = indische Hochsprache für Literatur und Wissenschaft

Rune = Schriftzeichen der Germanen vor Übernahme der lat. Schrift

338 *Welschland* = Italien

342 *Abbreviatur* = „Abkürzung", in der Musiklehre Wiederholung eines oder mehrerer Töne in regelmäßiger Folge

Synästhesie (gr.) = „Mitempfindung", eine Stileigentümlichkeit der Romantik. Die Verschmelzung verschiedener Sinneseindrücke in einer sprachlichen Aussage

Apperzeption = klare und bewußte Aufnahme eines Erlebnis-, Wahrnehmungs- oder Denkinhaltes

Simultaneität = Gleichzeitigkeit

344 *sympathetisch* = durch geheimnisvolle Verbindung unsichtbar wirkend

vazieren(de Studenten) = fahrende Scholaren, Vaganten; Vertreter der weltl. lat. Lyrik des 12./13. Jh.

356 *rodomantieren* = aufschneiden, prahlen

phthisisch = schwindsüchtig

iddio (ital.) = Gott

cuore (ital.) = Herz

357 *Kaspar Hauser*, Knabe von rätselhafter Herkunft, der bis zu seinem 14. Lebensjahr in Kellern gefangengehalten wurde, 1828 in Nürnberg auftauchte und 1833 in Ansbach ermordet wurde

Mowgli = Held in R. Kiplings „Dschungelbuch", ein Knabe, der unter Dschungeltieren aufwächst, aber schließlich Mensch unter Menschen wird

363 *ex ungue leonem* = den Löwen an seiner Spur erkennen
voir ce qu'il y a dedans = gucken, was da drinnen ist
Tiecks Abdallah = Frühwerk aus Tiecks Studentenzeit (1795)
368 *Tiecks Sternbald* = „Franz Sternbalds Wanderungen", unvollendeter Roman (1798)
371 *Ossian* = schott.-gälischer myth. Held. Der Engländer Macpherson gab eigene Dichtungen als Übersetzung von Werken eines Ossian des 3. Jhdts. heraus
Milton, John (1608–1674), engl. Dichter
377 *Orion* = Sternbild, benannt nach dem Sohn des Poseidon
Omni autem in re consensio omnium gentium lex naturae putanda est = Eine völlige Übereinstimmung auf der ganzen Welt aber muß man für ein Naturgesetz halten
Enunziation = Aussage
379 *Tropus* = bildhafte Darstellung
contradictio in adjecto = „Widerspruch in der Beifügung", logischer Fehler in der Begriffsbildung, wenn ein Begriff durch einen ihm widersprechenden modifiziert wird: eckiger Kreis
382 *Orplid* = eine von Mörike und seinem Freund Bauer erdachte Trauminsel
385 *Helios* = griech. Sonnengott, Herr des Lichts

ALBRECHT VON JOHANSDORF, von 1180–1209 urkundlich als Ministeriale der Bischöfe von Passau erwähnt. Seine Heimat ist wahrscheinlich das heutige Jahrsdorf im Vilstal/Bay. Vermutlich hat er am Kreuzzug von 1197 teilgenommen. Die persönliche Bekanntschaft mit Walther von der Vogelweide scheint gesichert. Er ist wohl der erste Vertreter des hochhöfischen Minnesangs im bayerisch-österreichischen Raum.

Ich hân durch got das crûce, S. 69

T.: Des Minnesangs Frühling. Nach Karl Lachmann, Moritz Haupt und Friedrich Vogt, neu bearbeitet von Carl von Kraus. Leipzig 1964.

ANGELUS SILESIUS (eigentlich Johannes Scheffler), geb. 1624 in Breslau, gest. 1677 ebenda, nach Philosophie- und Medizinstudium kaiserlicher Hofmedikus unter Ferdinand III.; 1653 Übertritt zum Katholizismus, 1661 Priesterweihe, vorübergehend Haupt der schlesischen Gegenreformation; Vollender und größter religiöser Dichter der deutschen katholischen Barockmystik, von tiefem Gefühl und feiner Symbolik. Sein Hauptwerk ist das Spruchbüchlein „Der Cherubinische Wandersmann", eine Sammlung antithetisch-mystischer Sprüche in epigrammatisch zugespitzten Alexandrinerpaaren.

Aus „Cherubinischer Wandersmann", S. 133

T.: Epochen der deutschen Lyrik. Hrsg. v. Walther Killy, Band 4. Gedichte 1600–1700. Nach den Erstdrucken in zeitlicher Folge herausgegeben von Christian Wagenknecht, München 1969.

ARNIM, Achim von (Ludwig Joachim), geb. 1781 in Berlin, gest. 1831 in Wiepersdorf (Mark), Erzähler phantastisch-historischer Novellen und Schöpfer des dichter. Geschichtsromans. Herausgeber ält. Dichtung, gab mit Clemens Brentano die Volksliedersammlung „Des Knaben Wunderhorn" heraus.

Laß rauschen Lieb, S. 352; Morgenlied, S. 352

T.: Des Knaben Wunderhorn, 1806, 1808

BAUDELAIRE, Charles, geb. 1821 in Paris, gest. 1867 ebenda, frz. Dichter, Lyriker und Kritiker, Begründer der Schule der Symbolisten. Am berühmtesten wurde seine Gedichtsammlung ›Les Fleurs du mal‹ (1857).

La Mort des Amants / Der Tod der Liebenden, S. 360

T.: Anthologie der franz. Dichtung von Nerva bis zur Gegenwart. Zweisprachig. Ausgew. un hrsg. von Flora Klee-Palyi

BEUTLER, Ernst, geb. 1885 in Reichenbach i. V gest. 1960 in Frankfurt a. M., Direktor des Freie dt. Hochstifts u. d. Goethemuseums in Frankfu a. M., 1946 Professor f. dt. Literaturgeschicht a. d. Univ. Frankfurt.

Goethes Begegnung mit Faust, S. 236; Faust Ende und Rettung, S. 239

T.: Goethes Faust („Zur Einführung"), Samm lung Dieterich, Bd. 25, Carl Schünemann Verlag Bremen

BONAVENTURA, Deckname des Verfassers de „Nachtwachen des B.". Über den Verfasser gib es nur Vermutungen; neuerdings nimmt ma an, daß es Friedrich Gottlob Wetzel (1779–1819 gewesen sei.

Monolog des wahnsinnigen Weltschöpfers, S. 32

T.: Dt. Literatur in Entwicklungsreihen, Reih Romantik, 16 Bd., Reclam Verlag, Leipzig 193

BRANT, Sebastian, geb. 1458 in Straßburg, ges 1521 ebenda; Stadtschreiber, Verfasser von jur stischen Werken, religiösen und politisch-histo rischen Gedichten. Sein Hauptwerk „Das Nar renschiff" entstand 1494 und erlangte schne europäischen Ruhm. In 112 Kapiteln werde verschiedene Sünden wie Ehebruch, Gottesläst rung, Eitelkeit, aber auch bloße Vergnügunger Tanz, Spiele usw. vorgestellt und ironisch ge brandmarkt. Das Lachen über die „Narren soll Heilung für den Leser bringen, der etw an den gleichen Sünden („Narrheiten") leide Brant verquickt den *stultus* (dumm) als de Inbegriff der sündigen Verstocktheit mit der Hof- bzw. Fastnachtsnarren. Die Nennung de Namens deutet darauf hin, daß in der Origina ausgabe von 1494 mit diesem Abschnitt (Nr. 10 die Schilderung der Narren abgeschlossen wer den sollte.

Aus dem „Narrenschiff", S. 106

T.: Sebastian Brants Narrenschiff, hrsg. vo Friedrich Zarncke, Hildesheim 1961

BRENTANO, Clemens Maria, geb. 1778 in Ehrer breitstein, gest. 1842 in Aschaffenburg, Lyrike Dramatiker, Erzähler, Sammler und Herausgebe führender Dichter der späten (Heidelberger) Ro mantik.

Verzeichnis der Verfasser

Eingang, S. 339; Nachklänge Beethovenscher Musik, S. 340 (Dieses Gedicht erscheint in manchen Ausgaben in der Anordnung III, II, I).

T.: Ausgewählte Werke, hrsg. von Curt Hohoff, München, o. J.

[ST (AIST), Dietmar von, die Herren von Aist führen ihren Namen nach einem kleinen Nebenflüßchen der Donau, das unterhalb der Enns mündet. Unser Dichter scheint um 1140 bis 1150 gedichtet zu haben. Aber nicht alle Gedichte, die unter seinem Namen aufgeführt werden, stammen von ihm. Einige sind vielleicht von einem Neffen. Auch das angeführte Gedicht kann Dietmar nicht sicher zugeordnet werden. Die Kunst des Dichters ist musikalischer, formreicher und experimentierfreudiger als die des Kürenbergs. Seine Lieder gehören der frühhöfischen Lyrik an.

Es stuont ein frouwe alleine, S. 68

T.: Des Minnesangs Frühling a. a. O., S. 30

ÜRRENMATT, Friedrich, geb. 1921 in Konolfingen, Kanton Bern, einer der führenden deutschsprachigen Dramatiker, lebt als freier Schriftsteller im Neuchâtel (Schweiz).

Kann man die heutige Welt noch mit der Dramatik Schillers abbilden? S. 294

T.: Werke. Verlags AG „Die Arche", Zürich

CKERMANN, Johann Peter, geb. 1972 in Winsen a. d. Luhe, gest. 1854 in Weimar, Schriftsteller, seit 1823 Sekretär und Vertrauter Goethes.

Goethe über den schöpferischen Geist, S. 247

T.: Gespräche mit Goethe, 1., 2. Bd. 1836, 3. Bd. 1848; neu hg. v. H. H. Houben 1909 f.

CKHART, Meister, geb. um 1260 in Hochheim bei Gotha, gest. 1327 in Avignon, Mystiker; entstammte einem thüringischen Adelsgeschlecht; als Dominikaner war er 1303 bis 1311 Ordensprovinzial für Sachsen und Böhmen, lehrte dann in Paris, Straßburg und Köln. 1326 Inquisitionsprozeß wegen ketzerischer Lehren, 1327 reiste er zur persönlichen Verteidigung nach Avignon. 1329 wurden 28 Sätze als Irrlehren verurteilt. Sein Grunderlebnis ist das Einswerden *(einunge)* der Seele mit Gott ohne Ekstase. In der Abgeschiedenheit von Zeit und Raum wird das Fünklein Seele bloßgelegt, das wesensgleich mit dem göttlichen Lichte ist. Großartiger Sprachschöpfer.

Quasi stella matutina ..., S. 88

T.: Josef Dumit, Textbuch zur deutschen Mystik des Mittelalters, Halle/Saale 1952

Ü.: Meister Eckhart, Der Morgenstern, hrsg. von Hans Giesecke, Berlin 1964

EDDA, Altisländische Gedicht- und Spruchsammlung aus dem 9.–13. Jh., unterteilt in Ältere und Jüngere Edda. Die Ältere Edda, eine Sammlung von 30 Liedern und Liedfragmenten, entstand im 9.–11. Jh. Sie enthält als Einleitung die berühmte Völuspa (der Seherin Gesicht). Das Gedicht vermittelt starke Eindrücke der altgermanischen Götter- und Weltschau, beurteilt die Götter jedoch mehr in christlich und moraltheologischer Weise und mündet in die Vorstellung biblischer Offenbarung von einem kommenden Friedensreich.

Mit dem Sigurdlied beginnt in der Edda der Sagenkreis von den Nibelungen. Es enthält die Brünhildesage, die Geschichte von der trügerischen Brautwerbung und der Rache Brünhildes; das Sigurdlied überliefert Teile, die in der festländischen Nibelungensage verlorengegangen sind. Der deutsche Siegfried heißt in der Edda Sigurd; Gibich = Gjuki; Gunther = Gunnar; Hagen = Högni; Kriemhild = Gudrun; Etzel = Atli.

Der Seherin Gesicht, S. 11; Das alte Sigurdlied, S. 14

T.: Die Edda, übertragen von Felix Genzmer, Sammlung Thule, Band 2, E. Diederichs Verlag Düsseldorf-Köln 1963

EICHENDORFF, Joseph Freiherr von, geb. 1788 auf Schloß Lubowitz bei Ratibor (Schlesien), gest. 1857 in Neiße, Dichter der Spätromantik.

Mondnacht, S. 353; Die Nachtblume, S. 353; Der alte Garten, S. 357

T.: Werke, hrsg. von Eugen Roth, Carl Hanser Verlag, München o. J.

FAUSTBUCH, Historia von D. Johann Fausten, dem weitbeschreyten Zauberer vnd Schwartzkünstler, Wie er sich gegen dem Teuffel auff eine bewandte zeit verschrieben, Was er hierzwischen für seltzame Abentheuwer geshene, selbs angerichtet vnd getrieben, biß er endtlich seinen wol verdienten Lohn empfangen. Das Buch ist eine Zusammenstellung von verschiedenen mittelalterlichen Zauberer- und Teufelssagen um eine historische Gestalt (Faust oder Fust um 1480 in Knittlingen/Württ. bis um 1540 in Staufen/Breisgau). Zuerst wurde ein lateinischer Unterhaltungsroman zusammengetragen, dann übersetzt. Die erste gedruckte Fassung wurde von Johann Spies 1587 in Frankfurt/Main herausgegeben. Es soll vor der Beschäftigung mit der Wissenschaft warnen, da Faust, der die „elementa spekulieren" wollte, verdammt wird

Aus dem Volksbuch von Doktor Faust, S. 106

403

T.: Gestaltungen des Faust. Die bedeutendsten Werke der Faustdichtung seit 1587. Hrsg. von Dr. W. H. Geißler, I. Bd. München 1927

FICHTE, Johann Gottlieb, geb. 1762 in Rammenau (Lausitz), gest. 1814 in Berlin, Professor der Philosophie in Jena, Erlangen und 1810 in Berlin, und erster Rektor der dortigen Universität. Sein Einfluß auf Schiller und die jüngere Generation der Romantiker war groß.
Bestimmung der Menschen in der Gesellschaft. S. 243
T.: Aus „Bestimmungen des Gelehrten", ausgewählte Werke in 6 Bänden, Hamburg 1962, Band 1

FLEMING, Paul, geb. 1609 in Hartenstein (Erzgebirge), gest. 1640 in Hamburg, bedeutendster deutscher Lyriker des 17. Jh., Studium der Medizin, gefahrvolle Reisen nach Rußland und Persien. Trotz korrekter Formenbildung enthält seine Lyrik einen persönlichen, gefühlsmäßigen Unterton. Sie ist dem kühlen, pathetischen Opitz-Stil an dichterischer Kraft und Frische überlegen.
Laß dich nur nichts nicht tauren, S. 131
T.: Herbert Cysarz, Barocklyrik, Hoch- und Spätbarock Band 2, Leipzig 1937

FRIEDRICH VON HAUSEN, geb. um 1150 in Hausen bei Kreuznach (?), gest. 1190 in Philomelium (Kleinasien) auf dem Kreuzzug Friedrich Barbarossas durch Sturz vom Pferd; rheinfränkischer Minnesänger. Seine Lieder standen unter dem Einfluß der provenzalischen Dichtung, er war der Begründer der hochhöfischen deutschen Minnedichtung in sorgfältiger Komposition, gepflegter und spielerisch beherrschter Formkunst. Seine Kreuzzuglieder strömen tiefes religiöses Gefühl aus und fordern Unterordnung der Frauenminne unter die Gottesminne.
Mîn herze und mîn lîp, S. 69
T.: Des Minnesangs Frühling, a. a. O. S. 59

GOECKINGK, Leopold Friedrich Günther, geb. 1748 in Gröningen bei Hallstadt, gest. 1828 in Wartenburg/Schlesien, von 1776-1778 Herausgeber des Musen-Almanachs
Antwort auf die Forderung eines Weltbürgers, S. 160
T.: Gedichte, Leipzig 1780

GOES, Albrecht, geb. 1908 in Langenbeutingen (Württ.), war ursprünglich Pfarrer und lebt jetzt als freier Schriftsteller in Stuttgart, Dichter einer traditionsgebundenen Lyrik und von Novellen

‚Früh im Wagen' von Mörike, S. 383
T.: Freude am Gedicht, Suhrkamp-Verlag Frankfurt/Main 1952

GOETHE, Johann Wolfgang von, geb. 1749 in Frankfurt/Main, gest. 1832 in Weimar. Die heute am leichtesten zugängliche Ausgabe ist die dtv Gesamtausgabe in 45 Bänden, nach den Texten der Gedenkausgabe des Artemis-Verlages, hrsg. von Peter Boerner unter Mitarbeit zahlr. Fach gelehrter, München 1961-63.
Symbolum, S. 187; Begegnung mit Herder, S. 187; Von deutscher Baukunst, S. 190; Zum Shakespeare-Tag, S. 194; Willkommen und Abschied, Erste und zweite Fassung, S. 196; Prometheus, S. 205; Werther, S. 206; An den Mond S. 211; Wandrers Nachtlied, Ein Gleiches, S. 212 Grenzen der Menschheit, S. 213; Dauer im Wechsel, S. 214; Natur und Kunst, S. 215; Aus „Wilhelm Meisters Lehrjahre", S. 216; Urworte ... orphisch, S. 232; Sinn und Idee des Faust S. 238; Über den Granit, S. 251; Erste Bekanntschaft mit Schiller, S. 271; Briefwechsel mit Schiller, S. 274
T.: Goethes Faust, kommentiert v. Erich Trunz, Hamburg 1963

GOTTSCHED, Johann Christoph, geb. 1700 in Juditten b. Königsberg, gest. 1766 in Leipzig, Theoretiker und Organisator der dt. Lit. und Bühne unter dem Einfluß des aufgeklärten franz. Klassizismus.
Von dem Charakter eines Poeten, S. 150
T.: Versuch einer kritischen Dichtkunst für die Deutschen, 1730; nach Dt. Lit. in Entwicklungs Reihen, Reihe Aufklärung, Bd. 3, Redam Verlag, Leipzig

GRILLPARZER, Franz, geb. 1791 in Wien, gest. 187 ebenda, Österreichs größter Dramatiker, versucht das Erbe der dt. Klassik u. Romantik über Shakespeare u. Calderon hochzuhalten und mit dem Lebensgefühl des Biedermeier und des bürgerlichen Liberalismus in Einklang zu bringen.
Eines nur ist Glück hinieden (Schlußverse aus Der Traum ein Leben), S. 376; Gedanken über die Poesie, S. 377; Über das Drama, S. 380
T.: Sämtliche Werke, vollst. Ausgabe, Bd. 1ff hrsg. von Moritz Necker, Max Hesses Verlag Leipzig o. J.

GRIMM, Jakob, geb. 1785 in Hanau, gest. 1863 in Berlin, Begründer der Germanistik als Wissenschaft von der dt. Sprache u. Literaturgeschichte; Märchen- und Rechtsforscher, mit seinem Bruder

GRIMM, Wilhelm, geb. 1786 in Hanau, gest. 1859 in Berlin, Rechtswissenschaftler, gemeinsam Herausgeber der Kinder- und Hausmärchen
Die Gänsemagd, S. 344
T.: Kinder- und Hausmärchen, 1812 ff.

GRIMMELSHAUSEN, Hans Jakob Christoffel von, geb. 1622 in Gelnhausen, gest. 1676, war Soldat im 30jährigen Krieg, später Schreiber, Gutsverwalter, Gastwirt und Schultheiß. Wir verdanken ihm den bedeutendsten deutschen Roman des 17. Jh., den „Abenteuerlichen Simplicissimus", der zahlreiche lebensnahe Zeitbilder enthält. Es ist ein satirisches Buch, dessen Held es nach vielen Abenteuern und meist schlimmen Erfahrungen schließlich für geraten hält, einer närrisch-verworrenen, unbeständigen und schlechten Welt zu entsagen und sich als Einsiedler in die Einsamkeit zurückzuziehen. Während Simplicissimus so die Welt überwindet, verharrt die Heldin der „Lebensbeschreibung der Ertzbetrügerin und Landstörtzerin Courasche" ganz im Irdischen und sinkt sozial und moralisch von Stufe zu Stufe, bis sie zuletzt unter die Zigeuner gerät.
Lebensbeschreibung der Ertzbetrügerin und Landstörtzerin Courasche, S. 136
T.: Grimmelshausen, Lebensbeschreibung der Ertzbetrügerin und Landstörtzerin Courasche, hrsg. von Wolfgang Bender, Tübingen 1967

GRYPHIUS, Andreas, (eigentlich Greif), geb. 1616 in Glogau, gest. 1664 ebenda, Dramatiker und Lyriker, studierte die Rechte und war nach Wanderjahren in Holland, Frankreich und Italien Syndikus bei den Ständen des Fürstentums Glogau in Schlesien. Er ist der bedeutendste Dichter des deutschen Hochbarock, geprägt von einem tiefen Pessimismus und dem Grunderlebnis der vanitas. Zu seiner Lyrik gehören formvollendete pindarische Oden, antithetische Sonette und geistliche Lieder von ergreifendem Pathos und düsterem Ernst.
Vanitas, Vanitatum et omnia Vanitas, S. 113; Vanitas! Vanitatum Vanitas! S. 113; Menschliches Elende, S. 121; Horribilicribrifax, S. 141
T.: Albrecht Schöne (Hrsg) Das Zeitalter des Barock, Texte und Zeugnisse, München 1968; Andreas Gryphius, Lustspiele I (Gesamtausgabe der deutschsprachigen Werke) Tübingen 1969; Deutsche Lyrik, hrsg. v. Benno v. Wiese; Lied nach dtv 4018;
Szyrocki, Andreas Gryphius, Sein Leben und Werk, Max Niemeyer Verlag, Tübingen 1964

GÜNTHER, Johann Christian, geb. 1695 in Striegau, gest. 1723 in Jena, Lyriker. Seine Dichtungen stehen an der Grenze zwischen Barock und individueller Erlebnisdichtung. Vielseitiger Ausdruck und Formgestaltung in Studenten- und Liebesliedern, religiösen Gedichten und heroischen Oden.
Studentenlied, S. 128;
T.: Epochen der dt. Lyrik Bd. 5, hrsg. v. Jürgen Stenzel, München 1969

HAMANN, Johann Georg, geb. 1730 in Königsberg, gest. 1788 in Münster i. W., der „Magus des Nordens", opponierte als erster in Deutschland gegen den Rationalismus in der Dichtung und verkündete den Irrationalismus in Sprache und Dichtung (Wegbereiter des Sturm und Drang).
Poesie und Genie, S. 172
T.: Kreuzzüge des Philologen Pan, 1762; darin die hier ausgew. Aesthetica in nuce.

HARSDÖRFER, Georg, Philipp, geb. 1607 in Nürnberg, gest. 1658 ebenda, Gerichtsassessor und später Mitglied des Hohen Rates in Nürnberg, Dichter, Mäzen, Literaturtheoretiker des Barock. Verfechter eines gesellschaftlichen galanten Bildungsideals; gründete mit Johann Klaj die Sprachgesellschaft „Pegnesischer Hirten- und Blumenorden".
Die Aufgabe des Dichters, S. 111; Das Leben ist, S. 112
T.: Cysarz, Barocklyrik a. a. O., S. 138

HARTMANN VON AUE, geb. um 1165, gest. um 1215, Lyriker und Epiker, gehört dem alemannischen Sprachraum an, wahrscheinlich Ministeriale des schwäbischen Freiherrngeschlechts von Ouwe; Hartmann erhielt eine gelehrte Bildung und besaß frz. und lat. Sprachkenntnisse. Er hat vermutlich an dem Kreuzzug Friedrich Barbarossas 1189/90 teilgenommen. Seine Lieder sind ernste Minnelieder, einige Kreuzlieder und die sog. „Klage", ein Nachruf auf seinen Herrn. Sein episches Werk umfaßt zwei Ritterromane „Erec" und „Iwein", die das Verhältnis von Minnedienst und Ritterpflicht behandeln, die Legende „Gregorius" und die Versnovelle „Der Arme Heinrich". Hartmanns Dichtungen waren neben den Werken von Wolfram von Eschenbach und Gottfried von Straßburg (Tristan) maßgebend für das Ritterideal der mittelhochdeutschen Dichtung
Dem kriuze zimt wol reiner muot, S. 70
T.: Des Minnesangs Frühling, a. a. O. S. 295

HEGEL, Georg Wilhelm Friedrich, geb. 1770 in Stuttgart, gest. 1831 in Berlin, Sohn eines Beamten, Tübinger Stiftler (mit Hölderlin u. Schelling befreundet), 1802 ff. Herausg. des „Krit.

Journals der Philosophie", 1805 a. o. Prof. in Jena, 1807 ff. Schriftleiter der „Bamberger Zeitung", 1808 Rektor des Nürnberger Gymnasiums, 1816 Professor in Heidelberg, 1818 in Berlin. Die H.sche Schule spaltete sich in einen rechten und linken Flügel; letzterer, die Junghegelianer, mündete in den Materialismus.
Über ›Wallenstein‹, S. 292
T.: Klass. Dt. Dichtung, Band 20, Freiburg 1966

HEINE, Heinrich (Harry) geb. 1797 (oder 1799) in Düsseldorf, gest. 1856 in Paris, Dichter zwischen Romantik u. Realismus, Schöpfer einer ironisch-geistreichen Feuilleton-Kunst, der bedeutendste polit. Dichter Deutschlands im 19. Jahrhundert
Über das Volkslied, S. 343
T.: Zur Geschichte der neueren schönen Literatur in Deutschland, 2 Bde., 1833; spät. Titel: Die romantische Schule, 1836

HEISENBERG, Werner, geb. 5. 12. 1901 in Würzburg, Physiker, Begründer der Quantenmechanik, Nobelpreisträger der Physik 1933. Über sein Fachgebiet hinaus befaßt sich H. mit geisteswissenschaftlichen Problemen.
Das Naturbild Goethes und die technisch-naturwissenschaftliche Welt, S. 254
T.: Neue Folge des Jahrbuchs der Goethe-Gesellschaft, Band 29, Weimar 1967

HELIAND. Die älteste Handschrift aus dem 9. Jh. befindet sich in München; nicht viel jünger ist die in London aufbewahrte aus der Bibliothek des Sir Robert Cotton. Beide ergänzen sich, so daß wir wohl den größten Teil des Werkes erhalten haben. Die Einteilung in *Fitten* (Abschnitte) ist dieser Handschrift beigeschrieben. Der Dichter stammt wahrscheinlich aus einem angelsächsischen Adelsgeschlecht, der sein Werk einem Publikum vortrug, das noch germanisch fühlte und in dem er den Papst als den von Christ eingesetzten Hausmeier des Gottesreiches darstellt.
Eingang, S. 25; Weltuntergang, S. 26
T.: Heliand und Genesis. Hrsg. von Otto Behaghel, 7. Aufl., bearbeitet von Walther Mitzka, Tübingen 1958
Ü.: Paul Hermann. Reclam Universal-Bibliothek Nr. 3324—3325, Leipzig 1880

HERDER, Johann Gottfried, geb. 1744 in Mohrungen (Ostpreußen), gest. 1803 in Weimar, Historiker, Philosoph, Pädagoge, Ästhetiker und Kritiker, Generalsuperintendent in Weimar, Organisator des sich im Sturm u. Drang manifestierenden dt. Irrationalismus des 18. Jahrhunderts, Anreger des jungen Goethe

Genie, S. 173; Über das Volkslied, S. 176
T.: Klass. dt. Dichtung, Bd. 20, Herder Verla Freiburg; Volkslieder, 2 Bde., Mainz 1778/177

DAS HILDEBRANDSLIED, kostbarer Rest ein heroischen Liedes, steht auf der Vorder- un Rückseite einer theologischen Handschrift u 800 aus Fulda, die sich in Kassel befindet. D Lied ist das Werk eines Langobarden des 7. Jh der die Geschichte vom unerkannten Zusan menstoß zweier nah verwandter Männer de Sagenkreis um Dietrich von Bern zuordnet. D historisches Ereignisse: Odoaker wird 476 vo germanischen Söldnern in Ravenna zum Kön ausgerufen. Er setzt den weströmischen Kais Romulus Augustulus ab und wird Reichsverw ser (patricius und Konsul) der westlichen Hälf des römischen Imperiums. Als er seine Her schaft bis auf den nördlichen Balkan ausdehn schickt der oströmische Kaiser Zeno den Ostg tenkönig Theoderich nach Italien. Odoaker wi in Ravenna eingeschlossen und muß sich nac mehrjähriger Belagerung ergeben. Wenige Ta darauf wird er von Theoderich ermordet. The derichs Regierung ist für Italien eine Zeit d Glückes und des Wohlstandes. Seine Residenze sind Ravenna (Raben) und Verona (Bern). stirbt 526 in Ravenna, wo sein Grabmal noc heute zu bewundern ist. Diese historische Pe sönlichkeit erscheint in der Sage als Dietric von Bern.
Im Hildebrandslied ist Dietrich vor Odoaker i Hunnenland zu Etzel geflüchtet. Sein bester G folgsmann Hildebrand ist mit ihm ins „Elenc gegangen. Nach einem Aufenthalt von 30 Jahre kehrt Dietrich nach Italien zurück. Die Vorh führt Hildebrand an, der an der Grenze auf H dubrand, den Führer eines Sicherungsverba des, stößt. Hier setzt das Lied ein.
Das Lied ist im Stabreimvers abgefaßt. Zw Kurzzeilen mit je zwei Hebungen bilden ei Langzeile. Zwei oder drei Hebungen sind durc Stabreime (Alliteration) verbunden.
Das Hildebrandslied, S. 18
T.: Deutsche Dichtung des Mittelalters, herau gegeben von Friedrich von der Leyen, Fran furt (Main) 1962
Ü.: Hans Naumann, Frühgermanentum, Mü chen 1926

DAS JÜNGERE HILDEBRANDSLIED. Ein Spie mannslied, im 13. Jh. entstanden und vielfa überliefert.
Aus dem jüngeren Hildebrandslied, S. 21
T.: Althochdeutsche Sprachdenkmäler, hrsg. v Richard Kienast, Heidelberg 1948

HÖLDERLIN, Friedrich, geb. 1770 in Lauffen a Neckar, gest. 1843 in Tübingen, seit 1807 im Z stand geistiger Verwirrung; Dichter von Oden, Elegien und Hymnen als Ausdruck eines dionysischen Griechentums, das er ersehnte. Größter dt. Lyriker neben Goethe.

Patmos, S. 296; Briefe, S. 297; Hälfte des Lebens, S. 298; Hyperions Schicksalslied S. 299; An die Parzen, S. 299; Brot und Wein, S. 300

T.: Sämtliche Werke, hrsg. v. Paul Stapf (Tempel Klassiker), Berlin u. Darmstadt

HOFMANN VON HOFMANNSWALDAU, Christian, geb. 1617 in Breslau, gest. 1679 ebenda, Dramatiker, Lyriker, Kaiserlicher Rat in Breslau und seit 1667 Vorsitzender des Rates der Stadt. Seine Dichtung ist von spätbarockem Sprachprunk und manieristischen Erscheinungen geprägt. Er schrieb Gedichte mit glattfließenden Versen, melodischem Wohlklang und artistisch überfeinertem Stil.

Die Welt, S. 112; Wo sind die Stunden, S. 126

T.: Cysarz, Barocklyrik, a. a. O., S. 205

HUCH, Ricarda, geb. 1864 in Braunschweig, gest. 1947 in Kronberg (Taunus), Erzählerin, Lyrikerin, Essayistin mit großer Kraft der Intuition und Sprache

Der romantische Charakter, S. 362

T.: Die Romantik. Ausbreitung, Blütezeit und Verfall. Rainer Wunderlich Verlag, Tübingen, 1951

HUMBOLDT, Wilhelm von, geb. 1767 in Potsdam, gest. 1835 in Schloß Tegel bei Berlin. Schriftsteller, Gelehrter, Staatsmann von universaler Bildung, Freund Schillers und Goethes

Theorie der Bildung des Menschen, S. 229

T.: Sämtliche Werke; Berlin 1803

HUTTEN, Ulrich von, geb. 1488 in Burg Steckelberg bei Fulda, gest. 1523 auf der Insel Ufenau, Dichter und Humanist; bis 1521 schrieb er in lateinischer, danach in deutscher Sprache Dialoge nach dem Muster Lukians, die aktuelle Fragen seiner Zeit behandeln. Er kämpfte leidenschaftlich für Freiheit, Menschlichkeit und gegen Fürstenwillkür, für die Reformation und gegen das Papsttum und für ein starkes deutsches Kaisertum.

Ein neu Lied, S. 102

T.: Ulrich von Hutten, Deutsche Schriften, hrsg. v. Peter Ukena, München, 1970

JEAN PAUL, (eigentl. Jean Paul Friedr. Richter), geb. 1763 in Wunsiedel, gest. 1825 in Bayreuth, Romanschriftsteller und Ästhetiker.

Rede des toten Christus, S. 314; Höchstes Ziel der Dichtkunst, S. 317; Traum über das All, S. 318

T.: Sämtl. Werke, 65 Bde., 1826 ff.

JOHANNES VON TEPL. Der Dichter, mit dessen Person und Werk sich in jüngster Zeit die deutsche und tschechische Forschung wieder genauer beschäftigen, bezeichnet sich im Schlußgebet nach dem Akrostichon als JOHANNES MA, was *magister artium* zu deuten ist. Er nennt sich nach einem 1933 aufgefundenen Widmungsbrief Johannes de Tepla nach dem Ort und Kloster Tepl, wo er wahrscheinlich die Schule besucht hat. Sein Geburtsort dürfte Schüttwa, Bez. Bischofteinitz sein. Seit 1378 ist er in Saaz (Sacz) als notarius civitatis und rector scolarum nachweisbar. 1411 übersiedelt er in die Prager Neustadt, wo er 1414 stirbt. Sein Werk, den „Akkermann", nennt man ein Streitgespräch (eine verbreitete mittelalterliche Literaturgattung); es ist in die Form eines Prozesses gekleidet. Der Ackermann fordert den Tod öffentlich mit dem *gerüfte* — Zetergeschrei — heraus, wie es bei einem peinlichen Gerichtsverfahren üblich war. Das Thema: der Tod und sein Wirken, die Anerkennung Gottes als Richter und die Einsicht in die Widersprüchlichkeit der menschlichen Existenz weisen in das Mittelalter. Zugleich aber ist das Werk ein Zeugnis für den aufkommenden Humanismus, wie er am Hof Karls IV. in Prag gepflegt wurde. Der Dichter ist ein sehr belesener Mann, der die Gesellschaftsdichtung seiner Zeit, die Marienlyrik und die Schriften Johannes von Neumarkt, des königl. Kanzlers gut kennt.

Sicher beherrschte der Ackermanndichter neben dem Lateinischen und Deutschen auch das Tschechische. Die tschechische Forschung beschäftigt sich mit der Frage, ob und inwieweit das einen ähnlichen Stoff behandelnde Werk Tkadelcek (Tkadlec) — Das Webertum (Der Weber) in dem sich der Verfasser Ludoik nennt —, vom „Ackermann" abhängig ist.

Der Ackermann aus Böhmen, S. 94

T.: Johannes von Tepl, Der Ackermann, hrsg. v. Willy Krogmann in Deutsche Klassiker des Mittelalters N. F. Bd. I, Wiesbaden 1954

KANT, Immanuel, geb. 1724 in Königsberg, gest. 1804 ebenda, beendete die Philosophie der Aufklärung durch die Begründung der philosophischen Erkenntnistheorie und die Lehre der autonomen Pflichtethik, in der Ästhetik durch die Theorie des Schönen und der Kunst als autonomer, keinem Zweck oder Nutzen unterworfenen Schöpfung; Schöpfer der Philos. des dt. Idealismus, Einwirkung auf Schiller, Fichte, Schelling,

Hegel; bekämpfte den Irrationalismus des Sturm und Drang.

Beantwortung der Frage: Was ist Aufklärung, S. 147; Das moralische Gesetz, S. 148

T.: Beantwortung der Frage, 1784; Kritik der praktischen Vernunft, 1788

KEATS, John, geb. 1795 in London, gest. 1821 in Rom, engl. Dichter, Vollender d. engl. Romantik, dem die Schönheit höchste Erscheinungsform der Wahrheit war.

When I have fears / Befällt mich Angst, S. 358/9

T.: The poetical works. Ed. by H. W. Garrod, Oxford University Press, London, 1959

Lyrik des Abendlandes, Carl Hanser Verlag München 1963

KILLY, Walther, geb. 1917, Literarhistoriker, Professor in Zürich

„Das Abendständchen" von Brentano, S. 342

T.: Wandlungen des lyrischen Bildes, Vandenhoeck u. Ruprecht, Göttingen 1956

KLAJ, Johann, geb. 1616 in Meißen, gest. 1656 in Kitzingen (Main), Barockdichter aus dem Nürnberger Kreis der Pegnitzschäfer. Studium der evangelischen Theologie, Lehrer in Nürnberg, später Pfarrer in Ktzingen; gründete mit Harsdörffer den „Pegnesischen Hirten- und Blumenorden". Seine lyrisch-deklamatorischen Dramen geistlichen Inhalts, die im Wechselgesang von Chor und Sprecher in den Kirchen aufgeführt wurden, waren die Vorläufer des Oratoriums;

Der leidende Christus, S. 122; Drüm hat der Fried, S. 124

T.: Albrecht Schöne, a. a. O.

Conrad Wiedemann, Johann Klaj und seine Redeoratorien. Untersuchungen zur Dichtung eines deutschen Barockmanieristen. Hans Carl Verlag, Nürnberg 1966

KLEIST, Heinrich von, geb. 1777 in Frankfurt/Oder, gest. 1811 d. Selbstmord am Wannsee bei Berlin, löste sich als tragischer Dichter durch d. Erfahrung des unversöhnlichen Konflikts von Mensch u. Schicksal, von absolutem Gefühl u. zufälliger Wirklichkeit von der klassisch-idealistischen Tradition; Schöpfer der Schicksals-Novelle.

Briefe, S. 304; Über das Marionettentheater, S. 307

T.: Werke, hrsg. v. W. Waetzold, 2 Bde., Leipzig o. J.

KLINGER, Friedrich Maximilian, geb. 1752 in Frankfurt (Main), gest. 1831 in Dorpat, Dramatiker und Dichter der Bewegung des Sturm und Drang, die ihren Namen vom Titel eines seiner Dramen erhielt.

Rede des Satans, S. 182

T.: Dt. National-Literatur, hrsg. v. J. Kürschner, Bd. 79, Berlin o. J.

KLOPSTOCK, Friedrich Gottlieb, geb. 1724 in Quedlinburg, gest. 1803 in Hamburg, Lyriker, Epiker Dramatiker zu Beginn des dt. Irrationalismus Schöpfer des relig. Epos und des vaterländisch heroischen Weihespiels u. einer neuen, aus persönlicher Ergriffenheit und bekenntnishaftem Schwung entst. Lyrik von hymnischem Pathos (Oden, freirhythm. Gedichte)

Das feine Ohr, S. 146; Von der heiligen Poesie S. 153; Die Frühlingsfeier, S. 154

T.: Klopstocks sämtl. Werke, Leipzig 1823

DER KÜRENBERGER (oder auch Der von Kürenberg). Es ist unentschieden, ob er ein Freiherr oder Ministeriale war; gehört dem Donauraum an und dichtete nach 1150. Er zeigt von den Dichtern der frühen Lyrik am stärksten den Zug zur Episierung seiner Gedichte. Nicht der Dichter redet, sondern die Personen, die er knapp in einem Bild zeichnet. Stolz weist er auf seine eigene wîse hin. Diese Liedgattung wird als „Wechsel" bezeichnet.

Wip unde vederspil, S. 68; Ich stuont mir, S. 6

T.: Des Minnesangs Frühling a. a. O., S. 4, 6

KUHLMANN, Quirinus, geb. 1651 in Breslau, gest 1689 in Moskau; nach dem Studium des Rechts in Jena und Leiden auch Beschäftigung mit Alchemie, Reisen nach England, Holland, Frankreich, Türkei und Rußland im Dienste seiner Lehre: Die „Kühlzeit" ist die Zeit der Erholung (Apostel geschichte), zugleich ein Spiel mit seinem Namen. Er sieht sich als Kühlmonarch an der Spitze der „Monarchia Jesuelitica". Als oberster Regent fungiert die Person Jesu Christi, der Hauptmonarch, dem Kühlmann untergeordnet ist. Er ist „Printz, Prophet, Prister des ewigen erloesten Koenigreiches Jesuels". Als Jesueliter gelten alle wahren Gläubigen. In Moskau, wo er für sein Jesuelitisches Weltreich werben will wird er nach Folterung als Anführer und Chiliast lebendig verbrannt.

Aus dem Kühlpsalter, S. 135

T.: Quirinus Kuhlmann, ,Aus dem Kühlpsalter hrsg. v. Werner Vordriede, Berlin 1966

LEIBNIZ, Gottfried Wilhelm, geb. 1646 in Leipzig gest. 1716 in Hannover. Universaler Geist des 17. Jh., um Ausgleich auf religiösem und politischem Gebiet bemüht. Er sucht eine Synthese von mittelalterlich theologischem und modernem naturwissenschaftlichem Denken. Er begreift die Welt als System „ursprünglicher Kräfte" (Mo

Verzeichnis der Verfasser

naden). An der Spitze steht die göttliche Monade. Dadurch, daß diese bei der Schöpfung den eigengesetzlichen Vorstellungsverlauf jeder Monade dem ganzen Weltgeschehen anpaßte, ist jede ein „lebendiger Spiegel" des Ganzen.
Unvorgreiffliche Gedanken, S. 111
T.: Heinrich Juncker, Sprachphilosophisches Lesebuch, Heidelberg 1948

ENZ, Jakob Michael Reinhold, geb. 1751 in Seßwegen (Livland), gest. 1792 in Moskau, charakteristischer Dramatiker des Sturm und Drang mit sozialrevolutionärer Problemstellung und Ungebundenheit der Form
Anmerkungen übers Theater, S. 180
T.: Deutsche Literatur in Entwicklungs-Reihen, Reihe Irrationalismus, Bd. 6, Reclam Verlag, Leipzig

ESSING, Gotthold Ephraim, geb. 1729 in Kamenz, gest. 1781 in Braunschweig, Schöpfer des neueren deutschen Dramas vom empfindsamen bürgerlichen Trauerspiel über das Lustspiel zum Ideendrama, Theoretiker des Dramas und der Dichtung überhaupt, Meister des dialektisch-ironischen Pamphlets, der unabhängigste Repräsentant der deutschen Aufklärung
Der 17. Literaturbrief, S. 163; Ernst u. Falk, S. 165; Meine Art zu streiten und zu schreiben S. 171
T.: Werke, hrsg. v. Gerhard Fricke, Leipzig o. J.

ICHTENBERG, Georg Christoph, geb. 1742 in Ober-Ramstadt b. Darmstadt, gest. 1799 in Göttingen, Physiker und philos.-satirischer Schriftsteller der Aufklärung (Aphoristiker)
Aphorismen S. 150
T.: Aphorismen, Reclams-Univ.-Bibliothek, Nr. 1812/13

OGAU, Friedrich Freiherr von, geb. 1604 in Brockuth (Schlesien), gest. 1655 in Liegnitz, Regierungsrat am Hofe Herzog Ludwigs von Brieg; Verfasser zahlreicher dichterisch wertvoller Sinngedichte mit satirisch-zeitkritischem oder religiös-sittlichem Gehalt gegen Krieg, Sittenverwilderung, konfessionelle Intoleranz, soziale Ungerechtigkeit, bürgerliche Laster und Modeunwesen.
Deutsche Sinn-Getichte, S. 132
T.: Deutsche Sinngedichte, dtv Nr. 4018

ÜTHI, Max, geb. 1909 in Bern, Märchenforscher, Literarhistoriker, Professor in Zürich
Deutung eines Märchens, S. 349
T.: Süddeutsche Zeitung, München, vom 8. 2. 1968 (vgl. Max Lüthi, So leben sie noch heute, Betrachtungen zum Volksmärchen, Kleine Vandenhoeck-Reihe, Göttingen 1969)

LUKACS, Georg, geb. 1885 in Budapest, gest. 1971 ebenda. Literarhistoriker, führender Vertreter kommunistischer Literaturwissenschaft und -kritik
Wilhelm Meister und das Prinzip der humanistischen Persönlichkeitsbildung, S. 219
T.: Faust u. Faustus, Luchterhand Verlag, Neuwied 1956

LUTHER, Martin, geb. 1485 in Eisleben, gest. 1546 ebenda. Sein Werk war nicht nur für die Kirchengeschichte, sondern auch für die deutsche Sprach- und Literaturgeschichte von überragender Bedeutung. Durch die Bibelübersetzung unterstützte er die Entwicklung einer einheitlichen neuhochdeutschen Schriftsprache, da er die Bestrebungen nach einer übermundartlichen Sprache von einem günstigen Ort aus (Mitteldeutschland) und mit der Bibel, dem meistgelesenen Schriftwerk, förderte, das durch den Buchdruck weiteste Verbreitungsmöglichkeit fand. In klarer, zwingender und bildhaft plastischer Prosa, z. T. durchsetzt mit derbem Humor und aggressivem Spott, verfaßte Luther eine Reihe von reformatorischen, exegetischen und polemischen Schriften. Er förderte die protestantische Kirchenlieddichtung durch 40 eigene, gewaltige Kirchenlieder („Ein feste Burg", „Aus tiefer Not").
Aus dem „Sendbrief vom Delmetschen", S. 103
T.: D. Martin Luthers Werke, Kritische Gesamtausgabe, Band 30, Weimar 1909

MANN, Thomas, geb. 1875 in Lübeck, gest. 1955 in Zürich, als Dichter Kritiker des späten Bürgertums und Darsteller der Spannungen zw. Künstlertum und Bürgertum in den frühen Novellen, Vertreter des modernen Entwicklungsromans aus ironischer Distanz
Über Eichendorffs „Taugenichts", S. 354
T.: Betrachtungen eines Unpolitischen, S. Fischer Verlag, Frankfurt/Main 1920

MARIENSEQUENZ AUS MURI, eine Handschrift aus dem 12. Jh., die dem Kloster Muri gehört. Der Beiname „maris stella" — Meeres-Stern — gebührt eigentlich einer heidnischen Göttin, die Schiffahrt und Schiffer beschützt. (Näheres hierzu bei: Maria Bindschedler, Mittelalterliche Marienlyrik. DU. 1957 Jg. 9 Heft 2, S. 30 ff.)
Mariensequenz aus Muri, S. 39
T.: Maria Bindschedler, Mittelalterliche Marienlyrik, 1957
Ü.: Die deutsche Literatur. Mittelalter I/I, S. 408, neuhochdeutsche Übertragung von Karl Wolfskehl und Friedr. von der Leyen, Älteste deutsche Dichtungen, S. 58 ff.

MAYER, Hans, geb. 1907 in Köln, Literarhistoriker, Prof. an der TU Hannover
Homburg oder Freiheit und Ordnung, S. 312
T.: Zur deutschen Klassik und Romantik, Verlag Günter Neske, Pfullingen

MECHTHILD VON MAGDEBURG, geb. 1207/10, gest. 1282/83 im Kloster Helfta bei Eisleben. Mystikerin; um 1230 Begine in Magdeburg, um 1270 Zisterzienserin in Kloster Helfta. Ihre mystischen Gedichte und ihre Gespräche mit Jesus schrieb sie zwischen 1250 und 1265 nieder; ihr Werk ist das wichtigste Zeugnis der mittelhochdeutschen Nonnenmystik. Ihre Aufzeichnungen wurden um 1340 von Heinrich von Nördlingen aus dem Niederdeutschen in die allein erhaltene oberdeutsche Fassung übertragen. Ihre Sprache ist von großem Einfluß auf die spätere Mystik und daher auf das Neuhochdeutsche.
O du brennender Berg, S. 87; Die wahre Wüste, S. 87
T.: Wehrli, Dt. Lyrik des Mittelalters, Manesse Verlag, Zürich

MERSEBURGER ZAUBERSPRÜCHE gehören einer germanischen Gattung von Dichtung an, die sehr verbreitet war. Die Handschrift stammt aus dem 9./10. Jh. Beide Sprüche bestehen aus einem erzählenden Eingang und der eigentlichen Zauberformel.
G. Eis weißt darauf hin, daß es sich bei den Idisen um matres (matrae, Matronen) handeln könne, deren Kult bei den Germanen und Kelten in den Jahrhunderten vor der Christianisierung weit verbreitet war. (Gerh. Eis, Altdeutsche Zaubersprüche, Berlin 1964, S. 60/61)
Der erste Merseburger Zauberspruch, S. 17; Der zweite Merseburger Zauberspruch, S. 17
T.: Deutsche Dichtung des Mittelalters, hrsg. von F. V. d. Leyen, a. a. O., S. 40/41

MÖRIKE, Eduard, geb. 1804 in Ludwigsburg, gest. 1875 in Stuttgart, bedeutender Lyriker des Biedermeier, Novellist und Erneuerer der epischen Idylle.
Gesang Weylas, S. 382; Um Mitternacht, S. 382; Früh im Wagen, S. 383, Verborgenheit, S. 386
T.: Gedichte, Pantheon-Ausgabe, hrsg. v. Franz Deibel, Berlin o. J.

MÜLLER, Joachim, geb. 1906 in Oberwiesenthal (Erzgebirge), Literarhistoriker, Professor in Jena
Goethe: Willkommen und Abschied, S. 196
T.: Wirklichkeit und Klassik, Beiträge z. dt. Liter.-Geschichte von Lessing bis Heine, Speyer-München, 1957, S. 212–224

MUSPILLI. Das Wort ist nicht sicher gedeutet, die einen deuten es als Weltbrand, die anderen als Gericht. Den Namen wählte der erste Herausgeber Schmeller. Das Gedicht steht in einer St. Emmeramer (Regensburg) Handschrift. Ein Bayer hat das Gedicht in den Sprachformen des späten 9. Jh. aufgeschrieben, Anfang und Schluß fehlen. Das Mittelstück umfaßt 103 Verszeilen. Stilistisch ist eine Verfallsform der alliterierenden Dichtung, bisweilen Endreim und Prosa, zu beobachten. Das Werk handelt vom Schicksal des Menschen nach dem Tode; Engel und Teufel führen einen Rechtsstreit um die Seele eines eben Verstorbenen; der zweite Teil handelt vom Weltschicksal und Jüngstem Gericht. Zuerst erfolgt ein Aufruf zum letzten Gericht, dann die Darstellung des Weltuntergangs, des Kampfes des Elias mit dem Antichrist, des Weltbrandes und des Erscheinens des Herrn zum Gericht.
Muspilli, V. 2–15, 37–62, S. 23
T. u. Ü.: Karl Wolfskehl und Friedrich von der Leyen, Älteste deutsche Dichtungen, Leipzig 1920, S. 16–19

NEIDHART VON REUENTAL begann vermutlich um 1210 zu dichten, gest. vor 1246, bayerischer Ritter. Neidhart begann als höfischer Minnesänger, führte aber in den Minnesang einen neuen Inhalt ein, das „Bauernmotiv". Er war damit der erste Vertreter der sogenannten Dorfpoesie, die ihre Reize aus dem Kontrast von höfischer Sprachform mit bäuerlich-derbem Inhalt zieht. Neidhart schrieb Sommerlieder für den Tanz im Freien und Winterlieder für den Tanz in der Bauernstube. In den Winterliedern werden die übermütigen Bauernburschen offen verspottet. Neidhart hatte großen Einfluß auf den Minnesang des 13. Jh., als Bauernfeind lebt er in zahlreichen Schwänken weiter.
Wintertanz in der Bauernstube, S. 82
T.: Die Lieder Neidharts von Reuental, hrsg. v. Edmund Wießner, Tübingen 1963

NEMITZ, Fritz, geb. 1892, gest. 1968, Kunstschriftsteller
Die Kunst des C. D. Friedrich, S. 368
T.: Die Kunst des C. D. Friedrich, München 1940

NERVAL, Gérard de, geb. 1808 in Paris, gest. 1855 ebenda, übersetzte als 20jähriger Goethes Faust ins Französische, gehörte als Dichter der franz. Romantik an, die sich mit Baudelaire, Mallarmé, Verlaine fortsetzte.
Les Cydalises/Die Cydalisen, S. 360
T.: Anthologie der franz. Dichtung, a. a. O.

NOKER VON ZWIFALTEN (?) Memento Mori. Der tatsächliche Verfasser ist noch nicht gesichert. Er gehört der Sprache und Überlieferung nach in den alemannischen Raum. Das Gedicht stammt aus dem Ende des 11. Jahrhunderts. Die beiden letzten Strophen dürften Ergänzungen des Schreibers sein. Auf dem Hintergrund der cluniazensischen Reformbewegung ergibt sich folgender Gedankengang: Denkt daran, wohin ihr gelangen sollt. Ihr kommt von dort oben, dorthin sollt ihr zurückkehren. Das menschliche Leben ist eine Wanderschaft, eine Pilgerfahrt in das ewige Paradies. Die Mitte hebt den Gedanken der „Minne" hervor, die göttliche Einhelligkeit (Kuhn). Da diese Minne aber bei der sozialen Differenzierung nicht genügt, müßte das „Recht" – für arm und reich – das Leben ordnen.

Zum Stil: Verseinheit und syntaktische Einheit sind meist gewahrt. Die Sätze wirken wegen ihrer Kürze und Wucht einhämmernd. Bestimmte Wendungen und damit bestimmte Gedanken werden häufig wieder aufgenommen. Der Dichter hält sich in seiner Wortwahl im Bereich der alltäglichen Sprache und Bilder. Er vermeidet jede schwierige Diktion und theologische Begriffe (Rupp).

Memento mori, S. 35

T.: Die deutsche Literatur. Mittelalter I/I S. 518, 520, 522

Ü.: Rudolf Schützeichel. Das alemannische Memento mori. Das Gedicht und der geistig-historische Hintergrund. Tübingen 1962

L.: Heinz Rupp, Deutsche religiöse Dichtungen des 11. und 12. Jh., Untersuchungen und Interpretationen, Freiburg 1958, S. 4 ff

NOVALIS, (Friedrich Leopold Freiherr von Hardenberg), geb. 1772 in Oberwiderstedt (Thüringen), gest. 1801 in Weißenfels, bedeutender Dichter der Frühromantik, auch deren Theoretiker (neben Friedr. Schlegel), Begründer eines „magischen Idealismus"

Hätten die Nüchternen, S. 322; Fragmente (Über die Poesie, Über den Künstler, Über das Märchen), S. 331; Der Lehrling, S. 332; Heinrich von Ofterdingen, S. 335; Wenn nicht mehr Zahlen und Figuren, S. 339

T.: Briefe und Werke, hrsg. v. Ewald Wasmuth, Verlag Lambert Schneider, Berlin 1943

OPITZ, Martin, geb. 1597 in Bunzlau, gest. 1639 in Danzig, Dichter und Literaturtheoretiker des Barock, trat nach seinem Studium in Frankfurt und Heidelberg in den Staatsdienst und wurde schließlich Historiograph bei Wladislaw von Polen. Durch eine Dichtungsreform erstrebte Opitz den Anschluß der bisher provinziellen deutschen Dichtung an die westeuropäische Literatur. In seinem Buch „Von der deutschen Poeterey" legte er die Grundlagen der deutschen Verslehre fest, die bis ins 18. Jh. gültig blieben. Die Vollkommenheit seines Kunstwerkes wird durch folgende Stilqualitäten garantiert: *puritas* (Reinheit: richtige Flexionsformen und Meiden des Dialekts), *perspicuitas* (Klarheit: für jede Sache das passende Wort. Der Ordnung des Seins ist die Ordnung des Wortes zugeordnet, zwischen beiden besteht ein unlösbarer Zusammenhang), *ornatus* (Schmuck, sprachlicher Glanz) und *Stil* (ein Mittel, um eine erregende Wirkung auszuüben). Er schuf eine dichterische Sprache und gab mit seinen Übersetzungen Schulbeispiele der verschiedenen Literaturgattungen des Barock.

Sonnet über die augen der Astree, S. 127; Epigramma: Die Sonn/der Pfeil, S. 128

T.: dtv 4018, S. 67

OSWALD VON WOLKENSTEIN, geb. 1377 (78?), gest. 1445, Südtiroler Ritter und Dichter aus dem Grödner Tal, der sein turbulentes Leben in 120 Liedern offenbart. Er durchzieht das ganze Abendland als Soldat, Musikant und Pferdeknecht. Mit 24 Jahren kehrte er in seine Heimat zurück und erhält nach dem Tode seines Vaters Anrecht auf die Burg Hauenstein bei Seis am Schlern. Als Lehenträger des Bischofs von Brixen wird er auch politisch tätig. Er unternimmt 1409/10 eine Pilgerfahrt ins Heilige Land, von der er sagt, sein *Lieb* ihn dazu veranlaßt habe. 1415 nimmt ihn der römische König Sigmund in sein Hofgesinde auf. Im Auftrag des Königs unternimmt er eine Gesandtschaftsreise über England, Schottland nach Portugal und Marokko. Er steht unter dem Einfluß der älteren dt. Minnelyrik. Diese älteren Liedtypen übernimmt er, kehrt sie um und vermischt sie. Er liebt Fremdwörter, kunstvolle Reimhäufungen, bleibt aber immer natürlich und lebendig. Er bleibt nicht bei einer allgemeinen Anrede an die Geliebte stehen, sondern nennt deutlich seine Frau: *Gret, traut Gretelein*. Auch sich selbst schont er nicht: *er leb sicher klein vernünftiklich*

Lebenslauf, S. 83

T.: Die Lieder Oswalds von Wolkenstein unter Mitwirkung von Walter Weiß und Notburga Wolf, hrsg. von Kurt Klein. Altdt. Textbibiliothek Bd. 55, Tübingen 1962

OTFRID VON WEISSENBURG, geb. um 800 im Elsaß, Mönch in Fulda und später im Kloster Weißenburg/Elsaß. Zwischen 863 und 871 schrieb er ein Evangelienbuch in fränkischer Mundart. Anders als der Verfasser des Heliand erzählt Otfrid das Leben Jesu nicht bloß nach, sondern fügt eigene Abschnitte mit Auslegungen hinzu. Für sein Werk benützt er den Endreim, der aber wegen der Schwierigkeit des Althochdeutschen häufig unrein ist oder nur in losem Gleichklang besteht.

Aus „Evangelienbuch", S. 32

T.: Otfrids Evangelienbuch, hrsg. von Oskar Erdmann, 2. Aufl. besorgt von Eduard Schröder, Halle/Saale und Berlin, 1934²

Ü.: Otfrids Evangelienbuch aus dem althochdeutschen frei übertragen von Richard Fromme, Berlin 1928

PETRARCA, Francesco, geb. 1304 in Arezzo, gest. 1374 in Arquà bei Padua, italienischer Dichter und Humanist, erneuerte die Kunstgattung des Briefes; in seinen Briefen, Traktaten und Dialogen diskutierte er in lat. Sprache die ihn bewegenden Probleme und wurde damit zum Vater des europäischen Humanismus. Sein „Canzoniere" (Sammlung von Kanzonen), in dem er das humanistische Formerlebnis mit der Tradition der Troubadours und des „dolce stil nuove" verbindet, wurde für die Liebesdichtung der folgenden Jahrhunderte Vorbild.

Besteigung des Mont Ventoux, S. 91

T.: Francesco Petrarca, Briefwechsel mit deutschen Zeitgenossen, hrsg. v. P. Piur, Berlin 1933.

RUNGE, Philipp Otto, geb. 1777 in Wolgast (Pommern), gest. 1810 in Hamburg. Maler und Schriftsteller, Kunsttheoretiker der romantischen Malerei; die Farbe diente ihm als Symbolwert zur sinnlichen Darstellung des „Absoluten" oder des in der Natur wirkenden „Kosmos".

Fragmente über die Kunst, S. 366

T.: Hinterlassene Schriften, Hamburg 1804/41; in Dt. Lit. in Entw.-Reihen, Reihe Romantik, Bd. 12, Reclam Verlag, Leipzig

SCHAD, Johann Kaspar, geb. 1666 in Kündorf bei Meiningen, gest. 1698 in Berlin

Gott, Du bist mein GOTT, S. 134

T.: Albrecht Schöne, a. a. O., S. 237/238

SCHILLER, Friedrich von, geb. 1759 in Marbach a. Neckar, gest. 1805 in Weimar; alle Texte nach der ersten vollst. Ausgabe seiner Werke: Sämtl. Werke, Stuttgart u. Tübingen

Zenit und Nadir, S. 186; Die Größe der Welt S. 264; Über Egmont, S. 265; Briefe, S. 274; Nänie, S. 278; Das Ideal und das Leben, S. 278; Über naive und sentimentalische Dichtung, S. 282 Über die ästhetische Erziehung des Menschen S. 290

T.: Sämtl. Werke. Stuttgart und Tübingen 1822 f.

SCHLEGEL, Friedrich, geb. 1772 in Hannover, gest. 1829 in Dresden, eigentl. Programmatiker der Frühromantik, Kritiker, Kulturphilosoph und Dichter, Herausgeber des Athenäum, des führenden Organs der Romantiker

Fragmente über romantische Poesie, S. 330

T.: Charakteristiken und Kritiken, 1801

SHELLEY, Percy B., geb. 1792 in Field Place (Sussex), gest. 1822 in La Spezia (Italien), engl. Dichter, der Romantik nahestehend, dessen Lyrik von großer Musikalität ist

The World's Wanderers/Die Wanderer der Welt S. 358/59

T.: The complete poetical works. Ed. by Hutchinson, Oxford University Press, London, 1960

SPERVOGEL, fahrender Spruchdichter in der 2. Hälfte des 12. Jh. Unter seinem Namen sind drei Sammlungen überliefert, von denen die ersten beiden dem „älteren" Sp. zugeschrieben werden.

Würze des Waldes, S. 68

T.: Des Minnesangs Frühling, a. a. O.

STIFTER, Adalbert, geb. 1805 in Oberplan (Böhmerwald), gest. 1868 in Linz, Österreichs größter Erzähler, Repräsentant des am human. Bildungsideal der Klassik festhaltenden lit. Biedermeier, auch Maler und Erzieher, 1850 – 1865 Schulrat für Oberösterreich in Linz

Über Großes und Kleines, S. 386; Die Sonnenfinsternis am 8. Juli 1842, S. 391

T.: Vorrede zu der Sammlung Bunte Steine, Pest (Budapest), 1853; Erstveröffentl. in den Juliheften Nr. 139–141 der Wiener Zeitschrift v. Witthauer.

STRICH, Fritz, geb. 1884 in Königsberg/Pr., gest. 1963 in Bern, Schweizer Literarhistoriker, zuletzt Professor in Basel.

Europa und die deutsche Klassik und Romantik S. 369

T.: Deutsche Klassik und Romantik, Bern 1949

TIECK, Ludwig, geb. 1773 in Berlin, gest. 1853 ebenda, Dichter d. Romantik u. zwar Romantik und Realismus von umfangreicher Darstellungsart, auch Dramaturg, Kritiker, Übersetzer und Herausgeber, befreundet mit Wackenroder, den

Brüdern Schlegel u. mit Novalis; volkstümlicher Dichter d. Romantik.

Die Töne, S. 329

T.: (mit Wackenroder) Phantasien über die Kunst für Freunde der Kunst, 1797/99.

ULSHÖFER, Robert
Klopstock und die Entstehung des modernen Naturgefühls, S. 157

T.: Die dt. Lyrik. Interpretationen, hrsg. v. Benno v. Wiese, August Bagel Verlag, Düsseldorf 1959

UNBEKANNTER VERFASSER
Es ist ein Schnitter, entstanden 1637, S. 129

T.: Schöne a. a. O., S. 871

WACKENRODER, Wilhelm Heinrich, geb. 1773 in Berlin, gest. 1798 ebenda, Vorbereiter der romantischen Bewegung i. d. poetischen Entdeckung des Mittelalters u. der romantischen Musikauffassung. Die „Berglinger-Novelle" ist in den Herzensergießungen ist wohl Wackenroders eigentlichste Leistung, die erste romant. Musikernovelle mit starkem autobiographischem Einschlag in den Aussagen des von subjektivem Erleben bestimmten innerlichen Lebensgefühls.

Das merkwürdige musikalische Leben des Tonkünstlers Joseph Berglinger, S. 323

T.: Herzensergießungen eines kunstliebenden Klosterbruders. Deutsche Literatur in Entwicklungsreihen, Reihe Romantik, 3. Bd. Reclam Verlag, Leipzig

WALTHER VON DER VOGELWEIDE, geb. um 1170, gest. um 1230 bei Würzburg (?), war wohl ritterlicher Herkunft; sein Jugendland war Niederösterreich, wo er den Minnesang erlernte und Reinmar von Hagenau direkt oder indirekt sein Lehrer war. 1198 begann er von Wien aus sein Wanderleben, das ihn durch ganz Europa an verschiedene Fürstenhöfe führte; er hatte Beziehungen zu Philipp von Schwaben, Hermann von Thüringen, Gegenkaiser Otto und von 1213 bis 128 zu Friedrich II., der ihm 1220 ein kleines Lehen gab.

Walther gilt als bedeutendster Lyriker der mittelhochdeutschen Dichtung. Er pflegte sowohl die lehrhafte Spruchdichtung, wie den ritterlichen Minnesang in virtuoser Sprach- und Formkunst. Sein Minnesang erweiterte die Enge der höfischen Standeskunst durch Einbeziehung der „niederen Minne" zur allgemein gültigen und zeitlosen Liebesdichtung. In seiner Spruchdichtung behandelt er Probleme allgemein ethischer Art, besonders aber politische Zeitfragen, in denen er im Streit zwischen Kaiser und Papst entschieden den Standpunkt des Kaisers vertritt. In seiner Spätzeit dichtete er hauptsächlich religiöse Lieder, „Kreuzzuglyrik, Marienleich".

Allerêrst lebe ich mir werde, S. 71; Ir sult sprechen willekomen, S. 72; Ich saz ûf eime steine, S. 73; Ich hôrte ein wazzer diezen, S. 73; Ich sach mit mînen ougen, S. 74; Hêr keiser, sit ir willekomen, S. 77; Hêr keiser ich bin frônebote, S. 77; Von Rôme vogt, von Pülle künec, S. 77; Nemt frouwe disen kranz, S. 78; Bin ich dir unmaere, S. 78; In einem zwivelichen wân, S. 79; Owê war sint verswunden alliu mîniu jâr, S. 80

T.: Die Gedichte Walthers von der Vogelweide, aufgrund der 10. von Carl von Kraus bearbeiteten Ausgabe, neu herausgegeben v. Hugo Kuhn. Berlin 1965

Maurer, Friedrich, Die polit. Lieder Walthers von der Vogelweide, Tübingen 1954

WESSOBRUNNER GEBET, Fragment eines althochdeutschen Stabreimgedichtes über die Weltschöpfung, entstanden Ende des 8. und Anfang des 9. Jh., überliefert in einer Handschrift des Klosters Wessobrunn. Die neun Verse schildern den Zustand vor der Schöpfung, darauf folgt ein Prosagebet.

Das Wessobrunner Gebet, S. 22

T.: Altdeutsche Sprachdenkmäler, Karlsruhe 1965, S. 25/26

WIELAND, Christoph Martin, geb. 1733 in Oberholzheim bei Biberach (Württ.), gest. 1813 in Weimar, der führende Dichter des dt. Rokoko, bedeutend als Übersetzer Shakespeares, übte als Herausgeber der ersten führenden literarischen Zeitschrift „Der Teutsche Merkur" großen Einfluß auf die dt. Literatur seiner Zeit aus.

Über die Rechte und Pflichten der Schriftsteller, S. 161

T.: Klassische dt. Dichtung, Bd. 20, Herder Verlag, Freiburg

WOLFRAM VON ESCHENBACH, geb. um 1170 in (Wolframs-) Eschenbach bei Ansbach in Mittelfranken, gest. nach 1220, lebte als fahrender Dichter bei seinen Gönnern im Gebiet von Main und Odenwald u. a. bei den Herren von Dürne auf Burg Wildenberg, 1203/04 und später auch wiederholt am Hof des Landgrafen Hermann von Thüringen.

Wolfram gilt als bedeutendster epischer Dichter des Mittelalters. Wohl zwischen 1200 bis 1210 entstand das höfische Epos „Parzival" auf der Grundlage der „Contes de Graal" von Chrétien de Troyes. Wolfram schildert die stufenweise

414　Läuterung eines reinen Toren durch Gefahren, ritterliche Abenteuer, Liebesbegegnungen, Sünden und Glaubenszweifel zu echter christlicher Demut und zum Grals-König. Parzival kann als frühestes Beispiel eines Bildungs- und Entwicklungsromans in der deutschen Literatur aufgefaßt werden.

T.: Wolfram von Eschenbach, hrsg. von Karl Lachmann und Eduard Hartl, Berlin 1952

Ü.: Wilhelm Stapel, Parzival von Wolfram von Eschenbach, Verlag Langen-Müller, München 1966

ZESEN, Philipp von, geb. 1619 in Prioren bei Dessau, gest. 1689 bei Hamburg, führte nach seinem Studium als Berufsschriftsteller ein rastloses Leben. Lyriker, Erzähler und Übersetzer im Stil des Barock. Als Theoretiker der Dichtkunst und Reform der Sprache und Orthographie bemüht.

T.: Schöne, a. a. O., S. 679

VERZEICHNIS DER KUNSTDRUCKTAFELN 415

Tafel 1 nach Seite 16 — „Die Vertreibung aus dem Paradies" aus der „Wiener Genesis" um 1550
Vorlage: Österreichische Nationalbibliothek, Wien

Tafel 2 vor Seite 17 — Der Evangelist Lukas aus dem Evangeliar Ottos III. Reichenauer Miniatur um 1000. München, Staatsbibliothek
Vorlage: Hirmer Fotoarchiv, München

Tafel 3 nach Seite 32 — Josef bei der Darstellung im Tempel, Bronzerelief an der Bernwardstür des Hildesheimer Domes, um 1015
Vorlage: Hermann Wehmeyer, Hildesheim

Tafel 4 vor Seite 33 — Deutscher Meister des 13. Jh.: Kopf der Uta. Stifterfigur vom Naumburger Dom, 1250–1260
Vorlage: Bildarchiv Foto Marburg

Tafel 5 nach Seite 80 — Dietmar von Eist, Miniatur auf Pergament aus der Manessischen Liederhandschrift, 1295–1300
Vorlage: Universitätsbibliothek, Heidelberg

Tafel 6 vor Seite 81 — Textseite aus der Manessischen Liederhandschrift mit Teilen des Gedichts „Ir sult sprechen willekomen", von Walther von der Vogelweide
Vorlage: Universitätsbibliothek, Heidelberg

Albrecht Dürer (1471–1528): Jakob Fugger der Reiche, Gemälde um 1520
Vorlage: Bayerische Staatsgemäldesammlungen, München

Tafel 8 vor Seite 97 — Adam Kraft (um 1455 –um 1508): Selbstbildnis am Sakramentshaus von Sankt Lorenz, Stein, 1493–1496. Nürnberg, Sankt-Lorenz-Kirche

Tafel 9 nach Seite 128 — Egid Quirin Asam (1692–1750): Himmelfahrt der Maria, Stuckplastik. Hochaltar der Kirche des Augustinerchorherrenstifts in Rohr (Niederbayern), 1717–1722 (überlebensgroß)
Vorlage: Hirmer Fotoarchiv, München

Tafel 10 vor Seite 129 — Peter Paul Rubens (1577–1640): Der Künstler und seine Frau Isabella Brant in der Geißblattlaube, Gemälde 1609/10, München, Alte Pinakothek

Tafel 11 nach Seite 160 — William Blake (1757–1827): Newton. Aquarell um 1800
Vorlage: Tate Gallery, London

Tafel 12 vor Seite 161 — Jean-Honoré Fragonard (1732–1806): Die Schaukel, Gemälde
Vorlage: National Gallery of Art, Washington, Samuel H. Kress Collection

Tafel 13 nach Seite 240 — Johann Wolfgang Goethe (1749–1832): Erscheinung des Erdgeistes. Zeichnung, Weimar, Goethe-Nationalmuseum
Vorlage: Nationale Forschungs- und Gedenkstätten, Weimar

Tafel 14 vor Seite 241 — Johann Wolfgang Goethe (1749–1832): Faust, Pudelszene, Handzeichnung
Vorlage: Nationale Forschungs- und Gedenkstätten, Weimar

Tafel 15 nach Seite 368 — Caspar David Friedrich (1774–1840): Wanderer über dem Nebelmeer, Gemälde (entstanden zwischen 1813 und 1818)
Vorlage: Hamburger Kunsthalle, Hamburg

Tafel 16 vor Seite 369 — Jakob Alt (1789–1872): Die Sonnenfinsternis am 8. Juli 1842, Sammlung Georg Schäfer, Schweinfurt
Vorlage: Germanisches Nationalmuseum, Nürnberg